회사 스스로 점검하는

과세유형별
세무진단 실무

최신판

김기현 저

SAMIL | 삼일인포마인

머리말

"그런 거 알려면 어디서 뭘 찾아봐야 하나요?"

세무자문을 하다 보면 끝날 무렵에 회사 실무 담당자가 이렇게 묻는 경우가 있다.

회사가 특정 거래를 했을 때, 해당 거래에 발생할 수 있는 구체적인 세무문제와 이와 관련된 법령, 판례, 선심례, 예규, 국세청 기본통칙 등이 어떤 것인지만 알게 되더라도 관련 세무검토의 60%~70%는 끝난 것이나 다름없다. 나머지 30%~40%는 거래 상황과 맞추어 법령 등을 해석하고, 해당 과세위험의 위험도를 판단하고, 과세위험을 낮추기 위해서 대책을 마련하는 것 정도라고 보면 된다.

그런데 회사 실무 담당자가 특정 거래를 보고 발생할 수 있는 구체적인 세무문제, 법령, 판례, 선심례, 예규, 국세청 기본통칙 등을 착안해 내는 것은 쉽지 않다. 보통 법령을 중심으로 판례, 예규 등이 분류되어 있고 회사 실무 담당자도 이런 접근방식에 익숙해져 있기 때문에 역으로 거래의 사실관계를 보고 관련된 법령 등을 착안하기 위해서는 어느 정도 세무실무 경험이 쌓여야 하기 때문이다.

이런 얘기를 해 봐야 실무 담당자에게 별반 도움이 될 것 같이 않아 이런 경우 보통 "저한테 다시 문의주세요"라는 말로 끝맺음을 한다.

그러다가 어느 날 문득 회사의 실무 담당자가 특정 거래와 관련된 세무문제가 어떤 것이 있는지 알고 싶을 때 찾아볼 수 있도록 거래의 사실관계부터 시작하는 세무 관련 책이 있으면 좋겠다는 생각이 들었다. 그리고 읽기 편한 단편소설이나 에세이처럼 이해하기 쉬운 언어로 세무문제를 조근조근 설명해 주어서 가볍게 읽고 나면 다른 유사한 거래에 대하여 발생할 수 있는 세무문제를 착안하여 세무검토를 시작할 수 있게 해 주는 그런 책이 있으면 좋겠다는 생각도 들었다.

이 책은 상기의 생각을 담고자 다음과 같은 점에 주안점을 두어 기술하였다.

첫째, 실제 회사에서 많이 발생할 수 있는 구체적인 과세유형부터 출발하여 과세위험의 원인, 세무검토, 이에 대한 대책의 순서로 기술하였다.

둘째, 실질과세, 부당행위계산부인, 접대비 등과 같이 실무에서 과세가 많이 이루어지고 있는 거래유형에 대한 설명에 많은 지면을 할애하였다.

셋째, 회사가 사전에 관련 과세위험을 인지할 경우 과세위험을 미연에 방지할 수 있거나 효율적으로 낮출 수 있는 과세유형 위주로 기술하였으며, 사전에 알아도 과세위험을 낮추기 어려운 과세유형은 과감히 생략하였다.

넷째, 최근 세무조사에서 쟁점이 많이 되고 있는 과세유형(로열티, 개발비, 리베이트, 위법비용, 반사회적 비용 등)을 포함하였다.

다섯째, 읽는 이가 쉽게 이해할 수 있도록 직관적으로 설명하려고 노력하였다.

이 책에는 설명의 근거가 주석으로 부기되어 있다. 다른 이는 동일한 근거를 가지고 다른 내용으로 설명해야 한다고 생각할 수도 있다. 만일 이 책의 내용을 실무에 적용하려고 할 경우에는 주석에 기재되어 있는 판례, 선심례 등의 전문을 읽어보고 이 책의 설명 내용과 비교하는 과정을 거치길 부탁드린다.

이 책에는 직관적으로 설명하는 과정에서 저자가 의도하지 않은 의미로 전달될 수 있는 단어 또는 문장이 포함되어 있을 수 있고, 잘못된 내용이 포함되지 않도록 최선을 다했으나 잘못된 내용이 포함되어 있을 수도 있다. 모두 저자의 부족함과 어리석음으로 인한 것이리라 생각된다. 이 책을 읽는 독자 여러분이 매서운 질책과 새로운 의견을 삼일인포마인이나 저자의 이메일(twokoneh@naver.com)로 주시면 저자의 부족함과 어리석음을 메워 나가 다음에는 보다 나은 책이 나올 수 있도록 노력할 것을 약속 드린다.

이 책은 저자가 받았던 수많은 질문과 이에 대한 답을 찾고자 함께 논의했던 과정의 결과물이다. 저자에게 질문을 하고 함께 논의했던 회사 실무 담당자의 시간과 노력이 밑바탕에 있지 않았다면 이 책이 나올 수 없었을 것이다. 그 동안 저자에게 질문하고 답을 찾고자 함께 논의했던 모든 분들께 이 책을 빌어 감사의 마음을 전하고 싶다.

책의 출간을 허락해 주신 송상근 대표이사님과 책을 나오기까지 고생한 삼일인포마인 편집부 임직원 여러분에게 감사드린다.

또한, 저자의 부족한 부분을 채워주고 많은 힘이 되어주는 우인회계법인 임직원 여러분께도 평소에 하지 못했던 감사하다는 말을 전하고 싶다.

　마지막으로 항상 나를 믿고 지지해 주는 사랑하는 아내 진희와 삶의 기쁨을 주는 아들 지환, 그리고 부모님께도 감사의 말씀을 전한다.

2019. 11.

저자 올림

I

서론: 과세유형별 세무진단과 과세위험

① 세무진단의 개요

1-1. 세무진단이란 실제 과세가 발생하기 전에 회사의 주요 거래를 세무적 관점에서 적정하게 처리했는지 점검하고, 대책을 강구하는 일련의 세무 업무를 의미한다.

세무진단이란 실제 과세가 발생하기 전에 회사의 주요 거래를 세무적 관점에서 적정하게 처리했는지에 대해 점검하고, 대책을 강구하는 일련의 세무 업무를 의미한다.

세무진단이라고 하면 거창한 것 같지만 회사에서 이미 수행하고 있는 개별 사항에 대한 세무검토 업무를 사전에 계획을 세우고 일정 기간을 정하여 보다 체계적이고 집중적으로 수행하는 업무 정도로 정의할 수 있다.

개별적으로 이루어지는 세무검토는 시간이 조금만 지나고 나면 누가 어떤 검토를 했는지도 알기 어려울 정도로 잊어져 버리기 때문에 회사의 전체적인 과세위험 현황을 파악하기 어렵다.

구슬이 서말이라도 꿰어야 보배가 되듯이 개별사항에 대한 세무검토 업무를 체계적이고 집중적으로 수행하여, 만일 세무검토 결과 과세위험이 있다고 판단되면 이에 대한 대책을 강구하는 과정을 거쳐야 좀 더 의미있는 결과물이 나올 수 있다. 이러한 일련의 세무업무를 한마디로 표현하여 세무진단이라고 부르는 것이다.

이미 회사에서는 알게 모르게 세무진단을 수행하고 있으므로 세무진단이라는 단어 때문에 너무 부담을 느낄 필요는 없다.

예를 들어 회사에서 연초에 상반기 중 부가가치세를 집중 검토하여 혹시 매입세액공제를 과소하게 신고해 왔다면 경정청구하는 것으로 재무(세무)부서의 업무 계획을 세우고 상반기에 계획한 업무를 실행하였다면 회사는 이미 매입세액 적정성에 대한 세무진단을 실행하고 있는 것이다.

1-2. 세무진단은 그 목적이나 상황에 따라 여러 가지 방식으로 탄력적으로 진행할 수 있다.

세무진단은 반드시 세무전문가가 수행해야 한다는 선입관을 가지고 있는 경우가 많은 것 같다.

그러나 세무진단을 진행하는 방식이 정해져 있는 것이 아니므로 그 목적이나 상황에 따라 여러 가지 방식으로 세무진단을 진행할 수 있다.

여건이 된다면 일정 시간을 정하여 회사 전체적인 과세위험을 대상으로 하여 회사 임직원이 사실관계를 파악하고, 세무전문가가 파악된 사실관계에 적용될 법리를 검토하는 방식으로 세무진단을 진행하는 것이 효율적이기는 하다.

그러나 여건이 허락하지 않는다면 연초에 세무진단할 사항을 정하고, 매월 검토해야 할 업무를 나누어 수행한 후 반기말 혹은 연말에 연초에 검토한 세무진단 사항에 대해 보고하는 방식으로 진행하여도 된다.

사실관계를 파악하는 단계부터 세무전문가를 참여시켜도 되지만 회사의 상황, 세무 문제의 난이도 등을 고려하여 세무진단 전반(사실관계 파악, 세무검토, 대책 수립 등)을 회사 임직원이 수행하고 난 후에 회사가 자체적으로 검토가 어려운 사항(예를 들어 법리 적용에 대한 여부)에 대해서만 부분적으로 세무전문가의 도움을 받는 방식도 가능하다.

세무진단에 있어 가장 중요한 것은 과세위험 현황을 파악하고 과세위험을 낮추고자 하는 회사의 목적과 의지이며, 그 외 사항들은 회사의 여건에 맞추어 탄력적으로 세무 진단을 진행하면 된다.

1-3. 회계 결산을 통해 회계 처리의 적정성을 검증하듯이 주요 거래에 대해 세무처리도 정기적으로 자기 검증의 기회(세무진단)를 거쳐야 한다.

회계처리는 최소한 1년에 한 번은 결산을 하여 회사가 수행한 회계처리의 적정성을 외부감사인으로부터 확인을 받는다. 규모가 큰 회사의 경우에는 반기 혹은 분기 결산과 검토보고서를 공시하기도 한다.

결산을 하다 보면 1년(반기, 혹은 분기)간 발생한 거래에 대한 회계처리가 적정한지 다시 검토해 보고 오류가 있다면 이를 자기 수정의 기회로 삼기도 한다.

회사가 1년에 한 번 세무조정을 하긴 하지만 세무조정은 법인세 신고 목적으로 수행하기 때문에 부가가치세 및 원천세 등과 관련된 세무처리는 아예 세무조정 시 검토 범위에서 벗어나 있다.

또한 대부분의 회사에서 세무조정은 1년간 중요 거래를 세무적 관점에서 직접 점검해 보는 방식이 아니라 회계상 결산자료와 회사측 담당자의 촉(?)에 의해 선별된 소수의 거래에 대해서만 검토되고 나머지는 전기 세무조정 방식에 따라 기계적으로 반복하는 방식으로 업무가 진행된다.

이렇게 기계적으로 세무조정을 하게 되면 회사의 대부분의 거래는 세무적 관점에서 검증되지 못한 채 방치되어 있다가 국세청의 세무조사 시기에 이르러서야 세무공무원에 의해 처음으로 세무적 관점에서 검토된다.

이렇게 되면 회사의 세무처리에 대해 자기 수정기회가 없는 것은 물론이고, 한번 세무처리를 잘못하면 그 잘못된 세무처리는 관행적으로 계속 반복된다.

회계 결산과 같이 세무도 정기적으로 회사의 주요 거래에 대해 세무적 관점에서 검토하는 자기 검증의 기회를 가져야 한다.

그래야 자신의 세무처리 현황을 직시하고, 자기 수정기회를 얻거나 잘못된 과거의 세무처리를 단절하고, 새롭게 적법한 세무처리를 시작할 수 있다.

1-4. 매출/순이익 비율이 5%인 회사가 5억원의 세금이 추징되면 100억원의 매출이 사라지는 재무적 충격이 있으므로 정기적으로 과세위험을 진단하고 대책을 세우는 것은 효율적인 재무전략 중 하나이다.

모든 회사들은 궁극적으로 현금 유입을 최대화하려고 하고 현금 유출을 최소화하려고 한다. 그래서 회사는 영업전략, 구매전략, 재무전략 등의 계획을 세워 실행하고 그 타당성을 점검하고 변경이 필요할 경우에는 변경하는 일련의 과정을 끊임없이 반복하게 된다.

과세위험이 높다는 것은 향후 세무문제가 발생할 가능성이 높다는 것이고, 이는 향후 잠재적인 현금(세금) 유출 가능성이 높다는 것을 의미한다.

회사의 매출액 대비 순이익 비율이 평균 3%~6%라고 가정하면 회사가 100억원의 매출을 올렸을 때 평균적으로 회사내로 유입되는 순현금은 3억원~6억원이라는 뜻이다.

매출액 대비 순이익 비율이 5%인 회사가 생각하지 못한 세금 5억원을 납부(현금 유출)하게 된다면 그 회사의 매출 100억원이 사라지는 것과 같은 재무적 충격이 발생한다.

회사가 정기적으로 과세위험을 진단하고 대책을 세우면 미래의 잠재적인 현금(세금) 유출을 방지할 수 있으므로 세무진단을 통해 과세위험을 낮추는 것은 효율적인 재무전략 중 하나이다.

매출 100억원을 올리기 위해 투입되는 시간과 노력의 10%를 투입하여 미래의 세금 5억원을 줄일 수 있다면 효율적인 재무전략이라고 할 수 있지 않을까?

❷ 과세위험을 효율적으로 낮출 수 있는 세무진단 방식

2-1. 주위에서 흔히 이루어지는 세무진단 방식

우리가 흔히 아는 세무진단은 세무조사를 6개월~1년 정도 앞둔 회사에서 세무조사를 대비하기 위해 실시하는 경우가 많다.

보통 외부 세무전문가 3~5명이 2~3달에 걸쳐 회사에 자료(통상 과거 5년간을 대상으로 함)를 요청하고, 회사로부터 제시 받은 자료를 토대로 향후 세무조사 시 과세될 수 있는 항목 및 항목별 과세액을 추정한다. 경우에 따라서는 과세위험을 낮출 수 있는 대응방안까지 세무진단 범위에 포함되기도 한다.

그러나 전적으로 외부 세무전문가에게 의존하는 세무진단 방식으로는 회사의 과세위험을 효율적으로 낮출 수 없는 부분이 있다.

2-2. 세무조사 시 쟁점이 되는 과세위험 유형 구분: ① 사실관계에 대한 판단 차이, ② 법리 견해 차이

납세자가 스스로 납부하지 않은 세금을 국세청[1]이 추징(과세)하는 이유는 서로 생각이 다르기 때문이다.

즉, 납세자는 세금이 발생하지 않는다고 생각한 거래에 대해 국세청은 세금이 발생한다고 생각하기 때문에 세무조사 등을 통한 추징이 발생하는 것이다. 이를 흔히 과세위험이라고 부른다.

세무조사 시 쟁점이 되는 과세위험 유형을 크게 두 가지로 나누면 ① 사실관계에 대한 판단 차이 유형과 ② 법리 견해 차이 유형으로 구분할 수 있다.

세금은 납세자가 어떠한 거래 또는 행위(① 사실관계)를 하면 관련 세법 법령 등(② 법리)에 따라 그 거래 또는 행위에 따른 세금이 발생하는 구조를 가지게 된다.

이와 같이 ① 사실관계에 대한 판단 차이 유형과 ② 법리 견해 차이 유형은 서로 연

---

1) 본 책에서는 납세자의 대응되는 의미로 세무조사 공무원을 포함한 과세권을 행사하는 국세청 및 국세청 조직의 공무원을 모두 통일하여 "국세청"이라고 명명하였다.

관되어 있다.

납세자와 국세청 간의 생각 차이가 납세자의 거래 또는 행위의 실질이 무엇인지에 대한 것이라면 ① 사실관계에 대한 판단 차이 유형의 과세위험이다.

만일 납세자의 거래 또는 행위의 실질에 대해서는 납세자와 국세청의 이견이 없으나 해당 거래실질에 적용되는 법령이 무엇인지, 또는 해당 법령을 어떻게 해석해야 하는지에 대해 납세자와 국세청이 다른 생각을 한다면 ② 법리 견해 차이 유형의 과세위험이다.

예를 들어 A회사의 거래처인 B회사에 A회사로 인해 손해가 발생하여 A회사가 B회사에게 손해배상금을 지급하고 A회사는 이를 비용(손금)으로 처리한 상황을 가정해 보자.

A회사는 해당 손해배상금을 사업과 관련하여 발생한 불가피한 손해배상금이라고 생각할 것이다.

그러나 국세청은 A회사가 지급한 손해배상금에 대해 다른 생각을 가질 수 있다.

만일 국세청이 손해배상금이 발생하게 된 사실관계를 보고 B회사의 손실은 A회사로 인해 발생한 것이 아니며, A회사가 B회사에게 손해배상금 명목으로 지급한 금액은 사실상 "친목 목적"으로 지급한 접대비라고 판단할 수 있다.

즉, A회사가 거래처인 B회사에 일정 금액을 지급한 동일한 사실관계를 두고 납세자는 "사업과 관련하여 불가피하게" 발생한 손해배상금이라고 생각하는 반면에 국세청은 지급하지 않아도 되는데 "친목 목적"으로 지급한 것이며, 지급명목은 손해배상금이지만 그 실질은 접대비라고 생각할 수 있는 것이다.

서로 다른 생각을 가지게 된 원인은 손해배상금 지급원인에 대한 책임 소재가 A회사에게 있는지에 대한 사실관계의 판단차이 때문이다.

이렇게 거래나 행위의 실질에 대한 생각 차이로 과세되는 것은 ① 사실관계에 대한 판단 차이 유형의 과세위험이다.

반면, C회사가 특수관계자인 개인 갑과 이행한 거래에 대하여 법인세법상 부당행위계산부인 규정을 적용해야 할지, 아니면 소득세법상 부당행위계산부인 규정을 적용해야 할지 여부에 대한 견해 차이로 과세되는 것은 ② 법리 견해 차이 유형의 과세위험이다.

2-3. 과세위험 유형별로 적절한 대응 수단을 선택해야 과세위험을 효과적으로 낮출 수 있다.

　과세위험 유형을 ① 사실관계에 대한 판단 차이로 인한 유형과 ② 법리 견해 차이로 인한 유형으로 구분하는 이유는 과세위험 유형별로 효과적으로 낮출 수 있는 납세자의 대응 수단이 다르기 때문이다.

　과세위험 유형별 효과적인 대응 수단은 다음과 같다.

과세위험 유형	효과적인 대응 수단
① 사실관계에 대한 판단 차이	직접 입증자료 및 간접(정황) 입증자료, 사회통념
② 법리 견해 차이	법령, 판례, 선심례, 통칙, 집행기준, 예규, 사회통념

　즉, ① 사실관계에 대한 판단 차이로 인한 과세위험 유형에 대해서는 국세청이 오해를 하거나 잘못 추정한 사실관계가 실제와 다르다는 입증자료를 제시하여 국세청과의 사실관계에 대한 판단차이를 줄여야 한다.

　② 법리 견해 차이로 인한 과세위험 유형에 대해서는 적절한 법령, 판례, 선심례, 통칙, 집행기준, 예규, 사회통념 등을 제시하여 국세청이 법리에 대해 다시 한번 생각해 볼 수 있도록 해야 한다.

　만일 국세청은 ① 사실관계를 다르게 생각하여 과세하려고 하는데 납세자가 법령, 판례, 선심례, 통칙, 집행기준, 예규 등을 아무리 제시해 봐야 국세청은 납세자가 엉뚱한 법리를 주장한다고 생각하고 과세할 것이다.

　또한 국세청이 납세자가 ② 법리를 잘못 적용했다고 판단하여 과세하려고 하는데 납세자가 아무리 신빙성 있는 입증자료를 제시해 봐야 국세청의 법리에 대한 견해가 달라질리 없다.

2-4. 외부 세무전문가가 수행하는 세무진단은 ② 법리 견해 차이에 대한 과세위험을 효율적으로 낮출 수 있다.

외부 세무전문가가 수행하는 세무진단은 ② 법리 견해 차이에 대한 과세위험은 효율적으로 낮출 수 있다.

적법한 ② 법리는 해당 거래가 발생한 당시의 법령 등을 기준으로 적용하는 것이므로 거래 후 시간이 지난다고 해서 적법한 법리가 부당한 법리로 바뀌는 것이 아니기 때문이다.

2-5. 반면, 외부전문가가 전적으로 수행하는 세무진단은 ① 사실관계에 대한 판단 차이 관련 과세위험은 효율적으로 낮추기 어려운 경우가 많다.

세무조사를 얼마 남겨놓지 않고 세무진단을 하는 경우 이미 세무조사 대상 거래의 상당부분은 과거의 거래가 되어 버려서 ① 사실관계에 대한 판단 차이 유형의 과세위험은 세무진단을 통해 발견하더라도 관련 과세위험을 줄이는 데에는 한계가 있다.

예를 들어 5년마다 정기적으로 세무조사를 받는 A회사가 4년째 연도가 끝나고 세무조사를 대비하기 위해 외부 세무전문가로부터 세무진단을 받았고, 해당 세무진단에서 재고자산 폐기손실에 대한 입증자료가 부실하다는 것을 발견했다고 가정해 보자.

재고자산 폐기손실과 관련된 과세위험은 해당 재고자산을 폐기했다는 사실관계를 입증할 수 있는 자료가 있어야 과세위험을 낮출 수 있다.

A회사는 외부전문가의 세무진단을 통해 비록 재고자산 폐기손실이라는 과세위험 항목을 발견하기는 했지만 이미 과거 4년분에 대한 재고자산 폐기사실을 입증할 수 있는 자료를 확보하기 어려운 상황이 되어버린 것이다.

이렇게 세무조사가 임박한 시점에 세무진단 업무를 전적으로 외부 세무전문가에게 맡겨 놓으면 ① 사실관계에 대한 판단 차이로 인한 세무위험 중 상당부분은 효율적으로 낮출 수 없다.

오히려 이런 경우에는 회사가 직접 지속적으로 재고자산 폐기를 입증할 수 자료를 갖추고 있는지를 스스로 점검하는 편이 과세위험을 훨씬 더 효율적으로 줄일 수 있다.

입증자료를 작성·보관하는 것은 결국 회사 담당자의 몫이고 세무진단을 한다고 해서 적정한 입증자료가 저절로 만들어지는 것은 아니기 때문이다.

2-6. '① 사실관계에 대한 판단 차이' 유형의 과세위험을 효율적으로 낮추기 위해서는 회사 스스로 지속적으로 세무점검을 실시하여야 한다.

실무적으로 과세되는 사례를 보면 ② 법리 견해 차이 유형보다는 ① 사실관계에 대한 판단 차이 유형이 상대적으로 높은 비중을 차지하고 있다.

또한 국세청의 세무조사 역시 납세자의 회계 및 세무처리가 사실관계에 따라 적정하게 이루어졌는지에 대한 검증업무가 많은 비율을 차지하고 있기 때문에 세무조사 대비 목적으로도 회사는 ① 사실관계에 대한 판단 차이 유형의 과세위험을 낮추기 위해 노력해야 한다.

결국 입증자료를 작성·보관해야 하는 것은 회사 담당자의 업무이기 때문에 ① 사실관계에 대한 판단 차이 유형의 과세위험을 효율적으로 낮추기 위해서는 회사 스스로 지속적으로 세무점검을 실시하여야 한다.

회사 스스로 점검하는 세무진단을 하면 입증자료를 작성·보관해야 하는 담당자가 어떤 포인트에 맞추어 입증자료를 작성·보관해야 하는지에 대한 이해도가 높아지게 되므로 평소에 효율적으로 입증자료를 작성·보관할 수 있다.

❸ 회사 스스로 세무문제를 점검해야 하는 이유

3-1. 실제 과세 사례를 보면 사실관계에 대한 판단 차이로 과세되는 경우가 상
　　 대적으로 많고, 법리 견해 차이로 과세되는 경우라도 이미 알고 있는 법리
　　 에 따라 과세되는 경우가 대부분이다.

세법은 어렵다.

그러나 실무적으로 과세되는 사례를 보면 대단히 어려운 법리가 적용되는 경우는 그
리 많지 않다.

오히려 단순히 증빙자료가 부실하다든가, 거래 실질에 대한 다른 판단으로 인해 과
세되는 경우(① 사실관계에 대한 판단 차이)가 흔히 볼 수 있는 과세 사례이다.

또한 ② 법리 견해 차이로 인한 과세라고 해봐야 부당행위계산부인, 접대비, 대손,
세액공제 등과 같이 재무 또는 세무부서에서 업무를 하는 실무자면 이미 알고 있거나
조금만 찾아보면 쉽게 이해할 수 있는 법령과 관련된 경우가 많다.

실제 세무조사 결과를 보더라도 회사 실무자가 그 법리를 몰라서 과세되는 항목은
없거나 있더라도 1~2개 항목에 불과하다.

최근에는 국세청, 조세심판원에서 공개되는 유권해석, 선심사례 등을 쉽게 접근할 수
있고 시중에 세무실무서와 인터넷에 세무 관련 정보가 많아서 일단 회사 실무자가 쟁
점을 이해하고 관련 세무정보를 찾아보려고 한다면 세무전문가 수준의 세무정보를 쉽
게 찾아볼 수 있다.

따라서, 이제는 더 이상 회사 실무자가 세무진단을 수행하는 데 있어 세무지식이나
세무정보는 큰 걸림돌이 되지 않는다.

3-2. 회사 실무자가 세무진단이 어렵다고 느끼는 것은 세무진단 경험이 없기 때
　　 문이다.

회사 실무자가 세무진단이 어렵다고 느끼는 것은 세무진단을 해 본 경험이 없어서
어디서부터 시작하여 어디까지 점검을 해야 하는지, 그리고 어떻게 진행해야 하는지

감이 잘 잡히지 않기 때문이다.

만일 특정 세무이슈를 정해 준다면 회사 실무자는 세무진단을 보다 쉽게 시작할 수 있을 것이고 작은 단위의 세무진단을 통해 경험을 쌓게 되면 그 다음부터는 훨씬 수월하게 세무진단을 할 수 있을 것이다.

3-3. 회사 실무자와 외부 세무전문가는 잘 점검할 수 있는 세무진단 분야가 다르다.

회사 실무자가 잘할 수 있는 세무진단 분야와 외부 세무전문가 잘할 수 있는 세무진단 분야는 약간 차이가 있다.

회사 실무자가 수행하는 세무진단은 회사의 기본적인 프로세스가 정상적으로 운영되는지, 적절한 입증자료가 작성 보관되고 있는지 등 회사 전반에 대해 폭넓고 지속적인 점검을 할 수 있다.

반면, 외부 세무전문가는 선별된 세무이슈에 대해 보다 깊이 있는 검토를 할 수 있고 최근 세무이슈에 대해 회사보다는 다양한 정보를 신속하게 접할 수 있다.

따라서 회사 실무자에게 어려운 법리의 깊이 있는 세무검토를 하도록 한다든지, 아니면 외부 세무전문가에게 회사의 기본적인 프로세스가 정상적으로 운영되었지에 대한 지속적인 점검을 맡기는 것은 비효율적이다.

3-4. 가장 큰 과세위험은 회사가 세무문제에 관심이 없는 것이다.

세무문제 해결의 출발점이자 과세위험을 줄이기 위한 가장 중요한 포인트는 본인의 회사에 구체적으로 어떠한 세무문제가 있는지 알고자 하는 관심을 갖는 것이다.

반대로 가장 큰 과세위험은 본인의 회사에 구체적으로 어떤 세무문제가 있는지 관심이 없는 경우다.

과세위험도 사전에 회사가 알 수 있도록 조금씩 시그널을 주면 좋겠지만 불행하게도 과세위험은 회사가 시그널을 알아차릴 틈도 없이 바로 실전(세무조사 등)에 돌입하게 되는 경우가 대부분이다.

회사 스스로 세무문제가 있는지 점검하지 않으면 세무조사 등과 같이 실전에 부딪쳐서야 비로소 회사의 구체적인 세무문제를 파악할 수 있게 되는 것이다.

세무조사 시점 혹은 세무조사에 임박한 시점에 회사가 세무문제를 파악한다고 하더라도 이미 대책을 세우기에는 너무 늦었거나 대책이 있다하더라도 선택할 수 있는 폭이 매우 좁거나 효율적이지 못한 경우가 대부분이기 때문에 납세자가 국세청을 상대로 실전(세무조사 등)을 잘하기 어려운 경우가 많다.

3-5. 회사의 자체적인 세무진단은 실무자가 느끼는 세무문제를 공식화하는 계기로 삼을 수 있다.

회사의 세무업무를 맡고 있는 재무부서는 늘 업무가 많은 편이다.

많은 업무를 수행하다 보면 당장 처리 안 해도 되는 세무문제는 늘 뒷전에 밀릴 수밖에 없고 실무진이 특정 과세위험을 어렴풋이 감지하고 있다 하더라도 동료끼리 얘기하는 수준에서 맴돌다가 경영진에게 보고되지 않고 흐지부지되는 경우가 대부분이다.

추후에 세무문제가 실제로 현실화되어 추징되면 재무부서의 사석 술자리에서는 '내가 이거 문제가 될 줄 알았다니깐'이란 말이 나오는 경우가 많다. 그러나 실무진이 어렴풋이 알고만 있는 상태의 세무문제는 회사에 아무런 도움이 안된다.

이러한 세무문제를 공식화하여 진짜 향후에 문제가 될 수 있는지 검증하는 절차를 거쳐 문제가 될 수 있는 사항을 미리 회사의 절차 등에 반영하여 이를 방지하려는 회사 차원의 노력이 뒤따라야 사전에 회사 스스로 세무문제를 인지하는 의미가 있다.

실무진 한두명이 인지한 세무문제를 회사 차원으로 확대하기 위해서는 경영진의 세무문제에 대한 관심이 필요하다는 것은 두말할 나위가 없다.

실무진이 어느 날 뜬금없이 경영진에게 세무문제를 보고하기란 쉽지 않다.

세무진단을 하게 되면 실무진이 느끼는 세무문제를 자연스럽게 회사 차원의 세무문제로 공식화할 수 있는 기회를 줄 수 있다.

3-6. 내 회사의 세무문제는 내가 잘 감지할 수밖에 없다.

환절기에는 기침을 하는 사람이 많고 기침의 원인은 먼지, 꽃가루 알러지, 감기, 폐렴 등등… 다양하다.

기침을 낫게 하는 방법도 원인만큼이나 다양하다. 평소에 운동을 하여 면역력을 키우거나 환절기가 지나 꽃가루가 없어지길 기다린다든지, 만일 폐렴 등 심각한 기침이라면 빨리 병원에 가서 치료를 받아야 한다.

나는 의사가 아니다. 그럼에도 내가 지금 하고 있는 기침의 원인이 뭔지 대충 알 수 있고 그 기침을 치료하는 방법도 비록 의학적으로 아주 정확한 것은 아니지만 인터넷 검색을 한다든가, 지인인 의사에게 물어본다든가, 과거 치료를 받은 사람과의 대화 등을 통해 어느 정도 알 수 있다.

만일 평소에 건강에 관심이 많아 기침의 원인별 증세 등을 찾아본 경험이 있는 사람이라면 이번 기침이 자연적으로 나을 것인지 병원에 가서 전문가에게 진료를 받고 치료를 받아야 하는지에 대해 비교적 빠르고, 정확하게 판단할 수 있을 것이다.

과세위험 관리도 건강 관리와 마찬가지다. 내 몸의 건강은 내가 제일 잘 알 수 있듯이 내 회사의 세무문제의 이상 징후는 회사의 실무진이 가장 잘 감지할 수밖에 없다.

그게 정확히 어느 법령과 관련된 것인지, 이에 대한 대책이 무엇인지는 정확하게 알수 없다고 하더라도 뭐가 문제가 있는지 어렴풋이 감지한 시점에 조금만 관심을 가지고 해당 사항에 대해 구체적으로 세무검토를 한다면 빠른 시간내에 감지한 그 상황과 관련된 세무문제가 무엇인지를 파악할 수 있을 것이다.

구체적 세무문제를 파악하게 되면 인터넷을 검색하거나, 세무전문가에게 문의를 하거나, 과거 유사한 거래에 대해 세무검토를 받은 이와 대화를 통해 보다 정확한 관련 규정을 알아낼 수 있고, 대책도 세울 수 있는 방법은 많다.

3-7. 세무전문가가 아닌 일반인의 상식(사회통념) 기준으로 세무문제를 봤을 때 구체적으로 잘은 모르겠지만 이상하다고 느끼는 것은 뭔가 이상한 것이다.

세무전문가가 아닌 일반인의 상식(사회통념) 기준으로 세무문제를 봤을 때 구체적으로 잘은 모르겠지만 이상하다고 느끼는 것은 뭔가 이상한 것이다.

세무처리의 가장 밑바탕에는 사회통념이 자리잡고 있기 때문에 사회통념으로 바라봤을 때 이상한 세무처리는 정말 적법하지 못한 경우가 많다.

경제적 합리성, 불가피한 사유 등 역시 사회통념에서부터 출발하여 개별상황의 특수성을 고려하는 과정을 거쳐 이루어지는 것이다.

사실 세무문제를 제대로 풀어나가기 위해서는 사회통념만큼 중요한 것도 없다.

④ 과세유형별로 접근하면 세무진단이 쉬워진다

4-1. 회사에서 발생하는 세무문제는 대부분 유사한 경우가 많다.

회사의 세무문제 대부분은 공개되지 않는다. 그룹 계열사간에도 민감한 세무문제에 대해서는 서로 모르는 경우가 많다.

다양한 회사의 세무업무를 수행하는 과정에서 느꼈던 점은 개별회사의 특성 및 업종별 거래 형태 등이 달라 외부적으로 보이는 것은 다를지 몰라도 회사에서 발생하는 세무문제 중 많은 부분이 유사하다는 것이다.

대부분의 회사가 동일한 거래환경, 세법체계, 그리고 국세청의 과세행정 등을 공유하고 있는 상태에서 사업을 영위하고 있으므로 많은 회사에서 유사한 세무문제가 중복하여 발생한다는 것은 어쩌면 당연한 것일지도 모르겠다.

4-2. 어디부터 세무진단을 시작해야 할지 잘 모르겠다면 이미 많은 회사에서 직면하고 있는 세무문제 유형부터 관심을 갖고 대책을 세운다면 과세위험을 효율적으로 낮출 수 있다.

과세위험을 효율적으로 관리하기 위해서 우선 회사 자체적으로 세무문제를 파악하려는 노력을 하고 파악된 세무문제를 스스로 해결할 수 있다면 해결하고, 그렇지 못한 경우 세무전문가의 조력을 받아 해결하는 것이 좋다.

회사 내부에 세무전문가가 있다면 좋겠지만 현실적으로 그러지 못한 경우가 대부분이고 경영진이나 부서장 역시 대부분은 세무전문가가 아니다.

그래서 평소에 세무문제를 챙기고 싶어도 그 방법론에서 막혀 세무문제에 대한 관심을 실제 업무로 전환하기 어렵다. 그렇다고 어떤 세무문제가 있을지도 모르는데 돈을 들여 외부의 세무전문가에게 세무진단 용역을 받는 것도 부담스러운 일이다.

시험을 효율적으로 준비하고 싶다면 기출문제를 먼저 풀어보듯이 과세위험도 효율적으로 관리하기 위해서는 이미 많은 회사에서 직면하고 있는 세무문제 유형[2]부터 우

---

2) 이 책에서는 대다수의 회사에서 이미 발생했거나 발생할 가능성이 높은 세무문제 유형을 세무전문가가 아닌

리 회사에도 잠재되어 있는지 먼저 점검하는 것부터 시작하는 것이 좋다.

세무전문가가 아닌 일반인이 모든 과세위험을 알기도 어렵고, 알고 있을 필요도 없다.

과세유형별로 하나씩 점검하다보면 회사의 세무문제를 발견할 수도 있고 발견된 세무문제는 스스로 대책을 강구할 수 있으면 스스로 하고, 그렇지 못하는 경우에는 외부 세무전문가의 도움을 받을지 판단해 보자.

4-3. 과세위험이 높다고 느끼거나 긴급하다고 생각되는 과세유형부터 우선순위를 두어 세무진단을 할 수 있다.

우선 이 책을 가볍게 한번 읽어 보길 권해드린다.

일단 처음 읽을 때에는 하단의 각주에 나와 있는 근거 등은 모두 스킵하고, 가끔 이해가 되지 않으면 그 부분은 건너뛰면 된다.

처음부터 끝까지 한번 읽으면서 이 책에서 소개된 과세유형 중 우리 회사에 잠재되어 있을 것 같은 과세유형을 체크하고, 과세위험이 높거나 긴급하다고 생각되는 과세유형부터 우선순위를 정하여 해보자. 그리고 상위 순서에 있는 과세유형부터 본격적으로 점검을 한다면 효율적으로 세무진단을 진행할 수 있을 것이다.

4-4. 거래를 실행하기 전 세무진단을 통해 과세위험 발생 자체를 방지할 수 있다.

이 책에 소개된 과세유형과 유사한 거래를 조만간 실행할 계획이 있다면 거래 실행 전에 해당 과세유형의 세무진단을 할 수도 있다.

세무진단의 점검 내용을 실제 거래에 반영하거나 향후 국세청에 제시할 자료를 적시

일반인이 파악할 수 있도록 과세유형별로 기술하고 있다.

회사가 자신의 회사에 어떤 세무문제 있는지에 대해 관심은 있는데 그 방법론을 몰라서 방치하고 있다면 이 책에 소개되어 있는 과세유형과 유사한 유형의 세무문제가 본인의 회사 혹은 본인이 소속되어 있는 회사에 잠재되어 있는지 하나씩 점검하는 것부터 세무진단을 시작해 보자.

이 책은 세무전문가가 아닌 재무(세무)부서에서 업무를 하는 분들이라면 핵심 내용을 쉽게 이해하여 실무에서 해당 과세위험 유형을 파악할 수 있도록 직관적으로 기술하려고 노력했다. 그리고 논란이 있을 수 있는 부분은 최대한 보수적인 입장에서 기술하였다.

회사의 입장에서는 향후 조세불복 가능 여부를 떠나 국세청의 과세 자체만으로도 과세위험이라고 느끼기 때문이다.

26 _ PART 1 서론: 과세유형별 세무진단과 과세위험

성 있게 만들어 놓으면 선제적으로 과세위험 발생 자체를 방지할 수 있다.

4-5. 과세유형별 세무진단을 하다 보면 부수적으로 경정청구 건을 발견하기도 한다.

세무진단을 하다 보면 부수적으로 경정청구 건을 발견하기도 한다.

경정청구란 회사가 적법하게 신고·납부해야 하는 세금보다 더 많은 세금을 신고·납부를 한 경우 법정신고기한으로부터 5년 이내에 관할 세무서에 더 많이 낸 세금을 환급해 달라고 청구하는 것을 말한다.

예를 들어 A회사는 부가가치세법상 과세·면세 겸영 사업자로서 매 과세기간마다 공통매입세액을 안분계산하여 총공급가액 대비 면세공급가액 비율만큼 불공제 처리하고 있다고 가정해 보자.

공통매입세액 과세유형에 대한 세무진단을 수행하다 보면 추징된 사례도 많이 있지만, 반대로 국세청 과세가 부당하다고 판결되어 추징된 과세액을 다시 환급받는 사례도 있기 마련이다.

이런 경우 본인 회사의 공통매입세액 안분계산 방식이 부당한 과세라고 판결 난 과세방식과 유사하다면 과거 5년간 수행한 공통매입세액에 대하여 과다하게 신고·납부했는지 여부를 검토해 보고, 과다하게 신고·납부된 부가가치세가 있다면 경정청구도 실행할 수 있을 것이다.

그런데 만일 공통매입세액에 대한 세무진단을 하지 않으면 계속하여 부가가치세를 과다하게 신고·납부하게 될 것이다.

이렇듯 과세유형별로 세무진단을 하다 보면 부수적으로 경정청구 건을 발견하는 행운이 발생하기도 한다.

⑤ 사실관계 판단차이에 대한 대응 수단: 입증자료

5-1. 사실관계에 대한 판단차이의 원인: 국세청은 (입증)자료와 정황만으로 사실관계를 추정하는데, 수년이 지난 시점에 자료와 정황만으로 사실관계를 정확히 추정하기란 쉽지 않다.

회사가 자체적에서 과세위험을 줄이기 위해 뭔가 노력하고 싶다면 ① 사실관계에 대한 판단 차이 유형의 과세위험을 낮추는 데 초점을 맞추는 것이 좋다.

그럼 납세자가 ① 사실관계에 대한 판단 차이 유형의 과세위험을 낮추기 위해서는 어떤 노력을 해야 할까?

우선 납세자와 국세청이 왜 사실관계에 대해 다르게 생각하게 되었는지 원인부터 파악해 보자.

여행을 같이 다녀온 친구들과 술자리에서 여행 얘기를 하다 보면 다른 얘기를 하는 경우가 있다. 기억하고 있는 행선지의 순서가 다르기도 하고 묵었던 숙박시설의 층수가 다르기도 하다.

그만큼 사람의 기억이라는 것이 정확하지 않다. 특히나 과거 그 자리에 없는 사람에게 기억만으로 실제 일어나 사건을 정확히 설명하기란 더욱 더 어려운 일이다.

일반 사인간에 다툼이 있어 당사자간의 말이 다른 경우는 매우 많다. 한쪽에서는 빚을 다 갚았다고 주장하는 반면, 한쪽에서는 못 받았다고 주장하기도 한다.

이럴 때 필요한 것이 증거다. 사실관계 주장에 맞는 증거는 주장의 신빙성을 높여주지만 증거에 맞지 않는 사실관계 주장은 신빙성을 의심받고 종국에는 그 주장은 거짓으로 간주되어 배척된다.

여행의 경우 사진을 많이 찍어 났으면 사진을 통해 누구 기억이 맞는지 확인이 될 것이고 빚에 대한 다툼에 있어서는 은행 이체 내역이나 변제 증서가 있다면 다툼은 쉽게 해결될 것이다.

그리고 여행을 같이 다녀오지 못한 이에게도 사진을 보여주며 여행 과정을 설명하면 설명을 듣는 이도 얘기로만 들을 때보다 더욱 더 직접 여행을 간 듯한 기분을 느낄 수 있을 것이다.

만일 여행 당시 찍었던 영상까지 보여주며 여행 과정을 설명해 주면 그 생생한 느낌은 배가 될 것이다.

사실관계 대한 납세자와 국세청의 판단차이도 마찬가지다.

과세 대상이 되는 거래 등이 발생한 시점에 국세청은 그런 거래가 있었는지조차 알지 못한다. 또한, 해당 거래 등의 세무처리 및 관련 입증자료(품의서, 적격 증빙 등)의 작성·보관 역시 납세자가 자체적으로 처리하므로, 국세청은 해당거래가 어떻게 처리되었는지 전혀 알 수가 없다.

국세청은 납세자의 세무처리가 적정한지를 검증하고자 할 때에 이르러서야 납세자가 작성·보관하고 있는 자료를 보게 되는데, 이 시점은 이미 세무처리 대상 거래(사실관계)가 발생한 후 수년이 지난 시점인 경우가 대부분이다.

이렇게 수년이 지난 시점에 납세자가 작성·보관하고 있는 자료만으로 국세청이 당시 사실관계를 정확히 추정하기란 쉽지 않다.

때로는 납세자가 작성·보관하고 있는 자료의 신빙성이 떨어져서 세무처리 당시 사실관계를 정확히 추정하기 어려운 경우도 있다. 이런 경우 국세청은 간접 정황이나 다른 과세 사례를 등을 참고하여 사실관계를 추정할 수밖에 없다.

문제는 국세청은 과세권을 행사하는 국가 기관이고 다른 과세 사례 등을 많이 접하기 때문에 과세가 되는 쪽으로 사실관계를 추정하는 경향[3]이 있다는 것이다. 그리고 가끔 납세자가 잘못 작성한 자료 또는 사실관계에 혼란을 주는 불필요한 자료로 인해 국세청이 잘못된 사실관계를 추정하기도 한다.

또한 국세청은 사실관계를 추정하기 위해 모든 자료를 고려할 수 없으므로 많은 자료 중 신뢰할 만하다고 생각되는 자료 등을 취사 선택하여 사실관계를 추정하는데 자료 등을 취사선택할 경우 가장 우선시 여기는 것이 자료가 나타내는 사실관계의 신빙성이다.

국세청이 자료를 취사선택하여 사실관계를 추정하다 보면 국세청이 추정한 사실관

---

3) 다수의 납세자를 상대하고 세무처리 당시 상황을 전혀 모르는 국세청 입장에서 보면 어찌 보면 당연한 행동 방향이라고 볼 수 있다.

계와 납세자가 인식하고 있는 사실관계가 다를 수 있다. 만일, 납세자와 국세청이 동일한 사실관계를 인식하더라도 해당 사실관계의 본질에 대해서는 다른 판단을 할 수도 있다.

이런 저런 이유로 인해 국세청이 사실관계를 다르게 판단할 가능성은 얼마든지 발생할 수 있다.

5-2. 납세자는 거래 시점으로부터 수년이 지난 시점에 자료와 정황만으로 사실관계를 추정해야 하는 국세청의 입장에서 (입증)자료를 준비해야 한다.

납세자 입장에서 국세청과의 사실관계에 대한 판단차이를 조금이라도 줄이고 싶다면 국세청이 납세자가 주장하는 사실관계를 신뢰할 수 있도록 신빙성 있는 입증자료를 풍부하게 준비해 놓을 필요가 있다.

납세자가 입증자료를 준비를 할 때 주의해야 할 점은 납세자 입장이 아닌 국세청 입장에서 자료를 준비해야 한다는 점이다.

즉, 납세자는 거래 시점으로부터 수년이 지난 시점에 자료와 정황만으로 사실관계를 추정을 해야 하는 국세청의 입장에서 (입증)자료를 준비해야 한다.

국세청 입장에서 거래 당시에 그 자리에 없었지만 거래 현황을 정확히 알 수 있게 해주는 자료를 신빙성 있는 자료라고 표현한다.

납세자가 신빙성 있는 자료를 풍부하게 준비한다면 국세청과의 사실관계에 대한 판단차이가 줄어들 가능성이 높을 것이다.

5-3. 신빙성 있는 입증자료의 속성과 입증자료의 예

세법에서 입증자료라는 용어의 정의나 그 종류에 대해 규정하고 있지는 않다.

입증자료는 당시 사실관계를 알 수 있는 것이라면 품의서, 내부 작성 자료, 사진, 동영상, 녹취, 택배서류, 우편, 관련 뉴스 등등 그 어떠한 형태라도 좋다.

국세청이 생각하는 신빙성 있는 (입증)자료가 가지는 속성 및 관련 입증자료의 예를 들어보면 다음과 같다.

- 세무처리 당시 작성된 자료 및 증빙: 예) 품의서, 사진, 당시 작성된 추정(엑셀)자료, 뉴스자료, 이메일 등
- 사후적으로 변경이 불가능하거나 변경의 흔적이 남는 것: 예) ERP 작성, 파일, 공시자료, 이메일 등
- 다른 제3자와 확인이 가능한 자료: 예) 제3자에게 송부한 공문, 인보이스, 날인 견적서, 날인 계약서, 날인 검수보고서, 이메일 등
- 세금계산서 등 당시 신고내역과 일치되는 자료: 예) 인보이스, 출입국 기록, 카드 사용 내역 등

상기 예에 열거되지 않은 입증자료(예를 들어 간접적 정황자료 등)도 입증력이 있다. 따라서 간접적 정황자료라도 입증자료는 종류가 많을수록 그 양이 많으면 많을수록 좋다.

5-4. 이메일만큼 적은 비용으로 작성·보관할 수 있는 신빙성 있는 증빙자료도 드물다.

일반적인 경우 국세청은 거래 당시 거래상대방과 주고받은 이메일을 신빙성이 높은 자료라고 생각한다.

사실 이메일만큼 적은 비용으로 회사가 작성·보관할 수 있는 신빙성 있는 증빙자료도 드물다.

이메일은 업무 처리를 하는 과정에서 발생하기 때문에 별도로 작성하기 위해 추가적인 시간과 노력을 투입할 필요도 없고 수신자가 있어서 자연스럽게 제3자와의 확인이 가능하고 사후 조작도 어려워 신빙성이 높은 증빙자료로 인정된다. 그리고 이메일은 서버 등 전자장치에 보관하면 되므로 무엇보다도 보관하기도 간편하다.

임직원이 주고받은 업무 관련 이메일을 회사 차원에서 보관하면 회사가 특정 거래를 파악하고 싶을 때 손쉽게 과거 사실관계를 파악할 수 있다.

이메일 보관 시스템을 만들어도 좋고 이메일 보관 시스템을 만들기 어려운 상황이라면 컴퓨터 하드, 외장하드 등에 보관해도 된다. 만일 용량이 큰 경우에는 회사 서버에 주기적으로 임직원의 업무 관련 이메일을 백업하는 것이 좋다.

5-5. 업무 관련 이메일을 제시하지 못할 경우 국세청은 납세자가 나쁜 의도로 이메일을 삭제하였다고 추정할 수 있으므로 업무 관련 이메일은 회사 차원에서 보관하는 것이 좋다.

일부 회사의 경우 업무 관련 이메일이라도 보관 권한을 사용자 임직원(개인)에게 맡기고 있어 사용자가 관련 이메일을 삭제한 경우 정작 필요한 이메일을 국세청에 제시하지 못하는 경우도 발생한다.

시스템에 투자할 여력이 없는 중소형 회사 임직원의 경우 회사 이메일을 주기적으로 삭제하는 경우가 많다. 컴퓨터 하드 내에 별도 파일을 만들어 저장할 수 있으나 대부분 별도 저장을 하지 않는다.

이러한 상황에서 몇 년이 경과해 버리면 관련 임직원이 당시 기억을 못하거나 퇴사해 버리면 기초 사실관계도 파악하기 어렵고, 설사 관련 임직원의 기억 등을 통하여 사실관계를 파악한다고 하더라도 이를 입증할 수 있는 변변한 서류 하나도 확보하기 어려운 상황이 된다.

이런 경우 국세청은 사실관계를 왜곡하기 위해 납세자가 의도적으로 삭제하였다고 보고 색안경을 끼고 사실관계를 유추할 수 있으므로 가급적 회사는 임직원의 업무 관련 이메일을 회사차원에서 백업하여 보관하는 것이 좋다.

⑥ 조세불복시 입증책임의 귀속

6-1. 입증자료의 작성 · 보관 의무와 입증책임의 귀속은 별개의 문제이다.

입증자료는 조세불복 과정에서도 매우 중요한 역할을 한다.

입증자료는 조세불복 과정에서 납세자가 주장하는 사실관계의 신빙성을 높여 주거나 국세청에게 입증책임을 전가시켜 납세자에게 유리한 조세불복 결과가 나올 수 있도록 가능성을 높여준다.

입증자료를 작성 · 보관해야 하는 세법상의 의무와 조세불복 시 입증책임의 귀속은 완전히 다른 얘기이며 둘 간의 차이를 구분하는 것은 매우 중요하다.

법인세법 기본통칙에 따르면 "법인세의 납세의무가 있는 법인은 모든 거래에 대하여 거래증빙과 지급규정, 사규 등의 객관적인 자료에 의하여 이를 당해 법인에게 귀속시키는 것이 정당함을 입증하여야 한다. 다만, 사회통념상 부득이하다고 인정되는 범위내의 비용과 당해 법인의 내부통제기능을 감안하여 인정할 수 있는 범위내의 지출은 그러하지 아니한다[4]."라고 규정하고 있다.

이 밖에도 제품의 폐기 시에 폐기사실을 객관적으로 입증될 수 있는 증거를 갖추도록 하는 등[5] 법인세법 기본통칙에서는 납세자가 입증자료를 작성 · 보관하도록 기술하고 있다.

그러나 이러한 기본통칙을 보고 마치 납세자가 과세 관련 사실에 대해 그 정당성을 입증하지 못하면 국세청의 과세가 정당한 것으로 인정된다는 의미로로 이해하면 안된다.

6-2. 조세불복 과정에서 과세의 적법성에 대한 입증책임은 소송법상 입증책임의 법리에 따라 법률효과를 주장하는 측에 귀속되는 것이 원칙이다.

상기 기본통칙의 내용은 국세청 과세행정의 효율성을 높이기 위해 납세자에게 입증

---

4) 법인세법 기본통칙 4-0…2 【법인의 입증책임】
5) 법인세법 기본통칙 42-78…3 【변질된 제품 및 폐품의 폐기】

자료를 작성·보관하도록 의무를 지우는 것에 불과하고 이러한 기본통칙으로 인해 소송법상 입증책임의 법리가 근본적으로 달라지지 않는다.

결론부터 말하자면, 납세자는 국세청과의 생각 차이를 감소시키기 위해 입증자료를 작성·보관하는 노력을 해야 하지만 조세불복 과정에서 과세의 적법성에 대한 입증책임은 원칙적으로 과세권을 행사하는 국세청에 있다.

이하에서는 입증책임에 대해 기술하고자 한다.

6-3. 입증책임은 법률효과를 주장하는 측에 있는 것이 원칙이다.

입증책임은 소송법상의 개념이므로 우선 소송법상 입증책임에 대한 개념을 대략적으로 기술하면 다음과 같다.

입증책임은 거증책임이라고도 하며, 입증책임이 있는 자는 법으로 규정되어 있다.

예를 들어 '선의(善意)의 경우에 권리를 취득한다'고 규정된 경우에는 권리(선의)를 주장하는 자에게 선의의 입증책임이 있고, '악의(惡意)의 경우에는 그러하지 아니하다'고 규정되어 있으면 그 권리(악의)를 주장하는 자에게 악의의 입증책임이 있다.

또한 추정(推定)에 관한 규정이 있는 때에는 그 추정을 전복하려는 자에게 반대사실의 입증책임이 있다.

이렇듯 입증책임은 권리 등 법률효과를 주장하는 측에 있는 것이 원칙이다.

6-4. 조세불복 과정에서 과세의 적법성에 대한 입증책임은 원칙적으로 과세권을 행사하는 국세청에 있다.

조세불복 과정에서 과세의 적법성에 대한 입증책임은 과세를 주장하는 국세청에게 있다[6].

이를 문장 그대로 해석하면 국세청이 과세의 입증책임을 다하지 못하면 과세의 적법성을 인정받지 못한다는 것이다.

---

6) 대법원 1994.8.12. 선고, 92누12094 판결 등 다수

그런데 이러한 해석은 뭔가 현실과 괴리가 있다.

현실에서는 입증자료가 없다는 이유만으로 국세청의 과세가 적법하다고 인정되는 경우가 많기 때문이다.

6-5. 납세자가 부자연스러운 행위를 하였다면 입증책임이 납세자에게 전환된다.

조세불복에 있어 입증책임의 원칙을 기술하면, "과세의 적법성에 대한 입증책임은 원칙적으로 국세청에게 있으나 경험측에 비추어 과세요건이 추정되는 사실이 소송 과정에서 밝혀지면 경험측 적용의 대상이 되지 아니하는 사정을 주장하는 편에서 그러한 사정을 입증해야 한다[7]."는 것이다.

조세불복 시 상기와 같이 납세자에게 입증책임을 일정 부분 부담시키는 이유는 필요경비공제는 납세자에게 유리한 것일 뿐만 아니라 필요경비의 기초가 되는 사실관계는 대부분 납세자의 지배영역 안에 있는 것이어서 국세청으로서는 그 입증이 곤란한 경우가 있으므로 그 입증의 곤란이나 당사자 사이의 형평을 고려하여 납세자로 하여금 입증케 하는 것이 합리적인 경우에는 입증의 필요를 납세자에게 전환[8]하는 것이 합리적이기 때문이다.

조세불복을 함에 있어 납세자 및 국세청은 동일한 과세처분에 대한 부당성 혹은 적법성을 주장한다는 특징이 있고, 입증책임이 있는 측이 현저히 불리한데 국세청에게 일방적으로 입증책임을 지우는 것은 국세청과 납세자간의 형평성 측면에서도 맞지 않는다.

그러나 납세자에게 그 입증의 필요를 돌리는 경우는 과세관청에 의하여 납세의무자가 신고한 어느 비용의 용도와 그 지급의 상대방이 허위임이 상당한 정도로 입증된 경우 등을 가리키는 것으로, 그에 관한 입증이 전혀 없는 경우까지 납세의무자에게 곧바로 손비에 대한 입증의 필요를 돌릴 수 없다[9].

상기 내용을 좀 더 쉽게 풀어 쓰면 "사회통념상 납세자가 자연스러운 거래를 했는데 국세청이 과세를 했다면 해당 과세에 대한 입증책임은 국세청에게 있고, 사회통념상 부자연스러운 거래에 대해 과세를 했다면 그 부자연스러운 거래를 한 입증책임은 납세

---

7) 대법원 2000두9489, 2004.4.10.
8) 대법원 91누10909, 1992.7.28.
9) 대법원 1998.1.15. 선고, 97누15436 판결

자에게 있다."는 정도로 이해할 수 있다.

따라서 납세자와 국세청은 조세불복 과정에서 서로 상대방이 주장하는 사실관계가 더 부자연스럽다고 주장하며 상대방에게 입증책임을 전가시키려 한다. 납세자 및 국세청의 주장 중 어느 쪽의 사실관계가 부자연스러운지에 대해서는 법원 또는 조세심판원에서 판단을 한다.

6-6. 조세불복에 있어 입증책임이 있는 측이 불리하다.

조세불복에 있어 판결의 내용은 결국 "과세의 적법성"으로 귀결되고 이런 경우 납세자의 입장과 국세청의 입장은 동전의 양면과 같다.

납세자에게 입증책임 있다는 것은 납세자가 입증하지 못하면 과세가 적법한 것으로 인정된다는 의미이고 반대로 국세청에게 입증책임이 있다는 것은 국세청이 입증하지 못하면 과세가 적법하지 못한 것으로 인정된다는 의미이기 때문이다.

또한 법원이나 조세심판원을 상대로 입증책임을 다한다는 것은 쉽지 않기 때문에 입증책임이 있는 측이 불리한 것은 당연하다.

6-7. 직접 입증자료로 입증하고 간접(정황) 입증자료로 입증책임을 전환시킨다.

사실관계를 직접적으로 입증할 수 있는 직접 입증자료가 있다면 좋겠지만 그런 직접 입증자료가 없다면 그 사실관계를 추정할 수 있도록 하는 간접(정황) 입증자료도 매우 중요하다.

사살관계를 추정할 수 있는 간접(정황) 입증자료는 조세심판원 혹은 법원이 납세자의 행위 또는 거래가 자연스럽다고 느끼게 함으로써 입증책임이 납세자에게 전환되는 것을 막을 수 있기 때문이다.

즉, 조세불복 과정에서 납세자가 과세의 부당성을 입증할 수 있는 직접 입증자료가 없다면 간접(정황) 입증자료로 납세자의 주장이 보다 자연스럽다고, 혹은 국세청의 주장이 보다 부자연스럽다고 조세심판원 혹은 법원이 판단하게 함으로써 국세청에게 그 입증책임을 전가시켜야 조세불복에서 납세자에게 유리한 결과를 얻어낼 가능성이 높아진다.

따라서 납세자는 직접 입증자료를 작성·보관하여 입증하면 좋겠지만 직접 입증자료를 작성·보관할 수 없다면 간접(정황) 입증자료라도 많이 확보해야 한다.

6-8. 정황 증거로 납세자가 유리한 판결을 받은 사례[10]

사실관계 및 과세처분

A회사는 다품종 소량 자산을 대여해 주는 업종을 영위하고 있다. 이러한 업종의 특성상 분실되는 대여자산도 많고 실제 폐기를 하더라도 폐기사진과 같은 직접 입증자료를 작성·보관하기 어렵다.

국세청은 A회사에 대한 세무조사 시 대여 자산 폐기손실 관련 직접 입증자료가 없다는 이유로 폐기손실을 손금으로 인정하지 않았다.

조세심판원의 판단

그러나 납세자는 다음과 같은 간접(정황) 입증자료를 제시함으로써 해당 과세가 잘못되었다는 조세심판원의 판결을 받을 수 있었다[11].

- 폐기된 자산이 대부분이 저가인 자산임
- 노후화된 자산들로 호환성이 없을 뿐만 아니라 수리가 불가능하여 재사용도 할 수 없음
- 해지된 사업장에 그대로 방치하거나 자체적으로 폐기하는 것이 기계장치를 수거하여 폐기처리업자 등을 통하여 폐기처리하는 것보다 비용측면에서 경제적 효율성 있음
- 자산 폐기리스트와 서비스 계약해지자 명단상 자산 리스트가 일치함

---

10) 참고로 본 저서에서 소개하고 있는 사례는 독자의 이해를 돕기 위하여 이미 대중에게 공개되어 있는 국세청 유권해석, 조세심판원 선심례, 법원의 판례 등에 기술된 사실관계를 바탕으로 저자가 각색을 하거나 여러 사실관계를 조합하여 만든 것이다.
11) 국심 2003서3079, 2004.10.19.

일반적으로 회사에서 재고자산을 폐기하는 경우 폐기 사진이나 폐기업자와의 거래 세금계산서를 보관하고 있다.

따라서 이러한 직접 입증자료가 없이 자산을 폐기한 A회사의 행위는 부자연스럽다고 판단될 수 있으며, 만일 A회사가 별다른 간접(정황) 입증자료를 제시하지 않았다면 아마도 자산 폐기 관련 입증책임은 A회사에게 귀속되어 자산 폐기 사실을 입증하지 못한 A회사에게 불리한 판결이 나왔을 것이다.

그러나 A회사는 상기와 같은 간접(정황) 입증자료를 제시함으로써 A회사의 업종은 사진과 같은 직접 입증자료를 갖추지 못하는 것이 부자연스럽지 않다는 것을 조세심판원의 심판부를 설득한 것이다.

이에 심판부는 A회사가 폐기손실로 처리된 자산을 실제 폐기를 하지 않았다는 입증책임을 다시 국세청에 전환하였으며, 이를 입증하지 못한 국세청의 과세처분을 부당하다고 판단한 사례이다.

이러한 간접(정황) 입증자료의 예로서는 폐기가 실제로 이루어지지 않았다면 발생하였을 보관비용 내역[12], 또는 폐기할 만큼 내용연수가 경과되었고 사용 가능한 자산으로 환원이 불가능하였다는 것을 알 수 있는 감가상각명세서[13] 등을 들 수 있다.

---

12) 국심 2006서3640, 2007.7.16.
13) 심사법인 98-289, 1999.1.8.

7 법리 견해 차이에 대한 대응 수단: 법령, 판례, 선심례, 사회통념

7-1. 국세청은 세법에서 정한 세금을 효율적으로 거두기 위한 정부기관이다.

세금은 "국가가 국민에게 대가 없이 공권력을 이용하여 강제적으로 걷는 것"이므로 태생적으로 납세자는 늘 억울하다고 느낄 수밖에 없고 과세 과정에서는 납세자의 반발이 있을 수밖에 없다.

대가 없이 뭔가를 가져가는데 그게 국가든 공권력이든 뺏김을 당하는 입장(납세자)에서는 기분이 좋을 리 없기 때문이다.

세금을 거두는 과정에서 납세자의 반발이 심해서 거둔 세금보다 과세 과정에서 발생하는 사회적 비용이 더 크다면 그 세금은 거두지 않는 것이 좋다.

물론 다른 정책적인 이유로 이러한 사회적 비용이 큰 세금 종류도 있을 수 있겠지만 그런 세금은 세금징수의 본연의 목적보다는 다른 정책 수단 중 하나라로 보아야 한다.

국세청은 세법에서 정한 세금을 거두기 위한 세무행정을 실행하기 위한 정부기관이다.

그리고 세금을 거두기 위해 발생하는 사회적 비용보다는 거두어 들이는 세금이 커야하므로 국세청은 "효율적"으로 세금을 거두어야 한다.

7-2. 국가는 효율적 징세를 위해 여러 제도를 두고 있는데 납세자는 이러한 제도에 기대어 국세청과 소통해야 한다.

효율적으로 세금을 거두기 위해서는 납세자의 반발을 최소화해야 한다. 납세자의 반발을 최소화하기 위한 세금징수가 가져야 하는 속성 중 하나는 공평(형평성)이다.

납세자 입장에서는 세금을 안내면 좋겠지만 이왕 낸다면 다른 납세자와 비교하여 공평하게 낸다는 생각이 들면 납세자의 반발이 줄어들 것이고, 그 만큼 세금징수와 관련된 사회적 비용도 감소할 것이다.

공평한 과세를 하기 위해서는 사전에 과세기준을 구체적이고 명확히 세우고 이를 일관성 있게 실행하는 것이 좋다.

공평과세를 위해 국가(입법부)는 세법을 제정하고 세법을 실행하기 위해 국세청을 포함한 여러 조직을 만들어 운영한다.

국세청은 효율적이고 일관성 있는 과세를 실행하기 위해 세법에 따라 세금을 거두고 세법에 명확하지 않은 부분에 대하여 납세자의 질의를 받아 관련 유권해석을 공포한다. 또한 세무공무원이 통일적이고 일관성 있는 세무행정을 수행할 수 있도록 기본통칙 또는 집행기준 등을 만들어 실행한다.

이러한 세법, 유권해석, 기본통칙, 집행기준 등은 납세자가 국세청과 소통할 때 비빌 언덕(?)이 되어준다.

세법, 유권해석, 기본통칙, 집행기준 등 여러 모습을 띄고 있지만 결국 본질은 나도 남들 만큼만 세금을 내겠다는 납세자의 이해를 얻고 납세자의 저항을 최소화하여, 궁극적으로는 징세 관련 사회적 비용을 최소화하려는 행정부(국세청), 입법부의 노력의 산물이다.

7-3. 법리 견해 차이에 대한 대응 수단: 법령, 판례, 선심례, 사회통념

국세청은 과세권이라는 무지막지한 힘을 가지고 있지만 이러한 과세권은 법에 따라 집행되어야 한다. 앞서 얘기한 사회적 비용을 최소화하기 위한 과세권 행사의 태생적 제약조건이라고 할 수 있다.

다수의 납세자를 상대하기 위한 국세청의 과세권은 일정한 제약조건에서 사용되어야 하는데 납세자는 이러한 제약조건을 이용하여 국세청과의 생각차이를 줄여 과세위험을 낮추어야 한다.

우리나라 헌법에서는 "모든 국민은 법률이 정하는 바에 의하여 납세의 의무를 진다"(38조), 그리고 "조세의 종목과 세율은 법률로 정한다"(59조)라는 규정을 두고 있다[14].

이를 흔히 조세법률주의라고 하는데 국세청(행정부)이 무소불위의 과세권을 행사할 수 없도록 입법부가 그 기준(조세 법령)을 정하는 것이다.

---

14) 납세자는 본인들이 선출한 대표에 의하여 정해진 범위내에서 세금을 납부해야 한다는 근대 의회주의의 '대표 없으면 과세 없다'는 원칙의 구체적 헌법 규정이다.

또한 사법부는 조세 관련 판례를 통해 행정부의 과세권이 조세법률주의 테두리 안에서 사용되고 있는지 개별 조세쟁송(과세사례) 별로 판단하고 있다.

조세심판원은 행정부(국무총리 산하)의 조직인데 행정 전심주의에 따라 조세 관련 분쟁은 1차적으로 조세심판원을 거쳐야 조세소송이 가능[15]하며 조세심판원이 개별 조세쟁송을 판단한 사례를 선심례[16]라고 한다.

이와 같이 판례와 선심례는 과거의 조세불복 사례를 통해 국세청(행정부)의 향후 과세권의 행사기준을 제시하고 있다.

그러나 현실적으로 다수의 복잡한 거래가 발생하고 있는 실무를 감안했을 때 법령, 판례, 선심례만으로 납세자와 국세청과의 생각 차이를 해소하기는 쉽지 않다.

7-4. 다른 납세자와의 형평성, 경제적 합리성, 거래의 불가피성, 거래의 당위성 등은 '사회통념'의 또 다른 표현이다.

납세자가 기댈 수 있는 법령, 판례, 선심례가 없는 경우 납세자가 마지막으로 기댈 수 있는 것이 '사회통념'이다.

다른 납세자와의 형평성, 경제적 합리성, 거래의 불가피성, 거래의 당위성 등은 사회통념의 또 다른 표현에 불과하다.

7-5. 세금과 관련된 사회통념의 기저에는 거래 또는 행위 당시 사회통념상 당연한 행위 또는 합리적 거래로 인해 조세상 불이익을 받아서는 안된다는 개념이 깔려 있다.

세금과 관련된 사회통념의 기저에는 거래 또는 행위 당시 사회통념상 당연한 행위 또는 합리적 거래로 인해 해당 거래 당사자가 조세상 불이익을 받아서는 안된다는 개념이 깔려 있다.

---

15) 감사원에 심사청구를 하는 경우에는 조세심판원을 거치지 않고 조세소송을 가능하지만 조세문제로 감사원에 심사청구를 하는 비율은 그리 높지 않다.
16) 조세심판원은 국세청과 같은 행정부 소속이고 국세청과 인사 교류도 있어 선심례가 국세청의 과세권의 제약조건이라고 단정하기는 어려우나 대부분의 조세불복이 법원(소송) 단계까지 가기 어렵다는 현실적인 상황을 고려할 때 납세자에게 미치는 영향이 판례보다 적다고 볼 수 없다.

나도 남들 만큼만 세금을 내겠다는 공평 과세와 일맥상통하는 사회통념이다.

어찌 보면 조세법률, 판례, 선심례 역시 그 당시의 사회통념을 구체적으로 발현한 과세 기준 및 조세분쟁 해소 사례라고 할 수 있고, 이러한 측면에서 사회통념은 납세자와 국세청 간의 생각 차이를 해소할 수 있는 가장 근본적인 수단이라고 할 수 있다.

그러나 사회통념은 사람마다 달라서 사회통념의 주장은 납제자와 국세청의 새로운 견해차이를 발생시킬 수 있다. 따라서 국세청과의 견해 차이를 해소하기 위해 사회통념을 주장할 때는 이에 대한 정당성을 뒷받침할 수 있는 법률, 판례, 선심례에 근거하는 것이 좋다.

법령, 판례, 선심례에 근거하지 않은 사회통념 주장이 실무적으로 관철되기 위해서는 위헌 소송 등을 통해 법률이 개정되거나 새로운 판례 또는 선심례를 생성하는 첫번째 사례가 되어야 하는데 현실적으로 쉽지 않은 과정을 거쳐야 한다.

7-6. 사회통념의 변화는 의외로 빨리 진행되어 기존의 법령, 판례, 선심례 중에는 현재의 사회통념과 부합하지 않는 경우도 많기 때문에 기존의 법령, 판례, 선심례라도 끊임없이 현재의 사회통념으로 재해석을 해야 한다.

이렇듯 사회통념과 법령, 판례, 선심례는 상호 독립적인 것이 아니다.

사회환경 및 제도 등의 변화하고 사회구성원의 바뀌면 사회통념이 변화하고 변화된 사회통념에 맞지 않는 법령 등은 더 이상의 생명력을 잃고 없어지게 된다.

대신 그 자리에 거래 당시의 새로운 사회통념을 반영한 새로운 법령 등이 대체되어 과세기준으로서 기능을 수행하는 과정을 반복하게 된다. 이러한 과정을 통해 사회통념과 법령 등은 상호 보완적인 관계를 유지하면서 과세권이 무소불위하게 행사되는 것을 제한하게 된다.

그리고 사회통념의 변화는 의외로 빨리 진행[17]되어 기존의 법령, 판례, 선심례 중에는 현재의 사회통념과 부합하지 않는 경우도 많기 때문에 기존의 법령, 판례, 선심례라도 끊임없이 현재의 사회통념으로 재해석을 해야 한다.

---

17) 예를 들어 최근 지적재산권, 브랜드 등과 같은 사회적 인식이 변화되면서 이에 대한 과세기준도 많은 변화가 있다.

따라서 납세자는 평소 세무처리를 할 때 법령, 판례, 선심례에 근거하여 실행하고 해당 처리가 거래 당시 사회통념에 맞는지를 통해 검증한다면 과세위험을 상당 부분 낮출 수 있다.

7-7. 납세자는 국세청이 내부지침(기본통칙, 예규, 집행기준 등)을 보수적으로 정할 수밖에 없다는 점도 고려해야 한다.

국세청 기본통칙은 예규·통첩의 일종으로 국세청 행정의 통일을 도모하기 위하여 하부기관의 직무운영에 관한 세부적 사항이나 법령해석 등을 구체적 또는 개별적으로 시달하는 것을 말한다.

또한 국세청 집행기준은 복잡하고 난해한 세법 규정을 일반 국민이 보다 쉽고 명확하게 이해할 수 있도록 쉬운 용어와 도표, 그림, 수식 등을 활용하여 법령 및 기본통칙 등을 이해하기 편하도록 정리한 것이다.

국세청의 기본통칙, 예규, 집행기준은 국세청 내부지침이므로 법령, 선심례, 판례, 사회통념에 반하면 언제든지 바뀔 수 있다.

또한, 국세청의 기본통칙, 예규, 집행기준 등은 국세청 공무원 입장에서는 지켜야 할 지침이지만 납세자 입장에서는 반드시 지켜야 할 법률 규정이 아니므로 국세청은 내부지침을 보수적으로 정할 수밖에 없다는 것도 납세자는 고려해야 한다.

따라서 납세자는 납세의무를 이행할 때 통칙 및 집행기준을 참고할지언정 세법과 같은 절대적인 과세기준이라고 생각할 필요는 없다.

II

본론: 과세유형별 세무진단 실무

거래와 계약

① 세무진단의 시작: 주요 가치창출 거래부터 시작해 보자

1-1. 과세위험을 검토하는 기본 단위: 거래

회사 세금의 큰 부분을 차지하는 법인세 및 부가가치세는 거래를 통해 소득으로 실현(법인세)되거나 거래 자체를 과세대상(부가가치세)으로 삼고 있으므로 과세위험을 검토하는 기본 단위는 거래이다.

감가상각비와 같은 결산 항목은 사전상의 의미로만 보면 거래가 아니지만 감가상각비도 고정자산 매입거래에 따른 원가배분 과정이므로 큰 틀에서 보면 거래 관련 과세위험이라고 볼 수 있다.

하나의 거래로 인해 과세위험이 발생하기도 하고 여러 거래가 복합적으로 관련되어 과세위험이 발생하기도 한다.

1-2. 세무진단의 시작점: 주요 가치창출 거래에 대한 현황 파악

회사에서는 수많은 거래가 수시로 이루어지기 때문에 어느 거래부터 세무진단을 시작해야 할지 엄두가 나지 않을 수 있다.

이럴 때는 우선 회사의 주요 가치창출 거래가 무엇인지를 파악하고 주요 가치창출 거래부터 세무진단을 시작하는 것이 좋다.

주요 가치창출 거래는 현업부서[18]에서 관련 절차나 실무가 이루어져 평소에 세무 측

---

18) 예를 들어 영업부서, 구매부서 등

면에서 검토나 관리가 잘 이루어지지 않는 경우가 대부분이다.

매출 등 주요 가치창출 거래는 그 거래 규모가 매우 클 뿐만 아니라 거래빈도도 다른 거래에 비해 월등히 높아서 세무조사 시 집중 검증 대상이 될 가능성이 높고 한번 과세 되면 추징금액이 크다는 특징이 있다.

주요 가치창출 거래는 업종별로 다를 것이다.

제조업을 영위하는 회사는 제조, 판매가 될 것이고 건설업은 각 프로젝트 수주, 건축, 하도급, 유통업을 영위하는 회사는 운송시스템, 창고 운영, 유통망 관리 등이 될 것이다.

주요 가치창출 거래에 대한 세무진단을 효율적으로 하기 위해서는 그 회사의 주된 가치창출의 원천 및 이를 현금 유입으로 전환시키는 주요 가치창출 거래(제조업의 경우 제조과정 포함) 방식, 그리고 가치창출의 원천 및 가치창출 거래의 지속가능성에 대한 현황 파악이 선행되어야 한다[19].

세무진단을 수행하는 담당자가 주요 현업부서의 업무경험이 있다면 훨씬 더 효율적 이고 깊이 있는 세무진단을 수행할 수 있다.

1-3. 거래현황(사실관계)을 정확히 파악하기 위한 필수 절차: 현업 담당자와 인터뷰

현대의 모든 것이 그러하겠지만 거래 방식 역시 끊임없이 변한다. 과거에는 물건을 사고 현금을 지급하는 것이 일반적이었다면 지금은 카드 또는 모바일 머니 같은 지급 방식이 일반적이다.

포인트 적립 유무 또는 모바일 앱 등과 같은 플랫폼을 통해 거래가 이루어진다는 점 도 최근 변화하는 거래방식 중 하나가 될 것이다.

이런 외부와의 거래방식과 마찬가지로 ERP 도입 등으로 인해 회사의 내부적인 실무 처리방식 역시 끊임없이 변화하기 때문에 과거 5년~10년 전 알던 회사 실무 처리방식 과 현재의 실무 처리방식은 많은 변화가 있을 수밖에 없다.

---

19) 만일 사업보고서 등을 공시하는 회사라면 Dart에 공시된 사업보고서 등의 "II. 사업의 내용"을 참고하면 좋다.

주요 가치창출 거래를 포함한 거래에 대하여 세무진단을 하기 위해서는 거래 현황을 포함한 사실관계를 정확히 파악해야 한다. 그리고 사실관계를 정확히 파악하기 위해서는 현재 근무하고 있는 현업 실무담당자와의 인터뷰는 필수적이다.

과거의 거래방식이나 현업 업무방식이 현재에도 계속될 것이라는 생각으로 현업과 인터뷰를 생략하거나 소홀히 했다가 실제 세무문제가 아닌 다른 세무문제에 대한 검토를 하는 헛수고를 하는 경우가 매우 많이 발생한다.

현업 실무담당자와 인터뷰는 단 한 번하고 끝나는 것이 아니라 궁금한 사항이 있는 경우에는 전화 등을 통해서 수시로 하고 세무검토의 최종단계에서는 반드시 검토의 전제인 사실관계가 실제와 동일한지를 현업 실무담당자에게 확인해야 한다.

1-4. 세무진단할 주요 가치창출 거래를 선정하고 사실관계를 파악하였다면 해당 거래에 대한 실제 회계처리가 세무적 관점에서 적정한지를 살펴보자.

회사가 세무진단할 거래(주요 가치창출 거래 포함)를 선정하였다면 우선 업계의 과세이슈 혹은 타사 과세사례를 수집하여 해당 과세이슈가 회사의 거래에 잠재되어 있는지 확인해 보는 식으로 세무진단을 진행하는 것이 효율적이다.

그러나 업계의 과세이슈 혹은 타사 과세사례를 수집하기 어렵다면 선정된 거래의 실제 회계처리에 대한 세무검토부터 시작하는 것이 좋다.

예를 들어 주요 가치창출 거래와 관련된 회계상 매출, 제조원가, 매출원가(재고자산), 운송비 등의 실제 회계처리가 세무적 관점에서 적정한지를 검토하는 것부터 시작하는 것이다.

세무적 관점에서 회계처리의 적정성을 검토하는 것은 세무진단의 기본 절차이기 때문에 주요 가치창출 거래뿐 아니라 회사의 모든 거래에 대한 세무진단에 적용된다.

회사의 전반적인 회계처리가 세무적으로 적정한지를 체크해 보는 것만으로 회사의 과세위험을 크게 낮출 수 있다.

1-5. 법인세법상 귀속시기 및 부가가치세법상 공급시기는 대부분 회계상 귀속시기와 일치하기는 하지만 잘못되었을 경우 과세위험이 크기 때문에 한번쯤은 반드시 체크해 보아야 한다.

세무적 관점에서 회계처리의 적정성을 검토하는 경우 계정별로 검토해야 할 포인트가 다르기는 하지만 만일 검토해야 할 포인트를 잘 모르겠다면 처음에는 다음의 두 가지 포인트에 주의하여 점검해 보자.

① 회계상 귀속시기와 법인세법상 귀속시기의 차이
② 회계상 귀속시기와 부가가치세법상 공급시기의 차이

상기 두 개의 점검 포인트는 실무상 간과하기 쉬운 반면에 세무조사 시 자주 과세되는 주요 항목이다.

상기 두 개의 포인트에 유의하여 세무적 관점에서 회계처리를 검토하면서 이 책에 기술되어 있는 과세유형을 참고하여 차근차근 거래를 살펴보다 보면 자연스럽게 과세위험을 발견할 수 있을 것이다.

1-6. 회사의 회계처리 프로세스의 운영 현황도 세무진단 시 반드시 점검해야 하는 포인트 중 하나이다.

회사가 회계기준(K-IFRS 또는 일반기업회계기준)에 따라 회계처리 했다면 대부분의 거래에 있어 회계상 귀속시기는 법인세법상 귀속시기 및 부가가치세법상 공급시기와 일치할 가능성이 높다[20].

회계와 세법의 귀속시기가 일치하는 항목에 대해서는 실제 회계처리가 적정하게 이루어지고 있는지 및 회계처리 프로세스가 제대로 운영되고 있는지 여부에 대해 확인해야 한다.

회계처리 프로세스를 확인하는 과정을 예를 들어 설명하면 매출 회계처리를 하려면 어느 부서(예: 영업부서)에서 어느 자료(예: 세금계산서 및 인보이스 등)을 갖추어 기안을 올리고 어느 결재선(예: 부장급)까지 승인이 되었는지, 거짓으로 매출 회계처리

---

20) 이는 실무적인 혼란을 줄이기 위해 가급적 법인세법상 귀속시기 및 부가가치세법상 공급시기를 회계상 귀속시기와 일치하도록 세법을 제정·개정하고 있기 때문이다.

할 경우 이를 통제할 수 있는 내부통제절차가 있는지 등이 회사의 규정에 따라 제대로 운영되어 있는지를 확인해 보는 것이다.

회계처리 프로세스가 적정하게 운영되고 있다면 관련 계정 과목과의 비율분석(분석적 기법)을 통해 이상증후가 있는지 여부를 체크하고 큰 이상증후가 없다면 대표 거래 중 일부 거래를 샘플링하여 조사하는 등의 방식으로 효율적으로 세무진단을 진행하면 된다[21].

이런 과정을 거쳐 세무진단 대상 거래와 관련하여 과세위험이 있다고 판단되면 단순히 그 거래에 한정할 것이 아니라 동일한 유형의 거래와 관련하여 좀더 많은 샘플을 검토하여 이러한 과세위험이 향후에 체계적이고 반복적으로 발생하지 않도록 절차적으로 접근해야 한다.

회계와 세법의 귀속시기가 일치하지 않는 항목에 대해서는 매년 세무조정이 적정하게 이루어졌는지에 대해 관련 근거 서류(인보이스, 세금계산서, 거래명세서 등)를 확인하고 다음 사업연도 해당 불일치가 해소되는 거래가 이루어졌는지 여부를 개별 거래별로 확인하는 방식으로 세무진단을 진행하는 것이 좋다.

주요 가치창출 거래와 관련하여 세법과 귀속시기 및 공급시가가 일치하지 않는 거래는 전체 거래액 대비 비율로 보면 높지 않으며[22] 세법도 가급적 회계처리에 맞도록 개정되고 있으니 별도로 확인해야 할 거래 건수는 그리 많지 않을 것이다.

이렇게 기술하다 보니 세무적 관점에서 회계처리를 점검하는 것이 별거 아닌 것처럼 보이지만 회계처리가 잘못되면 회사가 인지하지 못하는 동안 계속적으로 세법과 회계처리가 불일치하기 때문에 과세되는 금액이 매우 커지게 되므로 한번쯤 반드시 체크를 해 보아야 할 사항이다.

---

21) 외부 감사를 받는 회사라면 외부 감사인의 감사를 의해 회계처리의 적정성에 대해 한번 더 확인할 수 있을 것이다.
22) 그러나 절대적인 수치로 보면 큰 금액이 될 것이다.

1-7. 주요 가치창출 거래에 대한 세무진단 예시

FOB[23] 조건으로 계약된 수출 거래에 대해 세무진단을 한다고 가정해 보자.

수출 관련 주요 절차는 다음과 같다.

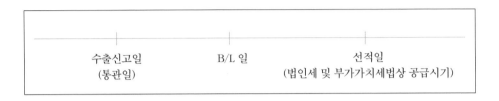

상기 그림에서 표시한 바와 같이 FOB 수출 관련 법인세법상 귀속시기 및 부가가치세법상 수출 거래에 대한 공급시기는 선적일이다[24].

수출거래에 대해 세무진단을 해야 하는데 어떤 포인트를 기준으로 해야 할지 모르겠다면 우선 회사의 매출 회계처리가 선적일을 기준으로 이루어지고 있는지에 대한 사실관계를 확인해야 한다.

예를 들어 선적을 했을 때 어떠한 선적 서류를 어느 부서의 누가 언제까지 어떠한 방식으로 회사에 기안을 올리는지, 해당 기안에 대한 결제방식은 어떠한지, 결재할 때 확인할 수 있는 서류들은 어떠한 것이 있는지, 관련 내부통제제도는 어떻게 작동되는지를 확인해야 한다.

그리고 선적 서류상의 선적일과 회사의 회계상 매출액 기표일이 동일한지 확인해야 한다.

만일 회사가 선적일이 아닌 B/L일에 수출에 대한 매출 회계처리를 하였고 부가가치세 영세율 신고도 B/L일로 하였다면 회사의 회계처리는 과세위험이 있다고 볼 수 있다.

---

23) 매도인이 약속한 화물을 매수인이 지정한 선박에 적재. 본선상에서 화물의 인도를 마칠 때까지 일체의 비용과 위험을 부담하는 무역상거래조건을 의미한다.
24) 법인세법 시행령 제68조 제1항 제1호, 부가가치세법 시행령 제28조 제6항 제1호

이런 과정을 거처 수출 거래와 관련된 구체적인 과세위험을 파악할 수 있다.

또한 세무적 관점에서 회계처리를 전반적으로 검토하는 과정을 거치면서 회사에 대한 이해도가 높아져 다른 과세유형에 대한 검토가 보다 심도 있게 이루어질 수 있다.

따라서 세무적 관점에서 회계처리를 전반적으로 검토하는 것은 본격적인 세무진단을 하기 앞서 반드시 거쳐야 하는 기본 절차이다.

1-8. 과세위험은 관련된 계정과목에 파급되는 특징이 있다.

과세위험은 하나의 계정과목에만 한정되지 않는다는 특징이 있다.

주요 가치창출 거래의 경우 매출원가는 기초 재고에서 당기 재고매입(혹은 당기 제조원가)에서 기말 재고를 차감하여 계산되므로 매출원가 과세문제는 결국 재고자산 과세문제에 영향을 미치고 재고자산 과세문제는 다시 매출(누락) 과세문제로 파급되는 경우도 많다.

예를 들어 재고부족은 도난이나 임직원의 횡령이 아닌 경우 매출 누락과 연관이 있고 재고의 기간 귀속 및 진행률 문제는 매출의 귀속시기 문제와 연관이 있다.

이러한 특징 때문에 국세청은 세무조사 시 매출의 적정성을 검증하는 한 가지 방법으로 재고자산 가액이 적정한지를 집중적으로 검증한다.

❷ 세무처리와 경제적 실질(효익·위험)이 상충하는 거래

2-1. 과세위험을 검토함에 있어 거래 관련 법적 권리·의무 관계는 가장 중요한 사실관계 중 하나다.

회사는 계약에 따라 거래를 실행하므로 회사의 거래는 계약과 불가분의 관계에 있다.

계약은 거래 당사자간의 법적 권리·의무 관계의 합의라고 할 수 있고 거래에 대한 법적 권리·의무 관계는 과세위험을 파악하는 데 있어 회계처리만큼이나 중요한 사실관계 중 하나다.

또한 법적 권리·의무 관계를 올바르게 이해해야 사실관계를 정확하게 파악하여 세법을 올바르게 적용할 수 있다. 사실관계를 파악하거나 세법을 적용하는 과정에서 민법, 상법, 공정거래법, 형법 등 다른 법의 규정 혹은 법리가 적용되기도 한다.

이뿐만 아니라 법적 권리·의무 관계는 거래의 합리성 혹은 불가피성을 구성하는 주요 근거가 된다.

복잡한 거래에 대해 세무진단을 하는 경우 거래에 대한 권리·의무 관계를 도식화하여 회계처리 및 세무처리가 권리·의무 관계와 일관성 있게 처리되었는지 점검해 보는 것도 좋다.

2-2. 일부 거래는 법적 권리·의무와 실제 귀속된 경제적 효익·위험의 귀속이 불일치하는 경우가 발생하기도 한다.

거래당사자간 법적 권리·의무 관계는 거래를 실행함에 따라 각 거래당사자에게 경제적 효익·위험으로 실제 귀속된다.

따라서 계약대로 실행하는 거래의 대부분은 계약상 법적 권리·의무와 실제 귀속된 경제적 효익·위험이 일치하게 된다.

그러나 일부 거래에서는 법적 권리·의무와 실제 귀속된 경제적 효익·위험이 불일치하는 경우가 발생하기도 한다.

이런 법적 권리·의무관계와 경제적 효익·위험의 귀속이 불일치하는 거래는 세무진단을 통해 세무적 관점에서 바라보지 않으면 평소에는 인지하기 어렵다.

같은 책을 읽은 독자가 저자의 의도에 대해 정반대로 이해하거나 동일한 영화 엔딩의 의미를 서로 다르게 해석하는 경우를 우리는 주위에서 흔히 볼 수 있다.

이러한 해석의 차이는 경험의 차이, 소속된 사회의 문화 차이, 가치관의 차이 등 독자의 개개인의 생각의 차이로 인해 발생할 수도 있고, 또는 중요한 단어를 잘못 읽었다든지 영화의 중요한 대사를 잘못 들어서 생기는 차이일 수도 있다.

이와 마찬가지로 동일한 계약 혹은 거래관계에 대해 납세자가 생각하는 거래의 실질적 흐름과 국세청이 생각하는 거래의 실질적 흐름은 다를 수 있다.

예를 들어 A회사가 B회사와는 상품 매입계약을 맺고, 동시에 C회사와는 상품 판매계약을 맺고, 상품은 B회사에게 C회사에게 바로 인도하는 거래를 했다고 가정해 보자.

A회사(납세자)가 생각하는 거래의 권리 · 의무 관계 및 거래의 실질적 흐름은 다음과 같다. (이하 "그림 ①")

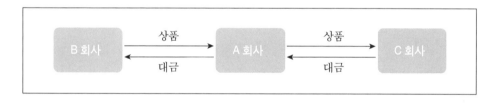

그러나 상기 거래에 대해 국세청은 계약상 권리 · 의무 관계에 불구하고 거래의 실질적 흐름이 다음과 같다고 판단할 수도 있다. (이하 "그림 ②")

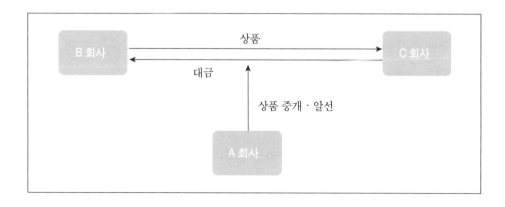

상기 그림①과 그림②와 같이 거래의 실질적 흐름을 달리 보는 근본적인 원인은 상품 이동 기간(B 회사 → C 회사) 동안 상품의 경제적 효익·위험이 누구에게 귀속되느냐에 대한 판단의 차이다.

거래의 흐름을 그림①과 같이 해석한다면 법적 권리·의무와 경제적 효익·위험이 일치하겠지만 그림②와 같이 해석한다면 법적 권리·의무와 경제적 효익·위험이 불일치하게 된다.

법적 권리·의무의 귀속은 사전에 거래 당사자가 합의한 계약을 기준으로 판단하는 개념이고 경제적 효익·위험은 실행된 거래의 효익·위험의 실질적 귀속에 따라 판단하는 개념이다.

그림 ①은 계약상 권리·의무 관계와 동일하게 B회사 인도시점부터 C회사 인도시점까지의 이동 기간 동안 상품에 대한 권리·의무 및 경제적 효익·위험이 B회사 → A회사 → C회사에게 순차적으로 귀속된다고 본 것이다.

그림 ②는 계약상 권리·의무 관계와 다르게 상품에 대한 경제적 효익·위험이 A회사에게는 귀속되지 않고 B회사 → C회사로 바로 이전된다고 본 것이다.

2-4. 세법 외 실무상 제약조건 때문에 조세회피 목적 없이 계약상 권리·의무 관계와 거래의 효익·위험귀속을 다르게 볼 수 있는 거래가 이루어지기도 한다.

세법 외 실무상 제약조건 때문에 계약상 권리·의무 관계와 거래의 효익·위험귀속이 다르게 보일 수도 있다.

예를 들어 H회사는 G회사에 납품하는 업체이고, I회사는 H회사의 납품 업체이다. 그런데 G회사는 품질관리를 위해 특정 부품은 H회사의 명의로만 납품을 받는 정책을 사용하고 있다.

H회사가 본인의 생산량만으로 G회사의 납품을 할 수 있으면 좋은데 생산가능량의 제약 등으로 인해 납품 수량을 맞추지 못하면 H회사는 I회사에게 해당 부품 생산을 의뢰하여 해당 부품의 품질 검사만 하고 I회사에서 G회사로 바로 부품을 납품(실물이동)하는 경우가 생긴다.

이런 경우 H회사는 특정부품 거래에 대해 I회사로부터 납품 받아 G회사에게 납품하는 회계처리를 하게 된다. 그러나 이 거래를 보는 사람에 따라서는 H회사는 품질검사만 했으니 수수료만 수익으로 처리하는 것이 거래의 실질(효익·위험)에 맞는다고 생각할 수 있다.

또 다른 예를 들어보면 국가나 공공성격이 강한 기관이 토지·건물 등을 임대할 때 특정 조건을 요청하는 경우가 있다. 중소기업이거나 특정 업종을 영위하거나 벤처 인증을 받아야 하거나 매출액이 일정 규모 이상이거나 하는 조건이 붙는 경우다.

이런 경우 임대를 받은 회사는 재임대하는 것을 원칙적으로 금지하고 있는 경우가 많다.

J회사가 공공기관으로부터 소매판매 용도로만 사용해야 하는 조건으로 건물 면적을 임대 받았는데 J회사의 입장에서는 수익성이 나오지 않아 해당 임차 건물 면적과 관련하여 다른 K회사에 업무를 위탁하고 위탁수수료로 임대수수료 정도만 받는 계약을 체결했다고 가정해 보자.

이런 경우 해당 사업장에서 발생하는 매출은 J회사의 매출로 회계처리된다.

그러나 보는 사람에 따라서는 이 거래의 실질을 J회사가 임차한 건물을 K회사에게 재임대하는 것이라고 보는 견해도 있을 것이다.

H회사 및 J회사는 거래 상대방이 요구하는 조건을 맞추기 위해 불가피하게 상기와 같이 거래를 한 것이며, 조세를 회피할 목적이 없었다는 것이 명백하다. 또한 상기 거래로 인해 I회사는 납품을 하고 K회사는 수탁 받은 사업을 함으로써 사회전체적으로 부가 증가되었다고 볼 수 있다.

그런데 세무 목적에 안 맞으니 H회사 및 J회사에게 거래하지 말라고 할 수는 없는 것이다. 또한 만일 세법 때문에 상기 거래를 못하게 된다면 I회사는 납품을 하지 못하고 K회사는 수탁 받은 사업을 하지 못하므로 사회 전체적으로도 비효율이 발생하게 된다.

2-5. 일반적으로 회사는 권리·의무 관계에 따라 세무처리를 하고 있으므로 계약상 권리·의무 관계와 실제 효익·위험 귀속이 다른 경우 회사의 세무처리는 국세청이 생각하는 거래의 실질과 다를 수 있다.

일반적으로 회사는 계약상 권리·의무 관계에 따라 세무처리를 하게 된다.

예를 들어 판매계약에 대해서는 매출과 매출원가를 각각 총액으로 세무처리하고 중개계약에 대해서는 중개수수료만 순액으로 세무처리한다.

따라서 계약상 권리·의무 관계와 실제 효익·위험 귀속이 다른 거래의 경우에는 회사의 세무처리가 경제적 효익·위험과 다르게 처리되어 있을 가능성이 매우 높다.

물론 회사의 세무처리가 반드시 계약상 권리·의무 관계만을 반영되어 처리되는 것은 아니다.

또한 국세청이 경제적 실질을 판단할 때 법적 권리·의무 관계나 실물의 흐름 등을 가장 중요하게 고려하기는 하지만 정형화된 기준이 있는 것이 아니라서 국세청이 특정 거래의 경제적 실질을 어떻게 판단할지는 납세자 입장에서 거래 당시에 예측하기는 매우 어렵다.

이런 경우 우선 계약상 권리·의무 관계와 실제 경제적 효익·위험 귀속이 다를 수 있는 유형의 거래를 찾아 검토하다 보면 실질과세가 쟁점이 될 수 있는 거래를 보다 쉽게 찾을 수 있다.

상기 "2-3."의 그림에서도 만일 국세청이 상기 거래를 그림 ②(상품중개 거래)와 같이 생각할 경우 회사의 세무처리(상품판매 거래)는 거래의 실제 효익·위험 귀속(상품중개 거래)과는 다르게 세무처리한 것으로 볼 수 있으므로 실질과세에 따라 과세될 수 있다.

2-6. 국세기본법상 실질과세: 실제 효익·위험의 귀속과 다르게 세무처리를 한 경우 그 실질 내용에 따라 과세될 수 있다.

국세기본법에서는 효익·위험의 귀속(경제적 실질)과 다르게 세무처리를 한 거래에 대해 귀속된 효익·위험의 귀속(경제적 실질)에 따라 과세할 수 있는 근거(실질과세)

를 마련해 놓고 있다.

> **국세기본법 제14조 【실질과세】**
> ① 과세의 대상이 되는 소득, 수익, 재산, 행위 또는 거래의 귀속이 명의(名義)일 뿐이
>   고 사실상 귀속되는 자가 따로 있을 때에는 사실상 귀속되는 자를 납세의무자로 하
>   여 세법을 적용한다.
> ② 세법 중 과세표준의 계산에 관한 규정은 소득, 수익, 재산, 행위 또는 거래의 명칭
>   이나 형식에 관계없이 그 실질 내용에 따라 적용한다.
> ③ 제3자를 통한 간접적인 방법이나 둘 이상의 행위 또는 거래를 거치는 방법으로 이
>   법 또는 세법의 혜택을 부당하게 받기 위한 것으로 인정되는 경우에는 그 경제적
>   실질 내용에 따라 당사자가 직접 거래를 한 것으로 보거나 연속된 하나의 행위 또
>   는 거래를 한 것으로 보아 이 법 또는 세법을 적용한다.

2-7. 실무상 실질과세는 국세청의 과세 근거로 가장 많이 이용되는 규정 중 하나이다.

국세기본법상의 실질과세 규정은 수많은 세법 규정 중에 하나로 보일 수도 있지만 실무적으로는 국세청의 과세 근거로 가장 많이 이용되는 규정 중 하나이다.

아마도 접대비, 부당행위계산부인과 더불어 가장 많이 이용되는 톱(top) 3 과세규정이 아닐까 생각된다.

부당행위계산부인 규정은 특수관계자간 거래에만 적용되고, 접대비 규정은 특수관계 없는 자간의 거래에만 적용되지만 실질과세 규정은 특수관계자간 거래 여부에 관계없이 적용할 수 있다.

반대로 납세자가 국세청의 과세처분에 대항하여 실질과세 규정을 방어논리 근거로 사용하는 경우는 많을까? 아쉽게도 실무상 이런 경우는 거의 없다.

당연한 것이 납세자가 일부러 법적 권리·의무와 경제적 효익·위험을 일치하지 않도록 거래를 하고 경제적 효익·위험에 따라 세무처리를 한 다음, 국세청이 법적 권리·의무에 따라 과세를 하면 실질과세 규정을 들어 과세 방어하려고 경제적 실질에 따라 세무처리를 하는 납세자는 거의 없을 것이다.

2-8. 계약(권리·의무)과 경제적 실질(효익·위험)이 상충하는 거래 관련 과세 위험 사례

- 사무 문구 도매업자인 C회사는 소매업자인 D회사와 상품공급계약을 맺었으며 상품공급계약의 주요 내용은 다음과 같음
    - C회사는 소매 사업장에 인력을 파견하여 C회사 책임하에 물건을 판매
    - C회사가 D회사에 공급하는 물건의 대가는 소매가의 60%로 함
    - 소매 사업장에서 판매한 시점에 C회사가 D회사에 물건을 공급한 것으로 간주함
    - 소매 사업장은 D회사 소유의 건물에서 위치
    - C회사는 사전에 D회사가 승인한 물건에 한해 소매 사업장에서 판매할 수 있음
    - C회사가 공급한 물건의 하자로 인한 발생한 모든 손해는 C회사가 배상
    - 물건을 팔기 위한 소매 사업장내 영업시설은 C회사의 비용으로 설치하되 사전에 D회사의 승인을 얻어야 함
- C회사는 소매사업장에 별도의 사업장등록을 하지 않았으며 D회사인 소매 사업장에서 물건이 판매된 시점에 소매가의 60%를 공급가액으로 하여 D회사에게 세금계산서를 발급함

상기 거래의 법적 계약관계는 C회사가 D회사에게 상품을 공급하고 공급받는 상품을 D회사가 소비자에게 상품을 판매하는 거래다.

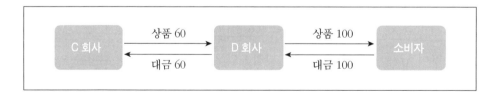

그러나 국세청은 법적 계약관계와는 무관하게 C회사가 소비자에게 상품을 직접 판매하고 D회사는 C회사에게 사업장을 임대하는 것이 상기 거래의 경제적 실질이라고

생각할 수 있다.

국세청은 상기 거래에 있어 소비자에 대한 상품 판매거래에 대한 효익·위험이 C회사에게 귀속되고 C회사와 D회사 간에는 사업장 임대차 거래에 대한 효익·위험만 귀속된다고 보는 것이다.

이렇게 생각할 수 있는 이유는 소비자에 대한 상품 판매거래에 관련 재고부담을 C회사가 전적으로 부담하고, 상품 판매 거래와 관련된 효익과 위험이 C회사에게 귀속된다고 보기 때문이다.

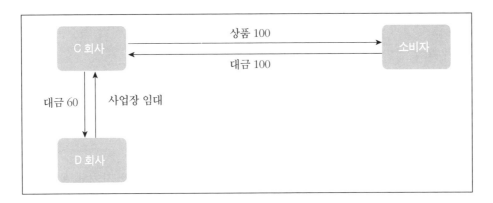

사업자가 자기의 사업과 관련하여 생산하거나 취득한 재화를 직접 판매하기 위하여 판매시설을 갖춘 장소는 사업장으로 본다.

따라서 상기 사례와 같이 D회사의 세무처리가 계약관계(상품공급거래)에 따라 이루어졌고, 국세청이 해당 거래의 경제적 실질을 C회사가 소비자에게 직접 판매를 하고 D회사는 단지 C회사에게 판매장을 임대한 것으로 판단하는 경우 실질과세 규정이 적용되어 다음과 같은 과세위험이 발생할 수 있다.

	C회사	D회사
부가가치세 과세위험	• 사업자 미등록가산세[*]	• C회사부터 수령한 세금계산서 관련 매입세액불공제 • 부동산 임대거래 관련 세금계산서 불성실가산세 • 부동산임대공급가액 명세서 미제출 가산세

（＊）미등록가산세가 과세되는 경우 매출세금계산서 및 매출처별 세금계산서 합계표 관련 가산세는 과세되지 않음[25]

(**) 이 밖에 기간 귀속차이에 따른 과소신고 불성실 및 과소납부 가산세가 과세될 수 있으나 상기 사례에서는 기간 귀속문제는 발생하지 않았다고 가정함

2-9. 실질과세 적용의 제한: 사적 자치의 원칙

국세청이 실질과세 규정을 아무런 제약없이 사용할 수 있다면 국세청이 생각한 거래의 경제적 실질에 따라 자의적으로 과세할 수 있게 되는 결과가 발생할 수 있다.

그런데 아이러니하게도 이런 막강한 실질과세를 제한할 수 있는 근거 규정을 현행 세법에서는 찾아보기 어렵다.

세법에서 실질과세를 제한할 수 있는 규정을 두고 있지는 않지만 실질과세 규정에 따른 과세권의 범위는 당연히 제한되어야 한다.

만일 국세청이 실질과세를 무소불위하게 사용한다면 납세자의 예측가능성과 법적 안정성을 해치고 국세청이 자의적으로 과세권을 남용하는 결과를 초래할 수 있기 때문이다.

실무적으로 실질과세를 제한하는 근거로 사용되는 것은 사적 자치의 원칙이다.

사적 자치의 원칙이란 거래는 개인의 자유로운 의사에 따라 결정되어 자기 책임하에 규율되는 것이 이상적이며, 사적생활의 영역에는 원칙적으로 국가가 개입하거나 간섭하지 않는다는 근대사법의 근간을 이루는 원칙 중에 하나이다.

우리나라 민법도 이러한 사적 자치의 원칙이 그 근간을 이루고 있다.

사적 자치의 원칙을 대법원은 "납세의무자는 동일한 경제적 목적을 달성하기 위해서도 여러 가지의 법률관계 중 하나를 선택할 수 있는 것이고, 처분청은 '특별한 사정'이 없는 한 당사자들이 선택한 법률관계를 존중하여야 한다"고 표현[26]하고 있다.

사적 자치의 원칙에 대한 또 다른 표현은 다음과 같다.

---

25) 부가가치세법 제60조 제9항 제1호
26) 대법원 2000두963, 2001.8.21.

> "원칙적으로 거래당사자간의 거래로 인한 경제적 목적 또는 이익이 동일할지라도 그 목적을 달성하기 위한 선택 가능한 여러 법률관계 중 하나를 선택하였다면 당사자의 거래행위가 '가장행위'에 해당하는 등 특단의 사정이 없는 한 당사자들이 선택한 법률관계는 존중되어야 하며, 법적 형식의 차이에 불구하고 당사자에게 귀속되는 경제적 이익이 동일하다는 이유로 그 실질이 같다고 주장하거나 조세법상 동일한 취급을 할 수 없다.[27]"

2-10. 법원에 따르면 실질과세는 "특별한 사정이 있는 경우" 또는 "가장행위에 해당하는 경우"에 한하여 적용될 수 있다.

상기와 같이 대법원은 "특별한 사정"이 없거나 "가장행위"가 아닌 거래에 대해 납세자가 선택한 세무처리(법률관계)를 국세청이 마음대로 바꿀 수 없다는 실질과세 적용의 한계를 제시하였다.

그러나 아쉽게도 대법원은 "특별한 사정" 혹은 "가장 행위" 대한 구체적 정의 혹은 실질과세를 적용할 수 있는 구체적 조건 등을 명시하지 않고 있어 "특별한 사정" 혹은 "가장 행위"는 사회통념에 따라 구체적 사례별로 판단할 수밖에 없는 상황이다.

2-11. "특별한 사정" 혹은 "가장 행위"는 조세회피 목적으로 한정되어 해석해야 하나 실무상 국내 거래에 있어 "특별한 사정" 혹은 "가장 행위"가 광범위 하게 인정되고 있는 실정이다.

국내 거래[28]와 관련하여 과세 단계에서는 "특별한 사정" 혹은 "가장 행위"에 대한 적용 범위를 광범위하게 적용하고 있는 실정이다.

즉, 국세청은 거래당사자(납세자)가 조세를 회피할 목적이 없다 하더라도 실제 거래와 다른 계약을 가장하여 체결하여 실행하였다면 실질과세를 적용할 수 있는 "특별한 사정" 혹은 "가장행위"에 해당한다고 보고 있다.

---

27) 대법원 2006두13008, 2008.3.14.
28) 국제거래 사례에 대한 대법원 판례에서는 조세회피목적이 있는 경우에 실질과세가 적용되어야 한다고 판시한 대법원 판례(대법원 2008두8499, 2012.1.19. 다수)가 존재한다.

예를 들어 만일 F회사가 자금차입을 위해 어느 정도 매출규모가 나와야 하는 상황이어서 지인에게 부탁하여 지인이 운영하는 회사와 상품공급계약을 맺고 E회사가 직접 소비자에게 판매하던 상품을 F회사를 통해 매입한 금액과 동일한 금액에 판매하였고, F회사는 일련의 거래에 있어 아무런 역할 없이 서류상의 명의만 올리고 동일한 금액을 매출과 매출원가로 인식했다고 가정해 보자.

〈기존 거래 및 거래의 실질〉

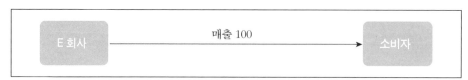

〈변경된 계약에 따른 거래〉

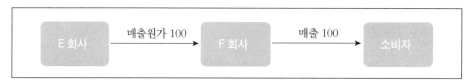

국세청은 이러한 거래 배경을 두고 '특별한 사정' 혹은 '가장행위'가 있다고 보아 F회사가 소비자에게 바로 판매한 것으로 실질과세 규정으로 적용하여 법인세 및 부가가치세를 과세하기도 한다.

상기 과세논리는 일견 타당해 보이기도 한다.

그러나 한편, 실질과세는 그 근거 규정이 세금을 거두기 위해 규정된 국세기본법 조항이고, 법인세는 법인의 소득에 과세하는 세금이다. 그리고 부가가치세는 거래 단계별 부가가치에 과세하는 세금이다.

E회사의 매출을 부풀릴 목적으로 거래 중간에 E회사의 명의를 끼워 넣었으나 이로 인해 E회사든 F회사든 늘어난 소득이 없다. 또한 F회사는 매출과 매출원가가 동일한 금액으로 거래되었으므로 사회 전체적인 부가가치도 변동이 없고, 국고에 들어오는 부가가치세도 감소하지 않는다.

따라서 상기 계약의 변경으로 인해 누락되는 법인세나 부가가치세는 없다.

그런데 이러한 조세회피 목적이 없는 거래에 대해서도 실질과세를 적용하여 법인세 및 부가가치세를 과세하는 것은 조세법률주의에 맞지 않을 여지가 있다.

실질과세 규정은 헌법상의 기본이념인 평등의 원칙을 조세법률관계에 구현하기 위한 실천적 원리로서, 조세의 부담을 회피할 목적으로 과세요건사실에 관하여 실질과 괴리되는 비합리적인 형식이나 외관을 취하는 경우에 그 형식이나 외관에 불구하고 실질에 따라 담세력이 있는 곳에 과세함으로써 부당한 조세회피행위를 규제하고 과세의 형평을 제고하여 조세정의를 실현하고자 하는 데 주된 목적이 있다[29].

즉, 실질과세 규정은 납세자의 "조세의 부담을 회피할 목적"을 제재하기 위해 "실질과 괴리되는 비합리적인 형식이나 외관을 취하는" 거래에 대해서 제한적으로 적용하도록 만든 세법규정이다.

E회사와 F회사간의 상품공급계약을 맺었다고 해서 E회사 또는 F회사의 담세력이 증가하지 않았다는 것은 명백하다.

이러한 실질과세 규정 목적이나 제정 취지를 보더라도 E회사 및 F회사간의 거래에 대해 실질과세 규정을 적용하여 과세하는 것은 불합리해 보인다.

회계상 매출의 과대 표시에 따른 불법성은 국세청이 아닌 회계 정보를 감독하는 금융당국이 제재하거나 잘못된 회계정보로 인하여 손해를 본 이용자가 소송을 걸어 해결할 문제이고 계약을 가장하여 다른 거래를 한 것이 불법인지 여부는 경찰이나 검찰이 조사할 문제이지 국세청이 이를 실질과세 규정을 들어 과세할 문제는 아닌 것이다.

대법원 역시 "조세회피를 위한 가장행위(민법 제108조) 등에 의해 법적 형식에 불구하고 경제적 실질에 따라 실질과세원칙을 적용하여야 하는 경우를 제외"[30]하라고 사적자치의 원칙에 불구하고 실질과세를 적용할 수 있는 예외적인 상황을 구체적으로 명시하고 있다.

다만, F회사 혹은 거래 당사자가 조세를 회피할 목적(예를 들어 E회사와 F회사간 매출과 매출원가를 조정함으로써 기간별 혹은 회사별 세금을 줄이려는 의도)으로 거래 중간에 F회사의 명의를 끼워 넣었다면 당연히 회피한 각 세금을 세목별로 과세하는

---

29) 대법원 2008두13293, 2012.2.9.
30) 대법원 2006두13008, 2008.3.14.

것이 맞다.

요컨대, 실질과세 규정은 세금을 적절하게 과세하기 위한 규정된 법률이므로 조세회피를 위한 "특별한 사정" 혹은 "가장 행위"에만 적용하는 것이 그 법률 제정 취지에 맞다. 따라서 판례의 "특별한 사정" 혹은 "가장 행위"는 조세회피 목적으로 한정하여 해석해야 한다.

2-12. 계약(권리·의무)과 경제적 실질(효익·위험)이 상충하는 거래에 대한 과세위험 준비: 실제 수행한 업무 및 기능에 대한 입증자료 구비

거래를 하다 보면 거래당사자간 사정에 따라 계약(권리·의무)과 경제적 실질(효익·위험)이 상충하는 것처럼 보이는 거래도 할 수밖에 없고 과세위험이 있다고 해서 해당 거래 자체를 안 할 수는 없는 노릇이다.

과세위험을 고려하더라도 이익이 나는 거래라고 판단되면 거래를 하고 해당 과세위험에 맞추어 준비를 보다 철저히 하면 된다.

사전에 세무진단을 통해 계약(권리·의무) 또는 세무처리와 경제적 실질(효익·위험)이 상충할 수 있는 거래를 파악하였다면 해당 거래를 수행함에 있어 거래 당사자가 수행한 업무에 초점을 맞추어 입증자료를 구비해야 한다.

예를 들어 상품공급거래의 경우 발주서, 상품검수보고서, 재고운송 관련 보험계약, 재고운송 관리인원 및 업무 자료, 재고수불부 등과 같은 자료로서 수행한 업무를 입증할 수 있을 것이다. 또한 사후에 조작할 수 없는 거래 당시 사진이나 동영상을 찍어 두는 것도 좋다.

거래 당사자간 주고받은 이메일, 문자 등도 신빙성 있는 입증자료가 된다.

2-13. 회사가 정상적인 사업의 일환으로 실제 업무를 수행하였다는 것만 충분히 인정되면 납세자가 불가피하게 해당 거래를 한 점이 인정되어 납세자가 선택한 거래를 인정해주는 사례가 많다.

조세불복 단계에서 일단 회사가 정상적인 사업의 일환으로 실제 업무를 수행하였다는 것만 충분히 인정되면 납세자가 불가피하게 해당 거래를 한 점이 인정되어 납세자가 선택한 거래를 인정해주는 사례가 많다.

거래 당사자가 수행한 업무를 대해 여러 가지 입증자료를 제시할수록 거래의 경제적 실질에 대해 국세청이 자의적으로 해석할 수 있는 여지가 줄어들기 때문이다.

조세회피 목적이 아니고 사회적으로 비난받을 만한 불법한 행위가 아니라면 계약과 경제적 실질이 상충하는 것처럼 보이는 거래일지라도 합리적인 경제인이라면 이익을 얻기 위해 그러한 거래를 했을 거라는 것이 사회통념이기 때문이다.

2-14. 조세회피 목적이 아닌 거래에 대해 실질과세 규정으로 과세되었다면 조세 불복을 고려해 보는 것이 좋다.

납세자와 국세청은 이해관계가 다르므로 계약(권리·의무)과 경제적 실질(효익·위험)이 상충할 수 있는 거래에 대한 많은 견해 차이가 있을 수밖에 없다.

거래 실질에 대한 국세청과의 견해 차이는 납세자 입장에서는 어찌 해 볼 수 없는 독립변수와 같은 것이다.

납세자와 국세청이 거래 실질에 대한 견해 차이가 발생하였다면 납세자가 이를 해소하기 위해 여러 노력을 해야 한다.

그런데 문제는 국세청이 한번 거래 실질에 대한 입장을 정리하면 단순히 납세자의 말이나 납세자가 사후에 작성한 자료만으로는 쉽게 그 입장을 바꾸지 않는 경우가 대부분이라는 것이다.

만일 국세청이 견해를 바꾸지 않고 실질과세에 따라 과세를 하더라도 조세불복 시 조세심판원이나 법원은 결국 객관적이고 신빙성 있는 자료를 많이 제시하고 이를 바탕으로 합리적인 논리를 제시하는 당사자에게 유리한 판결을 하기 마련이다.

조세불복 쟁점이 계약(권리·의무)과 경제적 실질(효익·위험)의 상충으로 인한 실질과세인 경우 그 거래 목적이 조세회피라는 것이 명백한 경우가 아니라면 의외로 납세자에게 유리한 판결이 나올 가능성이 높으니 조세불복을 적극적으로 고려해 보는 것도 좋다.

조세심판원이나 법원 단계에서는 '특별한 사정' 혹은 '가장 행위'를 국세청에 비해 좁게 해석하여 사적자치의 원칙을 보다 광범위하게 인정하고 있기 때문이다.

또한 국세청이 실질과세를 위하여 거래당사자간 자유의사에 의해 맺은 거래방식(계약)을 재구성하는 과정에서 자의적인 추측이 포함되는 경우가 많을 뿐 아니라 국세청이 주장하는 거래의 실질을 뒷받침할 수 있는 입증자료도 부족한 경우가 많다.

세무진단을 통해 거래 당사자가 수행한 업무에 대한 입증자료를 사전에 충분히 준비한다면 조세불복 시 납세자에게 유리한 입증자료로 사용될 수 있을 것이다.

❸ 계약간 혹은 계약 조항간 권리·의무 관계가 상충하는 계약

3-1. 하나의 계약 안에 계약 조항간 권리·의무 관계가 상충되기도 한다.

하나의 계약안에서 권리·의무 관계는 일관성 있게 유지되어야 한다.

예를 들어 아이스크림 판매회사와 소매점이 다음과 같은 계약을 맺었다고 가정해보자.

- 아이스크림 판매회사는 아이스크림 냉장고를 소매점에 무상으로 설치함
- 설치된 냉장고에 대한 임대료는 수수하지 않음
- 설치된 냉장고의 유지관리 의무는 소매점이 부담함
- 냉장고 설치 후 고장이 발생하는 경우 모든 수리비용은 소매점이 부담함

언뜻 보기에는 아무런 문제가 없어 보이는 상기 계약 조항간에는 냉장고의 소유권에 대한 권리·의무가 상충되는 측면이 있다.

상기 계약은 다음의 두 가지의 다른 계약으로 해석될 수 있다.

① 냉장고 설치 장소에 대한 임대차 계약: 아이스크림 판매회사가 자사 아이스크림의 판매증진 및 광고를 위해 자사 소유의 냉장고를 소매점의 영업장에 설치한 임대차 계약(이하 "① 임대차 계약")

② 냉장고에 대한 무상 증여 계약: 아이스크림 판매회사가 소매점에 자사의 아이스크림을 좀 많이 팔아 달라는 의미에서 냉장고를 무상 증여한 계약(이하 "② 증여계약")

설치한 냉장고의 소유권은 전자의 ① 임대차 계약이라면 아이스크림 판매회사에 있고, 후자의 ② 증여계약이라면 소매점에게 있다.

상기 계약을 ① 냉장고 설치 장소에 대한 임대차 계약으로 해석을 하면 냉장고 설치 후 소매점이 아이스크림 판매회사로부터 임대차 수수료를 수취하지 않은 것에 대해 접대비 과세문제가 발생할 수 있다.

만일 후자의 ② 증여계약으로 해석하여 냉장고의 소유권이 소매점에 있다고 본다면 아이스크림 판매회사가 무상으로 냉장고를 소매점에 증여한 것에 대한 접대비 과세문

제 및 냉장고 이전에 따른 부가가치세(사업상 증여) 과세문제가 발생할 수 있다.

또한, 설치된 냉장고의 소유권에 따라 설치 후 냉장고의 전기료와 고장 시 수리비용을 포함한 유지관리비용의 부담 주체가 달라지게 된다.

설치된 냉장고의 소유권이 아이스크림 판매회사에게 있다면 냉장고의 전기료와 유지관리 의무는 1차적으로 아이스크림 판매회사가, 반대로 설치된 냉장고의 소유권이 소매점에게 있다면 냉장고의 전기료와 유지관리 의무는 1차적으로 소매점이 부담하는 것이 원칙이다.

그런데 만일 ① 냉장고 설치 장소에 대한 임대차 계약으로 해석하여 소매점이 아이스크림 판매회사로부터 임대료를 수취하면서 소매점이 냉장고 전기료와 유지관리 비용을 부담하였다면 해당 비용은 소매점의 손금으로 인정되지 않을 수도 있다.

그 반대로 ② 증여계약으로 해석하여 소매점을 냉장고 소유자로 세무처리를 한 후 냉장고 전기료와 유지관리 비용을 아이스크림 판매회사가 부담하였다면 마찬가지 이유로 해당 비용은 아이스크림 판매회사의 손금으로 인정되지 않을 수도 있다.

따라서 상기 계약의 권리의무 관계가 일관성 있게 유지되려면 냉장고 판매 계약을 맺거나 설치 후 냉장고의 유지관리 의무 및 고장 시 수리비용을 아이스크림 판매회사가 부담하는 것으로 계약 조건을 바꾸어야 한다.

〈설치한 냉장고의 소유권 귀속에 따른 과세 문제〉

	① 임대차 계약의 경우	② 증여계약의 경우
설치한 냉장고 소유권	아이스크림 판매회사	소매점
냉장고 전기료 및 유지관리 의무(비용부담의 주체)	아이스크림 판매회사	소매점
냉장고 설치 시 부가가치세 발생 여부	부가가치세 발생 ×	부가가치세 발생 ○
냉장고 임대료 면제 시 접대비 과세 문제	접대비 과세 ○	접대비 과세 ×

물론 냉장고의 소유권이 아이스크림 판매회사에게 있다고 하더라도 냉장고 고장의 귀책사유가 소매점에게 있거나 아이스크림 판매회사와 소매점간 냉장고 임대계약을

맺고 냉장고 전기료나 유지관리비의 일부 혹은 전부를 소매점으로부터 보전 받을 수 있지만 이는 손해배상 성격이거나 별도의 냉장고 임대차 계약에 의한 것이지 냉장고 소유권에 따른 비용 부담은 아니다.

3-2. 일련의 거래에 있어 거래간 권리·의무 관계가 상충되기도 한다.

권리·의무의 일관성은 일련의 거래에서도 동일하게 이루어져야 한다.

예를 들어 A회사가 하나의 상품 거래와 관련하여 다음과 같이 B회사 하고는 상품알선계약 계약(중개인 입장)을 체결하고 C회사와는 상품판매계약(공급자 입장)을 체결하였다고 가정해 보자.

상기 거래의 경우 A회사는 C회사와 상품판매계약을 맺었기 때문에 A회사 소유의 상품을 C회사에 판매해야 한다. 하지만 A회사는 B회사와 상품알선계약을 맺었기 때문에 C회사로 인도되는 상품은 B회사 소유의 상품일 수밖에 없다. 이처럼 연속된 상품알선계약과 상품판매계약 간의 권리·의무 관계는 상충될 수 있다.

상기의 거래가 일관성을 갖기 위해서는 A회사와 B회사가 맺은 상품알선계약을 상품판매계약으로 바꾸든지, 아니면 A회사와 C회사간 맺은 상품판매계약을 없애고 B회사와 C회사간 상품판매계약을 맺어야 한다.

이렇게 일련의 거래에 있어 계약내 혹은 계약간 상충하는 권리·의무 관계가 있는 경우가 의외로 많다.

3-3. 계약 조항간 권리·의무 관계가 상충되는 과세위험 사례(제품공급거래 및 임가공거래의 혼재)

사실관계

- D회사는 철강 제품을 제조·판매하고 있음
- 최근 철강 제품의 수요증가로 D회사의 생산가능량(CAPA)을 초과함
- D회사는 초과하는 수요량을 공급하기 위해 E회사와 계약을 맺고 철강제품의 일부 공정을 E회사가 수행하는 계약을 체결함
- D회사와 E회사가 체결한 제품공급계약의 주요 내용은 다음과 같음

구분	계약 내용
① 공급대상제품	D회사는 E회사가 공급할 철강 제품의 양과 Size를 거래주문서를 통해 통지 시장상황 및 E회사의 처리능력에 따라 주문물량은 상호협의 후 조정할 수 있음
② 제품공급단가	원자재의 단가에 가공비(500원/kg)를 더하고 로스비를 차감한 금액
③ 원자재공급 방식	D회사는 E회사가 생산할 철강제품의 원자재를 공급
④ 원자재공급 단가	원자재 단가 : 시황에 따라 별도 협의 원자재 사양 : 품질협정서에 따름
⑤ 제품생산 및 매입/매출처리	E회사가 생산완료한 철강제품에 대해서는 D회사가 제품 전량을 당월 매입으로 처리
⑥ 원자재 처분 제한 의무	E회사는 D회사로부터 공급받은 소재 및 이 소재로 제조한 제품을 제3자에게 처분할 수 없음

- D회사는 제품공급계약에 따른 회계처리 및 세무처리를 하였으며, D회사의 회계처리를 요약하면 다음과 같음

시점	D회사의 회계처리			
원자재 공급 시 (D회사 → E회사)	(차) 외상매출금	1,100	/ (대) 제품매출액 VAT예수금	1,000 100
제품 매입 시 (E회사 → D회사)	(차) 상품 VAT예수금	1,500 150	/ (대) 미지급금	1,650

시점	D회사의 회계처리		
상품매출	(차) 외상매출금	2,200 / (대) 상품매출액	2,000
		VAT예수금	200
	(차) 상품매출원가	1,500 / (대) 상품	1,500
이중매출 조정	(차) 상품매출원가	(1,000) / (대) 상품매출액	(1,000)

제품공급거래와 임가공거래의 특징 구분

제품공급거래와 임가공거래는 많은 차이점이 있지만 가장 근본적인 차이는 D회사가 E회사에 원재료를 제공하고 E회사가 추가 공정을 수행하여 다시 D회사에 공급하는 기간 동안 D회사가 제공하는 원자재 및 해당 원자재를 이용하여 가공한 철강제품의 효익·위험(실질적 통제권)이 누구에게 귀속되는지에 대한 것이다.

즉, D회사가 E회사에 원재료를 제공하고 E회사가 추가 공정을 수행하여 다시 D회사에 공급하는 기간 동안 원자재 및 철강제품의 효익·위험(실질적 통제권)이 E회사에 귀속되면 제품공급거래로 볼 수 있고, 반대로 D회사에 귀속이 되면 임가공거래로 볼 수 있다.

여기서 원자재 및 철강제품의 효익·위험이란 단순히 소유권의 귀속뿐 아니라 재고 부담, 처분에 대한 의사결정, 가치 변동에 대한 부담 귀속, 우발상황 발생에 대한 책임 귀속 등을 포괄한 실질적 통제권 개념으로 파악해야 한다.

D회사가 E회사에 원재료를 제공하고 E회사가 추가 공정을 수행하여 다시 D회사에 공급하는 기간 동안의 제품공급거래와 임가공거래의 주요 특징은 다음과 같다.

구분	제품공급거래	임가공거래
E회사 공정의 위험 부담 (수율 위험 등)	E회사	D회사
원자재의 및 철강제품의 재고관리 책임	E회사	D회사
원자재 및 철강제품의 재고 인식 여부	E회사의 재고로 인식	D회사의 재고로 인식
D회사의 회계처리	원자재 판매 및 철강제품 매입에 대한 회계처리	임가공 지급에 대한 회계처리

구분	제품공급거래	임가공거래
원자재 및 철강제품 처분 권한	E회사	D회사
원재료 및 철강제품의 가치 변동에 따른 귀속	E회사	D회사
D회사의 E회사에 대한 지급 금액	철강제품공급의 대가	철강제품 생산에 대한 가공비
세금계산서 발급 시점	철강제품 공급시점 (E회사 → D회사)	임가공 완료시점 또는 기간별 정산

과세위험

D회사와 E회사간의 거래는 언뜻 보기에는 원재료 매입거래에 해당하고 D회사는 원재료 매입으로 보아 회계처리 및 세무처리를 적정하게 수행한 것으로 보인다.

그러나 D회사와 E회사간 제품공급계약을 보면 제품공급거래로 볼 수 있는 권리·의무 관계와 임가공거래로 볼 수 있는 권리·의무 관계가 혼재되어 있다.

〈D회사와 E회사 간 계약상 권리·의무관계의 구분〉

구분	내용
제품공급거래로 볼 수 있는 권리·의무 관계	• 원자재 물량 흐름에 따라 매출, 매입에 대한 회계처리 수행 • 원자재에 대한 재고를 E회사가 인식 • 세금계산서를 원자재 물량 흐름에 따라 발급
임가공거래로 볼 수 있는 권리·의무 관계	• 원자재를 D사가 공급하고 가격도 고정되어 있음 • D사가 부담하는 철강제품의 단가 위험은 로스뿐임 • E회사의 원자재에 대한 처분 권한이 없음

만일 상기 거래가 임가공 거래를 간주될 경우 D사가 수행해야 할 회계처리는 다음과 같다.

시점	D회사의 회계처리(임가공 거래)		
원자재 제공 시 (D회사 → E회사)	회계처리 없음		
임가공 완료 또는 임가공비 정산 시점	(차) 외주가공비 VAT대급금	500 / (대) 미지급금 50	550

시점	D회사의 회계처리(임가공 거래)		
제품 매입 시 (E회사 → D회사)	회계처리 없음		
상품매출	(차) 외상매출금 　　VAT예수금 (차) 상품매출원가	2,200 / (대) 상품매출액 200 1,500 / (대) 상품	2,000 1,500
이중매출 조정	회계처리 없음		

위와 같이 D회사와 E회사간 거래의 실질을 제품공급거래로 볼 것인지, 아니면 임가공 거래로 볼 것인지에 따라 재고의 인식 시점, 세금계산서의 수수시점 및 공급가액 등 세무처리가 많이 다르게 된다.

이렇게 회사의 세무처리가 거래의 실질과 다른 과세위험 유형의 경우 부가가치세에 대한 과세 위험이 높은데 거래 당사자 중 매입세금계산서를 수취하는 측은 매입세액이 불공제되므로 매출 당사자보다는 매입 당사자가 더 조심해야 하는 과세위험 유형이다.

D회사가 상기 거래에 대해 제품공급거래 따른 세무처리를 하였는데 국세청이 임가공거래로 간주하여 실질과세를 적용할 경우 과세위험을 요약하면 다음과 같다.

〈제품공급거래로 세무처리 하였으나 거래의 실질이 임가공거래로 간주될 경우 과세 위험〉

시점	D회사의 과세위험	E회사의 과세위험
원자재 제공 시 (D회사 → E회사)	세금계산서 불성실 가산세	매입세액 불공제
임가공 완료 또는 임가공비 정산 시점	세금계산서 불성실 가산세	누락한 매출세액 과세
제품 매입 시 (E회사 → D회사)	매입세액 불공제	세금계산서 불선실 가산세

（＊) 이 밖에 기간 귀속차이에 따른 법인세 및 부가가치세 관련 과소신고 불성실 및 과소납부 가산세가 과세될 수 있으나 상기 사례에서는 기간 귀속문제는 발생하지 않았다고 가정함

3-4. 계약간 혹은 계약조항간 상충되는 권리 · 의무 관계는 실질과세의 빌미를 제공할 수 있다.

국세청은 회사의 주요 계약서를 검토하다가 계약간 혹은 계약 조항간 권리 · 의무가 상충할 수 있는 조항을 발견하는 경우 관련된 세무처리와 실제 거래 현황을 파악하여 실질과세를 적용할지를 검토하는 방식으로 세무조사를 진행하게 된다.

물론 모든 계약이 일률적인 권리 · 의무 관계 혹은 일률적인 사실관계를 가져야 한다는 의미는 아니다.

현실적으로 거래마다 당사자간의 이해관계가 다르고, 다른 이해관계의 접점을 찾다 보면 일반적인 거래유형과는 다른 형태의 권리 · 의무 관계로 계약조건에 합의할 수도 있다. 이러다 보면 계약간 혹은 계약조항간 일부 상충되는 권리 · 의무 관계도 있을 수 있다.

또한 일부 권리 · 의무 관계가 상충되었다 하더라도 반드시 실질과세로 이어지는 것도 아니다.

그러나 상충되는 권리 · 의무 관계가 있는 거래에 대해서는 실질과세에 대한 과세위험이 높아질 수밖에 없으므로 상충되는 권리 · 의무 관계가 많아질수록 향후 국세청의 실질과세 주장에 대한 준비를 더 철저히 해야 한다.

3-5. 세무처리와 경제적 실질(효익위험)이 상충하거나 계약 조항간 혹은 계약간 권리 · 의무관계가 상충하여 실질과세 위험이 높은 주요 과세유형(예시)

세무처리와 경제적 실질(효익위험)이 상충하거나 계약 조항간 혹은 계약간 권리 · 의무관계가 상충하여 실질과세 위험이 높은 주요 과세유형은 다음과 같다.

- 고정된 수수료를 수수하는 업무위탁 거래 vs. 임대차 거래
- 무상 사급거래 vs. 제품공급 후 가공된 제품을 다시 되사오는 거래
- 위수탁 거래(대행 거래) vs. 각각의 거래가 독립된 거래
- 중개 거래 vs. 제품공급거래
- 하도급 거래(A회사 → B회사 → C회사) vs. 하청업체가 원청업체에 직접 도급용역을 공급하는 거래(A회사 → C회사)

• 용역의 공급 vs. 공동 사업

회사의 거래 중 상기 과세유형이 있다면 해당 거래에 대해 사전 세무진단을 진행하여 세무처리와 경제적 실질(효익·위험)이 상충하거나 계약 조항간 혹은 계약간 권리·의무가 상충한 것으로 볼 수 있는 측면이 있는지 확인해 보는 것이 좋다.

3-6. 실질과세 위험을 낮추기 위한 납세자의 대비(거래 전): 계약간 혹은 계약 조항간 권리·의무 관계가 일관성을 갖도록 계약서를 작성

계약간 혹은 계약 조항간 권리·의무의 상충으로 발생하는 과세위험을 줄이기 위해서 납세자가 사전에 할 수 있는 노력은 계약간 혹은 계약 조항간 권리·의무 및 계약과 실제 거래간 일관성을 유지하는 것이다.

실제 거래는 계약 체결 후 이루어지지만 계약조항간 권리·의무 및 계약과 실제 거래간 일관성이 유지하려면 계약 시점부터 실제 거래의 효익·위험을 파악하여 실제 거래의 효익·위험에 맞도록 계약서를 작성하는 것이 좋다.

대법원이 인정한 바와 같이 납세자는 한가지 목적을 달성하기 위해서는 여러 가지 거래 방식을 선택할 수 있다. 그런데 굳이 상충되는 권리·의무 관계를 동시에 가지고 갈 필요는 없다.

거래의 실질 판단차이로 인한 과세위험 유형은 일단 한번 과세되면 그 과세금액이 매우 크다.

과세위험이 높은 거래에 대한 계약서를 작성하는 경우 세무전문가 또는 법률전문가의 검토를 받는 것도 과세위험을 줄일 수 있는 한 가지 방법일 것이다.

3-7. 실질과세 위험을 낮추기 위한 납세자의 대비(거래 후): 회사의 주요 거래 유형과 규모가 큰 거래에 대해 경제적 실질에 따라 세무처리가 되고 있는지에 대한 주기적인 세무진단 실시

일단 거래가 실행되면 그 뒤에는 이전 거래 혹은 관행에 따라 회계처리 및 세무처리를 하는 것이 일반적이다.

이러한 방식은 효율적인 업무방식일 수 있으나 한번 오류가 발생하면 계속적으로 이어진다는 단점이 있다.

주기적으로 모든 거래에 대해 경제적 실질에 따라 세무처리가 되고 있는지 검토하기 어렵다면 1년 혹은 2년에 한번쯤 거래규모가 큰 10개 거래유형을 파악하여 해당 거래가 경제적 실질에 따라 세무처리가 되고 있는지 샘플링 방식으로 검증을 해보는 것도 좋다.

거래 규모가 큰 거래유형이라도 이미 앞서 검토가 이루어졌다면 이를 제외하고 새로 발생한 거래유형에 대해 경제적 실질에 따라 세무처리를 하고 있는지 검토하는 것도 고려야 보아야 한다.

국세청도 기존 일상적인 거래 유형보다는 새로운 유형의 거래 또는 거래 규모가 큰 단발성 거래에 대해 실질과세를 적용할 가능성이 높으므로 납세자도 기존 일상적인 거래보다는 새로운 유형의 거래 및 규모가 큰 단발성 거래에 주의하여 실질과세 관련 과세위험에 대비해야 한다.

④ 실제 거래 내용과 다른 계약서

4-1. 계약서는 계약 성립 요건에 반드시 필요한 것은 아니지만 가장 중요한 입증서류 중 하나다.

계약이란 "사법상 일정한 법률 효과를 목적으로 하는 당사자간의 의사표시 합치에 의한 법률행위"를 의미하고 계약서는 당사자간 합의한 계약내용을 "문서화"한 것이다.

우리나라 민법에서는 계약자유의 원칙을 취하고 있어 당사자의 합의만으로 계약이 성립한다. 즉, 우리나라에서는 계약을 어떠한 방식으로 체결하느냐는 원칙적으로 계약당사자의 자유이다. 따라서 계약 성립 요건에 있어 계약서가 반드시 필요한 것은 아니다.

그러나 통상 미래에 계약에 관한 분쟁 발생 시 중요한 증빙자료로 활용하기 위해 계약을 하면 계약서를 작성하는 것이 일반적이다.

4-2. 회사의 주요 계약서는 세무조사 시 검토될 가능성이 높은 서류이므로 거래가 계약서대로 이행되고 있는지를 살펴보는 것만으로도 회사의 과세위험을 낮출 수 있다.

작성된 계약서는 세법상 수익 비용의 인식시점, 세금계산서의 발급시점 등의 적정성을 판단할 때 기준이 되는 가장 중요한 근거자료로 이용된다.

이 때문에 세무공무원이 세무조사 시 제일 먼저 요청하는 것이 "회사의 주요 거래계약서"이다.

특히 매출, 매입 계약서 및 중요 자산 양수도 계약서는 세무조사 시 반드시 검토되는 서류이므로 평소에 주요 계약서를 꼼꼼히 검토하여 계약서대로 실행되고 있는지를 살펴보는 것만으로도 회사의 과세위험을 낮출 수 있다.

4-3. 회사는 실제 거래 내용과 다른 계약서를 보관하고 있을 수 있다.

일반적인 경우라면 계약 당사자는 계약 내용대로 계약서를 작성하고 거래를 이행하므로 대부분의 거래는 계약서에 기재된 내용과 동일하게 이행된다.

그러나 많은 회사들이 의도치 않게 계약 내용 혹은 실제 이루어진 거래와 다른 내용이 기재되어 있는 계약서(이하 "실제 거래 내용과 다른 계약서")을 보관하고 있으며, 이런 경우 억울한 과세문제가 발생할 수 있다.

계약서는 최초 계약 시점에 작성·보관한 이후에는 거래상대방과 계약 관련 다툼이 발생하지 않는 한 다시 찾아보지 않는 경우가 대부분이므로 특별한 경우가 아니라면 회사가 실제 거래 내용과 다른 계약서를 가지고 있더라도 그 존재 자체를 파악하기 어렵다.

이런 상황에서 국세청 요청으로 갑자기 계약서를 제출하여야 하는 경우 충분한 검토 없이 계약서를 제출하게 되면 다른 계약서에 휩쓸려 실제 거래 내용과 다른 계약서가 함께 제출되곤 한다.

이 책을 읽고 있는 많은 분들이 설마라고 생각하겠지만 당장 회사의 계약서를 조사해 보면 의외로 실제 거래 내용과 다른 계약서가 많다는 것을 알게 될 것이다.

4-4. 실제 거래 내용과 다른 계약서를 구비하게 되는 원인(예시)

실제 거래 내용과 다른 계약서를 구비하게 되는 주요 원인은 다음과 같다.

• 최초 계약 시에는 계약서를 적정하게 작성하였으나 이후 계약 변경을 구두로만 하고 실물 계약서는 수정하지 않은 경우
• 계약서 작성 시 계약 내용의 일부를 누락하는 경우
• 과거에 사용한 계약서를 이용하여 일부 계약내용만 수정하여 사용하는 경우
• 계약 내용이 일부 변경되었으나 자동 연장 조항이 있어 계약서를 재작성하지 않는 경우
• 현업과 계약서 작성부서의 소통 오류 등

4-5. 실제 거래 내용과 다른 계약서는 억울한 과세의 근거자료로 이용될 수 있다.

세법의 과세원칙 중 하나는 경제적 실질에 따라 과세하는 것이다[31].

또 다른 과세원칙 중 하나는 국세청이 과세를 하기 위해서는 과세의 정당성을 입증할 수 있는 자료에 근거해야 하는데 이를 근거과세[32]라고 한다.

일반적으로는 근거 자료 등은 거래의 실질과 일치하므로 실질과세와 근거과세는 상충하지 않는다.

그러나 실제 거래 내용과 다른 계약서가 있는 경우에는 실질과세와 근거과세가 상충되는 상황이 발생하기도 한다.

회사는 실제 거래 내용에 따라 세무처리한 반면에 국세청은 보이지 않는 계약자의 합의 내용보다는 날인된 계약서(근거 자료)에 기재된 조항대로 거래가 실행되었다고 추정할 수밖에 없기 때문이다.

일단 국세청이 실제 거래 내용과 다른 계약서를 확보하게 되면 납세자가 거래의 실제 내용을 입증할 수 있는 다른 명확한 자료를 추가 제시하지 않는 한 국세청은 날인된 계약서대로 거래가 실행되어야 한다는 전제를 변경하지 않는 경우가 많다.

설사 실제 거래 내용을 입증할 수 있는 다른 자료를 납세자가 제시한다 하더라도 날인된 계약서 대로 권리·의무가 발생한 것이므로 국세청은 실제 거래가 잘못 실행된 것으로 보아 계약서를 기준으로 접대비 혹은 부당행위계산부인 등으로 과세할 수도 있다.

납세자 입장에서도 계약서보다 실행된 거래 내용을 입증할 수 있는 보다 명확한 자료를 확보하기 어려운 경우도 많기 때문에 답답한 상황이 전개될 수밖에 없다.

실무적으로 납세자가 국세청을 상대로 날인된 계약서가 잘못되었다는 것을 설득하기란 만만치 않다.

---

31) 국세기본법 제14조
32) 국세기본법 제16조

4-6. 실제 거래 내용과 다른 계약서 관련 과세위험 사례

사실관계

- F회사는 본사 건물을 짓기 위해 건설회사 G회사와 공사계약을 맺음
- 최초 계약일은 2019년 1월 30일이며 최초 공사 계약에 따르면 G회사는 2019년 10월 30일 이전까지 본사 건물을 완공하기로 하고, 만일 공사완공 의무일인 10월 30일까지 완공하지 못할 경우에는 지연되는 1일당 1천만원의 지체상금을 G회사가 F회사에 지급하기로 계약서를 작성하여 양사가 날인하여 보관함
- 그런데 공사 착공 후 예상치 못한 싱크홀이 발생하고 기상상태가 안좋은 날이 계속되는 등 공사일정이 원활히 진행되지 못하자 G회사는 2019년 8월 10일에 F회사에게 지체상금 산정의 기준이 되는 공사완공 의무일을 2019년 12월 31일까지로 변경해 줄 것을 요청하였으며 F회사도 이에 동의함
- 그러나 F회사와 G회사는 공사완공일 조건이 변경된 계약서를 새로 작성하지 않음
- G회사는 2020년 1월 10일에 본사 건물을 완공하여 10일 지연완공에 대한 지체상금 1억원을 F에게 지급함
- F회사의 2019년 세무상 접대비는 한도초과 상태임

과세위험

본 사례의 경우 2019년 8월 10일 계약 변경시점에 변경된 계약서를 작성하여 날인 및 보관하다가 국세청에 제출하였거나 F회사 및 G회사가 최초 계약 시 예상치 못한 상황(씽크홀 발생, 장기 기상악화 등)으로 인해 2019년 8월 10일 시점에 공사완공 의무일을 기존 10월 30일에서 12월 31일로 계약 변경하기로 한 이메일 등 객관적인 자료로 입증을 할 수 있는 경우에는 과세문제가 발생하지 않을 것이다.

그러나 F회사에 세무조사가 나와 2019년 1월 30일 작성된 최초 계약서를 국세청에 제출하였고, 2019년 8월 10일 계약 변경은 구두로 진행되어 계약 변경 사실을 입증하기 어려운 상황이라고 가정해 보자.

이런 경우 국제청은 2019년 10월 30일부터 12월 31일까지의 62일간 지체상금 6억 2

천만원을 F회사가 G회사에 대한 계약상 받을 수 있는 채권을 포기한 것으로 판단할 수 있다. 정당한 사유 없이 채권을 포기한 것은 세무상 접대비에 해당하므로 F회사에게 법인세가 과세될 수 있다.

⟨세무조사 시점에 적출될 경우 F 회사에 대한 과세액 추정⟩

만일 상기 과세위험이 세무조사 시점에 적출될 경우 F회사에 대한 과세 추정액은 다음과 같다.

(단위: 원)

세목	구분	과세 추정액	계산내역
법인세	본세	136,400,000	$620,000,000 \times 22\%$[33]
	신고불성실 가산세	13,640,000	$136,400,000 \times 10\%$[34]
	납부불성실 가산세	44,807,400	$136,400,000 \times 1,095$일[35] $\times 3/10,000$[36]
	합계	194,847,400	

4-7. (변경)계약 시 합의한 주요 (변경)계약내용을 공문 또는 이메일을 통해 거래 담당자가 확인하는 절차를 거친다.

계약서는 계약 당사자간 합의한 계약내용을 문서화한 것에 불과하기 때문에 계약서보다는 거래담당자가 합의한 계약의 실질내용에 따라 권리·의무 관계가 발생한다.

따라서 계약 시 합의한 주요 계약내용을 공문 또는 이메일을 통해 거래 담당자가 확인하는 경우 관련 과세위험을 줄일 수 있다. 계약을 변경하는 경우도 마찬가지다.

예를 들어 계약에 합의하거나 변경하는 경우 회사간 공문을 통해 확인하거나 실무담당자가 중요 계약 내용을 정리하여 이메일로 거래상당방에게 송부하는 과정을 거친다면 자연스럽게 계약 합의에 대한 입증자료가 만들어진다.

또한 계약(또는 계약 변경)에 대한 결재 품의 시 필수서류로 해당 공문 또는 이메일 회람 여부를 체크하도록 절차를 만들어 이행하는 것도 좋은 방법이 될 수 있다.

---

33) 과세액 추정 시 법인세율은 22%로 가정함(이하 동일)
34) 과세액 추정 시 과소 신고불성실 가산세율은 10% 가정함(이하 동일)
35) 과세액 추정 시 미납일수는 1,095일로 가정함(이하 동일)
36) 과세액 추정 시 과소 납부불성실 가산율은 1일당 0.03%라고 가정함(이하 동일)

계약 (변경) 당시 공문을 관련 임직원이 회람하거나 이메일에 관련 임직원 참조를 넣어 송수신하는 경우 계약 담당자 오류 또는 현업부서와의 소통 오류로 인해 작성이 잘못된 계약서를 적시에 발견해 낼 수 있다는 부수적인 효과도 있다.

4-8. 정기적으로 계약서와 실제 거래 내용(세금계산서 수수내역, 대금정산 내역 등)이 일치하는지 여부를 샘플 조사한다.

회사에는 수많은 계약서가 있기 때문에 실제 거래 내용과 다른 계약서를 찾아내기 란 쉽지 않다. 또한 이러한 계약서를 모두 찾아낸다 한들 투입된 시간 또는 비용 대비 효익이 얼마나 있을지도 의문이다.

이런 경우 불시에 회사의 중요 거래형태(매출·매입·금액 규모가 큰 거래 등)별로 하나의 계약서를 임의로 뽑아서 임의의 거래에 대해 실제 거래 내용이 계약서와 일치 하는지를 샘플 조사 방식으로 세무진단을 진행할 수 있다.

예를 들어 정기(1년 혹은 반기)적으로 임의의 계약서를 샘플링해서 실제 대금 및 세 금계산서 수수 내역과 일치하는지를 체크해 보는 것이다.

이러한 샘플 조사 방식은 세무조사 기법 중에 하나다. 이때 샘플을 부작위로 골라야 하며 한번 샘플 조사된 계약서는 다음에는 제외하는 것이 효율적이다.

얼마나 자주할지 또는 얼마나 많은 샘플을 조사할지는 각 회사의 상황이나 거래 형 태별로 결정하면 될 것이다.

이러한 대조를 통해 잘못 작성된 계약서를 발견해 낼 수 있다. 이러한 사전 검토를 통해 실제 거래 내용과 다른 계약서를 발견하면 거래 상대방에게 협의하여 잘못 작성 된 계약서를 폐기하고 실제 합의한 계약내용에 맞는 계약서를 작성하여 보관해야 한다.

⑤ 권리·의무 관계가 명확하지 않은 계약서 문구

5-1. 권리·의무 관계가 명확하지 않은 계약서 문구는 접대비 과세의 근거가 될 수 있다.

법인세법상 접대비는 "접대비 및 교제비, 사례금, 그 밖에 어떠한 명목이든 상관없이 이와 유사한 성질의 비용으로서 법인이 업무와 관련하여 지출한 금액"이라고 규정하고 있다.

또한 관련 판례에 따르면 "지출의 목적이 접대 등 행위에 의하여 사업관계자들과 사이에 친목을 두텁게 하여 거래관계의 원활한 진행을 도모하는 데 있는 것이라면 그 비용은 접대비라고 할 것"이라고 판시하고 있다.

위와 같이 법인세법 및 판례상의 접대비에 대한 정의는 매우 모호할 뿐 아니라 실무에서도 납세자와 국세청 간의 다툼이 가장 많이 발생하는 쟁점 중에 하나가 접대비에 대한 과세이다.

또한 접대비 단일 이슈만으로도 책 한권을 쓸 수 있을 만큼 접대비로 과세되는 범위는 매우 넓고 그 과세 유형 역시 매우 다양하다. 세무조사 시에도 접대비 과세는 단골손님이다.

권리·의무 관계가 명확하지 않은 계약서 문구는 접대비 과세의 근거로 사용되기도 한다.

계약상 받을 수 있는 권리(금액)가 있는데 이를 포기하거나 지급할 의무(금액)가 없는데 지급한 경우에 실무적으로 국세청이 접대비로 간주하여 과세하는 사례가 많이 발생한다[37].

---

37) 계약의 상대방이 특수관계자라면 부당행위계산부인 규정이 적용된다. 본 장에서는 사례와 같이 특수관계가 없는 자와의 계약을 전제로 기술하였다.

5-2. 권리·의무 관계가 명확하지 않은 계약서 문구로 인해 접대비로 과세된 사례

사실관계

- 제조업을 영위하는 H회사는 많은 사내협력사에게 임가공 용역을 발주하고 있음
- H회사는 사내협력사 인원의 작업일수에 비례해서 지급하는 기본 도급금액 외에 H회사의 경영성과에 따라 매년 12월에 1번 모든 협력사에게 도급 인원에 비례하여 경영지원금을 지급하고 있음
- H회사는 경영지원금을 지급하는 근거로 표준도급 계약서상의 "도급인은 수급인이 본 계약 및 개별계약에 따른 해당공사를 수행함에 있어 상호 원활한 하도급관계의 발전 및 유지를 위하여 경영지원을 할 수 있다"라는 문구와 내부적으로 경영지원금 지급을 결재 받은 서류를 구비하고 있음
- H회사는 2019년 12월에 협력사에 경영지원금 11억원(부가가치세 포함)을 지급하였으며 협력사와 개별 경영지원금 지급과 관련하여 명시적으로 맺은 별도 계약은 없음

과세위험

불특정 다수 계약(예를 들어 하도급 계약서 등)에 사용되는 표준계약서 본문에는 지급할 금액을 명확히 기재하기보다는 본문에는 어떠한 명목으로 일정 금액을 지급할 수 있다는 정도의 포괄적인 의미의 문구와 함께 구체적 산정내역은 별첨에 위임하는 경우가 많이 있다.

더욱이 지급하는 회사가 영업 혹은 경영 전략 등을 이유로 계약금액 혹은 계약금 산정방식이 공개되는 것을 원하지 않는 경우에는 구체적 산정내역이 아예 없는 경우도 많다.

국세청은 "경영지원을 할 수 있다"는 문구를 지급의무가 없는 것으로 해석하여 H회사가 지급의무 없는 경영지원금을 사내 협력사에게 친목을 두텁게 할 목적으로 지급하였다고 보아 접대비로 과세할 수 있다.

지급해야 할 경영지원금의 지급금액(기준)이 명시되어 있지 않고 지급할 수 있다는 문구는 지급하지 않을 수도 있다고도 해석될 수 있어 H회사가 사내 협력사에게 경영지

원금에 대한 명확한 지급의무가 있다고 보기는 어렵다고 생각할 수 있기 때문이다.

구체적 경영지원금의 규모가 없어 과세가능성은 좀 떨어지지만 만약에 H회사가 경영지원금을 지급하지 않았다면 사내협력사가 A회사와 친목을 두텁게 할 목적으로 지급받을 권리가 있는 경영지원금을 포기했다고 보아 (예를 들어 전기 지급한 경영지원금 기준으로) 사내협력사에게 접대비로 과세할 가능성도 전혀 없는 것은 아니다.

이처럼 계약서상 권리·의무관계를 명확하게 하지 않으면 계약 양당사자의 접대비 관련 세무위험은 클 수밖에 없다.

상기의 논리로 2019년 H회사가 지급한 경영지원금을 접대비로 간주할 경우 법인세와 부가가치세가 과세될 수 있다.

〈세무조사 시점에 적출될 경우 H회사에 대한 과세액 추정〉

만일 상기 과세위험이 세무조사 시점에 적출될 경우 H회사에 대한 과세 추정액은 다음과 같다.

(단위: 원)

세목	구분	과세 추정액	계산내역
법인세	본세	220,000,000	1,000,000,000 × 22%
	신고불성실 가산세	22,000,000	220,000,000 × 10%
	납부불성실 가산세	72,270,000	220,000,000 × 1,095일 × 3/10,000
	합계	314,270,000	

(단위: 원)

세목	구분	과세 추정액	계산내역
부가가치세	매입세액(불공제)	100,000,000	1,000,000,000 × 10%
	신고불성실 가산세	10,000,000	100,000,000 × 10%
	납부불성실 가산세	32,850,000	100,000,000 × 1,095일[38] × 3/10,000
	합계	142,850,000	

---

38) 부가가치세 납부불성실 가산세는 원칙적으로 예정신고기간 및 확정신고기간을 구분하여 각각의 미납일수를 적용해야 하지만 과세 추정액 산정 시에는 계산 편의상 미납일수를 1,095일로 일률적으로 가정함.(이하 동일)

5-3. 세무 측면에서 주목해야 할 주요 계약 내용

세무 측면에서 주목해야할 주요 계약 내용은 다음과 같다.

- 업무범위 및 계약금액
- 대금 지급조건
- 재화 이전시점, 용역 완료시점
- 도난·하자 발생시 책임 귀속
- 보험료 부담 주체
- 기타 조건(판매제한 조건, 환매 조건부 등)이 있는지 여부 등

세무진단을 수행하는 과정에서 계약서를 검토하는 경우 상기 열거한 계약 내용이 세무적으로 다른 해석을 할 수 있는지를 염두에 두고 검토를 하면 효율적으로 세무진단을 진행할 수 있다.

5-4. 계약서 문구를 명확히 할 수 없는 상황인 경우 사회통념상 경제적으로 합리성이 있는 지출인지 판단해 보자.

계약서에 모든 권리·의무를 명확히 규정하는 것이 이상적이기는 하나 현실적으로 가능하지 않다. 또한 실무적으로도 회사의 영업전략 또는 경영전략을 외부에 노출시키지 않기 위해 계약서에 모든 내용을 명시하지 않으려 하는 경우도 많이 있다.

계약서에 지급 문구가 없거나 명확하지 않다고 모든 지출이 접대비로 간주되는 것은 아니다.

어떤 지출이 사회통념상 경제적으로 합리성이 있는 지출인지에 대한 견해 차이가 있을 수 있지만 경제적으로 합리성이 있는 비용이라면 세무상 손금으로 인정되는 것이 일반적이다.

"경제적으로 합리성이 있는 지출"이라는 것은 법인이 1억원 이상의 효익을 얻기 위해 1억원보다 작은 금액을 지출하는 것 정도로 이해하면 쉽다.

여기서 효익은 직접적인 현금 유입은 물론 현금 유입이 없더라도 해당 지출이 없었더라면 발생했을 지출의 감소도 효익으로 인정된다.

경제적으로 합리성이 있는지 여부는 사후적인 결과가 아닌 지출시점의 객관적인 상황과 의도로 판단해야 한다.

영리를 추구하는 영리기업 또는 사업주가 이익을 얻기 위한 통상적이고 합리적인 범위내의 지출액은 계약 여부와 관계없이 당연히 세무상 손금으로 인정되어야 하기 때문이다.

그런데 이익을 얻기 위한 지출을 너무 포괄적으로 해석하다 보면 모든 지출은 손금으로 인정하는 결론에 도달하게 되어 이 역시 좀 불합리하게 된다.

따라서 경제적으로 합리성이 있는 지출을 판단할 때에는 직접적인 수익의 증가 또는 직접적인 비용의 감소로 좁게 해석해야 한다.

5-5. 서면약정이 아닌 묵시적인 합의 혹은 관행적인 지급의무도 인정되기도 한다.

사전약정 없이 지출한 비용이라 하더라도 묵시적인 합의 또는 관행적인 지급의무에 따라 지출된 금액은 접대비로 보지 않는 경우도 있다. 그런데 실무적으로 묵시적인 합의 또는 관행적인 지급의무가 있는지 입증하기가 매우 어렵고 다툼의 여지가 있기 때문에 불가피한 상황에서 차선책으로 활용해 볼 수 있다.

국세청에서 2003.10월 발간한 "접대비와 유사비용 해설책자"에서 "접대비는 지급기준 또는 지급의무 없이 임의로 지출하는 금액인 반면, 판매장려금·판매수당 및 현물로 제공하는 판매부대비용은 모든 거래처에 대하여 동일한 기준 또는 약정(서면약정이 없더라도 지급의무 발생의 근거가 되는 명시적·묵시적 약정행위가 필요)에 의해 지급하는 금액"이라고 기술하고 있어 국세청도 묵시적 약정행위를 서면약정과 동등하게 보고 있음을 알 수 있다.

조세심판원에서도 구체적인 지급기준 없이 연말 선물용으로 모든 외판원에게 지급한 물품에 대해 상품 등의 판매와 관련하여 모든 거래처에 대하여 동일한 기준 또는 약정(묵시적 약정 포함)에 따라 지급의무가 발생한 비용이라고 판시함으로써 묵시적 약정도 약정으로 인정하고 하였다[39].

---

39) 국심 2003서3386, 2004.2.6.

또한 법원에서도 거래 계약에 명시된 지연배상금에 대한 조항에 지연배상금을 거래 당사자간 묵시적인 합의 또는 상호 양해를 통해 받지 않기로 인정하여 지연배상채권 자체를 발생하지 않은 것으로 판단한 사례[40]도 있다.

또 다른 대법원 판례에 따르면 "건강식품을 공급하고 그 판매실적에 따라 판매수당을 지급해 왔다면 원고와 위 소외인들 사이에는 위탁판매 및 수당지급에 관한 사전약정이 있었던 것으로 인정"고 판시[41]하고 있어 약정 여부는 약정이 있었다고 볼 만한 제반 정황이 있으면 인정되는 것이지 반드시 명시적인 서면약정만을 의미하는 것은 아니라는 것을 알 수 있다.

그러나 사회통념과 상관행에 비추어 정상거래라고 인정될 수 있는 범위는 상황별로 다르고 묵시적인 합의 혹은 관행적인 지급의무가 있는 것으로 볼 수 있는지도 판단하기 어려운 부분이 있으므로 이를 실무에 적용하기 전에는 법률전문가 등의 도움을 받아 충분한 검토가 이루어져야 한다.

---

40) 대법원 2004두7955, 2006.9.8.
41) 대법원 92누8293, 1993.1.19.

⑥ 큰 손익이 발생한 예외적인 거래: 영업외 손익, 잡손익

6-1. 큰 손익이 발생한 예외적인 거래는 국세청이 주목할 가능성이 높다.

국세청은 회사의 모든 거래를 검증할 수 없기 때문에 일반적이라고 생각되는 거래에 대해서는 여러 가지 조사기법을 통해 효율적으로 검증업무를 수행한다.

예를 들어 상품 매매거래에서 매입자가 주문을 하면 판매자는 수일내로 상품을 발송하여 매입자의 검수확인을 받고 창고로 입고하는 것이 일반적인 거래 형태다. 국세청은 이런 일반적인 형태를 취하고 있는 거래에 대해서는 샘플 거래 몇 개를 간단히 검토하는 것으로 거래의 적정성을 검증하게 된다.

반면에 만일 매입자가 주문을 한 이후에 상품 입고가 수개월이 지나도록 입고가 되지 않거나 상품이 매입자의 창고가 아닌 제3자에게 배송이 되었다거나 하는 경우는 국세청은 일반적인 거래 형태가 아니라고 생각할 수 있다.

또한 자주 발생하지 않는 도난·화재 등으로 보험금을 수령하거나 거래처에 손해배상금을 지급하거나 지급받는 것과 같은 일시·우발적인 거래 역시 일반적이지 않다고 생각할 수 있다.

이와 같이 실무상 여러 가지 이유 때문에 기존에 해오던 거래 방식이 아닌 변형된 거래를 하거나 일시·우발적인 거래가 발생할 수 있다.

국세청은 이렇게 일반적이지 않은 형태의 거래나 일시·우발적인 거래를 예외적인 거래(이하 "예외적인 거래")로 보아 이런 예외적인 거래가 발생한 이유와 이에 대한 세무처리를 좀 더 자세히 검증하게 된다.

상황에 따라 예외가 있겠지만 큰 규모의 손익이 발생한 예외적인 거래에 대해서는 세무조사 시 거의 다 검증해 본다고 생각하면 된다.

따라서 예외적인 거래는 국세청이 주목할 가능성이 상대적으로 높으므로 거래 당시 적절한 세무처리가 무엇인지, 이를 입증하기 위한 서류 등은 무엇인지 등을 검토하여 향후 국세청의 면밀한 검증에 대비해야 한다.

국세청은 예외적인 거래를 한 사유를 살펴보고 예외적인 거래를 한 사유가 합리적이지 못하거나 잘못된 세무처리를 한 경우 접대비 혹은 부당행위계산부인 등으로 과세할 수 있다.

6-2. 통상 예외적인 거래 관련 손익은 영업외 손익, 잡손익으로 회계처리되는 데 예외적인 거래와 관련하여 검토해야 할 사항은 접대비 해당 여부, 기간 귀속의 적정성, 지급 시 원천징수의 적정성, 관련 세금계산서의 적정성 등이다.

일반적이지 않은 예외적인 거래(이하 "예외적인 거래")에 대한 판단은 개인별·회사별·시점별로 다르기 때문에 일반적인 거래와 예외적인 거래를 구분하는 기준을 일률적으로 제시하기는 어렵다.

세무진단 시 이런 예외적인 거래를 찾기 위해서는 영업외 이익, 영업외 손실, 잡이익, 잡손실 계정을 큰 금액으로 나열한 후 큰 금액과 관련된 거래부터 찾아보는 절차를 거쳐야 한다.

영업외 이익과 잡이익은 이미 세무상 익금에 반영되어 있기 때문에 기간귀속이 적정한지, (매출)세금계산서는 적정하게 발급하였는지 등에 주의하여 세무진단을 수행하면 된다.

영업외 손실과 잡손실 계정은 접대비(또는 부당행위계산부인) 해당 여부, 기간 귀속의 적정성, 지급 시 원천징수의 적정성 여부, 수령한 세금계산서는 적정한지 등에 주의하여 세무진단을 수행하면 된다.

또한 동일한 거래가 영업외 이익과 영업외 손실에 동시에 나타나거나 잡이익과 잡손실에 동시에 나타날 수 있는데, 이런 경우에는 거래 당시 회사의 세무처리가 우왕좌왕해서 일관성 없는 세무처리가 되어 있을 가능성이 상대적으로 높다. 이런 손익이 혼재된 거래가 세금계산서 발급 대상 거래라면 수정세금계산서를 포함하여 세금계산서의 적정성 여부도 반드시 한번 체크해 보아야 한다.

따라서 영업외 이익 및 잡이익에 관련된 거래 보다는 영업외 손실 및 잡손실에 관련된 거래가 더 과세위험이 크고, 동일한 거래가 영업외 이익과 영업외 손실에 동시에 나타나거나 잡이익과 잡손실에 동시에 나타난 거래가 더 과세위험이 크므로 이런 거래에 더 주목하여 세무진단을 수행하여야 한다.

〈예외적인 거래 유형별 검토해야한 세무문제〉

구분	세무진단 시 검토해야 할 사항
영업외 이익 또는 잡이익에 관련된 거래	• 기간 귀속의 적정성 • (매출)세금계산서 수수의 적정성
영업외 손실 또는 잡손실에 관련된 거래	• 접대비(또는 부당행위계산부인) 해당 여부 • 기간 귀속의 적정성 • 지급 시 원천징수의 적정성 여부 • (매입)세금계산서 수수의 적정성
동시에 영업외 이익과 영업외 손실에 관련된 거래	• 접대비(또는 부당행위계산부인) 해당 여부 • 기간 귀속의 적정성 • 지급 시 원천징수의 적정성 여부 • (수정)세금계산서 수수의 적정성
동시에 잡이익과 잡손실에 관련된 거래	

6-3. 예외적인 거래(예시)

실무에서 발생하는 예외적인 거래의 예를 들어보면 다음과 같다.

• 사내 횡령 사건 및 횡령에 대한 회사의 처리
• 고객 혹은 거래처와 장기간 다툼이 있었던 거래
• 직원과의 소송과 관련된 거래 및 소송 종결 시 세무처리
• 클레임으로 인해 손해배상금을 지급하였거나 지급한 거래
• 화재·도난 등으로 인해 거액의 보험금을 수령한 경우
• 범죄 등에 연루되어 경찰이나 검찰의 조사를 받은 거래
• 노동조합에게 금원 또는 현물을 지급한 경우
• 신문 등 언론에 노출된 거래 등

6-4. 예외적인 거래 관련 과세위험 사례

사실관계

• 제조업을 영위하는 I회사는 대기업인 J회사의 1차 협력업체임

- J회사는 최종 완성품을 제조하고 I회사는 J회사에 중간재를 납품함
- I회사가 제조하는 중간재의 주원료는 특수 플라스틱이라서 해당 특수 플라스틱의 국제시세에 따라 중간재의 제조원가가 변동됨
- J회사도 이러한 연관관계를 잘 알고 있어 특수 플라스틱의 국세시세가 기준가액에서 10% 이상 변동되면 납품 단가 협상을 개시함
- 새로운 납품 단가는 협상에 따라 변동된 원가의 일부 혹은 전부가 반영됨
- 납품 단가 협상을 시작해서 협상이 완료되는 기간은 통상 1~2개월이 소요되나 6개월을 넘기는 경우도 있음
- 2019년 5월 1일에 단가 협상이 시작하였으나 여러 지연사유로 인해 2019년 12월 1일에 새로운 단가에 합의함
- 협상 시 새로 합의된 단가는 2019년 5월 1일부터 적용하기로 함
- 새로운 단가를 2019년 5월 1일 시점으로 소급 적용하면 I법인의 공급가액은 2억원이 증가하게 되고, I법인은 동 공급가액에 대한 수정세금계산서를 2019년 12월 1일에 발급함

과세위험

납품단가를 새롭게 합의하면 합의한 날부터 새로운 단가를 적용하는 경우가 대부분이고, 소급 적용하더라도 1~2개월 정도 소급하는 것이 일반적인 거래 형태이다.

만일 본 사례에서 새로운 납품단가를 합의한 날 이후 거래부터 적용하였다면 국세청은 별도 검증을 하지 않거나, 샘플 방식으로 추출한 몇 개의 세금계산서 공급가액 자료를 통해 합의시점 이후 거래가 적절히 이행되었는지를 간단하게 검증할 가능성이 높다.

그러나 본 사례와 같이 6개월 이전으로 새로운 납품단가를 소급하는 경우는 다른 회사 혹은 다른 업계 거래에서는 쉽게 찾아보기 어렵기 때문에 국세청은 납품단가의 6개월 소급에 대해 일반적이지 않다고 판단할 수 있다.

국세청이 새로운 단가를 6개월 소급한 합리적인 이유가 없다고 판단하는 경우 2019년 5월 1일~ 12월 1일간 거래는 새로운 단가가 아닌 기존 단가를 적용해야 하는 것이 적정한 세무처리라고 판단할 수 있다.

국세청이 상기와 같이 판단할 경우 소급적용으로 인해 증가한 2억원(2019년 5월 1일~ 12월 1일간 거래분에 대한 공급가액 증가액)에 대해 접대비로 간주되어 J회사에게는 법인세 및 부가가치세가 과세될 수 있다.

〈세무조사 시점에 적출될 경우 J 회사에 대한 과세액 추정〉

만일 상기 과세위험이 세무조사 시점에 적출될 경우 J회사에 대한 과세 추정액은 다음과 같다.

(단위: 원)

세목	구분	과세 추정액	계산내역
법인세	본세	44,000,000	200,000,000 × 22%
	신고불성실 가산세	4,400,000	44,000,000 × 10%
	납부불성실 가산세	14,454,000	44,000,000 × 1,095일 × 3/10,000
	합계	62,854,000	

(단위: 원)

세목	구분	과세 추정액	계산내역
부가가치세	매입세액(불공제)	20,000,000	200,000,000 × 10%
	신고불성실 가산세	2,000,000	20,000,000 × 10%
	납부불성실 가산세	6,570,000	20,000,000 × 1,095일 × 3/10,000
	합계	28,570,000	

참고로 국세청이 상기 2억원을 접대비로 간주할 경우 I회사의 경우 부가가치세 경정청구를 통해 매출세액 2천만원을 환급받을 수 있으나 세금계산서 불성실 가산세(가산세율 3%)가 과세될 수 있다.

그러나 결과적으로 환급이 발생하므로 I회사의 세무조사 시에는 상기 거래 건에 대해 국세청이 주목할 가능성은 거의 없다.

6-5. 국세청이 주목할 만한 예외적인 거래는 과세위험이 높을 수밖에 없으므로 이에 대한 대비 역시 좀 더 시간과 노력을 투입해야 한다.

실무적으로 외부 거래처와 거래방식 협의를 많이 하는 부서는 영업부서 및 구매부서다.

그런데 영업부서 또는 구매부서는 대부분 전화 통화나 구두로 거래방식을 협의하고 가급적 이메일 등 문서로 주고받지 않는 것이 관행처럼 여겨지고 있다.

이 때문에 시간이 지나고 나면 예외적인 거래는 왜 그런 예외적인 거래를 하게 되었는지에 대한 입증자료 확보는 물론이거니와 그 예외적인 거래를 하게 된 사유를 알아내는 것도 수월하지 않는 경우가 대부분이다.

세무진단을 통해 이런 예외적인 거래를 발견하게 되면 회사는 예외적인 거래를 하게 된 사유를 찾을 수 있고, 그 증빙자료도 확보할 수 시간적 여유를 갖을 수 있다.

반면에 세무조사 시 예외적인 거래가 발견되면 관련 증빙자료는 커녕 예외적인 거래를 하게 된 사유를 알아내기에도 시간이 빠듯하거나 세무조사 기간 중에는 못 그 사유를 알지 못하고 과세되는 경우도 발생한다.

상기 사례의 경우 중간재의 주원료인 특수플라스틱의 국제 시세를 소급하여 적용하는 것이 합리적이라는 손익 자료와 이번 납품 단가 협상 기간이 통상의 1~2개월이 아닌 6개월이 소요된 불가피한 사유를 찾고 그 사유를 입증할 수 있는 자료를 확보한다면 과세위험을 낮출 수 있을 것이다.

거래를 하다 보면 각 회사의 사정이 있고 거래를 유지하려면 서로의 사정을 감안하여 거래를 할 수밖에 없기 때문에 일반적인 경우와는 다르게 이행되는 예외적인 거래가 발생할 수밖에 없다.

예외적인 거래도 보다 자세히 살펴보면 합리적인 사유 혹은 불가피한 사유가 있는 경우가 대부분이다. 다만, 그런 상황이 많이 발생하지 않기 때문에 처음에는 이상하게 보일 수 있는 것이다.

그런 예외적인 거래를 할 수 없도록 세법이 제한하고 있는 것이 아니다. 다만, 국세청이 주목할 만한 예외적인 거래는 과세위험이 높을 수밖에 없으므로 이에 대한 대비 역시 좀 더 시간과 노력을 투입해야 한다.

예외적인 거래를 한 당사자간에 합의에 이르게 된 과정을 소명할 수 있는 자료(공문 또는 이메일 등)가 있다면 예외적인 거래에 대한 불필요한 국세청의 오해를 줄일 수 있을 것이다.

❼ 소송 또는 다툼이 있는 거래: 대가 구분에 따른 세금계산서 수수 및 원천징수 구분

7-1. 거래 당사자간 소송 또는 다툼이 있는 거래는 어느 한 당사자의 세무처리가 틀려 있을 가능성이 매우 높으므로 국세청 입장에서는 해당 거래를 중점적으로 볼 가능성이 높다.

국세청 공무원은 세무조사를 수행하기 전에 조사 대상 회사에 대해 인터넷으로 기초조사를 한다. 그리고 소송 정보가 있으면 판결문을 구하여 읽어보고 법원이 인정한 사실관계와 다르게 세무처리가 되어 있는지 확인하는 절차를 취한다.

만일 세무조사시 법원이 인정한 사실관계와 다른 세무처리를 발견하게 되면 담당 세무공무원은 과세 가능 여부를 검토하게 된다.

또한 소송까지 안 갔다 하더라도 거래상대방과 다툼이 있었던 거래를 국세청이 파악한 경우 다툼이 있던 거래를 집중적으로 검토하게 된다.

예를 들어 하도급자와 도급금액에 대한 다툼으로 하도급업자가 도급회사의 본사 앞에서 1인 시위를 했다는 것이 신문 기사로 나올 수 있는데 만일 세무공무원이 세무조사 나오기 전에 이런 기사를 보았다면 세무조사 시 해당 하도급과 관련된 세무처리를 관심을 가지고 검토해 볼 것이다.

소송이나 다툼이 있다는 것은 동일한 거래에 대해 양 당사자가 각기 다른 주장을 하고 있다는 것인데 소송이 종결되거나 다툼이 합의가 되는 시점에는 양측의 주장이 틀리거나 맞는 것으로 확정이 된다.

해당 주장이 사실관계에 대한 것이라면 결과적으로 틀리게 사실관계를 파악했던 회사도 거래 당시에는 본인이 생각한 사실관계가 맞다는 전제하에 세무처리를 했을 가능성이 높으니 법원의 확정판결 혹은 합의로 확정된 사실관계로 보면 당시 세무처리가 잘못되었다고 간주될 수 있다.

이렇듯, 거래 당사자간 소송 또는 다툼이 있는 거래는 국세청 입장에서는 어느 한 당사자의 세무처리가 틀려 있을 가능성이 매우 높으므로 해당 거래를 중점적으로 볼 가능성이 높다.

7-2. 소송이나 다툼이 있는 거래는 세무처리가 먼저 이루어지고 거래 관련 사실
　　관계 등이 나중에 확정되어 앞서 처리한 세무처리가 적정하지 않을 수도
　　있게 된다.

　일반적으로는 거래 관련 사실관계 등이 먼저 확정되고 세무처리는 확정된 사실관계
에 따라 수행하게 된다. 그러나 소송이나 다툼이 있는 거래는 세무처리가 먼저 이루어
지고 거래 관련 사실관계 등이 나중에 확정되어 앞서 처리한 세무처리가 적정하지 않
을 수도 있게 된다.

　이를 시계열 순서대로 나열하면 다음과 같다.

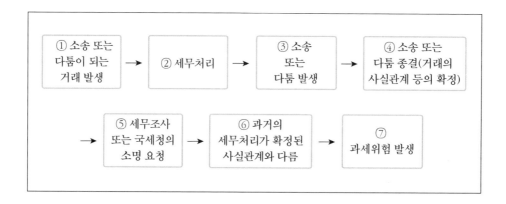

7-3. 소송 판결 또는 다툼의 합의에 따라 지급되는 금액이 재화나 용역의 대가
　　라면 세금계산서를 수수해야 하지만 손해배상금이라면 세금계산서 발급
　　대상이 아니다.

　소송 확정 판결이나 다툼의 합의가 있는 경우 결과에 따라 현금 등을 수수하기도
한다.

　일반적으로 회사에서는 소송 확정 판결이나 다툼의 합의에 따라 수수되는 현금을 성
격 구분없이 일률적으로 세금계산서를 수수하지 않거나 세금계산서를 수수하는 경우
가 많다.

　법인세 목적으로는 순자산증가설에 따라 지급받는 법인은 익금처리, 지급하는 법인
은 손금처리를 해야 하므로 수수되는 현금의 성격을 구분하는 실익은 없다.

그러나 부가가치세 처리 목적으로는 수수되는 현금의 성격을 명확히 구분해야 한다. 지급되는 현금 등의 성격에 따라 세금계산서 발급 여부가 달라지기 때문이다.

수수되는 현금이 재화나 용역의 대가로 지급하는 것이라면 세금계산서를 수수해야 하지만 손해배상금으로 지급하는 것이라면 세금계산서 발급대상이 아니다.

만일 두 금액이 혼재되어 있다면 그 둘을 구분하여 재화나 용역에 대가에 해당하는 금액에 대해서만 세금계산서를 수수해야 한다.

7-4. 소송 판결에 따라 지급되는 용역의 대가에 세금계산서를 수수하지 않아 과세된 사례

사실관계

- 화학제조업을 영위하는 K회사는 최신 설비인 전자자동 제어시스템(이하 "제어시스템")에 대한 설치 용역을 발주함
- 제어시스템 설치 도급자인 L회사의 제안서에 의하면 제어시스템을 설치하면 생산 수율을 80%에서 90%로 획기적으로 개선할 수 있다고 함
- 관련 계약서의 주요 내용은 다음과 같음
  - 도급 금액은 시운전시 생산수율이 90% 이하인 경우에는 4억원, 생산수율이 90% 초과하는 경우에는 5억원으로 함
  - 제어시스템 설치가 완료되고 시운전을 시행한 후 K회사가 검수완료확인서를 회사에게 발행한 시점을 도급 완료시점으로 봄
  - K회사는 L회사에게 도급 완료시점에 도급금액을 일시에 지급함
- L회사는 2019년 8월 10일에 제어시스템 설치를 완료함
- K회사는 생산수율이 제대로 안나온다는 이유로 계속 검수완료확인서 발행을 지연함
- L회사는 K회사가 검수완료확인서 발행을 계속 지연하자 2019년 10월 10일에 공사 대금 중 4억원에 대해 세금계산서를 발급하고 추가 1억원에 대하여 소송을 제기함
- K회사는 2019년 10월 10일 L회사가 발급한 세금계산서를 근거로 부가가치세 공제를 받음
- 2021년 12월 대법원은 생산수율이 90%를 초과하는 것으로 보여 K회사는 L회사에게 도급금액 1억원 및 손해배상금 5천만원을 지급하라고 확정판결함

- K회사와 L회사는 해당 금액을 2021년에 각각 잡손실/미지급금 및 잡이익/미수금으로 처리함
- K회사는 2022년 2월에 L회사에게 1억5천만원을 지급하였고 세금계산서는 수수하지 않음

과세위험

상기 사례와 같이 소송의 판결이나 다툼의 합의(계약의 해지) 등에 따라 "공급가액에 추가되거나 차감되는 금액이 발생한 경우에는 증감 사유가 발생한 날을 작성일로 적고 추가되는 금액은 검은색 글씨로 쓰고, 차감되는 금액은 붉은색 글씨로 쓰거나 음의 표시를 하여" 수정세금계산서를 발급해야 한다[42].

따라서 L회사는 K회사에게 공사대금 1억원에 해당하는 (수정)세금계산서를 발행해야 하는데 (수정)세금계산서 의무를 이행하지 않은 L회사에게 부가가치세 및 가산세가 발생할 수 있다.

반면, L회사가 K회사로 받는 손해배상금 5천만원은 세금계산서 발급대상이 아니다.

〈세무조사 시점에 적출될 경우 L회사에 대한 과세액 추정〉

만일 상기 과세위험이 세무조사 시점에 적출될 경우 L회사에 대한 과세 추정액은 다음과 같다.

(단위: 원)

세목	구분	과세 추정액	계산내역
부가가치세	매출세액	10,000,000	100,000,000 × 10%
	신고불성실 가산세	1,000,000	10,000,000 × 10%
	납부불성실 가산세	3,285,000	10,000,000 × 1,095일 × 3/10,000
	세금계산서 불성실 가산세	2,000,000	100,000,000 × 2%
	합계	16,285,000	

참고로 K회사는 2022년 2월에 세금계산서를 수취하지 않았으나 매입세액도 공제받지 않았으므로 가산세가 발생하지 않는다.

---

42) 부가가치세법 시행령 제70조 제1항 제3호

7-5. 소송 판결 또는 다툼의 합의에 따라 지급되는 현금 등을 수령하는 상대방이 법인인 경우 지급 시 원천징수 의무가 발생하지 않는다(단, 이자소득 등 제외).

법원의 판결 또는 당사자간에 합의에 의해 지급되는 현금 등은 그 성격에 따라 거래 상대방의 소득을 구성할 수 있다.

지급받는 상대방이 법인인 경우 법인세법에 따라 이자소득이나 투자신탁의 이익 등이 아니면 지급자에게 원천징수 의무가 발생하지 않는다[43].

법원의 판결에 의하여 지급하는 손해배상금에 대한 법정이자는 원천징수대상이 되는 이자소득이 아니므로[44] 지급받은 상대방이 법인인 경우에는 소송 판결 또는 다툼의 합의에 따라 지급되는 금액에 대해 원천징수 의무가 발생하지 않는다.

7-6. 소송 판결 또는 다툼의 합의에 따라 현금 등을 지급하는 경우 지급받는 상대방이 개인이고 지급되는 현금 등이 상대방의 소득에 해당하는 경우 지급하는 회사에게 원천징수 의무가 발생할 수 있다.

소송 판결 또는 다툼의 합의에 따라 현금 등을 지급하는 경우 지급받은 상대방이 개인이고 법원의 판결 혹은 합의에 의해 지급되는 현금 등이 지급받는 개인의 소득세법상 소득에 해당하면 지급하는 회사에게 원천징수 의무가 발생할 수 있으므로 주의가 필요하다.

그런데 법원의 판결 혹은 당사자간에 합의에 의해 지급되는 현금 등이 소득세법상 어느 소득에 해당하는지, 또는 지급 시 원천징수를 해야 하는지를 판단하는 것은 실무상 쉽지 않다.

법원의 판결 혹은 당사자간에 합의에 의해 지급되는 현금 등은 크게 ① 다툼의 대상이 되는 금액, ② 손해배상금[45](위약금, 배상금), ③ 지연이자(지연배상금), ④ 법정이자로 구분하여 각각 소득세법상 소득 여부를 판단해야 한다.

---

43) 법인세법 제73조 및 제73조의 2
44) 법인세법 기본통칙 73-0…1 제3항
45) 소득세법 제21조 제1항 제10호

7-6-1. ① 다툼의 대상이 되는 금액을 지급하는 경우 본래의 소득 구분에 따라 원천징수 의무가 발생하며, 손해를 초과하지 않은 범위내에서 지급되는 금액은 원천징수 의무가 발생하지 않는다.

우선, 첫번째로 예를 들어 ① 다툼의 대상이 되는 금액을 설명하자면 퇴직한 직원이 퇴직금 확인소송을 제기할 경우 회사가 직원에게 지급해야 할 퇴직금 상당액이 ① 다툼의 대상이 되는 금액에 해당한다.

① 다툼의 대상이 되는 금액은 본래의 소득 구분에 따라 원천징수 의무가 발생한다. 예를 들어 퇴직한 직원이 제기한 퇴직금 확인소송에서 승소하여 회사가 직원에게 퇴직금을 지급할 경우 퇴직소득 지급으로 보아 원천징수를 하면 된다.

또한 재산권에 관련된 계약의 위약 또는 해약으로 인한 지급되는 현금 등 중 손해를 초과하지 않는 범위내에서 지급되는 현금 등은 개인의 소득으로 보지 않으므로 지급하는 자에게 원천징수 의무도 발생하지 않는다.

7-6-2. 재산권에 관한 위약 또는 해약으로 인해 손해를 초과하여 지급되는 ② 손해배상금(위약금, 배상금)은 기타소득으로 원천징수를 해야 하는 반면에 비재산권(신체, 명예 등)의 피해에 대해 지급되는 ② 손해배상금은 기타소득에 해당하지 않는다.

두 번째로 재산권에 관한 계약의 위약 또는 해약으로 인해 본래의 손해를 초과하여 받은 ② 손해배상금(위약금, 배상금)은 소득세법상 기타소득으로 간주된다[46].

기타소득으로 보는 재산권에 관한 계약의 위약 또는 해약으로 인하여 받는 위약금과 배상금에는 다음의 것을 포함한다[47].

• 주택을 분양함에 있어 사업주체가 승인 기한 내에 입주를 시키지 못하여 입주자가 받는 지체상금
• 채권자가 채무자의 금전채무 불이행에 대하여 손해배상금청구의 소를 제기하고 그 손해를 배상받게 되는 경우의 지연배상금
• 부동산 매매계약 후 계약 불이행으로 인하여 일방 당사자가 받은 위약금 또는 해약금

---

46) 소득세법 제21조 제1항 제10호, 동법 시행령 제41조 제8항
47) 소득세법 기본통칙 21－0…1 제4항

- 퇴직금 지급청구 소송을 제기하여 퇴직금과 지급지연 손해배상금을 받는 경우에 있어서 당해 지급지연 손해배상금
- 임기가 정하여진 법인의 임원이 임기만료 전에 정당한 이유 없이 해임됨으로써 상법 제385조 제1항의 규정에 의하여 손해배상을 청구하여 퇴직금과 별도로 손해배상을 지급받는 경우 동 손해배상금(다만, 신분 및 인격에 대한 손해배상금은 제외)
- 상행위에서 발생한 크레임(Claim)에 대한 배상으로서 현실적으로 발생한 손해의 보전 또는 원상회복을 초과하는 배상금

반면, 생명·신체 등의 인격적 이익이나 가족권, 명예를 해하거나 기타 정신상의 고통 등과 같이 비재산권 이익의 침해 또는 정신적 피해에 대한 배상 또는 위자료와 같은 ② 손해배상금은 기타소득으로 보지 않는다.

소득세법 기본통칙에서도 교통사고로 인하여 사망 또는 상해를 입은 자 또는 그 가족이 그 피해보상으로 받는 사망·상해보상이나 위자료는 소득세과세대상 소득에 해당하지 않는다고 명시하고 있다[48].

7-6-3. ③ 지연이자 및 ④ 법정이자의 법적 성격은 지급을 이행하지 않은 것에 대한 지연배상금인 바, ② 손해배상금과 동일한 기준으로 원천징수 여부를 처리하면 된다.

세번째로 ③ 지연이자는 본래의 지급사유 혹은 ② 손해배상금을 포함한 특정 지급사유가 발생했음에도 불구하고 그 지급이 지체됨에 따라 이에 대한 보상성격으로 지급하는 현금 등을 의미한다.

③ 지연이자는 금전채무의 이행을 지체함으로 인해 발생되는 손해배상금이지 이자가 아니라는 것이 법원의 입장이다[49].

③ 지연이자는 대부분 법원이 판결문에 지급하라고 명시한 경우에만 명확히 구분할 수 있으며 당사자간 합의의 경우에는 ② 손해배상금에 포함되어 잘 구분되지 않는다. 이러한 이유 때문에 ③ 지언이사를 지연배상금으로 불리기도 한다.

③ 지연이자는 ② 손해배상금 성격에 해당하므로 통상 관련 ② 손해배상금과 같이 재산권 관련 지연이자 (기타소득[50]) 및 비재산권 관련 지연이자 (소득 아님[51])의 구분

---

48) 소득세법 기본통칙 21-0…2 【교통사고로 지급받는 위자료의 소득구분】
49) 대법원 1989.2.28. 선고 88다카214 판결
50) 대법원 94다3070, 1994.5.24. 등 다수

에 따라 원천징수 여부가 결정된다.

네번째로 ④ 법정이자는 법인세법과 마찬가지로 원천징수 이자가 아니므로 개인에게 지급하는 경우에도 원천징수 의무가 발생하지 않는다[52].

다만, 위약 또는 해약을 원인으로 법원의 판결에 의하여 지급받는 손해배상금에 대한 법정이자는 계약의 위약 또는 해약으로 인하여 받는 기타소득으로 본다[53].

7-6-4. 재산권에 관한 계약의 위약 또는 해약으로 인해 개인에게 지급되는 현금 등과 비재산권의 침해로 인해 지급되는 현금 등의 원천징수 의무 요약

소송이나 다툼으로 인해 지급되는 현금 등에 대해 원천징수에 대한 상기 내용을 요약하면 다음과 같다.

〈소송 판결 또는 다툼의 합의에 따라 지급되는 손해배상금 지급 시 소득구분〉

손해배상금 지급원인	① 다툼의 대상이 되는 금액	② 손해배상금	③ 지연이자	③ 법정이자
재산권 관련 계약의 위약 또는 해약	본래 소득구분에 따른 원천징수[*]	기타소득 해당		
비재산권 침해 또는 정신적 피해	해당사항 없음	소득세 과세대상 아님		

(*) 재산권에 관련된 계약의 위약 또는 해약으로 인한 지급되는 현금 등 중 손해를 초과하지 않는 범위 내에서 지급되는 현금 등은 개인의 소득으로 보지 않음

7-6-5. 퇴직자가 퇴직금 지급청구소송을 제기함에 따라 지급하는 현금 등의 원천징수 의무 구분(예시)

예를 들어 상기 내용을 정리하면 다음과 같다.

퇴직한 직원이 퇴직금 확인소송을 제기했고 법원의 판결에 따라 퇴직한 직원에게 현금 등을 지급한다고 할 때 해당 현금 등 중 퇴직금은 퇴직금으로 보아 원천징수를 하여야 한다.

---

51) 대법원 2006다31672, 2008.6.26. 등 다수
52) 소득세법 기본통칙 127 - 0…4
53) 소득세법 기본통칙 16 - 0…2

그리고 나머지 현금 등 중 퇴직금 지급지연 및 법정이자는 재산권에 관한 위약 또는 해약과 관련된 현금 등의 지급에 해당하므로 기타소득으로 보아 원천징수를 하여야 한다.

다만, 퇴직자의 신분 및 인격에 대한 손해배상금은 소득세법상 소득에 해당하지 아니한다.

〈퇴직금 확인소송 판결에 따라 지급되는 퇴직소득 등 지급 시 소득구분〉

구분	퇴직금 확인소송 판결에 따라 지급하는 현금 등 성격	비고
① 다툼의 대상이 되는 금액	퇴직소득 지급으로 보아 원천징수	
② 손해배상금	기타소득으로 보아 원천징수	다만, 신분 및 인격에 대한 손해배상금은 제외
③ 지연이자		
④ 법정이자		

회사가 개인에게 기타소득을 지급할 때에는 원천징수세율(22%, 지방소득세율 포함)을 적용하여 원천징수를 하여 다음달 10일까지 관할세무서에 신고·납부하여야 한다.

7-7. 소송이나 다툼 종결 시 지급되는 현금 등의 성격이 모호한 경우에는 차라리 양 당사자가 합리적인 선에서 물품 등의 대가, 손해배상금 등과 같이 그 지급 성격을 합의하고 합의서를 쓰는 것도 한 가지 방법이다.

소송이나 다툼의 종결 시 지급되는 현금 등이 ① 다툼의 대상이 되는 금액의 지급인지 ② 손해배상금의 지급인지 등을 판단 위해서는 다툼이 원인 및 판결의 근거 등을 주의깊게 봐야 한다.

그런데 법원 판결문에 지급되는 현금 등의 성격이 ① 다툼의 대상이 되는 금액, 또는 ② 손해배상금 등과 같이 명확히 구분되어 있으면 좋으련만 법원 판결문에도 두리뭉실해서 지급성격이 구분되지 않는 경우가 많다. 또한 다툼의 양당사자간 합의로 수수되는 현금 등이라면 더욱 더 그 구분이 쉽지 않다.

그렇다고 수수되는 현금 등의 성격을 구분하자고 법률전문가의 자문을 받기에도 좀 우스워 보인다.

이렇게 구분이 모호한 경우에는 차라리 양 당사자가 합리적인 선에서 ① 다툼의 대상이 되는 금액, ② 손해배상금 등과 같이 그 지급 성격을 합의하고 합의서를 쓰는 것도 한가지 방법이다.

7-8. 소송이나 다툼이 있는 거래는 종결된 시점에 ① 소송이나 다툼의 대상이 된 과거 거래 및 ② 소송이나 다툼의 종결처리 거래에 대한 세금계산서 수수의 적정성을 점검해야 한다.

소송에 따른 확정 판결 또는 다툼이 종결된 시점에 다음 거래에 대해 부가가치세를 포함한 세무처리가 적정한지 검토를 한다면 세무위험을 낮출 수 있다.

① 소송이나 다툼의 대상이 된 거래의 세무처리
② 소송이나 다툼의 종결처리를 위한 거래의 세무처리

① 소송이나 다툼의 대상이 된 거래의 세무처리의 과세위험의 원인은 소송이나 다툼의 대상이 된거래의 세무처리 후 사실관계가 확정되기 때문인데 거래의 사실관계가 확정되고 한번 더 세무처리를 검토하게 되면 과세위험을 줄일 수 있다.

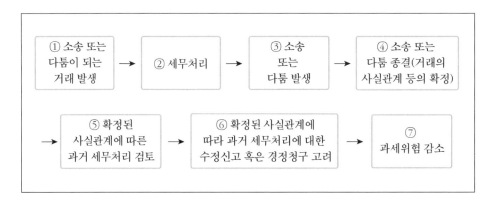

7-9. 소송 판결에 의해 사실관계 등이 다른 것으로 확정되면 거래 발생 후 5년 이후라도 사유가 발생한 것을 안 날부터 3개월 이내에 경정청구가 가능하다.

조세 소송의 경우 상대방이 국세청이므로 해당 법원 판결에 따라 자동적으로 세무행정이 이루어져 납세자는 별도의 수정신고나 경정청구[54]를 하지 않아도 된다.

그러나 만일 조세 소송이 아닌 판결(예를 들어 민사소송)에 의해 사실관계 등이 과거 세무처리된 사실관계와 다르게 확정되었다면 경정청구가 가능한지 검토해 보아야 한다.

국세기본법에 따르면 "최초의 신고·결정 또는 경정에서 과세표준 및 세액의 계산 근거가 된 거래 또는 행위 등이 그에 관한 소송에 대한 판결(판결과 같은 효력을 가지는 화해나 그 밖의 행위를 포함한다)에 의하여 다른 것으로 확정되었을 때"에는 사유가 발생한 것을 안 날부터 3개월 이내에 경정청구를 할 수 있다[55].

경정청구 기한은 법정신고기한으로부터 5년이 원칙이다.

그러나 그 거래와 직접 관련된 소송의 판결문에 의해 기존에 세금을 납부한 사실관계와는 다르게 판결되고 이로 인해 과거 납부한 세금을 돌려받을 수 있다면 법정신고 기한으로부터 5년이 경과했다 하더라도 판결이 난 시점부터 3개월 이내에 경정청구로 하여 과거에 납부한 세금을 환급 받을 수 있다.

그런데 외부에서는 이런 소송 판결이 있다는 것으로 알 수 없으므로 회사 자체적으로 검토하여 인지하지 않으면 경정청구 기회는 사라지는 것이다.

물론 이러한 경정청구 기회가 자주 발생하는 것은 아니지만 기회가 있는데, 모르고 지나치면 억울할 수 있으므로 소송이 종결되는 시점에 경정청구 가능 여부도 한번쯤은 검토해 보는 것도 좋다.

---

54) 수정신고는 과거 과소 신고·납부한 세금을 추가로 신고·납부 하는 것이고 경정청구는 과거 과대 신고·납부한 세금을 환급해 달라고 국세청에 청구하는 것이다.
55) 국세기본법 제45조의 2 제2항 제1호

재고자산

① **사외유출 정황이 있는 재고차이 : 매출누락 과세위험**

1-1. 생산수율 등의 원인으로 인해 현실적으로 재고추정액과 재고실사액은 차이
　　가 있는 경우가 많다.

　회사가 정확하게 재고자산 수량을 관리하는 것은 어렵다.

　원재료, 재공품, 완성품 등의 종류와 수량이 방대하여 실측이 사실상 어려운 경우 재
고실사를 통해 수량을 파악하는 것도 쉬운 일이 아니다. 여기에 화학제조업이나 금속
가공업 같은 업종의 경우 제조수율, 불량률, 제조부산물 등과 같은 요소도 함께 고려하
여 재고자산 수량을 관리해야 한다.

　이렇게 재고수량 파악이 잘 안되다 보면 재고자산 가액도 안 맞기 마련이다.

　외부감사를 받지 않는 규모가 작은 회사는 재고실사를 하지 않는 경우가 많아 상대
적으로 재고 관리에 취약한 면이 있다.

　이론적으로 보면 기초 재고액에 당기 재고 매입액(또는 당기 제조원가)을 더하고 당
기 판매액을 뺀 금액(이하 "재고 추정액")과 기말 재고실사금액(이하 "재고 실사액")
은 정확히 일치해야 한다.

　그러나 현실에서는 재고 추정액과 재고 실사액은 일치하지 않는 경우가 많다. 일치
하지 않는 대표적인 원인을 예시하면 다음과 같다.

　• 생산수율: 원재료 등의 수량(무게)이 제조공정 시작(input)시점에 비해 제조공정
　　이 끝난(output) 시점 감소함(주로 화학, 철강 제조업에 발생)

- 기말실사 시 추정: 재고가 많은 경우 모든 재고를 실측할 수 없어 추정의 방법을 사용하여 기말재고를 실사
- 재고수불부 작성 오류: 원재료 및 재고를 재고수불부에 미기입한 상태로 반입, 반출함
- 보관·운송과정 중 발생한 재고 누락, 폐기 등을 장부상에 반영하지 못한 경우
- 도난 횡령 등

1-2. 국세청은 다양한 방법(예: 원재료 매입 비율, 매출비율, 운송비 비율 등)으로 재고자산의 적정성을 검증하고 있으며, 이를 통해 간접적으로 매출과 매출원가의 적정성을 확인한다.

재고자산은 회사의 매출을 발생시키는 부가창출의 근원이 되는 자산이며, 기말재고는 다음기에 매출원가라는 비용으로 처리하기 전에 잠시 머물렀다 가는 자산계정이다.

따라서 기말재고가 잘못되어 있다는 것은 매출 혹은 매출원가가 잘못되어 있을 가능성이 있다는 의미이다.

이러한 재고와 매출, 매출원가와 관계 때문에 국세청은 매출과 매출원가의 적정성을 재고자산에 대한 검증을 통해 확인하는 경우가 많다.

국세청은 단순히 기초 재고액에 당기 재고 매입액(또는 당기 제조원가)을 더하고 당기 판매액을 빼는 회계적인 방식으로 적정 재고를 추정하는 것이 아니라 원재료 매입 비율, 매출비율, 운송비 비율 등 여러 가지 분석을 통해 추정하기도 하고, 수량을 고정시켜 놓고 투입원가를 재계산하기도 한다. 재고자산의 단가는 고정시켜 놓은 채 수량이 적정하게 처리되었는지도 검증하는 등 국세청은 적정하다고 생각하는 재고금액을 다양한 방법으로 추정한다.

1-3. 국세청이 적정하다고 추정한 재고금액과 실제 장부상의 재고금액이 차이가 있는 경우 납세자에게 그 차이원인에 대해 소명을 요청한다.

국세청은 국세청이 적정하다고 추정한 재고금액과 실제 장부상의 재고금액의 차이가 있는 경우 납세자에게 그 차이원인에 대해 소명을 요청하게 된다.

국세청이 적정하다고 추정한 재고금액과 회사 장부상의 재고금액과의 차이는 회사 측 오류 때문에 발생하기도 하고 국세청 오류 때문에 발생하기도 한다.

- 회사측 오류: 회사 장부상의 재고금액이 과소 혹은 과대하게 표시되어 있는 경우
- 국세청 오류: 국세청 추정 재고금액의 논리적 혹은 계산상 오류가 있는 경우

국세청 오류에 인해 발생한 재고금액 차이는 회사가 평소에 재고 추정액(기초재고+당기매입액−당기판매액)과 재고 실사액의 차이의 원인을 잘 파악해 둔다면 국세청의 재고 차이에 대한 소명 요청에 잘 답변할 수 있는 경우가 대부분이다.

반대로 회사가 평소에 재고 추정액(기초재고+당기매입액−당기판매액)과 재고 실사액의 차이의 원인을 구체적으로 파악하지 않고 차이 금액 전부를 매출원가로 처리해 버리면 국세청의 재고차이 소명요청에 답변을 하지 못하고, 애를 먹는 경우도 많이 발생한다.

국세청이 요청한 재고금액 차이원인에 대해 회사가 소명하지 못할 경우 회사측 오류로 인한 재고금액 차이로 결론이 나서 과세가 되는 경우도 발생한다.

1-4. 국세청이 추정한 적정 재고액에 비해 회사의 기말 재고액이 작고 그 원인을 적절히 소명하지 못하면 회사가 그 차이가 나는 재고를 외부에 팔고, 매출을 누락한 것으로 간주될 수 있다.

국세청이 적정하다고 추정하는 재고금액와 장부상의 재고가 다를 경우 매출이 과소하게 처리되었거나 매출원가가 과대하게 처리되었다고 추정한다.

국세청의 기본통칙에 따르면 재고자산 부족액의 경우 시가에 의한 매출액 상당액을 익금에 산입하여 대표자에 대한 상여로 처분하고, 동 재고자산 부족액은 손금에 산입하여 사내유보로 처분하며, 이를 손비로 계상하는 때에는 익금에 산입하여 사내유보로 처분[56]하도록 하고 있다.

상기 기본통칙 내용을 좀 더 쉽게 풀어쓰면 국세청이 추정한 적정 재고액에 비해 회사의 기말 재고액이 작다면 회사가 그 차이가 나는 재고를 외부에 팔고, 매출을 누락한

---

56) 법인세법 기본통칙 67−106…12【가공자산의 익금산입 및 소득처분】제2항

것으로 보겠다는 의미이다.

　반대로 국세청이 적정하다고 추정한 재고금액에 비해 회사의 기말 재고가 많다면 그 다음기 매출원가가 과대한 것으로 보아 과대하게 처리된 매출원가를 손금으로 인정하지 않을 수 있다.

〈재고자산의 과소·과대에 따른 과세위험〉

재고자산의 과소 과대 여부	과세위험	대표자 상여처분에 따른 원천징수 위무
"국세청 추정 재고금액 〉 장부상 재고금액" 경우	• 익금과세(매출누락) • 상여 소득처분 • (매출)부가가치세 누락	발생
"국세청 추정 재고금액 〈 장부상 재고금액" 경우	• 다음기 매출원가의 손금 부인(기간 귀속 오류) • 부가가치세 기간 귀속 오류	발생하지 않음

　"국세청 추정 재고금액 〉 장부상 재고금액"로 인해 매출 누락으로 과세되는 경우 추가적인 법인세뿐만 아니라 대표자 상여처분에 따른 원천징수 의무도 발생하게 된다.

　반면에 "국세청 추정 재고금액 〈 장부상 재고금액"로 인해 다음기 매출원가로 과세되는 경우 단순히 기간 귀속 차이에 따른 가산세만 과세되는 효과가 있다.

　따라서 위 두 가지 유형 중 "국세청 추정 재고금액 〉 장부상 재고금액"인 경우가 과세위험이 더 크므로 재고가 부족한 과세유형에 더 주의하여 세무진단을 진행하여야 한다.

1-5. "국세청 추정 재고금액 〉 장부상 재고금액" 경우 해당 재고차이가 매출로 인식되지 않고 사외로 유출되었다는 정황만으로도 과세가 될 수 있으므로 재고자산 추정액과 실제 재고액의 차이가 크게 발생하면 이에 대한 원인 파악을 해야 한다.

　물론 단순히 국세청 추정 재고금액과 재고 실사액이 차이 있다는 사실만으로 매출누락 등으로 과세되기는 어렵다. 그리고 재고가 부족하다고 해도 사외유출된 정황이 없는데도 무조건 대표자 상여로 소득처분하는 것도 무리한 과세이다.

매출 누락액이 사실상 사외로 유출되지 아니하고 법인으로 회수되었거나 법인의 사업과 관련되어 지출되었다면 상여로 소득처분할 수 없다는 것이 조세심판원의 입장이다[57].

따라서 국세청은 납세자가 재고자산 차이를 소명하지 못할 경우 해당 재고차이와 관련하여 사외유출(매출누락) 정황이 있는지에 대한 추가 조사를 하여 매출누락에 대한 근거를 확보하려고 한다.

실무적으로 국세청은 재고자산 부족액이 이미 사외로 유출되었다고 보고 부족한 재고자산 관련 매출액 상당액 전부를 익금으로 과세하고 재고자산 부족분 중 납세자가 사내에 남아 있다고 입증한 가액만을 제한적으로 손금(매출원가)으로 인정하는 방식으로 과세하는 경우가 많다.

또한 구체적인 매출누락 시기에 대해 국세청이 입증하지 못한다 하더라도 해당 재고차이가 매출로 인식되지 않고 사외로 유출되었다는 정황만으로도 과세가 가능[58]하므로 세무진단을 통해 여러 가지 방식으로 재고자산 금액 추정하여 실제 재고자산 금액과 큰 차이가 발생하면 이에 대한 원인 파악을 해야 한다.

1-6. 재고차이에 대한 사외유출된 정황이 있어 매출누락으로 과세된 사례

사실관계

- A회사는 원재료인 알루미늄을 열처리하여 제품을 만드는 내화요업제품 제조업을 영위함
- A회사는 2019년말에 알루미늄 원재료에 대한 재고실사를 실시하여 실제 재고중량이 장부상의 중량에 비해 1,000톤이 모자란다는 것으로 발견함
- 동 중량차이에 대한 장부가액은 20억원임
- 알루미늄 시세는 톤당 3백만원이라고 가정함
- A회사는 재고중량차이의 원인을 구체적으로 파악하지 않고 2017년 및 2018년 생산에 투입되었으나 장부상 이를 인식하지 못한 것으로 가정하여 중량차이에 대한

57) 조심 2011서2782, 2011.12.28.
58) 조심 2014전5645, 2015.6.11.

장부가액인 20억원을 전기오류수정손실로 처리함

- 이후 국세청은 세무조사를 통해 상기 2017년말 재고 중량 차이에 대한 회계처리를 확인하고 이에 대한 소명을 A회사에 요청하였으나 A회사는 이에 대한 명확한 원인을 제시하지 못함
- A회사 대표이사의 2017년 소득세 한계세율을 38%라고 가정함

과세위험

국세청은 A회사가 전기오류수정손실로 처리한 20억원에 대한 증빙자료 등을 요청할 수 있다. 이런 경우 A회사가 재고중량 차이에 대한 명확한 원인을 제시하지 못하는 경우 추가적인 세무조사를 통해 과세 여부를 검토하게 된다.

만일 국세청이 추가 조사를 통해 다음과 같은 사실을 추가 확인하였다고 가정해 보자.

- A회사의 2017년 손익이 현저히 감소함
- 2017년 단위당 원재료비가 다른 연도에 비해 증가함
- 재고를 관리하는 엑셀표에 차이나는 중량이 비고란 "추가 불출"이라고 적혀 있는데 해당 중량의 합과 2017년 재고 중량차이가 대략 일치함

국세청은 상기와 같은 정황을 근거로 해당 재고 중량차이(시가 30억원)는 A회사가 2017년 중 임의로 외부에 알루미늄 판매하였으나 매출을 누락했다고 보아 과세할 수 있다.

〈세무조사 시점에 적출될 경우 A회사에 대한 과세액 추정[59]〉

만일 상기 과세위험이 세무조사 시점에 적출될 경우 A회사에 대한 과세 추정액은 다음과 같다.

(단위: 원)

세목	구분	과세 추정액	계산내역
법인세	본세	660,000,000	3,000,000,000[60] × 22%
	신고불성실 가산세	66,000,000	660,000,000 × 10%
	납부불성실 가산세	216,810,000	660,000,000 × 1,095일 × 3/10,000
	합계	942,810,000	

(단위: 원)

세목	구분	과세 추정액	계산내역
부가가치세	매출세액 누락	300,000,000	3,000,000,000 × 10%
	신고불성실 가산세	30,000,000	300,000,000 × 10%
	납부불성실 가산세	98,550,000	300,000,000 × 1,095일 × 3/10,000
	세금계산서 불성실 가산세	90,000,000	3,000,000,000 × 3%
	합계	518,550,000	

〈세무조사 시점에 적출될 경우 A회사의 대표이사에 대한 과세액 추정〉

세목	구분	과세 추정액	계산내역
소득세	본세	1,140,000,000	3,000,000,000 × 38%

참고로 법인세 경정·결정 등으로 변동 통지된 소득은 법인에 대한 소득금액변동통지일을 그 지급시기로 의제[61]되므로 A회사는 대표자 상여 소득처분에 대한 소득금액변동통지서를 받은 날이 속하는 달의 다음달 10일까지 상여처분에 따른 원천징수세액을 신고·납부하면 원천징수 관련 가산세가 발생하지 않는다.

---

59) 단순 매출누락이라고 가정하여 과세 추정액을 산정하였다. 만일 매출누락이 부정한 행위로 인한 것이라면 부당 과소신고 가산세율 40%가 적용되고 부과제척기간 10년으로 연장된다. 경우에 따라서는 조세범칙조사로 전환될 수 있다.
60) 정확한 법인세 과세추정액을 계산하기 위해서는 2019년 전기오류수정손실을 처리한 20억원을 손금불산입하고 2017년에 20억원을 다시 손금산입하여 법인세 과세 추정액을 계산해야 한다. 그러나 계산 편의상 20억원의 귀속시기는 변동 없이 매출누락액 30억원에 대해서만 과세한다고 가정하였다.
61) 서면 인터넷방문상담1팀-105, 2007.1.17.

1-7. 매년 재고 추정액과 재고 실사액의 차이에 대한 원인을 파악하고, 만일 원인이 파악되지 않는다면 최소한 해당 재고차이가 사외로 유출된 것이 아니라는 것을 입증할 수 있는 자료를 갖추어야 한다.

앞서 기술한 바와 같이 현실적인 문제로 재고 추정액과 재고 실사액이 다를 수 있는데 재고부족으로 인한 매출누락 관련 과세위험을 줄이고자 재고 1단위까지 관리를 할 수는 없는 것이고, 만일 할 수 있다 하더라도 이윤을 추구하는 회사에서 무한정 재고 관리비용을 늘릴 수도 없다.

회사의 사정에 맞게 재고를 관리하되 매년 재고 추정액과 재고 실사액의 차이가 나는지 살펴보고, 차이가 나면 원가분석을 통해 원인을 파악하고, 이를 기반으로 재고를 파악하는 방식을 업데이트하여 이후 연도에는 좀더 효율적이고 정밀하게 재고가 파악할 수 있도록 해야 한다.

만일 새로운 공정을 도입하거나 새로운 제품을 제조하는 경우에는 생산수율이나 불량률이 예측치를 벗어나는 경우 거액의 재고차이가 발생하는 경우도 있으니 이런 연도에는 반드시 재고차이를 검토하여 재고차이의 원인을 파악하고 파악된 재고차이에 대해 발생한 당해연도에 손실로 처리해야 한다.

그런데 만일 재고차이의 구체적인 원인을 파악하지 못했다면 최소한 해당 재고차이가 사외로 유출되지 않았다는 것이 명백하다는 입증자료를 갖추어야 한다.

어찌 보면 재고차이 원인을 파악하지 못해 증가하는 과세위험보다 재고차이가 사외로 유출되지 않았다는 입증을 하지 못해 증가하는 과세위험이 훨씬 크기 때문이다.

앞서 기술한 바와 같이 사외로 유출되지 않은 재고차이는 기껏해야 기간귀속 오류로 인해 과소신고·과소납부 가산세 정도만 과세되지만 사외로 유출되지 않았다는 입증자료가 없다면 국세청은 여러 사외유출된 정황을 들어 매출누락으로 과세할 경우 과세되는 금액은 몇배 증가할 수 있다.

그런데 거래의 여러 가지 측면에 대해 세무조사를 하다보면 그 중 하나는 해당 재고차이가 사외로 유출된 정황으로 볼 수 있는 자료는 얼마든지 있을 수 있다.

1-8. 다양한 재고 관련 비율분석(분석적 기법)을 통해 재고차이가 합리적인 범위내에서 움직이는지도 매년 체크해 보아야 한다.

다양한 재고 관련 비율분석(분석적 기법)을 통해 재고차이가 합리적인 범위내에서 움직이는지도 매년 체크해 보아야 한다.

비율분석을 통한 매출 혹은 재고자산의 적정성 검토는 세무조사 시 반드시 검증하는 절차이기도 하다. 이런 비율 분석에 따라 매출 혹은 재고자산의 적정하지 못하다고 판단될 경우 실제 매출 누락이 있었는지에 대해 중점적으로 파악해 보아야 한다.

연도별도 상기 비율이 유사하게 산출되는지, 특정연도의 비율 상호간의 연관성이 다른 연도에 비교하여 달라지지 않았는지를 검토하고 만일 유사한 비율이 나오지 않으면 그 이유는 무엇인지 분석해 볼 필요가 있다.

1-9. 국세청에서 사용하는 대표적인 매출 또는 재고자산 관련 비율분석(예시)

국세청이 많이 사용하는 대표적인 매출 또는 재고자산 관련 비율분석의 예는 다음과 같다.
- 매출액과 부가가치세 과세표준 차이분석
- 매출액 대비 매출할인 비율을 월별 혹은 연도별로 비교분석
- 투입된 원가 대비 진행률 산정의 적정성 분석
- 판매관리비상의 운반비, 포장비 대비 매출액 비율을 월별 혹은 연도별로 비교분석
- 제조원가상의 재료비, 전기료, 연료비 대비 재고자산 비율을 월별 혹은 연도별로 비교분석
- 수출업체의 경우 신용장, 수출면장, 선적서류와 매출액과 상호대사 분석
- 현금 매출이 높은 업종의 경우 금전등록영수증 감사테이프 수불과 매출액 비교분석
- 재고자산의 타계정 대체의 적정성 분석 등

❷ 재고자산 수량 부족의 입증: 재고자산 관리비용에 대한 의사결정 사항

2-1. 파손 등으로 수량이 감소하거나 시간이 지남에 따라 처분할 수 없게 된 재고자산은 회계상 비용처리할 수 있다.

재고자산은 주요 영업수익을 발생시키기 위해 보유하고 있는 자산이다.

따라서 대부분의 경우 재고자산의 종류도 많고, 종류별 수량이 많다. 그리고 수시로 입고가 출고가 반복되어 관리하기도 쉽지 않으며 파손 등으로 인해 자연스럽게 수량이 감소되기도 한다.

어떤 재고자산은 시간이 경과하면서 자연스럽게 가치가 하락하는 경우도 발생하고 결과적으로 판매할 수 없는 상태가 되어버리기도 한다.

회계에서는 재고자산의 시가가 장부가액보다 낮아진 경우에는 자산의 손상차손(비용)을 인식하여 자산의 장부가액에서 차감할 수 있다.

이런 경우 오히려 회사가 비용(재고자산 손상차손)으로 처리하지 않으며 잘못된 회계처리로 간주될 수 있다.

요컨대, 회계에서는 재고자산의 처분이라는 거래가 발생하지 않더라도 재고수량이 감소하거나 가치가 하락한 경우 재고자산을 비용화할 수 있다.

2-2. 파손ㆍ부패 등의 사유가 아닌 회사의 임의 평가에 따른 재고자산 평가손실은 세무상 손금으로 인정되지 않는다.

법인세법에서는 일단 한번 재고자산으로 처리된 금액은 자산의 시가가 장부가액 보다 낮아진 경우라도 세법에서 특별한 규정이 없는 한 처분될 때까지는 자산의 장부가액의 일부 혹은 전부에 대해 감액손실(손금)이 인정되지 않는 것이 원칙이다.

다행히도(?) 법인세법에서는 재고자산이 파손ㆍ부패 등의 사유로 정상가격으로 판매할 수 없는 경우 해당 사유가 발생한 사업연도종료일 현재 처분가능한 시가로 평가한 가액으로 회계처리한 경우에 한하여 손금으로 인정한다고 규정하고 있다[62].

상기 규정을 보면 회계상 재고자산 평가손실(재고자산 평가충당금)로 처리하는 금액을 세법에서도 손금으로 인정받을 수 있는 것처럼 보인다.

하지만 실무적으로는 재고자산의 가치하락분에 대해 회계상 비용(감액손실)으로 처리한 금액에 대해 손금으로 인정받는 사례는 거의 없다.

회사가 보유하고 있는 재고자산에 대해 파손·부패 등 사유로 인해 보유하고 있는 재고자산의 가치가 하락했다는 것을 실무적으로 입증하기 어렵기 때문이다.

2-3. 재고자산에 대한 세무진단 시 가치하락보다는 수량 부족으로 인한 재고자산 폐기(감액)손실에 더 주목하여야 한다.

정상적인 회사라면 재고자산은 근시일내에 판매(실현)되는 경우가 대부분이기 때문에 굳이 가치하락분에 대한 입증의 부담을 지면서 손금으로 처리할 할 필요가 없다. 다음 기에 판매되면 어차피 손금으로 인정되기 때문이다.

가치하락으로 인한 재고자산 평가손실(재고자산 평가충당금)을 비용으로 회계처리한 회사의 대부분이 파손·부패 등 사유가 아닌 임의 평가에 따른 것으로 보아 법인세 세무조정 시 손금불산입으로 세무조정하는 경우가 일반적이다.

가치하락으로 인한 재고자산 평가손실(재고자산 충당금)은 설령 그 세무처리가 잘못되었더라도 다음 사업연도에 자연스럽게 조정되어 결국 기간귀속 차이에 따른 가산세만 발생하게 된다.

그러나 재고자산 수량 부족으로 처리되는 재고자산 폐기(감액)손실은 이를 적법한 시기에 적절한 입증자료를 갖추어 손금으로 처리하지 않으면 영구히 손금으로 인정받을 수 없는 경우도 발생한다.

따라서 가치하락 보다는 재고자산의 수량 감소로 인한 재고자산 감액손실에 더 주목하여 세무진단을 하여야 한다.

---

62) 법인세법 제42조 제3항 제1호, 동법 시행령 제78조 제3항 제1호

2-4. 파손·부패 등의 사유로 발생한 재고자산 폐기손실(수량 감소)은 그 사실이 객관적으로 입증될 수 있는 경우에 한하여 손금으로 인정된다.

관련된 법인세 기본통칙[63]에 따르면 "풍수해, 기타 관리상의 부주의 등으로 품질이 저하된 제품 등을 등급전환 또는 폐기처분하는 경우에는 그 사실이 객관적으로 입증될 수 있는 증거를 갖추어 처리하여야 한다"고 규정하고 있다.

법인세법상 재고자산 폐기손실(감액손실)를 손금으로 인정받기 위한 요건을 정리하면 다음과 같다.

① 파손·부패 등의 사유(풍수해, 기타 관리상의 부주의 등으로 품질이 저하된 제품 등을 등급전환 또는 폐기처분하는 경우 포함) 발생
② 사유가 발생한 사업연도에 회계상 비용(재고자산 감액손실 또는 감모손실 등)으로 처리
③ 파손·부패 등의 입증자료 보관
상기 3가지 사유 중 실무상 문제가 되는 것은 "③ 입증자료"이다.

2-5. 부족한 재고수량을 파악하는 것은 회계의 영역이고 그 부족 수량의 원인을 파악하고 입증자료를 갖추는 것은 세무의 영역이다.

회사가 실무적으로 재고자산 수량을 관리하기가 쉽지 않고 이런 저런 이유로 장부상의 재고자산 수량은 실제 재고수량보다 항상 작은 경우가 대부분이다.

장부상의 재고자산 수량보다 재고실사 등으로 파악한 재고자산 수량이 작은 경우 회계상 재고자산 감모손실로 처리하게 된다. 그러나 회계에서는 해당 재고자산 부족수량이 언제 어떻게 사라졌는지 파악하지 않는다.

해당 재고자산 부족수량이 언제 어떻게 사라졌는지에 대해 파악하여 입증자료를 갖추는 것은 세무의 영역이다.

---

[63] 법인세법 기본통칙【변질된 제품 및 폐품의 폐기】42-78…3

〈재고자산 수량 관리 관련 업무 구분〉

구분	재고자산 수량 관리 업무	업무의 예
회계처리 영역	부족 수량 파악	재고실사 수량과 장부상 수량과 비교
세무처리 영역	수량 부족 원인 파악 및 입증자료 구비	부족 수량의 원인을 파악하여 제3자에 의한 폐기, 자체 폐기, 도난, 업무 착오인지 여부 파악하여 관련 입증자료 구비

2-6. 재고자산 폐기손실에 대한 입증자료를 갖추는 것이 실무상 어려운 이유: 재고자산 관리비용의 증가

재고자산 부족수량이 발생하는 원인은 도난, 파손, 폐기 등 여러 가지가 있을 것이다.

그런데 재고자산이 부족해지는 원인을 파악하려 하거나 그 재고수량의 부족 원인에 대한 입증자료를 갖추기 위해서는 재고관리 시스템에 투자를 하거나 재고자산 관리 인원을 추가 채용해야 하므로 회사의 재고자산 관리비용이 증가하게 된다.

재고자산 관리 부족으로 인해 발생하는 비용과 추가적으로 재고자산 관리비용을 투입했을 때 감소하는 재고자산 관련 비용을 비교하여 재고자산 관리비용을 추가 투입할지 여부를 결정하는 것은 회사의 경영의사결정의 영역이다.

이러한 의사결정 시 재고자산의 폐기손실에 대한 입증자료를 갖추지 못함에 따라 법인세를 추가적으로 낼 수 있다는 과세위험도 고려되어야 한다.

〈재고자산 관리비용과 재고자산 수량부족에 따른 과세위험의 trade off 관계〉

재고자산 관리비용	재고자산 수량부족에 따른 과세위험
증가	감소
감소	증가

2-7. 재고자산 부족 수량분에 대한 입증책임은 외부에 유출된 정황이 있다면 납세자에게, 반대로 외부에 유출된 정황이 없다면 국세청에게 귀속될 가능성이 높다.

그렇다면 납세자도 국세청도 입증하기 어려운 재고자산 부족 수량분에 대한 입증책임은 누구에게 있는 것일까?

재고자산 부족 수량분에 대한 입증책임이 있는 측이 불리하다는 것은 자명하다.

재고자산 부족 수량분이 외부에 유출(판매)되었다는 정황이 있으므로 이에 대한 입증책임은 납세자에게 있다고 보는 조세심판원의 선심례[64]를 보면 재고자산 부족 수량분에 대한 입증책임은 납세자에게 있는 것으로 보인다.

그러나 반대로 회사가 재고자산 부족 수량분을 외부에 유출(판매)하였다는 정황이 없다면 재고자산 부족 수량분에 대해 과세를 하는 국세청에 입증책임 있다고 판단한 대법원 사례[65]도 있으므로 반드시 재고자산 수량 부족분에 대한 입증책임이 납세자에게만 귀속되는 것은 아니다.

2-8. 재고자산 수량 부족분에 대한 직접 입증자료와 간접 입증자료(예시)

앞서 기술한 "직접 입증자료로 입증하고 정황 입증자료로 입증책임을 전환시킨다"는 원칙은 재고자산 수량 부족분 입증에도 그대로 적용된다.

재고자산 수량 부족분에 대한 직접 입증자료와 간접 입증자료의 대표적인 예는 다음과 같다.

〈직접 입증자료의 예〉
- 폐기 사진(동영상)
- 폐기업자가 확인한 폐기자산 확인서
- 폐기업자와의 거래내역
- 폐기 당시 작성된 폐기 품의
- 화재보험금 수령내역(화재로 인해 재고자산이 부족한 경우)

〈간접 입증자료의 예〉
- 재고자산 보관비용 내역[66]

---

64) 조심 2014전5645, 2015.6.11.
65) 대법원 2003.6.24. 선고, 2001두7770 판결. 2-5. 재고자산 수량 부족분에 대한 입증 부족으로 과세된 사례에 대한 대법원 판례임
66) 국심 2006서3640, 2007.7.16.

- 외부 판매시장이 없음
- 진부화 속도가 빨라 실질적으로 외부 판매가 불가능한 재고자산의 속성
- 재고자산 폐기리스트
- 내부적인 재고자산 통제 절차
- 재고자산 수불부
- 연도별 재고자산 추세
- 연도별 매출원가 추세

실무적으로 국세청은 재고자산 수량 부족분에 대하여 폐기에 대한 사진이 있거나 외부 폐기업자에게 판매한 거래 내역이 있는 폐기손실만을 손금으로 인정하고 있다.

따라서 현실적으로 간접 입증자료만으로 재고자산 수량 부족분에 대해 손금으로 인정받고 싶다면 조세불복까지 고려해야 한다.

2-9. 재고 폐기와 관련된 내부 규정을 만들어 적용하고 폐기 시 객관적인 입증 자료를 확보한다.

재고 폐기, 도난, 화재로 인한 손실 등은 다 유사한 유형의 세무위험이다. 이런 상황은 모두 지나고 나면 눈으로 확인할 수 없다는 특징이 있다.

따라서 해당 상황이 발생했을 때 내부품의서와 함께 이를 입증할 수 있는 객관적인 자료를 확보하여야 한다.

여기에서 객관적인 자료란 앞서 소개한 직접 입증자료와 간접 입증자료 모두를 포함하는데 가급적이면 직접 입증자료를 많이 확보하는 것이 좋다.

재고자산 폐기의 경우에는 재고자산 폐기에 대한 내부규정을 만들어 이를 계속 적용하면 재고자산 폐기에 설득력을 높일 수 있다. 다만 이 경우에도 객관적인 증빙을 확보해야 한다.

단순히 회사의 폐기 관련 사실확인서만으로는 그 사실이 객관적으로 인정되지 않는다는 것이 조세심판원의 입장[67]이다.

---

67) 국심 84광1050, 1984.8.22.

❸ 소유권 이전시기와 일치하지 않는 재고자산 입·출고: 실물이동 시기와 다른 인도시기

3-1. 재고가 매출인식 시점보다 먼저 출고되거나 늦게 출고되는 경우 재고자산의 수량차이가 발생할 수 있다.

일반적으로 회사는 창고에 재고자산을 보관하면서 입고·출고되는 재고자산 수량을 재고수불부에 기록한다.

그리고 기말 시점에 재고실사를 통해 실제 재고수량을 파악하여 재고수불부상의 재고수량과 차이가 발생하면 이에 대한 원인을 파악하여 적절히 손익에 반영하는 과정을 거치는 것이 일반적인 재고자산 수량 관리 과정이다.

이런 과정을 거치면 장부상의 재고수량과 재고수불부상의 재고자산 수량이 맞아야 하는데 실무적으로 매출인식 시점보다 먼저 출고되거나 늦게 출고되는 재고수량으로 인해 둘 간의 수량차이가 발생할 수 있다.

3-2. 재고자산이 매출인식 시점보다 먼저 출고되는 사례

두 회사 이상이 연계하여 생산 혹은 판매가 이루어지는 경우 매출 시점이 도래하기 전에 매입처 사업장 창고 혹은 매입처 사업장 인근에 위치한 야적장에 보관되기도 한다.

예를 들어 철강업체는 봉강업체로부터 봉강제품을 매입하여 조, 압축, 인발 등의 공정을 통해 철강제품 생산하게 되는데, 철강업체와 봉강업체는 다음과 같은 형태로 봉강제품에 대한 공급 계약을 체결할 수 있다.

- 봉강업체는 생산이 완료된 봉강제품을 철강업체의 창고 혹은 인근의 야적지에 보관함
- 철강업체는 창고 혹은 인근 야적지에 보관된 봉강제품을 가져다 쓰고 매달 일정한 시기에 봉강제품 사용량을 봉강회사에 통보함
- 사용량을 통보 받은 봉강회사는 사전에 협의된 단가표에 맞추어 세금계산서를 발행함

철강업체는 회사 규모가 커서 큰 규모의 창고를 보유하고 있거나 인근에 큰 필지의 야적지가 많으나 원재료 재고부담을 최소화하려 하고 봉강업체는 영세하여 봉강제품을 보관할 장소가 여의치 않으나 계속 생산해야 수지 타산이 맞는 경우 이런 계약 형태로 거래가 이루어질 수 있다.

이런 경우 철강업체 또는 봉강업체의 재고수량 산정 시 철강업체 인근 야적지에 보관되어 있는 봉강제품이 누구의 재고자산인지 여부가 문제가 될 수 있다.

이러한 재고자산의 귀속 문제는 결국 관련 매출의 귀속시기 과세위험으로 귀결된다.

3-3. 원칙적으로 동산(재고자산)에 관한 물권의 양도는 그 동산(재고자산)을 인도하여야 효력이 생긴다.

민법에서는 동산에 관한 물권의 양도는 그 동산을 인도하여야 효력이 발생하는 것이나 양수인이 이미 그 동산(재고자산)을 점유한 때에는 당사자의 의사표시만으로 그 효력이 생긴다[68].

즉, 동산(재고자산)에 관한 물권의 양도는 그 동산(재고자산)을 인도하여야 효력이 발생하는 것이 원칙이다.

3-4. 그러나 양수인이 이미 그 동산(재고자산)을 점유한 때에는 당사자의 의사표시만으로 인도 효력이 생기고, 동산(재고자산)에 관한 물권을 양도하는 경우에 당사자의 계약으로 양도인이 그 동산의 점유를 계속하는 때에는 양수인이 인도받은 것으로 본다.

그러나 양수인이 이미 그 동산(재고자산)을 점유한 때에는 당사자의 의사표시만으로 인도 효력이 생기고, 동산(재고자산)에 관한 물권을 양도하는 경우에 당사자의 계약으로 양도인이 그 동산의 점유를 계속하는 때에는 양수인이 인도받은 것으로 본다[69].

상기 규정의 의미가 좀 난해하기는 하지만 좀 쉽게 요약하면 거래당사자간 재고자산의 소유권 이전 시기에 대한 합의가 있다면 재고자산의 점유 이전에 불구하고 합의한

---

68) 민법 제188조
69) 민법 제189조

소유권 이전 시점을 인도시기로 본다는 의미이다.

　상기 철강업체와 봉강업체의 계약 사례를 들어 상기 법리를 설명하면 생산이 완료된 봉강제품은 철강업체의 창고 혹은 인근의 야적지에 보관함으로써 점유는 철강업체로 이전된 것으로 볼 수 있지만 소유권 이전에 대한 합의가 없으므로 봉강제품은 인도된 것으로 볼 수 없으므로 봉강업체의 재고자산으로 보아야 한다.

3-5. 동산(재고자산)의 인도는 단순히 실물의 이동만으로 판단하는 것이 아니라 거래당사자의 소유권 이전에 대한 합의 내용에 따라 판단해야 하므로 거래당사자간 소유권을 이전하기로 합의한 시점을 부가가치세법상 공급시기로 보아야 한다.

　부가가치세법상 재화의 공급이라 함은 계약상·법률상의 원인에 의하여 재화를 인도 또는 양도하는 것을 말한다. 양도란 소유권의 이전을 의미하는 것이며, 인도는 재화에 대한 사실상의 지배, 즉, 점유를 이전하는 것을 의미한다[70].

　부가가치세법상 재화가 공급되는 시기라 함은 재화의 이동이 필요한 경우에는 재화가 인도되는 때라고 규정하고 있다[71].

　상기 민법의 인도에 관한 규정을 부가가치세법상 공급시기 규정과 관련하여 해석해보면 재고 실물이 이전되기 전에 재고의 소유권이 이전된 경우 재고가 인도된 것이며, 반대로 재고의 소유권이 이전되지 않았다면, 재고 실물이 이전되었다 하더라도 재고가 인도되지 않은 것으로 해석할 수 있다.

　앞서 든 사례에서 철강업체가 창고 혹은 야적지에 있는 봉강제품을 가져다 쓰는 시점에 양사는 봉강제품의 소유권을 이전한 것으로 합의하였으므로 이 시점에 부가가치세법상 봉강제품이 공급된 것이다.

　대법원 역시 부가가치세법상 재화의 공급에 대해 실질적으로 얻은 이익의 유무에 불구하고 재화를 사용·소비할 수 있는 권한을 이전하는 일체의 원인행위를 모두 포함한다고 할 것[72]이라고 하여 소유권이 이전되는 시점을 부가가치세법상 공급으로 보고 있다.

---

70) 부가가치세법 제9조
71) 부가가치세법 제15조
72) 대법원 1985.9.24. 선고 85누286 판결, 대법원 1999.2.9. 선고 98두16675판결, 대법원 2001.3.13. 선고 99

즉, 재고자산의 인도는 단순히 실물의 이동만으로 판단하는 것이 아니라 거래당사자의 소유권 이전에 대한 합의 내용에 따라 판단해야 한다.

3-6. 법인세법상 매출 귀속시기 역시 거래 당사자간 소유권을 이전한 시점에 따라 판단하여야 한다.

법인세법상 매출 귀속시기 역시 권리의무확정주의에 따라 판단하는 것이 원칙[73]이고, 그 세부사항으로 상품 등의 판매는 인도한 때[74]를 매출의 귀속시기라고 규정하고 있다.

법인세법상 재화의 판매 규정의 어구가 부가가치세법상 공급 규정과 다르게 보일 수도 있으나 결국 부가가치세법과 동일한 시점(인도시점)에 법인세법상 매출이 발생한 것으로 판단해야 한다.

3-7. 소유권 이전은 추상적인 법률 관계이므로 국세청은 재고자산의 실물 이동을 기준(재고수불부 기준)으로 재고자산이 인도되었다고 간주할 수 있다.

그러나 소유권의 이전이라는 것은 추상적인 법률관계라서 명확한 증빙이 없는 경우 시간이 흐른 뒤 실물이 이동한 때가 아닌 시점에 소유권이 이전되었다는 것을 제3자에게 입증하기는 쉽지 않다. 그 제3자가 국세청이라면 더욱 더 어렵다.

또한 법인세법상 매출 귀속시기에 대한 판단 역시 마찬가지이다.

반면 재고자산의 이동은 실물 이동 여부를 손쉽게 확인할 수 있기 때문에 국세청은 별다른 다른 입증자료 또는 정황이 없다면 재고자산 실물의 이동을 기준으로 재고자산이 인도되었다고 간주하여 부가가치세법상 공급시기 및 법인세법상 매출 귀속시기를 판단할 수 있다.

국세청이 실물 이동을 파악하기 위해 주로 보는 자료는 재고수불부다.

재고수불부는 통상 소유권 이전과 상관없이 재고자산 실물의 입고·출고만을 기준

두9247 판결 등 참조
73) 법인세법 제40조
74) 법인세법 시행령 제68조 제1항 1호

으로 작성되고, 재고수불부상의 재고수량은 시점별로 명확히 숫자로 표시된다.

이런 이유로 인해 국세청은 장부와 재고수불부상의 재고수량이 차이가 나는 경우에는 재고수불부상의 재고수량을 더 신뢰할 가능성이 높고 만일 회사가 재고수량 차이를 소명하지 못하면 재고수불부상의 재고수량을 기준으로 인도되었다고 보아 부가가치세 및 법인세를 과세할 수 있다.

3-8. 장부상의 재고수량과 재고수불부상의 재고수량 차이로 과세된 사례

사실관계

- 세무조사를 받고 있는 제조업 C회사의 갑재무부장은 조사공무원인 을조사관의 요청에 따라 2019년 12월 31일 현재 재고수불부를 제출함
- 을조사관은 재고수불부상의 재고자산 가액은 11억원인데 장부상의 재고자산 가액은 10억원인 이유에 대해 소명을 요청함
- 담당 영업직원인 병과장은 판매대리점인 B회사의 매출요청에 따라 2019년 12월 20일에 회계상 매출로 인식하고 동일자로 세금계산서도 발급하였으나 D회사가 재고를 보관할 장소가 없어서 2019년말까지 A회사 창고에 보관했기 때문에 발생한 재고수량 차이라고 설명함
- 해당 재고수량은 2020년 1월 초에 C회사의 창고에서 반출되어 D회사 창고로 입고됨
- C회사는 D회사에게 재고확인증을 발행하지 않음
- C회사의 평균 매출원가율(재고자산/매출)은 40%라고 가정함

과세위험

C회사의 2019년 말 재고수량 차이는 2020년 초에 상쇄되므로 상기 사례와 같은 재고수량 차이 유형은 공급(매출)시기 귀속시기 차이에 따른 법인세 및 부가가치세의 과세문제로 귀결된다.

C회사가 2019년말 재고수량 차이에 대해 다음과 같은 입증자료 등을 통해 을조사관을 2019년 12월에 물품이 인도되었음을 소명하여야 한다.

- 계약서
- D회사가 C회사에 보낸 물품공급요청서 등
- C회사의 재고보관증(2019년)
- C회사의 재고반환증(2020년)

만일 C회사가 2019년말 재고수량 차이에 대해 적절히 소명하지 못할 경우 을조사관은 C회사가 D회사의 재고창고에 배달완료한 시점에 소유권이 이전되는 것이므로 보아 1억원의 재고에 대한 인도시점은 2019년이 아닌 2020년으로 보아 과세할 수 있다.

또한 C회사가 과세될 경우 D회사도 사실과 다른 세금계산서를 수취한 것으로 간주되어 부가가치세(매입세액 불공제)가 과세될 수 있다.

〈세무조사 시점에 적출될 경우 C회사에 대한 과세액 추정〉

만일 상기 과세위험이 세무조사 시점에 적출될 경우 C회사에 대한 과세 추정액은 다음과 같다.

(단위: 원)

세목	구분	과세 추정액	계산내역
법인세	신고불성실 가산세	3,300,000	$100,000,000/40\% \times (1-40\%) \times 22\% \times 10\%$

(*) 재고자산의 장부가액을 시가로 환산하여 과세함[시가 환산액 = 재고장부가액/매출원가율 × (1 − 매출원가율)]

(**) 2019년 법인세는 과대하게 신고·납부되었고 2020년 법인세는 과소하게 신고·납부되었기 때문에 법인세율이 동일하다고 가정할 경우 C회사는 실질적으로 2019년에 대한 신고불성실 가산세만 부담하게 됨

(***) 과세기간을 잘못 적용하여 국세를 신고납부한 경우 실제 납부한 국세 범위내에서 당초 납부할 과세기간에 자진납부한 것[75]으로 보는 것이므로 2019년 과대 납부된 법인세는 2020년에 대한 법인세 납부로 간주되어 납부불성실 가산세는 발생하지 않음

---

75) 국세기본법 제47조의 4 제4항: 국세(소득세, 법인세 및 부가가치세만 해당한다)를 과세기간을 잘못 적용하여 신고납부한 경우에는 제1항을 적용할 때 실제 신고납부한 날에 실제 신고납부한 금액의 범위에서 당초 신고납부하였어야 할 과세기간에 대한 국세를 자진납부한 것으로 본다.

세목	구분	과세 추정액	계산내역
부가가치세	신고불성실 가산세	1,000,000	100,000,000 × 10% × 10%
	세금계산서 불성실 가산세	2,000,000	100,000,000 × 2%
	합계	3,000,000	

(*) 2019년 부가가치세 매출세액은 과대하게 신고되고 2020년 부가가치세 매출세액은 과소하게 신고
되었기 때문에 C회사는 2019년 2기 확정신고기간에 대한 신고불성실 가산세와 세금계산서불성실
가산세만 실질적으로 부담하게 됨

〈세무조사 시점에 적출될 경우 D회사에 대한 과세액 추정〉

세목	구분	과세 추정액	계산내역
부가가치세	매입세액(불공제)	10,000,000	100,000,000 × 10%
	신고불성실 가산세	1,000,000	10,000,000 × 10%
	납부불성실 가산세	3,285,000	10,000,000 × 1,095일 × 3/10,000
	합계	14,285,000	

참고로 D회사의 경우 2020년에 C회사로부터 매입한 재고를 판매하였다고 가정할 경
우 해당 재고를 2019년에 취득했든 2020년에 취득했든 모두 2020년의 매출원가로 처리
되므로 법인세 기간귀속 문제는 발생하지 않는다.

3-9. 밀어내기 매출은 회사차원에서 파악하기 어렵기 때문에 주기적으로 장부
    와 재고수불부상의 재고수량 차이 원인을 파악하여 밀어내기 매출이 발생
    하였는지 점검해 보아야 한다.

매출을 하였음에도 재고가 판매회사 창고에 남아 있거나 매출을 하지 않았음에도 재
고가 창고에서 반출되는 경우는 다음과 같다.

① 영업 직원의 실적 증대 목적으로 제품 반출 이전에 매출(이하 "밀어내기 매출")
   인식
② 매입처의 요청으로 실제 반출이 지연
③ 매입처의 요청으로 매출이 발생하기 전에 실물만 일정한 장소로 이동한 경우
④ 기타 운송업체의 사정으로 인한 운송 지연 등

상기 4가지 경우 중 ②, ③, ④의 경우는 이미 회사의 정상적인 의사결정을 거쳐 이루어진 거래이며 이를 소명하는 것도 어렵지 않다.

그러나 ①과 같이 회사의 정상적인 의사결정을 거치지 않고 담당 영업 직원 실적 목적으로 이루어진 재고차이는 회사차원에서 알기도 어렵고, 관련 과세위험에 대한 대비도 안되어 있을 가능성이 매우 높다.

대부분의 영업사원은 거래처별로 별도의 장부를 만들어 관리하고 있으며 해당 장부에는 이러한 밀어내기 매출과 관련되어 있는 사항이 표시되어 있기 마련이다.

국세청도 이러한 밀어내기 매출 형태의 존재가능성과 영업사원 하드디스크에는 관련 자료가 남아 있을 가능성이 높다는 것을 알기 때문에 자료를 영치할 때 영업부서와 구매부서의 하드디스크를 영치해 가는 경우가 많다.

그래서 영치 세무조사를 받다 보면 재무부서에서 전혀 모르는 매출 관련 자료를 국세청으로부터 역으로 제시 받는 경우가 있다. 국세청에서 자료를 확보한 뒤 대책을 세워봐야 제대로 된 대책이 세워질 리 없고, 대책을 세워도 효과가 있을 리 만무하다.

3-10. 장부와 재고수불상의 재고수량 차이와 관련된 과세위험은 이를 사전에 발견하여 준비한다면 효과적으로 감소시킬 수 있는 과세위험 유형이다.

장부와 재고수불상의 재고수량 차이와 관련된 과세위험은 이를 사전에 발견하여 준비한다면 효과적으로 감소시킬 수 있는 과세위험 유형이다.

사전에 발견하기 위해서는 주기적으로 장부와 재고수불부상의 재고수량 차이에 대해 점검하고 그 원인에 대해 파악하려는 노력이 필요하다.

3-11. 세무진단을 통해 인도한 때가 아닌 시점에 매출(공급시기)을 인식하는 거래를 발견한 경우 해당 재고의 소유권이 거래 상대방에게 이전되었다는 입증자료(재고보관 확인증)를 확보하여 보관하면 과세위험을 낮출 수 있다.

세무진단을 통해 장부와 재고수불부상의 재고수량 차이가 있다는 것과 그 원인이 매입처의 요청으로 실제 반출이 지연되거나 기타 운송업체의 사정으로 인한 운송 지연 등이라는 것을 사전에 발견하였다면 다음과 같은 입증자료를 확보하여 보관하여야 한다.

- 2019년 12월 20일경 매입을 의뢰한 B회사의 공문 또는 이메일
- 2019년 12월 20일경 작성되고 B회사의 서명이나 날인이 있는 재고보관증
- 2020년 출고시 B회사의 서명이나 날인이 있는 재고반환확인서 등

④ 생산(매입) 완료 후~판매 전 기간 동안 발생한 재고자산 관련 지출

4-1. 생산 완료 후~판매 전 기간 동안 발생한 재고자산 관련 비용(운반비, 보험료, 창고보관비, 연구개발비 등)은 재고자산으로 자산화해야 한다.

동일 종류의 지출이라도 그 성격에 따라 제조원가, 판매비와 일반관리비, 자산의 취득가액 등으로 계정을 구분하여 처리[76]해야 한다는 것은 회계 지식이 조금이라도 있는 분들이라면 누구나 알고 있을 것이다.

제조회사의 경우 동일한 운송비라도 원재료 매입 시 지출한 금액은 제조원가(자산화), 상품 매입시 지출한 금액은 재고자산(자산화)하고 고객에게 배달하기 위해 지출한 금액은 판매비와 일반관리비(비용화)로 처리해야 한다.

제조 혹은 매입 관련 지출(자산화)과 판매 관련 지출(비용화)이 동시에 발생하는 대표적인 지출은 운반비, 보험료, 창고보관비, 연구개발비 등이 있다.

4-2. 실무적으로 제조 또는 매입 완료 후 발생한 재고자산 관련 비용을 당기비용(판매관리비)로 처리하는 경우가 많아 기간 귀속오류에 따른 과세위험이 발생할 수 있다.

예를 들어 대리점과 직영점을 동시에 판매유통채널로 활용하고 A회사가 있다고 가정해 보자. A회사는 제조(매입) 완료 후 대리점 및 직영점으로 제품을 운송하는 경우 직영점 운송 관련 비용은 재고자산으로 자산화해야 하고, 대리점으로 보내는 운송 비용은 판매관리비로 처리되어야 한다.

직영점으로 운송하는 재고자산은 판매 전 회사 사업장간 이동이고 대리점으로 운송하는 재고자산은 판매 후 거래처로 운송하는 것이기 때문이다.

---

76) 다만, 다음의 금액은 제조원가로 처리하지 않아도 된다(법인세법 기본통칙 4-0…3 제2항).
   • 직전사업연도 종료일까지의 퇴직급여추계액에 대한 퇴직보험료 등의 상당액을 당해 사업연도에 결산조정에 의하여 손금에 산입한 금액
   • 퇴직보험료 등을 신고조정에 의하여 손금에 산입한 금액

그런데 실무적으로 운반비 등은 이러한 구분처리가 안 이루어지고 전부 판매관리비로 비용 처리되는 경우가 많아 운반비 등의 기간 귀속 오류에 따른 과세위험이 발생할 수 있다.

직영점과 가맹점을 동시에 활용하는 프랜차이즈업종을 영위하는 회사는 이러한 유형의 과세위험이 잠재되어 있을 가능성이 높다.

또 다른 예를 들어보면 제조와 판매를 동시에 영위하는 회사가 원재료 매입 운송비는 제조원가(자산화)로 처리하지만 제조완료 후 판매장으로 운송하는 운송비는 비용(판매관리비)으로 처리하는 경우도 많다.

4-3. 기말 재고자산은 다음 연도에 바로 비용화(매출원가) 되기 때문에 기말 재고자산 오류로 인한 특정 연도에 법인세를 과다 혹은 과소하게 신고·납부했더라도 다음 연도 법인세액을 통해 적정 법인세를 납부(혹은 환급)하게 되는 자동조정 효과가 있다.

기말 재고자산은 다음 연도에 바로 비용화(매출원가)된다는 특징이 있다.

이러한 특징 때문에 특정 연도 기말 재고자산이 과다계상된 경우 다음연도 매출원가가 과다계상되고 특정 연도 기말 재고자산이 과소계상된 경우 다음연도 매출원가가 과소계상된다.

이를 법인세 신고·납부액 측면에서 보면 기말 재고자산 오류로 인해 특정 연도 법인세를 과소하게 신고·납부하면 다음 연도 법인세는 동일한 금액만큼 과다하게 신고·납부하게 되고, 기말 재고자산 오류로 인해 특정 연도 법인세를 과다하게 신고·납부하면 다음 연도 법인세는 동일한 금액만큼 과소하게 신고·납부하게 된다.

예를 들어 2019년 말 기말재고가 실제 재고자산은 10억원인데 장부상 9억원으로 계상되어 있다면 2020년의 실제 매출원가가 100억이라면 99억원으로 손익계산서에 표시된다.

법인세율을 20%로 가정할 경우 재고자산 오류로 인해 2019년 법인세는 2천만원 과소하게 신고·납부하게 되고 2020년 법인세는 2천만원 과다하게 신고·납부하게 된다.

반대로 만일 2019년 말 기말재고가 실제 재고자산은 10억원인데 장부상 11억원으로 계상되어 있다면 2020년의 실제 매출원가가 100억원이라면 101억원으로 손익계산서에 표시된다.

재고자산 오류로 인해 2019년 법인세를 2천만원 과다하게 신고·납부하게 되고, 2020년 법인세는 2천만원 과소하게 신고·납부하게 된다.

이처럼 기말 재고자산 오류로 인한 특정 연도에 법인세를 과다 혹은 과소하게 신고·납부했더라도 다음 연도 법인세 신고·납부액을 통해 적정 법인세 신고·납부액에 맞도록 자동 조정되는 효과[77]가 있다.

단발성으로 발생하는 재고자산 기간 귀속 오류는 오류가 발생한 연도와 다음 연도의 법인세를 통해 이미 적정 법인세를 납부하였기 때문에 만일 세무조사를 통해 단발성으로 발생하는 재고자산 기간 귀속 오류가 발견된다 하더라도 신고불성실 가산세(경우에 따라서는 납부불성실 가산세도 포함)만 과세되므로 예상과는 달리 실제 과세되는 금액은 그리 크지 않을 수 있다.

4-4. 판매 전 발생한 재고자산 관련 지출을 비용 처리하여 과세된 사례

사실관계

- 생활용품을 제조하여 판매하는 E회사는 직영점 및 대리점을 통해 제조한 제품을 판매함
- E회사의 판매관리비에는 다음과 같은 제조 및 직영점 운송 관련 비용이 포함되어 있음
  - 운반비: 원재료 매입 관련 2천만원 및 제조 후 직영점 운송 관련 3천만원
  - 보험료: 원재료 운송 기간에 대한 보험료 1천만원
  - 창고비: 원재료 보관 관련 창고비 2천만원 및 제조 후 직영점으로 보내기 전 창고비 2천만원

---

77) 국세기본법 제47조의 4 제4항: 국세(소득세, 법인세 및 부가가치세만 해당한다)를 과세기간을 잘못 적용하여 신고납부한 경우에는 제1항을 적용할 때 실제 신고납부한 날에 실제 신고납부한 금액의 범위에서 당초 신고납부하였어야 할 과세기간에 대한 국세를 자진납부한 것으로 본다.

– 지급수수료: 제조기술과 관련된 특허료 지급액 2억원
- E회사의 기초 재고는 없었으며 2019년 제조한 제품은 2020년에 전부 판매되었다고 가정함

과세위험

E회사에 판매관리비에 포함되어 있는 제조 및 직영점 운송 관련 비용은 2019년 재고자산으로 자본화하였다가 관련 매출이 발생한 2020년에 매출원가로 비용처리해야 한다.

따라서 상기 운반비 5천만원, 보험료 1천만원, 창고비 4천만원, 지급수수료 2억원(합계 3억원)은 2019년가 아닌 관련 재고자산이 판매된 시점인 2020년에 세무상 손금처리되어야 한다.

〈세무조사 시점에 적출될 경우 E회사에 대한 과세액 추정〉

만일 상기 과세위험이 세무조사 시점에 적출될 경우 E회사에 대한 과세 추정액은 다음과 같다.

(단위: 원)

세목	구분	과세 추정액	계산내역
법인세	신고불성실 가산세	6,600,000	300,000,000 × 22% × 10%
	납부불성실 가산세	7,227,000	300,000,000 × 22% × 365일 × 3/10,000
	합계	13,827,000	

(*) 2019년 법인세는 과소하게 신고·납부되고 2020년 법인세는 과대하게 신고·납부되었기 때문에 법인세율이 동일하다고 가정할 경우 E회사는 2019년에 대한 신고불성실 및 납부불성실 가산세만 실질적으로 부담하게 됨

(**) 과세기간을 잘못 적용하여 국세를 신고납부한 경우 실제 납부한 국세 범위내에서 당초 납부할 과세기간에 자진납부한 것으로 보므로 2020년 과대 납부된 법인세가 2019년 법인세에 대한 납부로 간주되어 납부불성실 가산세 계산 시 미납일수는 365일이 됨

4-5. 매년 동일한 규모의 재고자산 기간 귀속 오류가 발생하는 경우 전·당기 오류 금액의 상쇄 효과로 인해 신고불성실 가산세(경우에 따라서는 납부불성실 가산세 포함) 과세금액은 더 작아질 수 있다.

만일 단발성이 아닌 계속적으로 매년 유사한 규모로 재고자산 오류가 발생하게 되면 전기 오류금액이 당기에 반대효과가 나고 당기에 유사한 금액이 다시 오류로 발생하여 전기 및 당기 오류 금액의 상쇄 효과가 있기 때문에 신고불성실 가산세(경우에 따라서는 납부불성실 가산세도 포함) 과세금액은 더 작아지게 된다.

전기 및 당기 오류금액의 상쇄효과를 예를 들어 설명하면 다음과 같다.

X1년 회계상 재고자산이 과소계상(매출원가의 과다계상)되었다면 별다른 세무조정을 하지 않더라도 X2년에는 해당 과소계상된 재고자산이 회계상 매출원가(비용화)에 포함되면 매출원가가 과소계상된다.

만일 X2년에 재고자산 과소계상(매출원가의 과다계상) 오류가 또 발생하였다면 기초재고 오류 효과와 기말 재고 오류 효과가 반대방향으로 작용, 상쇄되어 법인세 과세표준에 미치는 영향은 0원이다.

이런 경우에는 신고불성실 가산세도 납부불성실 가산세도 과세되지 않는다.

그러나 현실적으로 동일한 오류 유형이 매년 동일한 금액이 발생하지 않고 다소 금액 크기가 변동이 있으므로 전체 기간으로 보면 오류가 자동으로 정정되었다 하더라도 일부 사업연도에는 과소신고 및 납부가 일부 사업연도에는 과다신고 및 납부가 발생하게 된다.

아쉽게도 법인세 등을 과소신고 시에는 과소신고 가산세가 발생하나 과다신고하였다고 가산세를 환급해 주지 않기 때문에 과세금액이 발생하게 된다.

아무튼 다른 과세위험 유형에 비해 매년 유사한 규모로 지속적으로 발생하는 기간 귀속 오류는 전기 및 당기 오류 금액의 상쇄 효과로 인해 과세위험이 상대적으로 낮다.

〈매년 유사한 규모로 발생한 재고자산 기간 귀속 오류의 전·당기 금액의 상쇄 효과〉

(예) 매년 재고자산 오류(비용화) 금액이 100씩 발생한다고 가정할 경우

구분	부과제척기간				합계
	X1년	X2년	X3년	X4년	
① 당기 재고자산 오류 발생액	100	100	100	100	400
② 전기 재고자산 오류 상계효과	(100)	(100)	(100)	(100)	(400)
③ 과세표준에 미치는 영향(①+②)	0	0	0	0	0

4-6. 부과제척기간 종료시점에 걸쳐 재고자산 오류금액이 발생한 경우 부과제척기간을 고려하지 아니한 상태에서 법인세법 규정에 따라 재계산한 다음 부과제척기간이 경과하지 아니한 사업연도(×2년~×4년)는 법인세법이 규정하는 바에 따라 재계산된(오류가 없는) 손익을 당해 사업연도의 손익으로 보아 법인세 과세 여부를 판단하여야 한다.

부과제척기간이 경과하면 국세청은 세금을 부과할 수 없다[78].

부과제척기간 규정과 관련하여 상기 표를 보면 한가지 의문점이 들 수 있다.

X1년이 부과제척기간이 경과하여 국세청이 익금과세 100을 못한 상황에서 과연 X2년에 이에 대한 반대효과인 손금산입(100)을 인정해 줄 것인지에 대한 의문이다.

만일 X2년에 손금산입 (100)을 인정해 주지 않으면 X2년에 100익금 과세되고 매년 동일한 금액의 오류가 발생하므로 해당 과세금액은 실질적으로 영구적 차이로 과세되는 효과가 있다.

이와 관련하여 조세심판원은 각 사업연도별 손익(X1년~X4년)은 먼저 부과제척기간을 고려하지 아니한 상태에서 법인세법 규정에 따라 재계산한 다음, 부과제척기간이 이미 경과한 사업연도분(X1년)은 그 오류의 존재 여부에 불구하고 청구법인이 신고한

78) 부과제척기간: 국세청이 세금을 부과할 수 있는 기간. 국세기본법 제26조의 2 규정 참고

손익을 그대로 두고, 부과제척기간이 경과하지 아니한 사업연도(X2년~X4년)는 법인세법이 규정하는 바에 따라 재계산된(오류가 없는) 손익을 당해 사업연도의 손익으로 보라고 판단하고 있다[79].

법원 역시 이런 경우 국세부과권의 제척기간으로 인하여 X1년도에는 법령에 따른 적법한 증액경정처분(익금산입 100)을 할 수 없게 되어, 결과적으로 납세자가 납부하여야 할 법인세를 덜 납부하는 결과가 발생할 수 있으나 이는 국세부과권의 제척기간 제도가 원래 예정하고 있는 것에 불과하다고 하여 상기 계산방법을 올바르다 판단하였다[80].

상기 사례에서 재고자산 오류가 없다고 가정할 경우 X1년~X4년의 각 년도별 과세표준에 미치는 영향은 0원이다.

그런데 회사가 전기 및 당기 오류금액 상쇄 효과로 인해 X2년을 포함하여 실제 신고된 과세표준도 0원이다.

따라서 X2년에도 과소 신고된 과세표준 금액은 없게 된다.

상기 법원 및 조세심판원의 판결을 쉽게 풀어 쓰면 비록 X1년은 부과제척기간이 경과하여 과세할 수는 없지만 X2년 손익은 해당 오류가 없다고 가정하여 계산한 올바른 손익으로 계산하여야 하며, X2년 법인세 과세표준에 미치는 영향도 0으로 계산해야 한다는 것이다.

---

79) 조심 2008서0951, 2009.12.30., 국심 99서2174, 2000.7.11., 국심 2005서2639, 2006.9.1.
80) 대법원 2006두0781, 2006.6.9.

제3장

부가가치세

① 세무진단 시 부가가치세를 주목해야 하는 이유

1-1. 부가가치세가 법인세보다 더 많이 걷히는 세금이다.

2011년~2015년간 법인세 연간 세수 실적은 약 42조원에서 45조원인데 같은 기간 부가가치세의 연간 세수실적을 보면 51조원에서 57조원 사이에 있다. 부가가치세와 법인세의 연간 세수실적 차이가 적게 차이 날 때는 약 9조원에서 많이 차이 날 때는 14조원에 이른다.[81]

국가 세수 실적 차원에서 부가가치세가 법인세보다 더 걷힌다는 것을 납세자인 회사입장에서 해석하면 평균적으로 법인세보다 부가가치세를 더 납부한다는 의미이다.

물론 부가가치세는 원칙적으로 회사가 부담하는 것이 아니라 거래징수하여 신고·납부하는 세금이고 개인 사업자가 납부하는 부가가치세가 있으니 연간 세수 실적만으로 법인세와 부가가치세를 단순비교하기는 어렵겠지만 부가가치세가 일반 회사에서 차지하는 비중이 법인세에 못지 않게 중요하는 것에는 다들 공감할 것이다.

또한 국세청은 최근 세무조사 시 부가가치세 관련 사항을 중요 조사항목 보아 중점적으로 검증하고 있고, 소득금액이 결손인 회사도 부가가치세는 추징세액이 나올 수 있다는 점에서 모든 회사에게 중요한 세목이다.

그만큼 부가가치세는 법인세에 비해 중요성이 떨어지지 않는 세금이다.

---

81) 출처: 국세통계 사이트(http://stats.nts.go.kr)

1-2. 부가가치세는 중요도에 비해 회사의 관심도가 낮고 평소에 검토가 잘 이루어지지 않아 과세위험이 높은 세목이다.

부가가치세는 그 중요도에 비하여 평소 회사의 관심도는 법인세에 비해 상대적으로 낮은 경우가 대부분이다. 부가가치세 관련 세무문제는 평소에는 별반 주목을 못 하다가 세무조사 때에 갑자기 불거지는 경우가 많다.

규모가 작은 회사의 경우 부가가치세법에 대해 잘 알지 못하여 현금주의에 따라 세금계산서를 수수하다가 상계거래를 하는 경우도 있고 공급시기 등에 대한 오류가 발생하기도 한다.

규모가 큰 회사의 경우는 주로 현업에서 세금계산서 실무를 처리하다가 세무조사 때 오류사항이 발견되기도 하고, 공통매입세액 안분기준 오류 및 계약서와 다른 세금계산서 처리 사례가 발견되기도 한다.

세무조사 시 구조적으로 잘못해 온 부가가치세 세무처리 사항이 발견되는 경우 큰 규모의 추징세액이 나올 수 있어 회사가 과세위험을 낮추려고 한다면 세무진단을 통해 부가가치세 세무처리는 반드시 체크해 보아야 한다.

1-3. 최근 세무조사 경향을 보면 국세청은 회사가 세금계산서 수수를 잘못했을 경우 조세포탈범 혹은 질서범으로 검찰에 고발할지 여부를 적극적으로 고려하고 있다.

최근 세무조사에서 국세청은 세금계산서 관련 쟁점이 발생하면 "조세범처벌법"이나 "특정범죄가중처벌등에관한법률"에 따라 경찰고발 혹은 검찰고발(일명 조세포탈범 또는 질서범)을 적극적으로 고려하고 있다.

이는 단순히 세금을 더 내고 덜 내고의 문제가 아니라 대표이사 또는 행위자가 경찰이나 검찰 조사를 받을 수 있다는 의미이고, 최악의 경우 징역형도 배제할 수 없은 상황에 이를 수 있다는 것이다.

물론 조세범이 되기 위해서는 "사기나 그 밖의 부정한 행위로써 조세를 포탈"이라는 요건을 충족해야 하므로 단순히 세금계산서를 수수를 잘못했다든지 조세를 덜 냈다는 것만으로 "조세범처벌법"이나 "특정 범죄 가중처벌 등에 관한 법률"의 처벌 대상이 되는 것은 아니다.

그러나 세상이 내마음처럼 돌아가는 것은 아니고 일단 부가가치세 관련 문제가 생기면 그 과세위험이 매우 클 뿐만 아니라 조세포탈범 또는 질서범 문제도 발생할 수 있으므로 평소에 부가가치세 과세위험 관리에 힘쓸 충분한 이유가 있는 것이다.

❷ 공급하는 자의 세금계산서 발급시기 오류: 대금청구 시기가 계약과 다르게 변경되는 경우 등

2-1. 세금계산서는 부가가치세법상 공급시기에 발급하는 것이 원칙이며 이러한 원칙은 매우 엄격히 적용된다.

부가가치세법에서는 세금계산서를 공급시기에 발급하도록 규정[82]하고 있다.

만일 세금계산서를 공급시기에 발급하지 않으면 공급하는 자는 세금계산서 관련 불성실 가산세와 기간귀속 차이가 발생하는 경우 과소 신고·납부 가산세가 발생하고, 공급받는 자는 매입세액 불공제, 세금계산서 지연수취 가산세, 그리고 과소 신고·납부 가산세라는 불이익이 발생할 수 있다.

〈세금계산서를 공급시기에 발급하지 않을 경우 부가가치세법상 불이익〉

구분	부가가치세법상 불이익	비고
공급하는 자	세금계산서 관련 불성실 가산세	
	과소신고 가산세 과소납부 가산세	기간귀속 차이가 발생하는 경우
공급받는 자	세금계산서 지연수취 가산세	매입세액 공제를 받은 경우
	매입세액 불공제 과소신고 가산세 과소납부 가산세	매입세액이 불공제 되는 경우 세금계산서 지연수취 가산세는 발생하지 아니함

선세금계산서 발급 특례[83]와 같이 일정 요건이 충족하는 경우 세금계산서 발급시기를 공급시기로 간주하는 일부 예외적인 규정도 있기는 하지만 이러한 선세금계산서 발급 특례 규정은 일정 기간내에 현금 지급 요건 등을 충족해야 하므로 일반적인 신용(어음)거래에 적용되기는 어렵다.

또한 공급받는 자가 공급시기 경과 후로 세금계산서 지연 발급받는 경우로서 일정 요건을 충족하는 경우에는 매입세액은 공제[84]가 되나 세금계산서 지연수취에 따른 가산세[85]를 납부해야 하는 예외규정도 있기는 하다.

---

82) 부가가치세법 제34조 제1항
83) 부가가치세법 제17조
84) 부가가치세법 제39조 제1항 제2호 단서, 동법 시행령 제75조 제3호, 제7호, 제8호

하지만 이 역시 원칙적인 공급시기 발급받았다면 안내도 되는 세금계산서 지연수취에 따른 가산세가 발생한 것이니 이 역시 부가가치세법상 불이익에 해당한다[86].

부가가치세 실무를 할 때 공급시기와 세금계산서 발급시기가 일치해야 한다는 것은 가장 유의해야 할 중요한 규정 중 하나이며, 세무조사 시에도 공급시기와 세금계산서 발급시기의 일치 여부는 매우 엄격한 잣대로 검증하고 있는 사항 중 하나다.

2-2. 우리나라 부가가치세법이 채택하고 있는 전단계세액공제방식에서 세금계산서는 부가가치세를 환급 받을 수 있는 서류를 의미하므로 세금계산서(발급시기 포함) 관련 법령을 엄격하게 적용할 수밖에 없다.

납세자 중에는 재화 또는 용역만 제대로 공급하고 대금만 제대로 받으면 되지 세금계산서 발급을 언제 하는 것이 뭐가 중요하냐고 생각하고, 세금계산서 발급시기를 소홀히 처리하다가 세무조사 등을 통해 매우 큰 세금(부가가치세+가산세)이 추징되는 사례를 종종 보곤 한다.

납세자 입장에서는 세금계산서 발급이라는 간단한 요식행위를 좀 앞당기거나 지연하였다고 하여 가산세가 과세된다거나 매입세액이 불공제되는 불이익이 발생하는 것 자체가 이해가 안될 수도 있다.

이렇게 세금계산서 발급시기를 엄격하게 적용하고 있는 이유는 우리나라 부가가치세법이 전단계세액공제법을 채택하고 있기 때문이다.

전단계세액공제법에서는 전단계까지 발생한 부가가치를 별도로 계산하지 않고 공급하는 자로부터 수령하는 (매입)세금계산서로 대체하기 때문에 세금계산서 운영이 투명하지 못하면 부가가치세 제도 자체가 흔들릴 수 있어 세금계산서의 투명한 운영이 매우 중요하다.

즉, 전단계세액공제법에서 세금계산서상 기재된 매입세액은 곧 환급 받을 수 있는 세금(매입세액)을 의미하므로 부가가치세법상 세금계산서 수수 관련 법령을 납세자가 임의로 해석할 수 없도록 명시적으로 법령을 제정하고 국세청은 제정된 세금계산서 수수 관련 법령을 엄격하게 적용할 수밖에 없다.

---

85) 부가가치세법 제60조 제7항 제1호
86) 상기 예외 규정은 뒤편에서 자세히 기술한다.

따라서 향후에도 세금계산서 관련 법령의 엄격 적용 기조는 계속될 수밖에 없으므로 납세자 스스로 세금계산서 업무를 실행할 때에 이러한 엄격 기조에 맞게 주의하는 수밖에 없다.

2-3. 세금계산서상 작성연월일에 기재된 날짜가 세금계산서 발급일이다.

일반인이 세금계산서 발급시기와 공급시기가 일치하는지 확인하기 위해 세금계산서 실물을 보았을 때 세금계산서상에 발급시기 혹은 공급시기라는 단어가 보이지 않아 당황할 수 있다.

세금계산서 서식을 보면 다른 공급자, 공급받는 자, 공급가액 등과 같은 다른 용어는 부가가치세법상 용어를 그대로 사용하고 있는데 반해 유독 발급시기라는 용어는 그대로 사용하지 않고 '작성년월일'란에 기재하도록 하고 있다.

세금계산서상 작성년월일란은 세금계산서상 좌측 중단칸(파란 색 네모칸 표시)에 있는데 해당 란에 기재되는 날짜가 발급시기를 의미하고, 해당 날짜가 원칙적으로 부가가치세법상 공급시기와 일치해야 한다.

[별지 제14호서식] (적색) (2013. 6. 28. 개정)

대부분의 회사에서 판매대금 청구 및 세금계산서 발급업무를 재무부서가 아닌 영업(현장)부서에서 수행하고 있는데 영업부서의 세금계산서 담당직원은 부가가치세법상 세금계산서 발급시기에 대한 세세한 규정까지 알지 못하는 경우가 많다.

회계나 세무를 전공한 사람도 부가가치세법을 펴서 읽기가 만만치가 않은데 하물며 회계나 세무와 전혀 관련 없이 살아온 영업부서 직원이 1년에 기껏 몇 십건 정도의 세금계산서 발급 업무를 제대로 수행하기 위해 부가가치세법을 읽어서 정확한 공급시기를 스스로 알아내기란 쉽지 않을 수 있다.

이러다 보니 실무적으로 거래형태 혹은 대금수수 형태가 조금만 달라져도 공급시기와 세금계산서 발급시기가 일치하지 않은 경우가 종종 발생하게 된다.

너무나도 당연한 얘기지만 세금계산서 발급 담당자는 적법한 시기에 세금계산서를 수수할 수 있도록 부가가치세법상 공급시기 및 선세금계산서 발급 특례 규정을 알고 있어야 한다.

부가가치세법에서는 거래유형을 세세히 분류하여 친절하게 공급시기를 명확하게 규정하고 있다. 오히려 너무 특수한 업종까지 규정하고 있다 싶을 정도다.

관련 규정도 산재되어 있지 않고 조문 문구도 이해하기 편하게 기술되어 있어 전문적인 세법 지식이 없더라도 관심을 갖고 읽어보면 어느 정도 이해되도록 기술되어 있다.

아마도 과거 애매모호한 공급시기 규정으로 인해 피해 받은 수많은 납세자의 민원 또는 질의가 반영된 결과물이라 생각된다.

부가가치세법상 공급시기는 부가가치세법 제15조, 16조, 17조, 18조, 부가가치세법 시행령 제28조, 29조, 30조에 규정되어 있는 것이 전부다. 이중 부가가치세법 제18조는 재화의 수입시기에 대한 것이라 수입세관장이 알아야 하는 규정이므로 결국 일반 회사의 세금계산서 담당자는 6개의 조문만 숙지하고 있으면 된다[87].

또한 부가가치세법 집행기준 15-28-1(하기 표 참고)에서는 부가가치세법 제15조, 16조에서 규정되어 있는 원칙적인 공급시기에 대해 표로 잘 요약해 놓았다.

부가가치세법상 공급시기는 다양할 수 있으나 일반회사에서는 동일한 유형의 거래형태가 계속 반복되기 때문에 실무 담당자가 실제 알아야 하는 공급시기 거래유형은 그리 많지 않다.

특정 회사에서 발생하는 공급시기 유형은 많아야 10개 내외이고 대부분 5~6개의 거래유형에 따른 공급시기만 알고 있으면 된다.

부가가치세법 집행기준 〈15-28-1〉을 프린트해서 잘 보이는 위치에 고정시켜 놓고 해당 회사에 많이 발생하는 공급시기에 대해 형광펜 같은 것으로 표시해 두고 가끔씩 한번 확인해 보거나 대금청구 시기가 변경되었을 때 원칙적인 공급시기가 언제인지 찾아보는 것도 세금계산서 발급시기 오류를 줄이는 좋은 방법 중에 하나라고 생각된다.

> **부가가치세법집행기준 15-28-1 【재화 또는 용역의 구체적 공급시기】**
> 1. 계약금을 받기로 한 날의 다음 날부터 용역의 제공을 완료하는 날까지의 기간이 6개월 이상인 경우로서 그 기간 이내에 계약금 외의 대가를 분할하여 받는 경우
> 2. 국고금 관리법 제26조에 따라 경비를 미리 지급받는 경우
> 3. 지방재정법 제73조에 따라 선금급을 지급받는 경우

구분	공급 시기
• 현금 · 외상 · 할부판매	• 재화가 인도되거나 이용가능하게 되는 때
• 장기할부판매	• 재화를 공급하고 그 대가를 월부 · 연부 그 밖의 부불방법에 따라 받는 경우로서 대가를 2회 이상 분할하여 받고 해당 재화를 인도한 날의 다음 날부터 최종 부불금 지급기일까지의 기간이 1년 이상인 장기할부판매 경우 대가의 각 부분을 받기로 한 때
• 중간지급조건부	• 다음에 해당하는 중간지급조건부의 경우 대가의 각 부분을 받기로 한 때

---

87) 부가가치세법 시행규칙에도 공급시기 관련 몇몇 규정(제17조~제20조)이 있으나 장기할부판매, 중간지급조건부와 같은 용어에 대한 요건이지 공급시기 자체를 규정하고 있는 것은 아니다.

구분	공급 시기
• 조건부판매 및 기한부 판매	• 반환조건부판매 · 동의조건부판매 기타 조건부 및 기한부판매의 경우에는 그 조건이 성취되거나 기한이 경과되어 판매가 확정되는 때
• 완성도기준 지급조건부	• 공급자는 일의 완성도를 측정하여 기성금을 청구하고 공급받는 자가 완성도를 확인하여 대가를 확정하는 완성도기준 지급조건부의 경우 대가의 각 부분을 받기로 한 때
• 재화의 공급으로 보는 가공	• 가공된 재화를 인도하는 때
• 면세전용, 비영업용승용자동차, 개인적 공급	• 재화를 사용하거나 소비하는 때
• 직매장 반출	• 재화를 반출하는 때
• 사업상증여	• 재화를 증여하는 때
• 폐업할 때 남아 있는 재화	• 폐업일
• 무인판매기에 의한 공급	• 무인판매기에서 현금을 꺼내는 때
• 수출재화	• 내국물품의 외국 반출, 중계무역방식의 수출: 수출재화의 선(기)적일 • 원양어업, 위탁판매수출: 수출재화의 공급가액이 확정되는 때 • 위탁가공무역방식의 수출, 외국인도수출: 외국에서 해당 재화가 인도되는 때
• 조달청과 런던금속거래소 창고증권의 양도	• 창고증권을 소지한 사업자가 조달청 창고 또는 지정창고에서 실물을 넘겨받은 후 보세구역의 다른 사업자에게 해당 재화를 인도하는 때 • 실물을 넘겨받은 것이 재화의 수입에 해당하는 경우 그 수입신고 수리일 • 국내로부터 조달청 창고 또는 런던금속거래소의 지정창고에 임치된 임치물이 국내로 반입되는 경우 그 반입신고 수리일
• 보세구역에서 수입하는 재화	• 사업자가 보세구역 안에서 보세구역 밖의 국내에 재화를 공급하는 경우 재화의 수입신고 수리일
• 계속적 공급	• 전력 기타 공급단위를 구획할 수 없는 재화 또는 용역을 계속적으로 공급하는 경우 대가의 각 부분을 받기로 한 때

구분	공급 시기
• 위탁매매	• 수탁자 또는 대리인의 공급시기를 기준으로 공급시기 판정 • 위탁자 또는 본인을 알 수 없는 경우 위탁자와 수탁자 또는 본인과 대리인 사이에도 공급이 이루어진 것으로 보아 공급시기 판정
• 리스자산 공급	• 사업자가 등록된 시설대여업자로부터 리스자산을 임차하고, 해당 리스자산을 공급자 또는 세관장으로부터 직접 인도받는 경우 해당 사업자가 재화를 공급자로부터 직접 공급받거나 외국으로부터 직접 수입한 것으로 보아 공급시기 판정
• 임대보증금에 대한 간주임대료	• 부동산임대용역을 제공하고 전세금 또는 임대보증금을 받아 간주임대료를 계산하는 경우 예정신고기간 또는 과세기간의 종료일
• 완성도기준지급조건부와 중간지급조건부 혼합	• 계약에 따라 대가의 각 부분을 받기로 한 때
• 공급시기 특례(선발행세금계산서)	• 사업자가 공급시기 도래 전에 대가의 전부 또는 일부를 받고 받은 대가에 대하여 세금계산서를 발급한 경우 그 발급한 때 • 계속적으로 공급하는 재화 또는 용역으로서 그 공급시기가 되기 전에 세금계산서(영수증)를 발급하는 경우 그 발급한 때 • 장기할부판매의 경우로서 그 공급시기가 되기 전에 세금계산서(영수증)를 발급한 때
• 폐업일 이후 공급시기 도래	• 폐업일
• 재화 인도 시 공급가액의 미확정	• 해당 재화를 인도하는 때를 공급시기로 보아 잠정가액으로 세금계산서를 발급하고, 그 후 대가가 확정되는 때에 수정세금계산서 발급
• 금전등록기 설치자	• 대가를 현금으로 받은 때
• 상품권에 의한 재화의 공급	• 상품권을 판매한 후 해당 상품권에 의하여 재화를 공급하는 경우 재화가 실제로 공급되는 때
• 내국신용장에 의한 재화의 공급	• 재화를 인도하는 때
• 현물출자 재화	• 현물출자의 목적물인 재화를 인도하는 때이나, 등기·등록 기타 권리의 설정 또는 이전이 필요한 경우에는 이에 관한 서류를 완비하여 발급하는 때

구분	공급 시기
• 물품매도확약서 발행 용역	• 계약조건에 따라 역무의 제공이 완료되는 때. 다만, 해당 역무의 제공이 완료되는 때에 그 대가가 확정되지 아니한 경우에는 대가가 확정된 때
• 둘 이상의 과세기간에 걸쳐 계속적으로 제공하고 대가를 선불로 받는 스포츠센터 연회비, 상표권 사용, 그 밖에 이와 유사한 용역	• 예정신고기간 또는 과세기간 종료일
• 통상적인 용역의 공급	• 역무의 제공이 완료되는 때
• 그 밖의 용역의 공급	• 위의 거래조건에 해당하지 아니하는 용역은 역무의 제공이 완료되고 그 공급가액이 확정되는 때

2-5. 실제 거래에 따른 적법한 공급시기와 해당 거래와 관련하여 수수된 세금계산서상 작성년월일이 일치하는 경우에 부가가치세법상 적정한 공급시기에 발급된 세금계산서로 인정된다.

부가가치세법상 공급시기는 세금계산서상 작성년월일과 관계없이 실제 거래 기준으로 확정된다.

즉, 실제 거래에 따라 확정된 공급시기와 해당 거래와 관련하여 수수된 세금계산서상 작성년월일이 일치한 경우에 부가가치세법상 적정한 공급시기에 발급된 세금계산서로 인정된다.

반대로, 실제 거래에 따라 확정된 공급시기와 해당 거래와 관련하여 수수된 세금계산서상 작성년월일이 일치하지 않는 경우에 사실과 다른 세금계산서로 간주되어 세무상 불이익 발생할 수 있다.

2-6. 부가가치세법상 공급시기 규정을 보면 '대가를 청구하는 때'라는 문구가 없는데 실무적으로 대금 청구 시기에 세금계산서를 발급해야 하는 것으로 오해하고 있는 경우가 많다.

회사의 세금계산서 발급 실무자와 얘기를 하다 보면 세금계산서 수수행위가 대금을 청구하고 수수하는 행위의 일부라고 이해하고 있는 경우도 있고, 거래당사자가 합의하여 대금 청구시기를 변경할 수 있는 것처럼 세금계산서 발급시기도 거래당사자가 합의하면 변경 가능한 것으로 알고 있는 경우도 많다.

부가가치세법상 공급시기 규정을 보면 '인도하는 때', '완료되는 때', '확정되는 때', '각 부분의 대가를 받기로 한 때' 등과 같은 표현만 있을 뿐 '대가를 청구하는 때'라는 문구는 없다.

그럼에도 불구하고 실무적으로 대금청구 시기에 세금계산서를 발급하는 것은 대부분 계약이 '인도하는 때' 등 시기에 대가를 청구하기로 되어 있어 대금청구 시기에 세금계산서를 발급하면 별다른 문제가 발생하지 않았던 과거 실무경험을 통해 얻은 업무적 관행 같은 것이라 생각된다.

또한 공급하는 자는 세금계산서 발급 시점에 공급받는 자로부터 공급가액의 10%에 해당하는 부가가치세를 거래징수하여 예정신고 기간 혹은 과세기간 종료 후 25일 이내에 신고·납부하여야 한다.

이렇게 공급하는 자가 공급받는 자로부터 부가가치세를 거래징수하기 위해서는 대금 청구를 통해 채권을 확정시켜야 하기 때문에 실무적으로 대금청구와 세금계산서 발급을 동일한 시점으로 하여 청구업무를 진행할 수밖에 없었을 것이다.

실무적으로 대금 청구 시점에 대금청구서와 세금계산서를 동시에 거래상대방에게 송부(발급)하거나 세금계산서를 대금청구서 대용으로 사용하는 경우도 많다.

용어마저도 invoice(대금청구서)와 tax invoice(세금계산서)를 혼용해서 사용하고 있는 경우도 많다.

예를 들어 A회사가 B회사에게 C프로젝트라는 용역제공을 완료하고 B회사가 A회사 현장 담당자에게 "이번 달 말일자로 해서 C프로젝트에 대한 잔금 Invoice 보내주세요"라고 답변을 받았다고 하자.

이런 경우 A법인 현장 담당자는 이번 달 말일자를 공급일로 기재하고 C프로젝트에 대한 잔금을 공급가액으로 하여 세금계산서(Tax Invoice)를 발급하면서 대금을 청구하는 식으로 실무상 대금청구와 세금계산서 수수 과정이 이루어진다.

2-7. 대금청구 시기가 계약과 다르게 변경되는 경우 세금계산서 발급 시기 오류가 발생할 가능성이 있다.

일반적인 경우 계약서에 명시되어 있는 대로 정상적으로 재화나 용역을 공급하고 관련 계약에 따라 대금을 청구하는 경우 대부분 부가가치세법상 공급시기와 대금청구 시기가 일치하게 되어 대금청구 시기에 세금계산서를 발급해도 별다른 문제가 발생하지 않는 경우가 대부분이다.

계약서상 대금청구 시기가 곧 해당 거래의 공급시기와 일치하는 경우가 대부분이기 때문이다.

이를 3단 논법 형식을 빌려 표현하면 다음과 같다.

> **〈계약서에 명시되어 있는 시점에 대금을 청구하는 경우〉**
> - 회사의 세금계산서 실무: 대금청구 시기 = 세금계산서 발급시기
> - 세법상 세금계산서 발급시기[88]: 계약서상 대금청구 시기 = 세법상 공급시기
> - 결과: 세금계산서 발급시기 = 세법상 공급시기

그러나 유동성 문제 등과 같은 거래당사자의 사정에 의하여 계약서상 명시된 시점이 아닌 다른 시점에 대금을 청구하면 부가가치세법상 공급시기와 대금청구 시기가 일치하지 않게 되고, 결과적으로 공급시기와 세금계산서 발급시기가 일치하지 않게 되는 경우가 종종 발생한다.

> **〈계약서에 명시된 시점이 아닌 시점에 대금을 청구하는 경우〉**
> - 회사의 세금계산서 실무: 대금청구 시기 = 세금계산서 발급시기
> - 세법상 세금계산서 발급시기: 계약서상 대금청구 시기 ≠ 세법상 공급시기
> - 결과: 세금계산서 발급시기 ≠ 세법상 공급시기

---

88) 계약서상 대금청구 시기가 세법상 공급시기라는 설명은 정확한 설명은 아니다.
  그러나 대부분 계약이 재화가 인도되거나 용역이 제공이 완료되는 때에 대금을 청구하도록 되어 있는데 이러한 시기가 재화 또는 용역의 공급시기와 일치하고 있어 계약서상 대금청구 시기와 세법상 공급시기라는 대체로 일치한다.
  다양한 공급시기를 예를 들어 설명하기보다는 계약서상 대금청구 시기가 세법상 공급시기라와 일치한다고 직관적으로 설명하는 것이 세금계산서 발급시기에 대한 과세위험을 이해하는 데 도움이 될 것으로 생각하여 상기 방식으로 기술하였다.

2-8. 세금계산서 발급시기 오류 사례

다수의 구입처 또는 도급업체로부터 재화 또는 용역을 공급받고 있는 대기업의 경우 세금계산서 발급시기 등의 오류를 줄이기 위해 공급하는 자가 해당 대기업에서 관리하는 시스템에 접속하여 세금계산서를 발급하도록 하고, 대기업에서 적정한 공급시기에만 공급하는 자가 세금계산서를 발급할 수 있도록 시스템을 관리하고 있어 이러한 시스템을 이용하여 세금계산서를 발급하는 경우 오류가 현저히 줄어든다.

그러나 대부분의 회사에서 이러한 세금계산서 발급 시스템을 운영할 수 없다 보니 세금계산서 발급 담당자의 개인적인 공급시기 판단에 따라 세금계산서가 발급되고 있다. 따라서 세금계산서 발급 담당자가 공급시기 규정을 잘못 알고 있거나 거래관계를 잘못 이해하고 있는 경우에는 세금계산서 발급시기 오류가 종종 발생하게 된다.

실무적으로 많이 발생되는 세금계산서 발급 오류 사례는 다음과 같다.

〈세금계산서 발급시기 오류 사례 1〉

A회사는 B회사에게 3월 8일에 재화를 인도하였으나 아직 판매 단가가 합의되지 않아 우선 재화만 인도하였다. 인도시점 이후 판매단가를 합의한 시점인 5월 6일에 합의된 판매단가로 세금계산서를 발급하였다.

☞ 재화 인도 시 공급가액의 미확정된 경우에는 해당 재화를 인도하는 때를 공급시기로 보아 잠정가액으로 세금계산서를 발급하고, 그 후 대가가 확정되는 때에 수정세금계산서 발급해야 한다[89].

상기 사례의 공급시기는 3월 8일이나 실제 세금계산서는 5월 6일에 발급하여 두 시기가 일치하지 않는다.

〈세금계산서 발급시기 오류 사례 2〉

C회사는 D회사에게 용역제공을 6월 15일에 완료하고 계약된 용역 대가를 청구하려고 했으나 D회사의 요청으로 2달 후에 대금을 청구하기 합의하고 2달 후 대금청구 시점인 8월 15일에 세금계산서를 발급하였다.

---

89) 서삼 46015-10443, 2003.3.17.

☞ 용역 공급의 경우 역무의 제공이 완료되고 그 공급가액이 확정되는 때를 공급시기로 본다[90].

상기 사례의 공급시기는 6월 15일이나 실제 세금계산서는 8월 15일에 발급하여 두 시기가 일치하지 않는다.

〈세금계산서 발급시기 오류 사례 3〉

E회사는 F회사에게 2년 동안 도급용역을 제공하고 있으며 F회사의 담당자의 진행률 70% 확인서(확인서 날인 시점: 9월 10일)를 받고 계약에 따라 중도금을 청구하려 하였다. 그러나 청구 직전에 F회사의 요청으로 잔금과 함께 청구하기로 합의하고, 공사완료 시점인 12월 20일에 중도금과 잔금의 합계액을 공급가액으로 세금계산서를 발급하였다.

☞ E회사는 계약금을 받기로 한 날의 다음 날부터 용역의 제공을 완료하는 날까지의 기간이 6개월 이상인 경우로서 그 기간 이내에 계약금 외의 대가를 분할하여 받고 있으므로 중간지급조건부[91]로 F회사에게 용역을 공급하고 있는 것이다.

중간지급조건부 용역의 경우 대가의 각 부분을 받기로 한 때 또는 역무의 제공이 완료되는 날 이후 받기로 한 대가의 부분에 대해서는 역무의 제공이 완료되는 날을 공급시기로 본다[92].

상기 사례의 중도금 공급시기는 9월 10일이나 실제 세금계산서는 12월 20일에 발급되어 두 시기가 일치하지 않는다.

〈세금계산서 발급시기 오류 사례 4〉

G회사는 대금청구 받은 날이 속하는 달의 다음달 25일에 청구 받은 대금을 일괄적으로 지급하는 대금결제 정책을 사용하고 있다.

G회사는 용역을 제공하고 있는 H회사에게 용역 대금을 조기 집행하기로 하고, 6월 6일에 H회사에게 계약상 날짜보다 두 달 먼저 대금을 청구하라고 하였고, H회사는 6월 6일에 대금을 청구하면서 세금계산서를 발급하였다. G회사는 대금결제 정책에 따라 7월 25일 해당 대금을 지급하였다.

H법인은 8월 6일 용역 제공을 완료하였다.

☞ 용역 공급의 경우 역무의 제공이 완료되고 그 공급가액이 확정되는 때를 공급시기로 본다.

---

90) 부가가치세법 시행령 제29조 제2항 제1호
91) 부가가치세법 시행규칙 제20조 제1호
92) 부가가치세법 시행령 제29조 제1항

상기 사례의 공급시기는 부가가치세법 제17조 제2항 또는 제3항에 규정된 재화 및 용역의 공급시기의 특례(일명 "선세금계산서 발급특례") 요건을 충족하지 못하므로 선세금계산서를 발급하였더라도 공급시기는 여전히 8월 6일이 된다.

실제 세금계산서는 6월 6일에 발급되어 실제 공급시기(8월 6일)보다 앞서 세금계산서를 발급하였으므로 두 시기가 일치하지 않는다.

2-9. 계약과 다르게 대금청구 시기를 변경하는 경우 적법한 세금계산서 발급 방법

이런 저런 이유 때문에 대금청구 시기가 계약과 다르게 변경되면 상기 사례와 같이 세금계산서 발급시기 오류가 발생할 수 있기 때문에 주의하여야 한다.

대금청구 시기가 계약과 다르게 변경되는 경우 적정한 세금계산서 발급시기는 대금청구 시기를 공급시기 이전으로 앞당길지, 아니면 공급시기 이후로 연기할지에 따라 달라진다.

2-9-1. Case1. 대금청구를 공급시기 이전으로 앞당기는 경우: 선세금계산서 발급특례 규정 적용 가능

우선, 대금청구 시기를 공급시기 이전으로 앞당기는 경우를 생각해 보자.

이런 경우 대금청구 시기를 앞당기는 것과 관계없이 당초의 계약에 따른 공급시기에 세금계산서를 발급하여도 문제될 것은 없다.

그러나 이러한 처리는 공급하는 자 입장에서는 세금계산서도 발급하지 않았는데 관련 부가가치세를 포함하여 대가를 청구하는 것도 이상하고 공급받는 자 입장에서도 세금계산서도 받지 못했는데 부가가치세가 포함된 대금을 청구 받는 것도 이상해 보인다.

그렇다고 앞당긴 대금청구 시점에는 부가가치세를 제외한 공급가액만 청구하고 이후 공급시기 도래 시점에 세금계산서를 발급하면서 별도로 부가가치세를 청구하는 방식도 더욱 이상해 보인다.

공급시기보다 대가를 먼저 수수하는 것은 거래관계자의 경제적 상황과 서로의 신뢰관계에 따라 얼마든지 가능하고 국가 입장에서도 조기에 세수를 확보할 수 있으므로 부가가치세법에서는 공급시기 이전에 대금을 수수하는 경우 공급시기보다 먼저 세금계산서를 발급하여도 문제가 발생하지 않도록 선세금계산서 발급 특례 규정[93]을 두고 있다.

선세금계산서 발급 특례란 다음의 일정한 요건을 갖추어 공급시기보다 먼저 대금을 수수하는 경우에는 세금계산서를 발급하는 때를 공급시기로 간주하도록 하는 부가가치세 제17조 규정을 의미한다.

〈선세금계산서 특례를 적용받기 위한 요건〉
① 공급시기가 되기 전에 대가의 전부 또는 일부를 받은 것에 대하여 세금계산서를 발급한 경우(받은 대가에 한함)
② 세금계산서를 공급시기 전에 발급한 후 7일 이내에 대가를 지급받은 경우
③ 세금계산서를 공급시기 전에 발급한 후 7일이 지난 후 대가를 받더라도 다음의 가 또는 나 요건 중 하나를 충족하는 경우
　　가. 거래 당사자 간의 계약서·약정서 등에 대금 청구시기(세금계산서 발급일)와 지급시기를 따로 적고, 대금 청구시기와 지급시기 사이의 기간이 30일 이내인 경우
　　나. 세금계산서 발급일이 속하는 과세기간에 재화 또는 용역의 공급시기가 도래하고 세금계산서에 적힌 대금을 지급받은 것이 확인되는 경우
　　(*) 여기서 과세기간이란 1기 과세기간은 1월 1일부터 6월 30일까지, 2기 과세기간은 7월 1일부터 12월 31일까지의 기간을 의미한다.

앞서 예로 소개한 "세금계산서 발급시기 오류 사례 4."의 경우 만일 G회사와 H회사가 합의하여 대금 청구를 5월말에 하기로 하고 H회사는 6월 25일에 대금을 지급하기로 약정서를 작성한 다음 약정서대로 대금을 수수하면서 5월 말일자로 세금계산서를 발급하였다면 선세금계산서 발급 특례에 따라 세금계산서 발급시기와 공급시기가 일치하게 될 것이다.

향후 세무조사 시 세금계산서 발급시기 문제로 국세청과 다툼이 있는 경우 선세금계산서 발급 특례에 따른 적정한 세금계산서 발급에 해당하는지를 검토해 보면 의외로 정상적인 세금계산서 발급으로 볼 수 있는 경우가 많이 있을 수 있으니 세금계산서 발급시기 오류로 인해 국세청에 소명을 해야 하는 경우 꼭 한번쯤은 선세금계산서 발급 특례 요건을 충족하는지 확인해 보는 것이 좋다.

또한, 부가가치세법상 공급시기를 판단하기 어려운 경우가 있다면 선세금계산서 발

---

93) 부가가치세법 제17조

급 특례 규정상의 대금 수수 요건을 갖추어 공급시기 이전이라고 판단되는 시점에 세금계산서를 발급한다면 관련 과세위험을 줄일 수 있다.

2-9-2. Case2. 대금청구를 공급시기 이후로 연기하는 하는 경우: 대금청구 시기를 변경한다고 부가가치세법상 공급시기가 변하지 않음

다음으로 대금청구를 공급시기 이후로 연기하는 경우이다.

부가가치세법상 공급시기는 계약에 따라 공급하는 자가 공급받는 자로부터 대금을 청구할 수 있는 권리가 발생하는 시점과 거의 일치한다.

그럼에도 불구하고 공급시기 이후로 대금청구 시기를 연기하는 것은 공급하는 자가 공급받는 자에게 공급대가를 받고 해당 금액을 다시 공급받는 자에게 대여(유동성 지원)하는 것과 동일한 경제적 효과를 가진다.

이렇게 대금청구 시기를 공급시기 이후로 연기하더라도 해당 거래 관련 부가가치세법상 공급시기는 바뀌지 않으니 대금청구 연기와 관계없이 공급하는 자는 원칙적인 공급시기에 세금계산서를 발급하고 공급받는 자로부터 부가가치세를 거래징수하여 신고·납부하여야 한다.

만일 대금청구 시기를 공급시기 이후로 연기하는 경우까지 부가가치세법에서 대금청구 시기와 공급시기를 일치시킬 수 있도록 특례 규정을 만든다면 공급하는 자와 공급받는 자가 공모하여 부가가치세 납부를 계속하여 지연시키는 등의 악용의 소지도 높다.

따라서 만일 공급받는 자가 유동성 문제로 대금청구 시기를 연기해 달라고 요청을 하더라도 공급하는 자는 세금계산서를 원래의 공급시기에 발급하고 (매출)채권으로 회계처리한 후 대금 수령시기만을 연기하는 것으로 처리해야 한다.

대금 청구시기를 계약상 대금청구 시기가 아닌 시점으로 변경하는 경우 세금계산서 발급 방법을 요약하면 다음과 같다.

〈대금 청구시기를 계약상 대금청구 시기가 아닌 시점으로 변경하는 경우 세금계산서 발급 방법〉

구분	원칙	대금청구 시기를 공급시기로 간주하는 특례 적용 요건
Case1. 대금청구를 공급시기 이전으로 앞당긴 경우	대금청구 시기와 별도로 계약상 공급시기에 세금계산서 발급	선세금계산서 발급 특례 요건을 충족하도록 대금을 수수
Case2. 대금청구를 공급시기 이후로 연기한 경우	대금청구 시기와 별도로 계약상 공급시기에 세금계산서 발급	해당 사항 없음

❸ 공급받는 자의 세금계산서 지연 수취: 매입세액 공제 및 지연수취 가산세

3-1. 적법한 공급시기에 발급되지 않은 세금계산서를 수취하는 경우에도 법에 열거된 예외 사항에 해당하는 경우 관련 매입세액을 공제받을 수 있다. 다만, 세금계산서 지연수취 가산세(0.5%)는 발생할 수 있다.

세금계산서에는 다음과 같은 필요적 기재사항이 있으며 공급받는 자가 하기의 필요적 기재사항의 전부 또는 일부가 적히지 아니하였거나 사실과 다르게 적힌 세금계산서를 수취하는 경우 관련 매입세액을 공제되지 않는 것이 원칙이다[94].

- 공급하는 사업자의 등록번호와 성명 또는 명칭
- 공급받는 자의 등록번호
- 공급가액과 부가가치세액
- 작성 연월일

그러나 부가가치세법에서는 예외적으로 다음의 상황에서 사실과 다른 세금계산서를 발급받은 경우에도 공급받는 자는 매입세액을 공제할 수 있도록 규정하고 있다[95].

① 사업자등록을 신청한 사업자가 사업자등록증 발급일까지의 거래에 대하여 해당 사업자 또는 대표자의 주민등록번호를 적어 발급받은 경우
② 적법하게 발급받은 세금계산서의 필요적 기재사항 중 일부가 착오로 사실과 다르게 적혔으나 그 세금계산서에 적힌 나머지 필요적 기재사항 또는 임의적 기재사항으로 보아 거래사실이 확인되는 경우
③ 재화 또는 용역의 공급시기 이후에 발급받은 세금계산서로서 해당 공급시기가 속하는 과세기간에 대한 확정신고기한까지 발급받은 경우
④ 적법하게 발급받은 전자세금계산서로서 국세청장에게 전송되지 아니하였으나 발급한 사실이 확인되는 경우
⑤ 전자세금계산서 외의 세금계산서로서 재화 또는 용역의 공급시기가 속하는 과세기간에 대한 확정신고기한까지 발급받았고, 그 거래사실도 확인되는 경우

---

94) 부가가치세법 제32조 제1항, 동법 제39조 제1항 제2호
95) 부가가치세법 제39조 제1항 제2호 단서, 동법 시행령 제75조

⑥ 실제로 재화 또는 용역을 공급하거나 공급받은 사업장이 아닌 사업장을 적은 세금계산서를 발급받았더라도 그 사업장이 총괄납부 사업장 규정에 따라 총괄하여 납부하거나 사업자 단위 과세 사업자에 해당하는 사업장인 경우로서 그 재화 또는 용역을 실제로 공급한 사업자가 납세지 관할 세무서장에게 해당 과세기간에 대한 납부세액을 신고하고 납부한 경우

⑦ 재화 또는 용역의 공급시기가 속하는 과세기간에 대한 확정신고기한이 지난 후 세금계산서를 발급받았더라도 그 세금계산서의 발급일이 확정신고기한 다음 날부터 6개월 이내이고, 다음의 어느 하나에 해당하는 경우

　가. 국세기본법에 따른 과세표준수정신고서와 경정 청구서를 세금계산서와 함께 제출하는 경우

　나. 해당 거래사실이 확인되어 납세지 관할 세무서장등이 결정 또는 경정하는 경우

⑧ 재화 또는 용역의 공급시기 전에 세금계산서를 발급받았더라도 재화 또는 용역의 공급시기가 그 세금계산서의 발급일부터 30일 이내에 도래하고 해당 거래사실이 확인되어 납세지 관할 세무서장등이 결정 또는 경정하는 경우

⑨ 거래의 실질이 위탁매매 또는 대리인에 의한 매매에 해당함에도 불구하고 거래 당사자 간 계약에 따라 위탁매매 또는 대리인에 의한 매매가 아닌 거래로 하여 세금계산서를 발급받은 경우로서 그 거래사실이 확인되고, 거래 당사자가 납세지 관할 세무서장에게 해당 납부세액을 신고하고 납부한 경우

⑩ 거래의 실질이 위탁매매 또는 대리인에 의한 매매에 해당하지 않음에도 불구하고 거래 당사자 간 계약에 따라 위탁매매 또는 대리인에 의한 매매로 하여 세금계산서를 발급받은 경우로서 그 거래사실이 확인되고, 거래 당사자가 납세지 관할 세무서장에게 해당 납부세액을 신고하고 납부한 경우

상기 10가지 규정이 다 중요하기는 하지만 특히 ③, ⑦, ⑧의 규정을 기억해 둘 필요가 있다. 해당 규정은 적법한 공급시기에 발급된 세금계산서가 아니더라도 매입세액공제를 받을 수 있도록 부가가치세법에서 특별히 예외 규정을 마련한 것으로 납세자에게 유리한 규정이기 때문이다.

다만, ③, ⑦, ⑧의 규정에 따라 매입세액을 공제 받은 경우에는 다음의 가산세(이하 "세금계산서 지연수취 가산세")가 발생한다[96].

> • 세금계산서 지연수취 가산세: 공제받는 매입세액에 해당하는 공급가액의 0.5%

　예를 들어 2019년 10월 1일이 공급시기인 공급가액이 10억원인 거래를 하고 2019년 12월 30일에 세금계산서를 발급받았다면 관련 매입세액인 1억원은 공제할 수 있으나 5백만원을 세금계산서 불성실 가산세로 납부하여야 한다.

　상기와 같은 예외규정에 따라 매입세액을 공제받을 수 있음에도 불구하고 세무조사 때 갑자기 공급시기에 발급하지 않은 세금계산서 수령분이 나오면 당황하여 관련 규정을 제대로 검토하지 못하여 매입세액 불공제로 과세되는 경우도 가끔 발생한다.

　세무공무원은 사실과 다른 세금계산서를 발급받은 경우 우선 매입세액 불공제라고 생각하는 경우가 대부분이라서 상기의 규정에 따라 매입세액을 공제 받을 수 있는 상황이라면 납세자가 먼저 능동적으로 매입세액 공제를 요청해야 적용 받을 수 있는 경우가 많다.

3-2. 세금계산서 지연 수취 실무사례 1: 소액 단위로 지속적인 매입을 하는 경우로서 일정 기간을 정하여 정산하는 시점에 세금계산서를 수취하는 경우

　세법상 재화의 공급에 따른 세금계산서 발급시기는 재화의 인도시점이다.

　그런데 소액 단위로 지속적으로 매입을 하는 경우 매 거래 건마다 대금 지급을 하고 세금계산서를 수수하기보다는 일정 기간을 정하여 정산하면서 정산 시점에 세금계산서를 발급받는 경우가 있다.

　예를 들어 설비설치업을 영위하는 A회사는 설비설치 시 필요한 소액의 부자재를 지속적으로 B회사부터 사온다고 할 때 원칙적인 부자재의 공급시기는 납품일(인수일)이며, 공급받은 지는 납품일자로 발급된 세금계산서를 발급받아야 한다.

　그러나 소액의 부자재 등을 계속 매입하는 경우 실무적으로는 공급받는 자의 설치 프로젝트가 종료되는 시점에 일정기간 동안 특정 프로젝트와 관련하여 공급된 부자재에 대금을 일괄하여 정산하면서 세금계산서를 발급받는 경우가 많다.

---

96) 부가가치세법 제60조 제7항 제1호, 동법 시행령 제108조 제5항

A회사의 설치 프로젝트가 과세기간 이내에 종료되면 문제가 없겠지만 만일 A회사의 설치 프로젝트가 1~2개 과세기간에 걸쳐서 이루어지는 경우 A회사와 B회사는 세금계산서의 지연 발급·수취로 인한 과세위험이 발생할 수 있다.

3-3. 세금계산서 지연 수취 실무사례 2: 건물 준공검사일 이후 발급되는 세금계산서를 수취하는 경우

건물 건설용역의 경우 용역 제공이 완료된 때 또는 용역 완료 여부가 불분명한 경우 준공검사일을 공급시기로 보고 있다[97].

예를 들어 I회사가 건물을 직접 건설하는 경우 건설업체 혹은 하도급 업체는 용역을 공급하는 자가 되고, 건물을 짓는 I회사는 건설용역을 제공받는 자가 된다.

일반적으로 건설용역의 제공은 단일의 업체가 하는 것이 아니라 수많은 하도급업체로 이루어져 있어 건물의 준공검사일이 맞추어 하도급 금액을 지급하지 못하고 이를 지급하는 데에 수개월이 소요되는 경우가 많다.

이러다 보면 건물준공일 이후 날짜를 발급일자로 하여 관련 매입 세금계산서를 수령하는 경우가 많이 있다.

이런 경우 하도급업체가 준공일 이후에도 용역을 공급하였다는 사실을 입증하지 못하면 건물 준공일이 건설용역의 공급시기가 된다.

따라서 건물을 짓는 I회사가 하도급업체로부터 받은 세금계산서는 적정한 공급시기 시점에 발급되지 않은 세금계산서(사실과 다른 세금계산서 혹은 지연수취 세금계산서)로 간주되어 관련 매입세액이 공제되지 않거나 지연수취에 따른 세금계산서 불성실 가산세가 발생할 수 있다[98].

3-4. 공급시기보다 지연해서 세금계산서를 발급받은 경우 과세유형 구분

매입세금계산서를 재화의 공급시기보다 지연 발급받는 경우 다음과 같은 세무상 불이익이 발생할 수 있다.

---

97) 국심 2007중3611, 2007.12.31./조심 2013서3293, 2013.10.29.
98) 조심 2011부3319, 2012.3.13.

3-4-1. Case1. 해당 확정신고기한 내에 세금계산서를 발급받은 경우

〈지연수취의 예〉
- 재화를 2019년 3월에 공급받았으나 관련 세금계산서는 2019년 7월 25일에 발급받음
- 용역을 2019년 10월에 공급받았으나 관련 세금계산서는 2020년 1월 25일에 발급받음

〈세무상 불이익〉
- 매입세액공제 가능[99]
- 세금계산서 지연수취 가산세 발생: 공제받은 매입세액에 해당하는 공급가액의 0.5%[100]

3-4-2. Case2. 해당 확정신고기한 이후 6개월 이내에 세금계산서를 발급받은 경우로서 수정신고서 및 경정청구서를 제출하거나 거래사실이 확인되어 관할 세무서장 등이 결정 또는 경정하는 경우

〈지연수취의 예〉
- 재화를 2019년 3월에 공급받았으나 관련 세금계산서는 2020년 1월 25일에 발급받고 2019년 1기 예정신고기한에 대한 수정신고서 및 경정청구서를 제출함
- 용역을 2019년 10월에 공급받았으나 관련 세금계산서는 2020년 7월 25일에 발급받고 관할 세무서장으로부터 거래사실을 확인받아 2019년 2기 예정신고기간에 대한 경정을 받음

〈세무상 불이익〉
- 매입세액공제 가능[101]
- 세금계산서 지연수취 가산세 발생: 공제받은 매입세액에 해당하는 공급가액의 0.5%

지연수취 유형 중 Case2.에 대한 매입세액 공제 및 세금계산서 지연수취 가산세 (0.5%) 발생 규정은 2019년 2월 12일 이후 재화나 용역을 공급하거나 공급받는 분부터 적용되며, 그 이전 재화나 용역을 공급하거나 공급받는 분의 경우에는 매입세액이 불

---

99) 부가가치세법 제39조 제1항 제2호 단서, 부가가치세법 시행령 제75조 제3호
100) 부가가치세법 제60조 제7항 제1호
101) 부가가치세법 제39조 제1항 제2호 단서, 부가가치세법 시행령 제75조 제7호

공제되고 세금계산서 지연수취 가산세는 발생하지 않는다.

3-4-3. Case3. 해당 확정신고기한 이후 6개월 이내에 세금계산서를 발급받은 경우로서 Case2.에 해당되지 않거나 해당 확정신고기한 종료 후 6개월 이후에 세금계산서를 발급받은 경우

〈지연수취의 예〉

- 재화를 2019년 3월에 공급받았으나 관련 세금계산서는 2020년 1월 25일에 발급받았으나 2019년 1기 예정신고기한에 대한 수정신고서 및 경정청구서를 제출하지 않음
- 용역을 2019년 10월에 공급받았으나 관련 세금계산서는 2020년 7월 25일에 발급받았으나 거래사실이 확인되지 않음
- 재화를 2019년 3월에 공급받았으나 관련 세금계산서는 2020년 2월 25일에 발급받음
- 용역을 2019년 10월에 공급받았으나 관련 세금계산서는 2020년 9월 25일에 발급받음

〈세무상 불이익〉

- 매입세액 불공제
- 세금계산서 지연수취 가산세는 발생하지 않음

지연수취에 따른 불이익이 명백함에도 불구하고 실무적으로는 세금계산서를 지연수취하는 경우가 의외로 많이 발생한다.

아마도 과거에 거래의 양당사자가 합의해서 세금계산서 발급날짜만 맞추어 신고·납부를 하면 별다른 세무상 불이익을 경험하지 못했기 때문이라고 생각된다.

거래의 양 당사자가 아니라면 회사간 거래에서 세금계산서를 지연수취했는지 여부를 국세청이 알아내기가 어려운 것도 사실이다.

3-5. 세금계산서를 지연수취하여 과세된 사례

사실관계

- R회사는 다품종 소량 주문생산을 하는 제조업을 영위하고 있으며 제조품의 특성상 다양한 종류의 부자재가 필요함

- 해당 부자재는 단가가 아주 낮은 것도 아니라서 소모품으로 처리하기도 어려움
- R회사는 제조에 필요한 부자재를 다음과 같은 방식으로 구매하고 있음
  - 연초에 각 부자재 공급처와 해당 종류의 부자재의 스펙 및 단가를 확정하는 기본계약서를 작성함
  - 고객으로부터 주문 제작의뢰가 들어오면 필요한 부자재에 대한 구매발주서 형태로 부자재를 주문하여 공급받고 부자재 공급처에게 인수증을 교부함
  - 고객에게 완성품 제공이 완료된 후 해당 완성품에 소요된 부자재에 대한 구매발주서를 모아 일시에 세금계산서를 교부(보통 월말)받고 이에 대한 대가를 30일 이내 현금으로 지급함
- 이와 같은 형태로 거래를 하는 이유는 부자재의 종류가 다양하고 구매가 빈번하게 이루어져 건건마다 세금계산서를 수취하기 어렵기 때문임
- 2019년 R회사의 부자재 구매 관련 특이사항은 다음과 같음
  - 1월~3월간 공급받았으나 2020년 3월 3일에 세금계산서를 발급받은 공급가액: 9억원
  - 4월~6월간 공급받았으나 2020년 1월 4일에 세금계산서를 발급받은 공급가액: 7억원
  - 7월~9월간 공급받았으나 2020년 7월 3일에 세금계산서를 발급받은 공급가액: 8억원
  - 10월~12월간 공급받았으나 2020년 1월 4에 세금계산서를 발급받은 공급가액: 10억원
- R회사는 상기 세금계산서를 모두 공급받은 과세기간에 매입세액으로 공제하여 부가가치세 신고를 하였다고 가정함[102]
- R회사에 대한 세무조사 시 상기 특이사항을 발견되었으며 상기 거래사실은 모두 확인할 수 있음

---

102) 세금계산서를 발급받은 시점이 공급받은 과세기간에 대한 신고기한이 지난 시점이라서 공급받은 과세기간에 매입세액을 공제하여 신고하는 것이 현실적으로는 불가능하다. 그러나 과세 추정액 계산의 편의상 공급받은 과세기간에 매입세액으로 공제하여 부가가치세를 신고하였다고 가정하였다.

2019년 R회사의 부자재 구매 관련 특이사항과 관련된 과세위험은 다음과 같다.

1월~3월간 공급분은 지연수취 Case3.에 해당하므로 매입세액이 불공제되나 세금계산서 지연수취 가산세는 발생하지 않는다.

4월~12월간 공급분은 지연수취 Case1.(10월~12월) 또는 Case2.(4월~6월, 7월~9월)에 해당되어 매입세액은 공제되나 세금계산서 지연수취 가산세(0.5%)가 발생한다.

〈세무조사 시점에 적출될 경우 R회사에 대한 과세액 추정〉

만일 상기 과세위험이 세무조사 시점에 적출될 경우 R회사에 대한 과세 추정액은 다음과 같다.

(단위: 원)

세목	구분	과세 추정액	계산내역
부가가치세	매입세액(불공제)	90,000,000	900,000,000 × 10%
	신고불성실 가산세	9,000,000	90,000,000 × 10%
	납부불성실 가산세	29,565,000	90,000,000 × 1,095일 × 3/10,000
	세금계산서 지연수취 가산세	12,500,000	(700,000,000+800,000,000+1,000,000,000) × 0.5%
	합계	141,065,000	

3-6. 공급하는 자가 예정신고 기간 중 적법한 공급시기에 발급한 (매출)세금계산서를 확정신고시 제출하고 할 경우에는 매출처별 세금계산서합계표 지연제출가산세(0.3%)가 발생한다.

앞서 든 사례는 모두 적법한 공급시기가 아닌 날짜를 발급일자로 하여 발급받은 세금계산서에 대한 과세위험이다. 즉, 세금계산서 발급시기 자체가 잘못되어 있는 상황이었다.

그런데 만일 예정신고 기간 중 적법한 공급시기에 발급한 세금계산서를 해당 예정신고시에는 제출하지 않았다가 해당 예정신고기간이 포함된 확정신고에 제출(신고)하는 경우에는 어떠한 세무상 불이익이 발생할까?

이런 경우 공급하는 자는 매출처별 세금계산서합계표 지연제출가산세가 발생하며, 가산세율은 다음과 같다[103].

- 예정신고시 제출하지 아니한 매출처별 세금계산서합계표상 공급가액의 0.3%

공급하는 자가 매출세액을 3개월 늦게 신고·납부하는 것이므로 이에 대한 세무상 불이익을 주는 것이라고 이해된다.

3-7. 공급받는 자가 예정신고 기간 중 적법한 공급시기에 발급받은 (매입)세금계산서를 확정신고시 제출하는 경우에는 매입세액도 공제되고 지연제출가산세도 발생하지 않는다.

공급하는 자와는 달리 공급받은 자가 예정신고 기간 중 적법한 공급시기에 발급받은 (매입)세금계산서를 해당 예정신고에는 제출하지 아니 하였다가 해당 예정신고기간이 포함된 확정신고시 제출하여 매입세액공제를 받는 경우에는 (매입)세금계산서(합계표) 지연제출에 따른 가산세가 발생하지 않는다[104].

지연제출된 (매입)세금계산서상 매입세액도 확정신고기간에 대한 매출세액에서 공제된다[105].

원래 예정신고기간(1월 1일~3월 31일, 7월 1일~9월 31일)이 과세기간(1월 1일~6월 30일, 7월 1일~12월 31일)에 포함된 개념이기도 하고 공급받는 자가 매입세액을 예정신고기간이 아닌 예정신고기간이 포함된 확정신고 시 공제받는 경우 납세자는 해당 매입세액에 대해 3개월 늦게 공제받는 것이므로 부가가치세법에서 이에 대해 불이익을 줄 필요가 없기 때문이다.

3-8. 일정한 거래처와 계속적으로 거래를 하는 경우 월합계 세금계산서 특례를 이용하면 관련 과세위험도 낮추고 업무량도 줄일 수 있다.

사업자가 거래처와 계속적인 거래를 하더라도 원칙적인 공급시기마다 세금계산서를

---

103) 부가가치세법 제60조 제6항 제3호, 서삼 46015-11707, 2002.10.10., 부가가치세과 46015-1604, 2000.7.6.
104) 부가 46015-808, 1995.5.1.
105) 부가가치세법 제54제 제3항

발급해야 하지만 이런 원칙만을 고집할 경우 사업자의 실무상 번거로움이 크므로 이를 덜어주고자 부가가치세법에서는 공급시기에 관계없이 해당 월의 일정기간 동안의 거래금액을 합하여 1개의 세금계산서를 발급할 수 있도록 특례 규정[106]을 두고 있다.

법원은 계속적인 거래란 여러 달에 걸쳐 거래를 하였느냐에 관계없이 해당 월의 두 건 이상의 거래가 있으면 월합계 세금계산서 특례 규정을 적용할 수 있다고 판단하고 있다[107].

사업자는 다음의 경우에 해당하는 경우 재화 또는 용역의 공급일이 속하는 달의 다음 달 10일[108]까지 월합계 세금계산서를 발급할 수 있다.

- 거래처별로 1역월의 공급가액을 합하여 해당 달의 말일을 작성 연월일로 하여 세금계산서를 발급하는 경우
- 거래처별로 1역월 이내에서 사업자가 임의로 정한 기간의 공급가액을 합하여 그 기간의 종료일을 작성 연월일로 하여 세금계산서를 발급하는 경우
- 관계 증명서류 등에 따라 실제거래사실이 확인되는 경우로서 해당 거래일을 작성 연월일로 하여 세금계산서를 발급하는 경우

여기서 주의해야 할 것은 첫 번째와 두 번째의 경우 1역월을 초과해서는 안된다는 것이다.

예를 들어 5월 1일~30일 또는 5월 10일~25일 기간동안 공급가액을 합하여 월합계 세금계산서를 발급할 수는 있어도 5월 25일~6월 10일와 같이 2개의 달을 걸쳐서 월합계 세금계산서를 발급할 수도 없다.

그러나 월합계 세금계산서의 발급 횟수는 별도의 제한이 없으므로 1역월 내에서는 월합계 세금계산서를 1회 발급하던 2회 발급하든 발급횟수는 거래당사자가 합의하여 선택할 수 있다.

예를 들어 거래당사자가 합의하여 월합계 세금계산서 대상 기간을 1역월(1일~ 31일)으로 할 경우 월 1회, 보름 단위(1일~15일, 16일~ 31일)로 할 경우 월 2회, 10일 단위(1일~10일, 11일~ 20일, 21일~31일)로 할 경우 3회 등 1역월 이내의 기간에서는

---

106) 부가가치세법 제34조 제3항
107) 국심 88서1330, 1989.2.4.
108) 10일이 공휴일 또는 토요일인 경우에는 바로 다음 영업일을 말한다.

월합계 세금계산서 발급횟수를 마음대로 정할 수 있다.

월합계 세금계산서 제도를 이용하면 거래처별로 1역월에 1번만 세금계산서를 수수하면 되므로 수시로 거래를 하는 거래처와 사전에 협의를 하여 월합계 세금계산서 특례를 이용하면 관련 세무위험도 낮추고 업무량도 줄일 수 있다.

3-9. 부가가치세 신고기한을 경과하여 발급되거나 수취하는 세금계산서가 없도록 정기적(적어도 반기별로 1회 이상)으로 점검을 해야 한다.

기타 다른 이유로 빈번한 거래 관계가 있는데 월합계 세금계산서 특례를 이용하지 못할 경우 거래가 빈번히 발생하는 거래처에 대해서는 적어도 1기 및 2기 확정신고기한(7월 25일 및 1월 25일) 기준으로 세금계산서 수수가 적정했는지 검토해야 한다.

공급시기가 예정신고 기간이었으나 동일 확정신고기한 내에 세금계산서를 수취하는 경우에는 가산세는 발생하나 매입세액은 공제된다.

적어도 공급시기가 속하는 확정신고기한 후 6개월 이내에 세금계산서를 발급받으면 세금계산서 지연수취 가산세는 발생하지만 적어도 매입세액은 인정받을 수 있는 길이 열려 있다.

그러나 공급시기가 속하는 확정신고기한 후 6개월이 경과하여 세금계산서를 발급받는 경우에는 매입세액불공제와 신고불성실 및 납부불성실 가산세가 과세된다.

즉, 확정신고기한 후 6개월을 넘기면 과세금액이 크게 증가하는 것이다.

④ 수정세금계산서와 가산세

4-1. 전자 세금계산서 제도하에서는 수정세금계산서 발급사유에 해당하면 수정 세금계산서를 발급해야 한다.

과거 종이 세금계산서를 수수하던 시절에는 같은 과세기간 내에 발급한 당초세금계산서가 잘못되었다는 것을 알게 되었거나 이후 변경사항이 생긴 경우 거래상대방과 협의하여 당초세금계산서를 파쇄하고 새로운 세금계산서를 발급하는 경우가 대부분이었다.

즉, 과거 종이 세금계산서 제도하에서는 수정세금계산서 발급사유에 해당하더라도 당초세금계산서를 없애 버리고 새로운 세금계산서를 발급하는 방식으로 수정세금계산서 발급을 회피할 수 있었다.

이렇게 하더라도 국세청이 수정세금계산서를 발급해야 하는 상황인지 알기 어렵기 때문이다.

이러한 이유 때문에 과거 종이 세금계산서 시절에는 이미 당초세금계산서가 발견되거나 신고되어 불가피하게 수정세금계산서를 발급해야 하는 경우가 아니면 수정세금계산서를 발급하는 상황을 보기 어려웠다.

그러나 전자 세금계산서 제도하에서는 당초세금계산서 발급 시 자동으로 국세청 서버에 저장되므로 당초세금계산서에 대해 수정세금계산서 발급사유가 발생하면 수정세금계산서를 발급해야 한다.

이미 발급한 당초세금계산서를 국세청 모르게 없애버리는 것이 불가능(?)해졌기 때문이다.

따라서 전자세금계산서 제도하에서는 수정세금계산서를 발급해야 하는 상황이 이전보다 훨씬 더 빈번히 발생하고 있다.

4-2. 전자세금계산서 제도가 시행되면서부터 수정세금계산서 관련 과세위험이 매우 높아졌으나 회사의 수정세금계산서 관련 실무는 이를 반영하고 있지 못하는 경우가 대부분이다.

종이 세금계산서 제도하에는 세금계산서 담당자가 수정세금계산서를 잘 몰라도 과세위험이 그리 크지 않았다.

종이 세금계산서 제도하에서 수정세금계산서를 발급하는 것은 정말 예외적인 상황이었고 그 예외적인 상황이 발생했을 때 주변의 세무전문가에게 물어서 적법하게 발급하면 되기 때문이다.

그러나 전자 세금계산서 제도하에서는 재화의 환입, 계약의 해제, 공급가액의 변동 등과 같은 수정 세금계산서 발급사유가 발생하면 수정세금계산서를 발급해야 해야 하므로 수정세금계산서 발급은 더 이상 예외적인 상황이 아닌 일상적인 세금계산서 업무가 되었다.

그러나 회사의 세금계산서 발급 담당자와 얘기해 보면 수정세금계산서 발급사유의 종류, 수정 세금계산서 발급사유별 발급 방식, 수정세금계산서를 적법하게 발급하지 않은 경우 가산세가 부과될 수 있다는 것을 잘 모르는 경우가 많이 있으며, 당초세금계산서에 대한 (－)공급가액을 기재하여 발급하는 것이 수정세금계산서라고 알고 있는 경우도 있다.

또한 향후 국세청은 국세청 서버에 저장되어 있는 당초세금계산서와 (－)세금계산서를 매치하는 방식으로도 간단히 수정세금계산서 관련 자료를 수집하여 세무조사를 할 수 있으며 해당 자료를 토대로 수정세금계산서의 적정성을 자세히 검증해 보면 회사가 예상하지 못한 부가가치세 과세가 이루어질 수 있기 때문에 향후 수정세금계산서 관련 과세위험은 현재보다도 더 높아질 것으로 예상된다.

4-3. 당초세금계산서가 적법한 공급시기에 발급되지 않은 경우에는 이와 대한 수정세금계산서를 발급할 수 없다.

수정세금계산서는 공급시기에 적법하게 발급된 당초세금계산서에 대하여 당초 발급시기 이후 변경된 내용을 반영하거나 혹은 착오 기재내용 등을 수정하기 위한 것이므로 당초세금계산서가 적법한 공급시기에 발급되지 않은 경우에는 이와 대한 수정세금계산서를 발급할 수 없다[109].

예를 들어 당초세금계산서가 공급시기 이후에 발급되었다면 이에 대한 수정세금계산서를 발급할 수 없다는 것이다. 이런 경우 수정세금계산서까지 사실과 다른 세금계산서로 간주될 수 있다.

4-4. 수정세금계산서를 발급할 수 있는 사유는 9가지로 사유별 발급방법이 다르며, 잘못된 방식으로 발급할 경우 부가가치세법상 수정세금계산서로 인정받지 못할 수 있다.

수정세금계산서를 발급할 수 있는 사유와 사유별 발급방법은 부가가치세법 시행령 제70조 제1항에 규정되어 있다.

부가가치세법 시행령 제70조 제1항의 사유 또는 발급방법으로 발급하지 않은 수정세금계산서는 부가가치세법상 수정세금계산서를 인정받지 못하니 수정세금계산서를 발급하는 경우에는 반드시 상기 법령에 맞게 발급되었는지를 확인하는 것이 좋다.

부가가치세법 시행령 제70조 제1항에 규정된 수정세금계산서 발급 사유와 발급방법을 요약하면 다음과 같다.

〈수정세금계산서 발급사유 및 발급방법: 부가가치세법 시행령 제70조 제1항 요약〉

발급사유	작성일자	발급 방법	비고란 기재
① 재화 환입	• 환입된 날	• 붉은색 글씨 또는 (－)의 표시	당초세금계산서 작성일
② 계약의 해제	• 해제된 날		
③ 공급가액의 변동 (계약의 해지 등)	• 변동사유가 발생한 날	• 추가: 검은색 글씨 • 차감: 붉은색 글씨 또는 (－)의 표시	

---

109) 조심 2017서0053, 2017.4.13.

발급사유	작성일자	발급 방법	비고란 기재
④ 공급 후 내국신용장 또는 구매확인서 개설(과세기간 종료 후 25일 이내에 내국신용장 등이 개설된 경우에 한함)	• 수정세금계산서: 내국신용장 개설일 또는 구매확인서 발급된 날 • 당초세금계산서: 당초 작성일자	• 수정세금계산서: 검은색 글씨(영세율 적용분) • 당초세금계산서: 붉은색 글씨 또는 (－)의 표시 • 2매 발급	내국신용장 개설일 등
⑤ 착오 기재사항 오류	• 수정세금계산서: 당초 작성일자 • 당초세금계산서: 당초 작성일자	• 수정세금계산서: 검은색 글씨 • 당초세금계산서: 붉은색 글씨 또는 (－)의 표시 • 2매 발급	
⑥ 착오 외 기재사항 오류	• '⑤ 착오 기재사항 오류'와 동일함. 단, 공급일이 속하는 과세기간에 대한 확정신고기한(7월 25일, 다음연도 1월 25일)까지 수정세금계산서 작성해야 함		
⑦ 착오로 이중발급 ⑧ 미발급대상 거래(면세 등)에 대한 발급	• 당초세금계산서 작성일자	• (－)의 표시	
⑨ 세율 착오	• 수정세금계산서: 당초 작성일자 • 당초세금계산서: 당초 작성일자	• 수정세금계산서: 검은색 글씨 • 당초세금계산서: 붉은색 글씨 또는 (－)의 표시 • 2매 발급	

(*) 발급사유 중 ⑤, ⑥, ⑨는 다음 어느 하나에 해당하는 경우로서 과세표준 또는 세액을 경정할 것을 미리 알고 있는 경우는 제외함

가. 세무조사의 통지를 받은 경우

나. 세무공무원이 과세자료의 수집 또는 민원 등을 처리하기 위하여 현지출장이나 확인업무에 착수한 경우

다. 세무서장으로부터 과세자료 해명안내 통지를 받은 경우

라. 그 밖에 가목부터 다목까지의 규정에 따른 사항과 유사한 경우

4-5. 수정세금계산서 발급 사유 중 해제는 기존 계약의 효과를 기존 계약시점으로 소급하여 소멸시키는 법적 효력인 데 반하여 해지는 기존 계약은 유효한 상태에서 해지 시점부터 장래를 향하여 계약의 효력을 소멸시키는 행위를 의미한다.

수정세금계산서 발급사유 중 계약의 해제와 계약의 해지가 있는데 법적으로는 그 둘의 개념이 명확히 구분되는 용어임에 반하여 일반적으로 두 가지 상황이 모두 해지라는 용어로 구분되지 않고 쓰이고 있으므로 이에 대해 추가 기술하고자 한다.

해제와 해지는 모두 기 체결된 계약의 효력을 소멸시키는 행위이다.

해제는 기존 계약의 효과를 기존 계약시점으로 소급하여 소멸시키는 법적 효력인데 반하여 해지는 기존 계약은 유효한 상태에서 해지시점부터 장래를 향하여 계약의 효력을 소멸시키는 행위를 의미한다.

> **〈해제의 사례〉**
> 매매계약 체결 후 매수인이 계약금을 지급하였으나 중도금을 지급하지 못한 경우 매도인은 이를 이유로 계약을 해제할 수 있다. 이런 경우 매매계약은 처음부터 없었던 것과 같은 효력이 발생한다.

> **〈해제의 사례〉**
> 핸드폰 사용자가 A통신사와 약정기간을 2년으로 하여 무선통신 계약을 하고 사용하다가 1년 후 B통신사로 갈아타기 위해 계약을 해지할 수 있다. 이런 경우 기존 계약은 유효한 상태에서 해지시점으로부터 앞으로 남은 계약기간에 대해서만 효력을 상실하는 것이다.

따라서 해제되는 상황에서 해지라는 용어를 쓰거나 해지되는 상황에서 해제라는 용어를 혼돈하여 사용하면 법적 효과가 달라지게 되므로 두 용어는 주의하여 사용하여야 한다.

4-6. 수정세금계산서는 작성일자가 속하는 과세기간에 신고해야 하며, 발급사유별 작성일자를 정확하게 기재하지 않는 경우 사실과 다른 세금계산서로 간주될 수 있다.

해제는 소급 적용되는 법적 효력이 있으므로 이론적으로만 보면 작성일자를 당초작성일자로 하여 수정세금계산서를 작성하는 것이 맞다.

과거 (구)부가가치법[110]에서는 상기 이론적인 측면에 충실하게 당초작성일자로 해제에 따른 수정세금계산서를 발급하도록 규정하고 있었다.

그러나 납세자 중 해제와 해지를 혼돈하여 법적 성질이 해제인데 해지의 방법으로 수정세금계산서를 발급하여 세무상 불이익을 당하는 경우가 많이 발생하자 2012년 2월 부가가치세법 시행령을 개정하면서 현행 부가가치세법에서는 해제에 따른 수정세금계산서 작성방법을 해지에 따른 수정세금계산서 작성방법과 유사하게 작성일자를 계약해제일로 하도록 하였다.

수정세금계산서의 작성일자를 당초작성일자로 할지 또는 계약해제일로 할지가 별거아닌 거 같아 보여도 작성일자에 따라 수정세금계산서상 공급가액을 신고해야 하는 과세기간이 정해지고 세금계산서 작성일자가 잘못되면 사실과 다른 세금계산서로 간주되므로 수정세금계산서의 작성일자를 언제로 할지는 매우 중요하다.

2012년 부가가치세법의 개정으로 해제와 해지를 혼돈하여 수정세금계산서 작성일자를 잘못 기재할 가능성은 매우 낮아졌음에도 불구하고 과거 부가가치세법까지 들먹이며 상기 내용을 기술하는 이유는 수정세금계산서의 발급사유별로 정확히 구분하여 법에 따른 수정세금계산서 작성일자를 정확하게 기재해야 한다는 점을 다시 한번 강조하기 위해서다.

예를 들어 ③ 계약의 해지 등으로 인한 공급가액이 변동했는데 ⑤ 착오에 따른 기재사항 오류의 방법으로 하여 "처음에 발급한 세금계산서의 내용대로 세금계산서를 붉은색 글씨로 쓰거나 음(陰)의 표시를 하여 발급하고, 수정하여 발급하는 세금계산서는 검은색 글씨로 작성"하여 수정세금계산서를 발급하면 해당 수정세금계산서는 사실과 다른 세금계산서로 간주될 수 있다.

---

110) (구)부가가치세법 시행령 제59조 제1항 제2호(2012.2.2. 대통령령 제23595호, 개정 전)

4-7. 수정세금계산서 발급사유가 발생하였음에도 불구하고 수정세금계산서를 발급하지 아니한 경우 세금계산서 관련 가산세가 과세될 수 있다.

부가가치세법에 따라 적법하게 발급된 수정세금계산서는 사실과 다른 세금계산서 가산세가 발생하지 않는다[111].

반대로 사업자가 당초세금계산서를 발급한 후 수정세금계산서 발급사유가 발생하였음에도 불구하고 수정세금계산서를 발급하지 아니한 경우 세금계산서 미발급 가산세, 매출처별 합계표에 포함하지 않으면 매출처별 합계표 미제출 가산세가 적용된다[112].

예를 들어 동일한 과세기간에 수정세금계산서 발급사유가 발생하여 당초세금계산서와 수정세금계산서를 적법하게 발급하였으나 부가가치세 신고·납부 금액에 영향이 없다고 매출처별 합계표에 당초세금계산서 및 수정세금계산서를 제외할 경우 매출처별 합계표 미제출 가산세가 적용된다.

따라서 수정세금계산서 발급사유가 발생했음에도 불구하고 부가가치세법 시행령 제70조 제1항에 따라 수정세금계산서를 발급하지 않고 과거처럼 (-)세금계산서를 발급하는 방식으로 처리하면 상기와 같은 가산세가 발생할 수 있으므로 주의하여야 한다.

참고로 전자세금계산서 제도하에서는 수정세금계산서를 국세청 홈택스 사이트[113]에서 발급하게 되는데 홈택스 사이트에는 수정세금계산서 발급사유별로 구분되어 있어 적절한 수정세금계산서 발급사유만 클릭하면 그 다음부터는 자동으로 적절한 수정세금계산서 양식에 따라 기재할 수 있도록 프로그램이 안내된다.

따라서 납세자는 상황에 따라 적정한 수정세금계산서 발급사유가 무엇인지만 적절히 선택(해당란을 클릭)하여 수정세금계산서를 발급하면 홈택스 사이트에서 수정세금계산서 발급 방식이 잘못될 가능성은 적다.

---

111) 사전-2015-법령해석부가-0060, 2017.6.20. 등
112) 부가가치세 기본통칙 60-108-2 【수정세금계산서에 대한 미발급 가산세】
113) https://www.hometax.go.kr

4-8. 당초세금계산서 발급 시 ④~⑨와 같은 오류가 있었다 하더라도 적법하게 수정세금계산서를 발급하면 당초세금계산서에 대해 세금계산서 관련 가산세를 과세하지 않는다. 다만, 국세청이 과세표준 또는 세액을 경정할 것을 미리 아는 경우 적법한 수정세금계산서로 인정하지 않는다.

수정세금계산서 발급사유 ①~③은 환입, 해제, 해지 등의 사유가 발생한 날을 작성일자로 하여 수정세금계산서가 발급되기 때문에 당초세금계산서에는 아무런 영향을 미치지 못한다.

그러나 수정세금계산서 발급사유 ④~⑨는 당초세금계산서 작성일자로 하여 수정세금계산서가 발급되기도 하기 때문에 당초세금계산서에 영향을 미친다.

당초세금계산서에 대한 세금계산서 관련 가산세는 당초세금계산서 당시 상황에 따라 판단하여야 한다.

그러나 이러한 원칙은 엄격하게 적용하게 되면 납세자의 세금계산서 발급 관련 의무가 너무 과중해지므로 납세자 스스로 수정할 수 있도록 자체 시정기회를 주자는 것이 수정세금계산서 규정의 주요 취지 중 하나이다.

만일 회사가 당초세금계산서 발급 시 ④~⑨와 같은 오류(착오)가 있었다는 사실을 세무조사를 통해 알게 되었다면 당초세금계산서는 사실과 다른 세금계산서로 보아 가산세가 발생했을 것이다.

그러나 회사가 당초세금계산서 발급 시 ④~⑨와 같은 오류가 있었다 하더라도 부가가치세법 시행령 제70조 제1항에 따라 적법하게 수정세금계산서를 발급하고 수정신고를 하는 경우에는 회사 스스로 시정한다면 당초세금계산서 발급 당시의 오류도 치유된 것으로 보아 세금계산서 관련 가산세가 발생하지 않는다[114].

이러한 법령의 취지 때문에 수정세금계산서 발급사유 중 ⑤, ⑥, ⑨는 상기 표 하단에 기술한 바와 같이 납세자가 국세청이 과세표준 또는 세액을 경정할 것을 미리 아는 경우 적법한 수정세금계산서로 인정하지 않는 것이다.

이는 납세자 스스로 당초세금계산서의 오류를 시정한 것으로 볼 수 없기 때문이다.

---

114) 부가 46015-1991, 1994.9.30., 서삼 46015-10178, 2003.1.30., 서면3팀-629, 2005.5.10., 부가 46015-1821, 1996.9.4.

참고로 사업자가 구매확인서를 발급받았음에도 (영세율)수정세금계산서를 발급하지 아니한 경우로서 당초 발급한 세금계산서에 의해 부가가치세를 신고·납부한 경우에는 해당 거래에 대하여 가산세를 적용하지 않는다[115].

4-9. 당초세금계산서가 ⑤, ⑦~⑨의 사유로 잘못 발급하였으나 해당 과세기간이 경과 후 수정세금계산서를 적법하게 발급하고 수정신고·경정 청구를 하는 경우 결국 불이익은 공급받는 자에 대한 신고불성실 가산세 및 납부불성실 가산세 효과가 남게 된다.

수정세금계산서 발급사유 중 ⑤, ⑦~⑨는 당초세금계산서상 작성일자에 속하는 과세기간에 대한 확정신고기한이 경과했더라도 수정세금계산서를 발급할 수 있다.

따라서 당초세금계산서가 ⑤, ⑦~⑨의 사유로 잘못 발급되고 해당 과세기간이 경과한 경우라도 당초세금계산서 작성일자로 하여 수정세금계산서가 발급하면 당초세금계산서 작성일자에 속하는 과세기간에 대한 부가가치세 신고·납부 금액에 영향을 미친다.

⑤, ⑦~⑨의 수정세금계산서 발급사유가 발생한 경우로서 당초세금계산서 발급일자가 속한 과세기간과 수정세금계산서 발급일자가 속한 과세기간이 다른 경우 각 과세기간에 대한 부가가치세의 과소·과다 신고 여부를 공급하는 자 및 공급받는 자로 구분하여 정리하면 다음과 같다.

〈당초세금계산서 발급일자 및 수정세금계산서 발급일자의 과세기간 다를 경우 수정·경정청구 여부〉

	당초세금계산서 발급일자가 속한 과세기간에 대한 부가가치세 신고	수정세금계산서 발급일자가 속한 과세기간에 대한 부가가치세 신고
공급하는 자	과다신고 → 경정청구(가산세 ×) (매출세액 신고·납부 취소)	적정 신고 (매출세액 신고·납부)
공급받는 자	과소신고 → 수정신고(가산세 ○) (매입세액 공제 취소)	적정 신고 (매입세액 공제)

이런 경우 공급하는 자는 수정세금계산서를 발급하면서 당초세금계산서 발급일자가 속한 과세기간에 대하여 경정청구를 하여야 하고, 공급받는 자는 수정세금계산서를 수

---

115) 사전-2017-법령해석부가-0677, 2017.11.17.

령하면서 당초세금계산서 발급일자가 속한 과세기간에 대해 수정신고를 하여야 한다.

따라서 공급하는 자는 당초세금계산서 발급일자 속한 과세기간에 과세표준 및 세율이 이미 과다하게 신고·납부되었고 수정세금계산서로 인해 오류가 치유되었다면 과다 신고·납부된 본세를 환급을 받을 수 있다.

또한 공급받는 자측에서는 적법하게 발급받은 수정세금계산서에 따라 수정세금계산서를 발급받은 과세기간에 매입세액공제를 받고 당초세금계산서를 발급받는 과세기간에 대해서는 당초세금계산서에 따라 공제받은 매입세액을 납부해야 한다.

어차피 당초세금계산서가 속한 과세기간에 대한 매입세액 납부액은 수정세금계산서가 속한 과세기간에 공제되어 결과적으로 매입세액공제를 받게 되므로 결국 불이익은 공급받는 자에 대한 신고불성실 가산세 및 납부불성실 가산세 효과가 남게 된다.

이 경우에도 국세기본법 제48조에 해당될 경우 가산세를 감면 받을 수 있으니 가산세 감면요건을 충족하는지 확인해 보는 것이 좋다.

이와 비교하여 수정세금계산서 발급사유 중 ①~③은 환입, 해제, 해지 등의 사유가 발생한 날로 하여 수정세금계산서가 발급되기 때문에 당초세금계산서에는 아무런 영향을 미치지 않으므로 당초 거래에 대해서는 과소신고가산세 및 과소납부가산세도 발생하지 않는다.

4-10. 당초세금계산서가 "⑥ 착오 외 기재사항 오류"의 사유로 잘못 발급되고 해당 과세기간 종료일로부터 25일이 경과하면 수정세금계산서를 발급할 수 없다.

수정세금계산서 발급사유 중 "⑥ 착오 외 기재사항 오류"는 당초세금계산서 작성일자에 속하는 과세기간 종료일로부터 25일 이내 및 과세기간에 대한 확정신고기한이 경과하면 수정세금계산서를 발급할 수 없다.

따라서 당초세금계산서가 "⑥ 착오 외 기재사항 오류"의 사유로 잘못 발급되고 해당 과세기간이 경과하면 해당 과세기간에 대한 부가가치세 신고에 대해 경정 청구 혹은 수정신고를 해야 한다.

또한 당초세금계산서가 사실과 다른 세금계산서로 간주될 경우 공급하는 자는 세금계산서 가산세가 발생하고 공급받는 자의 경우에는 매입세액이 불공제가 되는 등의 부가가치세법상 불이익이 발생한다.

4-11. 수정세금계산서 사유 중 '착오'는 실무(국세청 단계)상 인정받기가 쉽지 않다.

수정세금계산서 사유 중 '착오'라는 단어가 유난히 많이 쓰이고 있다.

그리고 착오 외의 사유로 인한 기재사항 오류는 당초세금계산서 작성일자가 속한 과세기간의 확정신고기한까지 수정세금계산서를 수수해야 하지만 착오로 인한 기재사항 오류는 수정세금계산서 발급 시기도 한정하지 않고 있어서 뭔가 혜택이 있는 것처럼 보이기도 한다.

예를 들어 1월 1일~6월 30일까지 발생한 착오 외의 사유로 인한 기재사항 오류는 7월 25일까지 수정세금계산서를 발급해야 하고, 7월 1일~12월 31일까지 발생한 착오 외의 사유로 인한 기재사항 오류는 다음연도 1월 25일까지 수정세금계산서를 발급해야 한다.

그러나 착오로 인한 기재사항 오류에 따른 수정세금계산서는 발급시기의 제한이 없다.

그러나 실무적으로 수정세금계산서 발급 사유 중 '착오'를 인정받기가 쉽지 않다.

이미 예규를 통해 착오로 인정된 사유라 할지라도 개별적 사례가 해당 예규와 일치한다는 것을 입증하기 어렵기 때문에 예규에서 수정세금계산서 발급 사유라고 인정된 상황이라고 해서 안심해서는 안된다.

따라서 실무상 안전하게 적용될 수 있는 수정세금계산서 발급사유는 착오의 개념이 포함되어 있지 않는 ①, ②, ③, ④, ⑥, ⑧이다.

참고로 판례, 예규에서 수정세금계산서 발급 사유로 착오를 인정한 사례 중 일부는 다음과 같다.

• 착오로 공급가액을 과소 기재함[116]

---

116) 사전-2015-법령해석부가-0060, 2017.6.20.

- 착오로 대표자 주민등록번호로 세금계산서를 발급받음[117]
- 영세율 적용대상 여부에 착오가 있는 경우에도 필요적 기재사항인 공급가액과 부가가치세액에 관하여 착오가 있는 경우에 해당한다고 보아야 할 것[118]

조세심판원 단계에서는 객관적으로 존재하는 거래사실이 수정세금계산서와 동일함을 입증하고 이를 통해 담당자가 실제 거래사실을 불일치하게 인식함에 따라 발생한 것을 '착오'로 인정한 사례[119]가 있으므로 착오 여부가 쟁점이 된 수정세금계산서 과세 사례가 있다면 이를 참고하여 조세불복을 고려해 보는 것도 좋다.

---

117) 사전－2015－법령해석부가－22453, 2015.2.27.
118) 대법원 2010두12972, 2013.10.17.
119) 조심 2013중3618, 2014.7.2.

⑤ 공통매입세액 안분 계산: 공통 지원업무 관련 매입세액 범위

5-1. 겸업 사업자의 경우 공통비(예: 지원부서 경비) 관련 매입세액 중 면세사업 비율 해당분은 불공제된다.

과세·면세겸업사업자라면 면세사업과 관련된 매입세액이 불공제된다는 것은 이미 알고 있을 것이고, 실무에서 과세·면세겸업사업자가 면세사업과 관련된 매입세액을 공제 받는 경우는 극히 드물다.

대부분 문제는 공통비 관련 매입세액에서 발생한다. 즉, 과세·면세겸업사업자의 경우 지원부서 경비와 같은 공통비 관련 매입세액을 전액 공제하는 경우가 많다.

예를 들어 농산물을 매입하여 판매(면세사업)도 하고, 이를 가공하여 판매하는 사업(과세사업)을 하는 겸업사업자의 경우 면세사업과 관련된 매입세액은 불공제하고 있으나 재무부서 경비 혹은 회사 전체 이미지 광고와 같이 공통비와 관련된 매입세액을 전액 공제를 받는 경우가 많다.

이는 많은 회사의 경우 면세 사업을 부수적으로 영위하거나 면세사업 비중이 과세사업에 비해 작기 때문에 공통매입세액을 안분계산하여 면세사업 비율에 해당하는 부분은 불공제해야 한다는 것을 미처 생각하지 못하기 때문인 것으로 보인다.

5-2. 매입세액은 실지귀속에 따라 직접 배분하는 것이 원칙이고 실지귀속을 구분할 수 없는 (공통)매입세액만 안분계산 대상이 된다.

과세·면세겸업사업자의 매입세액과 관련된 내용은 부가가치세법 제40조 및 동법 시행령 제81조에서 규정하고 있다.

상기 법령을 요약하면 매입세액의 귀속은 실지귀속에 따라 구분하는 것이 원칙이며 실지귀속을 구분할 수 없는 (공통)매입세액만이 총공급가액 비율 등 공통매입세액 안분기준[120]에 따라 계산하여 각 사업에 안분한다는 것이다.

따라서 공통매입세액의 안분계산규정을 적용하여야 할 사업자는 다음의 요건을 모

---

120) 공통매입세액 안분기준은 부가가치세법 시행령 제81조에 규정되어 있다.

두 충족하여야 한다.

① 과세사업과 면세사업 등을 겸영하는 사업자일 것
② 과세사업과 면세사업에 공통으로 사용되거나 사용될 것
③ 실지귀속이 불분명한 매입세액일 것
④ 불공제대상 매입세액이 아닐 것

5-3. 공통매입세액 안분계산은 사업(현장)단위별 과세기간 단위별로 적용한다.

실질귀속을 구분할 수 없는 매입세액(공통매입세액)에 면세공급가액 비율(면세공급가액/총 공급가액)을 곱하여 계산한 금액(면세사업 관련 공통매입세액 상당액)은 매출세액에서 공제하지 않는다[121].

해당 과세기간 중 과세사업과 면세사업 등에 대한 공급가액이 없거나 그 어느 한 사업의 공급가액이 없는 경우에는 면세공급가액 비율 대신 다음의 비율을 순차적으로 적용한다.

① 면세매입가액 비율(면세매입가액/총 매입가액)
② 면세예정공급가액 비율(면세예정공급가액/총 예정공급가액)
③ 면세예정사용면적 비율(면세예정사용면적/총 예정사용면적)

다만, 건물을 신축 또는 취득하여 과세사업과 면세사업에 제공할 예정면적을 구분할 수 있는 경우 ③ 면세예정사용면적 비율을 우선 적용한다.

상기의 공통매입세액 안분계산은 사업(현장)단위별 과세기간 단위별로 적용한다.

예를 들어 사업자단위과세사업자가 각 사업장에서 동일한 업종의 과세사업과 면세사업을 겸영하는 경우 공통매입세액의 안분계산은 각 사업장별로 계산한 후 본점 또는 주사업장에서 이를 합산하여 신고·납부한다.

예외적으로 납세자의 계산 편의, 안분계산의 경제성 등을 위하여 다음에 해당하는 경우에는 공통매입세액의 안분계산을 생략하고 전액 공제되는 매입세액으로 한다.

① 해당 과세기간의 면세공급가액 비율이 5% 미만이고(면세예정사용면적 비율이 5% 미만인 경우 제외), 공통매입세액이 5백만원 미만인 경우

---

121) 부가가치세법 집행기준 40-81-5

② 해당 과세기간의 공통매입세액이 5만원 미만인 경우

③ 신규사업자가 해당 과세기간에 구입한 재화를 양도하는 경우 그 재화에 대한 매입세액

5-4. 실지 귀속에 따라 공통매입세액으로 보지 않은 조세심판원 사례[122]

> **사실관계**

- J회사는 피자가맹점 등에 식자재를 판매하는 피자 프랜차이즈 사업을 영위함
- J회사가 피자가맹점에 판매하는 밀가루 반죽은 과세 재화이고 냉동새우 및 야채류 등은 면세재화에 해당하여 J회사는 부가가치세법상 겸업사업자에 해당함
- 가맹점의 매출은 전액 피자 판매 수익으로 구성되어 있어 100% 과세사업자에 해당함
- J회사의 과세매출 및 면세매출의 비율은 70%:30%로 가정함
- J회사가 지출하는 광고비는 J회사가 부담하는 직접광고비와 가맹점으로부터 분담금을 거둬 집행하는 광고비로 구분됨
- 이를 위해 J회사는 가맹점과 밀가루 반죽 매출금액의 일정 비율 금액을 광고비로 받아 광고비로 집행하기로 하고 약정서를 작성함
- J회사는 광고회사에게 가맹점을 대신하여 전체 광고비를 지급하고 가맹점으로부터 해당 광고비를 수령하고 대금 수수 시 세금계산서를 각각 수령하고 발급함
- 2019년 2기 확정신고 기간 동안 J회사는 광고회사에게 지급한 광고비는 10억원이며 가맹점으로부터 수령한 광고비는 7억원임(부가가치세 별도)
- J회사는 광고회사에 지급한 광고비 10억원 중 7억원에 해당하는 매입세액 7천만원은 실질 귀속이 가맹점의 과세 매출과 관련되었다고 보고 J회사가 직접부담한 광고비 관련 매입세액 3천만원만 공통매입세액 안분대상에 포함함

---

122) 심사부가 2010-0118, 2010.9.7.

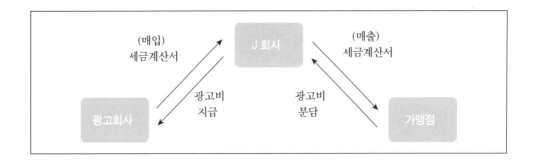

　상기 사례는 국세청이 J회사가 광고회사에 지급한 광고비 10억원 전액이 J회사의 광고비에 해당하고 광고의 실질귀속이 불분명하므로 관련 매입세액 1억원 전체가 공통매입세액 안분대상이라고 보아 과세한 사례이다.

조세심판원이 광고비를 공통매입세액 안분 대상으로 보지 않은 근거

　이에 J회사는 심사청구를 통해 조세불복을 하였고 심사청은 다음의 사항을 근거로 가맹점이 부담한 매입세액 7천만원은 가맹점의 피자 등 과세상품광고와 관련한 매입세액으로 J회사의 공통매입세액 안분대상이 아니라고 판단하였다.

- 가맹점은 면세매출이 없음
- J회사와 가맹점은 일정량의 반죽 매출당 일정액의 광고비분담금을 수수하기로 약정
- J회사는 가맹점으로부터 수수한 광고비분담액을 총괄하여 집행
- 광고비가 지출된 광고내용이 J회사의 브랜드 이미지 및 피자 상품 외 다른 광고 없음
- J회사와 가맹점이 협동하여 상품의 판매촉진을 위한 광고를 함에 있어서 본사가 광고비용을 일괄하여 지급하고 매입세금계산서를 지급받은 경우에 본사와 가맹점 간 사전 약정된 광고비용부담비율에 따라 본사가 가맹점으로부터 지급받는 금액에 대하여는 부가가치세법 시행규칙 제18조(현 부가가치세법 제32조 제4항)의 규정을 준용하여 세금계산서를 수수함

　J회사 입장에서 자기가 실제 부담한 광고비도 아닌데 단순히 대표사로서 매입세금계

산서를 수취했다고 해서 관련 매입세액 7천만원이 공통매입세액 안분계산에 포함되어 불공제되는 매입세액이 많아지는 것은 억울한 측면도 있고, 경제적 실질에도 맞지 않는다.

상기 심사사례는 매입세액의 실지귀속에 대한 중요한 기준을 제시하고 있다고 판단되므로 상기 심사사례에 기준을 참고하여 혹시 공통매입세액을 과다하게 불공제 처리하고 있는 것은 아닌지 다시 한번 점검해 보는 것도 좋을 것이다.

5-5. 통상 과세사업은 면세사업에 비해 복잡하기 때문에 지원부서의 업무 대부분이 과세사업으로 인해 발생하는 경우가 많은데 공급가액 비율 등으로 공통매입세액을 안분하면 실제보다 매입세액이 과다하게 불공제될 수 있다.

부가가치세법 집행기준에 따르면 실지귀속의 원칙에 대해 다음과 같이 기술하고 있다[123].

> "사업자가 과세사업과 면세사업을 겸영하면서 발생된 매입 세액이더라도 발생된 모든 매입세액이 안분계산대상이 되는 것이 아니라 그 발생 건별, 금액으로 세분하여 과세사업에 실지귀속되면 자기의 매출세액에서 전액 공제하고, 면세사업에 실지귀속되면 면세사업 관련 매입세액으로 전액 불공제한다."

상기 집행기준에 따르면 과세·면세 사업자가 매입세액의 실질귀속을 판단할 때 일률적인 기준에 의해서 구분하는 것이 아니라 사업자가 세분하여 입증이 가능하다면 그 입증이 가능한 만큼 해당 실질귀속에 따라 매입세액을 구분해 주겠다는 의미이다.

예를 들어 면세사업은 대부분 농수산물을 가공하지 않고 판매하는 등 사업내용이 과세사업에 비해 간단하기 때문에 과세·면세 겸업 사업자의 공통비라 할지라도 공통비의 대부분은 과세사업 때문에 발생한 경우가 대부분이다.

그러나 겸업사업자가 평소에 공통비를 구분하지 않으면 실제로 해당 공통비 대부분이 과세사업과 관련하여 발생하였다 하더라도 인과관계를 입증할 수 있는 구체적 자료가 없기 때문에 해당 공통비는 전액 실지귀속을 구분할 수 없는 공통매입세액으로 간

---

123) 부가가치세 집행기준 40-81-2【실지귀속의 원칙】

주될 것이다.

이러한 겸업사업자라면 공통매입세액 안분기준에 따라 해당 공통비를 계산하면 실제 면세사업으로 인해 발생한 공통비 관련 매입세액보다 많은 금액이 매입세액 불공제로 계산되는 경향이 있어 억울할 수 있다.

면세공급가액 비율 등 공통매입세액 안분기준은 업무의 난이도 혹은 복잡성까지 고려되지 않기 때문이다.

특히 프랜차이즈 사업과 같이 지원부서의 규모가 크거나 특정 사업과 관련되어 있지 않는 매입규모가 큰 회사에서 이런 경우가 종종 발생한다.

5-6. 지원부서 경비 등 공통비를 세분화하여 실지귀속이 구분되도록 운영하면 안분계산에 따른 불공제되는 매입세액을 줄일 수 있다.

이런 경우 지원부서 조직을 아예 면세사업과 과세사업을 구분하여 운영한다면 지원부서의 매입세액도 실지귀속에 따라 매입세액을 공제 받을 수 있다.

지원부서 규모가 작아 구분하여 운영할 수 없다면 지원부서 인원이 실제 수행한 업무에 대한 time table을 작성하여 해당 time을 기준으로 공통비의 실지귀속을 정하거나 해당 공통비의 귀속을 품의서 등에 명확히 기재하여 실지귀속을 명확히 하면 불공제되는 매입세액이 줄어들 수 있다.

또 다른 예를 들면 수선비를 구분하지 않으면 전체가 공통 매입세액으로 볼 수 있으나 수선비를 자세히 분석해 보면 과세사업만이 사용되는 구축물, 기계장치 등에 대한 수선비를 구분해낼 수도 있다.

이러한 실지 귀속구분을 통해 과거에 매입세액 불공제를 과다하게 처리했다고 판단되면 과거 5년 부가가치세 신고분에 대해서는 경정청구도 고려해 볼 수 있을 것이다.

그러나 실질귀속을 명확히 하기 위해 매입세액을 세분하려면 관리비용이 증가할 수 있으니 이를 고려하여 조직 운영방식에 대한 의사결정을 해야 한다.

참고로 2019년 초 개정된 법인세법에 따르면 외국납부세액공제 한도 계산 시 국외원천소득에서 차감할 수 있는 직접비용과 간접비용을 새로 규정[124]하였는데 해당 규정의 적용방식이 공통매입세액 안분계산 규정[125)]과 유사한 측면이 많이 있다.

따라서 과세·면세 겸업사업자로서 외국납부세액이 발생하는 사업자는 공통비를 보다 세분하여 과세사업, 면세사업, 국내사업, 해외사업 등으로 구분하면 매입세액공제 측면과 외국납부세액공제 측면에서 동시에 유리한 자료로 활용할 수 있을 것으로 보인다.

---

124) 법인세법 시행령 제94조 제2항 제1호 및 제2호
125) 부가가치세법 제40조

⑥ 동일 거래처에 대한 대가의 상계처리

6-1. 우리나라 부가가치세법에서 채택하고 있는 전단계세액공제방식은 공급받은 자가 공급하는 자로부터 수령한 (매입)세금계산서로 매입세액을 공제한다는 것이 가장 큰 특징 중에 하나이다.

이론적으로 부가가치세를 과세하는 방식은 전단계거래공제방식과 전단계세액공제방식으로 구분할 수 있다.

전단계거래공제방식은 특정 거래까지 발생한 누적 부가가치(매출액을 의미함)에 특정 거래 이전에 발생한 누적 부가가치(매입액을 의미함)를 차감한 후 부가가치세율을 곱하여 부가가치세를 산출하는 방식이다.

매출에서 매입을 차감하여 부가가치세율을 곱하기 때문에 전단계거래공제방식에서는 동일 상대방에 대한 매출과 매입을 상계한다 하더라도 부가가치세의 납부세액이 달라지지 않는다.

이 방법은 부가가치세 기본 개념에 충실한 계산 방법이기는 하나 매 거래마다 이전 단계에서 발생한 누적 부가가치를 알아야 하기 때문에 실제 부가가치세 과세체계로 운용하기에는 어려운 측면이 있다.

〈전단계거래공제방식에 따른 부가가치세 납부세액 계산식〉

부가가치세액＝(특정 거래단계까지 발생한 누적 부가가치 － 이전 거래단계까지 발생한 누적 부가가치) ×부가가치세율

전단계세액공제방식은 당해 거래까지 발생한 누적 부가가치(매출액을 의미함)에 부가가치세율을 곱한 후 전단계까지 발생한 누적 부가가치세(세금계산서로 입증)를 차감하여 부가가치세를 산출하는 방식이다.

〈전단계세액공제방식에 따른 부가가치세 납부세액 계산식〉

부가가치세액＝매출세액[*] − 매입세액[**]
（*） 매출세액＝특정 거래단계까지 발생한 누적 부가가치 × 부가가치세율
（**）공급하는 자로부터 받은 수령한 세금계산서상의 부가가치세액

이중 "공급하는 자로부터 수령한 세금계산서상의 부가가치세액"은 매출세액에서 차감할 수 있는 "매입세액"을 의미하며 원칙적으로 "특정 거래 이전 단계까지 발생한 누적 부가가치 × 부가가치세율"과 일치하게 된다.

그러나 "특정 거래 이전 단계까지 발생한 누적 부가가치 × 부가가치세율"과 일치하는 매입세액이라 하더라도 공급하는 자로부터 수령한 세금계산서가 있어야 매입세액을 공제할 수 있다는 점이 전단계세액공제방식의 가장 큰 특징 중에 하나이다.

이 방법은 세금계산서 등을 통해 부가가치세 징수가 용의하다는 실무적인 이유로 부가가치세를 운용하고 있는 대부분의 나라에서 전단계세액공제방식을 채택하고 있으며, 우리나라도 부가가치세를 전단계세액공제방식으로 운영하고 있다[126].

6-2. 전단계세액공제방식에서는 매출세액과 매입세액을 상계하여 세금계산서를 발급할 경우 부가가치세 신고·납부세액에 오류가 발생한다.

전단계세액공제방식에서 매출세액은 공급하는 자[127]의 손익계산서상 매출금액 또는 입금 계좌 등의 근거자료를 통해 검증한다.

반면에 매입세액은 원칙적으로는 공급받는 자가 공급하는 자로부터 발급받은 세금계산서[128]를 통해 그 적정성을 검증하는 법 체계를 가지고 있다.

따라서 동일 상대방에 대한 매출과 매입을 상계할 경우 부가가치세 신고·납부세액에 오류가 발생할 수 있다.

---

126) 부가가치세법 집행기준 29－0－1
127) 전단계세액공제법에서 공급하는 자는 거래시점마다 공급받는 자로부터 정확한 부가가치세를 거래징수하여 국세청에 납부하는 납세자이기도 하다.
128) 공급하는 자는 거래시점마다 공급받는 자로부터 가격에 포함하여 부가가치세를 거래징수하고 이를 입증하는 서류로 공급받는 자에게 (매입)세금계산서를 발급하여 주는데 공급받는 자는 세금계산서를 국세청에 제시하고 매출세액에서 공제(또는 확급)를 받는 시스템이다.

따라서 전단계세액공제방식에서는 동일한 거래상대방에 대한 매출액과 매입액이라 하더라도 상계할 경우 부가가치세 계산 시 큰 혼란을 야기할 수 있기 때문에 매출액과 매입액의 상계를 엄격히 금지하고 있다.

6-3. 실무적으로 매출·매입의 상계로 인해 사실과 다른 세금계산서 문제가 발생하는 대표적인 거래 유형은 공급대가를 거래상대방으로부터 재화나 용역으로 지급받는 경우다.

세금계산서는 거래 건별로 발급하는 것이 원칙이다.

예를 들어 A회사가 B회사에게 재화 1억 원어치를 공급하고 B회사가 A회사에게 용역 7천만 원어치를 공급한다고 할 때 A회사와 B회사는 각각 공급가액을 1억원 및 7천만원으로 한 세금계산서를 각각 발급하여야 한다.

그런데 재화 공급가액(1억원)과 용역 매입가액(7천만원)을 상계한 3천만원에 대해서만 A회사가 세금계산서를 발급하면 이는 사실과 다른 세금계산서가 되어 버린다.

실무에서 상계처리로 인해 세금계산서 문제가 발생하는 대표적인 거래 유형은 재화나 용역의 공급대가를 거래상대방으로부터 재화나 용역으로 지급받고 두 거래의 공급가액을 상계하여 세금계산서를 발급하는 경우다.

예를 들어 만일 건물에 청소업체가 사무실을 임차하는데 건물 청소를 해주는 대신 임차료의 일부를 깎아준다고 계약한 경우 매출과 매입을 상계한 것으로 보아 사실과 다른 세금계산서 문제가 발생할 수 있다.

실무에서 발생할 수 있는 상계처리 유형은 다음과 같다.

- 전기 공급한 재화 중 일부를 당기에 반품을 받고 당기 공급한 재화의 공급가액에서 반품가액을 차감한 순액으로 세금계산서를 발급함
- 전기 공급한 재화에서 하자가 발생하여 지급해야 할 손해배상금을 당기 공급한 재화의 공급가액에서 차감하여 세금계산서를 발급함

6-4. 동일 거래처에 대한 매출·매입 대가를 상계처리하고 상계한 대가를 공급 가액으로 세금계산서를 수수하여 사실과 다른 세금계산서로 과세된 사례

사실관계

- 철강 제조업을 영위하는 K회사는 2019년부터 생산공정의 일부인 절삭공정을 임가 공업체인 L회사에게 위탁하고 있음
- K회사는 1차 재공품을 L회사에게 무상사급 형태로 제공하고 L회사는 1차 재공품에 절삭 공정을 수행한 2차 재품을 K회사에게 운송하게 됨
- 절삭공정 중에는 철스크랩과 같은 부산물이 발생하게 되는데 해당 부산물은 중고 원자재 유통업자에게 kg당 1천원에 판매할 수 있음
- K회사와 L회사는 절삭공정 중 발생한 부산물은 L회사 소유로 하기로 하고 임가공료는 매월 2천만원으로 하여 계약함
- 2019년 중 절삭공정 중 발생한 부산물은 총 20,000kg(연평균 균등하게 발생한 것으로 가정함)으로 L회사는 이를 중고원자재 유통업자에게 kg당 1천원에 판매하였음
- L회사는 현금 수수한 월 2천만원(연 2억 4천만원)을 공급가액으로 매월 세금계산서를 발급하였음

과세위험

임가공을 무상사급 형태로 위탁하는 계약에서 가공의 대상이 되는 재공품은 1차 재공품이건 2차 재공품이건 임가공을 위탁하는 J회사의 자산임이 명백하다.

그렇다면 1차 재공품에서 2차 재공품으로 변환되는 과정(절삭공정)에서 발생한 철스크랩과 같은 부산물도 당연히 J회사의 소유자산에 해당한다.

따라서 L회사가 철스크랩과 같은 부산물을 중고 원자재 유통업자에게 판매하기 위해서는 K회사가 L회사에게 공급한 거래가 전제되어야 한다.

결과적으로 K회사가 L회사에게 지급해야 할 임가공료의 일부를 철스크랩(부산물)이라는 현물로 지급한 것으로 볼 수 있는 것이다.

K회사가 부산물 공급가액을 차감한 순액을 공급가액으로 해서 세금계산서를 발급받

은 것으로 볼 경우 K회사는 철스크랩(부산물) 매출거래에 대해 매출세액 누락과 세금계산서 불성실 가산세가 과세될 수 있다.

철스크랩(부산물) 매출과 임가공료 수수료(비용)가 각각 누락되어 소득금액에 미치는 영향이 없으므로 법인세는 추가되지 않는다[129].

〈세무조사 시점에 적출될 경우 K회사에 대한 과세액 추정[130]〉

만일 상기 과세위험이 세무조사 시점에 적출될 경우 K회사에 대한 과세 추정액은 다음과 같다.

(단위: 원)

세목	구분	과세 추정액	계산내역
부가가치세	매출세액 누락	2,000,000	20,000,000 × 10%
	신고불성실 가산세	200,000	2,000,000 × 10%
	납부불성실 가산세	657,000	2,000,000 × 1,095일 × 3/10,000
	세금계산서 불성실 가산세	400,000	20,000,000 × 2%
	합계	3,257,000	

참고로, L회사 역시 임가공 용역 관련 세금계산서를 누락했으므로 K회사와 같이 부가가치세 과세위험이 발생한다.

6-5. 회사의 주요 거래 중 대가를 현물이나 용역으로 지급하거나 지급받는 거래와 관련된 세금계산서의 공급가액을 확인해 보자.

일회성 상계 또는 상계되는 금액이 소액인 경우 국세청에서 이를 알아내기는 어렵다.

그런데 일상적으로 반복되는 거래 또는 업계에서 일상적으로 처리되고 있는 상계거래는 국세청이 발견할 수 있는 가능성도 상대적으로 높고 다른 동일업종 세무조사를 통해 알게 되면 파생조사로도 이어질 수 있다.

---

129) 임가공료 수수료 지급에 대한 적정 증빙을 받지 않았으므로 법인세법상 증명서류 수취 불성실 가산세가 발생할 수 있지만 본 과세액 추정에서는 적격증빙불비 가산세는 고려하지 않았다.
130) 단순 매출누락이라고 가정하여 과세 추정액을 산정하였다. 만일 매출누락이 부정한 행위로 인한 것이라면 부당 과소신고 가산세율 40%가 적용되고, 부과제척기간 10년으로 연장되며, 경우에 따라서는 조세범칙 조사로 전환될 수 있다.

일단 발견되면 국세청 입장에서는 유통질서 확립이라는 명분도 있기 때문에 과세를 관찰시키려는 의지가 높으므로 과세위험이 높은 거래유형이다.

모든 거래에 대해 상계 여부를 검토할 수 없다면 법인의 주요 매입 거래 중 그 대가가 현물이나 용역으로 상계처리되어 발급받는 세금계산서가 있는지를 점검해 보자.

6-6. 상계 거래가 아니더라도 세금계산서 건별 총액으로 대금을 수수해야 부가가치세법상 과세위험을 줄일 수 있다.

매출에누리는 매출 공급가액에서 차감(상계)해야 하나 판매장려금은 매출 공급가액에서 차감(상계)하지 않아야 한다.

이런 경우 공급가액에 포함해야 하는 항목(물품공급대가 등)과 포함하지 않아야 하는 항목(판매장려금 등)은 각각 총액으로 지급·수령하는 것이 향후 매출에누리 또는 판매장려금임을 국세청에 입증하는 데 도움이 될 수 있다.

판매장려금을 매출채권과 상계하여 순액으로 지급한다 하더라도 다른 사실관계만 명확하면 이를 부가가치세 공급가액으로 보지 않지만 다른 사실관계가 명확하지 않으면 국세청은 순액으로 수수한 판매장려금을 매출에누리로 주장할 수도 있기 때문이다[131].

따라서 부가가치세 과세표준에 포함해야 하는 항목과 포함하지 않아야 하는 항목은 각각 총액으로 지급하는 것이 과세위험을 줄일 수 있다.

---

131) 조심 2017부302, 2017.5.23. 다수

❼ 사업장 미등록 및 미등록 사업장을 임차한 경우 관련 매입세액 공제

7-1. 부가가치세법상 사업장마다 사업자 등록을 하는 것이 원칙이며 등록해야 하는 사업장은 업종마다 다를 수 있으므로 한번쯤 회사의 사업장이 적법하게 등록되어 있는지에 대한 점검이 필요하다.

부가가치세법상 사업장이란 사업자가 사업을 하기 위하여 거래의 전부 또는 일부를 하는 고정된 장소를 의미하며, 신설시점에 단 한번만 하는 법인등록과는 다르게 인접한 사업장이 아니면 부가가치세법상 사업장마다 사업자 등록을 하는 것이 원칙이다[132].

따라서 하나의 법인이 여러 사업장에 사업자 등록을 해야 하는 경우도 있다.

부가가치세법에서는 업종별로 사업장을 명확히 규정[133]하고 있는데 이러한 사업장 등록 규정은 사업자 등록 업무를 해보지 않은 일반인이 알기가 쉽지 않기 때문에 실무상 추가되는 사업장에 대해 부가가치세법상 등록 절차를 누락하는 경우가 종종 발생하곤 한다.

7-2. 실무상 사업자 등록을 누락하는 대표적인 사례는 임대 사업장이다.

실무상 부가가치세법상 사업자 등록을 누락하는 대표적인 사례가 임대 사업장이다.

제조업의 경우 최종 제품을 완성하는 공장은 부가가치세법상 사업장에 해당한다. 그러나 단순히 보관 또는 관리하는 장소(판매 수행 ×)는 사업장이 아니므로 제조업을 영위하는 회사는 공장 소재지에만 사업자 등록을 하면 되는 것으로 알고 있는 경우가 많다.

그러다 보니 제조업을 영위하는 회사가 부수적으로 부동산(창고, 야적지 등) 혹은 사무실 임대를 하게 되는 경우 임대 부동산 소재지에 사업자 등록을 하지 않는 경우가 많이 발생한다.

---

132) 부가가치세법 제8조 제1항
133) 부가가치세법 시행령 제8조

임대 사업장 외에도 판매 사업장, 연구 또는 설계와 같이 용역이 수행되는 사무실 등은 부가가치세법상 사업장이므로 사업자 등록을 해야 한다.

반대로 단순히 본사의 지시에 따라 재화의 공급업무에 수반되는 대금의 영수 및 거래처의 관리만을 하는 장소(연락사무소)는 사업장이 아니므로 사업자 등록을 할 필요가 없다.

특판을 위한 임시판매처는 법에 규정하고 있는 임시사업장 개설 신고서를 해당 임시사업장의 사업 개시일부터 10일 이내에 임시사업장의 관할 세무서장에게 제출신고서를 제출하면 별도의 사업자 등록을 하지 않아도 된다[134].

이처럼 추가되는 업무장소의 부가가치세법상 사업장 해당 여부를 판단하는 것이 쉽지 않으므로 생산 또는 업무 수행장소가 1곳 보다 많은 회사는 추가로 사업자 등록을 해야 하는지 대해 한번쯤은 검토해 볼 필요가 있다.

7-3. 부가가치세법상 사업장의 범위

부가가치세법상 사업장의 범위를 정리하면 다음과 같다[135].

① 사업장의 범위는 다음 표와 같다.

사 업	사업장의 범위
1. 광업	광업사무소의 소재지. 이 경우 광업사무소가 광구(鑛區) 밖에 있을 때에는 그 광업사무소에서 가장 가까운 광구에 대하여 작성한 광업 원부의 맨 처음에 등록된 광구 소재지에 광업사무소가 있는 것으로 본다.
2. 제조업	최종제품을 완성하는 장소. 다만, 따로 포장만을 하거나 용기에 충전만을 하는 장소와 「개별소비세법」 제10조의 5에 따른 저유소(貯油所)는 제외한다.

---

134) 부가가치세법 시행령 제10조 제2항: 다만, 임시사업장의 설치기간이 10일 이내인 경우에는 임시사업장 개설 신고를 하지 아니할 수 있다.
135) 부가가치세법 집행기준 6-8-1 【사업장의 범위】

사 업	사업장의 범위	
3. 건설업·운수업과 부동산매 매업	가. 법인인 경우	법인의 등기부상 소재지(등기부 상의 지점 소재지 포함)
	나. 개인인 경우	사업에 관한 업무를 총괄하는 장소
	다. 법인의 명의로 등록 된 차량을 개인이 운 용하는 경우	법인의 등기부상 소재지(등기부 상의 지점 소재지 포함)
	라. 개인의 명의로 등록 된 차량을 다른 개 인이 운용하는 경우	그 등록된 개인이 업무를 총괄하 는 장소
4. 수자원을 개발하여 공급하는 사업	사업에 관한 업무를 총괄하는 장소	
5. 대구시설관리공단이 공급하는 사업	사업에 관한 업무를 총괄하는 장소	
6. 다단계판매원이 재화나 용역 을 공급하는 사업	해당 다단계판매원이 「방문판매 등에 관한 법률」 제13조 에 따라 등록한 다단계판매업자의 주된 사업장의 소재지. 다만, 다단계판매원이 상시 주재하여 거래의 전부 또는 일 부를 하는 별도의 장소가 있는 경우에는 그 장소	
7. 전기통신사업자가 통신요금 통합청구의 방법으로 요금 을 청구하는 전기통신사업	사업에 관한 업무를 총괄하는 장소	
8. 전기통신사업자가 이동통신 역무를 제공하는 전기통신 사업	가. 법인인 경우	법인의 본점 소재지
	나. 개인인 경우	사업에 관한 업무를 총괄하 는 장소
9. 무인자동판매기를 통하여 재 화·용역을 공급하는 사업	사업에 관한 업무를 총괄하는 장소	
10. 한국철도공사가 경영하는 사업	사업에 관한 업무를 지역별로 총괄하는 장소	
11. 우정사업조직이 선택적 우 편역무 중 소포우편물을 방 문 접수하여 배달하는 용역 을 공급하는 사업	사업에 관한 업무를 총괄하는 장소	

사 업	사업장의 범위
12. 전기판매사업자가 전기요금 통합청구의 방법으로 요금을 청구하는 전기판매사업	사업에 관한 업무를 총괄하는 장소
13. 국가, 지방자치단체 또는 지방자치단체조합이 공급하는 과세사업	사업에 관한 업무를 총괄하는 장소. 다만, 위임·수탁 또는 대리에 의하여 재화나 용역을 공급하는 경우에는 수임자·수탁자 또는 대리인이 그 업무를 총괄하는 장소를 사업장으로 본다.
14. 송유관설치자가 송유관을 통하여 재화 또는 용역을 공급하는 사업	사업에 관한 업무를 총괄하는 장소
15. 부동산임대업	부동산의 등기부상 소재지

② 부동산상의 권리만을 대여하거나 다음 각 호의 어느 하나에 해당하는 사업자가 부동산을 임대하는 경우에는 그 사업에 관한 업무를 총괄하는 장소를 사업장으로 한다.

   1.「금융회사부실자산 등의 효율적 처리 및 한국자산관리공사의 설립에 관한 법률」에 따른 한국자산관리공사

   2.「농업협동조합의 구조개선에 관한 법률」에 따른 농업협동조합자산관리회사

   3.「부동산투자회사법」에 따른 기업구조조정 부동산투자회사

   4.「예금자보호법」에 따른 예금보험공사 및 정리금융회사

   5.「전기사업법」에 따른 전기사업자

   6.「전기통신사업법」에 따른 전기통신사업자

   7.「지방공기업법」에 따라 설립된 지방공사로서 기획재정부령으로 정하는 지방공사

   8.「한국농어촌공사 및 농지관리기금법」에 따른 한국농어촌공사

   9.「한국도로공사법」에 따른 한국도로공사

   10.「한국철도시설공단법」에 따라 설립된 한국철도시설공단

   11.「한국토지주택공사법」에 따른 한국토지주택공사

③ 사업자가 자기의 사업과 관련하여 생산하거나 취득한 재화를 직접 판매하기 위하여 특별히 판매시설을 갖춘 장소(이하 "직매장"이라 한다)는 사업장으로 본다.

④ 제1항부터 제3항까지의 규정에 따른 사업장 외의 장소도 사업자의 신청에 따라

추가로 사업장으로 등록할 수 있다. 다만, 무인자동판매기를 통하여 재화·용역을 공급하는 사업의 경우에는 그러하지 아니하다.

⑤ 사업장을 설치하지 아니하고 사업자등록도 하지 아니한 경우에는 과세표준 및 세액을 결정하거나 경정할 당시의 사업자의 주소 또는 거소를 사업장으로 한다.

⑥ 사업자가 비거주자인 경우에는 「소득세법」 제120조에 따른 장소를 사업장으로 하고, 외국법인인 경우에는 「법인세법」 제94조에 따른 장소를 사업장으로 한다.

7-4. 실무적으로 회사에서는 부가가치세법상 사업장과 지방세법상 사업소를 같은 단위로 운용하고 있으므로 사업장 미등록을 검토하는 경우 지방세법상 사업소 요건이 충족하는지도 같이 검토하는 것이 효율적이다.

부가가치세법상 사업장과 유사한 개념으로 지방세법에서는 사업소라는 것이 있는데 통상 인적설비 및 물적설비를 갖춘 곳을 의미한다.

지방세법상 사업소는 종업원할 주민세 및 내국법인의 각 사업연도에 대한 소득에 대한 지방소득세(일명 법인세할 주민세)의 안분계산 대상의 기준이 되는 장소이므로 사업소가 지방세 신고 관할 지방자치단체와 다르게 신고·납부할 경우 지방세 관련 가산세가 발생할 수 있다.

예를 들어 본사가 서울 종로구에 위치해 있어 종업원할 주민세와 각 사업연도에 대한 소득에 대한 지방소득세를 모두 서울 종로구에 신고·납부하고 있는 회사가 있다고 하자.

이 회사는 경기도 성남시 분당구에 위치한 사무실이 있는데 부가가치세법상 사업장 요건을 충족하지 못하여 별도의 사업장 신고를 하지 않고 있다.

그런데 경기도 성남시 분당구에 위치한 사무실은 지방세법상 사업소 요건을 충족할 수 있다.

이런 경우 경기도 성남시 분당구 사무실에서 근무하는 종업원에게 지급한 그 달의 급여 총액의 1천분의 5를 경기도 성남시 분당구청에 종업원할 주민세를 신고·납부하여야 한다.

또한 각 사업연도에 대한 소득에 대한 지방소득세(법인세할 지방소득세) 안분계산

시에도 경기도성남시 분당구 사무실을 고려해야 한다.

일반적으로 회사는 지점이라는 개념으로 부가가치세법상 사업장과 지방세법상 사업소를 같은 단위로 운용하고 있으므로 부가가치세법상 사업장 검토 시 지방세법상 사업소 여부도 같이 검토한다면 과세위험을 효율적으로 낮출 수 있다.

7-5. 부가가치세법상 사업자 등록을 하지 않아 과세된 사례

사실관계

- 제조업을 영위하는 M회사는 창고(경기도 소재)로 사용하던 건물을 2019년 1월부터 유통업을 영위하는 N회사에게 임대하기로 계약함
- M회사는 임대부동산 소재지에 별도의 사업자 등록을 하지 않고 본사(서울 소재) 사업자번호로 임대 관련 세금계산서를 수수함
- 본사(서울 소재) 사업장 부가가치세 신고 시 창고(경기도 소재) 임대 거래도 포함하여 적절히 신고함
- 2019년 1년간 총 임대료는 1억원(부가가치세 별도)이고, 임대 관련 교부 받은 매입세금계산서상 매입세액은 4백만원임
- M회사는 부가가치세법상 사업자 단위 과세 사업자가 아님

과세위험

부가가치세법상 사업장에 대해 사업자가 별도로 사업자 등록을 하지 아니하는 경우에는 미등록 가산세(공급가액의 1%)가 부과되며 해당 사업장에서 발생한 매입세액은 등록 전 매입세액으로 보아 불공제된다.

사업자 등록을 한 사업장(예를 들어 본사)에서 미신고 사업장의 과세표준 및 세액을 합하여 신고·납부한 경우에도 미등록 가산세가 적용된다.

〈세무조사 시점에 적출될 경우 M회사에 대한 과세액 추정[136]〉

만일 상기 과세위험이 세무조사 시점에 적출될 경우 M회사에 대한 과세 추정액은 다음과 같다.

(단위: 원)

세목	구분	과세 추정액	계산내역
부가가치세	미등록 가산세	1,000,000	100,000,000 × 1%
	매입세액(불공제)	4,000,000	
	신고불성실 가산세	400,000	4,000,000 × 10%
	납부불성실 가산세	1,314,000	4,000,000 × 1,095일 × 3/10,000
	합계	6,714,000	

7-6. 사업자 단위 과세제도를 이용하면 사업장 미등록 과세위험을 줄일 수 있고 부가가치세 업무를 간명하게 줄일 수 있다.

부가가치세법상 납세자는 사업장별로 사업자 등록을 하는 것이 원칙이다.[137]

그런데 사업장별 사업자등록 원칙은 앞서 기술한 바와 같이 신설 사업장에 대해 미처 사업자 등록을 하지 못할 수도 있고, 신설 사업장에 대한 사업자 등록을 적절히 하였다 하더라도 사업장이 둘 이상인 사업자는 세금계산서 수수 시 잘못된 사업장 명의(사업자 등록번호)로 주고받을 수도 있다.

또한 회사 전체별로 신고·납부하는 부가가치세가 동일하다 하더라도 업무상의 실수로 일부 사업장에는 과다하게, 일부 사업장에는 과소하게 부가가치세를 신고·납부할 경우 과소신고·납부된 사업장에 대해서는 과소신고·과소납부 가산세가 발생한다. 과대신고·납부된 사업장이 있다 하더라도 마찬가지다.

사업장이 다수인 회사는 사업장별로 각각 부가가치세를 신고·납부하는 것도 업무부담이 될 수 있다.

---

136) 단순 매출누락이라고 가정하여 과세 추정액을 산정하였다. 만일 매출누락이 부정한 행위로 인한 것이라면 부당 과소신고 가산세율 40%가 적용되고 부과제척기간 10년으로 연장되며, 경우에 따라서는 조세범칙조사로 전환될 수 있다.
137) 부가가치세법 제8조 제1항

부가가치세법에서는 이러한 사업장별 사업자 등록 원칙의 불편함을 해소할 수 있도록 납세자가 사업자 단위 과세 제도를 선택할 수 있도록 하고 있다.

사업자 단위 과세 제도[138]란 둘 이상의 사업장이 있는 사업자가 사업자단위로 본점 또는 주사무소 관할세무서장에게 등록한 경우 사업자등록, 세금계산서 발급, 부가가치세 신고 · 납부, 경정 등의 납세의무를 본점 또는 주사무소에서 이행하는 것을 말한다[139].

사업장이 둘 이상인 사업자(사업장이 하나이나 추가로 사업장을 개설하려는 사업자를 포함. 이하 동일)는 부가가치세법 규정에 따라 사업자 단위로 해당 사업자의 본점 또는 주사무소 관할 세무서장에게 신청할 수 있으며, 사업자 단위 사업자로 등록한 사업자를 사업자 단위 과세 사업자라 한다.

사업자 단위 과세 사업자로 등록하지 않은 사업자를 상대적인 의미로 사업장 단위 과세 사업자라고 부르기도 한다.

둘 이상의 사업장이 있는 사업자로서 사업자 단위 과세승인을 얻은 경우 그 사업자의 본점 또는 주사무소는 부가가치세법의 적용에 있어서 각 사업장으로 보는 것이며, 사업자 단위 과세 적용 사업장을 제외한 종된 사업장의 사업자등록은 직권말소되어 동 종된 사업장은 같은 법 제5조 제1항에 의한 등록된 사업장으로 보지 않는다[140].

사업자 단위 과세사업자 등록 신청 시 별다른 요건이 있는 것도 아니고 사업장이 둘 이상이고 사업자단위 과세사업자로 적용 받으려는 과세기간 개시 20일 전까지 사업자의 본점 또는 주사무소 관할 세무서장에게 변경등록 신청을 하기만 하면 된다.

사업자 단위 과세 사업자는 법인 등록번호처럼 부가가치세법상 사업장도 1개로 보아 부가가치세 처리를 하면 되므로 새로운 업무장소가 추가되었을 때 추가 사업자 등록 여부를 고민할 필요도 없다. 다만, 사업자 단위 과세 사업자가 종된 사업장을 신설하거나 이전하는 경우 종된 사업장의 변경사항을 기재한 '사업자등록 정정신고서'를 관할 세무서장에게 제출하기만 하면 된다.

법인내 본지점간 혹은 지점간 거래 시 세금계산서를 수수하지 않아도 되고 세금계산서 및 부가가치세 업무가 간명하게 되어 회사의 부가가치세 과세위험을 간편히 줄일

---

138) 부가가치세법 제8조 제3항~제5항
139) 부가가치세법 집행기준 8-0-2【사업자단위과세제도】
140) 서면3팀-234, 2008.1.29.

수 있는 납세자에게는 매우 유익한 제도이다.

그리고 사업자 단위 과세 사업자가 사업장 단위 과세 사업자로 되돌아가고 싶다면 언제든지 신청하여 사업장 단위 과세 사업자로 복귀할 수 있다.

〈사업자단위과세사업자 적용 사례〉

서울시에 본점사업장을 두고 용인, 수원, 대전에 각각 직매장을 설치하여 2013년부터 의류제조업을 운영하던 인왕(주)가 2014년 6월 9일 사업자단위과세 등록신청서를 본점사업장 관할세무서장에게 제출하여 2014년 제2기부터 사업자단위과세를 적용받게 되었다. 이 경우 각 유형별 납세의무 이행 방법
- 정기 신고·납부(예정·확정·조기), 수정신고, 경정청구, 결정·경정 : 주사업장 관할세무서장 소관
- 세금계산서 발급 : 본점의 인적사항을 적어 발급하되, 비고란에 종된 사업장의 상호와 소재지를 적어 발급

앞서 소개한 사례의 경우에도 M회사가 사업자 단위 과세 사업자라면 과세위험이 없었을 것이다.

7-7. 사업자 단위 과세 사업자가 종된 사업장에 대한 정정신고를 이행하지 아니한 경우라도 미등록가산세 또는 세금계산서 관련 가산세는 적용되지 않는다.

사업장 단위 과세 사업자에 비해 사업자 단위 과세 사업자에게 추가되는 거의 유일한 의무라는 것이 사업자 단위 과세 사업자가 종된 사업장을 신설하거나 이전하는 경우 종된 사업장의 변경사항을 기재한 '사업자등록 정정신고서'를 관할 세무서장에게 제출하는 것이다.

그런데 만일 사업장 단위 과세 사업자가 임대사업장 등록을 누락한 것처럼 사업자 단위 과세 사업자가 종된 사업장 변경사항을 정정신고하지 않으면 부가가치세법상 어떠한 불이익이 발생할까?

일단, 명문의 규정은 없지만 사업자 단위 과세 제도의 취지상 미등록 가산세는 부과할 수 없을 것으로 보인다[141].

---

141) 가끔 세무서 단계에서 종된 사업장 변경사항에 대한 정정신고를 하지 않았다고 납세자에게 미등록 가산

부가가치세법 집행기준에 따르면 둘 이상의 사업장을 둔 간이과세자의 사업자단위 과세를 적용 받고 있을 때 종된 사업장에 대한 정정신고를 이행하지 아니한 경우 미등 록가산세는 적용되지 아니한다고 규정되어 있는데, 일반과세자라고 미등록 가산세를 적용해야 한다고 볼 아무런 이유도 없어 보인다.

이 외 사업자 단위 과세 사업자가 종된 사업장 변경사항을 정정신고하지 않았다고 부과할 수 있는 가산세 규정은 보이지 않는다.

다음으로 세금계산서 관련 가산세를 부과할 수 있을까?

사업자 단위 과세 사업자가 세금계산서를 발급하는 경우 종된 사업장의 상호와 소재 지는 비고란에 기재하도록 되어 있다. 세금계산서 필요적 기재사항을 적절히 기재했는 데 비고란을 잘못 기재하였다고 하여 세금계산서 관련 가산세를 적용할 수는 없다.

따라서 종된 사업장에 대한 변경(정정)신고는 단지 납세자의 협력의무에 불과하므 로 이를 이행하지 않는다고 해서 적용되는 부가가치세법상 불이익은 없다.

7-8. 사실과 다른 세금계산서를 발급받은 경우로서 선의의 거래 당사자에 해당 하는 경우 관련 매입세액을 공제받을 수 있다(미등록 사업장 사무실을 임 차한 경우 관련 매입세액 공제 여부).

예를 들어 임대사업자 등록을 하지 않은 임대인으로부터 임차인이 사무실을 임차하 여 사용하고 있다고 하자.

임차인이 임차료를 지급하면서 임대인으로부터 발급받은 세금계산서를 주의깊게 살 펴보면 해당 세금계산서상 공급하는 자의 사업자등록번호와 주소는 임대인의 다른 사 업장(대부분 본점일 가능성이 높음)의 사업자 등록번호와 주소가 기재되어 있을 것이 고, 임차인은 이를 근거로 현임대인이 적법한 사업자 등록번호로 세금계산서를 발급하 지 않았다는 것을 알아차렸을 수도 있다.

그러나 만일 임차인이 발급받은 세금계산서를 주의깊게 살펴보지 않고 발급받은 세 금계산서상 매입세액을 매출세액에서 차감하여 부가가치세를 신고하였을 경우를 생각

세를 납부하라는 안내를 할 수 있는데, 이런 경우 관련 법령 등을 근거하여 담당 세무공무원의 오해를 풀면 미등록 가산세 부과 없이 종결될 수 있다.

해 보자.

이런 경우 임차인은 임대인이 발급한 세금계산서가 사실과 다른 세금계산서에 해당하므로 임차인이 실제 부담한 매입세액에 대해 공제를 받지 못하게 되는 것일까?

물론 임차인이 부가가치세법에 규정된 바와 같이 부동산임대업의 사업장은 (임대)부동산의 등기부상 소재지라는 규정 내용을 알고 있었더라면 본인이 임차한 사무실의 주소와 발급받은 세금계산서상 공급하는 자의 주소가 다르다는 것을 발견하고 해당 세금계산서가 사실과 다른 세금계산서라는 것을 알 수도 있었을 것이다.

그리고 이런 사실을 주의깊게 살피지 못했다는 이유로 임차인은 선량한 관리자로서의 주의 의무를 다하지 못한 채로 사실과 다른 세금계산서를 수취하였으니 매입세액을 공제하지 않은 것이 응당 바른 부가가치세법 적용이라고 생각할 수 있다.

그러나 임차인 입장에서는 매입세액 공제를 받지 못한다면 뭔가 좀 억울하고 불합리하다고 느낄 것이다.

공급받는 자가 공급하는 자로부터 (전자)세금계산서를 발급받으면 공급가액과 부가가치세만 맞는지 확인하는 경우가 대부분이고, 부가가치세 신고시에는 발급받은 전자세금계산서를 전자적으로 그냥 불러와서 합계로 전자신고를 하게 된다.

공급받는 자 중에 발급받은 세금계산서상 등록번호와 주소가 공급하는 자의 실제 등록번호 및 주소와 일치하는지 살펴보는 자가 얼마나 있을까?

또한 일반 사업자 중에는 부가가치세법상 부동산임대업의 사업장은 (임대)부동산의 등기부상 소재지라는 규정 내용을 모르는 사업자가 오히려 더 일반적이고, 임대거래 외에 다른 거래로 인해 세금계산서를 받아보면 공급하는 자의 주소와 사업자등록증상의 주소가 다른 경우는 얼마든지 많다.

혹시나 이러한 법 규정을 알고 있는 일부 임차인이었다 하더라도 공급하는 자의 주소를 보고 이를 사실과 다른 세금계산서라고 생각해 내지 못했다고 하여 매입세액을 불공제하는 것은 너무 가혹한 일이다.

그리고 사업자 등록을 누락한 것은 공급하는 자측의 실수인데, 공급하는 자측의 실수를 공급받는 자가 몰랐다고 하여 매입세액 불공제라는 세무상 불이익을 주는 것은 공급받는 자에게는 매우 억울한 상황이 될 것이다.

부가가치세법에서 명시적으로 규정하고 있지는 않지만 당연히 수취한 세금계산서가 사실과 다른 세금계산서라는 사실을 공급받는 자가 알지 못한 데에 대한 중대한 과실이 없다면 해당 매입세액은 공제 받을 수 있어야 한다.

조세심판원의 선심례에 따르면 사업자등록을 하지 아니한 사업장의 임대료에 대하여 본점을 공급하는 자로 하여 세금계산서를 발급받은 경우 공급받은 자에게 쟁점세금계산서의 공급자가 사실과 다른 세금계산서라는 사실을 알지 못한 데 대하여 중대한 과실이 있다고 보기 어렵다고 보아 관련 매입세액을 불공제한 과세처분은 잘못이라고 판단[142]하였다.

법원에서도 세금계산서의 기재내용 중 명의상의 거래상대방이 실제로 재화 또는 용역을 공급하는 자가 아니라는 사실을 알지 못한 때에는 알지 못하였음에 과실이 없는 경우에 한하여 매입세액으로 공제할 수 있다고 판시하고 있다[143].

물론 발급받은 세금계산서에 대해 공급받는 자가 사실과 다른 세금계산서라는 것을 알지 못한 것에 대한 과실 혹은 중대한 과실이 있었는지(즉, 선의의 거래 당사자인지 여부)는 사실판단 사항으로 각 사례별로 별도로 판단해야 하지만 사실과 다른 세금계산서를 발급받았다는 사실만으로 무조건 매입세액 불공제가 되는 것은 아니라는 것을 납세자 입장에서는 기억해 둘 필요가 있다.

따라서 만일 사실과 다른 세금계산서를 수취하여 매입세액이 불공제된 경우를 당한 납세자가 있다면 본인의 상황이 선의의 거래 당사자에 해당하는지 여부에 대해 경정청구를 하거나 조세심판원 또는 법원의 판단을 받아보는 것을 고려해 보는 것도 좋을 것이다.

---

142) 조심 2018서0247, 2018.6.8.
143) 대법원 1996.12.10. 선고 96누617 판결

⑧ 매입자발행세금계산서

8-1. 적법한 공급시기에 세금계산서를 수령하지 못하는 경우 매입세액을 공제받지 못할 수 있으므로 공급받는 자는 세금계산서 발급시기에 대해 더욱 신경써야 한다.

거래 시 세금계산서의 발급 의무가 있는 측은 공급하는 자이다.

이런 의무규정만을 보면 적법한 공급시기에 세금계산서를 발급하지 않을 경우 공급하는 자에게 불이익이 더 커야 할 것 같은데 아이러니하게도 실제로는 공급받는 자의 불이익이 더 크다.

공급하는 자는 어차피 내야 할 매출세액이고 세금계산서 발급의무를 누락해 봐야 세금계산서 불이행 가산세와 과소신고·납부 가산세 합쳐서 매출세액의 30~40%만 더 납부하면 된다.

그러나 공급받는 자는 적법한 공급시기에 세금계산서를 발급받지 못할 경우 매입세액 전체를 공제 받을 수 없기 때문에 적법한 공급시기에 세금계산서를 수취하지 않을 경우 공급받는 자의 과세위험이 더 크다고 할 수 있다.

8-2. 공급하는 자의 거부로 적법한 공급시기에 세금계산서를 수수하지 못한 경우 공급하는 자 및 공급받는 자가 실제 부담하는 과세 추정액 비교

사실관계

- N회사는 건설회사인 O회사와 본사 건물 신축 도급공사 계약을 맺음
- 계약에 따르면 도급금액 20억원(부가가치세 제외)은 공사 착수시점에 계약금 8억원을 지급하고 본사건물의 준공시점에 나머지 잔금 12억원을 지급하기로 함
- O회사는 2019년 2월에 공사에 착수했으며 계약금 8억원에 대하여 세금계산서를 발급하고 대금도 정상적으로 수수함
- 2019년 10월 3일 본사건물에 대한 사용승인이 득했음
- N회사는 완공된 본사 건물에 하자가 많다며 O회사에게 도급금액 감액을 요청하였

- 으나 O회사는 이를 거절함
- N회사는 잔금 12억원(부가가치세 포함하여 13.2억원)을 지급하였으나 O회사는 잔금 12억원에 대한 세금계산서를 발급하지 않음
- N회사는 1.2억원에 대해 매입세액 공제를 적용하여 부가가치세 신고를 하고 O회사는 잔금 12억원 매출세액 과세표준에 포함시키지 않고 부가가치세 신고를 함
- N회사는 O회사를 상대로 손해배상소송을 제기함
- 2022년 3월 대법원은 O회사의 공사하자 책임을 물어 N회사에게 손해배상금 1억원을 지급하라는 판결을 확정하였으며 판결내용 중 일부는 다음과 같음
- 건물 신축공사의 공정이 종료되고 주요구조 부분이 약정한 대로 시공되었다면 그 공사는 완성된 것이고, 일부 하자가 있다하더라도 이는 완성된 건물에 하자가 있는 것에 불과함
- 해당 확정판결 후 O회사는 잔금 12억원에 대해 2019년 10월 3일자를 공급시기로 하여 수정신고를 수행함
- O회사의 수정신고 시 미납일수는 1,095일이라고 가정함

〈2019년 10월 3일이 건설 용역의 공급시기로 간주될 경우 N회사에 대한 과세액 추정〉

2019년 10월 3일이 건설 용역의 공급시기로 간주될 경우 N회사에게 과세되는 부가가치세 과세위험은 다음과 같다.

(단위: 원)

세목	구분	과세 추정액	계산내역
부가가치세	매입세액(불공제)	120,000,000	1,200,000,000 × 10%
	신고불성실 가산세	12,000,000	120,000,000 × 10%
	납부불성실 가산세	39,420,000	120,000,000 × 1,095일 × 3/10,000
		171,420,000	

〈2019년 10월 3일이 건설 용역의 공급시기로 간주될 경우 O회사에 대한 과세액 추정〉

2019년 10월 3일이 건설 용역의 공급시기로 간주될 경우 O회사에게 과세되는 부가가치세 과세위험은 다음과 같다.

(단위: 원)

세목	구분	과세 추정액	계산내역
부가가치세	매출세액	120,000,000	100,000,000 × 1%
	신고불성실 가산세	12,000,000	120,000,000 × 10%
	납부불성실 가산세	39,420,000	120,000,000 × 1,095일 × 3/10,000
	세금계산서 불성실 가산세	24,000,000	1,200,000,000 × 2%
	합계	195,420,000	
N회사로부터 거래징수		(−)120,000,000	
O회사 부담 과세 추정액		75,420,000	

O회사의 과세위험 중 매출세액 120,000,000원은 N회사로부터 거래징수 해서 신고·납부하므로 실제 O회사가 부담하는 부가가치세는 75,420,000원이다.

반면 N회사의 경우 적법한 공급시기인 2019년 10월 3일에 세금계산서를 수령하지 못하였으므로 O회사에게 거래징수될 매입세액 120,000,000원을 공제받을 수 없게 되고, 신고불성실 가산세와 납부불성실가산세가 추가되어 N회사가 부담하는 부가가치세는 171,420,000원이다[144].

8-3. 공급자가 적정한 공급시기에 세금계산서를 발급하지 않으려 할 경우 매입자 발행세금계산서 제도를 이용하면 매입세액 관련 과세위험을 줄일 수 있다.

매입자발행세금계산서 제도는 부가가치세법상 일반과세자로부터 재화 또는 용역을 공급받은 자가 공급하는 자로부터 세금계산서를 발급받지 못한 경우 관할세무서장의 확인을 받아 매입자발행세금계산서를 발행할 수 있는 제도이다[145].

해당 매입자발행세금계산서에 기재된 부가가치세액(매입세액)은 부가가치세 신고 시 매입세액공제를 받을 수 있으므로 공급받는 자가 매입세액을 지급한 상황에서 공급하는 자가 적법한 공급시기가 속한 과세기간까지 세금계산서를 발급하지 않을 경우 매

---

144) 이 밖에 N회사의 경우 잔금 12억원에 대해 적격증빙을 수취하지 못했으므로 법인세법에 따라 증명서류 수취 불성실 가산세가 발생할 수 있다.
145) 부가가치세법 제34조의 2

입자발행세금계산서 발급할지 여부를 고려해 보아야 한다.

상기 사례에서 공급시기인 2019년 10월 3일에 N회사가 잔금 12억원에 대한 세금계산서를 발급하지 않으려 할 경우 N회사가 매입자발행세금계산서를 발급하였다면 잔금 12억원에 해당하는 매입세액(1.2억원)을 공제 받을 수 있었을 것이다.

요컨대, 공급하는 자가 세금계산서를 발급하지 않으려 하거나 공급하는 자의 실종 등으로 발급할 수 없는 경우 공급받은 자는 매입자발행세금계산서 제도를 이용하면 매입세액 공제 관련 과세위험을 낮출 수 있다[146].

8-4. 매입자발행세금계산서 발행 절차

매입자발행세금계산서와 관련하여 공급받은 자가 특히 주의해야 할 것은 공급시기가 속하는 과세기간의 종료일부터 6개월 이내에 관할세무서장에게 거래사실의 확인을 신청해야 한다는 점이다.

이 시기가 경과한 이후에는 실제 거래징수된 매입세액이라 하더라도 매입세액 공제를 받을 수 없다는 점을 기억하자.

매입자발행세금계산서의 발행절차를 요약하면 다음과 같다.

- 매입자발행세금계산서를 발행하려는 자(이하 "신청인")는 공급시기가 속하는 과세기간의 종료일부터 6개월 이내에 관할세무서장에게 거래사실의 확인(신청서 포함)을 신청[147]
- 신청인 관할세무서장은 거부요건[148]에 해당하지 않는 경우 공급자 관할세무서에 거래사실 확인자료 송부
- 공급자 관할세무서는 거래사실 여부 확인하여 공급자 및 신청인 관할세무서장(신청인)에게 다음의 2가지 통보를 할 수 있음

---

146) 매입자세금세금계산서라는 적격증빙을 수취하였으므로 법인세법에 따른 적격증빙 미수취 가산세에 대한 과세위험도 없어진다.
147) 확인신청의 대상은 거래 건당 공급대가가 10만원 이상 거래이므로 거래 건당 공급대가가 10만원 미만이면 매입자발행세금계산서 제도를 이용할 수 없다.
148) ① 신청기간(공급시기가 속하는 과세기간의 종료일부터 6개월 이내)을 넘긴 것이 명백한 경우
② 신청서의 내용으로 보아 거래 당시 미등록사업자 또는 휴·폐업자와 거래한 것이 명백한 경우

- 거래사실이 확인되는 경우: 거래사실 확인 통지
- 거래사실이 확인되지 아니하는 경우: 거래사실 확인불가 통지

• 관할세무서장으로부터 거래사실의 확인통지를 받은 매입자발행세금계산서를 발행하여 공급자에게 교부
• 신청인 및 공급자가 거래사실확인통지를 받은 경우에는 매입자가 매입자발행세금계산서를 교부한 것으로 봄

상기 절차를 그림으로 요약하면 다음과 같다(조세특례제한법 집행기준 126의 4 - 121의 4 - 2).

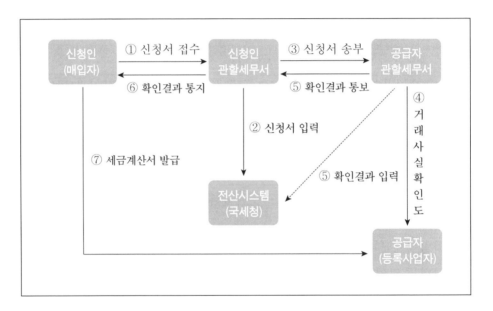

매입자발행세금계산서 규정은 2006년 12월 30일 조세특례제한법(제126조의 4)에 신설되어 적용되다가 2016년 12월 20일 세법이 개정되면서 부가가치세법(제34조의 2)으로 이관되었다.

2006년부터 존재하던 제도였지만 부가가치세법이 아닌 조세특례제한법에 규정되어 있어서 그런지 실무적으로 매입자발행세금계산서를 발급하는 사례는 그리 많지 않았다. 그러나 최근에는 그 발행 건수가 증가하고 있는 추세이다.

❾ 공급가액의 적정성: 대가로 받는 모든 것

9-1. 세금계산서상 공급가액은 공급하는 자가 공급받는 자 및 제3자로부터 받은 공급 대가의 합계이다.

공급하는 자가 재화나 용역을 공급하고 세금계산서를 발급하는 경우 공급가액은 재화나 용역 대금, 요금, 수수료, 그 밖에 어떤 명목이든 상관없이 재화 또는 용역의 공급에 대한 대가로 받는 금전적 가치 있는 모든 것을 포함해야 한다.

부가가치세법에서는 "공급받는 자로부터 받는"이라는 표현을 쓰고 있는데 마일리지나 포인트처럼 계약에 따라 공급받는 자가 아닌 제3자가 지급하는 경우에도 공급가액에 포함해야 한다.

공급받는 자와 대가를 지급하는 제3자간에 채무의 양도가 있는 것으로 보아 제3자 지급분도 공급받는 자가 지급한 것으로 간주하기 때문이다.

또한 그 대가가 공급하는 재화나 용역에 상응하는 대가일 필요도 없다. 관세, 개별소비세, 주세, 교육세, 농어촌특별세 및 교통·에너지·환경세와 같이 거래상당방에게 전가되는 세금도 공급가액에 포함해야 한다.

제조업자가 부담해야 하는 각종 기금 및 분담금을 거래처로부터 받기로 한 때에도 받은 금액 전체가 공급가액이 된다[149].

물건 대금을 60일 만기어음으로 지급했으나 60일 만기 시점에 대금을 지급을 못하여 발생하는 연체이자는 공급가액에 포함하지 않는다[150]. 그러나 지급조건에 따라 어음할인액 등을 공급시점에 지급하였다면 동 금액도 공급가액에 포함해야 한다[151].

예를 들어 공급시점에 60일 만기 어음으로 지급하면서 60일 이후에 150일 어음으로 교환하고, 이에 대한 어음할인 금액을 보전해 주기로 약정했다면 어음할인 보전액도 공급가액에 포함해야 한다. 만일 이자 변동에 따라 보전해 주는 금액이 변동되면 수정 세금계산서를 발급해야 한다.

---

149) 서삼 46015-11004, 2002.6.19.
150) 부가가치세 집행기준 29-0-2 제2항
151) 부가-1149, 2012.11.22.

9-2. 공급대가 산정 오류 사례

사실관계

- 유통업을 영위하는 P회사의 소매사업부 매출은 직매장의 현금 및 카드매출로 이루어져 있음
- 만일 상품 구입시 고객이 통신사 마일리지나 포인트를 사용하면 해당 포인트에 상응하는 금액을 통신사로부터 수령하고 잡이익으로 처리함
- 2019년 10월~12월 동안 통신사로 수령하여 잡이익으로 처리한 금액은 1천만원임
- 상기 마일리지나 포인트 사용으로 인해 P회사가 부담하는 비용은 없다고 가정함
- 한편, P회사의 도매사업부는 매월 Q회사에 상품을 납품하고 납품한 달의 말일에 60일 만기 전자어음으로 대금을 지급받고 있음
- 그런데 Q회사는 2019년 9월에 2019년 10월부터 구매대금을 150일 만기 전자어음으로 지급하는 것으로 자금정책을 변경한다고 P회사에게 통보하였음
- 이에 대해 P회사는 Q회사에 항의를 했고 Q회사는 60일 만기와 150일 만기의 어음할인 이자 차이금액에 상응하는 금액인 4천만을 10월 상품 공급대금에 추가하여 지급함
- P회사는 11월 상품 공급분부터는 별도의 추가 금액 수령없이 납품대가를 150일 만기 전자어음으로 지급받음
- P회사는 추가 지급받은 4천만원을 잡이익으로 처리함
- P회사는 2019년 2기 확정신고시 잡이익으로 처리한 금액을 부가가치세 과세표준에 포함시키지 않음

과세위험

소매업의 경우에는 공급받는 자가 세금계산서 발급을 요구하지 아니하는 경우에는 세금계산서 발급이 면제된다. 그러나 부가가치세 신고시 매출세액 과세표준에 포함해야 한다.

또한 재화의 대가로 지급한 어음할인 보전금액은 4천만원은 세금계산서를 발급해야 한다.

<세무조사 시점에 적출될 경우 P회사에 대한 과세액 추정>

만일 상기 과세위험이 세무조사 시점에 적출될 경우 P회사에 대한 과세 추정액은
다음과 같다.

(단위: 원)

세목	구분	과세 추정액	계산내역
부가가치세	매출세액	5,000,000	(10,00,000+40,000,000) × 10%
	신고불성실 가산세	500,000	5,000,000 × 10%
	납부불성실 가산세	1,642,500	5,000,000 × 1,095일 × 3/10,000
	세금계산서 불성실 가산세	800,000	40,000,000 × 2%
	합계	7,942,500	

⑩ 계약 이전 시 세금계산서 수수: 미완결된 계약과 관련된 채권·채무가 이전되는 경우

10-1. 미완결된 계약과 관련된 선수금, 선급금을 이전(승계)하는 경우 세금계산서를 발급하거나 발급받아야 한다.

중간지급조건부, 완성도기준 지급조건부 등과 같은 지급조건으로 계약되어 있는 경우 계약이 완결되기 전에 대가의 일부분을 받을 수 있으며, 그 대가를 받기로 한 때를 공급시기로 본다.

중간지급조건부, 완성도기준 지급조건부와 같은 지급조건이 아니더라도 요건을 충족한 선세금계산서를 발급하는 경우에도 계약이 완결되기 전에 대가 일부 혹은 전부에 대해 공급시기가 도래한 것으로 보게 된다.

계약이 완료되기 전에 대가의 일부를 수수하는 경우 대가를 받은 공급하는 자는 선수금(부채)으로, 대가를 지급하는 공급받는 자는 선급금(자산)으로 회계처리한다.

이렇게 계약이 완결되기 전 대가의 일부에 대해 공급시기가 도래하여 세금계산서를 발급한 계약을 선수금 혹은 선급금과 함께 양도하는 경우 계약양도인과 계약양수인간에 세금계산서를 발급하거나 발급받아야 한다[152].

---

152) 서면-2018-부가-1097, 2018.4.30., 법규부가 2013-159, 2013.5.21.

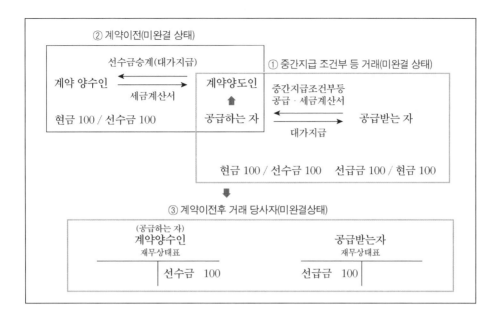

예를 들어 3회에 걸쳐 대가를 지급하는 중간지급조건부로 용역을 공급하고 있는 공급하는 자(계약양도인)가 1회 대가를 받은 상태에서 해당 계약을 다른 회사에게 양도하는 경우 계약양수인은 계약에 따른 공급의무를 계약양도인으로부터 승계받게 된다.

이런 경우 국세청은 계약양수인이 계약양도인으로부터 선수금이라는 부채를 승계하는 것을 용역의 공급대가를 지급받는 것으로 보아 선수금 상당액을 공급가액으로 하여 계약양수인이 계약양도인에게 세금계산서를 발급하도록 답변하고 있다[153].

일반적으로 채권·채무의 이전 혹은 승계시에는 세금계산서를 발급하거나 발급받지 않는 것으로 알고 있는 것과는 다른 세금계산서 발급이라고 처음에는 언뜻 이해가 잘 안가기도 하고, 실무적으로 놓치기도 쉽다.

그러나 계약이전 후에는 계약양수인이 계약양도인의 해당 계약의 공급자로서의 지위를 승계하게 되므로 계약양수인과 기존의 공급받는 자가 거래 당사자가 되는 계약이전 후 해당 계약의 거래당사자간이 관계도를 만들어 보면 계약 이전 시 왜 세금계산서를 수수해야 하는지 이해하기 쉽다.

상기와 반대로 공급받는 자가 중간지급조건부 등으로 체결된 계약을 양도하는 경우

---

153) 서면-2018-부가-1097, 2018.4.30., 법규부가 2013-159, 2013.5.21.

계약양수인은 계약양도인으로부터 선급금을 승계 받는다.

이 경우에는 계약 이전 후 계약양수자가 계약양도자로부터 공급받는 자의 지위를 승계하는 것이므로 계약 양도 시 선급금 상당액을 공급가액으로 하여 계약양도인이 계약양수인에게 세금계산서를 발급하여야 한다.

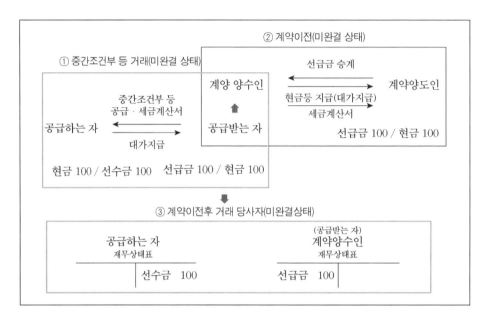

상기 설명을 좀 간단하게 설명하면 미완결된 계약과 관련된 선수금, 선급금을 계약과 함께 양도하는 경우 계약양도인은 해당 선수금, 선급금과 관련하여 수수한 세금계산서와 반대 포지션으로 계약양수인에게 세금계산서를 수수하면 된다.

〈미완결된 계약과 관련된 선수금, 선급금을 계약과 함께 양도하는 경우 세금계산서 발급 방향〉

	계약양도시 세금계산서 발급방향	공급가액 기재금액
공급하는 자가 계약양도자인 경우	계약양수인 → 계약양도인에게 발급	선수금
공급받는 자가 계약양도자인 경우	계약양도인 → 계약양수인에게 발급	선급금

반면, 회계상 발생기준에 따라 인식한 미청구공사 및 초과청구공사 등과 같이 부가가치세법상 공급시가 도래하지 않은 채권·채무를 계약 이전 또는 승계시에는 세금계산서 발급대상이 아니므로 모든 선수금 또는 선급금 승계에 대해 세금계산서를 발급해야 한다고 혼돈하여서는 안된다.

10-2. 사업부 양도 시 채권·채무 중 세금계산서 수수 대상이 있는 사례

사실관계

- S회사(양도인)는 T회사(양수인)에게 발전설비 제조사업부를 양도하였는데 동 사업부양도는 부가가치세법상 포괄적 사업양수도에 해당하지 않음
- 양도 대상 발전설비 제조사업부에는 다음과 같은 자산부채가 포함되어 있음
  - 선급금: 1억원

    S회사(양도인)가 발주처에 발전설비를 제공하면서 일부 재화나 용역에 대하여 하도급을 주고 있는데 하도급업체로부터 재화나 용역을 계속적으로 공급받는 것을 전제로 하여 하도급업체에 선급금으로 (현금)지급하고 세금계산서를 발급받음
  - 미청구공사: 20억원

    S회사(양도인)가 발전설비를 제공함에 있어서 진행기준에 따라 매출을 인식하는데 대금지급조건을 충족하는 부분은 매출채권으로 인식하고, 대금지급조건을 충족하지 못하는 부분은 미청구공사로 인식하며 미청구공사분은 세금계산서를 발급하지 아니함
  - 선수금: 3억원

    공사가 수행되기 전에 S회사(양도인)가 발주자로부터 대금을 미리 수령한 것으로 양도인은 선수금(현금)을 받고 세금계산서를 발급함
  - 초과청구공사: 15억원

    미청구공사와 반대되는 개념으로 회사가 진행기준에 따라 인식한 매출액보다 대금으로 청구된 부분이 큰 경우 초과청구공사로 인식하고 있음
- S회사(양도인)와 T회사(양수인)는 S회사(양도인)과 거래처가 체결한 계약 상의 지위 및 계약에 따라 발생하게 된 채권, 채무 일체를 T회사(양수인)가 승계하기로 함
- S회사(양도인)는 선급금, 미청구공사, 선수금, 초과청구공사와 관련하여 T회사(양수인)에게 세금계산서를 발급하지 않음

상기 사례에서 S회사(양도인)가 T회사(양수인)에게 사업부를 양수도하면서 S회사는 T회사로부터 선급금 1억원에 대한 세금계산서를 발급받아야 하며, 선수금 3억원에 대한 세금계산서를 발급하여야 한다.

미청구공사 20억원 및 초과청구공사 15억원은 회계처리에 따른 채권·채무이므로 이는 세금계산서 수수대상이 아니다.

〈세무조사 시점에 적출될 경우 S회사(양도인)에 대한 과세액 추정〉

만일 상기 과세위험이 세무조사 시점에 적출될 경우 S회사에 대한 과세 추정액은 다음과 같다.

(단위: 원)

세목	구분	과세 추정액	계산내역
부가가치세	매출세액	30,000,000	300,000,000 × 10%
	신고불성실 가산세	3,000,000	30,000,000 × 10%
	납부불성실 가산세	9,855,000	30,000,000 × 1,095일 × 3/10,000
	세금계산서 불성실 가산세	6,000,000	300,000,000 × 2%
	합계	48,855,000	

〈세무조사 시점에 적출될 경우 T회사(양수인)에 대한 과세액 추정〉

만일 상기 과세위험이 세무조사 시점에 적출될 경우 T회사에 대한 과세 추정액은 다음과 같다.

(단위: 원)

세목	구분	과세 추정액	계산내역
부가가치세	매출세액	10,000,000	100,000,000 × 10%
	신고불성실 가산세	1,000,000	10,000,000 × 10%
	납부불성실 가산세	3,285,000	10,000,000 × 1,095일 × 3/10,000
	세금계산서 불성실 가산세	2,000,000	100,000,000 × 2%
	합계	16,285,000	

10-3. 포괄요건을 충족하지 못하는 사업양수도 시 미완결된 계약과 관련하여 기수수된 세금계산서로 인해 발생한 채권·채무가 있는지 체크해야 한다.

계약만을 이전하는 경우는 흔히 발생하는 사례가 아니며 만일 발생한다고 하더라도 생소한 상황이기 때문에 거래 당사자가 사전에 계약 이전과 관련하여 법률 검토를 포함한 이런저런 검토를 해볼 가능성이 높다.

그런 과정에서 세금계산서를 수수해야 하는지 여부도 검토되기 때문에 세금계산서 발급을 해야 하는데 발급을 안한다든지 세금계산서 발급을 안해야 하는데, 발급을 한다든지와 같은 오류가 발생할 확률이 적다.

계약 이전과 관련하여 세금계산서 발급 오류 혹은 미발급 오류가 발생하기 높은 상황은 부가가치세법상 포괄요건[154]을 충족하지 못하거나 부가가치세법상 포괄요건을 충족하였으나 대리납부[155]를 이행한 사업양수도[156]를 하는 상황이다.

포괄요건을 충족한 사업양수도의 경우 세금계산서를 발급하지 않는 것이 원칙이므로 사업양수도 대상 채권·채무 중 공급시기가 도래한 선급금 또는 선수금이 있다 하더라도 세금계산서 발급대상이 아니니 세금계산서 발급 오류가 날 가능성이 없다.

그러나, 부가가치세법상 포괄요건을 충족하지 못하는 사업양수도 혹은 부가가치세법상 포괄요건을 충족하였으나 대리납부를 이행하는 사업양수도의 경우에는 이전되는 자산 중 부가가치세법상 재화가 대해서는 세금계산서를 수수해야 한다.

이런 경우 실무적으로는 사업양도일 현재 재무상태표상의 재고자산 및 유형자산 등에 대해서만 세금계산서를 발급하고 채권·채무의 세부내역에 대해서는 세세히 살펴보지 않기 마련이다.

이런 경우 선급금·선수금 중 공급시기 도래분(세금계산서 발급분)이 있다 하더라도 사업양수도 시 세금계산서를 수수하지 못하는 경우가 많다.

사업양도자와 사업양수자가 동일하게 부가가치세 신고를 함에 따라 세금계산서 불부합이 뜨지 않으니 국세청이 세무조사 등을 통해 개별적으로 확인하기 전까지는 과세

---

154) 부가가치세법 제10조 제9항 제2호, 동법 시행령 제23조
155) 부가가치세법 제52조 제4항
156) 부가가치세법 제10조 제9항 제2호

되지 않고 그냥 넘어가는 경우도 많다.

그러나 중간지급조건부 혹은 완성도지급조건부 등의 지급조건 계약은 그 계약금액이 매우 큰 경우가 대부분이므로 한번 과세되면 매우 큰 금액이 과세될 수 있다. 따라서 포괄요건을 충족하지 못하는 사업양수도를 하는 경우에는 반드시 체크를 해보아야 한다.

참고로 계약 이전으로 인한 거래 상대방이 변경된 경우는 수정세금계산서 발급대상[157]으로 열거되어 있지 않으므로 사업양수도에 따라 선수금과 선급금이 승계되는 경우 당초 거래상대방과 수수한 세금계산서에 대하여 수정세금계산서를 발급해서는 안된다.

---

157) 부가가치세법 시행령 제70조 제1항

⑪ 투자 자문용역 관련 매입세액: 과세사업 관련 매입세액의 범위

11-1. 부가가치세 집행기준에 따르면 부가가치세가 '면제'되는 재화 또는 용역을 공급하는 사업과 관련된 매입세액(투자 관련 매입세액 포함)은 공제되지 않는다.

부가가치세법 제39조 제1항에서는 '면세사업 등에 관련된 매입세액'을 매입세액 불공제 대상으로 열거하고 있다.

반면 국세청의 기본통칙에 따르면 "부가가치세가 '면제'되는 재화 또는 용역을 공급하는 사업(부가가치세가 과세되지 않는 재화 또는 용역을 공급하는 사업포함)에 관련된 매입세액(투자에 관련된 매입세액을 포함한다)"은 공제되지 않는 것으로 기술되어 있다[158].

상기 부가가치세법과 부가가치세법 기본통칙 간의 차이는 부가가치세 "면세"사업이냐, 아니면 부가가치세가 "면제"되는 사업이냐는 것이다.

부가가치세가 "면제"되는 사업에는 부가가치세 면세사업을 포함한 부가가치세 대상이 아닌 거래, 부가가치세법 또는 조세특례제한법에서 부가가치세 과세를 면제한 경우까지 포함하여 해석할 수 있어서 "면제"사업과 "면세"사업은 단어 한자 차이 이상의 큰 차이가 있을 수 있다.

아마도 국세청은 부가가치세법상 '면세사업 등'에 투자까지 포함하는 것으로 그 범위를 넓게 해석하기 위해 부가가치세법상 "면세"사업의 범위를 "면제"로 단어를 바꾸어 부가가치세법 집행기준을 만드는 것으로 보인다.

11-2. 상기 부가가치세법 집행기준에 따르면 투자 자문용역 관련 매입세액이 불공제될 수 있다.

상기 국세청의 집행기준을 문구 그대로 해석하면 회사의 투자자산 취득과 관련된 매입세액은 물론이고 세금계산서를 수수하지 않은 사업양수도와 관련하여 발생한 매입

---

158) 부가가치세법 집행기준 39-0-1 【공제되지 아니하는 매입세액의 범위】 제1항 제6호

세액(예: 사업양수 관련 자문수수료에 대한 매입세액)도 불공제될 수 있다.

최근 국세청이 회사의 자금조달 또는 투자에 대한 외부자문료와 관련된 매입세액을 불공제하여 과세하는 사례가 많이 있는데 이러한 외부자문료에 대한 과세 역시 이러한 매입세액 불공제 대상을 부가가치세 "면제"사업으로 확대해석하는 것과 같은 맥락으로 보인다.

일반적으로는 외부자문료의 금액이 크지 않지만 기업구조 조정의 일환으로 자문을 받거나 특정주식 매각 혹은 매수를 성공조건으로 한 투자 자문 보수는 그 금액이 크고 관련 매입세액도 커 향후에 납세자와 국세청 간의 적지 않은 의견 대립이 있을 것으로 예상된다.

11-3. 부가가치세법상 불공제 대상 매입세액으로 열거되어 있지 않은 사업 관련 매입세액은 공제되어야 한다.

부가가치세법에 따르면 사업자가 자기의 사업을 위하여 사용하였거나 사용할 목적으로 공급받은 재화 또는 용역에 대한 매입세액은 공제할 수 있다[159].

동 부가가치세 법령은 투자 관련 매입세액을 공제할 수 없다는 국세청의 집행기준 내용과 배치되는 면이 있다.

즉, 부가가치세법 관련 문구를 해석하면 사업과 관련된 매입세액은 면세 재화 취득 등 부가가치세법 제39조 제1항에서 열거되어 있지 않으면 공제할 수 있다는 것이 부가가치세법의 원칙이며, 따라서 이에 대한 예외규정 없다면 사업과 관련된 투자 자문료 매입세액은 공제되는 것으로 해석해야 한다.

이러한 부가가치세법 입장과 국세청의 입장이 배치되지 않으려면 매입세액 공제되지 않는 투자의 범위를 사업과 관련 없는 투자(예를 들어 비사업용 부동산 취득)로 한정하여 해석해야 한다.

---

159) 부가가치세법 제38조 제1항 제1호

11-4. 법원이나 조세심판원은 명백히 사업과 관련이 없거나 부가가치세가 면세되는 재화(예를 들어 주식, 사채 등) 또는 용역 거래 관련 매입세액을 불공제해야 한다는 입장이다.

부가가치세법에서 정상적으로 세금계산서를 수취한 투자관련 매입세액에 대한 공제 여부를 판단하는 가장 중요한 판단기준은 "사업 관련성"이다.

법원 또는 조세심판원이 "사업 관련성" 관점에서 투자 관련 매입세액에 대해 공제 혹은 불공제를 판단한 사례를 정리하면 다음과 같다.

〈투자 관련 매입세액을 공제하는 것이 타당하다고 판단한 사례〉
• 쟁점주식을 취득한 목적은 합병을 하기 위한 것으로 보이는 바 쟁점자문료 등과 관련된 매입세액을 공제하는 것이 타당함[160]
• 개발사업을 수행하기 위한 부동산 소유법인 주식매수 등을 위해 지출한 자문료 등인 경우에는 과세사업과의 관련성이 인정됨[161]
• 청구법인의 지분을 취득하기 위한 자금조달 목적으로 쟁점비용 관련 자문용역을 제공받고 비용을 지출한 사실에서 동 자문용역이 홀딩스 자회사의 사업과 직·간접적으로 관련되어 있다고 보임[162]
• 자금재조달과 관련한 출자자의 변경, 금융조건, 회계·세무상 쟁점, 이해관계자와의 협상 지원, 미래현금흐름 등 재무모델 구축, 교통수요예측, 변경실시협약 검토 등에 대한 자문을 한 점 등에 비추어 쟁점용역은 청구법인의 사업과 직접 관련된 것으로 판단됨[163]
• 자문용역을 통한 자금조달은 청구법인이 사업확장을 목직으로 동일 업종의 법인과 신사업부문의 인수를 하였으므로 조달자금의 용도가 청구법인의 사업과 무관하다고 보기 어려운 점, 쟁점거래처는 쟁점금융자문용역을 제공하고 매출세액을 포함하여 부가가치세를 신고한 점 등에 비추어 쟁점금융자문용역은 청구법인의 사업과 관련된 용역에 해당함[164]

---

160) 조심 2013구4276, 2014.7.16.
161) 대법원 2012.7.26. 선고 2010두12552 판결
162) 조심 2018서1942, 2018.10.16.
163) 조심 2017중0858, 2018.9.7.
164) 조심 2017중0337, 2017.6.13.

〈투자 관련 매입세액을 불공제하는 것이 타당하다고 판단한 사례〉

- 청구법인이 금융자문용역을 제공받고 지급한 쟁점수수료는 신주 및 전환사채의 발행・유통을 위한 거래와 관련된 수수료이며, 청구법인이 영위하고 있는 사업과 직접적인 관련이 있는 지출이라고 보기 어려운 점 등에 비추어, 쟁점수수료 관련 매입세액을 매출세액에서 공제하지 아니함[165]
- 주식취득자금의 대출과 관련하여 지급한 대출금 채권 인수수수료를 주식의 취득과 관련된 것으로 보아 관련 매입세액을 불공제한 처분은 정당함[166]
- 청구인의 사업장과 멀리 떨어진 지역에서 사용된 것일 뿐만 아니라, 골프연습장・야구연습장・워터파크 등에서 사용한 지출까지 포함되어 있는 등 청구인의 사업과 관련이 없어 보이는 점 등에 비추어 쟁점매입세액을 사업과 관련이 없는 것으로 보임[167]
- 청구법인이 제출한 증빙 등에 의하면 쟁점주식의 매각과 별도로 법인 사업의 수행에 관련이 있는 지출로 보기 어렵다고 보이는 점 등에 비추어 쟁점매입세액을 불공제하여 부가가치세를 과세한 처분은 달리 잘못이 없음[168]

상기 사례 등을 종합하여 보면 법원이나 조세심판원은 명백히 사업과 관련이 없거나 부가가치세가 면세되는 재화(예를 들어 주식, 사채 등)나 용역 거래의 경우에만 관련 매입세액을 불공제해야 한다는 입장이다.

반면에 출자자의 변경, 금융조건, 회계・세무상 쟁점, 이해관계자와의 협상 지원, 미래현금흐름 등 재무모델 구축, 교통수요예측, 변경실시협약 검토 등도 사업과 관련된 것으로 인정함으로서 매입세액 공제와 관련하여 "사업관련성"을 매우 넓게 해석하고 있음을 알 수 있다.

---

165) 조심 2014중1868, 2014.9.24.
166) 조심 2009서1205, 2010.7.6.
167) 조심 2018전1975, 2018.6.29.
168) 조심 2017서3718, 2017.10.17.

11-5. 만일 과거 투자자문 관련 매입세액을 모두 불공제 처리했다면 상기 법원이나 조세심판원의 판례를 참고하여 경정청구가 가능한지 검토해 볼 필요가 있다.

상기 법원인나 조세심판원의 입장에 따르면 투자 자문 관련 매입세액에 대한 공제 여부는 해당 투자 자문용역이 사업과 관련되었는지 여부에 따라 다르게 판단될 것이므로 이에 대한 대비가 필요하다.

예를 들어 단순한 주식 취득이나 사채의 발행에 대한 투자자문과 관련된 매입세액은 규모도 작을 것이고 불공제되는 것이 명백하다.

하지만 회사의 지배구조, 전략적 시장 포지셔닝, 타사와의 전략적 사업을 위한 새로운 회사 신설 등에 대한 투자자문은 회사의 (과세)사업과 관련된 매입세액이므로 공제하는 것이 타당하다.

그리고 회사의 지배구조 등에 대한 투자자문의 일부로 진행되는 주식이나 사채의 발행과 관련된 투자자문은 사실관계가 따라 매입세액 공제가 타당하다고 판단될 수 있다.

만일 회사의 지배구조 등과 주식이나 사채의 발행 등에 대해 포괄적으로 투자자문을 받고 있다면 지배구조 등과 관련된 자문료(매입세액 공제)와 주식 취득과 관련된 자문료(매입세액 불공제)를 구분하여 세금계산서를 발급받는 방법도 생각해 볼 수 있다.

만일 과거 투자자문 관련 매입세액을 모두 불공제 처리했다면 상기 법원이나 조세심판원의 판례를 참고하여 경정청구가 가능한지도 다시 한번 검토해 보는 것도 좋을 것이다.

특수관계자와의 거래:
색안경을 끼고 세무진단하자

1 특수관계자와의 거래에 대한 세법의 시각: 부의 이전이 은폐되어 있을 가능성이 높은 거래

1-1. 세법은 특수관계자와의 거래에 대해 보다 쉽게 과세할 수 있도록 규정되어 있다.

세법을 보다 보면 특이하다고 느껴지는 규정들이 많이 보이지만 그 중에서도 특수관계자간 거래에 대한 규정을 보다 보면 세법에서는 정말 특수관계자간 거래에 대해 색안경을 끼고 보고 있구나 라는 생각이 들 때가 있다.

또한 특수관계자 거래가 많은 회사의 경우 특수관계자간 거래는 다른 특수관계 없는 제3자간 거래에 비해 역차별을 당하고 있다고 푸념을 늘어놓기도 한다.

그런데 만일 세법상 특수관계자간 거래 관련 규정에는 그 밑바탕에 특수관계자간 거래는 제3자의 시가 거래에 비해 부의 이전 거래가 은폐되어 있을 가능성이 높다는 전제가 깔려 있다는 것을 이해하면 특수관계자간 거래에 대한 세법 규정을 이해하기가 편해진다.

또한 이런 시각에서 특수관계자간 거래 관련 규정을 보면 특수관계자간 거래에 은폐되어 있는 부의 이전에 대해 과세하기 쉽지 않은 국세청의 실무에 대한 세법의 많은 배려가 느껴지기도 한다.

실제로도 특수관계자간 공모하여 은폐한 부의 이전 거래를 국세청이 찾아 내어 과세하기란 쉽지 않다.

특수관계자간 거래를 실행한 납세자가 아는 거래정보와 거래실행자가 아닌 국세청이 수집할 수 있는 거래정보는 그 양과 질적인 면에서 차이가 있을 수밖에 없기 때문이다.

더군다나 납세자가 부의 이전거래와 관련된 거래 정보를 은폐하려고 여러 가지 노력(?)을 한다면 국세청은 더욱 더 부의 이전거래와 관련된 정보를 찾아 과세하기란 쉽지 않다.

이렇듯 부의 이전이 은폐되어 있을 가능성 높고 거래정보를 수집하기 어려운 특수관계자간 거래에 대하여 특수관계 없는 제3자간 거래(이하 "제3자간 거래")와 동일한 세법규정을 적용 받도록 할 경우 국세청은 근거 과세라는 과세원칙에 발목을 잡혀 특수관계자간 거래에 대해 오히려 더 과세가 어려운 상황에 직면할 수 있다.

이는 특수관계자간 거래와 비교하여 오히려 제3자간 거래가 역차별을 받을 수 있다는 것을 의미한다.

이러한 점 때문에 세법에서는 특수관계자간 거래에 대해 납세자가 거래사실을 입증하도록 하거나 외부에서 쉽게 알 수 있는 몇 가지 요건만 성립되면 부의 이전이 이루어진 것으로 의제하는 규정을 곳곳에 두어 특수관계자간 거래에 대해 국세청이 과세를 보다 쉽게 할 수 있도록 하고 있다.

그 대표적인 규정이 법인세법의 부당행위계산부인 및 상속세 및 증여세법(이하 "상증세법")의 증여의제 규정 등이다.

예를 들어 개인 갑이 개인 을에게 무상으로 1억원을 대여했다고 가정하자.

만일 갑과 을이 특수관계자가 아니라면 국세청은 갑이 을에게 무상으로 1억원을 대여한 개별적인 특수한 사정(정당한 사유)이 있는지를 추가 조사하여 정당한 사유[169]가 없다고 보이는 경우에만 을에게 증여를 과세할 수 있다.

그러나 개인 갑과 개인 을이 특수관계자라면 국세청은 개별적인 특수한 사정을 추가 조사할 필요 없이 갑이 을에게 매년 4,600,000원 증여한 것으로 간주하여 을에게 증여세를 과세할 수 있다[170].

만일 갑과 을이 법인인 경우에도 국세청은 특수관계가 있는 경우 특수한 사정(정당한 사유)을 추가 조사할 필요없이 과세할 수 있다. 이 경우 과세되는 측이 갑법인(법인

---

169) 상증세법 제41조의 4 제3항
170) 상증세법 제41조의 4 제1항

세법 시행령 제88조 제1항 제6호 금전 등의 무상대여)이라는 점이 다르다[171].

1-2. 특수관계자간 거래는 상대적으로 쉽게 과세될 수 있으므로 과세위험을 낮추기 위해서는 보다 세심하고 많은 준비가 필요하다.

이와 같이 세법은 특수관계자 거래에는 부의 이전거래가 은폐되어 있을 가능성이 높다고 이미 색안경을 끼고 좀 더 과세편의성(또는 다른 일반 거래와의 과세형평성)에 주안점을 두어 특수관계자간 거래 관련 규정을 만든 측면이 있다.

따라서 납세자는 세무공무원이 특수관계 거래에 대해 색안경이 끼고 보고 있다고 너무 억울해하지 말아야 한다. 세무조사관은 세법의 취지에 따라 본인의 임무를 충실히 수행하고 있는 것일 수 있다.

무엇보다 억울해한다고 납세자에게 도움되는 것은 아무것도 없다. 그 억울해 할 시간에 특수관계자간 거래에 대해서는 세법 자체가 특수관계자간 거래에 대해 보다 쉽게 쉽게 과세할 수 있도록 규정되었다는 점을 이해하고 일반 거래에 비해 보다 세심하고 많은 준비를 하는 편이 납세자의 과세위험을 줄이는 데 더 도움이 된다.

1-3. ① 시가거래와 ② 부의 이전거래는 성격이 완전히 다르기 때문에 특수관계자간 거래는 ① 시가 거래 및 ② 부의 이전 거래로 분리하여 각각 세무문제에 대비해야 한다.

세법상 부당행위계산부인 규정을 한 줄로 요약하면 "특수관계자간 거래를 ① 시가거래 및 ② 부의 이전거래로 구분하여 세법을 적용하겠다"는 것이다.

부당행위계산부인 = ① 시가거래 + ② 부의 이전거래

① 시가거래와 ② 부의 이전거래는 성격이 완전히 다르기 때문에 이에 대한 과세위험도 구분하여 대비하여야 한다.

---

171) 을법인의 경우에는 시가에 해당하는 이자비용을 손금으로 계상하지 못하였으므로 이미 과세되었다고 볼 수도 있다.

1-4. ② 부의 이전거래에 있어 가장 중요한 검토 사항은 이해관계자의 목적에
     맞는 부의 이전 방식을 찾은 것이다.

먼저 기술의 편의상 ② 부의 이전거래를 살펴보면,

일반적인 부의 이전거래에 있어 가장 중요한 것은 이해관계자(증여자 및 수증자, 그의 가족 등)의 의도다. 부의 이전 관련 세금 최소화나 부의 이전 관련 과세위험 최소화는 부의 이전거래에 있어 부차적인 문제일 뿐이다.

어떤 회사를 경영하는 아버지가 자녀들에게 재산을 물려주고 싶을 때 부의 이전방식은 매우 많다.

예를 들어 주식을 증여하거나 사업부를 분할하여 증여하거나 배당이나 급여로 받은 현금을 증여할 수도 있다. 물론 부의 이전 방식에 따라 발생하는 세금도 다를 것이다.

그런데 아버지가 자녀에게 증여세를 최소화하기 위해 증여를 하지 않는다. 자녀의 경영권 확보를 위해서는 주식을 증여해야 하는 상황인데 경영권 할증 과세로 인한 증여세를 아끼자고 주식을 팔아 현금으로 증여할 리는 없기 때문이다.

이렇듯 부의 이전거래를 검토할 경우 제일 먼저 검토해야 하는 것이 이해관계자(증여자, 수증자)의 부의 이전 목적 맞는 이전방식을 찾아내는 것이다.

1-5. 선택가능한 부의 이전 방식이 2가지 이상 있을 경우 이해관계자가 하나의
     거래를 실행할 수 있도록 각 방안별로 정확한 세금납부액을 추정하는 것이
     부의 이전거래 관련 세무 검토의 역할이다.

만일 이해관계자(증여자, 수증자)가 선택가능한 부의 이전방식이 딱 1개인 경우라면 해당 거래를 실행할 거냐 말 거냐는 의사결정에 따라 실행여부가 결정될 것이다.

만일 선택가능한 부의 이전방식이 3~4개가 있다면 이전방식별 정확한 세금납부액을 산정하여 이전방식간 비교함으로써 이해관계자가 실행할 1개의 이전방식을 선택할 때 참고할 수 있도록 하는 것이 부의 이전거래 관련 세무검토의 역할이다.

그런데 이해관계자의 부의 이전 목적에 맞는 거래방식은 증여자 및 수증자의 상황에 따라 달라지므로 일률적으로 어떠한 부의 이전방식이 좋다고 단정하기 어렵다.

모든 증여플랜은 개별적으로 검토해야 하고 모든 상황에서 가장 최적인 만능 증여플랜이 없는 이유이기도 하다.

1-6. 개인의 경우 증여 상당액이 다른 소득에서 차감되는 절세효과 없으므로 법인의 증여분이 손금불산입되어야 개인 증여분과의 과세형평이 맞게 된다.

부의 이전거래를 쉽게 표현하면 증여거래이다.

세법은 법인이 타인(특수관계자 포함)에게 증여하는 것을 사업목적과 관계없다고 간주[172]하여 그 증여액 상당액을 법인의 손금으로 인정하지 않고 있다.

이와는 별개로 수증자는 개인인지 법인인지에 따라 증여받은 재산 상당액에 대해 증여세, 소득세 또는 법인세가 과세된다.

부의 이전거래와 관련하여 각 주체별 발생하는 세목을 정리하면 다음과 같다.

〈부의 이전거래(증여)에 대한 과세 세목〉

구분		과세되는 세금	비고
증여자	법인	법인세(증여액 손금불산입)	기부금 등 일부 예외 규정 있음
	개인	없음	연대 납세의무[173]
수증자	법인	법인세(수증액 자산수증이익)	
	개인	증여세	소득세로 과세될 수도 있음(예: 소득처분)

상기 표를 언뜻 보면 개인이 증여자일 경우에는 수증자만 과세되는 반면에 법인이 증여자가 되는 경우에는 증여자도 과세되고, 수증자도 과세되는 형태로 과세되어 법인이 증여자가 되는 경우에 더 불리한 것처럼 보인다.

그러나 더 자세히 생각해 보면 법인이 증여하는 경우 증여액 상당액이 손금불산입되어야 개인이 증여하는 경우와 과세형평이 맞게 된다.

개인의 경우에는 타인에게 증여를 해서 재산이 감소했다고 해서 해당 자산 감소분을 다른 소득에서 차감해 주지 않는다. 즉, 개인이 증여한 경우 해당 증여로 인한 절세효과

---

172) 단, 공익 목적의 법정 또는 지정기부금은 제외
173) 상증세법 제4조의 2 제6항

가 발생하지 않는다.

반면, 법인의 경우 법인세법상 손금의 요건을 충족하는 재산 감소의 경우 법인의 다른 익금에서 차감해 준다. 즉, 법인은 부의 이전거래가 아닌 사업 관련 거래로 인해 순재산이 감소할 경우 그 감소분은 절세효과가 발생한다.

따라서 만일 법인이 증여한 가액을 손금불산입하지 않으면 오히려 법인이 개인에 비해 세금을 덜 내면서(절세효과) 부의 이전을 할 수 있게 된다.

따라서 법인의 증여분을 손금불산입해야 개인 증여분과 법인 증여분의 과세형평이 맞게 된다.

1-7. 특수관계자간 거래에 은폐된 부의 이전에 대한 과세위험은 준비하고 대비한다고 낮출 수 있는 것이 아니므로 세무진단으로 미리 대비해야 하는 거래 유형이 아니다.

만일 특수관계자간 거래에 은폐하여 부를 이전하겠다고 의사결정이 되었다면 실무적으로 세무담당자가 할 수 있는 것은 거래 실행 이전 단계에서 향후 은폐된 부의 이전거래가 국세청에 의해 발견될 경우 추징될 수 있는 과세금액을 정확히 산정하여 의사결정자에게 보고하는 것이다.

사전에 관련 세금 추정액을 정확히 알고도 특수관계자간 거래에 은폐하여 부를 이전하겠다고 의사결정하였다면 관련 과세위험을 알고 거래를 실행한 것이기 때문에 거래 이후에 대비해야 할 세무문제라는 것이 별로 없다.

② 부의 이전거래는 시가거래에 포함하여 특수관계자에게 부를 이전하는 방법에 따른 정확한 세금 규모와 다른 선택 가능한 부의 이전방법에 따른 세금 규모를 사전에 정확히 산정하여 거래 실행 이전에 자신의 상황에 맞는 의사결정을 해야 한다. 즉, 특수관계자간 거래에 포함된 부의 이전 거래는 세무진단을 통해 이와 관련된 과세위험을 낮추기 위해 준비하고 대비해야 할 성격의 거래는 아니다.

1-8. 부당행위계산부인은 특수관계자간 거래에 은폐되어 있는 부의 이전에 대한 과세이며, 거래에 은폐되어 있는 특수관계자간 부의 이전에 대해서는 추가적인 세무상 불이익이 발생한다.

법인세법상 부당행위계산부인은 특수관계자와 거래에 은폐되어 있는 부의 이전에 대한 과세이다.

거래에 은폐되어 있는 특수관계자간 부의 이전에 대해 부가가치세법에서도 부당행위계산부인[174]이 적용될 수 있는 규정하고 있다. 부가가치세법상 부당행위계산부인으로 과세된 매출세액은 거래 상대방으로부터 거래징수를 하지 못한 채 매출세액을 납부해야 하기 때문에 공급하는 자의 부담으로 귀속된다.

여기에 만일 부의 이전 거래를 은폐하기 위해 "사기 기타 부정한 행위"가 있었다면 국세청이 과세할 수 있는 기간이 5년에서 10년 혹은 15년으로 늘어나고 과소신고 가산세율이 10%에서 40%로 증가하게 된다. 또한 범칙조사를 통해 통고처분이나 경찰·검찰에 고발 또는 검찰에 의해 기소될 수도 있다.

무엇보다도 부의 이전을 하고 증여세 등을 신고기한에 맞춰서 신고를 하는 경우에는 세금 규모를 확정할 수 있지만 은폐된 부의 이전거래는 국세청이 발견하여 과세되는 시기에 따라 원래 내야 할 세금에 연 10.95%[175](납부불성실가산세)씩 과세금액이 커지는 효과가 있다.

게다가 최근에는 상증세법에서 특정법인과의 거래를 통한 이익의 증여 의제라는 규정을 강화하여 일정요건을 충족하는 경우에는 특수관계 있는 주주간 부의 이전거래에 대해 미실현이익(주식의 가치 상승)에 대해서 과세시기를 앞당겨 과세할 수 있으므로 동 증여의제 규정이 적용될지도 추가 검토를 요한다[176].

세법에서 규정하고 있는 거래에 은폐되어 있는 특수관계자간 부의 이전에 대한 세무상 불이익을 정리하면 다음과 같다.

---

174) 부가가치세법 제29조 제3항 동법 시행령 제62조.
175) 2018년 말 국세기본법 개정으로 납부불성실가산세는 납부지연가산세로 명칭이 바뀌었으며 가산세율도 기존의 10만분의 30(연 10.95%)에서 10만분의 25(연 9.125%)로 낮아졌다. 가산세율 인하 규정은 2020년 1월 1일부터 적용한다.
176) 상증세법 제45조의 5, 동법 시행령 제34조의 4(특정법인과의 거래를 통한 이익의 증여 의제).

〈거래에 은폐되어 있는 특수관계자간 부의 이전에 대한 세무상 불이익〉
- 법인세법상 부당행위계산부인
- 부가가치세법상 부당행위계산부인[177]
- 과소신고 및 과소납부에 따른 가산세
- 지배주주 등에 대한 불이익: 증여세 추가 과세(특정법인과의 거래를 통해 이익의 증여 의제 등)
- 사기 기타부정한 행위로 간주되는 경우: 조세범칙조사 대상, 부과제척기간(최장 10년) 연장, 과소신고 불성실 가산세율(10% → 40%) 증가 등

---

177) 부가가치세법상 부당행위계산부인에 대해서는 후술한다.

❷ 특수관계자의 범위: 하나의 거래에 여러 세목이 관련된 경우

2-1. 부당행위계산부인 적용 여부를 검토하는 경우 거래당사자간 특수관계 성립 여부부터 확인해야 한다.

부당행위계산부인 규정은 다음의 2가지 요건을 모두 충족한 경우에 적용된다.

① 특수관계자간의 거래일 것
② 그 거래로 인해 조세의 부담을 부당하게 감소시킨 것으로 인정되는 경우

①의 특수관계 규정은 열거주의이고 엄격해석을 해야 하므로 법조문을 확인하는 것만으로 특수관계 여부를 판단할 수 있다. 또한 특수관계 여부를 판단할 때 사실판단이 개입할 여지가 없고 관련 조문만으로 명확히 특수관계를 판단할 수 있다.

따라서 세무진단 시 어떤 거래가 부당행위계산부인으로 과세가 될 수 있는지 검토하려면 여러 측면을 고려해야 하고 사실판단도 해야 하는 난해한 시가 문제를 검토하기 전에 특수관계 여부를 먼저 확인하는 것이 좋다.

그런데 실무적으로 거래당사자간 특수관계 성립여부에 대한 검토를 생략하고 바로 ②를 검토하는 경우가 많다. 법조문을 확인하지 않고 상식선(?)에서 특수관계가 성립된다고 단정하기 때문이다.

거래당사자간 특수관계 여부에 대한 검토를 생략하다 보면 거래당사자간에 세법상 특수관계가 성립하지도 않는데 거래조건의 적정성(시가)이 쟁점이 되어 과세가 맞네 틀리네하고 쓸데없는 과세 논쟁이 벌어지는 경우가 가끔 있다.

2-2. 법인세법상 특수관계자 범위 요약

부당행위계산부인 규정을 적용하기 위한 필요한 특수관계인의 범위는 각 세법에서 개별적으로 규정하고 있으며 각 세법에 규정된 특수관계인의 범위는 약간씩 다르다.

법인세법상 부당행위계산부인의 경우 특수관계 여부는 법인세법 시행령 제2조 제5항과 국세기본법 시행령 제1조의 2 제1항 및 4항에 규정되어 있으므로 법인세 과세 목

적으로 부당행위계산부인을 검토할 경우 법인세법상 특수관계인의 범위 규정에 따라 특수관계 성립 여부를 판단하여야 한다.

법인세법에서 "친족관계" 및 "지배적인 영향력"은 별도로 정의하지 하고 국세기본법의 정의를 준용하고 있어 국세기본법 시행령 제1조의 2 제1항(친족관계) 및 제4항(지배적인 영향력) 규정도 함께 보아야 한다.

이때 주의해야 할 것은 본인을 기준으로 거래 상대방이 특수관계가 성립하는지도 봐야 하지만 거래상당방 기준으로도 특수관계 성립 여부를 봐야 한다. 둘 관계 중 하나라도 성립하면 특수관계가 성립한 것으로 본다[178].

법인세법 시행령 제2조 제5항과 국세기본법 시행령 제1조의 2 제1항 및 4항을 정리하면 다음과 같다[179].

구분	특수관계자 범위
영향력 행사자	1. 임원의 임면권 행사, 사업방침의 결정 등 해당 법인의 경영에 대하여 사실상 영향력을 행사하고 있다고 인정되는 자(상법의 규정에 의하여 이사로 보는 자를 포함)와 그 친족[*]
주주 등	2. 주주 등(소액주주 등을 제외함)과 그 친족
임원/사용인/생계 유지자	3. 법인의 임원·사용인 또는 주주 등의 사용인(주주 등이 영리법인인 경우에는 그 임원을, 비영리법인인 경우에는 그 이사 및 설립자를 말함)이나 사용인 외의 자로서 법인 또는 주주 등의 금전 기타 자산에 의하여 생계를 유지하는 자와 이들과 생계를 함께 하는 친족
지배적인 영향력 행사자	4. 해당법인이 직접 또는 그와 1부터 3까지에 해당하는 자를 통하여 경영에 지배적인 영향력[**]을 행사하고 있는 법인 5. 해당법인이 직접 또는 그와 1부터 4까지에 해당하는 자를 통하여 경영에 지배적인 영향력[**]을 행사하고 있는 법인
2차 출자법인	6. 해당 법인에 30% 이상을 출자하고 있는 법인에 30% 이상을 출자하고 있는 법인이나 개인

---

178) 이를 "세법상 특수관계를 쌍방관계를 기준으로 판단하다"고 표현한다. 2012년 개정 이전에는 판단기준이 일방관계 기준(납세자)인지, 쌍방관계 기준(국세청)인지 논란이 있다가 법원이 당시 세법 규정으로는 일방관계를 기준으로 판단하는 것이 맞다고 판결(대법 2008두150, 2011.7.21.)하여 2012년 2월 2일 세법개정을 통하여 쌍방관계로 판단하도록 세법을 개정하였다.
179) 법인세법 집행기준 52-87-1

구분	특수관계자 범위
기타	7. 해당 법인이 「독점규제 및 공정거래에 관한 법률」에 의한 기업집단에 속하는 법인인 경우 그 기업집단에 소속된 다른 계열회사 및 그 계열회사의 임원

(*) 친족
　　가. 6촌 이내의 혈족
　　나. 4촌 이내의 인척
　　다. 배우자(사실상의 혼인관계에 있는 자를 포함함)
　　라. 친생자로서 다른 사람에게 친양자 입양된 자 및 그 배우자·직계비속
(**) 지배적인 영향력
　　1. 영리법인의 경우
　　　　가. 법인의 발행주식총수 또는 출자총액의 30% 이상을 출자한 경우
　　　　나. 임원의 임면권의 행사, 사업방침의 결정 등 법인의 경영에 대하여 사실상 영향력을 행사하고 있다고 인정되는 경우
　　2. 비영리법인의 경우
　　　　가. 법인의 이사의 과반수를 차지하는 경우
　　　　나. 법인의 출연재산(설립을 위한 출연재산만 해당)의 30% 이상을 출연하고 그 중 1인이 설립자인 경우

2-3. 소득세법상 특수관계 범위 요약

　　소득세법에는 특수관계자 범위를 다음과 같이 국세기본법 시행령 제1조의 2 제1항, 제2항 및 같은 조 제3항 제1호를 준용하고 있다[180].

구분	특수관계자 범위
혈족·인척 등 친족관계	1. 6촌 이내의 혈족 2. 4촌 이내의 인척 3. 배우자(사실상의 혼인관계에 있는 자를 포함한다) 4. 친생자로서 다른 사람에게 친양자 입양된 자 및 그 배우자·직계비속
임원·사용인 등 경제적 연관관계	5. 임원과 그 밖의 사용인 6. 본인의 금전이나 그 밖의 재산으로 생계를 유지하는 자 7. 상기 5. 및 6. 인자와 생계를 함께하는 친족
주주·출자자 등 경영지배관계	8. 본인이 직접 또는 그와 친족관계 또는 경제적 연관관계에 있는 자를 통하여 법인의 경영에 대하여 지배적인 영향력을 행사하고 있는 경우(*) 그 법인 9. 본인이 직접 또는 그와 친족관계, 경제적 연관관계 또는 8.의 관계에

---

180) 소득세법 시행령 제98조 제1항

구분	특수관계자 범위
	있는 자를 통하여 법인의 경영에 대하여 지배적인 영향력을 행사하고 있는 경우 그 법인

(*) 법인의 경영에 대하여 지배적인 영향력을 행사하고 있는 경우
    1. 영리법인의 경우
        가. 법인의 발행주식총수 또는 출자총액의 30% 이상을 출자한 경우
        나. 임원의 임면권의 행사, 사업방침의 결정 등 법인의 경영에 대하여 사실상 영향력을 행사하고 있다고 인정되는 경우
    2. 비영리법인의 경우
        가. 법인의 이사의 과반수를 차지하는 경우
        나. 법인의 출연재산(설립을 위한 출연재산만 해당)의 30% 이상을 출연하고 그 중 1인이 설립자인 경우

    소득세법에서는 쌍방 기준으로 특수관계를 파악하라는 국세기본법 규정[181]을 명시적으로 준용하고 있지는 않지만 당연히 쌍방 기준으로 특수관계를 파악해야 하는 것으로 해석해야 한다.

2-4. 상증세법상 특수관계 범위

    상증세법에서는 특수관계자 범위를 상증세법 시행령 제2조의 2에서 열거하고 있다.

    상증세법상 특수관계자 범위에는 직계비속의 배우자의 2촌 이내의 혈족과 그 배우자 및 퇴직임원(3년, 5년)도 특수관계에 포함되는 등 그 범위가 법인세법 및 소득세법상 특수관계 범위와는 차이가 있다.

구분	특수관계자 범위
혈족·인척 등 친족관계	1. 6촌 이내의 혈족 2. 4촌 이내의 인척 3. 배우자(사실상의 혼인관계에 있는 자를 포함한다) 4. 친생자로서 다른 사람에게 친양자 입양된 자 및 그 배우자·직계비속 5. 직계비속의 배우자의 2촌 이내의 혈족과 그 배우자
임원·사용인 등 경제적 연관관계	6. 사용인[출자에 의하여 지배하고 있는 법인(*)의 사용인을 포함] 7. 사용인 외의 자로서 본인의 재산으로 생계를 유지하는 자

---

181) 국세기본법 제2조 제20호 후단: "이 경우 이 법 및 세법을 적용할 때 본인도 그 특수관계인의 특수관계인으로 본다."

구분	특수관계자 범위
주주·출자자 등 경영지배관계	8-1. 본인이 개인인 경우: 본인이 직접 또는 본인과 1.~5.에 해당하는 관계에 있는 자가 임원에 대한 임면권의 행사 및 사업방침의 결정 등을 통하여 그 경영에 관하여 사실상의 영향력을 행사하고 있는 기획재정부령으로 정하는 기업집단의 소속 기업(**) 8-2. 본인이 법인인 경우: 본인이 속한 기업집단의 소속 기업(**)과 해당 기업의 임원에 대한 임면권의 행사 및 사업방침의 결정 등을 통하여 그 경영에 관하여 사실상의 영향력을 행사하고 있는 자 및 그와 1.~5.에 해당하는 관계에 있는 자
지배적인 영향력 행사자	9. 본인, 주주·출자자 등 경영지배관계 또는 본인과 주주·출자자 등 경영지배관계의 자가 공동으로 재산을 출연하여 설립하거나 이사의 과반수를 차지하는 비영리법인 10. 주주·출자자 등 경영지배관계에 해당하는 기업의 임원 또는 퇴직임원이 이사장인 비영리법인 11. 본인, 1.~10.까지의 자 또는 본인과 1.~10.의 자가 공동으로 발행주식총수 또는 출자총액의 30% 이상을 출자하고 있는 법인 12. 본인, 1.~11.까지의 자 또는 본인과 1.~11.까지의 자가 공동으로 발행주식총수등의 50% 이상을 출자하고 있는 법인 13. 본인, 1.~12.까지의 자 또는 본인과 1.~12.까지의 자가 공동으로 재산을 출연하여 설립하거나 이사의 과반수를 차지하는 비영리법인

(*) 출자에 의하여 지배하고 있는 법인

    가. 11. 또는 12.에 해당하는 법인

    나. 1.~12.에 해당하는 자가 발행주식총수 등의 50% 이상을 출자하고 있는 법인

(**) 독점규제 및 공정거래에 관한 법률 시행령 제3조 각 호의 어느 하나에 해당하는 기업집단에 속하는 계열회사를 의미하면 해당 기업의 퇴직 후 3년(독점규제 및 공정거래에 관한 법률 제14조에 따른 공시대상기업집단에 소속된 경우는 5년)이 지나지 않은 사람을 포함함

   상증세법상 특수관계를 판단할 때도 본인을 기준으로 거래 상대방이 특수관계가 성립하는지도 봐야 하지만 거래상당방 기준으로도 특수관계 성립 여부를 봐야 한다. 둘 관계 중 하나라도 성립하면 특수관계가 성립한 것으로 본다[182].

2-5. 부가가치세법상 특수관계 범위

   부가가치세법에서는 특수관계자의 범위를 별도로 규정하고 않고 법인세법상 규정을 준용하고 있다.

---

182) 상증세법 제2조 제10호 후단: "이 경우 본인도 특수관계인의 특수관계인으로 본다"

따라서 부가가치세 목적으로 부당행위계산부인을 검토할 때도 법인세법상 특수관계자 규정을 적용해야 한다[183].

2-6. 부당행위계산부인 적용 여부를 검토하기 위해서는 우선 거래 당사자에게 과세될 수 있는 세목을 파악한 후, 해당 세법에 열거된 특수관계 범위에 따라 특수관계 여부를 판단하여야 한다.

각 세법에서 특수관계 범위를 각각 다르게 규정하고 있기 때문에, 예를 들어 특정 거래의 거래 당사자간 관계를 상증세법에 따라 판단하면 특수관계자에 해당하는 반면에 법인세법에 따라 판단하면 특수관계자가 아닌 경우가 발생할 수 있다.

이런 경우 어느 세법에 규정된 특수관계 범위에 따라 부당행위계산부인 여부를 판단해야 할지 헛갈릴 수 있다.

결론부터 말을 하면 특수관계 범위는 과세되는 세목별로 해당 세법에서 규정하고 특수관계 범위에 따라 각각 판단하여야 한다.

2-6-1. 법인과 법인 거래 시 확인해야 할 특수관계 법령: 법인세법

법인간 거래에 대해서는 부당행위계산부인을 적용하여 과세할 수 있는 세목이 법인세와 부가가치세이고 두 특수관계 범위는 법인세법상 특수관계 범위로 동일하므로 법인세법상 특수관계 규정만 보면 된다.

2-6-2. 법인과 개인 또는 개인과 개인 거래 시 확인해야 할 특수관계 법령: 법인세법, 소득세법, 상속세 및 증여세법

법인과 개인 또는 개인과 개인의 거래에 대해서는 법인세, (양도)소득세, 증여세가 과세될 수 있으므로 과세될 수 있는 세목별로 해당 세법에서 규정하고 있는 특수관계자 범위에 따라 특수관계 여부를 판단해야 한다.

따라서 부당행위계산부인 적용여부를 검토하기 위해서는 우선 거래 당사자간 법적 실체와 거래의 내용을 고려하여 해당 거래로 인해 각 당사자에게 과세될 수 있는 세목

---

183) 부가가치세법 시행령 제26조 제1항

을 파악한 후, 해당 세법의 규정에 열거된 특수관계 범위에 따라 특수관계 여부를 판단하여야 한다.

예를 들어 법인과 개인간 거래와 관련하여 법인이 손해를 본 경우라면 법인에게는 부당행위계산부인 규정이 적용될 수 있으므로 법인세법상 특수관계 범위에 따라 법인과 개인의 각각의 기준에서 특수관계 여부를 판단하면 된다.

법인과 개인간 거래와 관련하여 개인이 손해(예를 들어 양도소득세)를 본 경우라면 소득세법상 부당행위계산부인 규정[184]이 적용될 수 있으므로 소득세법상 특수관계 범위에 따라 법인과 개인의 각각의 기준에서 특수관계 여부를 판단하면 된다.

법인과 개인간 거래와 관련하여 개인이 부를 증여받은 경우라면 증여세가 과세될 수 있으므로 상증세법상 특수관계 범위에 따라 특수관계를 파악하면 된다.

2-7. 여러 세목이 관련된 거래에 대해 특수관계를 검토한 사례

2-7-1. 법인과 개인의 거래에 대해 특수관계를 검토한 사례 1

사실관계

- A회사는 B회사의 100% 주주임
- 2019년 중 A회사는 B회사의 영업부서 갑부장에게 시가 5천만원에 해당하는 차량을 3천만원에 매각함
- A회사의 재무부서 을대리는 양도차익 중 2천만원을 손금불산입으로 세무조정을 해야 할지 검토 중임
- A회사와 B회사는 기업집단 소속 기업 아님

거래당사자간 특수관계 검토

상기 A회사와 갑부장 간의 거래로 인해 A회사 입장에서는 손실이 발생하였고 갑부장 입장에서는 부의 증여를 받았으므로 A회사는 법인세(부당행위계산부인)가, 갑부장

---

184) 소득세법상 부당행위계산부인을 적용할 수 있는 소득은 배당소득, 사업소득, 기타소득, 양도소득뿐이다. (소득세법 제41조 및 제101조)

에게는 증여세(저가 양수에 따른 이익의 증여의제 규정[185])가 과세될 수 있다.

갑부장은 개인이고 차량의 매입은 소득세 대상이 아니므로 소득세법상 부당행위계산부인은 적용될 여지가 없다.

법인세법상 특수관계 범위 규정에 따라 판단할 경우 A회사 기준으로 판단을 해도, 갑부장 기준으로 판단을 해도 두 경우 모두 특수관계에 해당하지 않는다.

위와 같이 쌍방관계 기준으로 보아도 어느 일방관계도 법인세법상 특수관계가 성립되지 않으므로 A회사와 갑부장의 거래는 법인세법상 부당행위계산부인 규정을 적용할 수 없다.

한편, 상증세법상 특수관계 범위에 판단할 경우 갑부장 기준으로 판단하는 경우에는 A회사와 갑부장은 특수관계에 해당하지 않는다.

그러나 상증세법상 특수관계 범위 규정에 판단할 경우 A회사를 기준으로 갑부장은 "임원·사용인 등 경제적 연관관계" 중 "6. 사용인(출자에 의하여 지배하고 있는 법인의 사용인을 포함)"에 해당되어 A회사와 갑부장간에는 상증세법상 특수관계가 성립한다.

따라서 갑부장에게는 저가 양수에 따른 이익의 증여의제 규정(상증세법 제35조 제1항)이 적용되어 증여세가 과세될 수 있다.

2-7-2. 법인과 개인의 거래에 대해 특수관계를 검토한 사례 2

사실관계

- C회사는 D회사의 주식을 20% 소유하고 있으나 최대주주는 아님
- D회사의 을상무는 C회사에게 C회사 주식을 1억원에 양도함
- 해당 매매시점에 양도 대상 C회사 주식의 시가는 3억원임
- 을상무는 C회사의 지분의 5%를 소유하고 있음
- C회사는 D회사에 대해 임원의 임면권의 행사, 사업방침의 결정 등 법인의 경영에 대하여 사실상 영향력을 행사할 수 없음

---

185) 상증세법 제35조 제1항: 특수관계가 성립될 경우 적용 가능

상기 C회사와 을상무와 거래로 인해 을상무는 E주식을 저가로 양도했으므로 (양도)소득세법상 부당행위계산부인 규정이 적용될 수 있으므로 C회사 및 을상무 기준에서 각각 소득세법상 특수관계 범위에 따라 특수관계 여부를 판단하여야 한다.

C회사 기준으로 을상무와는 소득세법상 특수관계가 성립하지 않는다. C회사가 을상무가 근무하는 D회사에 대해 경영에 대하여 지배적인 영향력을 행사할 수 있는 지분율 요건(30%)에 미달하고 법인의 경영에 대하여 사실상 영향력을 행사할 수 없기 때문이다.

을상무 기준으로도 C회사에 대해 경영에 대하여 지배적인 영향력을 행사하고 있지 않으므로 을상무와 C회사는 소득세법상 특수관계가 성립하지 않는다.

따라서 C회사와 을상무는 소득세법상 특수관계자가 아니므로 을상무에게 (양도)소득세법상 부당행위계산부인 규정을 적용할 수 없다.

참고로 을상무는 C회사의 소액주주(1%)가 아닌 주주(5% 지분율)이므로 법인세법 제15조 제2항 제1호(익금의 범위)에 따라 C회사와 을상무는 법인세법상 특수관계가 성립하여 시가보다 저가로 취득한 2억원에 대해 익금산입(유보)된다.

그러나 2억원에 대한 익금산입은 처분 시 손금산입이 되므로 익금시기를 앞당기는 규정에 불과하다. 즉, 부의 이전에 따른 부당행위계산부인 규정으로 과세되는 것은 아니다.

2-7-3. 법인과 개인의 거래에 대해 특수관계를 검토한 사례3

사실관계

- D회사의 을상무는 C회사에게 C회사 주식을 3억원에 양도함
- 해당 매매시점에 양도 대상 C회사 주식의 시가는 1억원임
- 다른 사실관계는 상기 "2-7-2.상의 사실관계"와 동일

C회사는 을상무에게 주식을 고가로 취득하였으므로 법인세법상 부당행위계산부인 규정이 적용될 수 있다.

을상무는 C회사의 소액주주(1%)가 아닌 주주(5% 지분율)이므로 C회사와 을상무는 법인세법상 특수관계자에 해당한다.

따라서 C회사는 주식 취득가액 3억원 중 2억원에 대해 손금산입(유보) 및 손금불산입(배당)으로 소득처분을 한 후 을상무에 대한 배당처분에 따른 원천징수 의무를 이행하면 된다.

또한 을상무는 소득처분된 2억원에 대한 배당소득세를 신고·납부해야 한다.

반면 을상무는 주식을 고가 매각했으므로 양도소득세 관련 부당행위계산부인 규정은 적용될 여지가 없으므로 소득세법상 특수관계 범위는 확인하지 않아도 된다.

다만, 이 경우 을상무의 주식 양도가액 3억원 중 2억원은 배당으로 소득처분되어 배당소득세가 과세되기 때문에 양도소득세도 함께 과세하면 이중 과세문제가 발생할 수 있다.

이러한 이중과세를 막기 위해 소득세법에서는 "법인세법상 특수관계인에 해당하는 법인에 양도한 경우로서 같은 법 제67조에 따라 해당 거주자의 상여·배당 등으로 처분된 금액이 있는 경우에는 같은 법 제52조에 따른 시가"를 실지거래가액으로 보라고 규정하고 있다[186].

즉, 을상무는 양도가액 3억원 중 2억원에 해당하는 (양도)소득세에 대해서는 경정청구를 하여 환급 받음으로써 배당으로 소득처분되어 과세되는 (배당)소득세와의 이중과세를 피할 수 있다.

---

186) 소득세법 제96조 제3항 제1호

2-8. 부당행위계산부인 검토 시작 시점에 거래당사자간의 관계가 세법상 특수관계에 해당하는지를 조문 하나씩 집어가며 확인하는 습관을 가져야 한다.

앞서 살펴본 바와 같이 특수관계인의 범위에 대한 규정은 각 세법마다 규정하고 있는데 그 범위가 비슷한 것 같기도 하면서 다른 부분도 있다. 그래서 기억하기 어렵다.

그런데 그뿐이다. 예를 들어 법인세법에 따라 특수관계 성립 여부를 판단하는 경우 법인세법 시행령 제2조 제5항에서 규정하고 있는 7가지 관계에 해당하지 않으면 특수관계가 성립하지 않은 것이다. 다른 세법상 특수관계 범위 역시 많아야 열 몇 가지 조문에 불과하다.

특수관계인의 범위 규정은 법문에 따라 엄격히 해석해야 하고 유추해석이나 확대해석은 허용될 수 없다.

국세청이 특수관계 성립 여부에 대해 다른 견해를 주장하거나 다른 판단을 할 여지가 없다[187].

귀찮지만 부당행위계산부인 적용 여부를 판단할 때 해당 거래당사자간 관계가 세법상 특수관계에 해당하는지를 조문 하나씩 집어가며 확인하는 습관을 갖는 것이 좋다.

이런 습관이 혹시 있을 수 있는 특수관계도 성립하지 않는데 시가 논쟁에 따른 시간 허비 또는 부당행위계산부인으로 잘못 과세되는 상황을 미연에 방지할 수 있다.

특수관계 여부를 잘못 적용하는 경우가 어디 있겠냐고 반문할 수도 있는데 특수관계를 잘못 적용하여 잘못된 결론을 내린 경우는 유명 법무법인이나 회계법인도 전설처럼 내려오는 사례가 많이 있다.

---

187) 대법 2008두150, 2011.7.21 판결문 중 일부 발췌: "특수관계자의 범위를 어떻게 정할지는 입법정책의 문제이므로 위 시행령 조항을 그 문언과 달리 확장해석하거나 유추해석하는 방법으로 특수관계자의 범위를 넓혀야 할 이유도 없다."

③ 부당행위계산부인의 개요: 국세청이 납세자의 소득금액 및 세액
만 재계산하여 과세

**3-1. 법인세법상 부당행위계산의 정의에 부합하면 법에 예시된 거래유형이 아니
더라도 부당행위계산부인 규정으로 과세가 가능하다.**

특정 거래에 대하여 거래당사자간에 특수관계가 성립함을 법조문으로 확인하였다면
그 거래로 인해 조세부담이 부당하게 감소되었는지를 확인해 보아야 한다.

각 개별 세법에는 조세부담을 부당하게 감소시키는 것으로 보는 거래유형을 기술한
규정이 있다. 해당 규정은 예시규정인 경우도 열거규정인 경우도 있다.

예시규정은 법조문에 예시된 유형 이외에도 법조문에 따른 정의에 부합하면 해당 규
정을 적용할 수 있는데 반하여 열거규정은 법조문에 열거된 유형의 경우에만 부당행위
계산부인을 적용할 수 있다.

법인세법상 조세부담을 부당하게 감소시키는 것으로 보는 거래유형(부당행위계산의
유형)[188]은 예시 규정에 해당하므로 예시된 거래유형 이외에도 부당행위계산부인의
정의에 부합하는 모든 거래에 대해서 부당행위계산부인으로 과세가 가능하다.

그러나 부가가치세법의 경우 부당행위계산부인으로 과세할 수 있는 거래 유형을 열
거[189]하고 있으며, 해당 거래 유형 외의 거래에 대해서는 부당행위계산부인으로 과세
할 수 없다.

따라서 법인세법상 부당행위계산부인은 예시된 유형보다는 그 정의가 중요하다.

**3-2. 특수관계자간 거래에 있어 부의 이전 목적이나 경제적 손실이 없는 경우에
도 소득금액이 감소하였다면 부당행위계산부인 규정을 적용할 수 있다.**

한 가지 기억해야 할 것은 예시 규정이건 열거 규정이건 부당행위계산부인 규정은
거래당사자의 조세회피 목적이나 경제적 손실을 그 요건으로 하지 않는다는 것이다.

---

188) 법인세법 시행령 제88조 제1항
189) 부가가치세법 제29조 제4항

즉, 특수관계자간 거래에 있어 부의 이전 목적이나 해당 거래로 인해 경제적 손실이 없는 경우에도 개별 회사의 소득금액이 감소하였다면 부당행위계산부인 규정을 적용할 수 있다.

3-3. 법인세법상 부당행위계산부인의 의미: 국세청이 납세자의 "부당행위계산"을 "부인"한 후 국세청이 새롭게 적정한 소득금액 및 세액만을 재계산하여 과세하는 것

흔히들 법인세법 제52조를 "부당행위계산부인" 규정이라고 부르고 있으나 세법에서는 부당행위계산부인의 정의가 없다.

다만, 법인세법에서는 "부당행위계산"을 다음과 같이 정의하고 있다[190].

> "특수관계인과의 거래로 인하여 그 법인의 소득에 대한 조세의 부담을 부당하게 감소시킨 것으로 인정되는 경우의 그 법인의 행위 또는 소득금액의 계산"

국세청은 상기 정의에 부합하는 '부당행위계산'을 "부인"하고 소득금액을 재계산하여 과세할 수 있다.

즉, 국세청이 납세자가 특수관계자간 거래에 대한 세금을 "부당행위계산"하여 과소신고한 경우 해당 신고한 세액을 "부인"한 후 국세청이 새롭게 적정한 소득금액 및 세액으로 재계산하여 과세하는 두 가지 행위를 부당행위계산부인이라고 표현하는 것이다.

부당행위계산부인 규정에 따르면 ① 특수관계자간 모든 거래 중 ② 조세의 부담을 부당히 감소시켰다면 부당행위계산부인 규정으로 과세할 수 있다고 해석되므로 그 적용범위가 매우 넓다.

---

190) 법인세법 제52조 제1항

3-4. 부당행위계산부인에 따른 과세처분은 납세자의 소득금액 및 세액계산에만 영향을 미치게 되므로 부당행위계산부인 과세 후 보정거래로 해당 부당행위계산부인의 과세효과를 되돌릴 수 없다.

부당행위계산부인 규정을 특수관계자간 실행된 거래자체를 부인하고 국세청이 시가 거래로 재구성하여 과세하는 것으로 오해하는 분들도 있다. 그래서 실제 거래금액과 시가와 차이 금액을 다시 수수하면 손금으로 인정해 줘야 한다고 생각하는 분들도 있다.

예를 들어 A회사가 계열사인 B회사에게 시가 1천만원 물건을 8백만원에 양도한 거래에 부당행위계산부인으로 과세되었다고 가정해 보자.

부당행위계산부인 과세로 인해 A회사는 2백만원에 대해 추가 과세가 되었을 것이고 B회사는 향후 해당 물건을 팔 때 장부가액을 8백만원으로 인정받을 것이다.

이 과세 후에 A회사는 B회사로부터 양도대가 2백만원을 더 받는 보정거래를 하면 B회사는 향후 해당물건을 팔 때 장부가액을 1천만원으로 인정받을 수 있을까?

아쉽게도 상기 2백만원 보정거래로 인해 A회사는 2백만원에 대해 또 다시 과세가 되고 B회사가 향후 해당 물건을 팔 때 장부가액은 여전히 8백만원이다.

즉, 국세청의 부당행위계산부인에 따른 과세처분은 납세자의 소득금액 및 세액 계산에만 영향을 미치게 되므로 부당행위계산부인 과세 후 보정거래로 해당 부당행위계산부인의 과세효과를 되돌릴 수 없다.

이를 좀 어렵게 표현하면 "국세청이 부당행위계산부인 과세를 한다고 하여 그 효과가 거래당사자인 특수관계자간 유효하게 성립한 법률행위나 계산 그 자체의 사법상 효력까지 부인하는 것은 아니다"[191]라고 표현하기도 한다.

즉, 국세청의 부당행위계산부인 과세는 개인 증여분과 동일한 과세효과를 얻기 위해 법인의 소득금액을 재계산하는 범위까지만 그 효력이 국한된다.

---

191) 대법 97누 8960, 1998.9.18.

3-5. 부당행위계산부인 성립 여부는 거래가액이 확정되는 계약체결일 당시 기준으로 판단하는 반면, 실제 부당행위계산부인으로 과세하는 금액은 실제 거래 금액을 기준으로 산정한다.

그럼 어떤 기준과 비교하여 조세의 부담을 부당하게 감소시킨 것으로 판단하는 것일까?

법인세법에서는 특수관계 있는 자와의 거래에 있어서 법인의 부당한 행위 또는 계산은 정상적인 사인간의 거래, 건전한 사회통념 내지 상관행을 기준으로 판정한다[192].

여기서 "정상적인 사인간의 거래, 건전한 사회통념 내지 상관행"을 한마디로 표현하면 "시가"이다.

시가는 시간이 경과함에 따라 변동이 있을 수밖에 없는데 어느 시점을 기준으로 판단해야 하는 걸까?

국세청의 예규 등을 참고해 보면 "매매계약일 현재 동 주식의 거래가액이 확정된 경우에는 매매계약일 현재를 기준으로 '특수관계자'나 '시가' 등을 판단[193]"해야 한다.

예를 들어 법인이 주식을 콜옵션 계약일 당시에는 특수관계인이 아니었으나, 계약을 이행한 날에 특수관계인에 해당되는 경우 부당행위계산부인 적용대상인지 여부는 해당 콜옵션 계약일 현재를 기준으로 판단해야 한다[194].

여기서 중요한 단어는 '계약일'이 아니라 '거래가액이 확정'이다. 만일 계약이라는 행위 없이 바로 거래를 했다면 거래가액이 확정된 거래일 기준으로 부당행위 여부를 판단해야 한다.

소득세법 집행기준[195]에서도 "거주자와 특수관계 있는 자와의 거래가 부당한 행위에 해당하는지 여부는 거래 당시 즉 양도가액을 확정지을 수 있는 시점인 매매계약일을 기준으로 판단"하도록 되어 있는데, 소득세법상 부당행위부인을 판단하는 시점도 법인세법과 같다고 볼 수 있다.

---

192) 법인세법 기본통칙 52 – 87…1 제1항
193) 서이 46012 – 10282, 2003.2.7. 등 다수
194) 서면 – 2016 – 법인 – 5278, 2016.12.15.
195) 소득세법 집행기준 101 – 167 – 2 【부당행위 판단 기준일】

이에 반해 부당행위계산부인으로 실제 과세되는 금액은 실제 거래된 가액을 기준으로 계산한다. 실제 부의 이전이 발생하지도 않았는데 이에 대해 과세할 수는 없기 때문이다.

3-6. ① 자산의 고 · 저가 양수도 거래 및 ② 자산(금전 포함) 고 · 저가 대여거래에 대해서는 거래가액과 법인세법상 시가의 차이가 3억원 또는 시가의 5% 미만일 경우 부당행위계산부인이 적용되지 않는다.

특수관계자간 거래가액이 법인세법상 시가와 차이가 난다고 모두 부당행위계산부인으로 과세되는 것은 아니다.

다음의 4가지 거래유형 및 이에 준하는 거래유형의 경우 거래가액과 법인세법상 시가의 차이가 3억원 또는 시가의 5% 미만일 경우 부당행위계산부인이 적용되지 않는다[196].

- 자산을 시가보다 높은 가액으로 매입 또는 현물출자 받았거나 그 자산을 과대상각한 경우
- 자산을 무상 또는 시가보다 낮은 가액으로 양도 또는 현물출자한 경우. 다만, 주식매수선택권 등의 행사 또는 지급에 따라 주식을 양도하는 경우는 제외
- 금전, 그 밖의 자산 또는 용역을 무상 또는 시가보다 낮은 이율 · 요율이나 임대료로 대부하거나 제공한 경우
- 금전, 그 밖의 자산 또는 용역을 시가보다 높은 이율 · 요율이나 임차료로 차용하거나 제공받은 경우

상기 4가지 거래 유형을 요약하면 ① 자산의 고 · 저가 양수도 거래 및 ② 자산(금전 포함) 고 · 저가 대여거래가 된다.

참고로 상증세법에서는 고 · 저가 양수도 거래에 대해 거래가액과 상증세법상 시가의 차이가 3억원 또는 시가의 30% 미만일 경우 증여세를 과세하지 않는다[197].

해당 규정을 소개하는 것은 특수관계자간 작은 규모 거래 시 해당 규정을 알고 있으

---

196) 법인세법 시행령 제88조 제3항
197) 상증세법 제31조 제1항 제2호

면 의외로 유용하게 쓰이는 경우가 많기 때문이다.

예를 들어 계열사와 비상장주식을 양도할 경우 부당행위계산부인을 피하기 위해 어쩔 수 없이 상증세법상 평가액으로 거래를 하는 경우에도 최대한 본인 회사에 유리한 가격으로 거래를 할 수 있다.

다만, 거래가액과 법인세법상 시가가 만일 3억원이거나 시가의 5% 이상이어서 부당행위계산부인으로 과세되는 경우 거래가액과 법인세법상 시가의 차액에서 3억원 혹은 시가의 5%를 차감해 주지 않는다.

4. 세무진단 시 특수관계자간 거래와 관련하여 주목해야 할 포인트: ① 시가에 대한 견해 차이

4-1. 세무진단 시 특수관계자간 거래와 관련하여 주목해야 할 주요 포인트는 ① 시가에 대한 국세청과의 견해차이이다.

세무진단 시 특수관계자간 거래와 관련하여 납세자가 주안점을 가지고 대비해야 할 것은 ① 시가거래와 관련된 국세청과의 견해 차이 부분이다.

특수관계자간 거래에 있어 전체 금액 중 ① 시가거래 외의 금액은 전부 ② 부의 이전 거래로 간주되어 과세되므로 결국 ① 시가거래에 대한 과세위험 대비가 곧 ② 부의 이전 거래에 대한 과세위험 대비와 같은 의미이다.

납세자 입장에서는 시가로 거래한다고 한 거래도 특수관계자간 거래라는 "특수한 상황" 때문에 국세청은 시가에 대해 다른 견해를 가질 수 있다. 이런 시가에 대한 견해차이야 말로 납세자가 준비하고 대비해야 할 과세위험이다.

여기서 "특수한 상황"이란 특수관계자간 거래에 대해 보다 쉽게 과세할 수 있도록 되어 있는 세법규정과 은폐된 부의 이전 거래를 찾아내기 위한 국세청(세무공무원)의 노력 등이다.

4-2. 특수관계자간 거래에 대한 세무진단에서 주안점을 갖고 대비해야 할 것은 시가로 거래하였다는 소명자료이며, 시가 소명자료를 준비하기 위해서는 세무상 시가에 대한 개념을 올바르게 이해해야 한다.

특수관계자간 거래에 있어 세무상 시가 개념의 중요성은 아무리 강조해도 지나침이 없다.

결론부터 말을 하면 특수관계자간 거래에 대한 세무진단 시 납세자가 주안점을 갖고 준비해야 할 것은 시가로 거래하였다는 소명(설득)자료이다.

시가 소명자료를 준비하기 위해서는 세무상 시가에 대한 개념을 올바르게 이해해야 한다.

4-3. 별도의 정황이 없는 한 특수관계 없는 자간 거래가격은 시가로 인정되지만 특수관계자간 거래가격은 시가로 인정되지 않는 것이 원칙이다.

일반적으로 특수관계가 없는 자간의 거래는 별도의 다른 정황이 없다면 그 거래가액 자체가 시가로 인정되며 특수관계 없는 자간의 거래에 적용된 거래가액이 시가가 아니라는 입증책임은 국세청에 있다는 것이 법원의 입장이다[198].

반면, 특수관계자간 거래에 적용된 거래가액은 시가로 인정되지 않는 것이 원칙이다.

따라서 실행된 특수관계자간 거래에 적용된 거래조건이 세무상 시가와 일치해야 ① 시가거래와 관련된 과세위험이 없다고 할 수 있는데 납세자가 국세청을 상대로 특정 거래 조건이 세무상 시가라는 것을 입증(설득)하는 것이 실무적으로 쉽지 않다.

4-4. 거래형식이 일반적이지 않거나 합리적이지 않는 특수관계자간 거래에 대한 시가의 입증 책임은 납세자에게 있다.

거래 형식이 일반적이지 않거나 합리적으로 보이지 않는다면[199] 그 거래의 정당한 사유를 입증할 책임은 납세자에게 있다고 본다.

여기서 정당한 사유란 경제적 합리성이 있는 시가 거래에 해당함을 의미한다.

그런데 국세청이 문제를 삼는 특수관계자간 거래 자체가 거래형식이 일반적이지 않거나 합리적으로 보이지 않는 거래가 대부분일 것이므로 좀 더 극단적으로 얘기하면 납세자와 국세청간에 이견이 있는 특수관계자간 거래에 대한 시가의 입증책임은 납세자에게 있다는 것과 동일한 결론에 이른다.

당연히 입증책임이 있는 측이 불리할 수밖에 없다.

이러한 차이 때문에 특수관계자간 거래는 제3자간의 거래보다 훨씬 과세위험이 높아지게 된다.

---

198) 대법원 2003두12493, 2004.10.27. 등 다수
199) 서울행법 2008구합25401, 2009.2.6. 판결문 중 일부 발췌: 과세처분의 위법을 이유로 그 취소를 구하는 행정소송에 있어 처분의 적법성 및 과세요건사실의 존재에 관하여는 원칙적으로 과세관청인 피고가 그 입증책임을 부담하나, 경험칙상 이례에 속하는 특별한 사정의 존재에 관하여는 납세의무자인 원고에게 입증책임 내지는 입증의 필요가 돌아가는 것

4-5. 각 세법상 시가 규정은 상증세법상 시가 규정을 대부분 준용하고 있다. 다만, 법인세법에서는 상장주식, 금전대차, 자산의 임대차, 건설 기타 용역 제공 등 거래에 대한 시가를 별도의 규정을 두고 있다.

시가 규정 역시 특수관계 범위 규정과 마찬가지로 각 세법별로 별도의 규정을 두고 있다.

각 세법상 시가 근거 규정과 각 세법간 시가 규정간의 관계를 요약하면 다음과 같다.

	시가 근거 규정 및 타 세법 준용 여부
법인세법	• 법인세법 시행령 제89조 • 상장주식, 금전대차, 자산의 임대차, 건설 등 용역 제공에 대한 시가는 별도 규정 • 이 외 대부분은 상증세법상 시가 규정을 준용하고 있거나 유사하게 규정함
소득세법(양도소득세 제외)	• 소득세법 시행령 제98조 제3항 및 제4항 • 법인세법상 시가 규정을 대부분 준용함 • 합병, 증자, 감자 등 자본거래에 대한 시가는 법인세법 시가 규정을 준용하지 않음[*]
(양도)소득세법	• 소득세법 시행령 제167조 제5항 • 상증세법상 시가 규정을 대부분 준용하고 있음
상증세법 평가규정	• 상증세법 제60조~제66조 • 상증세법 시행령 제49조 ~제63조 • 상증세법 시행규칙 제15조~제19조의 4
부가가치세법	• 부가가치세법 시행령 제62조 • 법인세법 및 소득세법(양도소득세 제외) 시가 규정 준용하고 있음

(*) 소득세법에서 합병, 증자, 감자 등 자본거래에 대한 시가는 법인세법 시가 규정을 준용하지 않는 이유은 해당 거래로 인해 손해를 보더라도 소득세가 감소하는 경우가 발생하지 않기 때문임. 반면, 합병 등으로 이득을 보는 경우는 배당소득(의제 배당)으로 과세될 수 있음

상기 요약 표에서 보듯이 세법에서는 상증세법상 시가(평가) 규정을 기본으로 하여 타 세법의 시가 규정은 대부분 상증세법상 시가(평가) 규정을 준용하고 있다.

소득세법 및 부가가치세법상 시가 규정은 명시적으로는 법인세법상 시가 규정을 준용하라고 규정되어 있지만 결국 법인세법 시가 규정이 상증세법상 시가 규정을 많이 준용하고 있어 실질적으로 각 세법상 시가 규정은 대동소이하다.

다만, 법인세법에서는 상장주식, 금전대차, 자산의 임대차, 건설 기타 용역 제공 등 거래에 대한 시가는 별도 규정하고 있어 이러한 거래에 대해서는 각 세법별로 시가가 다를 수 있다.

4-6. 하나의 거래에 대해 두 가지 이상의 세법에 따라 부당행위계산부인(증여의제 포함)이 적용되는 경우 과세되는 세목에 따라 해당 세법상 시가 규정을 각각 적용하는 것이 원칙이다.

특수관계 있는 자간의 거래에 대해 어느 세법상의 시가 규정을 적용해야 하는지에 대한 원칙도 특수관계 범위와 동일하다. 즉, 과세되는 세목에 따라 해당 세법상 시가 규정을 적용하는 것이 원칙이다.

예를 들어 특수관계 있는 법인과 개인간에 상장주식 거래를 하여 법인에게 법인세법상 부당행위계산부인이 적용되고, 개인에게는 상증세법에 따른 증여의제가 적용되어 과세될 수 있는 상황이 발생하였다고 하자.

이런 경우 법인은 법인세법상 상장주식 시가 규정에 따라 그 거래일의 한국거래소 최종시세가액[200]을 시가로 보아 과세하고, 개인은 상증세법상 상장주식 시가 규정에 따라 평가기준일(거래일) 이전·이후 각 2개월 동안의 한국거래소 최종시세가액 평균액을 시가로 보아 각각 과세하는 것이 원칙이다.

4-7. 특수관계 있는 법인과 개인이 재산 등을 시가로 거래하여 법인세법에 따른 부당행위계산부인 규정이 적용되지 않는 경우 동일한 거래에 대해 양도소득세에 대한 부당행위계산부인 및 저가·고가양도에 따른 이익의 증여규정(증여세)도 적용되지 않는다.

그런데 이런 원칙만을 적용하다 보면 특수관계 있는 법인과 개인간에 거래를 할 경우 두 당사자는 시가로 거래를 하려고 했음에도 불구하고, 세법별 시가 규정의 차이 때문에 한쪽 당사자에게 부당행위계산부인 또는 증여의제로 세금(법인세 또는 소득세 또는 증여세)이 추징되는 경우가 발생할 수 있다.

---

200) 법인세법 시행령 제89조 제1항

예를 들어 A회사(법인)가 특수관계 있는 개인 갑에게 거래일의 한국거래소 최종시세가액으로 상장주식을 양도하는 거래를 한 경우로서 평가기준일(거래일) 이전·이후 각 2개월 동안의 한국거래소 최종시세가액 평균액이 1억 2천만원이고, 거래일의 한국거래소 최종시세가액이 1억원이라고 가정해 보자.

A회사는 법인이므로 상장주식 거래에 대한 시가는 거래일의 한국거래소 최종시세가액인 1억원이고, 해당 시가로 거래를 했으므로 부당행위계산부인이 적용되지 않는다.

반면, 개인 갑은 특수관계자로부터 주식을 취득하였으므로 만일 시가보다 저가로 취득하였다면 상증세법 제35조(저가 양수 또는 고가 양도에 따른 이익의 증여)에 따라 갑에게는 증여세가 과세될 수 있다.

상증세법에서는 평가기준일(거래일) 이전·이후 각 2개월 동안의 한국거래소 최종시세가액 평균액인 1억 2천만원을 그 거래의 시가로 보는데, 갑은 특수관계 있는 A회사로부터 1억원에 주식을 매입했기 때문에 2천만원만큼 A회사로부터 부를 증여 받았다고 볼 수 있다.

즉, A회사와 갑은 시가로 거래한다고 했는데 세법간의 시가 규정 차이 때문에 갑에게 증여세가 과세될 수 있는 상황이 된 것이다.

또 다른 예를 들어 보면, 상기와 같은 상황에서 B회사가 특수관계 있는 을주주(대주주)에게 그 거래일의 한국거래소 최종시세가액인 1억원에 상장주식을 매입하는 거래를 한 경우를 생각해 보자.

이 경우에도 B회사는 법인세법상 시가로 거래를 했으므로 부당행위계산부인 규정이 적용되지 않는다.

반면, 을주주는 시가가 1억2만원(거래일 이전·이후 각 2개월 동안의 한국거래소 최종시세가액 평균액)인 주식을 특수관계자 B회사에게 2천만원만큼 저가로 양도(양도가액 1억원)하였으므로 을주주에게는 (양도)소득세법에 따른 부당행위계산부인 규정이 적용될 수 있다.

그런데 상기와 같이 거래 당사자는 시가로 거래를 하려고 했으나 세법 간의 시가 규정의 불일치로 인해 불가피하게 부당행위계산부인이 적용되어 추징되는 것은 뭔가 부당행위계산부인 규정 취지에도 맞지 않고 납세자에게 불필요한 납세 부담을 지우는 것으로 보인다.

그리고 일반 납세자에게도 불합리한 과세로 느껴질 가능성이 높으므로 다분히 납세자의 민원도 많이 발생했을 것으로 짐작된다.

이러한 세법 간의 시가 규정의 불일치에 따른 불합리한 과세를 방지하고자 소득세법과 상증세법 집행기준에서는 법인과 개인간의 재산을 양수도 하는 거래에 있어 법인세법상 시가에 따라 거래를 하여 동법의 부당행위계산부인 규정이 적용되지 않는 경우 양도소득세에 대한 부당행위계산부인 규정 및 저가·고가양도에 따른 이익의 증여규정을 적용하지 않고 있다[201].

다만, 거짓 그 밖의 부정한 방법으로 양도소득세 또는 증여세를 감소시킨 것으로 인정되는 경우 양도소득세에 대한 부당행위계산부인 규정 또는 저가·고가양도에 따른 이익의 증여규정을 적용할 수 있다.

---

201) 소득세법시행령 제167조 제6항, 상증세법 집행기준 35-26-3

⑤ 법인세법상 시가와 공정가치의 비교

5-1. 법인세법상 시가는 이른바 공정가치와는 다른 개념이다.

법인세법상 시가와 별도로 공정가치(Fair value) 혹은 공정가액이라는 용어가 있다.

공정가치는 "거래당사자 모두가 합리적이며 관련되는 사실에 대해 적당한 지식을 가지고 있음"을 전제로 하여 "합리적 거래를 전제로 다른 당사자간 자산이 거래될 수 있는 가격"을 의미한다.

용어의 정의로만 보면 법인세법상 시가와 공정가치가 유사해 보이지만 실무상 두 용어는 다른 개념으로 사용되고 있다.

법인세법상 시가는 특수관계자간 거래와 동일한 혹은 유사한 타인의 거래를 전제로 하는 반면에 공정가액은 타인의 거래보다는 거래당사자간 특정 상황을 고려하여 거래 가능한 교환가치에 중점을 둔 개념이다.

이러한 차이의 근본적인 원인은 법인세법상 시가는 과세의 형평성을 위해 누구에게라도 적용될 수 있고, 확인될 수 있는 객관적 거래요소에 근거하여 그 가액을 산출하려 하지만, 공정가액은 거래 당사자가 향후 실제 거래할 수 있도록 주관적[202]·객관적 거래 요소를 모두 고려하여 거래할 수 있는 교환가치를 산출하기 때문이다.

따라서 양수자의 주관적인 의지에 따라 특정 재화 혹은 사업부의 공정가액은 달라질 수 있지만 법인세법상 시가는 달라지지 않는다.

간혹 "물건의 시가는 바라보는 사람에 따라 다르다"고 말하는 분들이 있는데 "물건의 공정가액은 바라보는 사람에 따라 다르다"고 말하는 것이 보다 정확한 용어선택이라 할 수 있다.

일반적으로 공정가액이 법인세법상 시가보다는 포괄적 개념으로 이해되고 있다.

공정가치 산출 시 고려되는 거래 당사자의 특정 상황, 시너지 효과 등과 같은 요소를 법인세법상 시가에서는 고려하지 않고 있기 때문이다.

---

202) 예를 들어 공정가치를 산출할 경우 양수자의 양수 후 사업계획 등과 같은 주관적 요소가 공정가치에 영향을 크게 미친다.

공정가치와 법인세법상 시가의 차이점을 정리하면 다음과 같다.

〈공정가치와 법인세법상 시가의 차이점 정리〉

	공정가치	법인세법상 시가
거래 당사자의 특수한 상황	고려	고려되지 않음[*]
시너지 효과	고려	고려되지 않음
Cannibalization (자기 시장 잠식 효과)	고려	고려되지 않음
양수자의 향후 사업계획과 추진 의지	고려	고려되지 않음
가격의 양 당사자에 대한 공정성 여부	거래당사자 모두에게 공정한 가격이어야 함	가격이 거래당사자에게 공정(fair)할 것을 요구하지 않음

(*) 조세불복 단계에서 개별 거래 사안별로 세무상 시가 산정 시 거래 당사자의 특수관 상황이 고려(경제적 합리성, 거래의 정당한 사유, 불가피한 사유 등)되기도 함

예를 들어 A회사가 B회사의 C사업부를 인수하려고 하는데, C사업부의 순자산을 지금 당장 시장에 내다 팔면 100억원 받을 수 있고, 해당 100억원은 C사업부의 미래현금 가치와 일치한다고 가정해 보자.

A회사는 C사업부를 인수하여 자신의 기존 사업과 연계할 경우 추가적으로 10억원의 추가 수익을 얻을 수 있다.

이런 경우 C사업부의 법인세법상 시가는 100억원, B회사가 평가하는 C사업부의 공정가치는 100억원, A회사가 평가하는 C사업부의 공정가액은 100억원 ~ 110억원이 될 것이다.

그리고 C사업부의 매매가격은 100억원과 110억원 사이에서 A회사와 B회사가 협의하여 결정될 가능성이 높다.

5-2. 조세심판원과 법원에서는 법인세법상 시가를 객관적 교환가치로 해석하고 있어 객관적으로 확인될 수 있는 거래당사자의 특수한 상황이 고려되기도 한다.

조세심판원이나 법원 단계에서는 법인세법상 시가를 객관적 교환가치로 해석하고

있어 특수관계자간 개별거래에 대한 법인세법상 시가를 판단할 때 거래당사자의 구체적 상황을 고려해야 한다는 입장이다.

따라서 조세불복 과정에서는 법인세법상 시가에 객관적으로 확인될 수 있는 거래당사자의 특수한 상황이 고려되기도 하여 법인세법상 시가와 공정가치의 개념차이는 조금 줄어들 수 있다.

> "일반적으로 시가라 함은 정상적인 거래에 의하여 형성된 객관적 교환가격을 말하는 것으로 어떠한 거래가 <u>그 거래대상의 객관적인 교환가치를 적정하게 반영하는 일반적이고 정상적인 거래인지 여부는 거래당사자들이 각기 경제적인 이익의 극대화를 추구하는 대등한 관계인지, 거래당사자들이 거래 관련 사실에 관하여 합리적인 지식이 있으며 자유로운 상태에서 거래를 하였는지 등 거래를 둘러싼 제반 사정을 종합적으로 검토하여 결정하여야 하므로</u>, 특수관계자와의 거래라 하더라도 위와 같은 제반 사정을 고려하여 객관적 교환가치가 적정하게 반영된 정상적인 거래라고 판단되면 그 거래가격을 시가로 보아야 한다[203]."

상기 긴 문장을 한 단어로 줄여서 흔히 "경제적 합리성"이라는 표현을 쓴다.

즉, 거래당사자간 객관적 교환가치로 이루어진 거래를 경제적 합리성이 있는 거래라고 하며, 이러한 경제적 합리성이 인정되는 거래는 부당행위계산부인 규정이 적용되지 않는다.

5-3. 조세심판원이나 법원도 양도자 혹은 양수자의 주관적 의지는 법인세법상 시가에 개입될 여지가 없다는 입장이다.

그러나 조세심판원이나 법원 역시 양도자 또는 양수자의 주관적 의지는 법인세법상 시가에 개입될 여지가 없다는 입장이다[204].

거래당사자의 주관적 의지가 반영된 거래가액은 객관적 교환가치 개념에 부합하지 않기 때문이다.

또한 법인세법상 시가를 산정함에 있어 "개별 거래의 특수한 상황을 고려"하는 것은

---

203) 대법원 2007.1.11. 선고, 2006두17055 판결, 조심 2013중2120, 2013.6.20., 조심 2011서1687, 2012.7.17.
204) 대법 92누 9913, 1993.2.12.

개별 거래별로 판단해야 하며, 거래당사자의 특수한 상황을 고려하는 범위도 공정가치만큼 포괄적으로 인정되는 것은 아니라는 것에 주의해야 하다.

5-4. DCF 평가액은 회계처리 목적상 공정가치로 인정되며, 상증세법상 평가액은 매매사례가액이 없는 경우 법인세법상 시가로 인정된다.

간혹 실무를 하다 보면 특수관계자간 비상장주식 거래를 하기 전에 거래 대상 비상장주식에 대해 DCF법[205] 및 상증세법에 따라 동시에 2가지 평가방법으로 평가를 하는 경우가 간혹 있다.

통상 DCF법으로 평가한 가액(이하 "DCF 평가액")은 회계처리 목적상 공정가치로 인정되며, 상증세법상 평가방법에 따른 평가액(이하 "상증세법상 평가액")은 매매사례가액이 없는 경우 법인세법상 시가로 인정된다.

즉, DCF 평가액은 회계상 회계처리 혹은 거래(예정)가액으로 사용할 목적으로 평가하는 것이고, 상증세법상 평가액은 법인세법상 부당행위계산부인에 해당하는지 여부를 검토하기 위한 목적으로 평가한다.

5-5. 특수관계자간 비상장주식의 거래가액을 정하는 경우 형법상 배임 이슈를 피할 목적으로는 공정가액으로 거래를 하고, 부당행위계산부인 과세위험을 낮출 목적으로는 상증세법상 평가액으로 거래를 한다.

통상 회사에서 특수관계자간 비상장주식의 거래가액을 정하는 경우 형법상 배임 이슈를 피할 목적으로는 공정가액으로 거래를 하고, 부당행위계산부인 과세위험을 낮출 목적으로는 상증세법상 평가액으로 거래를 한다.

배임 이슈와 부당행위계산부인 과세위험을 최소화할 목적으로 공정가액(DCF 평가액)으로 거래하고 법인세 신고 시 거래가액(DCF 평가액)과 상증세법상 평가액의 차이를 부당행위계산부인 규정에 따라 세무조정하여 법인세를 신고·납부하는 경우도 있다.

---

205) 현금흐름할인법: 실무적으로는 현금흐름할인법을 포함한 객관적이라고 인정받는 평가방법으로 평가한 평가액은 공정가치로 인정받고 있다.

5-6. 상증세법상 평가액이 DCF 평가액 구간에 포함되는 경우(Case1.) 및 상증세법상 평가액이 DCF 평가액 구간에서 벗어난 경우(Case2.) 각각 배임 이슈 및 부당행위계산부인 과세위험을 최소화할 수 있는 거래방법

DCF 평가액은 일정 구간으로 산출되는 반면에 상증세법상 평가액은 단일의 값으로 산출된다.

이러한 차이로 인해 상증세법상 평가액이 DCF 평가액 구간에 포함되는 경우(Case1.)도 있고 상증세법상 평가액이 DCF 평가액 구간에서 벗어난 경우(Case2.)도 있다.

Case1. 및 Case2.별로 각각 배임 이슈 및 부당행위계산부인 과세위험을 최소화할 수 있는 거래방법은 다음과 같다.

5-6-1. Case1. 상증세법상 평가액이 DCF 평가액 구간에 포함되는 경우

예를 들어 어떤 비상장주식에 대한 DCF 평가액이 10억원~11억원으로 산출되고 상증세법상 평가액은 10억 3천만원인 경우다.

이 경우 해당 비상장주식을 특수관계자에게 10억 3천만원 양도하는 경우에는 별다른 세무처리를 할 필요 없이 배임 이슈와 부당행위계산부인 과세위험을 회피할 수 있다.

5-6-2. Case2. 상증세법상 평가액이 DCF 평가액 구간을 벗어난 경우

예를 들어 어떤 비상장주식에 대한 DCF 평가액이 10억원~11억원으로 산출되었으나 상증세법상 평가액은 7억원인 경우다.

이런 경우에는 DCF 평가액으로 거래를 할 경우에는 부당행위계산부인 규정이 적용될 수 있고 상증세법상 평가액으로 거래를 할 경우에는 배임 이슈가 발생할 수 있다.

이러한 상황의 경우 배임 이슈 발생 가능성이 높지 않다고 예상하는 소규모 비상장회사는 부당행위계산부인 과세위험을 최소화하고자 상증세법상 평가액인 7억원으로 거래를 하는 경우가 많다.

반대로 동일한 상황이라도 배임 이슈 위험이 회사에 미치는 영향이 더 크다고 판단하는 회사는 DCF 평가액 구간인 10억원~11억원 중 임의의 가격으로 거래를 하고 부당행위계산부인 과세위험을 회피하고자 실제 거래가액과 상증세법상 평가액과의 차이 금액을 세무조정한다.

예를 들어 상기 상황에서 만일 해당 비상장주식을 특수관계자에게 10억원(DCF 평가액)에 양도하는 경우 양도하는 회사는 세무조정이 필요하지 않지만 양수한 회사는 부당행위계산부인 과세위험을 회피하기 위해서는 상증세법상 평가액인 7억원을 초과하여 지급한 3억원에 대하여 손금산입(유보) 및 손금불산입(기타사외유출)의 세무조정이 필요하다.

손금산입된 유보는 양수한 법인이 향후 비상장주식을 양도하는 사업연도에 손금불산입 유보로 세무조정되어 과세금액을 증가시키게 된다.

5-7. 특수관계자간 비상장주식을 DCF법 평가액으로 거래하여 추가 세무조정을 한 사례

사실관계

- C회사와 D회사는 법인세법상 특수관계자에 해당함
- C회사와 D회사는 C회사가 보유하고 있던 갑주식을 매매하기로 함
- 갑주식의 DCF 평가액은 10억원~11억원이고 상증세법상 평가액은 15억원임
- C회사는 D회사에게 갑주식을 11억원에 매각함

부당행위계산부인 과세위험을 낮추기 위한 추가 세무조정

C회사 입장에서는 특수관계자에게 비상장주식을 저가 매도를 한 것이고, D회사 입장에서는 저가 매수를 한 것이다.

해당 거래를 이행한 후 부당행위계산부인 과세위험을 회피하기 위해서는 C회사에 다음과 같은 세무조정 필요하다.

- C회사(양도자): 4억원 손금불산입(기타사외유출)

반면, D회사는 C회사로부터 갑주식을 저가로 매입하였다 하더라도 이로 인해 D회사의 법인세가 부당히 감소되지 않는다. 향후 D회사가 갑주식을 처분할 때 저가차액인 4억원만큼 양도차익이 더 발생하여 법인세가 발생하기 때문이다[206].

---

206) 이와 유사한 상황으로 특수관계자인 개인으로부터 유가증권을 시가보다 낮은 가액으로 매입하는 경우 시가와 그 매입가액의 차액에 상당하는 금액을 익금산입한다(법인세법 제15조 제2항 제1호) 그러나 해당 과세는 부당행위계산부인에 따라 과세되는 것이 아니며, 익금과세된 금액은 향후 처분시 손금으로 인정되므로 단순히 과세시기를 취득시점으로 앞당긴 것에 불과하다.

6 법인세법상 시가: 각자의 이익극대화를 위해 합의한 거래조건

6-1. 법인세법상 시가의 정의 및 거래유형별 시가

법인세법상 시가의 정의[207]는 다음과 같다.

> 건전한 사회 통념 및 상거래 관행과 특수관계인이 아닌 자 간의 정상적인 거래에서 적용되거나 적용될 것으로 판단되는 가격(요율·이자율·임대료 및 교환 비율과 그 밖에 이에 준하는 것을 포함하며, 이하 이 조에서 "시가"라 함)

또한 일부 거래 유형에 대해서는 구체적 시가를 명시하고 있다[208].

〈법인세법에 열거된 거래유형별 시가 요약〉

거래유형	시가
① 주권상장법인이 발행한 주식을 한국거래소에서 거래한 주식	거래일의 한국거래소 최종시세가액(종가)
② 금전의 대여 또는 차용	가중평균차입이자율 또는 당좌대출이자율
③ 자산(금전 제외) 또는 용역의 제공	(자산 시가의 50%−보증금)×정기예금이자율
④ 건설 기타 용역을 제공하거나 제공받는 경우	용역 원가(직접비·간접비 포함) × (1+수익률)

6-2. 시가가 불분명한 경우 (간주)시가의 적용 순서: ① 매매사례가액, ② 감정평가액, ③ 상증세법상 보충적 평가액

시가가 불분명한 경우에는 ① 매매사례가액, ② 감정평가액(단, 주식은 제외), ③ 상증세법상 보충적 평가방법에 따른 평가액(이하 "상증세법상 보충적 평가액")을 순차적으로 적용한다.

법인세법에서는 "해당 거래와 유사한 상황에서 해당 법인이 특수관계인 외의 불특정 다수인과 계속적으로 거래한 가격 또는 특수관계인이 아닌 제3자간에 일반적으로 거래

---

207) 법인세법 제87조 제2항
208) 법인세법 시행령 제89조 제1항, 제3항, 제4항

된 가격에 따른다"라고 규정하고 있는데 통상 이를 ① 매매사례가액이라고 한다.

매매사례가액의 정의는 시가의 정의와 거의 동일하게 느껴진다. 실무에서는 ② 감정평가액과 ③ 상증세법상 보충적 평가액을 간주 시가라 하기도 하고, 시가와 매매사례가액은 같은 의미로 사용되는 경우도 종종 있다.

② 감정평가액은 감정평가업자(감정평가법인 포함)의 감정가액을 의미한다.

상속세 및 증여세 과세 목적으로 재산의 평가하는 방법을 상증세법 제60조부터 제66조까지 규정하고 있는데, 법인세법 시가 규정에서 준용하고 있으며 통상 이를 ③ 상증세법상 보충적 평가액이라 부른다.

6-3. 시가 여부를 판단하는 경우 단순히 거래 가격만을 고려하는 것이 아니라 회사 소득금액에 영향을 미칠 수 있는 모든 거래조건을 포괄적으로 고려해야 한다.

법인세법상 시가 또는 매매사례가액의 정의를 보면 단지 거래 가격에 한정하여 시가를 적용하는 것처럼 규정되어 있다.

그러나 실무상 대금 회수기간의 차이, 이행보증보험료 부담의 차이, 심지어 용역제공인원의 식사 등의 제공 차이로 인해 제3자간 거래에 비해 소득금액이 부당히 감소하였다면 국세청은 부당행위계산부인으로 과세를 하고 있다.

즉, 시가 여부를 판단하는 경우 단순히 거래 가격만을 보는 것이 아니라 특수관계자 거래와 관련하여 당해 회사 소득금액에 영향을 미칠 수 있는 모든 거래조건을 포괄적으로 고려하여야 한다.

특수관계자에 대한 거래조건과 제3자에 대한 거래조건 차이로 인하여 소득금액이 감소하였다면 부당행위계산부인으로 과세되는 것이 부당행위계산 규정의 제정 취지에도 부합한다.

즉, 특수관계자에 대한 거래조건과 제3자에 대한 거래조건의 차이가 있어 그 회사의 소득금액이 감소하였다면 부당행위계산부인으로 과세가 될 수 있다는 의미이다.

예를 들어 A회사가 일반 거래처에 대한 매출대금은 매출 후 30일 시점에 회수를 하고, 특수관계가 있는 B회사에 대한 매출대금은 매출 후 90일+ @ 시점에 회수를 하고 있다면 두 회사 간의 대금회수 기간 차이로 인해 A회사의 소득금액이 낮아진 금액만큼 A회사는 B회사에게 금융비용을 보조해 준 것으로 간주될 수 있다.

만일 A회사가 B회사로부터 매출(시가로 거래) 후 30일 시점에 대금을 회수하여 대여를 했다면 이자수익이 발생하였거나 차입금을 상환하여 이자비용이 감소했을 거라는 것이 세법의 시각이다.

해당 금융비용의 보조 거래는 A회사의 정상적인 사업활동으로 볼 수 없으므로 이자수익 감소 및 이자비용의 증가로 A회사의 소득금액 및 법인세가 부당히 감소된 것으로 보아 부당행위계산부인 규정이 적용될 수 있다.

6-4. 대금 회수 조건의 차이로 인해 부당행위계산부인으로 과세된 사례

사실관계

- C회사는 화학 원재료를 가공하여 거래처에 납품하고 있음
- 거래처 중에는 C회사와 특수관계가 있는 D회사도 포함되어 있음
- D회사를 제외한 다른 일반 거래처(이하 "일반 거래처")는 C회사와 특수관계가 성립하지 않음
- 일반 거래처의 경우 매입일에 30일 어음으로 매입대금을 지급하고 있음
- D회사의 경우 매입일에 90일 어음으로 매입대금을 지급하고 있으며, 실제 회수기간은 어음 기간보다 지연되는 경우가 가끔 발생함
- 만일 C회사가 D회사의 실제 대금 회수기간 중 30일을 초과하는 기간에 대하여 금전소비대차로 전환한 것으로 가정할 경우 2019년 발생 인정이자 익금산입액은 1억원이며 관련 지급이자 손금불산입액은 8천만원임

과세위험

C회사가 D회사으로부터 일반 거래처에 비해 늦게 대금을 회수한 특별한 사정이 없다면 2019년 C회사는 D회사에게 유동성을 보조해준 거래로 인하여 감소한 소득금액

상당액(인정이자 익금산입 및 지급이자손금불산입)에 대해 법인세가 과세될 수 있다.

〈세무조사 시점에 적출될 경우 C회사에 대한 과세액 추정〉

만일 상기 과세위험이 세무조사 시점에 적출될 경우 C회사에 대한 과세 추정액은 다음과 같다.

(단위: 원)

세목	구분	과세 추정액	계산내역
법인세	본세	39,600,000	$(100,000,000+80,000,000) \times 22\%$
	신고불성실 가산세	3,960,000	$39,600,000 \times 10\%$
	납부불성실 가산세	13,008,600	$39,600,000 \times 1,095$일 $\times 3/10,000$
	합계	56,568,600	

6-5. 국세청 단계에서 특수관계자간 거래에 대한 법인세법상 시가를 판단할 경우 거래당사자의 개별 상황이 고려되는 경우는 많지 않다.

국세청 단계에서 부당행위계산부인이 쟁점이 되는 경우 거래당사자의 개별 상황이 거래조건에 영향을 미치지 않는다고 간주해 버리고 타사의 매매사례, 감정가액, 상증세법상 보충적 평가액 등과 같이 눈에 보이는 시가순서를 기계적으로 적용하여 과세하는 경우가 많이 있다.

이는 국세청 담당 세무공무원도 수행한 담당 업무에 대해 내부 감사를 받게 되는데 특수관계자간 거래에 대해 거래당사자의 개별 상황이 거래조건에 영향을 준다는 이유로 눈에 보이는 시가(타사의 매매사례, 감정가액, 상증세법상 보충적 평가액 등)와 다른 가액으로 거래를 했음에도 불구하고 부당행위계산부인으로 과세를 하지 않으면 이에 대해 내부 감사 시 담당 세무공무원이 납세자의 입장이 되어 소명을 해야 하는 경우가 발생할 수도 있기 때문이다.

담당 세무공무원이 납세자의 입장이 되어 거래당사자의 특정 상황이 거래조건에 영향을 미쳤고, 해당 영향으로 특수관계자간 거래가액이 시가에 해당한다고 소명하는 것이 손쉬울 리가 없으므로 국세청 담당 세무공무원은 일단 눈에 보이는 시가와 다른 가액으로 거래한 특수관계자 거래에 대해서는 일단 부당행위계산부인으로 과세를 하려는 경향이 있다.

즉, 일단 과세를 하면 납세자가 조세불복을 하여 시가의 적정성을 조세심판원이나 법원이 판단해 주던지 아니면 납세자가 조세불복을 하지 않는다면 과세로 업무가 종결된다.

이런 이유 때문에 국세청 단계에서 특수관계자간 거래에 대한 시가를 판단할 경우 거래당사자의 개별 상황이 고려되는 경우는 그리 많지 않다.

6-6. 부당행위계산부인 과세에 대한 조세불복 시, 해당 거래조건의 경제적 합리성이 성패를 좌우하는 경우가 많으며, 거래조건의 경제적 합리성을 판단할 때 거래당사자의 개별 상황을 국세청 단계에 비해 폭넓게 인정해 주는 경향이 있다.

부당행위계산부인 과세에 대해 조세불복을 하게 되면 해당 거래조건의 경제적 합리성이 조세불복의 성패를 좌우하는 경우가 많다.

조세심판원 및 법원은 경제적 합리성이 있는 거래인지에 따라 부당행위계산부인 과세에 대한 적법성을 판단하는 경우가 많은데 특수관계자간 거래가 경제적 합리성이 있었는지를 판단할 때 거래당사자의 개별적인 특수한 상황을 국세청 단계보다는 폭넓게 인정해 주는 경향이 있다.

이와 관련된 조세심판원 및 법원이 입장을 정리하면 다음과 같다.

- 부당행위계산부인 규정은 거래의 불가피성을 고려하여 판단[209]
- 경제적 합리성은 특정의 행위가 행하여진 경제적 상황에서 그 행위자가 의도한 경제적 목적을 달성하기 위하여 그 행위를 선택한 것이 정상적 경제인의 관점에서 볼 때 부자연스럽거나 불합리하지 않은 것[210]
- 부당행위를 판단하기 위해서는 비특수관계자 간의 거래가격, 거래 당시의 특별한 사정 등도 고려[211]

---

209) 국심 2005전 735, 2005.7.14.
210) 대법원 1990.5.11., 선고 89누8095 판결, 대법원 2007.12.13., 선고 2005두14257 판결
211) 대법원 2010.5.13., 선고 2007두14978 판결, 대전지방법원 2014.5.21., 선고 2013구합100339 판결

- 거래 대가가 시가와 차이가 난다는 이유로 곧바로 부당행위계산부인에 해당한다고 판단할 수 없고, 경제인의 입장에서 볼 때 부자연스럽고 불합리한 행위계산을 함으로 인하여 경제적 합리성을 무시하였다고 인정되는 경우에 한하여 부당행위계산부인에 해당[212]
- 특수관계자와 비특수관계자의 식용칼슘 판매단가의 차이에 대하여 부당행위계산부인을 적용한 과세관청의 주장에 대해 식용칼슘을 판매함에 있어 거래의 장기성, 거래수량, 물류비, 대금지급조건, 대손의 위험성 등을 감안하여 거래처별로 판매단가에 차등을 두었던 것으로 이는 일반 사기업의 상관행상 어긋남이 없으므로 부당행위계산에 해당하지 않음[213]
- 해당 거래행위의 대가관계만을 따로 떼어 내어 단순히 특수관계인이 아닌 자와의 거래에서는 통상 행해지지 않는다고 하여 바로 이에 해당된다고 볼 것이 아니라, 거래행위의 제반 사정을 구체적으로 고려하여 당해 거래행위가 건전한 사회통념이나 상관행상 경제적 합리성을 결여하였는지 여부에 따라 판단[214]
- 부당행위계산의 부인은 경제인의 입장에서 볼 때 부자연스럽고 불합리한 행위계산을 함으로 인하여 경제적 합리성을 무시하였다고 인정되는 경우에 적용되는 것으로, 거래행위의 제반 사정을 구체적으로 고려하여 그 행위가 건전한 사회통념이나 상관행에 비추어 경제적 합리성을 결한 비정상적인 것인지 여부에 따라 판단[215]

6-7. 거래상당방이 특수관계자인지 여부에 관계없이 거래 당사자가 경제적으로 합리성이 있는 거래를 하였다면 세무상 불이익을 받아서는 안된다. 그것이 부당행위계산부인 규정이라고 예외는 아니다.

특수관계자간 거래의 시가 얘기하다가 갑자기 경제적 합리성을 언급하는 자체가 뚱딴지 같은 소리처럼 들릴 수 있다.

그런데 앞서 얘기한 바와 같이 세법 관련 사회통념의 기저에는 거래 또는 행위 당시 사회통념상 당연한 행위 또는 합리적 거래로 인해 조세상 불이익을 받아서는 안된다는

---

212) 대법원 1990.5.11., 선고 89누8095 판결, 대법원 2000.11.14., 선고 2000두5494 판결, 대법원 2010.10.28., 선고 2008두15541 판결, 대전지방법원 2014.5.21., 선고 2013구합100339 판결 등 다수
213) 국심 2004전2968, 2005.3.14.
214) 대법원 1997.5.28., 선고 95누18697 판결
215) 조심 2017중2657, 2017.10.16.

개념이 깔려 있다.

"거래 또는 행위 당시 사회통념상 당연한 행위 또는 합리적 거래"를 짧게 줄여 경제적 합리성이라 부른다.

이를 부당행위계산부인 규정에 적용해 보면 "거래상당방이 특수관계자인지 여부에 관계없이 거래 당사자가 경제적 합리성이 있는 거래를 하였다면 세무상 불이익을 받아서는 안된다"는 것이다. 그것이 부당행위계산부인 규정이라고 예외는 아니다.

속된 말로 "이 거래를 하면 나한테 이익인데 너라면 그 상황에서 거래 상대방이 특수관계자라고 이 거래를 안 했겠냐?"는 것이다.

객관적으로 입증되는 경제적 합리성(객관적 교환가치)은 해당 거래를 하는 것이 거래당사자에게 이익이라는 점에서 법인세법 시가의 정의와 일맥상통한다.

6-8. 경제적 합리성을 판단할 때 가장 큰 고려요소는 거래당사자 본인의 이익극대화를 위한 거래 조건이었는지 여부다.

경제적 합리성을 판단할 때 가장 큰 고려요소는 거래당사자 본인의 이익극대화를 위한 거래 조건이었는지 여부다.

관련된 조세심판원 및 법원의 사례를 몇 가지를 소개하면 다음과 같다.

- 공장가동률을 최대한으로 유지하여 자사의 이익을 극대화할 필요성이 있음을 이유로 서로 가격할인 및 용도별할인을 적용하기로 합의할 필요성이 있었다고 보이는 점에 비추어 보면 가격담합 행위를 알고 있었다는 사정만으로 경제적 합리성이 결여된 행위라고 볼 수 없음[216]
- 특수관계에 있는 출자자들은 폴리에틸렌의 시장상황을 반영하여 가격할인 및 용도별할인을 적용하기로 합의하였고, 할인 기준은 그 자체로 불합리한 것으로 보이지 않고 자사의 이익을 극대화하는 과정에서 이루어진 경영판단으로 경제적 합리성이 인정되므로 부당행위로 볼 수 없음[217]
- 기업개선작업을 위하여 채권단협의회와 노조 및 회사가 합의하에 임금채권을 출자

---

216) 대법원 2009두13467, 2009.11.12.
217) 서울행정법원 2008구합19697, 2008.12.18.

전환함에 있어서 회사가 무이자로 임직원에게 대여한 금액은 건전한 사회통념이나 상관행 등에 비추어 경제적 합리성을 결여한 부당행위계산에 해당하지 아니함[218]

한 가지 주의해야 할 점은 법인세는 법인 단위별 과세가 원칙이기 때문에 본인의 이익극대화 판단 시 본인은 개별 법인 기준 이익극대화를 의미하므로 그룹 전체 혹은 주주 기준으로 이익극대화 혹은 경제적 합리성을 설득해서는 안된다는 점이다.

상기 설명을 간단히 도식화하면 다음과 같다.

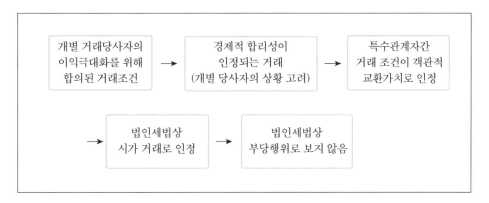

6-9. 법인세법상 시가 여부는 "이해관계가 상반되는 거래당사자간 합의할 수 있는 거래조건" 인가로 검증해 보면 이해가 쉬울 수 있다.

법인세법에서는 특수관계자간 거래가액은 별다른 사정이 없는 한 시가로 인정되지 않은 것이 원칙이다.

특수관계자간 실행된 거래가액도 법인세법상 시가로 인정되는 경우도 있을까?

법인세법상 시가 여부는 "이해관계가 상반되는 거래당사자간 합의할 수 있는 거래조건"이냐는 것으로 검증해 보면 이해가 쉬울 수 있다.

특수관계자 거래(예를 들어 계열사간 거래)라 하더라도 독립적인 의사결정이 가능한 환경에서는 각자의 이익극대화를 위한 협상과정에서 각자의 (상반되는)이해관계가 표출되기 때문에 상호협의 과정을 거쳐 정해진 거래조건은 법인세법상 시가에 해당할 가능성이 높다.

---

218) 수원지방법원 2008구합1765, 2008.9.3.

실제로 개별 계열사의 성과평가에 계열사에 대한 지원을 고려해 주지 않는 그룹사의 계열사간 거래조건은 특수관계 없는 자와의 거래조건과 거의 유사해지는 경우가 많다.

그러나 이러한 협의 과정없이 특정인[219] 또는 특정부서의 요구 또는 지시로 거래조건이 정해졌고 해당 거래조건이 어떻게 정해졌는지 거래당사자(계열사)가 모르면 해당 거래조건은 법인세법상 시가에 해당하지 않을 가능성이 높다.

이와 같이 타사와의 거래가액이 시가로 인정될 것인지 여부는 그 거래당사자간 특수관계가 성립하는지 여부에 따라 결정되는 것이 아니라 해당 거래가액이 과연 양 거래당사자가 자신의 이익극대화를 위해 거래가액을 합의하였는지에 따라 검증해 보면 판단이 쉬울 수 있다.

6-10. 제3자 간 거래에 적용된 거래조건이라도 양 거래당사자가 자신의 이익극대화를 위해 합의한 거래조건이 아니라면 시가로 인정되지 않을 수 있다.

만일 제3자 간 거래에 적용된 거래조건이라도 양 거래당사자가 자신의 이익극대화를 위해 합의한 거래조건이 아니라면 시가로 인정되지 않을 수 있다.

예를 들어 건설회사는 다음 B입찰 건을 따내기 위해 선행되는 공사인 A입찰 건을 매우 낮은 가액으로 들어가는 경우가 있는데, 이러한 다른 목적을 위해 A입찰 건를 손해보는 줄 알고 적어낸 입찰가격은 시가로 인정되지 않을 것이다.

여기서 한걸음 더 나가 시가의 개념을 생각해 보면 A입찰 건과 B입찰 건을 하나의 거래로 보아 시가 여부를 판단할 때에는 A입찰 가격과 B입찰 가격의 합이 시가로 인정될 수도 있다.

---

219) 예를 들어 오너를 포함하여 계열사를 총괄하는 부서의 경영자

7 하나의 거래에 다양한 시가: 시가의 정의를 충족하는 여러 개의 거래조건

7-1. 법인세법상 시가 정의는 다양한 해석이 가능하여 하나의 거래에 다양한 시가 주장이 있을 수 있다.

시가는 특수관계자간 거래에 대해 부당행위계산부인 규정으로 과세를 할 수 있는지를 판단하는 과세기준으로 사용된다.

좋은 과세기준은 명확해서 누가 보더라도 이견이 없어야 한다.

그런데 법인세법상 시가(또는 매매사례가액)의 정의는 과세를 위한 명확한 기준을 제시하고 있다고 보기 어렵다.

오히려 "사회 통념", 거래 "관행" 같은 다양한 해석이 가능한 포괄적 의미의 용어가 많이 사용되고 있다.

시가의 정의에 이렇게 포괄적 의미의 용어를 많이 사용하고 있는 이유는 현실적으로 발생하고 있는 복잡 난해한 많은 거래에 모두 적용할 수 있는 명확한 혹은 단일의 시가 정의를 제시한다는 것이 현실적으로 불가능하기 때문이라 생각된다.

납세자가 납득할 수 있는 부당행위계산부인 과세가 이루어지기 위해서는 과세 기준인 시가에 대한 납세자의 높은 수준의 동의가 필요한데, 현실은 이와 반대인 경우가 많다.

법인세법상 시가 정의가 명확하지 않기 때문에 특정 거래의 법인세법상 시가에 대하여 국세청과 납세자가 다른 관점에서 볼 수 있는 여지가 많이 있다. 실제로도 국세청과 납세자간 시가에 대한 다툼이 많이 발생하고 있다.

부당행위계산부인에 대한 조세불복 쟁점의 대부분이 시가에 대한 다툼이라고 보면 된다.

납세자는 시가로 거래를 한다고 했으나 국세청은 다른 특정 가격을 시가라고 볼 수도 있고 반대로 납세자는 시가가 아니라고 생각하는 거래가액을 국세청은 시가라고 생각할 수도 있다.

납세자와 국세청의 시가에 대한 주장에는 각각 어느 정도 합리성을 갖추고 있기 때문에 양측 주장 중 어느 주장이 법인세법상 시가 정의에 가까운지는 쉽게 판단하기 어려운 경우가 많다.

이런 경우 너무 단편적인 시각으로 법인세법상 시가를 바라보면 시가를 판단할 수 없거나 시가를 잘못 판단하는 오류를 범할 수 있다.

특정 거래에 대한 시가 여부를 판단하는 경우 법인세법상 시가 정의에 따라 기계적으로 구해지는 것이 아니므로 하나의 거래에 다양한 시가 주장이 있을 수 있다는 포용적인 생각을 가지고 세무진단에 임해야 한다.

시가의 다양한 해석 가능성은 특수관계자간 거래에 대해 지난 수십년간 부당행위계산부인으로 과세되었지만 현재에도 특수관계자간 거래에 대한 과세가 계속 이루어지고 있고 향후에도 계속 이루어질 수밖에 없는 가장 큰 이유이기도 하다.

7-2. 부당행위계산부인으로 과세하기 위해서는 특수관계자간 거래조건과 제3자간 거래조건의 차이를 거래 당사자간 특수관계 유무 차이 외에는 설명할 수 있는 다른 정당한 사유가 없어야 한다.

상장주식 시가 규정[220] 등을 제외하면 특정 거래에 대해 시가를 찾으려고 해도 현실적으로 법인세법상 시가 정의를 충족하는 타인간 거래조건을 찾아내기란 여간해서 쉽지 않다.

그래서 많은 경우 국세청은 특수관계자간 거래와 가장 유사한 형태의 제3자간 거래를 찾아 내어 해당 거래조건을 시가(매매사례가액)로 의제하고, 해당 시가(매매사례가액)와 특수관계자간 거래조건의 차이에 대해 부당행위계산부인을 적용하는 방식으로 과세를 한다.

특수관계자간 거래와 가장 유사한 형태의 제3자간 거래를 찾아낸다 하더라도 해당 제3자간 거래에 적용된 거래조건이 법인세법상 시가(혹은 매매사례가액)로 인정받기 위해서는 하나의 큰 허들을 넘어야 한다.

넘어야 할 큰 허들이란 특수관계자간 거래조건과 제3자간 거래조건의 차이를 거래당

---

220) 법인세법 시행령 제89조 제1항: 주권상장법인이 발행한 주식을 한국거래소에서 거래한 경우 해당 주식의 시가는 그 거래일의 한국거래소 최종시세가액

사자간 특수관계 유무 차이 외에는 설명할 수 있는 다른 정당한 사유가 없어야 한다는 것이다.

7-3. 다양한 시가 주장이 나올 수밖에 없는 이유: 세상에 똑같은 거래는 없다.

너무나도 당연한 얘기이겠지만 부당행위계산부인은 거래별로 판단하는 것이므로 판단기준인 시가도 개별 거래별로 산출되어야 한다.

그런데 법인세법상 시가의 정의는 대량생산되는 공산품의 정찰제 가격이라기보다는 생산할 때마다 품질이나 규격이 다른 제품의 가격 또는 매번 다르게 제공되는 용역에 대한 수수료의 개념에 가깝다.

얼핏 보면 비슷해 보이는 특수관계자간 거래와 제3자간 거래도 자세히 들여다보면 두 거래간에는 특수관계 유무의 차이 외에도 여러 가지 측면에서 많은 차이가 있을 수 있다.

거래시기, 거래규모 차이, 거래장소의 사회·정치상황 차이, 거래 당시 관행의 차이, 상호에 대한 신뢰관계의 정도, 거래처의 신용도 차이, 물건의 질의 차이…등등 두 거래의 차이점은 수백 가지일 수도 있다.

7-4. 특수관계 유무 차이를 제외한 다른 상황(요소) 차이로 설명할 수 있는 거래조건 차이는 부당행위계산부인 대상이 아니다.

국세청이 과세를 위해 시가로 의제한 매매사례가액(제3자간 거래의 거래가액)은 얼핏 보기에는 비교 대상 특수관계자간 거래에 적용된 거래조건과 비슷해 보일 수도 있다.

예를 들어 A회사가 생산·판매하고 있는 동일한 종류의 제품을 제3자와 특수관계자에게 동시에 판매하고 있다고 가정해 보자.

이런 경우 A기업의 매출 거래를 ① 제3자와의 거래와 ② 특수관계 있는 자와의 거래로 구분하여 ① 제3자와 거래의 평균 영업이익률을 매매사례가액으로 하여 시가로 의제하고 ② 특수관계자와 거래의 영업이익률과의 차이를 부당행위계산부인으로 과세할 수 있느냐는 문제이다.

공산품이라 제품의 질의 차이가 거의 없고 시장에서 거래가 되니 이러한 부당행위계산부인 과세가 일견 타당해 보이기도 한다.

그러나 상기와 같은 과세가 인정받기 위해서는 거래조건이 결정될 때 특수관계 유무외 다른 거래 상황이 거래조건에 영향을 미치지 않았다는 것이 전제되어야 한다.

만일 회사가 특수관계 없는 자와의 거래 시 거래 규모, 거래 상대방의 국가의 경제상황의 안정성, 무역거래조건 등의 차이에 대한 위험을 헷지하기 위해 다른 방식으로 거래를 하고 있고 이러한 거래방식의 차이로 인하여 특수관계 없는 자간의 영업이익률도 천차만별이라면 이를 평균한 ① 제3자와 거래의 영업이익률은 아무런 비교가능성이 없어 ② 특수관계자와 거래에 대한 매매사례가액이 될 수 없다.

반대로 A회사는 거래상대방이 누구인지와는 상관없이 무조건 일정 영업이익률이 나도록 판매가가액을 정하는 정책을 사용하고 있다면[221] ① 제3자와 거래의 영업이익률은 ② 특수관계자와 거래에 대한 매매사례가액으로 간주될 수 있을 것이다.

이와 비슷한 예로 만일 A회사가 거래상대방의 신용도 등의 모든 조건에 관계없이 매출채권회수기간을 90일로 하고 있고 있다면 ① 제3자와 거래의 거래조건인 90일 매출채권회수조건은 ② 특수관계자와 거래의 매매사례가액이 될 수 있다.

왜냐하면 ① 제3자와 거래의 거래조건과 ② 특수관계자와 거래의 거래조건의 차이는 특수관계 유무로 밖에 설명할 수 없기 때문이다.

다행히 ② 특수관계자와 거래의 매출채권도 90일로 회수하고 있다면 부당행위계산부인 규정이 적용되지 않겠지만 90일을 초과하여 회수하는 경우에는 부당행위계산부인으로 과세될 수 있다.

여기서 한번 더 생각해 볼 수 있는 것이 ① 제3자와 거래는 국내 거래이고 ② 특수관계자와 거래는 해외거래라고 가정하면 해외거래의 경우 무역거래 조건에 따라 매출채권을 인식을 하였더라도 해외 국가의 수입절차 또는 거리상의 문제로 배송기간의 차이로 인해 매출채권회수기간이 차이가 발생할 수 있다.

---

221) 물론 실제 이런 영업이익률 정책을 사용하는 회사는 없을 것이다.

이런 경우에는 ① 제3자와 거래의 거래조건은 ② 특수관계자와 거래의 매매사례가액이 될 수 없다[222].

한 가지 재미있는 것은 만일 회사가 일률적인 회수기간 정책 없이 중구난방으로 매출채권을 회수하고 있다면 ① 제3자와 거래의 매출채권회수기간은 ② 특수관계자와 거래의 매매사례가액이 될 수 없다는 것이다.

① 제3자와 거래 및 ② 특수관계자와 거래의 매출채권회수기간 차이에 대해 너무나도 많은 이유로 설명이 가능하기 때문이다.

요컨대, 거래를 구성하는 수많은 상황요소는 거래 조건에 영향을 줄 수 있으며 특수관계 유무 차이를 제외한 다른 상황(요소) 차이로 인해 거래 조건이 차이가 난다면 이는 부당행위계산부인 적용대상이 아니다.

---

222) 실무적으로는 회사가 해외 국가의 수입절차 또는 거리상의 문제로 배송기간의 차이를 소명하면 해당 기간만큼 차이를 고려하여 부당행위계산부인으로 과세하고 있으나 엄밀히 보면 이는 법인세법상 매매사례가액의 정의에 부합하지 않는다.

⑧ 하나의 거래에 다양한 시가: 거래조건 구간

8-1. 시가로 간주되는 매매사례가액은 거래당사자간 교환가능한 가격 범위가 중복되는 구간 중 거래당사자가 합의한 특정 가격이라고 볼 수 있다.

매매사례가액이 시가로 인정되기 위하여는 당해 거래가 일반적이고 정상적인 방법으로 이루어져 거래 당시의 객관적 교환가치를 적정하게 반영하고 있다고 볼 수 있는 사정이 인정되어야 한다[223].

즉, 제3자간 거래 또는 특수관계자간 거래 여부에 상관없이 객관적 교환가치로 거래된 거래조건이라면 시가(매매사례가액)로 간주될 수 있다.

따라서 시가로 간주되는 매매사례가액은 거래당사자간 교환가능한 가격 범위가 중복되는 구간 중 거래당사자가 합의한 특정 가격이라고 볼 수 있다.

8-2. 판매자는 원가 이상의 가격으로 판매를 해야 이윤이 발생하므로 판매자 입장에서 교환가능한 가격 구간은 A구간이 된다.

그럼 객관적 교환가치로 거래가능한 가격범위는 어느 구간을 의미하는 걸까?

판매자 입장에서는 원가 이상으로 판매해야 이익이 발생할 수 있으므로 최소한 원가 이상의 가격구간(A구간)에서 판매를 해야 한다.

이때 판매 의사결정시 고려되는 원가개념은 고정자산 투자를 할 수 없는 단기의 경우에는 변동원가만을 기준[224]으로, 고정자산 투자를 할 수 있는 장기의 경우에는 고정원가를 포함한 총원가(변동비+고정비, 직접비+간접비 모두 포함)가 그 기준이 될 것이다.

즉, 이익극대화를 추구하는 합리적인 판매자라면 단기의 경우 공헌이익이 발생할 것으로 예상되는, 장기의 경우 영업이익이 발생할 것으로 예상되는 거래조건 범위 중 임

---

223) 대법원 2012.4.26. 선고, 2010두26988 판결
224) 공장가동률을 최대한으로 유지하기 위해 에틸렌 공급가격을 조정한 것은 자사의 이익을 극대화하는 과정에서 이루어진 경영판단으로 경제적 합리성이 인정된다(서울행정법원 2008.12.18. 선고 2008구합19697 판결)

의의 거래조건으로 거래할 의향이 있을 것이다.

　판매자는 원가보다 높은 가격으로 거래를 할 경우 원가를 초과하는 거래가격은 판매자의 이윤으로 귀속되므로 최소한 원가 이상의 가격구간(A범위) 중에서도 가급적 높은 가격으로 구매자와 거래조건을 합의하기 위해 노력할 것이다.

8-3. 구매자는 자신의 예상 판매가 혹은 (예상 판매가 – 추가 제조원가) 이하의 가격으로 구매를 해야 이익이 발행하므로 구매자 입장에서 교환가능한 가격 범위는 B구간이 된다.

　구매자는 자신이 구매한 상품을 바로 판매를 하거나 원재료 등으로 사용하여 추가 제조·판매하여 이익을 내려고 판매자로부터 상품을 구매하는 것이다.

　따라서 이익극대화를 추구하는 합리적인 구매자는 자신이 이윤을 발생시킬 수 있는 구간(B구간)에서 판매자로부터 상품 또는 원재료를 구매할 의향이 있을 것이다.

　구매자에게 이윤이 발생될 수 있는 구간이란 구매한 상품을 바로 판매하는 경우에는 판매가, 구매한 원재료 등을 추가 제조하는 경우에는 (판매가 – 추가 제조원가)가 0보다 큰 금액이 산출되는 가격범위(B구간)를 의미한다.

　부가가치가 높은 제품을 제조할 수 있는 회사는 원재료 가격을 좀 더 높게 구매할 수 있으나 부가가치 낮은 제품을 제조하는 회사는 원재료를 낮은 가격으로 구매해야 이익이 나는 이치를 생각하면 쉽게 이해될 것이다.

　구매자 역시 이윤을 극대화하기 위해 B범위 중에서도 가급적 낮은 가격으로 판매자와 거래조건을 합의하기 위해 노력한다.

상기 내용을 그림으로 표현하면 다음과 같다.

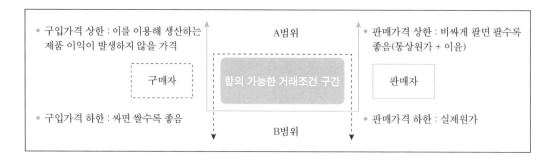

8-4. A범위 가격구간과 B범위 가격구간이 겹치는 구간 중 어느 가격으로 거래
를 하더라도 판매자 및 구매자 모두에게 이익이 발생할 수 있으므로 시가
는 단일의 가격이 아니라 가격 범위가 될 수도 있다.

A범위 가격구간과 B범위 가격구간이 겹치는 구간 중 어느 가격으로 거래를 하더라
도 판매자 및 구매자 모두에게 이익이 발생한다.

A범위 가격구간과 B범위 가격구간이 겹치는 구간 중 합의되는 특정 가격은 판매자
및 구매자의 상황, 이해관계 등을 포함한 가격 협상력에 따라 결정된다.

그런데 A범위 가격구간과 B범위 가격구간이 겹치는 구간 내에서 거래 가격이 결정
된다면 이는 서로간의 이익이 되는 거래이고, 객관적 교환가치에 해당한다.

합리적 경제인이라면 판매자와 구매자가 서로간 이익이 되는 가격구간(즉, A범위와
B범위가 겹치는 구간) 내에서 거래를 할 수 있다면 거래를 할 것이다.

해당 구간에서는 거래를 안 하는 의사결정보다는 거래를 하는 것이 본인의 이익을
극대화할 수 있는 의사결정이기 때문이다.

예를 들어 동일한 물건을 어제 상품 1개를 팔아 100원이 남았다고 오늘 반드시 100
원이 남는 가격으로 상품을 팔아야 한다고 강제하는 것은 좀 억지스럽다. 어제 100원
이 남도록 팔았더라도 오늘은 150원 혹은 50원이 남도록 판매 가격을 정할 수 있을
것이다.

이와 동일한 논리로 동일한 물건을 방금 옆집에서 상품 1개를 팔아 100원이 남았다

고 내가 반드시 100원이 남는 가격으로 상품을 팔아야 한다고 강제하는 것도 좀 억지스럽다. 옆집에서 100원이 남도록 팔았더라도 나에게 이윤이 발생한다면 상황에 따라 이윤을 150원 혹은 50원이 남길 수 있는 판매 가격에 합의할 수 있다고 보는 것이 너무나도 타당한 이치이다.

인터넷 가격을 검색해 보면 하나의 공산품에 동일한 시점이라도 다양한 가격이 나오고 동일한 판매자의 특정 제품의 가격이 하루에도 몇 번씩 변동되는 것을 볼 수 있다. 이중 하나만 시가라고 주장하는 것은 시가의 본질적 정의가 훼손될 수 있어 일관성 있는 논리를 펼 수 없다.

수많은 거래를 하면서 모든 거래를 동일한 가격으로 거래할 수 있다고 전제하는 것 자체가 사회통념에서 벗어난 생각이다.

8-5. 시가가 가격범위로 존재할 수 있는 사례

사실관계

- E회사(자동차 2차 납품업체)는 특수관계 F회사(자동차 1차 납품업체)에게 중형 차 부품인 브레이크 패드를 납품함
- F회사는 납품받은 브레이크 패드를 F회사가 생산한 디스크 브레이크의 캘리퍼 내부에 장착하여 완성차 업체에게 납품함
- E회사는 F회사에게 브레이크 패드를 개당 5만원에 납품함
- E회사와 F회사간 납품가 5만원은 다음의 구간내에서 합의된 가격임
  - E회사 입장: 제조원가보다는 높은 범위
  - F회사 입장: (완성차에 대한 납품가-추가 제조원가)보다는 낮은 범위

과세위험

국세청은 시중에 나와 있는 브레이크 패드 가격을 조사해 보았더니 동일한 브레이크 패드가 자동차 정비소에서는 개당 6만원에 판매되고 있다는 것을 확인하였다.

국세청은 이를 근거로 E회사가 F회사에게 브레이크 패드 1개당 1만원의 저가 공급

을 하였다고 보고 부당행위계산부인 적용하여 과세하려고 하는 상황이다.

상기 국세청 과세에 대한 소명

상기 부당행위계산부인 과세는 일견 타당해 보인다.

그러나 여기서 자동차 업계의 생산방식을 좀 더 자세히 들여다 보면 다른 결론이 도출될 수 있다.

자동차는 20,000~30,000가지 부품을 조립하여 완성하게 되며 이러한 특성 때문에 완성 자동차 업체와 수많은 부품업체 간에는 상호 긴밀하고 효율적인 상호분업체계가 견고하게 이루어져 있다.

통상 완성차 업체는 신차 생산하기 약 5년 전부터 신차 생산계획을 수립하며 관련부품수주 계획은 그로부터 1~2년 후 확정하고 납품할 부품회사를 입찰 등을 통해 선정한다.

선정된 납품 부품업체는 납품예정일로부터 약 2년 전에 납품할 부품을 생산할 설비를 완성차 업체가 원하는 생산량에 맞추어 발주하여 설치하게 된다.

〈자동차 부품 생산 일정 요약〉

약 5년 전	약 3-4년 전	약 2년 전		납품 시점
신규완성차 생산계획	수주 부품 수주 사전원가 계산	설비투자	구매 및 생산 원부자재 입고 작업지시 생산	고객납품 서비스관리 A/S

이러한 생산구조를 가진 자동차 업계에서 완성체 업체가 최초 부품업체 선정 시 연 1만대 차에 들어갈 분량의 브레이크 패드 생산설비를 설치할 것으로 요구했는데 실제 자동차 판매량이 저조하여 연 5천대 차에 들어갈 분량의 브레이크 패드만 납품 받게 되는 상황이 벌어질 수 있다.

이런 경우 브레이크 패드 생산부품 업체는 일부 소매로 가는 물량을 감안하더라도 결과적으로 잉여설비가 발생할 수밖에 없다.

실제 자동차업계에서는 완성자동차업체가 예상한 최대 물량을 기준으로 설비를 설치하기 때문에 실제 설비가동률은 최대 설비가동률의 70%~80% 정도밖에 되지 않는 경우가 일반적이다[225].

상기 E회사와 F회사가 속한 자동차업계의 생산구조를 고려한다면 과연 자동차 정비소(소매점)에서 팔리는 브레이크 패드 1개당 6만원의 가격에 불구하고 E회사가 특수관계자 F회사에게 납품하는 5만원이 법인세법상 시가로 인정받을 수 있을까?

E회사 입장에서 보면, 브레이크 패드를 생산하기 위한 설비의 취득가액은 이미 2~3년 전에 지출한 매몰원가에 불과하다.

그렇다면 E회사는 단기적으로 보면 변동 제조원가를, 장기적으로는 설비 취득가액을 포함한 고정비를 포함하는 제조원가를 초과하는 납품가로 F회사에게 납품을 할 수만 있다면 납품을 하는 것이 E회사의 이익극대화에 부합하는 의사결정이다.

E회사가 생산한 브레이크 패드는 다른 자동차에는 사용할 수 없기 때문에 F회사에 납품하지 않으면 다른 완성차업체 또는 다른 완성차 부품회사에는 납품을 할 수 없기 때문이다.

F회사 입장에서 보면, 해당 디스크 브레이크에 들어갈 부품으로서 브레이크 패드를 E회사 외 다른 회사로부터 납품을 받을 수 있을지 여부를 우선 생각해 봐야 한다.

그런데 앞서 기술한 바와 같이 자동차 부품을 생산하기 위한 계획과 설비구축은 이미 3~4년 전부터 자동차 완성업체와 납품업체가 함께 유기적으로 준비해온 결과물이다.

이러한 자동차업체의 특성상 자동차 완성업체와 이미 계약되어 있고 제원에 맞는 브레이크 패드를 F회가 임의로 바꿀 수 없다. 그리고 해당 제원에 맞는 브레이크 패드는 E회사의 설비로 가장 효율적으로 생산해낼 수 있다.

다른 업체에게 납품 견적을 받아봐야 새로운 설비투자를 해야 하기 때문에 납품 일정을 맞출 수 없고, 기존 다른 제원의 브레이크 패드를 생산하는 설비를 일부 개조하여 해당 제원의 브레이크 패드를 납품일정에 맞추어 납품을 받는다고 하더라도 해당 브레

---

225) 만에 하나 해당 자동차가 매우 잘 팔려서 완성자동차업체가 예상하는 최대 물량을 주문했을 때 제대로 납품물량을 맞추지 못하면 다음 부품 수주시 매우 불리한 평가를 받기 때문에 납품업체는 완성자동차업체가 예상하는 최대 물량에 맞추어 설비를 구비할 수밖에 없다.

이크 패드의 품질 문제[226] 때문에 F회사는 기존의 E회사 외에서 생산하는 브레이크 패드를 받는다는 건 아주 특수한 상황이 아니라면 거의 불가능하다.

시중에서 사용되는 브레이크 패드가 일반인이 보기에는 다 같은 브레이크 패드처럼 보이지만 자동차업체 입장에서는 다 다른 브레이크 패드인 것이다.

그렇다면 F회사는 납품가에 대한 의사결정만이 남게 되는데 F회사가 디스크브레이크를 생산하여 자동차 완성업체에 납품하는 납품가에서 디스크 브레이크를 제조원가를 차감한 이윤이 남는다면 F회사는 E회사로부터 브레이크 패드를 납품 받아 디스크 브레이크를 생산하는 것이 F회사의 이익극대화에 부합하는 의사결정이다.

이와 같이 자동차업계의 특성상 자동차 부품은 해당 제원을 갖춘 부품을 대체하기 어렵기 때문에 결국 자동차 부품의 거래(납품)가액은 일정한 범위내에서 결정될 수밖에 없다.

그 범위내에서 임의의 특정 가액이 시가로 주장하기 위해서는 이를 주장하는 측에서 그 특정 가액이 시가에 해당된다는 또다른 논리가 필요할 것이다.

이처럼 얼핏 보기에는 매매사례가액이 있는 것처럼 보이는 거래도 자세히 살펴보면 설비설치와 관련된 특수한 상황, 부품 대체의 어려움 등을 고려해 보면 특수관계 외의 차이로 해당 거래가액과 제3자와의 거래가액 차이를 설명할 수 있다.

8-6. 경우에 따라서는 자신의 이익이 되는 교환가치의 개념으로 접근하여 시가를 설명하는 것이 손쉬울 수 있다.

실무적으로 국세청은 부당행위계산부인으로 과세를 하는 경우 특수관계자간 거래와 유사한 제3거래를 찾아내어 제3자 거래에 적용된 거래조건과의 차이로 소득금액이 증가한 금액을 과세하는 사례가 많다.

그런데 납세자가 제3자의 거래조건부터 출발하여 시가를 설명하려면 논리가 옹색해지거나 특수관계자와의 거래조건과 제3자간 거래조건 차이를 설명하기 어려운 경우가 많다.

---

226) 자동차 업계에서 납품업체가 임의의 부품을 사용하여 품질 문제가 발생하면 다음 수주를 못 받을 가능성이 높으므로 납품 단가가 조금 싸다고 중간에 다른 부품으로 변경하는 경우는 거의 없다

또한 시가가 1개라고 생각하고 있으면 또 다른 가격이 법인세법상 시가라고 생각하는 데 많은 어려움이 있을 수 있다.

이런 경우라면 객관적 교환가치라는 시가의 근본적인 출발점부터 다시 논리를 구성하여 판매자와 구매자의 이익극대화가 되는 객관적 교환구간을 먼저 설명하고, 거래조건을 합의하게 된 배경을 설명하는 방식으로 시가논리를 구성하는 것이 좀 더 쉽게 국세청 또는 조세심판원·법원을 설득할 수 있다.

이렇듯, 특정 거래에 대한 시가는 다양한 측면으로 해석할 수 있으므로 납세자는 교환가능한 거래조건이라는 관점에서 시가를 폭넓게 해석하여 시가에 대한 자료와 논리를 준비를 해야 부당행위계산부인 관련 과세위험을 낮출 수 있다.

8-7. 시가 거래는 다양하게 표현될 수 있다.

"조세 부담을 부당하게 감소" 시켰다는 것은 결국 정당한 사유 없이 법인세법상 시가로 거래를 하지 않았다는 의미이다.

반대로 해당 거래에 정당한 사유(또는 거래가 부당하지 않다는 것)가 인정된다는 것은 경제적 합리성이 있는 거래라는 의미이고 "특수관계자간 거래에 있어 해당 거래조건이 세법상 시가로 인정된다."라고 바꾸어 표현할 수 있다.

결국 다음의 문장은 모두 같은 의미다.

- 특수관계자간 거래로 인해 소득이 부당히 감소하지 않았다.
- 세법상 시가로 거래가 이루어졌다.
- 거래조건이 부당하지 않다.
- 거래조건(시가) 차이에 정당한 사유가 인정된다.
- 거래조긴(시가) 차이에 건전한 사회통념이나 상관행에 비추어 경제적 합리성이 있다.

9 비상장주식의 시가: 매매사례가액 및 상증세법상 평가액의 적용 순서

9-1. 비상장주식의 상증세법상 평가액과 실제 교환가치는 많은 차이가 있을 수 있다.

비상장법인이 발행한 주식(이하 "비상장주식")의 법인세법상 시가는 매매사례가액과 상증세법상 평가액이 순차적으로 적용된다.

납세자가 특수관계자간 비상장주식을 거래하려고 하는 경우 해당 비상장주식의 매매사례가액이 없다고 생각하는 경우가 많기 때문에 실무상 상증세법상 평가액으로 거래하는 경우가 많다.

상증세법상 평가액 규정은 상속세 또는 증여세 등을 과세할 목적으로 만든 법령이므로 다음과 같은 몇 가지 속성을 가지고 있다.

- 실제 환가되지 않은 재산에 대해 과세라는 실무적 목적으로 달성하기 위해 만든 평가 방식이므로 편의성 등이 고려되어 있어 실제 교환가치와 비교하기 어려움
- 상속세 또는 증여세 등 과세로 인해 납세자의 반발을 최소화할 수 있도록 실제 교환가치보다는 납세자간 형평성에 더 중점을 두어 만든 평가방식임
- 평가의 편의성 및 과세의 형평성을 높일 수 있도록 평가방법을 사전에 공시된 획일적인 기준(예를 들어 토지의 경우 공시시가를 과세표준으로 함) 또는 획일적인 산식(예를 들어 비상장주식의 평가산식)으로 규정함

이러한 속성 때문에 상증세법상 평가액은 해당 자산의 실제 교환가치와는 많은 차이가 있을 수 있는데 실무를 하다 보면 이중 가장 많은 차이가 있다고 느껴지는 것이 비상장주식의 상증세법상 평가액과 실제 교환가치의 차이이다.

예를 들어 실제 거래가 되지 않은 (비상장) A벤처회사 주식의 경우 과거 손익이 안 좋기 때문에 상증세법상 평가액은 아주 낮거나 0원으로 평가되는데 해당 벤처주식이 실제 대기업에 인수될 때에는 몇 십억원~몇 백억원에 인수되는 사례를 가끔 볼 수 있다.

이러한 차이의 원인은 인수하려는 대기업(매수자)이 벤처회사의 기술력(영업권 혹은 시너지 효과)을 높게 평가하여 비상장주식가치에 반영했기 때문이다.

9-2. 비상장주식의 경우 제3자간 매매사례가 있다면 거래당사자가 관련 거래 사실을 몰랐다 하더라도 해당 매매가액이 상증세법상 평가액보다 우선 적 용되어 법인세법상 시가(매매사례가액)로 인정된 사례가 많이 있다.

비상장주식은 주식거래소(코스피, 코스닥)와 같은 공개된 시장이 없다 보니 일반인은 해당 비상장주식이 타인간에 거래되었는지 알 수 없고, 거래사실을 알았다 하더라도 얼마로 거래했는지 알 수 없다.

이러한 현실적인 제약 때문에 특수관계자간 비상장주식을 많은 고민 없이 상증세법상 보충적 평가액으로 거래를 했다가 2~3년 후 국세청이 가지고 온 매매사례가액으로 과세되어 낭패를 보는 경우가 종종 있다.

1인 주주 혹은 소수의 친인척이 주식의 100%를 가지고 있는 경우에는 이런 일이 없겠지만 주주가 다수인 경우 혹은 프리보드[227]에서 거래되는 비상장주식의 경우에는 이러한 유형의 과세위험에 주의하여야 한다.

9-3. 비상장주식의 양도자가 양도소득세를 신고하면 국세청은 관련 정보를 알 수 있으므로 납세자는 특수관계자자간 비상장주식의 거래가액을 정하는 경우 이러한 정보의 비대칭성을 고려하여야 한다.

비상장주식의 거래정보는 납세자 입장에서는 수집하기 어렵다.

그러나 비상장주식의 양도자가 양도소득세를 신고하면 국세청 전산에 관련 비상장주식의 거래 정보가 저장되기 때문에 국세청 입장에서는 해당 비상장주식의 매매사례와 각 매매사례별 매매가액에 대한 정보를 쉽게 수집할 수 있다.

납세자 입장에서는 억울할지 모르겠지만 거래당사자가 관련 거래 사실을 몰랐다 하더라도 거래일 전·후 3개월 이내에 소액주주간 매매사례가 있었다면 해당 소액주주간

---

227) 유가증권시장 및 코스닥시장에 상장되지 않은 주권의 매매거래를 위해 한국금융투자협회가 개설하고 운영하는 증권시장. 기존에는 제3시장이라고 불리기도 했다.

매매가액이 시가로 인정되어 부당행위계산부인이 적용되는 사례가 많이 있다[228].

이와 같이 비상장주식의 거래정보와 관련하여 납세자와 국세청 간에는 정보의 비대칭성이 존재할 수 있으므로 특수관계자간 큰 규모의 비상장주식 거래를 하려는 납세자는 국세청이 수집할 수 있는 비상장주식 거래 정보가 있다는 가정하에 비상장주식의 거래가액을 정해야 관련 과세위험을 줄일 수 있다.

9-4. 일반적으로 제3자간 매매사례가액이 상증세법상 비상장주식 평가액보다 객관적 교환가치를 더 반영한다고 볼 수 있다.

이러한 과세가 가능한 가장 큰 이유는 일반적으로 특수관계 없는 제3자 간 매매사례가액이 상증세법상 비상장주식 평가액보다 객관적 교환가치를 더 반영한다고 보기 때문이다.

예를 들어 소수의 계열사가 지분율의 70%를 보유하고 있고 나머지 30% 지분을 소액주주 50여명이 보유하고 있는 비상장주식의 경우, 계열사간 해당 비상장주식을 거래하면서 부당행위계산부인 과세위험을 피하고자 상증세법상 평가액으로 거래하였는데 2~3년 뒤에 국세청이 거래일 전·후 3개월간 소액주주의 거래 내역(매매사례가액)을 가지고 와서 실제 거래가액(상증세법상 평가액)과의 차이에 대해 부당행위계산부인으로 과세하는 상황이 벌어질 수도 있다는 의미이다[229].

9-5. 비상장주식의 매매사실이 있다면 그 거래가액이 시가인지 여부를 우선 판단해서 해당 거래가액이 시가로 볼 수 없는 경우에 한하여 예외적으로 상증세법상 보충적 평가액을 적용해야 한다는 것이 법원의 입장이다.

이러한 과세유형은 조세불복을 하여 법원 단계로 올라가더라도 납세자에게 유리해지지 않는다.

시장성이 적은 비상장주식의 경우 매매사실이 있다면 그 거래가액이 시가인지 여부

---

228) 조심 2012서4727, 2014.1.28. 등 다수
229) 상장을 준비하거나 우리사주조합을 운영하는 비상장회사는 이러한 형태의 지분구조를 가지고 있는 경우가 많다.

를 우선 판단해서 해당 거래가액이 시가로 볼 수 없는 경우에 한하여 예외적으로 상증세법상 보충적 평가액을 적용해야 한다는 것이 법원의 입장이기 때문이다.

> 시장성이 적은 비상장주식의 경우에도 그에 대한 매매사실이 있는 경우에는 그 거래가액을 시가로 보아 주식의 가액을 평가하여야 하고 법이 규정한 보충적 평가방법에 의하여 평가해서는 아니 되나, 시가라 함은 일반적이고 정상적인 거래에 의하여 형성된 객관적 교환가격을 의미하므로 그와 같은 매매사례가액이 시가로 인정되기 위해서는 당해 거래가 일반적이고 정상적인 방법으로 이루어져 증여일 당시의 객관적 교환가치를 적정하게 반영하고 있다고 볼 수 있는 사정이 인정되어야 한다[230]

9-6. 큰 규모의 비상장주식 거래를 하려고 할 경우 반드시 주주명부 혹은 법인세 신고서상의 주식변동상황명세서 등을 참고하여 거래일 전·후 3개월 동안의 해당 비상장주식의 거래 사실이 있는지 여부를 반드시 확인해 봐야 한다.

따라서 큰 규모의 비상장주식 거래를 하려고 할 경우 반드시 주주명부 혹은 법인세 신고서상의 주식변동상황명세서 등을 참고하여 거래일 전·후 3개월 동안의 해당 비상장주식의 거래 사실이 있는지 여부를 반드시 확인해 봐야 한다.

만일 특수관계자간 비상장주식 거래를 하려고 하고 거래일 전·후 기간내에 해당 비상장주식의 거래 사실을 조사해 보았더니 거래사실이 있다는 것을 알게 되었다면 납세자는 해당 거래에 적용된 거래가액이 당해 특수관계자간 거래의 법인세법상 시가로 인정될 수 있을 것인지에 대해 판단해야 한다.

이하에서는 제3자간 비상장주식 거래가액이 당해 특수관계자간 비상장주식 거래에 대한 시가(매매사례가액)로 인정받을 수 있는지에 대한 관련 선심례 또는 판례 등의 입장을 기술하고자 한다.

---

230) 대법원 2012.4.26. 선고, 2010두26988 판결 등 다수

9-7. 경영권이 이전된 비상장주식 거래와 소액주주간 비상장주식 거래는 비교 대상 거래로 보기 어렵다.

타인의 거래는 소액주주 간의 거래인 반면에 당해 특수관계자 간의 거래는 경영권 이전이 수반되는 거래인 경우에는 소액주주간 거래가액은 경영권 이전이 수반되는 거래의 시가(매매사례가액)으로 인정받기 어렵다.

둘 거래 간에는 경영권 프리미엄이 거래가액에 영향을 미치는데 해당 경영권 프리미엄에 대한 정확한 시가가 있지 않는 한 두 거래간 거래가액은 비교할 수 없기 때문이다[231].

조세심판원과 법원도 이와 동일한 입장이다[232].

9-8. 최대주주 등이 일부 주식을 특수관계자에게 양도하더라도 경영권이 이전되지 않은 경우에는 할증되지 않은 평가액이 법인세법상 시가로 인정된다.

최대주주 등의 (비상장)주식을 상증세법상 평가하는 경우에는 최대주주가 아닌 주주의 주식평가액에 20%~30%를 할증 평가한다[233]. 최대주주가 보유한 주식의 가치에는 경영권 프리미엄을 포함하여 평가해야 한다는 취지이다.

그렇다면 최대주주가 일부 주식을 특수관계자에게 양도하기는 하는데 거래 후에도 최대주주는 변동이 없는 경우 양도되는 주식은 경영권 프리미엄이 포함된 가액으로 거래를 해야 할까? 아니면 경영권 프리미엄이 포함되지 않은 가액으로 거래를 해야 할까?

상증세법에 따르면 최대주주 등의 주식에 대해서는 할증평가를 하라고 규정[234]되어 있어 경영권 이전이 없더라도 최대주주가 보유한 주식을 특수관계자에게 양도할 때에는 할증된 가액이 법인세법상 시가(상증세법상 평가액)로 간주되는 것처럼 해석된다.

---

231) 매매사례가액이 시가로 간주될 수 있는 것은 제3자간 매매거래와 특수관계자간 거래가 비교 가능하기 때문이므로 두 거래가 비교 대상으로 보기 어렵다는 얘기는 제3자간 매매거래가액이 시가(매매사례가액)로 인정받기 못한다고 것과 같은 의미이다.
232) 대법원 2015.11.26. 선고 2014두335판결, 조심 2013중2096, 2013.9.2. 등 다수
233) 상증세법 제63조 제3항
234) 상증세법 제63조 제3항

그러나 국세청, 조세심판원은 경영권이 이전되지 않은 경우에는 할증되지 않은 평가액을 법인세법상 시가로 보아야 한다는 입장이다[235].

9-9. 특수관계자간 거래가액은 법인세법상 시가로 인정되지 않는 것이 원칙이나 해당 거래가액이 객관적 교환가치를 반영하고 있다면 법인세법상 시가로 인정되기도 한다.

앞서 소개한 바와 같이 특수관계자간 거래가액은 법인세법상 시가로 인정되지 않는 것이 원칙이다. 이러한 원칙은 비상장주식 거래의 경우에도 동일하게 적용된다.

특수관계자간 거래가액이 법인세법상 시가로 인정되지 않은 가장 큰 이유는 객관적 교환가치를 반영하지 못했다고 보기 때문이다[236].

그러나 만일 특수관계자간 비상장주식 거래라 하더라도 양 거래당사자가 이해관계를 달리하고 해당 거래가액이 당사자의 이익극대화를 위해 협상을 하는 등의 과정을 거쳐 합의되는 등 객관적 교환가치를 반영되었다고 볼 수 있는 특별한 사정이 있다면 시가로 인정되기도 한다.

예를 들어 비상장주식 거래 당시 양도인과 양수인이 특수관계자에 해당하기는 하지만, 양도인과 양수인 집안 사이에 경영권에 관한 다툼이 발생한 이후 수차에 걸쳐 고소・고발하거나 소송을 제기하는 등 서로 이해관계를 달리하고 있고, 비상장주식의 거래가액에 대하여 지속적인 협상을 하여 정하는 등의 사실관계가 있는 경우 해당 거래가액이 객관적 교환가치를 반영한 시가(매매사례가액)로 인정되기도 한다[237].

따라서 타인의 거래가액이 법인세법상 시가(매매사례가액)로 인정받을 수 있는지 여부를 판단할 때에는 타인간의 관계가 특수관계인지 여부가 중요한 것이 아니라 해당 거래가액이 객관적 교환가치를 반영하고 있는지가 중요하다.

---

235) 사전-2017-법령해석법인-0797, 2018.6.26., 조심 2018서0115, 2018.4.24.
236) 수원지방법원 2015구합65248, 2016.2.17.
237) 조심 2013중2120, 2013.6.20.

9-10. 주식발행회사와 주주는 자본거래에 적용되는 주당 가액에 객관적 교환가
　　　치를 반영할 필요가 없으므로 자본거래 가액은 매매사례가액(시가)으로
　　　인정되지 않는 것이 원칙이다.

　주식발행회사와 주주간 이루어지는 자본 납입, 증자, 감자 등과 같은 자본거래는 언뜻 보기에는 주식발행회사와 주주간 거래로 보인다.

　그러나 자본거래의 본질은 주식발행회사의 순자산가치에 대한 주주간의 소유(지분) 비율 조정이다.

　예를 들어 1,000억원의 가치를 가지고 있는 A회사의 주식을 갑주주와 을주주가 각각 50%(총 발행주식수 1,000주)를 가지고 있다고 가정하자.

　이런 상황에서 A회사가 10주에 대해 주당 균등 유상감자를 주당 1억원에 하는 경우와 주당 5억원에 하는 경우의 A회사와 갑주주, 을주주의 부의 변동사항을 계산해 보면 다음과 같다.

	감자 전		10주 감자 후			
			1주당 1억원 감자		1주당 5억원 감자	
A회사		1,000억원		990억원		950억원
갑주주	주식:	500억원	주식:	495억원	주식:	475억원
	현금:	0원	현금:	5억원	현금:	25억원
을주주	주식:	500억원	주식:	495억원	주식:	475억원
	현금:	0원	현금:	5억원	현금:	25억원

　이와 같이 모든 주주에게 균등한 조건으로 이루어지는 자본거래는 그 자본거래의 주당 가액과 상관없이 주주간 주식발행회사의 순자산에 대한 지분비율은 일정하다. 또한 자본거래 전·후 주주의 부의 변동도 없다.

　만일 A회사가 2주에 대해 주당 균등 유상감자를 주당 5억원에 하는 경우와 주당 25억원에 하는 경우의 A회사와 갑주주의 부의 변동사항을 계산해 보면 다음과 같다.

	감자 전	2주 감자 후	
		1주당 5억원 감자	1주당 25억원 감자
A회사	1,000억원	990억원	950억원
갑주주	주식: 500억원 현금: 0원	주식: 495억원 현금: 5억원	주식: 475억원 현금: 25억원
을주주	주식: 500억원 현금: 0원	주식: 495억원 현금: 5억원	주식: 475억원 현금: 25억원

상기와 같이 모든 주주에게 균등한 조건으로 감자를 하는 경우 10주를 주당 1억원에 감자를 하는 것과 2주를 주당 5억원에 감자하는 경제적 효과가 같다. 10주를 주당 5억원에 감자하는 것과 2주를 주당 25억에 감자하는 경제적 효과도 같다.

따라서 주식발행회사와 주주간에 이루어지는 자본거래에 있어 중요한 것은 모든 주주에게 균등하게 적용되는지 여부이므로 주식발행회사나 주주는 주당 납입액, 주당 유상감자가액, 주당 유상증자가액과 같은 주당 자본 거래가액에 객관적 교환가치가 반영되도록 노력할 유인이 없게 된다.

이와 같이 자본거래는 일반 매매거래와 그 성격이 많이 다르고 자본거래의 거래가액은 객관적 교환가치가 반영되지 않았을 개연성이 매우 높기 때문에 자본 거래가액은 주식매매 거래의 법인세법 시가(매매사례가액)으로 인정되지 않는다[238].

다만, 자본거래일지라도 객관적 교환가치에 근거하여 주당 가액을 산정할 필요가 있는 경우도 있다.

예를 들어 새로운 투자자를 위해 제3자 유상증자를 실시할 경우 해당 주당 유상증자가액은 기존 주주와 새로운 투자자가 합의를 하여 객관적 교환가치에 근거하여 산정된 가액으로 실시될 수도 있을 것이다.

이런 경우라면 주당 유상증자 가액이 다른 주식매매거래의 매매사례가액(시가)으로 인정될 수도 있다.

---

238) 조심 2009서3654, 2010.4.28., 조심 2013서4810, 2016.4.12. 등

9-11. 작은 규모의 비상장주식 거래와 큰 규모의 비상장주식 거래는 비교대상으로 보기 어려우나 거래규모 차이에 대한 명확한 규정이 없어 개별 거래별로 다르게 판단될 수 있다.

작은 규모 거래의 거래 당사자는 즉흥적이고 순간적인 감정에 따라 매매를 결정하기도 하고 거래를 위한 탐색시간이 짧아 매매 대상 물건에 대한 정보가 불완전하거나 정보의 비대칭성이 존재하는 상태에서 매매거래가 이루어지는 경우가 많다.

반면, 큰 규모 거래의 거래 당사자의 관여도는 작은 규모 거래의 거래 당사자의 관여도에 비해 현저히 높을 수밖에 없다.

큰 규모 거래의 매수자 측은 사전에 매수하려는 물건에 대한 정보를 오랜 시간을 들여 자세히 알아보기도 하고, 해당 물건을 이용해서 향후에 벌어드릴 현금 수입액을 추정하기도 하고, 해당 물건을 매수함으로써 발생할 수 있는 부외 부채가 있는지 여부 등을 사전에 면밀히 검토하고 검토된 내용을 바탕으로 매수에 대한 의사결정을 하며, 가격 협상 시 최대한 매수 가격을 낮추려는 노력을 하게 된다.

큰 규모 거래의 매도자 측은 매도자 측대로 높은 값을 지불할 수 있는 잠재적인 매수자를 물색하거나 잠재적인 매수자에게 매도자가 목표로 하는 가액에 매도하기 위해 매도하려는 물건의 장점 등을 분석하여 홍보하는 등의 노력을 하게 된다.

예를 들어 용돈 정도 규모로 주식투자를 하는 경우에는 주변에 떠도는 소문과 인터넷으로 관련 뉴스 등을 참고하는 정도로 거래에 대한 의사결정을 한다.

반면, 수십억~수백억 단위의 주식거래를 할 경우 여러 측면에서의 다양한 검토가 이루어지고 해당 회사의 사업계획 등을 참고하여 미래가치도 산정해 본다. 필요한 경우 주식발행회사에 대한 실사도 수행하게 된다.

이렇듯 거래 규모에 따라 매매 당사자의 태도, 관여도, 사전 정보 탐색에 투입하는 시간 등이 차이가 있으므로 규모 차이가 큰 경우 '유사한 상황'이라고 볼 수 없다.

그러나 어느 정도 규모 차이를 '유사한 상황'으로 볼지 여부는 법령에 명확한 기준이 없으므로 개별 거래별로 다르게 판단될 수 있다는 점을 주의해야 한다.

법원과 조세심판원의 비상장주식의 거래 규모 차이에 따라 매매사례가액 여부를 판단한 사례를 요약하면 다음과 같다.

〈거래 규모 차이가 있지만 매매사례가액으로 인정한 사례〉

사건번호	부당행위계산부인 대상 매매 거래	비교대상 거래
국심 2001서424, 2001.6.1.	6만 주	2만 주~18만 주

〈거래 규모 차이로 인해 매매사례가액으로 인정하지 않은 사례〉

사건번호	부당행위계산부인 대상 매매 거래	비교대상 거래
대법 85누208, 1985.9.24.	1,000,000주	15,000주
조심 2016서2179, 2017.6.7.	40만주	578~1,171주

9-12. 소액의 비상장주식 거래 가액은 법인세법상 시가(매매사례가액)로 인정되지 않을 수 있다.

소액 거래의 거래 당사자 사이에서는 적정한 가격을 산정하려는 가격협상 노력이 전혀 없는 등 경제적 이익 극대화를 추구하여 객관적 교환가치를 반영하여 거래할 것이라고 기대할 수 없는 경우가 많다.

또한 소액의 주식거래는 납세자가 자신에게 유리한 매매사례가액을 만들기 위해 거래 상대방과 공모하여 꾸며낸 거짓거래일 가능성도 배제할 수 없다.

이러한 이유 때문에 소액 거래에 적용된 거래가액은 객관적인 교환가치를 반영하지 못한 것으로 보아 법인세법상 시가로 인정받지 못하는 경우가 있다.

조세심판원에서도 소액거래, 총 발행주식 대비 매매되는 주식수 비율이 작은 경우, 그리고 가격 변동폭이 큰 경우는 대표성이 부족하는 이유로 하여 해당 거래가액을 법인세법상 시가로 인정하기 않기도 한다[239].

---

239) 조심 2015중927, 2015.5.12.

9-13. 상증세법에서는 타인의 매매가액이 시가(매매사례가액)으로 인정되지 않는 소액 거래 규모 기준을 제시하고 있으나 법인세법에서는 해당 규정을 준용하고 있지 않다.

법인세법에서 시가(매매사례가액)로 볼 수 없는 소액거래 기준에 대해 별다른 규정을 두고 있지 않다.

반면, 상증세법에서는 다음과 같이 시가(매매사례가액)로 볼수 없는 소액거래 기준[240]을 명시적으로 규정하고 있다.

> • 거래된 비상장주식의 가액(액면가액의 합계액)이 다음의 금액 중 적은 금액 미만인 경우
> – 액면가액의 합계액으로 계산한 해당 법인의 발행주식총액의 1%에 해당하는 금액
> –3억원

그러나 평가심의위원회의 심의[241]를 거쳐 그 거래가액이 거래의 관행상 정당한 사유가 있다고 인정되는 경우는 액면가액 기준 1% 또는 3억 미만거래도 상증세법상 시가로 인정받을 수 있다.

상기 규정은 법인세법에서 준용하고 있지 않으므로 법인간의 거래에는 적용되지 않으며 과세 세목이 법인세인 경우에는 평가심의위원회의 심의 대상도 아니다.

그러나 상기 규정의 취지는 조세심판원이나 법원의 법인세법상 시가 여부를 판단할 때 고려되는 요소와 큰 틀에서 유사하기 때문에 시가 적용이 배제되는 비상장주식 거래의 소액기준을 판단할 때 도움이 될 수 있으리라 생각되어 참고 목적으로 기술하였다.

9-14. 같은 자산임에도 불구하고 법인세법상 시가를 산정하는 방법과 상증세법상 보충적 평가액을 산정하는 방법이 다른 경우도 있으므로 과세되는 세목에 따라 시가로 보는 비상장주식 평가방법이 달라질 수도 있다.

법인세법상 시가를 산정하는 방법의 대부분은 상증세법상 보충적 평가방법을 준용

---

240) 상증세법 시행령 제49조 제1항 제1호 나목
241) 상증세법 시행령 제49조의 2

하거나 별도로 규정하고 있더라도 상증세법상 보충적 평가방법과 대동소이한 경우가 대부분이지만 일부 자산에 있어서는 법인세법과 상증세법의 평가방법이 다른 경우도 있다.

예를 들어 법인세법에서는 1개의 감정평가액도 시가로 간주(만일 2개가 있다면 평균액)되지만 상증세법에서는 반드시 2개 이상의 감정평가액의 평균액만이 시가로 인정된다[242].

그리고 상장주식의 시가를 법인세법에서는 거래일의 종가로 규정하고 있지만 상증세법에서는 거래일 전·후 2개월의 종가 평균액을 시가(또는 평가액)로 규정하고 있다.

따라서 과세되는 세목이 법인세인 경우에는 전자의 규정에 따라 평가해야 하지만 과세되는 세목이 상속세 혹은 증여세의 경우에는 후자의 규정에 따라 평가해야 한다.

〈적용되는 세목에 따른 비상장주식 평가방법의 차이〉

	법인세법	상증세법
감정평가액	1개도 인정(2개인 경우 평균액)	반드시 2개가 있어야 함(평균액)
상장주식	거래일 종가	거래일 전·후 2개월 종가 평균

따라서 비상장주식을 상증세법상 평가방법에 따라 평가하는 경우 세목에 따라 감정평가액이나 상장주식의 평가방법의 차이로 인해 법인세법상 시가 또는 상증세법상 평가액이 달라질 수 있으므로 실무할 때 주의하여야 한다.

9-15. 상장주식의 경우 양도하는 방식에 따라 법인세법상 시가가 달라지기도 한다.

상장주식의 경우 양도하는 방식에 따라 법인세법상 시가가 달라지기도 하므로 주의해야 한다.

상장주식을 장내거래(시간외 대량매매 방식으로 매매하는 경우 포함[243])로 양도한 경우에는 거래일의 최종시세가액이 시가로 인정되고 최대주주 등이 보유한 주식의 경우에도 할증평가가 적용되지 않는다[244].

---

242) 상증세법 시행령 제49조 제1항 제2호
243) 서면 인터넷방문상담2팀-573, 2008.3.31.
244) 법인세과-937, 2009.8.27.

반면, 상장주식을 장외거래로 특수관계자에게 양도한 경우에는 평가기준일(거래일) 전·후 2개월간 최종시세가액의 평균액이 시가로 인정되며 만일 해당 주식이 최대주주 등이 보유한 주식의 경우에는 할증평가[245]도 해야 한다[246].

상장주식을 시간외 대량매매 방식 거래하는 경우에는 장내거래로 인정된다[247].

---

245) 상증세법 제63조 제3항
246) 기획재정부 법인세제과-48, 2016.1.18., 조심 2016서2064, 2017.7.26.
247) 사전-2014-법령해석법인-22088, 2015.2.25.

⑩ 부당행위계산부인 과세로 인한 지배주주의 과세위험: 특정법인 과의 거래를 통한 이익의 증여 의제

10-1. 특수관계 법인으로부터 수혜(시가 거래 포함)를 받은 법인(이하 "수혜법 인")의 주식가치가 증가하였다면 수혜법인의 지배주주 등이 해당 주식을 처분하기 전이라도 증여세가 과세될 수 있다.

개인이 그 친족(가족 포함)에게 부를 이전하는 방법은 매우 다양하다.

그 중 많이 이용되고 있는 한 가지 방법은 그 친족이 소유하고 있는 회사에게 유리한 조건으로 거래하여 그 친족의 보유하고 있는 주식가치를 증가시키는 것이다.

증가된 주식가치는 향후 주식 처분 시 양도대가를 실현되므로 증가된 주식가치는 주 식 처분 시점에 이르러 친족(수혜법인 주주)에게 (양도)소득세로 과세되는 셈이다.

이를 반대로 말하면 그 친족이 해당 주식을 처분하지 않은 한 영구히 과세 없이 부를 이전시킬 수 있는 방법이기도 하다는 의미이며 실제로도 과거 부의 승계 플랜 등에서 합법적인 절세방법으로 많이 이용되기도 하였다.

과거에는 이러한 방법으로 부를 이전한 경우 지원 거래를 하는 회사에 대해 부당행 위계산부인으로 적용하여 과세하는 것 외에는 수혜법인 주주인 그 친족에게 과세할 수 있는 근거 법령이 없었다[248].

그러나 최근에는 이러한 부의 이전 유형에 대해 수혜법인의 주주가 실제 주식을 처분하기 전이라도 증여세를 과세할 수 있도록 다음과 같이 상증세법 규정이 신설 혹은 개정되었다.

① 상증세법 제45조의 3 특수관계법인과의 거래를 통한 이익의 증여 의제("일감 몰아주기"): 2011년 12월 31일 신설

② 상증세법 제45조의 4: 특수관계법인으로부터 제공받은 사업기회로 발생한 이익의 증여 의제("일감 떼어주기"): 2015년 12월 15일 신설

---

248) 과거에도 특정법인과의 거래를 통한 이익의 증여 의제 규정(개정 전)이 있기는 하였으나 2014년 이전 거래분에 대한 과세는 법원에서 위헌 판결이 나왔으므로 실질적으로는 수혜법인의 주주에 대한 과세를 할 수 없었다.

③ 상증세법 제45조의 5: 특정법인과의 거래를 통한 이익의 증여 의제

상기 법령들의 취지는 친족 등이 소유하고 있는 법인이 특수관계자로부터 부의 이전(증여)을 받아 주식가치가 증가하였다면 수혜법인의 주주가 해당 주식을 처분하기 전이라도 증여세를 과세하겠다는 것이다.

그리고 실질이 증여라면 저율의 양도소득세율(11%~33%)이 아닌 증여세율(10%~50%)을 적용하는 것이 과세의 형평성에 부합하며, 회사를 경영하는 지배주주들이 편법적으로 부를 이전하는 방법에 대한 제재 성격도 일부 있다.

이렇게 상증세법 제45조의 3~45조의 5 규정에 따라 증여세가 과세된 증여의제이익은 지배주주 등이 해당 주식 처분 시에 취득가액(필요경비)으로 인정되어 양도소득세는 감소[249]하게 된다.

즉, 과거 주식 처분시점에 (양도)소득세로 과세하였던 소득에 대해 수증받은 시점마다 증여세를 과세할 수 있도록 상증세법을 개정한 것이다.

상기 ①~③ 중 ①과 ②는 시가로 거래를 하더라도 수혜법인에 법 소정의 영업이익이 발생하면 수혜법인의 지배주주에게 증여세가 과세되나 ③은 시가로 거래를 하지 않아 부당행위계산부인으로 과세된 경우에 한하여 수혜법인의 지배주주에게 증여세가 과세된다는 점에서 차이가 있다.

이하에서는 이중 ③ 특정법인과의 거래를 통한 이익의 증여 의제에 대해 보다 구체적으로 살펴보려고 한다[250].

---

249) 소득세법 시행령 제163조 제10항
250) 일감 몰아주기 및 일감 떼어주기에 따른 증여세 과세는 시가로 거래를 하더라도 수혜법인에 법 소정의 영업이익이 발생하면 증여세가 과세되기 때문에 부당행위계산부인 과세에 따른 지배주주의 불이익이 아니다.

10-2. 특수관계 법인간 시가로 거래를 하지 않으면 수혜법인의 지배주주 등에게 증여세가 과세될 수 있다.

10-2-1. 특정법인과의 거래를 통한 이익을 얻는 법인의 주주에게 증여세를 과세해야 하는 이유

특정법인과의 거래를 통한 이익의 증여 의제 규정은 현행 상증세법 제45조의 5 및 동법 시행령 제34조의 4에서 규정하고 있다.

상기 법령의 내용을 간단히 설명하면 특정법인의 주주 등과 특수관계에 있는 자가 그 법인과 통상적인 범위를 초과하는 가격 등으로 거래를 하여 그 특정법인의 주주 등이 이익을 얻는 경우 그 이익을 얻은 주주 또는 출자자가 증여받은 것으로 보아 증여세를 과세한다는 것이다[251].

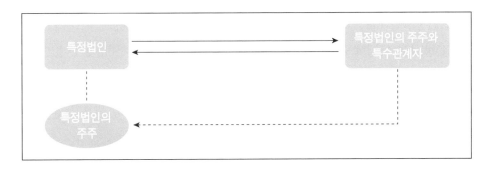

예를 들어 부자인 아버지가 아들한테 결손금이 많은 A회사의 주식을 헐값으로 사게 하고 아버지가 자신의 부동산 및 현금 등을 아들이 인수한 A회사에 증여하면 아버지로부터 증여받은 부동산 및 현금 등으로 인해 A회사의 주식가치는 크게 증가했음에도 불구하고, A회사는 누적된 결손 때문에 법인세도 내지 않아도 되고 A회사의 주주인 아들도 주식이 팔기 전까지는 세금을 내지 않게 된다.

아버지가 부동산 및 현금의 실질적 통제권을 아들에게 증여했음에도 불구하고 아들이 A회사의 주식을 팔지 않으면 수증자인 아들에 대한 과세가 무기한 연기되는 효과가 발생하게 된다.

그리고 만일 향후에 아들이 A회사 주식을 팔더라도 증여세율(10%~50%)보다 주식

---

251) 상증세법 45의 5-0-1

의 양도소득세율(11%~33%[252])이 낮아 결국 국세청에 납부하는 세금 총액도 감소할 가능성이 높다.

10-2-2. 2014년 1월 1일 개정 이전 특정법인과의 거래를 통한 이익의 증여 의제 규정의 문제점

2014년 1월 1일 개정 전 증여세 규정에서는 상기 방식의 부의 이전 거래에 대해 결손금으로 법인세가 발생하지 않는 경우에 한하여 그 아들에게 증여세를 과세하도록 규정하고 있었다.

당시 규정에 따르면 아들이 보유한 흑자 A회사에게 아버지가 증여 등 부의 이전 거래를 할 경우 아들이 보유한 A회사는 법인세가 발생하나 여전히 아들에게 증여세를 과세할 수 없었다.

또한 법인세율(20%~25%)은 증여세율(10%~50%)보다 낮았기 때문에 정상적인 부의 이전 방식이 아님에도 불구하고 흑자법인을 통해 부를 이전하는 것이 오히려 부의 이전 관련 세금이 절약되는 부작용이 발생하였다.

어떻게 보면 정상적이지 않은 부의 이전 방식에 상증세법이 면제부를 준 격이다.

상기와 같은 특정법인(A회사)을 통한 부의 이전 방식은 합법적으로 ① 세금의 발생시기 지연 효과 및 ② 법인세율과 증여세율의 차이로 인해 세금 감소 효과를 볼 수 있으므로 과거 부유층의 합법적인 주요 부의 증여 수단으로 이용되었다.

대부분의 납세자들은 이러한 특정법인을 통한 부의 이전 방식을 사용할 수 없으므로 2014년 개정 전 특정법인과의 거래를 통한 이익의 증여 의제 규정은 과세의 형평성 측면에서 문제가 있는 세법 조문이었다.

10-2-3. 2014년 1월 1일 개정의 주요 내용: 특수관계법인에게 이익을 분여받은 법인(부당행위계산부인이 과세된 법인의 상대방 법인)의 지배주주에 대한 증여세 과세 가능

이러한 과세 형평성 문제 때문에 2014년 1월 1일에 상증세법을 개정하여 특정법인의 주주인 아들이 주식을 양도하지 않더라도 일정 요건을 충족하면 특정법인의 주주인 아

---

252) 일부 부동산 과다법인의 주식 등의 경우에는 6.6%~46.2%

들에게 증여세를 과세할 수 있도록 개정하였다.

보다 자세히 기술하면, 2014년 1월 1일 이후에는 수혜법인이 흑자 회사라 하더라도 지배주주와 그 친족의 주식보유비율이 50% 이상인 법인(이하 "특정법인")이 법에서 열거한 거래유형을 통해 지배주주의 특수관계자로부터 현저한 이익을 받았다면 특정법인의 지배주주와 그 친족인 주주에게 증여세를 과세할 수 있도록 하였다.

	2014년 1월 1일 개정 전	2014년 1월 1일 개정 후
수혜법인	• 결손금이 있거나 휴업 또는 폐업 중인 법인	• 결손금이 있거나 휴업 또는 폐업 중인 법인 • 지배주주와 그 친족의 주식보유비율이 100분의 50 이상인 법인

특정법인과의 거래를 통한 이익의 증여의제 과세 대상인 법에서 열거한 거래유형는 다음과 같다.

① 재산이나 용역을 무상으로 제공하는 것
② 재산이나 용역을 통상적인 거래 관행에 비추어 볼 때 현저히 낮은 대가로 양도·제공하는 것
③ 재산이나 용역을 통상적인 거래 관행에 비추어 볼 때 현저히 높은 대가로 양도·제공받는 것
④ 해당 법인의 채무를 면제·인수 또는 변제하는 것[253]
⑤ 시가보다 낮은 가액으로 해당 법인에 현물출자하는 것

여기서 "현저히"란 시가와 대가와의 차액이 시가의 30% 이상이거나 그 차액이 3억원 이상인 경우의 해당 가액을 의미한다.

과세 대상 거래유형을 ①~⑤로 열거하고 있지만 결국 일반 상거래에 적용되는 부당행위계산부인 대상 거래 범위와 크게 다르지 않다.

따라서 2014년 개정 후에는 지배주주와 그 친족의 주식보유비율이 50% 이상인 법인으로서 특정법인과의 거래를 통한 이익의 증여의제 요건을 충족할 경우 특수관계자(법

---

253) 다만, 해당 법인이 해산(합병 또는 분할에 의한 해산은 제외한다) 중인 경우로서 주주 등에게 분배할 잔여재산이 없는 경우는 제외함

인 포함)와 거래에 대해 부당행위계산부인이 적용되면 다음과 같이 과세가 이루어질 수 있다.

① 특수관계법인에게 이익을 분여한 법인: 부당행위계산부인에 따른 법인세 과세
② 특수관계법인에게 이익을 분여받은 법인(특정법인)의 지배주주 등: 증여세 과세[*]

　　(*) 증여세＝(분여받은 이익－법인세 상당액) × 지분율 × 증여세율

특정법인과의 거래를 통한 이익의 증여의제 금액은 최근 10년 동안 금액이 모두 합산되어 과세되므로 매년 한계세율이 증가하여 거래를 지속적으로 유지할 경우 매년 동일한 증여의제 금액이 발생하더라도 과세되는 금액은 매년 증가하게 된다.

10-3. 특정법인과의 거래를 통한 이익의 증여의제는 세무조사를 통해 과세되는 경우가 대부분일 것으로 예상된다.

특정법인과의 거래를 통한 이익의 증여의제 과세는 다음과 같은 과정을 거쳐 과세될 것으로 예상된다.

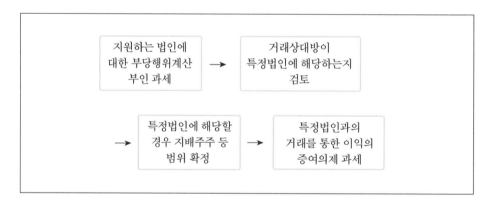

통상 부당행위계산부인 과세는 회사가 자진해서 신고·납부하기보다는 세무조사를 통해 과세되는 경우가 대부분이기 때문에 특정법인과의 거래를 통한 이익의 증여의제 역시 세무조사를 통해 과세되는 경우가 대부분일 것이다.

실무자 입장에서는 부당행위계산부인 또는 특정법인과의 거래를 통한 이익의 증여의제와 같이 세무조사를 통해 과세되는 형태의 과세위험에 대해서는 사전에 결제라인에 관련 과세위험을 보고해야 향후 세무조사 시 실제 과세가 되는 경우 덜 곤란해질

수 있다.

더욱 곤란한 상황은 회사의 담당실무자가 세무조사 기간 중 이러한 규정을 몰라서 증여세 과세에 대해 결재라인에 보고를 못하고 있다가 세무조사통지서를 받는 시점에 지배주주에게 증여세가 과세된다는 것을 알게 되는 경우이다.

10-4. 2014년 1월 1일 개정 전 특정법인과의 거래를 통한 이익의 증여의제는 입법 미비로 위헌 판결을 받은 바 있다.

만일 세무조사를 통해 특정법인과의 거래를 통한 이익의 증여의제로 증여세가 과세되는 경우 다음의 내용을 참고하여 조세불복을 고려해 보는 것도 좋다.

앞서 언급한 바와 같이 특정법인과의 거래를 통한 이익의 증여의제 규정은 2014년 1월 1일 개정 이전에도 존재하고 있었다[254].

그러나 2014년 2월 21일 이전 거래분[255]에 대해서는 입법 미비로 특정법인과의 거래를 통한 이익의 증여의제 규정으로 증여세를 과세할 수 없다고 대법원 및 조세심판원이 판결[256]하였기 때문에 실무상 증여세 과세가 이루어지지 않고 있다.

해당 판결에서 특정법인과의 거래를 통한 이익 규정으로 증여세를 과세할 수 없다고 판단한 근거는 다음과 같다.

- 특정법인의 주주 등과 특수관계에 있는 자가 특정법인에 재산을 증여하는 거래를 하였더라도 그 거래를 전·후하여 주주 등이 보유한 주식 등의 가액이 증가하지 않은 경우에는 그로 인하여 그 주주 등이 얻은 증여 이익이 있다고 볼 수 없음
- 이러한 사정을 고려하지 않고 이를 상증세법 시행령에서 일률적으로 증여 받은 이익으로 간주하는 것은 모법(상증세법)의 규정취지에 반할 뿐 아니라 그 위임범위를 벗어났음

---

254) 기존 구 상증세법 제41조(증여추정 규정)는 1996년 12월 30일에 신설되어 유지되어 오다가 2015년 12월 15일 상증세법 제45조의 5(증여의제 규정)로 조문을 이전하였다.
255) 관련 법령은 2014년 1월 1일 개정되었으나 부칙(2014.2.21. 대통령령 제25195호)에 따라 2014년 2월 21일 이후 증여분부터 적용된다.
256) 대법원 2015두45700, 2017.4.20., 조심 2017서4230,, 2017.12.13.

10-5. 2014년 개정 후 특정법인과의 거래를 통한 이익의 증여의제 규정에 대해
    법원 단계에서 과세가 유효하다는 입장과 개정 후 규정도 여전히 입법 미
    비로 과세가 무효라는 입장이 공존하고 있다.

그럼 2014년 개정 후 특정법인과의 거래를 통한 이익의 증여의제 규정에 대한 국세청, 조세심판원, 법원의 입장은 어떨까?

우선, 국세청은 2014년 개정 후 특정법인과의 거래를 통한 이익의 증여의제 규정으로 증여세를 과세할 수 있다는 입장이고 실제 증여세 과세도 이루어지고 있다.

조세심판원 역시 2014년 개정 후 특정법인과의 거래를 통한 이익의 증여의제 규정으로 증여세를 과세할 수 있다는 입장이다.

> "2014.2.21. 이후 증여분에 대하여 적용되는 2014.2.21. 대통령령 제25195호로 개정된 상증세법 시행령 제31조 제6항에 따른 증여이익계산이 무효라고 판단할 수 없는 점 등에 비추어 이 건 증여세 부과처분을 취소하여야 한다는 청구인들의 주장을 받아들이기 어려움[257]"

그러나 법원은 2014년 개정 후 특정법인과의 거래를 통한 이익의 증여의제 규정에 따른 과세가 유효하다는 입장과 개정 후 규정도 여전히 입법 미비로 과세가 무효라는 입장이 공존하고 있다.

2014년 개정 후 특정법인과의 거래를 통한 이익의 증여의제 규정에 따른 과세가 유효하다는 전제하에 증여세 과세가 적법하다고 판결한 사례는 대법원 판결이 확정된 상황이다[258].

반면에 2014년 개정 후 특정법인과의 거래를 통한 이익의 증여의제 규정은 여전히 모법인 상증세법 제41조의 규정 취지에 반하고 그 위임범위를 벗어난 것으로서 무효라고 본 판결은 2심 판결까지 나온 상황이다.

---

257) 조심 2018중1247, 2018.6.21. 외 다수
258) 대법원 2018두47356, 2018.10.11.

"2014년 개정 후 상증세법 시행령 제31조 제6항은 특정법인이 부담한 법인세를 공제하는 것으로 그 내용이 일부 변경되었으나, 여전히 모법인 법 제41조의 규정 취지에 반하고 그 위임범위를 벗어난 것으로서 무효[259]"

〈2014년 개정 후 특정법인과의 거래를 통한 이익의 증여의제 규정에 대한 입장 요약〉

	국세청	조세심판원	법원
적법 or 무효	적법	적법	적법 or 무효 공존

10-6. 2014년 2월 21일 이후 거래분에 대해 특정법인과의 거래를 통한 이익의 증여의제 규정에 따라 증여세가 과세될 경우 조세불복 논리(예시)

상기와 같이 대법원에서 2014년 개정 후 특정법인과의 거래를 통한 이익의 증여의제 규정이 무효라는 판결이 나올 수도 있는 상황이므로 만일 현시점에서 특정법인과의 거래를 통한 이익의 증여의제 규정에 따라 증여세가 과세될 경우 조세불복을 고려해 보는 것도 좋을 것이다.

만일 2014년 개정 후 특정법인과의 거래를 통한 이익의 증여의제 규정에 따른 증여세 과세에 대해 조세불복을 할 경우 납세자 입장에서 주장할 수 있는 논리를 다음과 같이 요약하였다.

10-6-1. 조세불복 논리 1. 2014년 개정 후에도 여전히 위헌 소지가 있다.

다음의 이유로 인해 현행 특정법인과의 거래를 통한 이익 규정은 민법 및 상증세법상 증여에 정의에 부합하지 않는다.

- 상증세법상 증여의 정의(상증세법 제2조 제6호)에 부합하지 않음
- 특정법인의 이익이 해당 특정법인의 주주의 (증여)이익으로 의제할 근거 없음
- 특정법인의 주주가 증여를 받기 위한 거래 또는 법률행위를 한 사항 없음(차명주식의 경우와는 다름)

---

259) 서울고등법원 2018누64766, 2019.1.16.

- 결손금이 있는 법인의 경우 주식가치의 증가 없어 증여이익 없음
- 일반적인 거래이익에 대해 지배주주에게만 증여세가 과세되어 지배주주가 아닌 주주와 형평성 측면에서 맞지 않음

10-6-2. 조세불복 논리 2. 일감 몰아주기 과세 규정의 과세대상 증여이익과 일부 중복되는 구간이 있어 이중과세 소지가 있다.

특정법인과의 거래를 통한 이익 규정과 일감 몰아주기 규정(상증세법 제45조의 3)의 과세대상 증여이익은 중복되는 구간이 있어 이중과세 문제가 있다.

- 상증세법 제45조의 5의 특정법인의 이익은 상증세법 제45조의 3의 영업이익을 구성
- 과세 되더라도 일감 몰아주기 규정에 따라 과세된 영업이익 상당액은 제외하여야 함

10-6-3. 조세불복 논리 3. 설령 과세되더라도 자기 증여분 상당액이 제외되어야 합리적이다.

설령 특정법인과의 거래를 통한 이익 규정으로 과세가 되더라도 증여이익 중 자기 증여분 상당액이 제외되어야 합리적이다.

- 과세 대상 거래 상당방의 지배주주와 특정법인의 지배주주가 동일한 경우 해당 거래로 인해 특정법인의 지배주주는 이전 받는 이익이 없음에도 현행 상증세법 제45조의 5 규정에 따라 과세할 경우 증여세가 과세됨
- 거래당사자(개인)와 특정법인의 지배주주가 동일할 경우에는 자기 증여분을 증여이익에서 제외[260]
- 상기 예규의 거래당사자가 법인을 설립하에 특정법인과 동일한 거래를 하는 경우에는 자기 증여분이 증여이익에서 제외되지 않음

10-6-4. 조세불복 논리4. 설령 과세되더라도 관련 과세법령이 정비된 2016년 1월 1일 이후 증여분부터 적용되어야 한다.

설령 과세되더라도 관련 과세법령이 정비된 2016년 1월 1일 이후 증여분부터 적용되어야 한다.

---

260) 서면4팀-1456, 2005.8.19. 등 다수

- 상증세법 제45조의 5 증여의제 규정으로 이전(구 상증세법 제41조)
- 상증세법 제4조 제2항 신설
- 상증세법 제4조의 2 제3항 신설 등

⑪ 부가가치세법상 부당행위계산부인

11-1. 부가가치세법상 부당행위계산부인 규정은 시가와 특수관계자의 범위에 대해 법인세법을 준용하고 있다.

부가가치세법에서도 부당행위계산부인 규정이 있다.

> "특수관계인에게 공급하는 재화 또는 용역에 대한 조세의 부담을 부당하게 감소시킬 것으로 인정되는 경우로서 다음 각 호의 어느 하나에 해당하는 경우에는 공급한 재화 또는 용역의 시가를 공급가액으로 본다." [261]

부가가치세법에서는 부당행위계산부인 규정이 독립된 규정이 아닌 부가가치세 과세표준 규정에 포함[262]되어 있으며 시가 및 특수관계자 범위에 대해 법인세법 규정을 준용[263]하고 있다.

앞서 살펴본 바와 같이 부당행위계산부인의 대부분의 이슈는 시가 개념과 특수관계자 범위에 대한 것인데 이에 대해 법인세법을 준용하고 있으니 부가가치세법상 부당행위계산부인 적용 여부를 판단할 때에 이미 큰 이슈 둘이 결정되어 있는 경우가 대부분이다.

11-2. 부가가치세법상 부당행위계산부인은 법인세법상 부당행위계산부인에 비해 적용되는 거래범위가 작다.

실무상 부가가치세 부당행위계산부인은 독립되어 별도로 과세되기보다는 법인세 부당행위계산부인이 적용되면 기계적으로 과세되는 경우가 대부분이다.

그런데 법인세가 부당행위계산부인으로 과세되는 거래 중 어떤 거래는 부가가치세법상 부당행위계산부인으로 과세되기도 하고 어떤 거래는 부가가치세법상 부당행위계

---

261) 부가가치세법 제29조 제4항
262) 우리나라 부가가치세법에 채택하고 있는 전단계세액공제방식에서는 매출거래에만 부당행위계산부인을 적용하는 것이 이론상 당연하다.
263) 부가가치세법 시행령 제62조, 동법 시행령 제26조 제1항

산부인으로 과세가 되지 않는다.

그러나 반대로 부가가치세는 부당행위계산부인으로 과세되는 데 반해 법인세는 부당행위계산부인으로 과세되지 않는 상황은 거의 발생하지 않는다.

즉, 부가가치세법상 부당행위계산부인은 법인세법상 부당행위계산부인에 비해 적용되는 거래범위가 작다.

따라서 부가가치세법상 부당행위계산부인에 대한 세무진단을 하는 경우 법인세법상 부당행위계산부인이 적용되는 거래 중 부가가치세법상 부당행위계산부인이 적용되지 않는 거래를 골라 내는 방식으로 접근하는 것이 효율적이고 실무상 업무흐름과도 일치한다.

11-3. 부가가치세법상 부당행위계산부인은 매출세액 발생 거래에만 적용되며 열거된 거래유형에 한하여 적용된다는 점에서 법인세법상 부당행위계산부인과 다르다.

법인세법상 부당행위계산부인과 부가가치세 부당행위계산부인의 차이점을 정리하면 다음과 같다.

〈법인세법상 부당행위계산부인과 부가가치세 부당행위계산부인의 차이점〉

	법인세법상 부당행위계산부인	부가가치세법상 부당행위계산부인
① 적용 거래	매출거래, 매입거래 모두	매출거래(매출세액)에만 적용
② 적용 거래 유형	모든 거래(예시 규정)	열거된 3가지 거래(열거 규정)
③ 적용 최저규모 규정	적용	없음(준용하지 않음)
④ 정상가격과 관계	적용되는 거래범위가 다름 (국내거래 vs. 국외 거래)	각각 별도 검토할 사항임 (영세율 과소신고 과세위험 있음)

이하에서는 차이점에 대해 자세히 기술하고자 한다.

11-3-1. ① 부가가치세법상 부당행위계산부인은 매출자(공급하는 자)에게만 적용된다.

부가가치세법상 부당행위계산부인 규정은 매출세액 계산을 위한 과세표준 규정 중 일부다.

앞서 우리나라 부가가치세는 전단계세액공제방식으로 운용되고 있다는 점을 기술한 바 있다.

전단계세액공제방식에서는 매출세액을 공급하는 자의 매출 등을 통해 검증하므로 법인세법상 부당행위계산부인을 통해 세무상 매출액을 재계산되면 부가가치세법상 매출세액도 당연히 재계산(매출세액 증가)되어야 한다는 것이 부가가치세법상 부당행위계산부인 규정의 취지이다.

반면 공급받는 자의 매입(세액)은 공급하는 자로부터 발급받은 세금계산서를 통해 검증되므로 부가가치세법상 부당행위계산부인으로 재계산될 여지가 없다. 매입액이 달라진다고 해서 이미 발급받은 세금계산서상 매입세액이 달라지지 않기 때문이다.

그러나 매입거래의 경우에도 부당행위계산부인 유형 중 공급거래가 자체가 부인되는 거래 유형[264]의 경우에는 공급하는 자로부터 세금계산서를 발급받았다고 하더라도 사실과 다른 세금계산서로 간주되어 매입세액이 공제(환급)되지 않을 수 있으므로 주의하여야 한다.

11-3-2. ② 부동산용역 무상제공 외의 무상 용역제공에 대해서는 부당행위계산부인 규정이 적용되지 않는다.

법인세법상 부당행위계산부인은 그 정의를 충족하는 모든 거래에 적용되는 반면에 부가가치세법상 부당행위계산부인은 다음에 열거된 거래 유형에만 부당행위계산부인 규정이 적용된다.

가. 재화의 공급에 대하여 부당하게 낮은 대가를 받거나 아무런 대가를 받지 아니한 경우
나. 용역의 공급에 대하여 부당하게 낮은 대가를 받는 경우
다. 사업용 부동산의 임대용역을 제공하고 아무런 대가를 받지 아니한 경우[265]

---

264) 예를 들어 통행세로 간주되어 거래 자체가 없었다고 간주되는 경우를 말한다.
265) 다만, 특수관계자에게 무상으로 사업용 부동산의 임대용역을 제공한 경우라도 다음의 경우에는 부당행위계산부인 규정이 적용되지 않는다.
  • 「산업교육진흥 및 산학연협력촉진에 관한 법률」 제25조에 따라 설립된 산학협력단과 같은 법 제2조 제2호 다목의 대학 간 사업용 부동산의 임대용역
  • 「공공주택 특별법」 제4조 제1항 제1호부터 제4호까지의 규정에 해당하는 자와 같은 항 제6호에 따른 부동산투자회사 간 사업용 부동산의 임대용역

상기 규정을 표로 정리하면 다음과 같다.

구분	특수관계자에게 부당하게 낮은 대가를 받은 경우	특수관계자에게 대가를 받지 않은 경우
재화	부당행위계산부인 ○	부당행위계산부인 ○
용역	부당행위계산부인 ○	부당행위계산부인 ×[*1]

(*1) 사업용 부동산의 임대용역의 경우에는 시가로 매출세액을 재계산함

즉, 사업용 기계장치를 특수관계자에게 무상으로 임대하는 경우에는 법인세법상 부당행위계산부인 규정이 적용되지만 부가가치세법상 부당행위계산부인 규정은 적용되지 않는다.

11-3-3. 부가가치세법상 부당행위계산부인이 적용되더라도 세금계산서 발급의무는 없으므로 세금계산서 불성실 가산세는 발생하지 않는다.

세금계산서상 공급가액은 금전으로 대가를 받는 경우에는 그 대가를 기재하는 것이 원칙이다[266].

부가가치세법상 부당행위계산부인이 적용되더라도 이러한 원칙이 적용되기 때문에 과세표준에 포함되는 부당행위계산부인 금액에 대하여는 다시 세금계산서의 발급할 의무는 없는 것이다[267].

즉, 사인간에 계약으로 인해 법률적 효력이 발생하는 거래금액으로 거래당시 세금계산서를 이미 작성·교부하였으므로 부당행위계산부인 금액에 대하여 다시 세금계산서를 발행할 필요는 없다.

따라서 부가가치세법상 부당행위계산부인 규정이 적용되더라도 해당 특수관계자간 거래 시 수수한 세금계산서에 대해 세금계산서 불성실 가산세가 추가 과세되지는 않는다.

---

266) 부가가치세법 제29조 제3항 제1호
267) 국심 2002중1451, 2004.3.12.

11-3-4. ③ 시가와 거래가액의 차액이 3억원 이상이거나 시가의 100분의 5에 상당하는
금액 미만인 경우에도 부가가치세법상 부당행위계산부인 규정이 적용된다.

법인세법에서는 열거된 일부 거래 유형에 대해서는 시가와 거래가액의 차액이 3억원
이상이거나 시가의 100분의 5에 상당하는 금액 이상인 경우에만 적용된다.[268]

반면, 부가가치세법에서는 이러한 금액 기준이 없으므로 극단적으로 예를 들면 시가
와 거래가액이 100원만 차이가 나도 부당행위계산부인 규정이 적용될 수 있다[269].

그러나 실무적으로 법인세는 부당행위계산부인이 적용되지 않는 상황에서 부가가치
세만 부당행위계산부인 규정이 적용되는 사례는 아직 보지 못했다[270].

11-3-5. ④ 국제조세조정에 관한 법률에 따라 국외특수관계자에게 정상가격보다 낮은
가격으로 매출한 것으로 간주되는 경우 부가가치세법상 영세율 과소신고 가산
세가 과세될 위험이 있다.

국내 법인이 해외 특수관계자에게 재화를 수출하게 되면 영세율로 부가가치세 과세
표준을 신고해야 하며, 영세율 과세표준 금액이 과소하게 신고하면 영세율 과세신고
가산세가 발생할 수 있다.

따라서 만일 국내 법인이 해외 특수관계자에게 재화를 저가로 수출했을 때 부가가치
세법상 부당행위계산부인 규정이 적용된다면 영세율 과세표준 과소신고가산세가 과세
될 수 있는지가 논란이 될 수 있다.

국세청은 "국제조세조정에 관한 법률 제4조에 따라 정상가격에 의한 과세조정을 적
용하는 경우라고 하여 부가가치세법상 재화 또는 용역의 공급에 대하여 부당하게 낮은
대가를 받은 경우에 해당된다고 판단할 수 없는 것"이나 "부당하게 낮은 대가를 받은
경우에 해당하는지 여부를 판단하는 경우에 정상가격을 고려할 수 있다"[271]라고 답변
하고 있어 명확한 입장을 내놓고 있지 않다.

---

268) 법인세법 시행령 제88조 제3항
269) 부가가치세과-1536, 2009.10.21.
270) 저자의 생각으로는 법인세법상 부당행위계산부인 금액 규정(법인세법 시행령 제88조 제3항)은 2007년
2월 28일에 신설되었으나 부가가치세법에서 이를 추가 준용하지 못한 입법 미비로 판단되므로 향후에는
법인세법과 동일하게 규정이 추가될 것으로 기대한다.
271) 재부가-607, 2011.9.30.

이런 경우 수출거래에 대한 시가에 대한 논쟁으로 귀결될 가능성이 높으며 결국 납세자는 TP스터디를 통해 정상가격이 적정했고 따라서 시가도 적정하다는 논리로 국세청에 소명해야 할 것으로 판단된다.

⑫ 특수관계자간 대금 수수: 용역대가 지급 또는 공동경비 정산에 대한 사실판단

12-1. 특수관계자간 대금 수수거래는 경제적 실질(위험과 효익의 귀속)에 따라 ① 용역 대가 수수 또는 ② 공동경비의 정산으로 구분할 수 있다.

다수의 계열사가 소속되어 있는 그룹의 경우 업무효율성을 위해 특정 업무를 특정 계열사가 전문적으로 특화하여 수행하고 나머지 계열사는 해당 업무를 계열사로부터 공급받고 대가를 지불하기도 하고,

또는 특정 업무를 수행하는 그룹 공동조직을 운영하거나, 특정 용역을 공동으로 구입하거나 특정 마케팅을 다수의 계열사가 공동으로 하면서 거래의 편의 때문에 특정 대표계열사가 먼저 비용을 지불한 후 대표계열사가 주축이 되어 일정 안분기준에 따라 계열사에게 공동경비를 배부하여 정산하기도 한다.

비단, 대기업이 아니더라도 시너지 효과를 내기 위해 특수관계자간 용역을 공급하거나 공동사업 또는 공동조직을 운영하는 경우는 매우 흔한 일이다.

상기 2가지 거래 유형 모두 특수관계자간 대금을 수수하는 과정을 거치게 되는데 해당 거래의 위험 및 효익의 실질귀속에 따라 정산금에 대한 세무처리가 완전히 달라지게 되므로 주의를 요한다.

용역을 공급하는 특정 계열사에 위험과 효익이 전적으로 귀속되는 경우 특수관계자간 용역공급[272](이하 "① 특수관계자간 용역공급")을 간주되며, 참여자인 다수의 계열사 모두에게 위험과 효익이 귀속되는 경우에는 공동매입·공동조직·공동마케팅 등을 운영함에 따라 발생하는 공동경비를 각 계열사간 정산(이하 "② 특수관계자간 공동경비 정산")하는 거래로 간주된다.

---

272) 재화공급 거래의 경우 재화 실물의 귀속자가 명확하게 보이고 재화공급 및 공동경비 배부 모두 정산 시 세금계산서를 수수해야 하기 때문에 재화공급 또는 공동경비 배부에 대한 구분이 어렵지 않고 실무적으로도 그 두 유형의 세무처리를 혼돈하여 적용하고 있는 경우는 거의 없다.

〈① 특수관계자간 용역공급 및 ② 특수관계자간 공동경비 정산의 비교〉

	① 특수관계자간 용역공급	② 특수관계자간 공동경비 정산
거래 관련 위험과 효익	용역을 공급하는 특정 계열사에게 귀속	관련 거래당사자에게 공동으로 귀속
경제적 실질	거래 ○	대금의 정산(거래 ×)
과세 이슈	거래금액(시가)의 적정성	안분기준의 적정성
관련 법인세법 규정	부당행위계산부인 (법인세법 제52조)	공동경비의 손금불산입[*] (법인세법 시행령 제48조)
세금계산서 발급 대상	대상임	대상 아님

(*) 과다경비로 보아 손금불산입(법인세법 제26조)

12-2. ② 특수관계자간 공동경비 정산의 경우 외부 거래와 관련하여 대표계열사가 세금계산서를 수수할 수 있도록 허용하고 있으므로 외부 거래에 대한 세금계산서 수수형태만으로 ① 용역공급 거래 또는 ② 공동경비 정산을 구분하는 것은 쉽지 않다.

위험과 효익의 귀속은 눈에 보이지 않기 때문에 특정 계열사간 수수한 대금이 ① 특수관계자간 용역공급에 대한 대가에 해당하는지 ② 특수관계자간 공동경비에 대한 정산금에 해당하는지를 실무에서 구분하는 것은 쉽지 않다.

만일 부가가치세법에서 ② 특수관계자간 공동조직 등을 운영하는 과정에서 발생한 외부 거래에 대해 참여 계열사가 본인 부담분에 대해 외부 공급자로부터 각각 세금계산서를 발급받도록 강제하고 있다면 외부 구입거래 따른 외관이 구분되므로 ①과 ②의 상황이 그나마 쉽게 구분할 수 있을 것이다[273].

---

273) 이런 경우에도 참여 계열사 내부 비용만 발생하는 상황이라면 구분이 쉽지 않을 것이다.

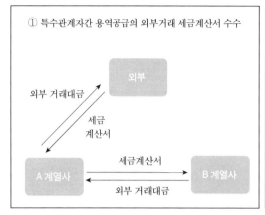

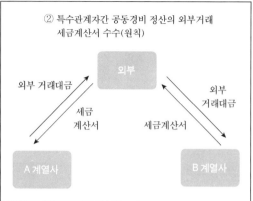

그런데 부가가치세법에서는 "공동매입에 따른 세금계산서를 대표사가 발급받을 수 있으며 그 공동비용을 정산하여 구성원에게 청구하는 때에는 당초 발급받은 세금계산서의 공급받은 날을 발행일자로 하는 세금계산서를 발급"할 수 있도록 허용하고 있다[274].

좀 더 자세히 기술하면 용역을 공급하는 자가 여러 회사에게 동일한 용역을 공급하는 거래를 할 때 원칙적으로는 실제로 용역을 공급받는 자에게 세금계산서를 각각 발급하는 것이 원칙이나 이런 원칙만을 고집하다 보면 납세자가 세금계산서를 수수하는 데 어려움이 있을 수 있으므로 공동매입의 경우 또는 용역대가를 대표사가 일괄하여 지급하거나 지급받는 경우에는 용역 대가 수수 흐름에 따라 세금계산서를 각각 발급할 수 있도록 허용함으로써 납세자간 세금계산서 수수를 좀 더 원활하게 할 수 있도록 예외 규정을 두었다.

---

274) 부가가치세법 시행령 제69조 제14항 및 15항, 동법 집행기준 32-69-1 제1항

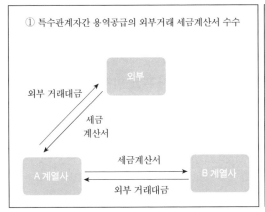

① 특수관계자간 용역공급의 외부거래 세금계산서 수수

외부

외부 거래대금

세금
계산서

A 계열사 ────세금계산서────► B 계열사
         ◄───외부 거래대금────

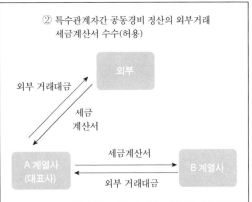

② 특수관계자간 공동경비 정산의 외부거래
세금계산서 수수(허용)

외부

외부 거래대금

세금
계산서

A 계열사
(대표사) ────세금계산서────► B 계열사
         ◄───외부 거래대금────

납세자의 세금계산서 편의성을 위해 둔 예외 규정이지만 동 규정으로 인해 공동매입(경비)라 하더라도 대표사가 세금계산서를 발급받은 경우 외부 거래에 대한 세금계산서 수수형태 만으로는 ①의 상황과 ②의 상황을 구분하는 것이 쉽지 않게 되었다.

12-3. 특수관계자간 대금 정산에 대한 경제적 실질 판단 사례(① 용역 공급 vs. ② 공동경비 정산)

1차 사실관계

G회사 소속 임직원 3명과 G회사과 특수관계가 있는 H회사 소속 임직원 3명(임원 1명, 직원 2명)이 G회사 및 H회사의 경영관리업무를 공동으로 수행하고 있다.

경영관리업무를 공동으로 수행하는 6명은 각각의 소속 회사로부터 급여를 받고 있으나 실제 업무는 G회사와 H회사의 경영관리업무를 구분하지 않고 공동으로 수행하고 있으며, 사무실은 G회사 명의로 임차하여 사용하고 임차료는 G회사가 지급하였다.

G회사와 H회사는 공동 경영관리업무를 수행함에 따라 발생하는 공동경비를 사전에 정한 기준에 따라 정산하면서 세금계산서를 수수하지 않았다.

이러한 사실관계에서 국세청은 세무조사를 통해 공동경비의 정산 금액을 용역 공급의 대가로 보아 부가가치세를 과세하였으며 G회사와 H회사는 국세청에 심사청구(조세불복)를 신청하였다.

심사청구(조세불복)를 받는 심사청은 관련 임직원 대부분이 G회사 및 H회사의 경영관리업무를 공동으로 수행하고 있으며 해당 6명의 급여, 사무실 임차료, 사무실 기타 경비 등은 공동 경비로 보아 사전에 정한 일정한 비율로 부담하고 있는 현금정산분은 부가가치세법상 용역 공급의 대가가 아니라고 판단하였다[275].

즉, 심사청은 G회사와 H회사 간의 정산을 공동경비의 정산거래로 본 것이다.

2차 사실관계

〈1차 사실관계〉에 따른 조세불복 이후 B회사 소속 임원 중 1명이 G회사와 H회사의 공동임원으로, 2명의 직원은 G회사 소속으로 변경하였다. 즉, 공동 경영관리업무를 하는 인원이 모두 G회사 소속으로 변경된 것이다.

G회사와 H회사는 인원 소속 변경 전과 동일하게 경영관리업무를 공동으로 수행한 것으로 보아 이전과 동일하게 발생한 공동경비를 사전에 정한 기준에 따라 정산하면서 세금계산서를 수수하지 않았다.

국세청은 공동 경영관리업무를 하는 인원이 모두 G회사 소속으로 변경된 후 수수된 공동경비의 정산 금액을 용역 공급의 대가로 보아 부가가치세를 과세하였으며, G회사와 H회사는 조세심판원에 심판청구(조세불복)를 하였다.

2차 사실관계 판단: ② 특수관계자간 공동경비 정산

변경 후 G회사 소속 임직원 6명이 H회사를 위해 경영관리 용역을 공급하는 것으로 변경된다고 보아 세무처리 방식을 변경해야 할까? 아니면 기존대로 공동업무 수행으로 보아 기존의 공동경비 배분의 세무처리를 유지해야 할까?

이렇듯 실제 상황이 조금만 복잡해지면 해당 상황에 대한 위험과 효익의 귀속자를 명확히 구분해 낸다는 것이 쉽지 않다.

---

275) 국세청 심사부가 2005-100, 2005.5.30.

우선 드는 생각은 공동경비의 법률적 정의가 "법인이 해당 법인 외의 자와 동일한 조직 또는 사업 등을 공동으로 운영하거나 영위함에 따라 발생되거나 지출된 손비[276]" 인데 경영관리 업무를 하는 6명이 모두 G회사 소속이므로 6명을 G회사 및 H회사의 공동조직이라고 하기 어려워 보이기 때문에 6명의 급여, 사무실 임차료, 사무실 기타 경비 등은 공동경비로 보기 어려울 것 같고 따라서 G회사가 H회사에게 경영관리 용역을 제공한다고 볼 수도 있을 것 같다.

하지만 세금은 경제적 실질에 따라 과세를 해야 하는데 임직원의 소속 변경 전과 후 모두 동일한 업무를 수행하고 단지 소속만 변경하였을 뿐인데 이로 인해 위험과 효익의 귀속자가 바뀌었다고 보기 어렵고, 공동경비 배부라는 다자간의 공동행위가 용역 공급이라는 거래로 바뀌었다고 보는 것도 설득력이 떨어진다.

조세심판원은 H회사 소속 임직원이 A회사로 소속을 변경(임원은 공동등기임원)한 후에도 6명의 급여, 사무실 임차료, 사무실 기타 경비 등은 여전히 공동경비에 해당하고 쌍방 간에 공동관리비용을 정산한 것은 용역의 공급에 해당되지 아니하였으므로 세금계산서를 수취할 의무가 없다고 판단하였다[277].

조세심판원은 공동경비로 세무처리한 해당 법인의 진의, 소속 변경 전과의 세무처리의 일관성 등을 주목하여 이러한 결론을 내린 것으로 보인다.

만일 최초부터 6명이 모두 G회사 소속이었거나 G회사 및 H회사가 용역의 공급으로 세무처리를 하고 있었다면 조세심판원의 결론은 다를 수도 있었을 것이다.

12-4. 경제적 실질(위험과 효익의 귀속)에 따라 ① 용역 대가 수수 또는 ② 공동 경비의 정산으로 구분해야 하는 특수관계자간 대금 정산 유형

이렇게 ① 특수관계자간 용역공급 거래와 ② 특수관계자간 공동경비의 배부와 관련하여 경제적 실질을 판단해야 하는 대표적인 사례는 다음과 같다.

① 2사 이상의 회사(그룹 계열사)의 업무를 공동 수행하는 조직을 운영하는 경우
② 광고선전 또는 프로모션 행사를 공동으로 실행하는 경우

---

276) 법인세법 시행령 제48조 제1항
277) 국심 2005부3918, 2006.8.10.

③ 연구소를 공동으로 운영하는 경우

④ 대회 등을 공동으로 후원하는 경우

⑤ 제3자로부터 용역을 공동 매입하는 경우 등

12-5. 특수관계자간 대금 정산 거래는 구분된 거래유형에 따라 세무처리가 확연한 차이가 있어 거래유형을 잘못 구분할 경우 과세위험이 높다.

상기와 같이 경제적 실질에 따라 거래 유형을 구분하기 어려워도 두 거래 유형의 세무처리가 동일하다면 별다른 문제가 없을 것이다.

그런데 ① 특수관계자간 용역공급 거래와 ② 특수관계자간 공동경비 정산에 대한 세무처리는 확연히 다르다.

즉, 특수관계자간 대금 정산은 경제적 실질에 따라 거래유형을 구분하는 것은 어려우나 거래유형이 정해지고 나면 실행해야 하는 세무처리는 확연히 다르다는 특징이 있다.

납세자 입장에서는 경제적 실질을 판단하기 어려워서 세무처리를 선택하기 어려운 거래유형이다.

그렇지만 국세청 입장에서는 회사가 세무처리를 실행한 후에 특수관계자간 대금 정산 거래의 경제적 실질이 실행된 세무처리 내용과 다른지만 검토하면 되니 국세청 입장에서는 간명한 측면이 있어 세무조사 시 반드시 검토하는 과세위험 유형이다.

경제적 실질은 보는 사람마다 다른 의견이 있을 수 있어 이래저래 과세위험이 높은 거래유형이므로 세무진단 시 반드시 검토해 보아야 한다.

12-6. ① 특수관계자간 용역거래인 경우 부당행위계산부인 규정에 따른 세무처리가 적용된다.

① 특수관계자간 용역거래인 경우 관련된 위험과 효익이 특정 계열사에 귀속되기 때문에 수수되는 대금(공급가액)이 법인세법상 시가에 해당하지 않으면 법인세법상 부당행위계산부인 규정이 적용된다.

이와 관련된 계열사간 거래는 대부분 용역의 공급 거래인데 통상 용역의 공급 원가에 5%～10% 이윤을 가산한 금액이 시가로 간주된다.

또한 용역 공급 거래는 부가가치세법상 공급에 해당하므로 용역을 공급하는 계열사는 세금계산서를 발급하고, 용역을 공급받은 계열사로부터 부가가치세를 거래징수하여 신고납부하며, 용역을 공급받은 계열사는 세금계산서를 수령하여 매입세액 공제를 받아야 한다.

거래에 해당하므로 법인세법 및 부가가치세법상 부당행위계산부인 규정도 당연히 적용된다. 다만, 용역 대가가 없는 경우에는 부가가치세법상 거래가 아니기 때문에 부가가치세법상 부당행위계산규정이 적용되지 않는다.[278]

예를 들어 특정 계열사가 다른 계열사의 경영관리 용역을 무상으로 제공하고 세금계산서를 발급하지 않은 경우 공급한 계열사에게 용역의 시가에 해당하는 금액이 익금 과세될 수 있으나 부가가치세법상으로 추가로 과세되는 금액은 없다.

12-7. ② 특수관계자간 공동경비 정산인 경우 예수금 또는 대급금 수수에 따른 세무처리가 적용되며, 각 계열사에 귀속되는 위험과 효익에 비례하는 안분기준이 적용되었는지가 주요 과세이슈가 된다.

② 특수관계자간 공동경비 정산인 경우 관련된 위험과 효익이 참여 계열사에게 공동으로 귀속되므로 각 계열사에 귀속되는 위험과 효익에 비례하여 공동경비가 배부될 수 있도록 적정한 배부기준을 사용해야 한다.

만약, 특정 계열사가 법인세법상 적정한 배부기준(법인세법 시행령 제48조 및 법인세법 시행규칙 제25조 등)에 의해 계산된 금액을 초과하여 공동경비를 부담하는 경우 그 초과 금액은 과다경비로 보아 손금으로 인정되지 않는다.

또한 공동조직을 운영하는 것은 부가가치세법상 공급거래가 아니므로 공동경비 배부 역시 공급거래에 대한 대가로 보지 않으며, 따라서 세금계산서도 수수하지 않아야 한다.

다만, 외부거래를 통해 대표사가 세금계산서를 수수하게 되면 외부 거래와 관련하여

---

278) 단, 특수관계자간 사업용 부동산 무상공급은 부가가치세법상 거래가 아니며 부당행위계산부인 부가가치세법상 부당행위계산부인 규정도 적용되지 않는다.(이하 동일)

각 계열사에 귀속되는 금액에 대해서는 세금계산서를 수수해야 한다.

① 특수관계자간 용역거래와 ② 특수관계자간 공동경비 배부 관련 세무처리를 요약하면 다음과 같다.

〈특수관계자간 용역거래와 공동경비 배부 세무처리 차이 요약〉

	① 특수관계자간 용역거래	② 특수관계자간 공동경비 정산
경제적 실질	위험과 효익이 공급하는 특정 계열사에 귀속	위험과 효익이 참여 계열사에 공동으로 귀속
세무처리 주요 이슈	용역 공급가액의 적정성 및 거래에 따른 세무처리의 적정성	각 계열사에 귀속되는 위험과 효익이 반영된 적절한 배부기준
법인세법상 적용 규정	부당행위계산부인 －법인세법 제52조	과다경비 등의 손금불산입 법인세법 제26조
과세 기준	시가 －법인세법 시행령 제89조(발생원가에 일정 이윤을 가산)	직전 사업연도 매출액 비율 등 법인세법 시행령 제48조 법인세법 시행규칙 제25조
부가가치세법상 부당행위계산부인	적용○(단, 무상 용역공급은 대상이 아니나 일부 예외 있음)	대상 ×
특수관계자간 대금 수수 시 세금계산서 발급 여부	발급○(단, 무상 용역공급은 대상이 아니나 일부 예외 있음)	발급 ×(단, 외부구매시시 세금계산서 수령 분은 세금계산서 발급해야 함)

12-8. 하나의 특수관계자간 수수거래에 대해 ① 용역거래 세무처리 및 ② 공동경비 배부 세무처리를 혼용하여 사용하는 경우가 의외로 많다.

상기와 같이 특수관계자 대금 수수거래가 ① 특수관계자간 용역거래로 판단될 경우 해야 하는 세무처리와 ② 특수관계자간 공동경비 배부로 판단될 경우 해야 하는 세무처리는 확연히 다르다.

그런데 실무적으로 하나의 특수관계자간 대금 수수거래에 대해 ① 용역거래에 대한 세무처리와 ② 공동경비의 배부에 대한 세무처리를 혼용하여 사용하는 회사가 의외로 많이 있다.

가장 대표적인 사례가 하나의 특수관계자간 대금 수수거래에 대해 모든 세무처리는

② 공동경비 배부로 처리하면서 정산분에 대하여 세금계산서를 발급하는 경우이다.

아마도 정산대금을 지급하는 계열사가 지급(정산)금액에 대한 증빙불비 가산세의 과세위험을 회피하고자 지급받는 계열사에게 세금계산서 발급을 요청하기 때문이라 생각된다.

반대로 하나의 특수관계자간 대금 수수에 대해 모든 세무처리는 ① 용역의 공급으로 하면서 정산분에 대하여 세금계산서를 발급하지 않은 거래도 있을 수는 있으나 실무적으로 많이 발견되는 사례는 아니다.

이 밖에 세무조사 시 주로 문제가 되는 사례는 회사는 특수관계자간 ② 공동경비 정산으로 일관성 있게 세무처리하였으나 국세청이 ① 특수관계자간 용역의 공급이라고 보는 경우이다.

반대로 회사가 특수관계자간 ① 용역의 공급으로 일관성 있게 세무처리하였으나 국세청이 ② 특수관계자간 공동경비 배부로 보는 경우는 특수한 상황이 아니면 많이 접할 수 있는 사례는 아니다.

12-9. 경제적 실질에 대한 판단이 어려울 경우 ① 특수관계자간 용역의 공급 거래로 일관성 있게 세무처리를 하면 상대적으로 과세위험을 낮출 수 있다.

특수관계자간 수수하는 대금을 ① 용역공급의 대가로 볼지 또는 ② 공동경비 정산금으로 볼지 여부는 관련 위험과 효익의 실질적 귀속에 따라 판단하는 것이 원칙이다.

그러나 앞서 살펴본 바와 같이 실무적으로 관련 위험과 효익의 귀속에 대한 판단이 어려운 경우도 많이 발생한다.

이런 경우에는 차선책으로 ① 용역 공급거래 또는 ② 공동경비 배부 중 하나를 선택하여 일관성 있게 세무처리해야 세무위험을 줄일 수 있다.

아주 간단한 특수관계자간 대금 수수 사례를 들어 납세자와 국세청이 각각 반대로 사실판단을 했을 경우 과세위험을 산정해 보면 다음과 같다.

- I회사와 J회사는 법인세법상 특수관계자에 해당함
- I회사와 J회사는 연간 10억원 규모의 공동마케팅을 수행하고 연말에 대금을 정산함
- 공동마케팅 수행부서는 I회사에 소속되어 있으며 관련 인원도 모두 I회사 소속 임직원임
- 공동마케팅 비용은 전액 내부 발생비용이라고 가정함
- 공동마케팅 비용 중 40%가 J회사 귀속분이고 만일 용역공급으로 볼 경우 적정 mark up 비율은 5%를 가정함

과세위험 비교

- <u>Case1. I회사와 J회사는 ② 공동경비 정산으로 세무처리했는데 국세청이 ① 용역의 공급으로 볼 경우</u>

I회사와 J회사는 ② 공동경비 정산으로 세무처리했는데 국세청이 ① 용역의 공급으로 볼 경우 I회사에게는 용역대가의 적정 마진 미수취에 따른 부당행위계산부인과 세금계산서 미발급에 따른 세금계산서 불성실 가산세가 과세될 수 있다.

J회사의 경우 매입세액을 공제받지 않았을 것이므로 세무조사 시점에 적출되더라도 추가 과세는 발생하지 않는다.

〈세무조사 시점에 적출될 경우 I회사에 대한 과세액 추정〉

만일 상기 과세위험이 세무조사 시점에 적출될 경우 I회사에 대한 과세 추정액은 다음과 같다.

(단위: 원)

세목	구분	과세 추정액	계산내역
법인세	본세	4,400,000	400,000,000 × 5% × 22%
	과소신고가산세	440,000	4,400,000 × 10%
	과소납부가산세	1,445,400	4,400,000 × 3/10,000 × 1,095일
	합계	6,285,400	

(단위: 원)

세목	구분	과세 추정액	계산내역
부가가치세	본세	42,000,000	400,000,000 × 105% × 10%
	과소신고가산세	4,200,000	42,000,000 × 10%
	과소납부가산세	13,797,000	42,000,000 × 3/10,000 × 1,095일
	세금계산서 불성실 가산세	8,400,000	400,000,000 × 105% × 2%
	합계	68,397,000	

☞ • Case1. I회사 및 J회사 과세위험 합계: 74,682,400원

• Case2. 반대로 I회사와 J회사는 ① 용역의 공급으로 세무처리했는데 국세청은 ② 공동경비 정산으로 볼 경우

반대로 I회사와 J회사는 ① 용역의 공급으로 세무처리했는데 국세청은 ② 공동경비 정산으로 볼 경우 I회사에게는 기 신고한 매출세액은 직권경정 혹은 경정청구를 통해 환급받을 수 있지만 용역공급없이 세금계산서를 발급하였으므로 세금계산서 불성실 가산세[279](3%)가 과세될 수 있다.

J회사의 경우 적정 정상금보다 더 지급한 금액에 대해 부당행위계산부인과 용역공급 없이 세금계산서를 발급받았으므로 세금계산서 불성실 가산세[280](3%)가 과세될 수 있다.

---

279) 부가가치세법 제60조 제3항 제1호
280) 부가가치세법 제60조 제3항 제2호

〈세무조사 시점에 적출될 경우 I회사에 대한 과세액 추정〉

만일 상기 과세위험이 세무조사 시점에 적출될 경우 I회사에 대한 과세 추정액은 다음과 같다.

(단위: 원)

세목	구분	과세 추정액	계산내역
부가가치세	본세 환급	(−) 42,000,000	400,000,000 × 105% × 10%
	세금계산서 불성실 가산세	12,600,000	400,000,000 × 105% × 3%
	합계	(−) 29,400,000	

(*) 환급가산금은 없는 것으로 가정함

〈세무조사 시점에 적출될 경우 J회사에 대한 과세액 추정〉

만일 상기 과세위험이 세무조사 시점에 적출될 경우 J회사에 대한 과세 추정액은 다음과 같다.

(단위: 원)

세목	구분	과세 추정액	계산내역
법인세	본세	4,400,000	400,000,000 × 5% × 22%
	과소신고가산세	440,000	4,400,000 × 10%
	과소납부가산세	1,445,400	4,400,000 × 3/10,000 × 1,095일
	합계	6,285,400	

(단위: 원)

세목	구분	과세 추정액	계산내역
부가가치세	매입세액 불공제	42,000,000	400,000,000 × 105% × 10%
	과소신고가산세	4,200,000	42,000,000 × 10%
	과소납부가산세	13,797,000	42,000,000 × 3/10,000 × 1,095일
	세금계산서 불성실 가산세	12,600,000	400,000,000 × 105% × 3%
	합계	72,597,000	

☞ Case2. I회사 및 J회사 과세위험 합계: 49,482,400원

상기 사례의 과세위험을 비교해 보면 Case2.의 경우(후자)에 비해 Case1.의 경우(전자) 과세위험이 더 크게 산정(추정)된다.

그리고 앞서 언급한 바와 같이 특수관계자간 대금 수수거래에 대해 납세자가 ① 용역의 공급으로 세무처리를 하면 국세청은 거래조건(시가)의 적정성(부당행위계산부인)을 위주로 검토하지 이를 공동비용의 정산으로 보아 과세하지 않는 것이 일반적이다.

따라서 특수관계자간 대금 수수 시 실무적으로 관련 위험과 효익의 귀속에 대한 판단이 어려운 경우 다른 조건이 일정하다면 특수관계자간 ① 용역의 공급으로 일관성 있게 세무처리하는 것이 상대적으로 과세위험이 낮아질 가능성이 높다.

12-10. ② 공동경비의 정산의 경우 법인세법상 규정된 배부기준을 적용하지 못하는 경우 차선책으로 합리성 있는 배부기준을 일관성 있게 적용한다.

법인세법에서는 규정하고 있는 공동경비에 대한 배부기준을 요약하면 다음과 같다[281].

구분		분담기준
1. 출자에 따라 특정사업을 공동으로 영위하는 경우(출자공동사업)		출자 비율
2. 기타 비출자 공동사업의 경우	㉠ 비출자공동사업자 사이에 특수관계가 있는 경우	직전 사업연도 또는 해당 사업연도의 매출액 비율과 총자산가액 비율(*1) 중 법인이 선택한 비율 (다만, 공동행사비는 참석인원비율, 공동구매비는 구매금액비율, 국외 공동광고선전비는 수출금액비율, 국내 공동광고선전비는 국내 매출액비율, 무형자산의 공동사용료는 직전 사업연도 자본총액비율을 적용할 수 있다)
	㉡ 비출자공동사업자 사이에 특수관계가 없는 경우	약정에 따른 분담비율 (다만, 약정 비율이 없는 경우 ㉠의 분담기준에 따른다)

(*1) 법인이 선택하지 아니한 경우에는 직전 사업연도의 매출액 비율을 선택한 것으로 보며, 선택한 사업연도부터 연속하여 5개 사업연도 동안 적용하여야 함

이중 '2. 기타 비출자 공동사업의 경우' 중 '㉠ 비출자공동사업자 사이에 특수관계가 있는 경우'에 적용하는 분담기준인 직전 사업연도 매출액 비율과 당해 사업연도 매출액 비율이 가장 많이 사용된다. 2016년부터는 총자산가액 비율도 선택할 수 있도록 하였다.

---

281) 법인세법 집행기준 26-48-1

법인세법에서 열거하고 있는 배부기준은 경제적 실질을 반영하는지에 대한 사실판단을 하지 않고도 세무상 적정한 배부기준으로 인정받을 수 있으므로 특수관계자간 공동경비를 배부할 때에는 가급적 법인세법에서 열거하고 있는 배부기준을 사용하는 것이 좋다.

그런데 법인세법상 배부기준을 적용하여 공동경비를 배부할 경우 공동사업의 효익에 비해 공동경비를 더 많이 배부받고 있다고 느끼는 계열사가 배부기준이 불합리하다고 이의를 제기하는 경우가 있다.

법인세법상 배부기준인 직전 사업연도 매출액 비율, 또는 당기 사업연도 매출액 비율, 총자산가액 비율은 획일적인 배부 기준이므로 공동사업의 내용에 따라 각 계열사가 누리는 실제 효익과 배부되는 정산금액이 비례하지 않는 상황은 얼마든지 발생할 수 있다.

정산금액은 곧 비용을 의미하므로 배부기준이 불합리하다고 느끼는 계열사가 법인세법상 배부기준이라는 이유만으로 쉽게 설득될 리가 없다.

만일 이런 이유로 법인세법상 배부기준을 사용할 수 없다면 매년 임의의 배부비율을 사용하기보다는 회사 자체적으로 각 계열사에 귀속되는 위험과 효익을 분석한 근거를 가지고 적절한 배부기준을 설정한 후 매년 일관성 있게 적용하는 것이 좋다.

12-11. 법인세법에 열거되지 않은 합리적 배부기준을 사용하고자 하는 경우 해당 배부기준이 각 계열사에 귀속되는 위험과 효익에 비례하여 공동경비를 배부하고 있다는 근거자료를 갖추어야 한다.

법인세법에서는 명시적으로 규정되어 있지는 않지만 회사가 경제적 실질을 반영하는 합리적 배부기준에 따라 일관성 있게 공동경비를 배부하는 경우 실무적으로는 세무상 적정한 배부기준이라고 인정되는 경우가 많다.

그러나 법인세법에 열거되지 않은 합리적 배부기준은 경제적 실질을 반영하였는지에 대한 판단 과정을 거쳐야 하므로 법인세법에 열거되어 있는 배부기준을 적용할 수 없는 경우에 한하여 차선책으로 사용하는 것이 좋다.

따라서 법인세법에 열거되지 않은 합리적 배부기준을 사용하고자 하는 경우에는 해당 배부기준이 각 계열사에 귀속되는 위험과 효익에 비례하여 공동경비를 배부하고 있다는 근거자료를 갖추어야 한다.

이론적인 측면에서도 관련된 위험과 효익이 참여 계열사에게 공동으로 귀속되므로 각 계열사에 귀속되는 위험과 효익에 비례하여 공동경비가 배부될 수 있도록 적절한 배부기준을 적용하는 것이 합리적이다.

예를 들어 A회사와 B회사가 연구소를 공동으로 운영한다고 할 때 연구소 관련 비용은 공동경비에 해당하고 법인세법에서 열거하고 있는 직전 사업연도 매출액 비율 등으로 배부하는 것이 세무상 가장 안전하다.

그런데 만일 연구소 연구에 따른 수혜제품이 A회사에 비해 B회사가 월등히 많은 데 비해 전체 매출액 규모는 A회사가 큰 경우 A회사는 전체 매출액 비율로 공동 연구소 비용을 부담하는 것이 불합리하다고 반대하여 연구소 (공동)비용의 배부기준으로 전체 매출액 비율을 사용하지 못할 수 있다.

이런 경우 차선책으로 A회사 및 B회사 제품 중 연구소 연구와 관련된 제품을 구분하여 해당 제품 매출액 비율을 적용하여 공동 연구소 경비를 배부할 수 있을 것이다. 단, 매출액 비율을 구성하는 제품의 구성은 매년 동일해야 하고 만일 변경이 있다면 해당 변경의 합리적 사유를 설명할 수 있어야 한다.

12-12. 공동경비가 발생하는 원인이 2가지 이상이 있는 경우 공동경비를 정산하는 단위에 대해서도 일관성 있게 적용해야 한다.

공동경비를 정산하는 단위에 대해서도 일관성 있게 적용해야 한다.

예를 들어 A회사와 B회사가 경영관리업무를 수행하는 공동조직을 운영하면서 공동조직 관련 경비는 각 법인의 인원수 비율로 배부하고 있고, 매년 공동으로 실시하는 그룹행사 비용은 참가하는 인원수 비율로 배부한다고 가정해 보자.

만일 공동조직을 운영하는 경비는 A회사가 초과부담을 하고 공동 그룹행사 경비는 B회사가 초과부담하고 있다면 각각 다른 공동경비를 보느냐 하나의 공동경비로 보느냐에 따라 특정 계열사의 초과부담하는 과다 경비 금액이 달라질 수 있다.

물론 납세자 입장에서는 공동경비 유형별로 상쇄효과가 있으므로 공동조직 경비와 공동 그룹행사경비를 하나의 공동경비로 보는 것이 과세위험이 줄어든다.

공동경비를 정산하는 단위에 대해서는 아직 명확한 법령이 없는 상황이다.

따라서 공동경비가 발생하는 원인이 2가지 이상이 있는 경우 공동경비를 정산하는 단위에 대해서도 일관성 있게 적용해야 과세위험을 낮출 수 있다.

12-13. 외부 공급매입분 중 참여 계열사에 귀속되는 금액에 대한 세금계산서를 발급하지 않는 경우 세금계산서 미교부 가산세가 과세되지 않는다는 국세청의 답변이 있다.

부가가치세법에서는 "공동매입에 따른 세금계산서를 대표사가 발급받을 수 있으며 그 공동비용을 정산하여 구성원에게 청구하는 때에는 당초 발급받은 세금계산서의 공급받은 날을 발행일자로 하는 세금계산서를 발급"할 수 있도록 허용[282]하고 있다는 것은 앞서 기술한 바 있다.

이와 관련하여 만일 공동 매입에 따른 세금계산서를 발급받은 대표 계열사가 공동매입분 중 참여 계열사 귀속분에 대한 세금계산서를 발급하지 않는 경우는 세무상 어떠한 불이익이 있을까?

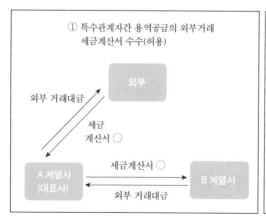
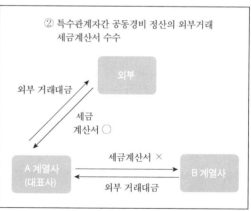

국세청 예규에 따르면 공동매입분에 대하여 일괄하여 세금계산서를 교부받은 사업

---

282) 부가가치세법 시행령 제69조 제14항 및 15항, 동법 집행기준 32-69-1 제1항

자가 공급가액의 범위 안에서 타업체에 교부할 수 있는 것이나, 세금계산서를 교부하지 아니하였을 때 세금계산서 미교부 가산세를 적용하지 아니한다는 답변하고 있다[283].

즉, 외부 공동매입분 중 참여 계열사에 귀속되는 금액에 대하여 매출세액 누락 및 이에 대한 과소신고 및 과소납부 가산세가 발생하나 세금계산서 미교부 가산세는 발생하지 않는다는 것이 국세청의 답변이다.

만일 국세청에서 공동경비 정산거래와 관련하여 외부거래분에 대해 계열사간 세금계산서를 수수하지 않았다고 세금계산서 미교부 가산세를 과세하려 할 경우 상기 예규를 제시하면 도움이 될 수 있을 것으로 판단된다.

---

283) 서면 인터넷방문상담3팀－2535, 2006.10.25.

⑬ 특수관계자간 사업 이전: 영업권 대가의 적정성

13-1. 특수관계자간 사업이전 거래와 관련하여 검토해야 할 가장 중요한 과세위험은 적정 영업권 대가의 수수 여부이다.

특수관계자간 사업양수도 등 사업이전 거래와 관련하여 세무진단 시 검토해야 할 가장 중요한 과세위험은 적정 영업권 대가를 수수했는지 여부이다.

법인세법상 영업권의 정의는 다음과 같다.

> "사업의 양도 · 양수과정에서 양도 · 양수자산과는 별도로 양도사업에 관한 허가 · 인가 등 법률상의 지위, 사업상 편리한 지리적 여건, 영업상의 비법, 신용 · 명성 · 거래처 등 영업상의 이점 등을 감안하여 '적절한 평가방법'에 따라 유상으로 취득한 금액[284]"

상기 규정은 사업양도 회사가 자체 개발한 무체자산을 사업양수도라는 거래를 통해 사업양수 회사가 취득할 경우 해당 무체자산이 구체적으로 파악되면 좋겠지만 해당 무체자산이 구체적으로 파악되지 않는다 하더라도 영업권이라는 명목으로 자산처리하고 감가상각비를 계상하라는 취지의 규정이다.

13-2. 법인세법상 영업권은 그 정의나 시가(평가액)가 명확하지 않다 보니 과세하는 측은 부당행위계산부인 규정으로 과세하기가 용이한 반면에 납세자는 영업권 가액의 적정성을 입증하기 어려운 과세유형이다.

영업권 규정은 특수관계 여부와 상관없이 사업 이전 거래에 적용되는 규정이다. 그런데 특수관계자간 사업 이전에 더 많이 영업권 과세가 언급되는 이유는 영업권 평가(시가) 규정이 명확하지 않기 때문이다.

영업권 정의 중 주로 이슈가 되는 문구는 "적절한 평가방법에 따라 유상으로 취득"이라는 문구이다.

영업권에 대한 '적정한 평가방법'은 부당행위계산부인의 시가 규정을 준용하고 있지

---

284) 법인세법 시행규칙 제12조 제1항 제1호

않고 있으며, 법인세법에서 별도로 '적정한 평가방법'을 언급하고 있지도 않다.

실무에서는 회계법인 등에서 DCF법을 적용하여 평가한 가액과 감정가액을 병행하는 방식으로 적용하고 있다.

법인세법상 영업권의 시가(평가액)가 명확하지 않다 보니 과세하는 측은 부당행위계산부인 규정으로 과세하기가 용이한 반면에 납세자는 영업권 가액의 적정성을 입증하기 어려운 과세유형이다.

과세하는 입장에서 특수관계자간 사업 이전과 관련하여 구체적 자산을 특정하지 않고도 사업이전 대가가 적정하지 않다면 영업권이라는 명목으로 과세할 수 있다.

반면에 납세자가 이러한 영업권 과세에 대해 소명하려면 사업이전 시 영업권이 없었다는 것을 입증하거나 영업권을 포함한 사업이전 관련 자산의 대가가 일일이 적정하다는 것으로 입증해야 하는데 이런 입증이 쉬울 리가 없다.

이러한 이유 때문에 부당행위계산부인 규정이 적용된 영업권 과세위험은 실제 과세사례도 많고 실제 과세까지 되지는 않더라도 세무조사 기간 중 가장 중요한 쟁점이 되는 경우도 많다.

13-3. 영업권에 대한 부당행위계산부인 과세유형

부당행위계산부인 규정을 적용한 영업권 과세유형은 특수관계자간 사업이전 시 영업권 대가를 수수했는지 여부에 따라 접근 방법이 다르다.

13-3-1. 영업권 과세유형 1: (영업권 대가를 수수하지 않은 경우) 이전된 사업에서 영업이익이 발생하였다면 상증세법 영업권 평가액을 영업권의 시가로 간주하여 과세할 수 있다.

첫번째로 납세자가 특수관계자간 사업이전을 하면서 영업권 대가를 수수하지 않은 경우이다.

이런 경우 국세청은 이전 받은 사업과 관련하여 사업 이전 후 영업이익이 발생하였는지를 확인해 보고 만일 사업 이전 후 이전된 사업에서 영업이익이 발생하였다면 상증세법 시행령 제59조의 영업권 평가액[285]에 따라 평가한 가액을 적정한 영업권 가액으로 보아 부당행위계산부인 규정을 적용하여 과세할 수 있다.

13-3-2. 영업권 과세유형 2: (영업권 대가를 수수한 경우) 영업권 평가내역을 검토하여 평가방법의 모순 혹은 오류를 찾아내어 해당 모순 혹은 오류로 인해 적정한 영업권이 수수되지 않았다고 간주하여 과세할 수 있다.

두번째로 납세자가 특수관계자간 사업이전을 하면서 영업권 대가를 수수한 경우이다.

특수관계자간 사업 이전 시 영업권 가액을 수수하였다 하더라도 해당 영업권의 적정성(시가)을 입증하는 것도 만만치 않다.

통상 특수관계자간 사업 이전 시 수수되는 영업권은 회계법인이나 감정평가법인이 DCF법으로 평가한 가액으로 거래하게 된다.

DCF법 평가에는 향후 매출상승률 등 많은 추정치가 사용되는데 문제는 DCF법을 평가하는 시점에 추정치였던 숫자들이 국세청이 조사를 하는 시점에는 이미 과거의 숫자가 되어버린다는 것이다.

국세청은 DCF법 평가 내역을 받아서 추정된 숫자와 실제 발생한 숫자를 비교하여 큰 차이가 있는 부분이 있다면 해당 추정치가 잘못되었기 때문에 결과적으로 영업권 평가가액도 잘못되었다고 주장할 수 있다.

또한 DCF법 평가방법 내 적용된 추정치 간의 모순점 혹은 평가방법의 오류를 찾아내어 해당 모순 혹은 오류를 수정한 가액이 적정한 영업권 시가라고 주장할 수도 있다.

추정치와 실제치는 다르기 마련인데 이를 찾아내 지적하기는 쉬워도 납세자가 왜 추정치와 실제치가 다른지, 해당 추정치가 왜 당시에는 가장 합리적인 추정치였는지, 국세청이 지적한 추정치간의 모순이 왜 모순이 아닌지 등을 설득한다는 것은 결코 쉬운 일이 아니다.

게다가 국세청이 발견한 오류가 실제 오류인 경우에는 이를 소명하는 게 결코 만만치 않다.

따라서, 세무진단 시 특수관계자간 사업이전 관련 수수한 영업권에 대한 회계법인의 영업권 평가내역을 검토하여 평가 당시 추정치의 합리성, 추정치간 모순 또는 평가방

---

285) [최근 3년간의 순손익액의 가중평균액 × 50% − (평가기준일 현재의 자기자본 × 10%)]

법에 오류가 없었는지도 확인해 보아야 한다.

13-4. ① 합병, 인적분할, 분할합병, ② 물적분할을 통해 발생한 영업권은 세무 상 인정되지 않으므로 특수관계자간 이에 대한 영업권 대가를 수수할 경 우 부당행위계산부인이 적용될 수 있다.

사업을 이전하는 방법은 다음과 같이 여러 방식[286]이 있으나 각 방식별로 세무상 영 업권 인식 여부에 대한 규정 혹은 해석이 다르다.

① 합병, 인적분할, 분할합병
② 물적분할
③ 현물출자
④ 사업양수도 거래(사업부 포괄양수도, 사업 관련 자산부채 양수도 포함)
⑤ 영업권 무상 이전(초과수익력 있는 무체자산의 무상 이전)

세무상 영업권을 인식할 수 없는 방식으로 사업을 이전하면서 영업권 대가를 받거나 반대로 영업권을 인식해야 하는 방식으로 사업을 이전하면서 영업권의 대가를 받지 않 거나 적정하지 않은 가액을 수수하는 경우 세무상 불이익이 발생하므로 주의를 요한다.

① 합병, 인적분할, 분할합병

법인세법에서 합병 또는 분할로 인하여 합병법인 등이 계상한 영업권은 감가상각 자 산에서 제외한다고 명시하고 있으므로 2010년 7월 1일 이후 실시된 합병, 분할, 분할합 병을 통해 사업을 이전하는 경우 세무상 영업권을 인식할 수 없다[287].

② 물적분할

물적분할의 경제적 실질은 인적분할과 현물출자의 중간쯤 위치해 있다고 볼 수 있다. 굳이 더 가까운 쪽을 선택하라고 하면 인적분할보다는 현물출자 쪽에 가까우나 세무상

---

286) 넓게 보면 주식양수도를 통한 사업 이전도 있을 수 있지만 주식양수도를 통한 사업 이전은 주주 구성만 변동되고, 법적 실체가 변경되는 것이 아니라서 영업권 과세문제가 발생할 여지가 없다.
287) 법인세법 시행령 제24조 제1항 제2호 가목. 다만, 2010년 6월 8일 개정전 규정에 따른 합병, 분할, 합병분 할의 경우 자산을 평가하여 승계한 경우로서 피합병법인 또는 분할법인의 상호·거래관계 기타 영업상의 비밀 등으로 사업상 가치가 있어 대가를 지급한 것에 한하여 이를 감가상각자산으로 인정하고 있으므로 개정 전 규정에 따라 세무상 감가상각 자산으로 인식한 영업권의 감가상각비는 손금으로 인정된다.

영업권 인식과 관련해서는 인적분할과 동일하다.

국세청 예규에 따르면 "물적분할에 따라 분할법인이 취득한 주식은 법인세법 시행령 제72조 제2항 제3의 2호에 따라 물적분할한 순자산의 시가를 취득가액으로 하는 것이며 물적분할한 순자산에는 물적분할한 사업부문에 대한 영업권은 포함되지 않는 것"으로 해석[288]하고 있기 때문에 물적분할 시 분할신설법인은 세무상 영업권을 인식할 수 없다.

따라서 특수관계자간 ① 합병, 인적분할, 분할합병을 하거나 ② 물적분할을 하는 경우로서 세무상 영업권 대가를 수수할 경우 부당행위계산부인이 적용될 수 있다.

13-5. ③ 현물출자 및 ④ 사업양수도 방식으로 사업이전 거래를 할 경우로서 적정한 영업권 가액을 수수하지 않을 경우 부당행위계산부인이 적용될 수 있다.

③ 현물출자

국세청 예규에 따르면 "법인이 특수관계에 있는 다른 법인에게 특정사업부분을 현물출자하면서 당해 사업부분의 초과수익력(영업권)에 대해 적정한 대가를 받지 아니하는 경우 법인세법 제52조의 규정에 의한 부당행위계산의 부인규정이 적용될 수 있는 것"으로 해석[289]하고 있다.

다만 현물출자하는 회사가 단독으로 현물출자를 통하여 100% 지분을 소유하는 경우에는 부당행위계산의 부인규정이 적용되지 않는다.

또한, 현물출자 자산과는 별도로 영업권의 가액을 적절히 평가하여 양도하는 경우 해당 영업권은 부가가치세 과세대상에 해당하는 것이므로 수수되는 영업권 대가를 공급가액으로 하여 세금계산서를 수수해야 한다[290].

---

288) 사전-2018-법령해석법인-0323, 2018.6.20., 사전-2016-법령해석법인-0533, 2017.3.9. 물적분할 시 영업권을 제외한 다른 자산은 시가로 이전하면서 굳이 영업권의 가치를 인식하지 못하게 해석하는 것은 논리적으로 일관성이 떨어진다는 것이 저자의 견해이다. 아마도 물적분할을 통해 취득하는 주식의 가치가 과다하게 계상되는 현상을 방지하고자 이런 해석을 한 것으로 추측되나 이는 영업권의 적절한 평가 규정으로 해결할 문제이지 영업권 자체를 인식하지 못하게 해서 해결할 문제는 아니다.
289) 서면 인터넷방문상담2팀-883, 2005.6.21.
290) 사전-2017-법령해석부가-0187, 2017.4.12.

④ 사업양수도 거래(사업부 포괄양수도, 사업 관련 자산부채 양수도 포함)

특수관계자간 사업양수도 계약을 통해 사업을 이전하는 경우 적정한 영업권 대가를 수수하지 않으면 법인세법상 부당행위계산부인 규정이 적용될 수 있다.

13-6. 명시적인 사업양수도 방식이 아니더라도 경제적 실질이 사업양수도와 같다면 특수관계자에게 ⑤ 영업권을 무상 이전한 것으로 보아 부당행위계산부인 적용될 수 있다.

⑤ 영업권 무상 이전(초과수익력 있는 무체자산의 무상 이전)

사업을 영위하기 위해서는 인적·물적 설비 및 이를 운영하는 시스템이 필요하며 통상 초과수익력의 원천은 인적·물적 설비 및 이를 운영하는 시스템 전반에 체화되어 있어 사업 자체와 불가분의 관계인 경우가 대부분이다. 이런 경우 영업권만을 단독으로 떼어내어 이전하기는 어렵다.

그런데 경우에 따라서는 초과수익력의 원천이 일부 설비에만 체화되어 있거나 설비 등과 관련 없이 독립적으로 무체자산으로 형성되어 있을 수 있다.

예를 들어 노하우를 보유한 핵심 인력, 거래처와 거래관계, 생산 또는 판매 노하우 등이 초과수익력의 원천이 되는 경우다.

이런 경우 초과수익력이 체화되어 있는 일부 인적·물적 설비만을 이전하거나 아예 인적·물적 설비 이전 없이 초과수익력 있는 무체자산만 이전하는 방식으로 특수관계자에게 영업권을 이전할 수 있다.

이렇게 핵심 영업권만을 무상 혹은 저가로 이전한 후 다른 기타 인적·물적 설비는 영업권을 이전 받은 회사가 큰 금액을 들이지 않고 갖춘 후 이전 받은 영업권 관련 사업을 개시하게 되면 사업양수도 매매 거래 없이 사업양수도 매매거래와 동일한 경제적 효과를 낼 수 있다[291].

예를 들어 A회사가 기존에 영위하고 있던 사업에서 초과수익이 발생하고 있었는데 아무런 이유 없이 해당 사업을 중단하고 다른 방식으로 초과수익력이 있는 무체자산만

---

291) 자식 등에게 부를 편법으로 이전하는 방식으로 많이 활용되는 방법 중 하나다.

A회사와 특수관계가 있는 B회사에게 이전한 후 B회사가 A회사의 사업운영 시스템을 가져와서 동일한 형태의 사업을 개시하여 초과수익을 얻는다면 세무상 영업권을 무상으로 이전한 것과 같은 경제적 효과가 발생할 것이다.

여기서 A회사의 사업운영 시스템이란 노하우를 보유한 핵심 인력의 전출입이 될 수도 있고, 주요 거래처를 이전하는 것일 수도 있고, 생산 또는 판매 노하우를 무상으로 알려주는 형태가 될 수도 있다.

비록 특수관계자간 사업양수도 계약을 체결하지 않았다 하더라도 다른 방식을 통해 경제적 실질이 사업양수도 같다면 ④의 경우와 동일하게 과세가 이루어져야 합리적이다.

이와 관련하여 국세청은 "거래선에 관한 정보, 필요한 종업원을 인수할 권리, 기존계약(임대차계약, 전기공급계약, 전화사용계약 등)의 이전대가가 영업권에 해당하는지 여부는 구체적인 사실관계를 검토하여 판단할 사항"이라는 입장[292]이다.

상기 예규는 명시적으로 영업권의 대가가 아니더라도 초과수익력의 원천이 되는 무체자산의 이전에 대해 세무상 영업권 이전으로 판단할 수 있으므로 이에 대해 부당행위계산부인 규정을 적용할 수 있다는 의미로 해석된다.

또한 조세심판원도 관계사로 임직원을 전출시키거나 거래처를 이전하는 방식으로 초과수익력이 있는 사업을 특수관계 법인에게 이전한 사실관계에 대해 국세청이 특수관계자에게 영업권을 무상으로 양도한 것으로 사실판단하여 부당행위계산부인으로 과세한 사례에 대해 정당하다고 판단한 바 있다[293].

〈사업 이전 방식별 세무상 영업권 인정 여부 요약〉

	세무상 영업권	근거
① 합병, 인적분할, 분할합병	인정 ×	법인세법 시행령 제24조 제1항 제2호 가목
② 물적분할	인정 ×	사전－2016－법령해석법인－0533, 2017.3.9.
③ 현물출자	인정 ○	서면 인터넷방문상담2팀-883, 2005.6.21.
④ 사업 양수도 매매거래	인정 ○	법인세법 시행규칙 제12조 제1항 제1호
⑤ 영업권 무상 이전	인정 ○	국심 2006서2209, 2007.2.1.

---

292) 제도 46012－12263, 2001.7.20.
293) 국심 2006서2209, 2007.2.1.

13-7. 경제적 실질이 특수관계자에게 ⑤영업권을 무상 이전한 것으로 보아 부당 행위계산부인을 적용한 사례

사실관계

- K회사는 공장 자동화 설비 구축업을 영위하고 있으며 설비 구축 후 유상으로 AS 를 제공하고 있음
- K회사와 특수관계가 있는 L회사는 K회사에게 공장 자동화 설비를 납품하고 있음
- K회사와 L회사의 지분은 갑과 을이 각각 100% 소유하고 있으며 갑과 을은 부자 지간임
- 2019년 5월말 K회사 소속 AS인력이 K회사를 퇴사하고 L회사로 입사함에 따라 2019년 6월부터는 K회사가 구축한 공장 자동화 설비에 대한 AS는 L회사가 수행 하게 됨
- AS를 받는 거래처와 계약상 공급자 명의도 모두 K회사에서 L회사로 계약자를 변 경함
- 이후 L회사는 K회사의 AS사업 부문에서 발생한 수익비용이 동일하게 발생함
- 2019년 5월말 시점에 K회사의 AS부서를 상증세법상 보충적 평가규정에 따라 평 가할 경우 영업권이 10억원으로 평가된다고 가정함

과세위험

K회사의 특수관계자인 L회사에게 구축된 설비에 대한 AS사업부문을 양도하면서 해당 사업부문에 대하여 영업권 대가를 지급받지 않았다.

K회사와 L회사간에 명시적인 AS사업의 양수도 약정은 없었지만 순차적으로 거래 처를 특수관계자에게 모두 이전하면서 실질적으로는 초과수익의 원천이 되는 무형자 산(영업권)을 K회사가 L회사에게 무상으로 양도한 것으로 보아 K회사에게 법인세법 상 부당행위계산부인이 적용될 수 있다.

L회사 입장에서는 특수관계 법인인 K회사로부터 영업권을 저가 혹은 무상으로 양수 하였으므로 부당행위계산부인 규정이 적용되지 않는다.

〈세무조사 시점에 적출될 경우 K회사에 대한 과세액 추정〉

만일 상기 과세위험이 세무조사 시점에 적출될 경우 K회사에 대한 과세 추정액은 다음과 같다.

(단위: 원)

세목	구분	과세 추정액	계산내역
법인세	본세	220,000,000	1,000,000,000 × 22%
	과소신고가산세	22,000,000	220,000,000 × 10%
	과소납부가산세	72,270,000	220,000,000 × 3/10,000 × 1,095일
	합계	314,270,000	

13-8. 실무적으로 무상 이전된 무체자산으로 인해 초과수익이 발생하였다고 입증하는 것이 쉽지 않기 때문에 ⑤ 영업권 무상 이전에 대한 과세 사례는 많지 않다.

그러나 초과수익력이 있는 무체자산(영업권)이라는 것이 실물이 눈에 보이지 않기 때문에 실제 특수관계 회사간 영업권이 이전되었다 하더라도 이를 국세청이 파악하기란 쉽지가 않다.

더군다나 초과수익력의 입증은 결국 사후적으로 영업권을 이전받은 회사의 재무자료를 분석하는 간접적인 방법으로 추정할 수밖에 없는데 사후적으로 발생한 초과수익의 원인이 반드시 특정 무체자산(영업권) 때문이라고 입증하는 것도 실무상 쉽지 않아 보인다.

이러한 이유 때문에 상기 사례와 같이 특수관계자간 영업권(주체자산)을 무상으로 이전하는 상황이 발생했더라도 국세청이 이를 세무상 영업권의 무상 이전으로 보아 부당행위계산부인으로 과세하기는 쉽지 않은 것이 현실이다.

따라서 ⑤ 영업권 무상 이전 유형은 만일 과세가 되더라도 과세금액을 확정하기가 쉽지 않고 과세 후에도 논란이 많을 수밖에 없기 때문에 실무적으로는 세무조사 과정에서 납세자가 인정한 적정한 영업권 가액으로 소급 감정하여 과세하는 형태가 많을 것으로 예상된다[294].

사업 이전과 관련된 영업권은 일단 한번 과세가 되면 그 과세규모가 큰 경우가 많으므로 과거에 혹시 구조조정이나 영업 및 업무효율성을 위해 계열사간 사업을 이전하였거나 사실상 이전된 것으로 볼 수 있는 상황이 있었다면 혹시 영업권 무상 이전으로 볼 수 있는 측면이 있는지 미리 검토해 보는 것도 좋을 것이다.

13-9. 포괄적 사업이전은 재화의 공급으로 보지 않으므로 영업권의 무상 혹은 저가 이전에 대해 법인세법상 부당행위계산부인에 따라 과세되더라도 포괄적 사업이전 요건이 충족한다면 부가가치세는 과세되지 않는다.

포괄적 사업이전은 재화의 공급으로 보지 않으므로 세금계산서를 수수하지 않는 것이 원칙이다[295].

따라서 사업이전 관련 적정한 영업권 대가를 수취하지 않아 법인세법상 부당행위계산부인이 적용되더라도 포괄적 사업이전 요건이 충족되었다면 부가가치세는 별도로 과세되지 않을 것으로 판단된다[296].

특수관계자간 사업 이전 시 영업권을 수수하지 않아 법인세법상 부당행위계산부인 규정에 따른 과세는 적법하다고 판단한 조세심판원 사례에서도 "세법상 영업권은 유상으로 취득한 경우에만 인정하고 있으며, 일반적으로 영업권은 사업의 양도·양수 시에 발생하는 것으로 사업양도자가 영업권을 별도로 구분하지 아니하는 경우에는 양도하는 사업에 포함되어 양도한 것으로 보는 것이며, 사업의 양도는 원칙적으로 부가가치세가 과세되는 거래로 보지 아니하므로 청구법인이 별도로 거래하지 아니한 영업권을 무상공급한 것으로 보아 부가가치세를 과세하는 것은 부당[297]"한 것으로 판단하였다.

---

294) 앞서 소개한 영업권 과세가 정당하다고 판단한 조세심판원 사례(국심 2006서2209, 2007.2.1.)에서도 세무조사 과정에서 납세자가 소급 감정을 의뢰하여 받은 감정평가액으로 과세를 하였다.
295) 부가가치세법 제10조 제9항 제2호, 동법 시행령 제23조
296) "13-7."에서 기술한 영업권 과세 사례(부당행위계산부인)에서도 국세청은 법인세는 과세하였으나 부가가치세는 별도로 과세하지 않았다.
297) 국심 2002부1600, 2003.1.21. 다만, 본 판결은 영업권에 한정하여 적용될 수 있을 것으로 보인다. 영업권이 아닌 일반적인 재화의 공급에 대하여 부당하게 낮은 대가를 받거나 아무런 대가를 받지 아니한 경우 부가가치세법상 부당행위계산부인이 적용되어 부가가치세(매출세액)가 과세될 수 있을 것으로 보인다. (부가가치세법 제29조 제4항 제1호)

하지만 부가가치세법상 포괄적 사업이전을 충족하지 못하였거나 영업권에 대해 별도로 세금계산서를 수수한 경우(대리납부)[298]로서 법인세법상 부당행위계산부인이 적용된 경우에는 부가가치세법상 부당행위계산부인도 같이 적용될 수 있을 것으로 판단된다.

참고로 특수관계자로부터 자산을 저가로 양수하는 것은 법인세법상 부당행위계산부인 대상이 아니고 매입세액도 부가가치세법상 부당행위계산부인 규정이 적용되지 않으므로 영업권을 저가로 매입하였거나 무상으로 이전 받았다 하더라도 사업양수 회사에게는 법인세 또는 부가가치세의 추가 과세가 발생하지 않는다[299].

13-10. 특수관계자(동일지배)로부터 자산 또는 사업부를 양수한 거래와 관련하여 자본잉여금으로 회계처리한 고정자산(영업권 포함) 취득대가가 있다면 감가상각 신고조정을 통해 손금처리할 수 있다.

세무상 영업권은 법인세법상 자산에 해당하여 양수자가 특수관계자로부터 영업권을 적절한 평가액으로 유상 취득하였다면 해당 취득가액은 감가상각을 통해 손금으로 인정된다.

그런데 기업회계기준[300]상 동일지배하에 있는 기업 간 사업양수도에 해당할 경우 사업인수자는 그 인수대상 사업의 자산·부채를 연결장부금액으로 인식해야 하기 때문에 특수관계자간 사업양수도로 통해 취득한 영업권은 기업회계기준상 자산으로 처리되지 못하고 자본잉여금에 가감된다.

예를 들어 설명하면 A회사의 a사업부는 연결장부가액이 100억원이고 적절한 평가액은 150억원이다. 150억원과 100억원의 차이인 50억원은 해당 사업부의 초과수익력에 대한 평가차익이다.

A회사가 a사업부를 완전자회사인 B회사에게 150억원에 양도한 경우 B회사의 a사업부 취득거래와 관련하여 기업회계기준에 따른 처리는 다음과 같다.

---

298) 부가가치세법 제10조 제9항 제2호 하단. 동법 제52조 제4항(대리납부)
299) 서면2팀-199, 2006.1.25.
300) 일반기업회계기준 및 한국채택국제회계기준(K-IFRS) 서면-2016-법인-5679, 2016.12.26.

차) 자산 100억원 　　　　　　　/ 대) 현금 150억원
　　자본잉여금 50억원

만일 a사업부의 양도가 동일지배하에 있는 회사(특수관계 법인) 간 양수도가 아니라 제3자간 거래였다면 회계처리는 다음과 같을 것이고, B회사는 감가상각을 통해 영업권 대가 50억원을 매년 10억원씩 5년간 손금(영업권의 감가상각 내용연수를 5년으로 가정함)으로 인정받을 수 있었을 것이다.

차) 자산 100억원 　　　　　　　/ 대) 현금 150억원
　　영업권 50억원
차) 감가상각비 10억원 　　　　　/ 대) 영업권 10억원

감가상각비는 회계처리로 비용처리를 해야 세무상 손금으로 인정받을 수 있는 결산조정 항목이다.

그런데 특수관계자로부터 사업부를 양수하면서 취득한 영업권을 회계상 자산처리를 못하게 되면 적정한 대가를 지급하였음에도 불구하고 해당 영업권 취득가액은 세무상 손금으로 처리할 수 있는 방법이 원천적으로 봉쇄되어 버리게 된다.

즉, 결산조정에 대한 특별한 예외 규정이 없는 한 B회사는 적절한 평가방법에 따른 평가액을 대가로 지급하고 모회사로부터 영업권을 유상으로 취득하였음에도 불구하고 이를 손금으로 인정받을 수 없게 되는 것이다.

적정한 금액을 지급하고 자산을 취득했는데 그 거래상대방이 특수관계자이기 때문에 이에 대한 절세효과(손금)를 인정받지 못한다면, 이는 과세의 형평성에 어긋난다.

특수관계자로부터 사업부를 양수한다고 해서 이러한 불이익이 발생하면 안 되기 때문에 법인세법에서는 이런 경우 신고조정으로 영업권 취득가액을 감가상각할 수 있도록 예외 규정을 두고 있다[301].

따라서 B회사는 5년간 영업권 취득가액 50억원을 매년 10억원씩 세무조정(신고조정)으로 손금산입할 수 있어 제3자와의 사업양수도 거래와 과세형평이 맞게 된다.

상기와 같이 특수관계자로부터 사업부를 양수하면서 대가를 지급한 자산에 대해 감

---

301) 법인세법 시행령 제19조 제5호의 2, 동법 기본통칙 19-19-46

가상각 신고조정을 할 수 있는 자산은 영업권뿐 아니라 감가상각 대상이 되는 고정자산 모두에 적용된다[302]. 그리고 사업부 양수뿐 아니라 자산만 양수하는 경우에도 감가상각 신고조정을 할 수 있다.

세무진단시 최근에 특수관계자로부터 자산 또는 사업부 양수거래를 하면서 고정자산 취득대가를 자본잉여금으로 처리한 사례가 있는지 검토해 보고, 혹시 감가상각 신고조정을 하지 않아 절세효과 기회를 놓치고 있지 않았는지 확인해 볼 필요가 있다.

만일 절세효과 기회를 놓치고 있었다면 경정청구 여부를 고려해 보는 것도 좋을 것이다.

---

302) 법규법인 2014-1, 2014.3.18.

접대비

① 접대비 세무진단 시 주목해야 할 지출 유형

1-1. 회의비, 복리후생비 계정에 대한 접대비 세무진단은 일정 기준을 초과하는 건당 지출에 대해 친목 목적 지출이 아니라는 입증이 가능한지 여부만 확인하는 것으로 충분하다.

세무조사 시 특수관계자와의 거래는 부당행위계산부인으로 걸고 특수관계자가 아닌 자와의 거래는 접대비로 걸면 걸린다(과세된다)는 말이 있을 정도로 접대비는 세무조사 시 과세되는 주요 과세항목 중 하나이다.

이를 반대로 해석하면 사전에 세무진단을 통해 접대비에 대한 과세위험을 파악하고 이에 대한 대비를 함으로써 과세위험을 낮출 수 있는 여지가 많다는 의미로 이해될 수도 있다.

접대비 세무진단의 시작점은 회계상 접대비, 회의비, 복리후생비와 같은 계정 과목이 아니다.

아이러니하게도 접대비 세무진단 시 회계상 접대비, 회의비, 복리후생비 계정에 포함된 금액은 크게 중요하지 않다.

우선 회계상 접대비는 이미 각 사업연도에 대한 법인세 신고를 하면서 세무상 접대비 한도를 초과하는 금액은 이미 손금불산입으로 세무조정 했을 것이므로 세무진단 시 따로 볼 필요가 없다.

요즘에는 접대비 한도초과 세무조정이 틀린 사례는 거의 찾아보기 힘들다.

또한 회계상 회의비, 복리후생비 계정은 다수의 소액 지출로 구성되어 있다는 특징이 있는데 만일 국세청이 회계상 회의비, 복리후생비 계정에 포함된 지출에 대해 접대비로 과세를 하려고 한다면 국세청은 과세하려는 지출 건에 대해 건건이 친목 목적 지출임을 입증해야 하므로 업무량이 많을 수밖에 없다.

증가하는 업무량에 비해 몇 만원 혹은 몇 십만원 짜리 지출 몇백개를 모아서 과세해봐야 실제 과세되는 금액은 몇천만원을 넘지 못한다.

예를 들어 건당 200,000원짜리 지출 200개를 접대비로 과세한다고 할 때 과세금액은 가산세 효과를 포함한다고 해도 천만원 초반대에 불과하다. 과세하려는 금액에 비해 담당 세무공무원이 입증해야 할 업무 부담이 너무 크다는 실무적 제약조건이 있다.

이러한 실무적 제약조건 때문에 회계상 회의비, 복리후생비 계정은 실제 과세가 된다고 하더라도 납세자의 협조와 동의를 구하여 과세 업무를 진행할 수밖에 없고 해당 지출로 인해 접대비로 과세되는 금액도 납세자의 예상 범위를 크게 초과하지 않는 경우가 대부분이다.

또한 세무진단 시 회계상 접대비, 회의비, 복리후생비 계정을 검토한들 관련 접대비 과세위험을 줄이기 어렵다. 접대비, 회의비, 복리후생비를 지출하지 않을 수 없거니와 다수의 소액지출이라는 특징 때문에 향후 과세를 대비해서 건건마다 입증자료를 만들기도 어렵기 때문이다.

이미 지출되고 있는 회계상 접대비, 회의비, 복리후생비 등은 다 이유가 있어 지출되고 있을 텐데 세무상 접대비로 과세될 수 있으니 지출하지 말라고 한들 그걸 대책이라고 얘기하냐는 핀잔을 듣거나 지출하고 있는 부서의 강한 반발로 인해 유야무야되는 경우가 대부분이다.

세무진단 시 회의비, 복리후생비 계정은 지출 큰 순서대로 나열하여 지출 건당 일정 기준(예를 들어 백만원)을 초과하는 지출에 대해 친목 목적 지출이 아닌 사업 관련하여 발생한 불가피한 지출이라는 입증이 가능한지 여부만 확인하는 것으로 충분하고, 시간이 없다면 과감히 생략해도 좋다.

1-2. 접대비 세무진단 시 주목해야 하는 지출은 거래처와 거래조건을 구성하는 매출할인, 매출에누리, 판매촉진비와 같은 지출이다.

그렇다면 접대비 세무진단 시 어떤 지출에 대해 주목해야 할까?

특수관계 없는 거래처와의 거래조건을 구성하는 매출할인, 매출에누리, 판매촉진비와 같은 지출에 주목해야 한다.

이러한 지출은 동일한 유형의 지출이 지속적으로 발생하기 때문에 일단 하나의 지출유형이 접대비에 해당하면 일시에 동일 유형의 지출의 합계액을 접대비로 과세할 수 있다는 특징이 있다.

즉, 과세하는 입장에서는 상대적으로 적은 노력으로 큰 금액을 접대비 명목으로 과세할 수 있다.

한편, 거래조건이라는 말은 이미 앞서 부당행위계산부인의 시가를 설명하면서 나왔던 단어이다.

결론부터 말하면 매출할인, 매출에누리, 판매촉진비와 같은 거래조건과 관련된 접대비 과세위험도 부당행위계산부인의 시가에 대한 과세위험과 큰 틀에서 유사한 측면이 많다.

1-3. 접대비로 과세된다는 것은 그 지출은 이미 법인세법상 손금의 요건을 충족하였다는 의미이다.

법인세 과세 목적상 법 소정의 한도를 초과하는 접대비는 손금으로 인정되지 않는다. 대부분의 법인에서 법 소정의 한도를 초과하여 접대비를 지출하고 있으므로 특정 지출이 접대비로 간주된다는 것은 법인세가 추가 과세된다는 의미와 동일하다.

또한 특정 지출이 접대비에 해당된다는 것은 그 특정 지출은 법인세법상 손금의 요건을 이미 충족하였다는 의미를 내포하고 있다. 만일 손금 요건을 충족하지 못했다면 법 소정의 접대비 한도와 비교할 필요도 없이 바로 손금으로 인정되지 않기 때문이다.

따라서 세무상 접대비는 법인세법상 손금 요건을 충족한 지출로서 접대비 구분기준에 따라 접대비로 간주된 금액이라고 할 수 있다.

법인세법상 손금은 "그 법인의 사업과 관련하여 발생하거나 지출된 손실 또는 비용으로서 일반적으로 인정되는 통상적인 것이거나 수익과 직접 관련된 것"이라고 정의[302]하고 있어 지출하는 회사의 사업과 관련된 지출 중 통상적인 정도의 금액을 손금으로 인정하고 있음을 명확히 하고 있다.

1-4. 접대비는 ① 사업 관련 지출 중 통상적인 수준의 지출로서 ② 친목 목적 지출에 해당하는 비용이다.

법인세법 및 판례를 종합하여 보면, 접대비의 법적 구분기준은 "지출의 목적이 접대 등의 행위에 의해 사업관계자들과의 사이에 친목을 두텁게 하여 거래관계의 원활한 진행을 도모하는 데 있는 것"이라고 요약된다[303].

상기 손금 및 접대비의 정의를 종합해 보면 접대비의 법적 구분기준은 다음의 두 가지 요건을 충족해야 한다.

① 사업 관련 지출 중 통상적인 수준의 비용
② 친목 목적 지출

1-5. 국세청은 사전약정이 없는 지출이거나 특정인에 대한 차별적 지출은 접대비로 간주한다는 입장인데, 이러한 기준은 법적 접대비 구분 기준인 '친목 목적 지출'과 약간의 간극이 있다.

"친목 목적 지출" 기준은 "친목"이라는 사실 판단을 해야 하기 때문에 국세청 공무원이 과세 실무에 일관성 있게 적용하기 어려운 측면이 있다.

한편, 국세청은 기본통칙, 집행기준, 예규 등을 통해 사전약정이 없는 지출이거나 특정인에 대한 차별적 지출에 대해서는 접대비로 간주하도록 답변[304]을 하고 있으며 이러한 국세청 입장은 세무조사 시 접대비 과세를 위한 실무기준으로 사용되고 있는 실정이다.

---

302) 법인세법 제19조 제2항
303) 법인세법 제25조 제5항, 법인세법 집행기준 25 - 0 - 4 제1항 제1호, 대법원 86누0378, 1987.4.14. 다수
304) 서면 법규과 - 49, 2014.1.20., 기획재정부 법인세제과 - 896, 2013.9.12., 법인세과 - 567, 2010.6.22. 등 다수

그러나 사전약정이 없는 지출 또는 특정인에 대한 차별적 지출이 세무상 접대비에 해당한다는 것은 법인세법에 명시되어 있지 않는 기준이다.

이렇게 접대비에 대한 법적 구분기준과 과세 실무에서 적용되고 있는 기준이 다르다 보니 둘 간의 약간의 간극이 느껴진다.

찬찬히 생각해 보면 사전약정이 없는 지출이거나 특정인에 대한 차별적 지출이 반드시 접대비 법적 구분기준인 ① 사업 관련 지출 중 통상적인 수준의 비용 및 ② 친목 목적 지출 기준과 일치하지 않을 수 있겠다는 생각이 든다.

1-6. 접대비 세무진단 시 주목해야 하는 지출은 친목 목적 지출은 아니지만 사업관련성을 직접적으로 설명하기 어렵거나 간접적으로 사업에 영향을 미치는 지출이다.

실무상 사전약정이 없는 지출이거나 특정인에 대한 차별적 지출의 사유 등으로 접대비로 과세되는 상황에 대해 ① 사업관련성 유무 및 ② 친목 목적 유무에 따른 과세 매트릭스를 만들어 보면 다음과 같다.

구분	① 사업관련성	② 친목 목적	세법상 과세 여부 및 과세근거
Case1.	○	○	접대비로 보아 한도초과 금액 손금부인
Case2.	○(Δ?)	×	손금 요건 충족여부로 과세여부 판단
Case3.	×	판단할 필요 없음	손금 요건 불충족으로 전액 손금부인

Case1.

접대비의 법적 구분기준을 충족하는 지출이므로 법 소정의 한도를 초과하는 금액은 손금으로 인정되지 않는다.

친목 목적 지출을 구체적으로 어떻게 판단해야 하는지 여부는 별론으로 하고 일단 친목 목적 지출이 확실하다면 접대비에 해당하여 법 소정의 한도를 초과하는 금액은 손금으로 인정되지 않으니 접대비 세무진단 시 주목해야할 지출 대상이 아니다.

Case1.의 경우 접대비 규정에 따라 손금부인되므로 기타사외유출로 소득처분된다.

Case2.

친목 목적 지출은 아니지만 사업관련성을 직접적으로 설명하기 어렵거나 간접적으로 사업에 영향을 미치는 지출로 접대비의 법적 구분기준과 국세청의 과세 실무기준과의 차이로 인해 과세될 수 있는 지출 유형이므로 접대비 세무진단 시 주목해야 할 지출 유형이다.

Case2. 지출 유형은 사전에 이에 대한 소명 준비를 철저히 할수록 과세위험을 낮출수 있고 만일 접대비로 과세된다 하더라도 조세불복을 할 경우 좋은 결과가 나올 가능성이 높은 지출 유형이니 조세불복 준비 차원에서도 미리 세무진단을 통해 검토를 진행하는 것이 좋다.

Case3.

사업과 관련없이 지출한 금액 또는 통상적인 수준을 벗어난 비용은 친목 목적 지출 여부를 판단할 필요 없이 이전 단계에서 이미 손금으로 인정되지 않는다.

Case3.으로 손금부인되는 경우 해당 지출의 귀속자에 따라 상여, 배당, 기타소득으로 소득처분되어 지출하는 회사에 원천징수 의무가 발생할 수도 있다.

그러나 어느 정도 내부통제제도가 갖춰진 회사가 지출한 금액을 명확히 사업과 관련 없는 지출로 판단할 수 있는 경우는 매우 드물다.

실무상 접대비로 문제가 되는 지출은 Case1. 또는 Case2.로 귀결되는 경우가 대부분 이다.

1-7. 국세청이 Case2. 지출 유형에 대해 접대비로 과세하면 납세자가 친목 목적 지출이 아님을 주장하는 과정에서 업무와 관련된 지출인지를 판단할 수 있으므로 자연스럽게 입증책임이 국세청에서 납세자로 전환되는 효과가 발생한다.

국세청은 사전약정이 없는 지출 또는 특정인에 대한 차별적 지출에 대해 지출자(납세자)가 지급의무가 없는데 임의로 지급함으로써 거래처에 부가 이전되었다고 보아 과세를 하려는 입장인 것으로 보인다.

즉, Case2. 지출 유형에 대한 접대비 과세는 거래처를 지원하기 위해 일반 상거래의 거래조건을 조정하여 부를 이전한 거래에 대한 과세이다.

앞서 소개한 부당행위계산부인과 유사한 과세 논리다.

특수관계자간 거래에서도 은폐된 부의 이전 거래에 대하여 따로 떼어내어 과세를 하는 것과 같은 논리로 당연히 특수관계 없는 자간의 거래에서도 일반 상거래에 부의 이전 거래가 은폐되어 있다면 해당 부의 이전 거래를 따로 떼어 과세하는 것이 과세형평성에 맞는다.

부당행위계산부인은 특수관계자간 거래에 대해 과세가 용이하도록 별도의 세법 규정이 제정되어 있어 해당 법령에 따라 과세를 하면 자연스럽게 입증책임이 납세자에게 전가되고 과세금액 산정도 비교적 명확하게 산정할 수 있다.

그러나 사전약정이 없는 지출 또는 특정인에 대한 차별적 지출이 접대비라는 세법 규정이 없으니 해당 지출은 접대비 규정이 아닌 일반적인 과세원칙을 따라야 한다.

부의 이전 거래는 사업관련성 없는 지출이기 때문에 사전약정이 없는 지출 또는 특정인에 대한 차별적 지출의 과세 근거는 법인세법상 손금 요건(법인세법 제19조) 불충족이다.

그러나 실무적으로 상거래의 거래조건을 구성하는 특정 지출이 사업과 전혀 관련이 없다는 것을 국세청이 입증하여 과세하기가 쉽지 않기 때문에 사업 관련 지출과 사업 무관 지출 사이 구간 중 어딘가 애매한 지점에 있는 지출을 '사전약정 없음' 또는 '특정인에 대한 차별적 지출'이라는 모호한 기준을 덧씌워 접대비 명목으로 과세를 하는 것으로 보인다.

다른 측면에서 보면 업무관련성에 대한 입증 책임을 납세자에게 전가시키는 과세 기술이라는 생각도 든다[305]. 이러한 입증책임의 전가 효과는 부당행위계산부인 규정과 유사하게 국세청이 접대비 과세를 보다 손쉽게 할 수 있도록 한다.

이러한 입증책임 전환 효과 때문에 접대비 조세불복 시 입증책임이 누구에게 있는지가 쟁점이 되기도 한다.

---

305) 입증해야 하는 측이 불리한 것은 당연하다.

즉, 국세청이 특정 지출을 업무무관경비로 과세하려면 해당 지출이 업무와 무관함을 국세청이 입증해야 하지만 접대비로 과세를 하면 납세자가 친목 목적 지출이 아님을 주장하는 과정에서 업무와 관련된 지출인지를 판단할 수 있으므로 자연스럽게 입증책임이 국세청에서 납세자로 전환되는 효과가 발생한다.

1-8. 만일 특정 지출이 친목 목적 지출이 아닌데 접대비로 과세될 경우 납세자는 조세불복 과정에서 해당 지출의 경제적 합리성 또는 사업관련성에 초점을 맞추어 불복 논리를 구성하면 손금으로 인정받을 가능성이 높다.

Case2. 지출 유형의 경우 과세하는 입장에서는 접대비로 보겠지만 납세자 입장에서는 뭔가 억울하다는 생각이 들 수 있는데, 친목 목적 지출이 아니라면 접대비 규정에 따른 과세가 아닌 손금정의(법인세법 제19조)에 따라 손금 인정 여부를 판단해야 한다.

Case2. 지출 유형 상황을 접대비로 과세하는 것은 법 적용이 잘못되었을 가능성이 있다.

사회 통념상 친목 목적 지출은 그 범위가 매우 제한적일 수밖에 없다.

만일 특정 지출이 친목 목적 지출이 아닌데 접대비로 과세될 경우 납세자는 조세불복 과정에서 해당 지출의 경제적 합리성 또는 사업관련성에 초점을 맞추어 불복 논리를 구성하면 손금으로 인정받을 가능성이 높다.

접대비에 대한 조세불복과정에서 "지출에 정당한 사유가 있다", "경제적 합리성이 있는 지출이다", "지출에 불가피한 사유가 있다" 등은 사업 관련 지출 중 통상적인 수준의 비용이라는 또 다른 표현이다.

접대비의 법적 구분기준 혹은 과세요건이 모호하기 때문에 세무 실무를 하다 보면 납세자 입장에서는 특정 경비를 지출하거나 거래 계획 수립 시 관련 지출이 접대비로 과세될지 여부에 대한 불안감이 상당히 높다[306].

---

306) 납세자의 불안감이 상당하는 것은 보이지 않은 납세협력 비용이 과다하게 소요되고 있다는 의미이다. 빠른 시일내에 납세자의 이러한 불안감이 감소할 수 있도록 접대비에 대한 과세체계가 정비되기를 기대해 본다.

납세자 입장에서 수많은 비용을 지출하는 데 접대비 정의 또는 판단기준이 모호하다고 해서 조금이라도 접대성 요소(친목 목적)가 있는 지출을 모두 접대비로 처리할 수는 없는 일이다.

　본 장에서는 실무에서 접대비 판단 시 도움이 될 수 있도록 큰 틀에서 접대비를 판단하는 기준을 제시하고 납세자의 접대비에 대한 과세위험을 감소시킬 수 있는 방안에 대해 기술하려고 한다.

② 접대비 법적 판단기준: 친목 목적 지출

2-1. 세무상 접대비는 친목 목적 지출을 의미하는 데 세법에서 친목에 대한 별도의 정의를 두고 있지 않으므로 친목의 사전적 의미 또는 사회통념상 친목의 의미를 접대비 과세 목적에 맞게 해석해야 한다.

법인세법상 접대비의 정의는 다음과 같다.

> "접대비"란 접대, 교제, 사례 또는 그 밖에 어떠한 명목이든 상관없이 이와 유사한 목적으로 지출한 비용으로서 내국법인이 직접 또는 간접적으로 업무와 관련이 있는 자와 업무를 원활하게 진행하기 위하여 지출한 금액을 말한다[307].

상기 정의 중 '업무와 관련이 있는 자와 업무를 원활하게 진행하기 위하여 지출'에 대해 1987년 법원이 '친목 목적 지출'이라는 기준을 최초로 제시[308]하였고 그 이후 일관되게 접대비 구분기준으로 사용되고 있다.

국세청도 접대비의 판단 기준으로서 '친목 목적 지출'을 받아들여 법인세법 집행기준[309]에 해당 내용을 포함시켰다.

문제는 '친목 목적 지출'을 실무에 적용할 때 어려운 부분이 어느 지출 유형 또는 지출 규모까지 친목 목적 지출로 보아야 하느냐는 것이다.

법원이나 법인세법 집행기준에서도 친목에 대한 별도의 정의를 두고 있지 않으므로 친목의 사전적 의미 또는 사회통념상 친목의 의미를 접대비 과세 목적에 맞게 해석해야 한다.

2-2. 사회통념상 친목의 의미에 따르면 1회당 지출되는 접대비는 크지 않아야 한다.

친목의 사전적 의미는 "서로 친하여 화목함"인데 "우호적 관계를 유지 또는 증진" 정도로 이해되고 있다.

---

307) 법인세법 제25조 제1항
308) 대법원 86누0378, 1987.4.14.
309) 법인세법 집행기준 25-0-4 제1항 제1호

친목을 두텁게 할 목적 또는 우호적 관계를 유지 또는 증진할 목적의 지출이라는 것은 언뜻 사교를 위해 같이 식사를 하거나 술을 마시거나 골프를 치는 정도라고 생각하는 것이 사회통념이다.

기껏해야 1회당 몇 십만원에서 큰 지출이라도 몇 백만원 수준일 것이다. 친목을 위해 같이 식사를 하거나 술을 마시거나 골프를 치는데 이보다 큰 규모의 지출액은 친목 보다는 사업무관경비로 보아 손금불산입을 해야 할 것으로 보인다.

이렇게 친목의 의미를 사회통념에 비추어 세무상 접대비 판단 기준에 적용해 보면 접대비로 인한 과세금액은 그리 크지 않은 것이 일반적이어야 하고[310] 이렇게 적용만 되면 지출 경비에 대한 내부통제제도가 잘 운영되는 회사라면 접대비 과세를 크게 두려워하지 않아도 될 것이다.

2-3. 사회통념상 친목의 의미에 따르면 접대비를 지출하는 측에서 접대를 받는 측으로부터 사업과 관련하여 뭔가를 얻으려는 의도가 있어야 한다.

사업자가 사업 목적인 아닌 개인 목적(예를 들어 단순 유흥)으로 거래처와 친목을 도모했다면 이는 접대비 여부를 판단하기 이전에 법인세법상 손금의 정의에 맞지 않기 때문에 손금으로 인정되지 않는다.

따라서 세무상 접대비는 사업 목적 친목을 위한 지출이다.

접대비에 대한 검토를 하면서 사전약정이 없는 지출이거나 특정인에 대한 차별적 지출의 사유 등에 너무 초점을 맞추다 보면 왜 지출자가 해당 접대비를 지출하였는지에 대한 근본적인 사실관계를 놓치는 경우가 많다.

사실 접대비 여부를 판단할 때에는 "사전약정이 없는데 왜 지출했는지?" 또는 "왜 특정인에게만 지출했는지?"가 가장 중요한 판단 요소이다.

사회통념상 사업 관련 친목을 도모하고자 하는 이유는 접대비를 지출하는 측이 접대를 받는 측에게 향후 무언가를 얻거나 같이 사업을 도모함으로써 시너지 효과를 얻고

---

310) 소소한 접대비가 쌓여 절대금액은 큰 금액이 될 수는 있지만 여전히 해당 기업의 총 지출금액에 비하면 상대적으로 작아야 할 것이다. 만일 접대비 지출이 해당 기업의 총 지출금액에서 차지하는 비율이 크다면 접대비 지출에 대한 내부 통제절차가 정상적이지 않은 경우일 것이다.

자 하는 목적이 있기 때문이다.

예를 들어 접대비를 지출하는 자는 거래처 담당자와 친해져서 향후 오더를 더 받거나 좀 더 유리한 조건으로 거래를 하려는 등의 의도가 있어야 한다.

따라서 더 이상 거래를 하지 않는 거래처에 대한 지출은 세무상 접대비에 해당될 여지가 없다.

예를 들어 더 이상 거래를 하지 않고 앞으로도 거래 가능성이 없는 거래처의 채권을 현실적으로 회수하기 어려워 대손처리한 상황에 대해 채권의 임의 포기로 접대비로 과세하는 경우가 있을 수 있다.

그러나 이런 상황은 채권을 포기하는 측에서 채권을 포기하는 대가로 해당 거래처로부터 무언가를 얻을 것이 없다는 것이 너무나도 명백한 상황이다.

따라서 채권을 포기하는 측이 사업 목적 친목 의도를 가지고 채권을 포기한 것이 아니므로 이는 세무상 접대비로 볼 수 없으며 이런 경우에는 채권을 포기한 정당한 사유가 있었는지 여부 또는 세무상 대손요건을 충족하였는지 여부에 따라 손금 여부를 판단하여야 한다.

2-4. 사회통념상 친목 목적 접대를 받았다고 하여 접대를 받은 상대방의 소득이 증가하지 않으므로 특정 지출로 인해 수혜를 받은 자의 소득이 증가하여 소득세가 과세되는 경우 해당 지출은 접대비로 간주되지 않는다.

사회통념상 친목 목적 지출이란 특정 지인과 우애를 두텁게 할 의도로 놀고 즐기기 위해 지출하는 것 정도로 생각할 수 있다. 또한 사회통념상 놀고 즐긴다고 해서 접대를 받은 상대방에게 소득세 과세를 해야 한다고 생각하지는 않는다.

이런 이유 때문에 법인세법에서는 접대비 명목으로 과세하는 경우 기타사외유출로 소득처분 하여 상대방에게 소득세 문제가 발생하지 않도록 하고 있다.

또한 법인세법에서 접대비에 대해 불이익을 주는 취지 중 하나는 사업 관련 지출을 가장하여 개인단계의 과세를 피하면서 회사의 돈으로 놀고 즐기는 소비성 지출에 대해 세법상 규제를 하기 위해서다.

이러한 접대비의 취지를 반영하여 특정 지출이 (접대를 받는) 상대방 개인의 소득에 포함되어 과세되는 경우 접대비로 보지 않는다.

예를 들어 대부업을 영위하는 법인이 신규 고객을 소개하는 기존 고객에게 대출금액의 일정비율을 알선수수료로 지급하는 경우, 당해 알선수수료가 소득세법상 근로소득 또는 사업소득으로 과세되는 경우에는 접대비로 보지 않는다.

그러나 당해 알선수수료가 지급받는 자의 소득에 포함되지 않는 경우에는 접대비로 간주될 수 있다[311].

2-5. 특정 지출에 대해 접대비 여부를 판단할 때 관련 사업 규모 등과 같은 재무적 현황과 해당 친목 목적 지출을 통해 향후 사업 관련 수혜 등과 같은 요소도 함께 고려해야 합리적으로 판단할 수 있다.

사회통념상 친목의 지출 규모를 넘어서는 수억원 또는 그 이상이 되는 금액이, 또는 사업 관련 친목 지출이 아니라 것이 명백한 경우에도 종종 접대비로 과세되는 사례를 볼 수 있다.

본인의 사업적 반대급부를 생각하지 않고 사업 관련 친목만을 위해 한 번에 수억원~수십억원을 지출한다는 것은 일반적인 사회통념에 부합하는 추정이 아니다.

물론 사업 규모에 따라 수억원~ 수십억원이 상대적으로 작은 금액일 수 있는 상황이 있을 수 있다.

그러나 이러한 특수한 상황이 다수의 회사에 일반적인 경우는 아니고 접대비는 사업 관련 친목 목적만을 한정하여 판단해야 하므로 여전히 수억원~ 수십억원을 친목 목적으로만 지출했다는 것은 사회통념상 받아들이기 어려운 금액 규모다.

또한, 사업 규모를 고려한다는 자체가 이미 친목 목적만을 위한 지출은 아니라는 의미를 내포하고 있는 것이다.

설령 사업 규모가 클수록 '사업관계자들과의 사이에 친목을 두텁게 하여 거래관계의

---

311) 서이 46012-11864, 2003.10.25. 이는 당시 구법인세법 시행령 제42조 제3항 "금융기관 등이 적금·보험 등의 계약이나 수금에 필요하여 지출하는 경비는 이를 접대비로 본다."라는 규정이 있어 명확히 접대비로 본다고 답변하고 있다. 현행 법인세법에서는 상기 규정은 삭제되었다.

원활한 진행을 도모'하는 데 절대 금액 기준으로 큰 지출을 할 수 있다고 해도 여전히 사업 규모 대비 친목을 위해 지출할 수 있는 비율은 상대적으로 크지 않아야 하고, 해당 친목으로 인해 향후 사업 관련 반대 급부도 무엇인가도 생각해 보아야 한다.

따라서 특정 지출에 대해 접대비 여부를 판단할 때 관련 사업 규모 등과 같은 재무적 현황과 해당 친목 목적 지출을 통해 향후 사업 관련 수혜 등과 같은 요소도 함께 고려해야 합리적으로 판단할 수 있다.

2-6. 사회통념상 친목 목적 지출이 아님에도 불구하고 접대비로 간주된 예규

과세실무 또는 국세청의 예규 등을 종합해 보면 국세청은 특정 지출에 대해 접대비를 판단할 때 지출경비 금액의 절대적 혹은 상대적 크기와 해당 지출로 인해 향후 사업 관련 반대 급부 가능성 등은 따로 고려하고 있지 않다[312].

사회통념상 친목 목적 지출이 아님에도 불구하고 국세청이 해당 지출을 접대비로 간주하여 회신(예규)한 사례 2개를 소개하면 다음과 같다.

2-6-1. 사회통념상 친목 목적 지출이 아님에도 불구하고 국세청이 접대비로 답변한 사례 1

사실관계

자동차부품제조업을 영위하는 A회사는 동종업을 영위하던 업체 중 부도처리된 B회사를 법원경매절차를 거쳐 인수하였다. 부도 당시 B회사는 경영상의 어려움으로 인해 발생한 기존 거래처에 대한 사업 관련 부채(선수금 및 미지급금)가 있었는데 A회사는 B회사의 기존 거래처와 자동차부품을 거래하기 위해 B회사를 인수 후 해당 부채를 대신 변제하였다.

---

312) 1만원 이상의 접대비의 경우 적격 증빙 요건, 경조비의 경우 20만원 요건(법인세법 시행령 제41조 제1항) 및 광고 목적 기증 물품 구입비용의 경우 개당 1만원, 인당 연간 3만원 이하는 광고선전비로 본다(즉, 접대비로 보지 않음)는 규정(법인세법 시행령 제19조 제18호)이 있으나 이는 지엽적인 일부 상황에나 적용하는 규정이지 일반적인 접대비 판단기준에는 금액 규모를 고려하고 있지 않다고 보아야 한다.

상기와 같은 사실관계에 대해 질의자는 A회사가 새로운 거래를 확보하기 위한 지출을 영업권(즉, 영업권 감가상각을 통해 손금)으로 처리할 수 있냐고 질의하였으나 국세청은 A회사가 거래선 확보를 위하여 B회사의 거래선에 대한 기존 채무를 대신 부담하는 금액에 대해 접대비라고 답변하였다[313].

사회통념상 친목의 관점에서 지출 성격 파악

A회사의 채무 변제 지출로 인해 수혜자(접대를 받은 자)는 B회사이다.

변제를 받은 거래처는 자신의 채권에 대해 정당하게 변제를 받은 것이므로 수혜자(접대를 받은 자)가 아니다.

A회사와 B회사는 향후에도 거래할 일이 없으므로 A회사가 B회사로부터 향후 뭔가를 얻으려고 채무를 변제한 것은 아닐 것이다.

만일 A회사가 B회사를 위해서 채무를 변제한 것이 아니라 거래처와의 향후 거래를 위해 지급한 것으로 본다면 이는 경제적 실질이 선급금으로 보아 대가의 선급으로 보아야 할 성질의 지출이지 접대비로 보아야 할 지출은 아니다.

2-6-2. 사회통념상 친목 목적 지출이 아님에도 불구하고 국세청이 접대비로 답변한 사례 2

사실관계

건설업을 영위하는 C회사는 상가 재건축 용역을 D조합으로부터 수주받아 건설을 완료하였으나 상가분양이 이루어지지 않아 D조합으로부터 공사대금을 회수하지 못하였다. C회사는 D조합과 합의하여 미회수공사대금 대신 C회사가 건축한 상가로 대물 변제 받기로 하였다.

이 경우 만일 대물변제 받은 상가의 시가가 미회수공사대금보다 작은 경우 그 차액

---

313) 법인 46012-134, 1996.1.16.

은 접대비에 해당할까?

만일 상기 대물변제 방식이 아니라 D조합으로부터 상가의 분양권을 위임받아 C회사
가 분양을 하여 분양대금을 미회수공사대금에 충당하기로 합의하고, C회사가 임의로 할
인 분양하고 그 할인한 금액을 미회수공사대금과 상계함으로써 미회수공사대금 일부를
C회사가 부담하게 되었다면 C회사가 회수하지 못한 공사대금은 접대비에 해당할까?

국세청 답변

상기와 같은 사실관계에 대해 국세청은 대물변제 방식 및 분양권을 위임받아 회수하
는 방식 모두 접대비로 보아야 한다고 답변하였다[314].

사회통념상 친목의 관점에서 지출 성격 파악

재건축 D조합은 향후 C회사에게 건설용역을 맡길 일이 전혀 없어 보인다.

이런 상황에서 C회사는 D조합과의 친목을 위해 해당 건설대금 중 일부를 포기했다
고 보는 것은 사회통념상 부자연스럽다.

2-7. 사회통념상 친목 목적으로 볼 수 없는 지출이 접대비로 과세되는 경우 사업무관지출에 해당하는지 여부를 추가로 검토해 보아야 한다.

상기 국세청의 답변은 판단 근거에 대한 제시 없이 특정 지출을 접대비로 본 결론만
제시하고 있어 지출에 대한 사실관계가 조금이라도 다를 경우 해당 국세청 답변은 아
무런 도움이 되지 않을 수 있고, 납세자 입장에서는 국세청의 답변이 쉽게 이해하거나
납득하기 어려울 수 있다.

이런 경우 상기 국세청 답변을 접대비에 대한 답변이 아니라 업무무관지출에 대한
답변으로 관점을 바꾸어 읽어보면 국세청 답변이 좀 더 쉽게 이해될 수 있다.

즉, 사회통념상 친목의 범위를 넘어서는 금액에 대하여 접대비 해당 여부를 판단하
는 국세청의 답변은 친목 목적 지출 여부보다는 업무무관지출 관점에서 보면 국세청의

---

314) 법인 46012 - 677, 1999.2.22.

답변을 이해하기 쉬울 수 있다.

상기와 같은 관점으로 상기 국세청의 답변을 이해하면 다음과 같다.

2-7-1. 사회통념상 친목 목적 지출이 아님에도 불구하고 국세청이 접대비로 답변한 사례 1

국세청은 A회사가 새로운 거래처 확보를 위해 B회사의 기존 거래처에 대한 부채를 대신 지급한 것은 사업과 관련 없이 B회사를 지원한 것으로 보아 손금으로 인정하지 않은 것으로 보인다.

즉, 국세청은 A회사가 B회사의 기존 거래처와 거래를 개시하는 거래와 A회사가 B회사의 기존 거래처에 대한 부채를 대신 변제한 거래를 구분하여 별개의 거래로 사실 판단하여 답변한 것으로 보인다.

2-7-2. 사회통념상 친목 목적 지출이 아님에도 불구하고 국세청이 접대비로 답변한 사례 2

일단 유효하게 성립한 채권(미회수 공사대금)에 대한 감액이 손금으로 인정받기 위해서는 대손요건을 충족해야 하는 데 대손요건을 충족하지 않은 채권을 임의로 포기했다고 보아 손금으로 인정하지 않은 것으로 판단된다.

특수관계자 외의 자와의 거래에서 발생한 채권으로서 채무자의 부도발생 등으로 장래에 회수가 불확실한 어음·수표상의 채권 등을 조기에 회수하기 위하여 당해 채권의 일부를 불가피하게 포기한 경우 동 채권의 일부를 포기하거나 면제한 행위에 객관적으로 정당한 사유가 있는 때에는 동 채권포기액을 손금에 산입할 수 있다[315].

그러나 국세청은 질의한 사실관계에서 D조합의 재무상황이 C회사가 채권을 포기할 만큼 불가피한 상황이었거나 정당한 사유가 있는 채권포기가 아니라고 사실 판단한 것으로 보인다.

상기 사실관계에서 특정 지출이 업무무관경비로 본 국세청의 판단이 맞는지 여부를

---

315) 법인세법 기본통칙 19의 2-19의 2…5

별론으로 보면 국세청이 해당 지출을 업무와 관련이 없다고 보아 손금으로 인정할 수 없다는 결론에 따라 접대비로 답변했고, 상기 사실관계가 일견 업무무관 지출로 볼만한 측면도 있어 보여 국세청의 답변을 이해하기 한결 편해진다.

2-8. 사회통념상 친목의 범위를 넘어서는 지출을 접대비로 과세한 경우 해당 지출의 경제적 합리성 및 업무 관련성이 조세불복의 성패를 좌우한다.

앞서 기술한 바와 같이 사회통념상 친목 목적을 벗어난 지출에 대해 실무상 접대비 여부가 문제되는 구간은 사업과 직접 관련된 지출과 사업과 전혀 관련 없는 지출 구간 사이 중 어딘가 애매한 지점에 있는 지출이다.

애매한 구간에 위치해 있는 지출이라서 태생적으로 국세청과 납세자간 보는 관점의 차이가 많을 수밖에 없는 과세 유형이다.

그래서인지 이러한 접대비 과세유형은 조세불복 사례도 많다.

해당 조세불복은 표면상으로 특정 지출이 접대비에 해당하는지 여부가 쟁점이지만 판단 근거를 보면 국세청이 접대비로 과세한 특정 지출에 대한 경제적 합리성 및 업무 관련성 여부가 조세불복의 성패를 좌우한다.

또한 납세자가 해당 지출의 경제적 합리성 및 업무관련성과 관련된 자료 등을 철저히 준비하여 합리적 논거로 주장하는 경우 납세자의 인용률이나 승소율도 꽤나 높은 편이다.

사회통념상 친목 목적 아닌 지출을 접대비로 과세한 건과 관련하여 조세불복 과정에서 손금으로 인정된 사례를 소개하면 다음과 같다.

2-9. 사회통념상 친목 목적으로 볼 수 없는 지출에 대해 경제적 합리성과 업무 관련성을 인정받아 접대비로 보지 않은 사례

사실관계

- PHC파일 제조업을 영위하는 E회사는 소사장제 방식으로 적용하여 공장을 운영하

고 있으며 갑은 E회사에서 임가공업(소사장)을 영위함

- E회사와 갑간에 PHC파일의 생산에 대한 도급계약을 체결하여 매 2년마다 계약연장을 함
- 최근 갑는 본인의 소사장제 산하 인원에 대한 급여를 밀리고 국세를 체납하여 E회사에 대한 매출채권에 압류가 들어오는 등 여러 문제를 발생시킴
- 또한 E회사는 갑에 배정한 물량이 이전에 비해 품질과 생산량 측면에서 불량하다고 판단하고 있음
- 이에 E회사는 갑과의 도급계약 만료 시점까지 기다릴 경우 생산 차질 및 각종 클레임으로 인해 손해가 발생할 것으로 예상함
- E회사는 도급계약 만료까지 기다리는 것보다는 도급기간 중이라도 갑과의 소사장 계약을 해지하고 다른 소사장과 계약을 하기로 결정함
- E회사는 갑에게 도급해지 의사를 전달함
- 이에 갑은 계약해지 보상금으로 3억원을 요구함
- 계약해지 보상금은 갑의 부채(체불임금, 국세 등)을 지급 및 납부할 예정임
- E회사는 갑에게 계약해지 보상금 3억원(이 중 1억원은 도급선급금 1억원과 상계)을 지급하고 소사장 계약을 해지함

과세위험

국세청은 상기 사례에 대해 다음의 이유를 들어 접대비로 보아 과세하였다.

- 사전 약정이 없음
- 전적으로 갑의 귀책사유로 인한 계약 해지이므로 E회사가 갑에게 보상금을 지급할 의무가 없음
- 계약해지 보상금을 외주가공비 등의 제조비용으로 하여 손비로 처리할 어떠한 근거 없음
- 기존 계약금액의 적정성에 대한 분석 없이 하도급업체 직원들의 반발을 무마하기 위하여 임금체불금액과 체납국세를 대납한 것임
- 따라서 해당 계약해지 보상금 3억원은 하도급인력에 대한 사기진작과 업무의 원활한 진행을 위하여 지출한 비용으로 인정되므로 접대비에 해당함

상기 과세사례에 대해 E회사는 조세불복을 하였고 조세심판원은 다음의 근거에 따라 접대비가 아니라고 판단함

- 계약해지 보상금 3억원은 향후 경영손실이 예상되는 하청업체와의 도급계약을 조기에 해지하기 위한 영업정책의 일환으로 지급한 비용으로 보임
- 계약해지 보상금 3억원은 국세 납부 및 외주가공비 선급금과 상계되어 실제로 접대비 등은 아닌 것으로 나타남

2-10. 경제적 합리성 또는 업무관련성의 의미: 지출자의 이익을 위한 지출

상기 사례에서 주목해야 할 점은 조세심판원이 E회사 이익 관점에서 조세불복 대상 지출이 경제적으로 합리적이며, 업무와 관련이 있다고 보아 접대비가 아니라고 판단했다는 점이다.

상기 조세불복 사례는 특정 지출이 손금으로 인정받기 위해서는 지출자의 이익 관점에서 지출해야 하며, 납세자는 본인의 이익 관점에서 지출 목적 등을 소명할 수 있어야 해당 지출을 손금으로 인정받을 수 있다는 점을 시사하고 있다.

지출자의 이익 관점에서 지출했다는 것과 "업무 관련성이 있다"", "지출에 정당한 사유가 있다", "경제적 합리성이 있는 지출이다", "지출에 불가피한 사유가 있다"는 것은 모두 같은 의미의 문장이다.

특정 지출로 인해 본인에게 발생하는 이익은 지출과 동시에 발생할 수도 있지만 지출 후 발생하는 이익일 수도 있다. 또한 지출 시점에 지출자가 향후 상황을 합리적인 추정에 따라 예상하고 해당 상황에서는 지출로 인해 이익이 발생하겠다는 판단에 따라 지출할 수도 있다.

그리고 지출 후 상황이 변경되면 실제 그 이익이 발생하지 않을 수도 있고 예상하지 않은 이익이 발생할 수도 있기 때문에 특정 지출 시점 이후에 발생한 결과만을 가지고 해당 지출의 경제적 합리성 유무를 판단할 수 없다.

316) 조심 2015중1123, 2016.3.16.

특정 지출(손금 혹은 접대비)이 경제적으로 합리적인 지출이었는지에 대한 판단은
지출시점에 지출자가 해당 지출로 인해 본인에게 이익이 발생할 거라고 예상한 근거를
가지고 사회통념에 따라 사실판단하여야 한다.

이러한 지출자의 이익에는 본인에게 직접 발생한 수치화 된 이익 외에도 지출시점에
합리적 가정하의 발생할 것으로 예상한 기회비용 감소액[317]도 고려되어야 한다.

예를 들어 A회사가 갑자기 아무런 약정 없이 특정 대리점에 판매수수료를 계약된
금액보다 1억원을 추가 지급하면서 예상치 못한 판매수수료 1억원을 지급하면 해당 대
리점에서 고마워서 우리 물건을 더 열심히 팔아 줄 것이니 본인에게 이익이라고 A회사
가 주장한다고 하자.

사회통념상 대리점에게 계약상 수수료보다 1억원을 더 지급한다고 해도 해당 대리
점이 지급자의 물건을 더 열심히 팔아 주고 이로 인해 A회사 이익이 지출액(1억원)
보다 더 클 거라는 예상은 사회통념 따른 합리적인 예상과는 좀 거리가 있다고 보여
진다.

이런 합리적이지 못한 예상에 근거한 지출이라면 추가적으로 지급한 1억원은 접대비
혹은 사업무관지출로 손금 부인될 가능성이 높다.

그러나 만일 해당 대리점이 이번에 유명 백화점에 입점을 하게 되어서 A회사 물건이
잘 보일 수 있도록 특정 판매 부스에 진열해주기로 한 대가로 1억원 더 지급하였다고
가정해 보자.

그리고 A회사는 지급시점에 합리적 추정을 통해 해당 판매 부스 진열로 인해 A회사
의 매출액이 10% 이상 성장하고 A회사의 이익이 5억원 이상 증가될 것으로 예상한
추정 자료를 가지고 있다.

이런 경우 1억원을 접대비로 볼 수 있을까?

이는 특정 부스 설치로 인한 A회사의 이익 증가를 얼마나 합리적인 가정으로 가지고

---

317) 특정 지출이 향후 발생할 더 큰 손실 발생을 방지할 목적이었다면 이도 본인의 이익을 위한 지출이다.

예상을 했느냐가 성패를 좌우할 것이다.

특정 부스 설치로 인한 타사의 매출 증가 현황 등과 같은 객관적인 자료를 근거로 추정을 했다면 1억원은 경제적 합리성이 있는 지출로 보아 손금으로 인정될 수 있을 것이다.

반대로 아무런 예상 자료 없이 영업사원의 감만으로 5억원 이상 증가할 거라 주장한다면 1억원은 접대비 혹은 사업무관지출 혹은 접대비로 손금 부인될 가능성도 있다.

2-12. 납세자가 본인의 이익 관점에서 소명할 수 없는 지출을 했다는 것은 거래 상대방 또는 제3자에게 부를 이전(혹은 지원)할 목적으로 지출한 것이므로 해당 지출은 업무관련성이 있다고 보기 어렵다.

납세자가 본인의 이익 관점에서 소명할 수 없는 지출을 했다는 것은 거래상대방 또는 제3자에게 부를 이전(혹은 지원)할 목적으로 지출한 것이므로 해당 지출은 업무관련성이 있다고 보기 어렵다.

따라서 부가 이전된 상대방이 특수관계자라면 부당행위계산부인 규정에 따라, 특수관계자가 아니라면 접대비 규정에 따라 손금으로 인정되지 않을 가능성이 높다.

그런데 실무적으로 특정 지출에 대한 접대비 여부를 판단하기 위해 납세자로부터 사실관계를 듣다 보면 상대방 사정 또는 상황을 중심으로 설명하는 경우를 많이 경험하게 된다.

실무 담당자 입장에서 보면 본인 회사의 지출은 이미 상급자 단계에서 결정이 되어 본인에게 통보만 되어 지출 사실은 알고 있는데 본인 회사의 어떠한 이익이 고려되어 해당 지출을 결정했는지, 해당 이익 (예상)규모가 얼마인지, 어떠한 상황을 가정하여 이익이 발생할 것으로 예상하였는지와 같은 근거(자료)를 알지 못하는 경우가 많아서 일 것이라 추측된다.

이런 경우 해당 지출을 결정한 담당 임원 또는 담당 부장으로부터 설명을 들으면 의외로 상대방의 사정이나 상황이 아닌 본인 회사의 이익을 위해 지출한 사정을 들을 수 있다.

문제는 해당 지출을 결정한 담당 임원이나 담당 부장이 퇴사를 했거나 다른 직책으로 변경된 경우이다.

가령 당시 영업 담당 임원이 판매장려금 지출을 결정하였는데 세무조사 또는 조세불복 시점에는 해외 법인장으로 가 있는 경우 해당 지출결정 시 고려된 요소를 알 수 없게 된다.

영업부서 특성상 관련 서류도 잘 보관하지 않기 때문에 본인 회사의 어떠한 이익을 위해 해당 판매장려금을 지출했는지 알 수 없게 된다. 이런 경우 어쩔 수 없이 주로 거래 상대방의 사정이나 상황을 중심으로 사실관계를 설명할 수밖에 없고, 이래서는 접대비가 아니라고 주장하기도 어렵고 주장한다고 하더라도 설득력이 떨어진다.

국세청도 채무자의 수익 급감, 투자손실 및 자금사정 등을 이유로 채권의 전부 또는 일부를 포기하는 경우에는 당해 포기금액을 기부금 또는 접대비에 해당[318]한다고 답변하고 있다.

2-13. 지출 시점에 본인 회사의 이익을 위한 지출임을 입증할 수 있는 자료를 구비하여 결재 과정 등을 통해 객관화한다면 접대비 관련 과세위험을 줄일 수 있다.

특정 지출이 업무와 관련되어 발생한 것임을 주장할 때 상대방의 상황으로 인하여 지출하였다면 접대비로 판단될 가능성이 높으므로 국세청 과세 처분에 끌려갈 수밖에 없고 조세불복을 하여도 좋은 결과를 내기 어렵다.

따라서 사회통념상 친목 목적이 아닌 지출이 접대비에 해당될 가능성이 있는지 체크해 보고 만일 그러한 지출들이 발생하였다면 해당 지출 결정 시점에 고려된 본인 회사의 이익극대화를 위한 의사결정이었다는 것을 입증할 수 있는 구체적인 자료 구비하거나 내부적인 결재 과정을 통해 입증자료를 준비해 놓는다면 접대비 관련 과세위험을 낮출 수 있다.

---

318) 서면2팀-187, 2006.1.24.

❸ 접대비 과세기준: ① 사전약정 및 지급의무

3-1. 친목이란 추상적 개념으로 인해 형평성 있는 접대비 과세행정이 어려울 수 있어 국세청은 세무공무원이 실무에 적용할 수 있도록 보다 구체적인 접대비 과세기준을 제시하고 있다.

접대비 법적 구분기준인 "친목 목적"은 특정 지출 목적이 친목 목적에 해당하는지에 대한 사실판단이 이루어져야 접대비 규정으로 과세할 수 있다.

그런데 친목이란 추상적 개념은 사람마다 다를 수 있고 접대비 과세를 실행하는 세무공무원도 사람인지라 세무공무원마다 친목의 개념을 다르게 받아들일 수 있다.

갑 세무공무원은 사업을 위해서 거래상대방과 식사하고 술 먹는 정도가 친목이라고 받아들일 수 있고, 을 세무공무원은 거래상대방에게 지출하는 금액 중 사업 관련 직접원가를 제외하고는 모두 친목 목적에 해당한다고 받아들일 수 있다. 병 세무공무원은 계약서에 명시된 권리의무에 따라 지출된 것 외에는 모두 친목 목적이라고 받아들일 수 있다.

이렇게 친목에 대한 개념이 세무공무원마다 다를 수 있고, 이를 기준으로 접대비 과세행정을 처리하게 되면 동일한 사실관계에 대해서도 갑 세무공무원은 접대비로 보지 않는데 을과 병 세무공무원은 접대비로 과세하는 등 과세 형평성에서 문제가 발생할 수 있다.

이에 따라 국세청은 접대비와 관련하여 기본통칙[319] 및 집행기준[320], 그리고 예규 등을 통해 국세공무원이 접대비 과세실무에 적용할 수 있도록 여러 접대비 과세기준을 제시하고 있다.

문제는 접대비 과세기준들이 체계적으로 일관성 있게 만들어진 것이 아니라 사안별로 각각의 기준으로 접대비 과세기준을 제시하다 보니 세무공무원 입장에서는 각각의 접대비 과세기준 중 하나라도 해당사항이 있으면 접대비로 과세를 할 수밖에 없어 결과적으로 접대비 과세범위가 넓어졌다는 것이다.

과세범위가 넓어진 만큼 부실한 접대비 과세가 많아질 수밖에 없다.

---

319) 법인세법 기본통칙 25-0…3에서 25-0…6까지
320) 법인세법 집행기준 25-0-4 및 25-0-5

국세청이 제시하고 있는 접대비 과세기준 중 대표적인 2가지[321]는 다음과 같다.

① 사전약정 또는 지급의무 없는 지출은 접대비에 해당함
② 특정인에 대한 차별적 지출은 접대비에 해당함

3-2. 접대비 과세기준(국세청 입장): ① 사전약정 또는 지급의무 없는 지출은 접대비에 해당한다.

법인세법상 규정된 내용이 없으나 사전약정 없이 거래상대방에게 지급한 경우 이를 접대비를 보는 것이 국세청의 일관된 입장[322]이다. '사전약정이 없다'는 것은 '지급의무 없다' 혹은 '임의로 지급했다'고 표현되기도 한다.

거래 상대방에게 지출할 의무가 없는데 굳이 지출한 금액은 거래상대방과의 친목을 위해 지급한 것이므로 접대비로 보겠다는 것이다.

3-3. 접대비 과세기준: ① 사전약정 또는 지급의무 없는 지출을 접대비로 본 사례

F회사는 많은 사내 협력업체와 도급 계약을 맺고 제품을 생산하고 있다. 계약상 하도급 수수료는 생산량에 일정 단가를 곱하여 산정하도록 계약되어 있다. F회사는 임금 단체협상을 통해 당해년도 성과급을 지급하면서 도급 계약서에 관련 조항은 없지만 사내 협력업체 직원에게도 성과급을 지급하였다.

이런 경우 F회사가 사내 협력업체 직원에게 지급하는 성과급은 접대비에 해당할까?

이와 같은 사실관계에서 국세청은 "지급의무가 없는 성과급을 법인이 임의로 하도급 업체 직원에게 지급하는 경우에는 법인세법 제25조의 규정에 의한 접대비로 보는 것[323]"으로 답변하고 있다.

---

321) 이 외 거래 유형 중 객관적 정당한 사유 없이 약정에 따라 채권의 전부 또는 일부를 포기하는 경우에도 이를 대손금으로 보지 아니하고 기부금 또는 접대비로 보고 있는데, 이와 관련해서는 대손과 연관된 사항이 많으므로 "대손"편에서 기술한다.
322) 서면 법규과-49, 2014.1.20., 기획재정부 법인세제과-896, 2013.9.12. 등 다수
323) 법인세과-408, 2013.7.30.

3-4. (구)법인세법 기본통칙에서는 사전약정에 따라 접대비를 판단하는 규정을 명시하였으나 해당 기본통칙은 이미 20년 전에 삭제되었다.

(구)법인세법 시행규칙에서는 "사전약정이 있는 매출할인 혹은 판매장려금은 판매부대비용에 포함하는 것으로 한다"라고 규정하면서 관련 (구)법인세법 기본통칙에서 "사전약정 없이 지출한 금품의 가액은 법에 특별한 규정이 있는 경우를 제외하고는 이를 접대비로 본다"는 규정을 두어 사전약정 여부에 따라 접대비를 판단하도록 명시하고 있었다[324].

그러나 상기 (구)법인세법 시행규칙 및 (구)기본통칙은 이미 1998년 12월 28일 법인세법을 전면 개정(법률 제5581호) 전후로 모두 삭제되었다.

또한 법원은 구 법인세법시행규칙(1995.3.30. 총리령 제492호로 개정되기 전의 것) 제4조 제1항에서 사전 약정이 있는 경우에 한하여 판매장려금으로 인정하도록 제한한 부분은 상위 법령에 근거가 없거나 위임의 한계를 벗어나 무효라고 판단하였다[325].

현재 규정 중 억지로 연결하자면 법인세법 기본통칙에서 "사전약정에 따라 협회에 지급하는 판매수수료"를 판매부대비용으로 열거[326]하고 있는데 이 규정으로도 사전약정이 없는 지출이 접대비에 해당한다는 법적 근거로 보기는 어렵다.

그러나 국세청의 예규를 보면 최근에는 다소 줄어들기는 했지만 여전히 사전약정(혹은 지급의무) 여부에 따라 마치 접대비의 해당 여부가 결정되는 듯한 취지의 답변들이 나오고 있으며, 세무조사 과정에서도 사전약정이 없는 지급 사례에 대해 접대비로 과세해야 한다는 세무공무원의 입장을 자주 접하게 된다.

아마도 (구)법인세법 시행규칙 및 (구)법인세법 기본통칙을 근거로 나온 과거 예규의 입장이 그 이후 예규와 과세실무에 여전히 영향을 주고 있기 때문이라 생각된다.

---

324) (구)법인세법 시행규칙 제4조 제1항(1995.3.30. 개정 전), (구)법인세법 기본통칙 2-15-10…18의 2(1998.12.28. 개정 전) 등
325) 대법원 2003두6559, 2003.12.12
326) 법인세법 기본통칙 19-19…3 제1호

3-5. 회사가 사전약정 또는 지급의무가 없음에도 불구하고 해당 지출을 한 이유가 뭘까?

상기 (구)법인세법과 (구)법인세법 기본통칙 삭제 여부에 관계없이 본인의 이익극대화(경제적 합리성) 관점에서 사전약정 여부가 접대비를 판단할 수 있는 기준이 될 수 있는지 생각해 보자.

사전약정이 있다는 것은 사인간의 계약을 통해 법적 지급의무, 즉 채무가 있다는 의미일 것이고 채무가 없는데 거래 상대방에게 지급을 한다면 이는 증여와 동일하게 과세를 해야 하고 그렇다면 손금으로 인정하지 않는 것이 일견 타당해 보이기도 한다.

앞서 소개한 사례에서 사내 협력업체에게 계약에 따른 도급수수료만 지급하면 추가적인 성과급 지급의무는 없는 것으로 볼 수 있다.

그러나 지급의무가 없음에도 불구하고 F회사가 사내 협력업체 직원에게 성과급을 지급한 이유는 뭘까?

3-6. 사전약정 또는 지급의무가 없다고 해서 지급을 안 하는 것이 항상 본인의 이익극대화를 위한 최선의 의사결정은 아니다.

우선 사내 협력업체 용역의 특수성을 생각해 볼 수 있다. F회사 직원과 사내 협력업체 직원은 같은 사업장에서 매일매일 지근 거리에서 유사한 형태의 업무 또는 용역을 수행하고 있다.

이중 일부 근로자는 F회사에서 근무하다가 사내 협력업체로 직장을 옮긴 사람도 있을 것이다.

이러한 상황에서 F회사에 이익이 많이 난다고 해서 F회사 직원에게만 성과급을 지급한다면 사내 협력업체 직원은 상대적인 박탈감을 느낄 수 있으며, 이런 상대적 박탈감은 협력업체 직원이 대충 용역을 할 수 있는 원인으로 작용할 수도 있고 F회사 직원과도 원만하게 지내기 어려울 수 있다.

여기에 더하여 근거리에 있는 동종업계의 다른 회사에서는 이미 사내 협력업체에게 성과급을 지급한 상황이었다고 가정해 보자. 이런 경우 만일 F회사가 사내 협력업체에게 성과급을 지급하지 않는다면 사내 협력업체 직원이 어느 날 갑자기 동종업계 타사로 이직할 수도 있어 갑자기 생산 공백이 발생할 수도 있고, 어쩌면 F회사의 생산노하우 중 일부가 타사에 유출될 수도 있다.

또한 성과급을 받지 못한 사내 협력업체 직원이 성과급을 달라고 생산공정을 점유한 채 태업이나 파업을 할 가능성도 배제할 수 없다. 어쩌면 다음 계약협상 시 도급금액을 올려달라고 요청할 수도 있을 것이다.

즉, 경제적 합리성에 반하는 계약조항에만 집착하다 보면 F회사에게 더 큰 손실이 발생할 수도 있다는 의미이다.

이러한 요소가 복합적으로 작용하면 F회사의 생산성이 하락할 수 있으며, 이러한 생산성 하락은 F회사의 손해로 귀속될 것이다.

이러한 추정은 사회통념상 충분히 예측할 수 있는 범위이고 이러한 예측 하에 사내 협력업체 직원에게 지급하는 성과급은 경제적 합리성이 있는 지출이라고 판단될 가능성이 높다.

이처럼 사전약정 또는 지급의무가 없다고 납세자가 거래상대방에게 특정 지출을 하지 않는 것이 항상 본인의 이익극대화의 결과를 가져오리라고 단정할 수 없다.

3-7. 다른 지출(예를 들어 인건비)의 경우 사전 약정이 없더라도 손금으로 인정될 수 있다는 것을 고려해 볼 때 과세형평성 측면에서 사전 약정 유무는 접대비 과세 판단 시 절대적 기준으로 보기 어렵다.

다음으로 사전약정 없이 지출했다는 것이 세무상 손금으로 볼 수 없다는 것에 대한 타당한 근거가 될 수 있는지 생각해 보자.

F회사는 직원과 근로계약에 따라 급여 혹은 연봉과 피복비를 포함한 기타 수당 등에 대해 근로계약을 맺었을 것이다. 그런데 F회사가 직원에게 지출하는 인건비가 과연 근로계약에 모두 기재되어 있을까?

우선 성과급도 성과급 지급율이 명시되어 있지 않을 것이고 단체 회식이나 직원 단합 관련 비용도 근로계약에는 없을 것이다. 회사가 예상치 못한 호황이 누리게 되면 임직원에게 지급 약정도 하지 않았고 예년에는 지급하지 않았던 성과급을 1회성으로 지급하는 사례도 많이 있다.

여기에 구조조정이나 워크아웃 졸업 후 지급하는 위로 상여나 축하 상여 등은 근로계약에 구체적 규정이 없을 경우가 대부분일 것이다.

그런데 이런 상여 등에 대해서는 손금을 부인해야 한다고 하지 않는다.

F회사가 직원 및 사내 협력업체 직원에게 상여를 지급하는 이유는 동일하다. 생산의 효율성을 높여서 향후 F회사의 이익을 더 창출하고자 하는 것이다.

그런데 직원에게 사전 약정없이 지급하는 상여는 손금으로 인정하면서 사내 협력업체 직원에게 사전 약정없이 지급하는 성과급은 접대비로 과세해야 한다는 주장은 설득력이 떨어진다.

그리고 마지막으로 F회사와 사내 협력업체의 관계를 보면 사회통념상 사내 협력업체가 친목을 두텁게 하여 사업을 원활히 하고자 F회사를 상대로 접대를 했으면 이해가 되는 관계지 F회사가 사내 협력업체 혹은 그 직원에게 접대를 한다는 것은 F회사와 사내 협력사간의 관계를 고려해 볼 때 사회통념상 이해가 좀 어렵다[327].

조세심판원도 "격려금은 협력업체의 용역제공에 대한 대가에 해당한다고 보이므로 이를 접대비로 보아 손금불산입하여 법인세를 과세한 처분은 잘못이 있다고 판단"하였다[328].

3-8. 접대비 관련 조세불복 과정에서는 사전약정 또는 지급의무가 없음에도 불구하고 회사가 지출한 이유(정당한 사유)를 더 중요하게 본다.

법적 지급의무 없이 지급한 경우에도 접대비로 보지 않고 해당 지출을 손금으로 인정한 법원 사례를 하나 더 살펴보자.

G건설사는 원수급자로 H건설사와 하도급 계약을 맺으면서 만일 도급공사 중 재해 발생시에는 H건설사의 비용으로 피해자에게 배상하고 G건설사에게는 일체의 청구권

---

327) 만일 사내 협력업체 또는 그 직원이 특수한 기술 등을 가지고 있어 F회사에 절대적으로 필요한 위치라면 얘기를 달라지겠지만 일반적인 회사와 사내 협력업체 관계는 갑과 을의 관계가 확실하다.
328) 조심 2014서1119, 2017.7.24.

을 포기한다는 계약특수조건(이하 "계약특수조건")을 포함시켰다.

이후 재해가 발생하여 H건설사는 해당 계약특수조건에 따라 피해자에게 사고보상금을 지급하고 회계상 비용처리하였다.

그런데 관련 법에 따르면 원수급자인 G건설사가 산업재해보상보험에 가입하고 보험료를 납부한 후 산업재해가 발생하면 재해근로자가 산업재해보상보험법에 따라 근로복지공단에 청구하여 보험급여를 지급받아야 한다.

즉, 관련 법령에 따르면 산업재해가 발생하면 G건설사가 가입한 산업재해보상보험에서 보험급여를 지급해야 하므로 법령상 산업재해가 발생하면 해당 재해자에게 G건설사의 법적 지급의무가 발생하는 것이지 H건설사에게 법적 지급의무가 발생하는 것이 아니다.

그럼에도 계약특수조건을 포함시킨 것은 G건설사가 산업재해율이 상승을 우려해서 산업재해를 신고하지 않으려고 했기 때문이다.

국세청은 H건설사가 법적 지급의무 없는 재해 보상금을 부담했다고 보아 재해보상금을 접대비로 과세하였다.

이러한 사실관계에 대해 대법원은 법인이 수익과 직접 관련하여 지급한 비용은 섣불리 접대비로 단정해서는 안된다고 전제하면서 G건설사와 H건설사간의 계약특수조건을 약정한 것이 다른 계약조건에 영향을 미쳤을 것이므로 해당 재해보상금은 도급대가와 일정한 대가관계에 있다고 할 수 있으므로 접대비로 볼 수 없다고 판시하였다[329].

상기와 같이 사전약정 또는 지급의무 없이 지급한 경우에도 그 지출을 하게 된 사유가 정당하면 해당 지출을 접대비로 보지 않는다.

---

329) 대법원 2010두14329, 2012.9.27.

❹ 접대비 과세기준: ② 특정인과의 차별적 거래조건

4-1. 접대비 과세기준(국세청 입장): ② 특정인에 대한 차별적 지출은 접대비에 해당한다.

불특정 다수에게 무차별하게 적용되지 않고 특정인(또는 특정 계층, 특정 분류. 이하 "특정인")을 대상으로 차별적으로 적용되어 특정인을 지원하기 위한 지출은 친목 목적 지출로 보아 접대비에 해당한다는 것이 국세청의 입장[330]이다.

특정인에 대해 차별적으로 지출했다고 표현되기도 하고 불특정 다수에게 무차별하게 적용되지 않았다고 표현되기도 한다.

4-2. 접대비 과세기준: ② 특정인에 대한 차별적 지출을 접대비로 본 사례

LPG 충전소를 운영하고 있는 I회사는 LPG 1리터당 개인택시 운송사업조합원 소속 조합원에게는 50원, 그 외 일반고객에게는 20원을 판매장려금으로 지급할 예정이다.

이 경우 개인택시 운송사업조합원 소속 조합원을 우대하여 일반 고객에 비해 더 지급하는 1리터당 30원 판매장려금은 접대비에 해당할까?

이와 같은 사실관계에서 국세청은 "정당한 사유없이 특정고객(조합원)을 우대하여 차등 지급하는 경우에는 당해 차등 지급액을 접대비로 보는 것"으로 답변[331]하고 있다.

4-3. 법인세법상 특정인에 대한 차별적 지출을 접대비로 본다는 규정은 없다.

국세청의 예규 또는 세무조사 과세사례를 보면 특정인에 대한 차별적 지출은 접대비로 본다는 국세청의 과세기준을 확인할 수 있다[332].

그러나 특정인에 대한 차별적 지출을 접대비로 간주한다는 법규정은 없다.

억지로 연결해 보자면 접대비와 광고선전비를 구분하는 기준을 제시하고 있는 법인

---

330) 법인 46012-2246, 1996.8.10.
331) 법인세과-567, 2010.6.22.
332) 법인세과-620, 2017.3.10. 등 다수

세법 집행기준에서 "지출의 상대방이 불특정 다수인이고 지출의 목적이 구매의욕을 자극하는 데 있는 것이라면 광고선전비"라고 규정[333]하고 있어 이를 반대로 해석한다면 특정인 대한 지출은 접대비라고 생각할 수 있다.

그러나 이러한 법해석은 조세법률주의(엄격해석의 원칙)에 어긋날 뿐 아니라 조세 불복 시 이를 근거로 접대비 과세의 정당성을 주장하기 어렵다.

4-4. '특정인에 대한 차별적 지출' 기준으로 접대비 여부를 판단할 때의 문제점

'특정인에 대한 차별적 지출'이라는 기준으로 접대비 여부를 판단할 경우 두 가지 문제점이 있다.

첫째로 특정인과 불특정 다수의 구분 기준이 명확하지 않아 특정인에 대한 해석도 자의적일 수밖에 없다.

1명만을 특정인으로 볼 것인지? 한국 전 국민 누구라도 원하다면 모두 적용 받을 수 있어야 불특정 다수에게 무차별적으로 적용되는 것으로 보아야 하는지? 이 경우 전세계로 범주를 넓혀 보면 한국의 모든 국민도 특정계층 또는 특정인으로 변경될 수 있어 적용 범주에 따라 특정인 여부가 달라지는 모순이 발생한다[334].

둘째로 본인의 이익극대화를 위해 특정인 혹은 특정계층에 대한 차별적 지출을 할 수 있다는 것을 간과하고 있다.

예를 들어 타깃 마케팅(target marketing)[335]은 효율적인 마케팅을 위해 사전에 특정 계층을 설정하여 해당 특정 계층만을 대상으로 마케팅활동을 수행하는데, 특정계층을 특정인으로 간주한다면 타깃마케팅 비용은 모두 접대비로 간주될 수밖에 없다.

타깃 마케팅은 보다 적은 비용으로 보다 효율적인 마케팅 효과를 발생시켜 결과적으로 본인의 이익극대화를 위해 수행하는 것인데 타깃 마케팅 비용을 접대비로 과세한다면 뭔가 잘못된 것이다.

---

333) 법인세법 집행기준 25-0-4 제1항 제2호
334) 국세청 예규나 과세실무를 보면 사전에 모집단을 여러 그룹 또는 계층을 구분하여 특정 그룹이나 특정 계층에 대해 차별적 조건으로 거래를 하는 것을 접대비로 과세하는 경우가 많이 있다.(서면법인-6030, 2017.5.25., 조심 2016서1333, 2017.8.30 사례 참고)
335) 표적을 확실하게 설정하고 행하는 마케팅

4-5. 회사가 특정인에 대한 차별적 지출을 하였다면 왜 차별적 지출을 했는지를 파악해야 한다.

그럼 LPG 충전소를 운영하고 있는 I회사가 일반인에 비해 개인택시 운송사업조합원에게 보다 높은 판매장려금(가격 할인)을 지급하는 이유는 뭘까?

그 이유가 단지 만일 I회사 대표이사가 개인택시 운송사업조합원들과 친하고, 친한 조합원들이 개인택시 하기 어려운데 LPG 가격을 깎아달라고 요청을 해서 판매장려금을 더 지급한 것이라면 일반인에 비해 더 지급한 판매장려금은 접대비로 간주될 것이다.

그러나 회사가 특정 지출을 하기 위해서는 결재라인의 승인을 받아 집행하게 하는데, 단순히 친목 목적만을 위한 지출이 회사의 내부 승인을 얻기가 현실적으로 쉽지 않은 경우가 대부분이다.

따라서 회사가 특정인에게 차별적 지출을 하는 경우 명확한 증거가 있지 않는 한 단지 친목만을 목적으로 지출했다고 가정하는 것은 비현실적이다.

회사가 특정인에 대한 차별적 지출을 하였다면 그 이유를 회사로부터 들어야 한다.

4-6. 특정인에 대한 차별적 지출을 결정하게 된 근거자료의 객관성과 의사결정의 합리성에 따라 접대비 여부를 판단해야 한다.

만일 LPG 충전소를 운영하고 있는 I회사가 개인택시 운송사업조합원이 일반인에 비해 가격에 민감하다는 자료에 근거하여 일반인에 비해 개인택시 운송사업조합원에게 지급하는 판매장려금(가격 할인)을 높게 책정할 경우 회사에 이익이 된다는 판단하였다면 해당 판매장려금은 접대비로 간주되지 않을 것이다.

문제는 개인택시 운송사업조합원이 일반인에 비해 가격에 민감하다는 자료의 객관성과 일반인에 비해 개인택시 운송사업조합원에게 지급하는 판매장려금(가격 할인)을 높게 책정할 경우 회사에 이익이 된다는 의사결정의 근거가 합리적이냐는 것이다.

4-7. 특정인에 대한 차별적 지출이 접대비에 해당되는지 여부는 차별적 지출에
　　 대한 정당성을 객관적 수치와 합리적 추론으로 설득할 수 있는지에 따라
　　 달라진다.

특정 대리점만을 지급대상으로 하는 판매장려금은 접대비로 본다는 것이 국세청의
답변이다[336].

해당 질의의 사실관계를 보면 납세자가 특정 대리점만을 대상을 판매장려금을 지급
한 이유에 대해 전혀 알 수 없다.

따라서 국세청은 해당 판매장려금은 친목 목적으로 지출했다고 가정하여 접대비라
고 회신한 것이다.

반면, 이와 유사하게 특정 대리점에 대해서만 판매장려금을 지급한 사례에 대해 법
원은 특정 대리점에 대하여 매장별 입지, 매장시설에 투자되는 금액의 규모, 향후 예상
매출액 등을 고려하여 매장시설비 중 20% 내지 100%까지 매장별로 차등을 두어 지출
한 대리점 매장시설 지원비에 대해 그 차별적 지원 목적이 고유의 차별화된 브랜드 이
미지를 구축하고 이를 유지하여 결과적으로 소비자의 구매욕구를 자극, 매출을 신장시
키기 위한 것으로 보아 접대비가 아닌 광고선전비로 판단하였다[337].

이렇듯 특정인에 대한 차별적 지출의 이유와 근거를 객관적 수치와 합리적 추론을
통해 조세심판원 또는 법원을 설득하여 접대비가 아니라고 인정받은 사례는 많다[338].

반대로 특정인에 대한 차별적 지출의 정당한 이유에 대해 조세심판원 또는 법원을
설득하지 못할 경우 접대비로 간주된다[339].

---

336) 서면 인터넷방문상담1팀 - 323, 2006.3.13.
337) 대법원 2004두7955, 2006.9.8.
338) 서울행정법원 2011.12.23. 선고 2009구합52042 판결., 대법원 2009.11.12. 선고 2007두12422 판결., 조심
　　 2013서4437, 2014.2.18., 조심 2010서1000, 2010.11.18. 등 다수
339) 조심 2010서2821, 2010.11.3. 등 다수

4-8. 특정 지출의 손금 인정 여부는 원칙적으로 본인의 이익극대화를 위해 지출했는지 여부로 판단하여야 하며 사전약정 유무, 지급의무 유무, 특정인에 대한 차별적 지출 기준은 해당 지출이 본인의 이익극대화를 위한 지출에 해당하는지 판단하는 부수적 기준 중 하나일 뿐이다.

왝더독(Wag the dog)이란 말이 있다. 우리말로 하면 '꼬리가 개의 몸통을 흔든다' 정도가 되겠고 한자성어로 하면 '주객전도'와 비슷한 의미이다.

왝더독은 원래 주식시장과 관련하여 선물시장은 현물시장의 영향을 받아야 하는 데 이와는 반대로 선물시장에 의해 현물시장이 좌지우지되는 현상을 말하며 주로 증시 체력이 취약할 때 자주 발생한다.

세법에서 접대비에 대해 일정한 불이익(손금 부인) 규정을 두고 있는 주요한 이유는 소비성 경비 내지는 불건전한 지출을 억제하려는 취지 때문이다.

접대비의 법적 판단기준인 친목 목적 지출은 이러한 접대비 규정의 취지와 일맥상통한다.

그런데 친목 목적 지출을 실무상에 적용하기 위한 국세청이 제시하고 있는 접대비 과세기준인 '사전약정 유무', '지급의무 유무', '특정인에 대한 차별적 지출 기준' 등은 접대비의 법적 판단기준 및 접대비 규정의 취지와 동떨어진 과세가 이루어질 가능성이 있을 뿐 아니라 법인세법의 가장 중요한 개념인 손금의 근간을 흔들 수 있어 보인다.

그럼에도 불구하고 접대비 과세 실무에서는 여전히 국세청이 제시하고 있는 사전약정 유무, 지급의무 유무, 특정인에 대한 차별적 지출 등이 접대비 과세의 강력한 근거로 사용되고 있다.

요컨대, 사전약정 유무, 지급의무 유무, 특정인에 대한 차별적 지출 기준은 본인의 이익극대화를 위한 지출이었는지를 판단하는 부수적 기준에 불과하다.

사전약정 유무, 지급의부 유무, 특정인에 대한 차별적 지출 등을 적용하여 접대비를 과세할 때에는 납세자가 왜 지출을 했는지에 대해 추가 사실관계를 파악해야 한다.

또한 해당 접대비 과세가 법인세법상 손금 요건(법인세법 제19조), 접대비의 법적 판단기준 및 접대비 규정의 취지에 부합하는지도 살펴보아야 한다.

이러한 검토를 생략하다 보면 법인세법상 손금 요건(법인세법 제19조), 접대비의 법적 판단기준 및 접대비 규정의 취지와 어긋나게 접대비를 과세하는 왝더독(Wag the dog) 현상이 발생할 수 있다.

4-9. 특정 지출에 대해 접대비를 판단함에 앞서 건전한 사회통념과 상관행에 비추어 정상적인 거래인지를 우선 판단하여야 접대비 판단 관련 오류를 줄일 수 있다.

최근 국세청 예규에 따르면 방송사로부터 수수료를 수취하기 위한 목적으로 대규모 영업정책 및 판매 설명회, 그룹 판매 설명회, 영업사원 판매활동 등에서 지출하는 각종 비용이 접대비에 해당하는지에 대한 납세자의 질의에 대해 다음과 같이 답변하고 있다.

> "접대비 해당 여부는 건전한 사회통념과 상관행에 비추어 정상적인 거래인지를 우선 판단하고 그 범위를 벗어나는 경우(로써) 접대비에 해당하는 경우에는 손금 산입 여부를 별도 판단하여야 하는 것[340]"

상기 국세청 예규의 답변처럼, 첫단계로 건전한 사회통념과 상관행에 비추어 정상적인 거래인지를 판단하고, 둘째 단계로 첫단계에서 정상적인 범위를 벗어난다고 판단된 거래에 한하여 접대비 해당 여부를 순차적으로 적용한다면 접대비 과세시 왝더독 현상이 발생하는 것을 방지할 수 있을 것이다.

납세자 입장에서도 만일 정상적인 사업 관련 지출에 대해 접대비 명목으로 과세되었다면 조세불복시 상기의 순서대로 주장을 한다면 좋은 결과를 얻을 수 있을 것이다.

---

340) 서면-2017-법인-2002, 2018.1.15.

⑤ 리베이트

5-1. 리베이트는 구매자가 상품 등 대가에 포함하여 판매자에게 지급을 하고 판매자가 다시 판매장려금 등의 형태로 구매자 혹은 구매자가 지정하는 자에게 지급하는 형태로 이루어진다.

사전적 의미로 리베이트(Rebate)란 지급받은 상품이나 용역의 대가(이하 "상품 등 대가") 중 일부를 판매 촉진이나 거래 장려 등의 목적으로 판매자가 상품 또는 용역 구매자(이하 "구매자") 또는 구매자가 지정하는 자에게 다시 되돌려주는 행위 또는 금액을 의미한다.

판매자는 구매자에게 현금 또는 현물(여행, 식사, 술자리, 유흥 등) 형태로 리베이트를 제공하고 지급수수료 또는 판매촉진비, 매출에누리 등 계정으로 처리하는 경우가 많으므로 이러한 계정에 대한 세무진단을 수행할 때는 리베이트에 해당하는 금액이 있는지 여부를 주의깊게 보아야 한다.

5-2. 리베이트 유형 구분

리베이트 유형은 다음과 같이 3가지로 구분할 수 있다.
① 리베이트 유형 1.
판매자(A회사)가 구매자(B회사)에게 리베이트를 지급하는 유형이다. 경제적 실질이 판매장려금 지급과 같다.

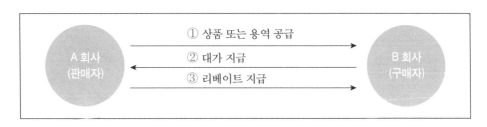

② **리베이트 유형 2.**

판매자(A회사)가 구매자(B회사)가 지정하는 자(C회사 또는 개인)에게 리베이트를 지급하는 유형이다.

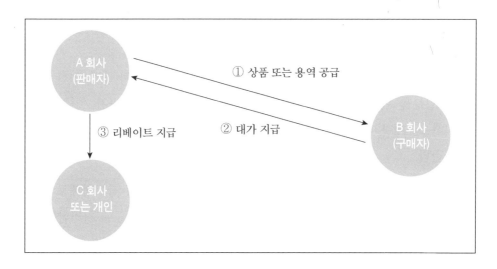

계약서에는 B회사(구매자)의 계좌로 리베이트를 받기로 되어 있지만(즉, ① 리베이트 유형 1.과 동일) 이후 B회사가 A회사에 요청하여 리베이트 입금 계좌를 C회사 또는 개인 명의로 변경되는 경우다.

대부분의 경우 A회사(판매자)는 리베이트 지급계좌 명의가 C회사 또는 개인으로 변경되는 사유에 대해 알지 못한다.

① 리베이트 유형 1. 및 ② 리베이트 유형 2.의 경우 모두 상품 등 대가에 해당 리베이트 금액이 포함되어 있고 구매자와 리베이트 수령권자가 일치[341]한다.

---

341) ② 리베이트 유형2.와 같이 구매자의 지시로 구매처가 아닌 회사로 지급하는 경우에도 계약상 해당 리베이트의 수령 권리자는 구매자(B회사)다.

③ 리베이트 유형 3.

중개용역의 대가로 지급하는 유형이다.

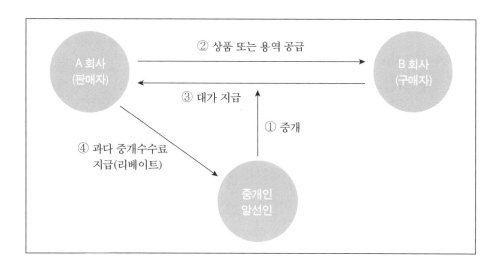

실제 중개용역을 제공받고 지급수수료에 포함하여 지급하는 경우도 있고 리베이트 유형 2.의 변형으로 실제로는 중개인 또는 알선인으로부터 중개용역을 제공받지 않고 B회사(구매자)의 요청으로 중개수수료 명목으로 지급하는 경우도 있다.

5-3. 리베이트는 구매자가 금전을 정상적이지 않은 방법으로 외부로 유출하려는 의도로 추정할 수 있고 판매자는 이런 정상적이지 못한 거래를 일반 상거래에 은폐하도록 도와주는 역할을 하는 것처럼 보여 부자연스러워 보일 수 있다.

리베이트는 접대비 명목으로 과세되는 경우가 많으므로 리베이트 역시 다음의 관점에서 세무진단을 수행해야 한다.

① 해당 지출이 법인세법상 손금의 정의에 해당하는지 여부
② 건전한 사회통념과 상관행에 비추어 정상적인 거래인지 여부
③ 그 중 정상적이지 못한 지출에 대하여는 지출된 이유를 추가로 확인
④ 친목 목적 지출인지 여부

리베이트는 구매자가 지급한 상품 등 대가 중 일부가 다시 구매자 또는 구매자가 지정하는 자에게 환원(refund)되므로 실제 부담자(B회사)와 실제 귀속자(C회사 또는 중개인)가 다를 수 있어 거래가 부자연스럽고 불공정 거래를 발생시키는 원인이 될 수 있다.

언뜻 보기에도 리베이트 유형 2.는 B회사(구매자)의 금전을 정상적이지 않은 방법으로 외부로 유출하려는 의도를 추정할 수 있고 A회사(판매자)는 이런 정상적이지 못한 거래를 일반 상거래에 은폐하도록 도와주는 역할을 하는 것처럼 보인다.

리베이트 유형 1.과 같이 실제 부담자(B회사)와 실제 귀속자(B회사)가 같다고 하더라도 A회사(판매자)가 정상적으로 지급하는 판매장려금이 아니라면 거래가 부자연스럽기는 마찬가지다.

일반적인 상황이라면 B회사(구매자) 입장에서 향후에 받기로 예정되어 있는 돈을 굳이 상품 등 대가에 포함하여 지급했다가 되돌려 받을 이유가 없다.

5-4. 판매자가 거래처(구매회사, 중개회사) 담당자 개인에게 지급하는 리베이트는 친목 목적 지출에 해당하므로 접대비에 해당한다.

이런 형태의 거래가 발생하는 상황 중 하나의 상황을 추정해 보면 판매자가 유리한 조건으로 거래가 성사될 경우 구매회사의 구매 담당자에게 일정 금액을 지급하기로 약정을 하거나 판매자가 자신의 중개를 우선하여 진행달라는 의도로 중개회사의 담당 직원에게 중개가 성사될 경우 일정 금액을 지급하기로 약정한 경우에 발생할 수 있다.

이러한 리베이트는 요금과 가격의 할인이라는 경제효과는 없고, 매매 혹은 중개와 관련하여 수고를 끼친 개인에 대한 '특별한 사례'의 일종이므로 구매자 쪽이 리베이트 해당 몫만큼 높은 가격으로 지불하는 결과가 되거나(통상가격에 리베이트를 더한 가격이 됨), 품질, 기능, 또는 디자인에 있어서 공정한 비교를 하지 않고 구입을 결정하게 하는 유인으로 작용한다.

이러한 리베이트는 친목 목적 지출에 해당하므로 접대비에 해당한다.

그러나 이런 친목 목적이 아니라 사업의 원활한 진행을 위해 리베이트 거래가 필요한 업계가 있다.

예를 들어 해운업계에서는 통상 선박사고 등으로 손해배상책임의 위험이 다른 선박으로 전가되어 다른 선박이 손해배상의 책임재산이 되는 등으로 인해 선박금융기관에 피해를 주거나 선주사의 그룹 전체가 피해를 보는 것을 예방하기 위해 선박건조시 특수목적회사(SPC)를 따로 설립하여 조선사와 계약을 체결하고 있다.

즉, 하나의 선박마다 하나의 특수목적회사(SPC)를 설립하는 것이 해운업계의 관행이다.

해당 SPC는 선박 건조를 조선사에 발주하고 금융회사로부터 자금을 차입하여 선조계약금, 중도금, 잔금을 지급하게 된다. 그리고 통상 선박 건조기간은 수년이 소요되는데 해당 기간동안 SPC의 운영자금[342]이 필요하다.

그런데 금융회사로부터 차입 시 선박 건조 목적 차입은 담보 물건이 확실하기 때문에 손쉬운 데 반하여 SPC 운영자금 목적 차입은 어려운 경우가 많다. 이러한 현실적인 제약 조건 때문에 SPC는 조선사와 선박 건조 대금에 운영자금까지 포함하여 계약을 하고 조선사로부터 선박 건조 대금의 일부(통상 선박 건조 대금의 1% 내외)를 어드레스커미션(address commission) 명목으로 되받아 이를 SPC운영자금으로 사용하게 된다.

이러한 어드레스커미션은 해운업계의 관행이며 이런 관행을 조세심판원에서도 인정한 바 있다[343].

또 선박 기자재 제조사의 관행에 따른 리베이트 예를 들어보면 다음과 같다.

조선사는 선주의 승인을 받아 선박 기자재를 선정한다.

이에 따라 선박 기자재 제조회사는 조선사에 견적서를 제출하는 동시에 선주와의 협

---

342) 선박건조 감독비용 또는 선용품의 구입비용 등
343) 조심 2015서4051, 2017.10.27.

의를 거쳐 선주에게 매출액 대비 일정 비율에 해당하는 수수료 제공, 예비부품 제공, 보증기간 연장 등으로 구성되는 선주혜택(Owner's Benefit)내역을 선주에게 제시하고, 선주는 선박 기자재 견적서와 선주혜택을 종합적으로 고려하여 납품 받을 선박 기자재 제조회사를 선정하는 것이 선박 기자재 업계의 관행이다.

여기서 선주혜택은 리베이트에 해당한다. 이러한 선주혜택도 법원에서는 업계의 관행으로 보아 손금으로 인정한 바 있다[344].

업계의 관행이라는 것이 관행 여부를 판단하는 자체가 판단자의 주관이 많이 개입할 수밖에 없고 업계의 관행이라고 무조건 손금으로 인정되는 것은 아니다.

그러나 손금의 요건 중 "일반적으로 용인되는 통상적인 비용"이라는 것은 납세의무자와 같은 업종의 다른 회사도 동일한 상황이라면 지출하였을 것으로 인정되는 비용을 의미[345]하므로 업계의 관행에 따라 지출했다는 것을 인정받는다면 해당 지출은 손금으로 인정될 가능성이 높아진다.

이와 같이 리베이트는 일반적인 사회통념만으로 볼 때 부자연스러운 거래 외관을 가질 수밖에 없는데 이를 업계의 관행으로 설명하여 거래 당사자가 각자의 이익을 위해 실행한 정상적인 거래라는 점을 이해시킬 필요가 있다.

요컨대, 리베이트는 거래형태가 부자연스러울 수밖에 없는데 납세자가 국세청을 상대로 업계의 관행 등에 따라 정상적으로 지급된 리베이트라는 것을 이해시킨다면 국세청이 해당 거래를 보다 긍정적인 시각으로 볼 수 있도록 하여 해당 리베이트가 손금으로 인정받을 가능성이 높아질 수 있다.

5-6. 회사가 리베이트를 지급하면서까지 거래를 하는 이유는 그 거래를 통해 이익을 창출할 수 있다고 보기 때문이며, 회사의 이익 창출을 위해서 발생한 지출(리베이트)이라는 것이 명백하다면 해당 지출은 손금으로 인정되어야 합리적이다.

리베이트는 거래 외관이 부자연스럽기 때문에 조세불복 과정에서 상대방이 리베이

---

344) 부산고등법원 2015누22448, 2016.1.15.(대법원 2016두32862, 2016.4.28.로 확정되었다.)
345) 대법원 2009.11.12. 선고, 2007두12422 판결

트를 요구를 해서 거래를 하기 위해 어쩔 수 없이 리베이트를 지급했다는 관점으로 방어 논리를 주장하다 보면 주장이 구차해지고 납세자가 불리해질 수밖에 없다.

한편, 회사가 리베이트를 지급하면서까지 거래를 하는 이유는 그 거래를 통해 이익을 창출할 수 있다고 보기 때문이다.

리베이트 유형 3.의 경우를 예를 들어 설명하면,

외국법인 또는 외국인에 대한 패쇄적인 문화를 가지고 있는 나라[346]일수록 현지인을 통해 중개 또는 알선용역(이하 "중개용역")을 받는 것이 상대적으로 효과적인 경우가 많고 중개용역에서 비공식적인 활동이 차지하는 비중이 클 수밖에 없다.

비공식적인 활동이라는 것이 반드시 불법적이거나 음성적인 활동을 의미하는 것은 아니다.

중동과 같이 왕정 국가의 경우 왕정 실세 및 종교지도자 등과의 광범위한 인적 네트워크가 중요한데 이러한 인적 네트워크를 평소에 꾸준히 유지하려면 많은 비용이 소요된다. 그러나 이러한 인적 네트워크 활동 비용을 특정 사업 관련 지출이라고 입증하기는 쉽지 않다.

패쇄적인 문화 혹은 국가에서 활동하는 중개인일수록 판매자가 아쉬워서 중개용역을 부탁하는 경우가 대부분이므로 중개수수료가 다른 나라에 비해 다소 높거나, 중개인이 송금처를 조세피난처로 요청하더라도 이에 대해 응할 수밖에 없는 경우가 대부분이다.

그럼에도 불구하고 판매자가 중개용역을 제공받고 계약상 합의된 중개수수료를 지급하는 것은 해당 중개로 인한 판매거래가 중개수수료를 고려하더라도 이익이 될 거라고 예상하기 때문이다.

회사 입장에서는 중개로 판매를 하게 된 사실 자체가 중개용역에 받았다는 객관적인 정황이고 중개인이 중개수수료의 사용처를 알려주지 않는다고 해서 이익이 나는 거래를 안할 수는 없는 노릇이다.

회사는 이익 창출을 목적으로 운영되므로 거래상대방의 특수한 상황에 관계없이[347]

---

346) 예를 들어 중동이나 중국, 동유럽 등
347) 거래상대방이 위법하거나 사회질서를 반하는 지출을 한 자라 할지라도 거래상대방으로 하여금 거래를 못

판매자의 이익 창출을 위해서 지급한 중개수수료(리베이트)라는 것이 명백하다면 해당 리베이트는 손금으로 인정되어야 합리적이다.

5-7. 실무적으로 리베이트라는 명칭은 그 지급액이 불건전한 목적으로 사용되었거나 사용될 것으로 추측되는 경우 그 불건전한 사용 목적을 강조하는 의미로 사용된다.

리베이트는 거래당사자가 아닌 외부인이 거래 외관만을 봐서는 그 지급 여부를 알 수 없다는 특징이 있다.

리베이트는 나쁘게 말하면 음성적으로 현금이 수수되는 거래 형태이고, 좋게 말하면 거래당사자의 다양한 이해관계가 반영된 하나의 거래 형태라고 할 수 있다.

실무적으로 리베이트라는 명칭은 일반적인 접대비 과세위험 보다는 그 지급액이 불건전한 목적으로 사용되었거나 사용될 것으로 추정되는 경우 그 불건전한 사용 목적을 강조하는 의미로 사용된다.

5-8. 리베이트는 접대비로 간주될 과세위험 외에도 업무무관비용 또는 위법비용 및 반사회적 비용으로 간주될 수 있는 과세위험을 추가로 검토해야 한다.

여기서 불건전한 사용이란 지급자가 리베이트를 비자금 조성, 뇌물, 정부 관료에 대한 '꽌시'[348] 비용 등으로 사용하거나 수령자가 해당 리베이트로 비자금 조성, 뇌물, 정부 관료에 대한 꽌시 비용 등에 사용할 수 있도록 공모하였다는 의미이다.

따라서 리베이트는 접대비로 간주될 과세위험 외에도 업무무관비용 또는 위법비용 및 반사회적 비용[349]으로 간주되어 과세될 수 있는지를 추가로 검토해야 한다.

하게 해야 하는 주체는 법을 수호하고 사회질서를 유지해야 할 국가이지 거래상대방인 회사는 아니다. 더군다나 사전적 거래금지도 아닌 거래상대방이 위법하거나 사회질서를 반하는 지출했다는 사후적 결과 또는 거래상대방이 위법하거나 사회질서를 반하는 지출을 할 수 있다는 가능성만 가지고 리베이트 지급자에게 세무상 불이익을 주는 것은 합리적이지 않다.

348) 우리말로 "인맥조성 및 유지" 정도로 해석할 수 있다.
349) 위법비용 및 반사회적 비용에 대한 과세위험은 장을 달리해서 살펴본다.

5-9. 용역을 제공받았다는 것을 입증하기 어려운 지급수수료 등(예: 해외 중개인으로부터 용역중개를 받는 경우)에 대해 최근 리베이트 논리로 과세하는 사례가 늘고 있다.

최근 용역을 제공받았다는 것을 입증하기 어려운 해외 중개인에게 지급한 지급수수료나 판매장려금(이하 "지급수수료 등")에 대해 리베이트 논리로 과세하는 사례가 늘고 있다.

예를 들어 중개 용역의 경우 중개의뢰자 입장에서는 계약이 성사되면 그 목적이 달성되는 것이므로 중개인이 그 계약 성사를 위해 어떤 활동을 하는지 알 수 없고, 중개인도 중개행위를 위해 자신이 어떤 활동을 하는지는 영업기밀에 해당하므로 이를 알려주지 않는 것이 상거래에 있어 당연하다.

그런데 통상 중개수수료는 매출액의 몇 % 정도되니 적은 금액이 아니고 해당 중개수수료에 걸맞는 중개 용역을 제공받았다는 것을 계약 성사 외에는 입증하기 어려운 경우가 대부분이다.

5-10. 국세청이 해외에 지급한 지급수수료 등이 실제 불건전하게 사용되었다는 것을 알아낸다는 것은 사실상 불가능하므로 간접적인 정황증거를 통해 불건전한 사용을 추정하여 과세하는 경우가 많다.

국세청은 지급수수료 등 지급액이 불건전한 목적(예를 들어 비자금 조성, 과세회피, 개인적 착복 등)으로 사용되었거나 사용될 것이라고 추정될 경우 사실관계를 추가 조사하여 조사결과에 대한 신빙성에 따라 과세 여부를 판단하게 된다.

국세청이 지급수수료 등을 리베이트로 과세한다는 것은 판매자가 지급수수료 명목으로 지급한 금액을 실제로는 판매자 자신(A회사)의 사업을 위해 불건전하게 사용하였거나 구매자(B회사) 또는 중개인이 불건전하게 사용할 것을 도와주었다는 전제가 깔려 있는 것이다.

그런데 "불건전하게 사용되었다"는 것이 불건전성에 대한 사실판단의 적정성은 별론으로 하더라도 "불건전하게 사용되었다"는 입증이 대단히 어렵다는 특징이 있다.

예를 들어 국세청이 A회사의 중국 및 중동지역에 지급한 중개수수료에 대해 다음과 같은 사실관계를 추가로 확인했다고 하자.

- 중개인이 주로 비공식적인 중개활동을 하여 중개용역의 수행 여부를 입증할 수 있는 자료가 거의 없음
- 일반적인 중개용역에 비해 과다하게 지급됨
- 중개수수료(율)의 변동이 심한데 해당 변동을 설명할 수 없음
- 중개인의 소재지가 조세피난처에 위치해 있음

그런데 중국 및 중동지역 등 해외에서 그 중개수수료가 어떻게 사용되었는지는 국세청이 알 수 없는 노릇이다. 국내 거래라면 거래당사자의 계좌 등을 확인하여 돈의 사용처를 추측해 볼 수도 있겠지만 해외 지역에 지급한 중개수수료는 그 사용처를 알아낸다는 것은 사실상 불가능하다.

이런 경우 국세청은 관련 계약서, 실제 이체계좌 번호, 중개인의 재무제표, 중개인의 홈페이지, 중개수수료의 산정근거 등을 추가 확인하여 해당 중개인이 사실상 중개용역을 제공할 조직이나 역량이 안된다는 점을 입증하려고 한다.

국세청이 용역을 제공받았다는 것을 입증하기 어려운 지급수수수료에 대해 리베이트로 과세하는 논리는 다음과 같다.

- 용역의 공급자가 사실상 용역을 제공할 조직이나 역량이 없으므로 용역을 제공하지 않은 것으로 추정할 수 있음
- 용역을 제공받지 않았는데 수수료를 지급한 이유는 용역대가 명목으로 비자금을 만들어 불건전한 목적으로 사용하기 위한 것으로 추정됨

5-11. 납세자 입장에서는 용역 등을 제공받고 계약에 따라 지급한 대가(수수료)가 지급 후 거래상대방이 실제 어디에 사용하는지 알지 못하는 것이 당연하다.

이번에는 납세자 입장에서 한번 생각해 보자.

납세자에게 리베이트에 대한 입증책임이 전환된다고 하더라도 그건 납세자의 행위

범위 내로 한정된다. 거래 상대방의 행위범위는 납세자가 입증할 수도 없고 납세자에게 입증을 강요할 수도 없다.

일반 상거래에서 계약에 따라 용역 등을 제공받고 대가(수수료)를 지급하면 그뿐인 것이지 그 수수료가 좀 많다고 해서 그 거래처에 그 수수료를 어디에 사용할 거냐고 묻지 않는다.

또한 대가(수수료) 지급자가 그 사용처를 묻는다고 수령자가 그 사용처를 알려줄 리 만무하고 상거래에서 그런 질문을 하는 것 자체가 대단한 실례이다. 심한 경우에는 상거래 중단의 원인이 될 수 있다.

예를 들어 판매자가 정당한 대가로 지급한 수수료를 수령한 구매자 혹은 중개인이 뇌물로 쓰든, 세금신고를 하지 않든 이는 수수료를 지급한 자(판매자)가 관여할 문제도 아니고 관여할 수도 없다.

또한 상기 중개수수료에 대해서도 A회사가 중개인과 특정 거래가 성사되면 중개수수료로 얼마를 준다는 계약을 하고 실제 거래가 성사되면 계약에 따라 수수료를 지급하면 되는 것이지 중개인이 어떻게 중개활동을 할지는 알 수 없고, 중개인이 그러한 영업노하우를 알려줄 리도 없다.

A회사는 판매 영업에 도움이 되니 자신이 감내할만한 중개수수료 범위내에서 해당 중개 계약을 맺고 중개수수료를 지급한 것이다.

그런데 중개인이 그 중개수수료를 어디에 사용할지 모르는 게 당연한데 계약서가 좀 부실하다고 해서, 중개인의 요청으로 이체계좌를 좀 바꿔줬다고 해서, 중개수수료의 수수료의 산정근거를 좀 모른다고 해서, 해당 중개수수료를 손금으로 인정받지 못한다면 대단히 억울한 일이 될 것이다.

5-12. 용역을 제공받았다는 입증이 어려운 지급수수료 등에 대한 리베이트 과세는 납세자에게 입증책임이 전환될 수 있다.

국세청 및 납세자 모두가 입증이 어려운 지급수수료 등에 대한 리베이트 과세위험은 입증책임의 귀속에 대한 문제로 귀결된다.

법적 입증책임이 있는 측이 과세시점이나 이후 조세불복 과정에서 불리한 것은 당연하다.

앞서 살펴본 바와 같이 과세사실의 입증책임은 원칙적으로 국세청에게 있지만 경험측에 비추어 과세요건이 추정되는 사실이 있다면 납세자에게 그 입증책임이 전환될 수 있다.

리베이트도 일반 접대비와 마찬가지로 사업과 직접 관련된 지출과 사업과 전혀 관련 없는 지출 사이 구간 중 어딘가 애매한 지점에 있는 지출이라는 점이 동일하다.

하지만 리베이트는 그 정황이 일반 접대비보다는 부자연스럽게 보이는 거래 외관 때문에 입증책임이 납세자에게 전환될 가능성이 높다. 이런 이유 때문에 일반 접대비 문제에 비해 리베이트는 과세위험이 높다.

5-13. 리베이트 과세위험을 줄이기 위해 납세자가 준비해야 하는 입증자료(예시)

리베이트 과세문제도 일반 접대비와 다를 바 없이 해당 리베이트 지출이 본인의 이익극대화를 위한 지출이라는 것을 입증할 수 있는 서류를 구비하고 이를 근거로 소명한다면 관련 과세위험을 최소화할 수 있다.

문제는 거래의 특성 혹은 거래상대방의 특수성으로 인해 리베이트 지급자가 사업관련성을 입증할 수 있는 서류를 구비하기 어렵다는 것이다.

그러나 리베이트 지급자는 본인이 지급한 리베이트가 본인의 사업과 관련하여 통상적으로 발생하는 지출이라는 것을 입증할 수 있도록 최대한 노력을 하지 않으면 이후 억울한 과세를 당할 수도 있다는 점을 기억해야 한다.

실무적으로 리베이트 지급자가 본인의 사업과 관련하여 발생하였다는 근거자료로 사용할 수 있는 서류를 리베이트 유형별로 구분하여 예시하면 다음과 같다.

리베이트 유형 1. 및 리베이트 유형 2. 관련 업무관련성을 입증할 수 있는 자료(예시)
- 리베이트 지급 조건이 포함된 계약서
- 리베이트가 구매(수주)금액에 포함되었다는 자료(이메일, 기안문 등)
- 동일한 유형의 리베이트를 지급하고 있는 타사 사례

- 구매자의 리베이트 송금요청서 또는 송금계좌(또는 지급처) 변경 요청 메일 등
- 구매자가 리베이트 송금계좌 변경을 요청했다면 변경이유를 질의한 이메일 등
- 지급처가 명시된 리베이트 송금증
- 구매자의 사업자 등록증
- 구매자와의 회의록, (해외)출장보고서
- 개별 리베이트와 관련 구매(수주) 계약 건 정리한 표
- 리베이트 조건을 거절하여 수주(입찰)에 실패한 사례

리베이트 유형 3. 관련 업무관련성을 입증할 수 있는 자료(예시)

- 중개계약서
- 중개인으로 선정되었다고 통보한 이메일 혹은 공문
- 중개인이 구매회사와 계약조건을 협의하는 내용을 알려준 이메일
- 중개인과 연락한 이메일, 문자, 통화 기록 등
- 중개용역 받은 당시 작성된 중개인 활동 내역을 정리하여 보고한 결재서류
- 중개인의 작성한 입찰의뢰서
- 중개인의 BS, PL 등 재무자료를 알 수 있는 자료(사전 신용도 조사 시 구비 서류 등)
- 중개용역 제공받은 시점에 납세자가 작성한 중개인의 활동 회사 내부 결재자료
- 지급처가 명시된 송금증
- 중개인 브로셔, 중개인 홈페이지 주소, 중개인 프로파일(profile)
- 중개회사가 법인이라면 중개용역을 제공한 임직원의 이름 이메일 연락처 등 정보
- 중개인의 사업자 등록증
- 중개인의 송금요청서 또는 송금계좌 변경 요청 메일 등
- 중개인과의 미팅 회의록, (해외)출장보고서
- 중개수수료와 관련 구매(수주) 계약 건 정리한 표
- 수수료율이 통상적인 수준보다 높은 경우, 그 사유를 기재한 내부결제자료
- 중개수수료가 변경되었다면 중개인과 변경 조건을 협의하는 이메일
- 중개인의 타사 수임 경력
- 당초 입찰금액을 초과하는 금액으로 수주(구매)하는 경우에 한하여 높은 수수료를 지급하는 경우라면, 당초 입찰금액과 최종 수주금액을 확인할 수 있는 증빙도 함께 구비[350]

5-14. 리베이트로 과세되는 경우 리베이트 지급자에게는 원천징수 의무가, 리베이트 귀속자에게는 소득 누락에 따른 과세문제가 발생할 수 있다.

리베이트 과세가 접대비로 과세되는 경우 그 소득처분은 무조건 기타사외유출이 되므로 지급자에게도 원천징수 의무가 발생하지 않고 귀속자에게도 소득세 과세가 발생하지 않는다[351].

그러나 리베이트가 접대비가 아닌 규정(예를 들어 업무무관경비)에 따라 과세되는 경우 지급자(내국법인)가 리베이트 수령자에게 리베이트를 현금 증여한 것으로 보아 귀속자의 법적 실체에 따라 다음과 같은 세무문제가 발생하게 된다[352].

〈리베이트가 업무무관 경비로 간주될 경우 실질적 귀속자의 법적 실체에 따른 과세문제〉

실질적 귀속자의 법적 실체	실질적 귀속자[*]에 대한 소득세 문제	지급재(내국법인)에 대한 원천징수 의무 발생 여부
1. 내국(개)인	기타소득으로 보아 과세(원천세는 기납부 세액으로 공제)	기타소득 지급으로 보아 22%[**] 원천징수
2. 국내법인	익금 과세	원천징수 의무 없음
3. 외국(개)인 또는 외국법인[***]	국내에서 과세권이 없거나 원천징수로 과세 종결	기타소득 지급으로 보아 조세조약 또는 국내세법에 따라 원천징수

(*) 실질적 귀속자가 이미 리베이트 상당액을 소득으로 신고한 경우 추가 과세 없음
(**) 지방소득세 포함
(***) 국내(고정) 사업장이 없거나 리베이트가 국내(고정) 사업장에 귀속되지 않은 경우에 한함

5-15. 리베이트 과세 시 귀속자가 외국(법)인인 경우 조세조약에 따라 원천징수 의무가 달라진다.

상기 표 중 3. 외국(개)인 및 외국법인의 경우를 좀 더 자세히 설명하면,

리베이트가 법인세법에 따라 업무무관비용으로 손금 부인되어 실질적 귀속자에게 기타소득으로 소득처분[353]되면 외국(개)인 또는 외국법인에게 기타소득을 지급한 자

---

350) 국심 2006서3986, 2007.5.4.
351) 법인세법시행령 제106조 제1항 제3호 나목
352) 중개 등의 용역 제공 없는 단순 증여로 간주된 경우에만 적용되며, 중개 등의 용역제공이 있는 경우에는 사업소득의 지급으로 본다.
353) 법인세법 제67조, 동법 시행령 제106조 제1항 제1호 라목

(즉, 리베이트 지급자)는 한국과 실질적 귀속자의 국가와의 조세조약 내용에 따라 원천징수 의무를 이행해야 한다.

한국이 체결한 조세조약을 기타소득 과세 내용에 따라 크게 3가지로 구분하면 다음과 같다.

① 기타소득을 거주지국에서만 과세할 수 있음[354]: 국내 세법에 따라 기타소득으로 처분하여도 국내 국세청은 과세권이 없으므로 지급자에게 원천징수 의무가 발생하지 않으며 실질적 귀속자에게도 국내에서 추가 과세문제는 발생하지 않는다. 핀란드, 그리스, 베트남 등을 포함한 대부분의 국가와의 조세조약이 이에 해당된다.

② 기타소득을 원천지국에서만 과세할 수 있음: 국내 세법에 따라 기타소득으로 처분한 경우 국내 국세청이 과세할 수 있으므로 지급자는 리베이트 금액의 22%[355]를 원천징수 의무가 발생하며 실질적 귀속자는 해당 원천징수되는 것으로 과세종결 된다. 멕시코, 뉴질랜드 등과의 조세조약이 이에 해당된다.

③ 조세조약에 기타소득에 대한 규정이 없거나 조세조약 자체가 없음: 이런 경우 국내 세법에 따라 과세할 수 있으므로 "② 기타소득을 원천지국에서만 과세할 수 있음"의 경우와 동일하게 처리된다. 미국, 싱가포르, 독일 등과의 조세조약이 이에 해당된다.

〈리베이트 과세 시 귀속자가 외국(법)인인 경우 조세조약에 따라 원천징수 의무 정리〉

번호	귀속자 소재지 국가와의 기타소득 관련 조세조약 내용	지급자(국내법인)의 원천징수 의무 발생 여부
①	기타소득을 거주지국에서만 과세할 수 있음	발생하지 않음
②	기타소득을 원천지국에서만 과세할 수 있음	발생함(원천징수 세율 22%)
③	기타소득에 대한 규정이 없거나 조세조약 자체가 없음	발생함(원천징수 세율 22%)

---

354) 기타소득을 거주지국에서만 과세할 수 있도록 한 조세조약도 좀 더 세분하면 고정사업장 또는 고정시설과 관련된 기타소득의 경우에는 원천지국에서도 과세할 수 있도록 예외 규정을 두고 있는 조세조약과 해당 예외 규정이 없는 조세조약으로 구분할 수 있다. 그러나 리베이트는 국내 고정사업장이나 고정시설과 관련 없는 경우가 대부분이므로 이를 하나의 카테고리로 보았다.
355) 원천지국에서 기타소득을 과세 있도록 하고 있는 조세조약 대부분이 제한세율을 따로 정해 놓지 않고 있으므로 국내 세법에 따른 기타소득 원천징수율 22%(법인세법 제98조 제1항 제3호)가 적용된다.

⑥ 위법 비용 및 반사회적 비용

6-1. 최근 국세청이 특정 지출에 대해 과세를 하려고 할 때 접대비, 위법 비용, 반사회적 비용의 논리를 뒤섞어 주장하는 경우가 많다.

최근 세무조사 시 특정 지출에 대해 위법 비용 또는 반사회적 비용이므로 과세를 해야 한다는 세무공무원의 주장이 부쩍 늘었다.

최근 국세청이 관심을 가지고 있는 새로운 과세유형이니만큼 세무진단 시 위법비용과 반사회적 비용으로 간주될 수 있는 지출에 대해 검토하고 그 과세위험을 줄일 수 있도록 대비해야 할 것으로 보인다.

위법 비용 또는 반사회적 비용은 접대비와 다르다. 오히려 업무무관지출 혹은 손금 요건을 충족하지 못한 지출에 가깝다.

어떤 지출이 접대비로 과세되는 경우 무조건 기타사외유출로 소득처분 되지만 만일 위법 비용 및 반사회적 비용의 논리로 과세되는 경우에는 소득 귀속자에 따라 원천징수 및 개인소득세 문제가 추가 발생할 수 있다는 점도 다르다.

그럼에도 접대비 편에서 위법 비용 및 반사회적 비용을 기술하는 이유는 최근 국세청이 특정 지출에 대해 과세를 하려고 할 때 접대비, 위법 비용, 반사회적 비용의 논리를 뒤섞어 주장하는 경우가 많기 때문이다.

6-2. 리베이트에 대해서도 접대비 과세논리에 위법 비용이나 반사회적 비용의 과세 논리가 추가되는 경우가 많다.

국세청이 리베이트에 대해 과세를 하려고 할 때 앞서 기술한 접대비에 대한 과세 논리 외에 위법 비용 또는 반사회적 비용의 논리를 추가하여 과세의 정당성을 주장하는 경우가 많다.

즉, 국세청은 해당 리베이트가 사전 약정이 없거나 특정인에게 차별적 지출을 했다는 주장에 추가하여 리베이트 거래를 이용하여 판매자의 탈세 및 불법적인 비자금으로 조성하였거나 타인의 비자금 조성에 공모했을 가능성을 주장하면서 해당 리베이트는 위법 비용 및 반사회적 비용에도 해당하므로 과세가 정당하다고 주장하는 경우이다.

국세청은 이런 주장을 하기 위해서 리베이트 거래에 대해 역외 탈세 또는 비자금 조성 등과 같은 위법하거나 사회질서에 반하는 지출에 해당할 수 있다는 관점에서 세무조사를 진행한다.

6-3. 접대비, 위법 비용, 반사회적 비용은 각각 대응해야 하는 방어논리가 다르므로 각각의 과세 논리를 구분하여 각각 다른 방어 논리로 대응해야 한다.

이렇게 여러 가지 과세논리가 뒤섞인 국세청의 과세 주장을 듣고 있다 보면 납세자입장에서는 어떤 과세논리를 기준으로 대응해야 할지 몰라서 당황스러운 경우가 많다.

접대비, 위법 비용, 반사회적 비용은 각각 대응해야 하는 방어논리가 다르므로 국세청이 3가지 과세논리를 뒤섞어 주장하더라도 납세자는 방어논리별로 구분하여 대응해야 한다.

예를 들어 보면, 중개인에게 과다하게 지급한 수수료에 대해 친목 목적 지출이면서, 관련 법령에 따른 과다 수수료 지급 금지 규정을 위반했고, 해당 과다 수수료 지급으로 인해 원가가 상승하여 결국 중개 대상 물건 가격이 오르므로 사회적으로 악영향을 줄 수 있으므로 과다 지급한 수수료를 손금으로 인정할 수 없다는 국세청의 과세주장이 있다고 가정해 보자.

상기 과세주장은 다음과 같이 3가지 과세 논리로 구분할 수 있다.

- 친목 목적으로 지출 → 접대비 과세 논리
- 관련 법령에 따른 과다 수수료 지급 금지 규정을 위반 → 위법 비용 과세 논리
- 사회적으로 악영향을 줄 수 있음 → 반사회적 비용 과세논리

6-4. 위법 비용이란 위법소득을 얻기 위해 지출한 비용이나 지출 자체에 위법성이 있는 비용을 의미한다.

위법 비용이란 위법소득을 얻기 위해 지출한 비용이나 지출 자체에 위법성이 있는 비용을 의미[356]한다.

예를 들어 폐기물처리업 허가 받은 법인사업자가 특정산업폐기물을 자기가 합법적인 방법으로 처리하지 않고 무허가업자에게 매립하게 하고 지급한 비용이 위법소득을 얻기 위해 지출한 위법 비용에 해당한다.

또 다른 예를 들어 보면,

대부업 등의 등록 및 금융이용자 보호에 관한 법률(이하 "대부업법")에 따르면 대부업자가 개인이나 소기업에게 대부를 하는 경우 이자율은 연 24%를 초과할 수 없다[357].

그런데 어떤 작은 회사가 상기 법령을 위반하여 대부업자에게 연 30% 이자를 지급하였다고 할 때 연 24%를 초과하는 6%에 해당하는 이자 지급액은 위법 비용에 해당한다.

6-5. 법인세법에서는 위법으로 인해 부과되는 벌금, 과태료, 공과금 등과 법 소정의 징벌적 손해배상금을 손금으로 인정하지 않고 있다.

법인세법에는 법령을 위반하여 발생한 다음과 같은 세금과 공과금에 대해서 손금으로 인정하지 않고 있다[358].

- 벌금, 과료(통고처분에 따른 벌금 또는 과료에 상당하는 금액을 포함), 과태료(과료와 과태금을 포함), 가산금 및 체납처분비
- 법령에 따라 의무적으로 납부하는 것이 아닌 공과금
- 법령에 따른 의무의 불이행 또는 금지·제한 등의 위반에 대한 제재로서 부과되는 공과금

또한 다음의 법령에 따라 지급되는 손해배상금 중 실제 발생한 손해를 초과하여 지급하는 금액을 손금으로 인정하지 않는 "징벌적 목적의 손해배상금 등에 대한 손금불산입" 규정[359]의 취지도 위법 비용을 과세하는 취지와 유사해 보인다.

- 가맹사업거래의 공정화에 관한 법률 제37조의 2 제2항
- 개인정보 보호법 제39조 제3항

---

356) 대법원 2008두7779, 2009.6.23.
357) 대부업법 제8조, 동법 시행령 제5조
358) 법인세법 제21조 제3호~제5호
359) 법인세법 제21조의 2, 동법 시행령 제23조(2017년 12월 19일 신설)

- 공익신고자 보호법 제29조의 2 제1항
- 기간제 및 단시간근로자 보호 등에 관한 법률 제13조 제2항
- 대리점거래의 공정화에 관한 법률 제34조 제2항
- 신용정보의 이용 및 보호에 관한 법률 제43조 제2항
- 정보통신망 이용촉진 및 정보보호 등에 관한 법률 제32조 제2항
- 제조물 책임법 제3조 제2항
- 파견근로자보호 등에 관한 법률 제21조 제3항
- 하도급거래 공정화에 관한 법률 제35조 제2항
- 외국의 법령에 따라 지급한 손해배상금

6-6. 그러나 법인세법상 위법 비용을 손금으로 인정하지 않는다는 규정이 없다.

법인세법에서는 이렇게 법령을 위반하여 발생한 세금과 공과금 및 징벌적 손해배상금에 대한 손금불산입 규정은 두고 있지만 정작 위법 비용 자체에 대한 손금불산입 규정은 두고 있지 않다.

6-7. 위법 비용이기 때문에 손금으로 인정할 수 없다는 과세 논리는 위법 비용에 대한 구체적인 규정 없이는 현실적으로 사용할 수 없는 과세 기준이다.

합리적으로 생각해 보면 위법 비용이기 때문에 손금으로 인정할 수 없다는 과세 논리는 위법 비용에 대한 구체적인 규정 없이는 현실적으로 사용할 수 없는 과세 기준이다.

우선 다툼이 있는 위법 여부는 사법부가 판단해야 하는 데 국세청이 법인의 특정 비용에 대해 사법부에 위법 여부를 물어 과세할 수 없는 노릇이고, 만일 사법부의 판단을 받지 않고 국세청이 자체적으로 위법 여부를 판단하여 과세할 수 있도록 할 경우 행정부의 권한을 벗어나 그 법령 혹은 그 과세 자체가 위법하다고 판단되어 무효가 될 가능성이 높다.

또한 위법 비용이 손금으로 인정되지 않는다면 납세자의 거래에 대해 과세 여부를 판단하기 위해 국세청과 납세자는 알지도 못하는 모든 법에 대해 위반했는지 여부를

검토해야 한다.

납세자는 실생활에서 알게 모르게 수많은 법규를 위반하고 있을 것이다. 그러나 국세청이나 납세자는 법률전문가가 아니기 때문에 납세자의 거래(행위)가 어떤 법률에 위반되었는지 알지 못할 뿐이다.

그렇다고 나중에 사법부에 의해 위법 판단이 내려진 경우에 한해서 손금을 부인한다면 실제 위법하나 사업부의 판단을 받지 않은 수 많은 위법 비용과의 과세 형평성에도 문제가 발생할 수 있다.

또한 위법을 판단할 때 어느 법령 단계까지 위법 기준으로 정할지도 문제가 될 수 있다.

헌법부터 교통법규에 이르는 수많은 법이 있는데 어느 법을 어기면 위법 비용이고 어느 법을 어기면 위법 비용이 아니라고 할 수 있는 판단기준을 세우는 것 자체도 문제가 될 것이다.

6-8. 법원은 위법 비용에 대하여 "손금산입을 인정하는 것이 사회질서에 심히 반하는 등의 특별한 사정이 없는 한 손금으로 산입함이 타당하다"는 입장이다.

법원은 위법 비용에 대하여 손금산입을 인정하는 것이 사회질서에 심히 반하는 등의 특별한 사정이 없는 한 손금으로 인정해야 한다는 입장을 취하고 있다.

> "일반적으로 위법소득을 얻기 위하여 지출한 비용이나 지출 자체에 위법성이 있는 비용의 손금산입을 부인하는 내용의 규정이 없을 뿐만 아니라, 법인세는 원칙적으로 다른 법률에 의한 금지의 유무에 관계없이 담세력에 따라 과세되어야 하고 순소득이 과세대상으로 되어야 하는 점 등을 종합하여 보면, 위법소득을 얻기 위하여 지출한 비용이나 지출 자체에 위법성이 있는 비용에 대하여도 그 손금산입을 인정하는 것이 사회질서에 심히 반하는 등의 특별한 사정이 없는 한 손금으로 산입함이 타당하다[360]."

---

360) 대법원 2008두7779, 2009.6.23., 부산고등법원 2015누22448, 2016.1.15.(대법원 2016두32862, 2016.4.28. 로 확정되었다.) 등 다수

따라서 단지 법령을 위반한 지출이라는 이유만으로 과세가 되었다면 조세불복을 고려해 보는 것이 좋다.

위법 비용을 과세하기 위해서는 해당 위법 비용이 반사회적 비용에 해당하는지 여부를 추가로 검토하여야 한다.

6-9. 반사회적 비용이란 어떤 지출에 대하여 그 손금산입을 인정하는 것이 사회질서에 심히 반하는 비용을 의미한다.

반사회적 비용이란 어떤 지출에 대하여 그 손금산입을 인정할 경우 사회질서에 심히 반하는 상황을 초래할 수 있는 비용이라고 정의[361]할 수 있다.

6-10. 위법 비용은 법령 위반 여부를 기준으로 판단하지만 반사회적 비용은 사회통념을 기준으로 그 행위(지출)를 정당한 것으로 인정할 경우 사회 전반에 미치는 파급(예상)효과에 따라 판단한다.

위법 비용은 법령 위반 여부를 기준으로 판단하지만 반사회적 비용은 사회통념을 기준으로 그 행위(지출)를 정당한 것으로 인정할 경우 사회 전반에 미치는 파급(예상)효과에 따라 판단한다는 차이점이 있다.

반사회적 비용은 위법 비용이 아닐 수도 있고, 위법 비용일 수도 있다.

사회질서의 대부분이 법규화 되어 있을 가능성이 높으므로 현실적으로 반사회적 비용은 위법 비용일 가능성이 높을 것이다.

그러나 만일 입법 미비로 인해 어떤 반사회적 행위가 법령 위반으로 볼 수 없더라도 그 지출에 대하여 그 손금산입을 인정하는 것이 사회질서에 심히 반하는 경우에는 위법 비용이 아니더라도 반사회석 비용이 될 수 있다.

예를 들어 신종 마약이 개발되어 아직 법령에서 해당 신종 마약을 마약범위에 포함시키지 못한 경우라면 해당 신종 마약을 제조하는 데 사용한 지출은 위법 비용은 아니

---

[361] 위법 비용 및 반사회적 비용의 정의는 법령상 명시된 정의가 아니라 여러 판례에서 나타난 법원의 입장을 손금에 미치는 영향을 기준으로 구분한 것이다.

지만 반사회적 비용으로 간주될 수는 있을 것이다.

6-11. 반사회적 비용을 손금으로 인정하지 않는 과세논리: "의약품 리베이트" 판례 요약

2015년 대법원은 제약회사가 의료인 등[362])에게 지급한 리베이트(이하 "의약품 리베이트")에 대해 약사법 등 관계 법령에서 이를 명시적으로 금지하고 있지 않더라도 건전한 사회질서를 위반하여 지출한 것으로서 보아 손금으로 인정하지 않았다[363]).

상기 판례는 반사회적 비용을 손금으로 인정하지 않은 대표적인 판례로 국세청이 반사회적 비용에 대한 과세 주장을 하는 경우에 상기 판례의 내용을 자주 인용하고 있다.

상기 판례에서 대법원이 의약품 리베이트에 대해 건전한 사회질서를 위반한다는 판단한 주요 근거를 요약하면 다음과 같다.

- 의약품의 오·남용을 초래할 가능성이 큼
- 궁극적으로 국민 건강에 악영향을 미칠 가능성 커짐
- 의약품 유통체계와 판매질서를 교란함
- 의약품의 가격 상승으로 연결됨
- 건강보험 재정의 악화를 가져와 결국 그 부담은 현실적으로 의약품에 대하여 제한된 선택권밖에 없는 국민에게 전가됨

6-12. 반사회적 비용으로 구분하는 기준

그럼 반사회적 비용 또는 건전한 사회질서에 반하는 지출로 구분하는 기준은 뭘까?

세법에서 사회질서에 반하는 지출에 대한 정의 또는 그 판단 기준에 대해 규정한 바가 없으며 조세심판원에서도 그 판단기준을 제시한 사례를 찾기 힘들 정도로 추상적인 개념이라서 사회질서에 반하는 지출은 결국 사회통념에 따라 판단해야 할 것으로 생각된다.

---

362) 의료인, 의료기관 개설자, 약국 개설자 등
363) 대법원 2014두4306, 2015.1.29

앞서 소개한 의약품 리베이트에 대한 판례[364]에서 제시한 판단 근거를 통해 법원 단계에서 어떤 지출을 사회통념상 사회질서에 반하는 지출로 보고 있는지를 가늠해 볼 수 있다.

상기 판례에서 법원은 의약품 리베이트를 정당한 행위로 인정할 경우 다음과 같은 사회전반에 미치는 불건전한 파급 효과에 주목하고 있다[365].

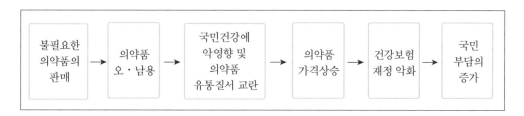

의약품 리베이트를 건전한 사회질서에 반하는 지출로 판단한 법원의 논거를 일반화시켜 보면 다음과 같다.

- 특정 지출로 인한 피해가 거래 당사자자가 아닌 제3자에게 전가된다.
- 특정 지출로 인한 피해가 광범위한 불특정 다수에게 미친다.
- 피해자가 특정되어 있지 않아 그 피해 사실을 알기 어렵고, 피해자가 거래당사자에게 피해에 대한 보상을 받기 어렵다.
- 피해자가 해당 피해를 받지 않기 해서는 거래 구조 또는 법령 개정 등이 필요하여 향후 장기간 동안 지속적인 피해가 예상된다.

법원은 경제학에서 시장실패의 대표적인 사례인 "공용지의 비극(Tragedy of Commons)[366]과 유사한 비효율성이 의약품 리베이트 지급에서도 발생하고 있다고 보고, 의약품 리베이트를 손금으로 인정할 경우 사회질서에 심히 반하는 상황이 초래할 수 있다고 판단한 것으로 보인다.

---

364) 대법원 2014두4306, 2015.1.29.
365) 이 밖에도 해당 사건 이후 약사법의 개정 등이 법원의 판단에 영향을 미친 것으로 보이나 모든 사회질서에 반하는 지출이 관련 법에서 명시적으로 금지하도록 개정될 것으로 기대할 수 없어 이를 일반 사례에 접목하기 어려워서 본문의 판단근거에서는 이를 제외하였다.
366) 소유권이 명확하게 규정되어 있지 않은 공공자원의 경우, 자원의 과다사용으로 인하여 비효율적인 결과가 초래되는 현상을 의미한다.
예를 들어 시골 마을에 공동으로 쓰는 목초지는 소유권이 없다 보니 사람들이 풀을 아끼고 관리하기보다는 서로 제한없이 자기의 양들에게 풀을 먹였고, 결국은 목초지가 황폐화되어 버린 현상을 일컷는 용어다.

이에 비해 앞서 리베이트에서 예를 들은 어드레스커미션의 경우 어드레스커미션으로 인해 선조가격이 상승하더라도 선주가 선가를 지급하기 때문에 리베이트 계약에 따라 조선사가 선주에게 리베이트를 지급하여 선가가 올라가더라도 그 피해가 광범위한 불특정 다수(제3자)에게 미친다고 보기 어렵다.

이러한 측면에서 조세심판원은 어드레스커미션을 사회통념상 사회질서에 반하는 지출로 보지 않은 것으로 이해된다.

6-13. 사회질서에 반하는 지출에 대한 판단은 각 사례별로, 각 판단 주체별로 결론이 다를 수밖에 없고 그 결론의 편차도 클 수밖에 없으므로 납세자 입장에서 반사회적 비용으로 과세되었다면 법원 단계까지 판단을 문의하는 것이 좋다.

반사회적 비용은 아직 충분히 관련 사례 등이 쟁점화되지 않아 반사회적 비용의 과세논리 및 방어논리를 일반화 어려운 단계이다.

사회통념이라는 것도 그렇고 광범위한 불특정 다수에게 악영향을 미친다는 의미가 주관적인 판단요소가 강하므로 사회질서에 반하는 지출에 대한 판단은 각 사례별로, 각 판단 주체별로 결론이 다를 가능성이 높고 그 결론의 편차도 클 수밖에 없다.

아직 명확한 규정 등이 없어 국세청이 사회질서에 반하는 지출로 판단하여 과세를 했더라도 그 근거가 명확하지 않으므로 조세심판원이 다르게 판단할 수 있고 조세심판원이 사회질서에 반하는 지출로 판단한 사례 역시 법원에서 다르게 판단할 수 있다.

따라서 납세자 입장에서 특정 지출이 반사회적 비용으로 과세되었다면 법원 단계까지 판단을 문의하는 것이 좋다.

⑦ 계약 변경으로 인해 손해가 발생하는 경우

7-1. 계약 당사자가 합의하여 계약을 변경하게 되면 당초 계약은 소멸하고 새롭게 변경된 계약이 그 자리를 차지하게 된다.

사업을 하다 보면 계약을 변경해야 하는 경우도 발생한다.

당초 계약 당시 예상했던 상황과 계약 후 시간이 경과함에 따라 상황이 달라져서 특정 시점에 이르러 계약을 변경하는 것이 계약 당사자 쌍방간에 모두 이익이 되는 경우에는 계약 당사자가 합의하여 계약을 변경하면 된다.

계약당사자가 합의하여 계약을 변경하게 되면 당초 계약은 소멸하고 새롭게 변경된 계약이 그 자리를 차지하게 된다.

7-2. 계약을 변경하는 경우 당초 계약과 새로이 체결한 계약 간 계약내용의 차이로 인한 손해가 발생하다 하더라도 접대비에 해당하지 않는 것이 원칙이다.

변경 계약 이후에는 변경된 계약에 따라 법인세법상 익금과 손금 및 귀속 사업연도 등의 규정을 적용[367]하는 것이 원칙이다.

즉, 당초 계약과 새로이 체결한 계약 간의 계약내용 차이로 인한 금액은 부당행위계산부인 또는 접대비에 해당하지 않는 것이 원칙이다.

현대 민법은 계약 자유의 원칙이 근간을 이루는 있으므로 사인간의 계약 변경 효과를 인정하는 것은 당연하다 할 것이다.

7-3. 그러나 상대방에게 에게 도움(부의 이전 혹은 친목 목적)을 줄 목적으로 본인의 손해를 감수하며 계약 변경에 합의하는 경우 부당행위계산부인(특수관계자) 또는 접대비(제3자)로 과세될 수 있다.

문제는 계약을 변경함에 따라 계약 당사자 한쪽에게는 손실이 발생하고 이러한 손실이 상대방 계약자에게는 이익이 되는 경우다.

---

367) 법인세과-688, 2012.11.9.

국세청은 계약 변경으로 인해 발생한 손해가 친목 목적으로 당초 계약상 취득할 수 있는 수익 또는 권리(채권)를 임의 포기했거나 사업과 관련 없는 재산적 증여에 해당한다면 그 손실액은 접대비에 해당한다고 입장이다[368].

합리적인 계약 당사자라면 계약 변경으로 인해 자신에게 손실이 발생할 것이 예상된다면 계약 변경에 합의를 안 할 것이다.

그러나 계약상대방이 특수관계자라면 계약상대방에게 도움을 주고자 계약 변경에 응하는 경우가 있을 수 있으며, 이런 경우 계약 변경으로 인해 발생한 손실은 부당행위계산부인으로 과세될 수 있다.

또는 거래처와의 친목을 위해 계약 변경에 응하는 경우가 있을 수 있으며, 이런 경우 계약 변경으로 인해 발생한 손실은 접대비로 과세될 수 있다.

계약 변경으로 인해 발생한 손실도 앞서 설명한 부당행위계산부인 및 접대비의 과세 논리 및 방어 논리와 동일하다.

7-4. 본인의 이익극대화를 위해 계약 변경을 한 경우에도 계약 변경으로 발생하는 손실액은 명확한 데 반해 계약 변경으로 인한 이익(손실액의 감소 포함)이 명확히 산정되지 않는 경우에는 계약 변경으로 발생하는 손실액이 접대비로 과세되기도 한다.

특수관계 없는 계약당사자간 계약 변경은 계약 당사자가 각각 해당 계약 변경이 본인에게 이익이 될 거라 생각하여 변경에 합의하는 경우가 대부분이다.

그런데 실무적으로 계약 당사자가 본인의 이익극대화를 위해 계약 변경에 합의한 경우에도 접대비 과세위험이 발생하는 경우가 있다.

예를 들어 A회사는 B회사와 계약을 맺고 계속적인 거래를 하던 중 일정 시간이 경과한 시점에 이 계약조건에 따라 계속 거래를 하면 향후 손실액이 10억원(현재가치로 환산한 가액)이 발생할 것으로 예상하고 있다. 즉, 계약시점에는 이익 날 것으로 예상하여 계약했는데 시간이 지나 상황이 변하여 해당 거래조건으로 거래를 하면 계속 손

---

368) 법인세과-688, 2012.11.9., 법인세과-498, 2013.9.25.

실이 발생하는 상황으로 바뀐 것이다.

그런데 B회사에게 당장 6억원의 현금을 지급하면 통상의 영업이익을 얻을 수 있는 계약조건으로 변경할 수 있다고 가정해 보자.

B회사도 지금 당장 유동성 때문에 현금이 필요한 시점이라 6억원의 현금을 받고 계약 조건을 변경하는 데 합의하였다.

이런 경우 A회사가 계약 변경을 함으로써 발생하는 손실액은 6억원으로 명확하고 입증도 간명하다.

그러나 계약 변경으로 인한 이익(미래 예상손실액의 감소액) 10억원은 합리적인 추산액인지 여부도 설득이 필요하고 무엇보다도 일어나지 않은 손실액이기 때문에 입증하기가 곤란한 경우가 있다.

이런 경우 국세청은 계약 변경으로 인한 이익(미래 예상손실액의 감소액) 10억원은 없는 것으로 판단하고, 계약 변경으로 발생하는 손실액 6억원이 친목 목적으로 지출한 것으로 보아 접대비로 과세하기도 한다.

납세자와 국세청간 계약 변경으로 인한 이익(미래 예상손실액의 감소액)에 대한 견해차이로 인해 발생하는 과세위험이다.

7-5. 계약 변경으로 발생하는 손실액은 명확한데 반면에 계약 변경으로 인한 이익(미래 예상손실액의 감소액)이 명확히 산출되지 않는 사례(1단계)

당초 로열티 계약

예를 들어 K회사가 J회사가 보유한 특정 기술을 사용하여 제품을 생산하기로 하고 8년간 관련 제품 매출액의 1%를 로열티로 지급하기로 당초 계약을 체결하였다고 하자.

경제 상황의 변화

그런데 3년 후 관련 새로운 기술이 나타나 K회사의 관련 제품 매출이 예상보다 부진하고 K회사의 재무상황이 어려워지자 K회사는 J회사에게 로열티 수수료율을 0.6%로 인하해 달라고 요청하였다.

K회사는 J회사에게 계약 변경이 되지 않으면 관련 제품 생산을 중단하겠다는 입장을 전달하였다.

당초 계약상 관련 제품 의무생산량 조항이 없어 K회사는 언제든지 관련 제품 생산을 중단할 수 있다.

J회사가 계약 변경에 합의한 후 수령한 로열티 합계액

J회사는 계약 변경에 응하지 않아 K회사가 관련 제품 생산을 중단할 경우 로열티 수익이 0원이므로 계약 변경에 합의하였다.

J회사가 계약 변경에 응한 후 K회사는 관련 제품을 계속 생산하였고, 계약 변경 후 매출액은 연간 600억원이었다.

J회사가 변경된 계약 조건에 따라 K회사로 받은 5년간 로열티 수령액은 18억원[369]이었다.

접대비 과세위험

만일 K회사가 실제 매출액(600억원)에 계약 변경 전 로열티율(1%)을 적용하면 5년간 로열티 합계액은 30억원[370]으로 계산된다.

이런 경우 계약 변경에 응하지 않았다면 추가로 더 수령할 수 있었던 12억원(30억원 -18억원)이 J회사가 K회사에 친목 목적으로 포기한 것으로 간주되어 접대비로 과세될 수 있다.

접대비 과세위험의 원인

상기 접대비 과세위험은 국세청이 J회사가 계약 변경에 합의하지 않았다 하더라도 K회사가 관련 제품을 계속 생산했을 거라고 판단하는 경우에 발생할 수 있다.

---

369) 18억원＝600억원 × 5년 × 0.6%(현재가치 평가는 생략함. 이하 동일)
370) 30억원＝600억원 × 5년 × 1%

　J회사는 계약 변경 당시 K회사의 관련 공문, K회사와의 협의과정, 계약 변경에 합의하게 된 내부 의사결정 과정 등의 입증자료를 통해 J회사가 계약 변경에 합의하지 않았다면 K회사가 관련 제품을 생산하지 않을 수 있었던 상황과 K회사가 관련 제품을 생산하지 않을 경우 발생할 손실을 구체적 수치와 합리적 근거를 들어 설득해야 한다.

7-6. 계약 변경 시 기 발생한 로열티 채무를 탕감해 달라고 하는 경우(2단계)

　상기 사례에서 K회사가 J회사에게 기존 로열티 미지급금 일부도 탕감해 달라는 요청을 했을 경우 접대비 과세위험에 대해 살펴보자.

K회사의 기 발생한 로열티 채무 탕감 요청

　K회사가 J회사에 요청한 계약 변경 조건 중에는 인하되는 로열티 수수료율 0.6%를 1년 전으로 소급하여 적용해달라고 요청하였다.

　만일 인하되는 로열티 수수료율 0.6%를 1년 전으로 소급하여 적용할 경우 J회사의 로열티 채권은 2.4억원 감소한다고 가정해 보자.

　J회사는 K회사의 계약 변경에 응해야 향후 5년간 18억원의 로열티를 받을 수 있으므로 2.4억원 로열티 채무액을 탕감해 주고 계약 변경을 하는 것이 합리적인 의사결정이라는 생각이 든다.

접대비 과세위험

　그러나 법인세법에서는 일단 유효하게 성립된 채권의 일부 혹은 전부를 약정에 따라 포기하는 경우 해당 포기액을 손금으로 인정받기가 쉽지 않다.

　법인세법 기본통칙[371]에 따르면 약정에 의하여 채권의 전부 또는 일부를 포기하는 경우에도 이를 대손금으로 보지 아니하며 기부금 또는 접대비로 보기 때문이다.

---

371) 법인세법 기본통칙 19의 2－19의 2…5

다만, 약정에 따라 채권을 포기하는 경우에도 "특수관계자 외의 자와의 거래에서 발생한 채권으로서 채무자의 부도발생 등으로 장래에 회수가 불확실한 어음·수표상의 채권 등을 조기에 회수하기 위하여 당해 채권의 일부를 불가피하게 포기한 경우 동 채권의 일부를 포기하거나 면제한 행위에 객관적으로 정당한 사유가 있는 때에는 동 채권포기액을 손금으로 인정"받을 수는 있지만 상기 로열티 채권포기를 정당한 사유로 인정할 가능성은 낮을 것으로 판단된다.

7-7. 계약 변경을 할 경우 이미 확정된 채권을 감액 조정하기보다는 아직 실행하지 않은 거래에 대한 계약조건을 변경하는 것이 접대비 과세위험을 줄일 수 있다.

상기 사례(2단계) 같이 계약 변경 시점에 이미 확정된 채권을 탕감해 주는 경우 탕감해준 채권액은 손금으로 인정받기가 쉽지 않다.

국세청은 이와 관련하여 법인세법상 대손 사유[372]에 해당하는 경우로서 민·형사상 법적인 제반 절차를 취하였음에도 채무자 등의 재산현황 등을 고려할 때 이를 회수할 수 없음이 객관적으로 확인되는 채권에 대해서만 계약 변경으로 인한 채권 탕감액을 손금으로 인정[373]할 수 있다는 입장이다.

반대로, 채무자 변경(채권경개)을 승낙함에 있어 사실상 대금청구권을 임의로 포기 또는 면제한 것으로 인정되는 경우에는 동 채권의 금액은 접대비로 보고 있다.

따라서 계약 변경을 할 경우 이미 확정된 채권을 감액 조정하기보다는 아직 실행하지 않은 거래에 대한 계약조건을 변경하는 것이 접대비 과세위험을 낮출 수 있다.

7-8. 계약 변경에 대한 과세문제가 발생한 경우 계약 변경에 이르게 된 과정 및 계약 변경 의사결정 시 참고한 자료에 근거하여 소명한다면 접대비 과세위험을 낮출 수 있다.

계약 변경으로 인해 발생한 손실에 대한 접대비 과세위험은 결국 계약 변경에 이르

---

372) 법인세법 시행령 제19조의 2
373) 법인세과-498, 2013.9.25.

게 된 경제적 합리성 유무에 따라 접대비 여부가 판단되기 마련이다.

계약 변경 관련 경제적 합리성은 보다 세세히 구분해 보면 다음의 3가지 요소로 구분할 수 있다.

- 변경 전 계약 조건의 경제적 합리성
- 계약 변경에 이르게 된 의사결정의 경제적 합리성
- 변경 후 계약 조건의 경제적 합리성

그런데 계약 변경에 이르게 된 의사결정의 경제적 합리성을 설득하다 보면 나머지 변경 전·후 계약조건의 경제적 합리성은 자연스럽게 설득되므로 납세자는 계약 변경으로 인해 손실이 발생하는 경우 "계약 변경에 이르게 된 의사결정의 경제적 합리성"을 입증할 수 있는 자료를 준비해야 한다.

계약 변경과 관련하여 계약 변경에 이르게 되기까지의 회사 내부 결정과정 자체가 경제적 합리성을 확인하는 과정이다.

정상적인 의사결정이라면 계약 변경 의사결정 당시 가능한한 고려할 수 있는 모든 예상치와 변수를 고려하여 합리적인 의사결정을 하였을 것이기 때문이다.

그런데 시일이 지나고 나면 그 중 일부만 남게 되고 그 일부가 손실과 관련된 것이라 손실은 입증이 되지만 그 손실을 상쇄했던 다른 이익(혹은 계약 변경을 안했더라면 발생했을 더 큰 손실)에 대한 입증이 어려워 입증되는 손실액만 손금부인되는 경우가 발생할 수 있다.

따라서 변경된 계약서에 계약 변경에 이르게 된 과정 및 계약 변경 의사결정 시 참고한 자료를 변경 당시에 첨부해 놓는다면 접대비 과세위험을 줄일 수 있을 것이다.

제6장

대손상각(채권제각)

① 채권제각

1-1. 채권에 대해 대손충당금을 적립하는 회계처리와 대손충당금이 적립되지 않은 채권을 제각하는 회계처리는 손익에 미치는 영향이 동일하여 대손충당금 적립과 채권제각의 세무상 효과도 거의 같다고 생각하는 경우가 많다.

회사가 열심히 제품을 생산하여 팔거나 용역을 제공하여 대금을 청구할 수 있는 채권을 획득하는 것도 중요하지만 발생한 채권을 회수하는 것도 매우 중요한 일이다.

그런데 아쉽게도 이런저런 이유로 회수를 못하는 채권가액이 발생한다.

회사는 특정 채권에 대해 대손 증후가 발생한 시점에는 대손충당금을 적립(이하 "대손충당금 적립")하고 이후 회수가능성이 없다고 판단되는 시점에 해당 채권을 제각(이하 "채권제각")하는 회계처리를 하게 된다.

예를 들어 1억원 매출채권에 대손증후가 발생하여 대손충당금을 적립하고 이후 채권제각을 한 회계처리를 요약하면 다음과 같다.

〈대손충당금을 적립한 후 채권제각에 대한 회계처리를 한 경우 손익 효과〉

	회계처리	재무상태표 표시	손익효과
대손충당금 적립	차) 대손상각비 1억원 대) 대손충당금 1억원	매출채권 1억원 대손충당금 (1억원) 매출채권(순액) 0억원	비용 1억원 발생
채권제각	차) 대손충당금 1억원 대) 매출채권 1억원	매출채권 0억원	손익에 미치는 효과 없음

만일 대손증후가 없었던 매출채권을 제각할 경우 회계처리를 요약하면 다음과 같다.

〈대손충당금을 적립한 않고 채권제각에 대한 회계처리한 경우 손익 효과〉

	회계처리	재무상태표 표시	손익효과
대손충당금 적립	없음	매출채권 1억원	손익에 미치는 효과 없음
채권제각	차) 대손상각비 1억원 대) 매출채권 1억원	매출채권 0억원	비용 1억원 발생

상기와 같이 회계처리만을 보면 대손충당금을 적립하는 회계처리와 대손충당금이 적립되지 않은 채권을 제각하는 회계처리가 손익에 미치는 영향은 거의 동일해 보인다.

이런 이유 때문에 실무상 대손충당금 적립 회계처리와 채권제각 회계처리의 세무상 효과가 거의 같다고 생각하는 경우가 많다.

예를 들어 채무자의 실종으로 회수할 수 없게 된 매출채권 1억원에 대해 대손충당금을 적립한 회계처리와 바로 1억원의 채권을 제각하는 회계처리에 대한 세무상 효과가 동일하다고 생각하는 것이다.

1-2. 세무상으로 대손충당금을 적립하는 것과 채권을 제각(대손상각)하는 것은 완전히 별개의 처리이므로 세무진단 시 이를 구분하여 각각 과세위험을 점검하여야 한다.

그러나 세무상으로는 대손충당금을 적립하는 것과 채권을 제각(대손상각)하는 것은 완전히 별개의 처리이므로 세무진단 시 이를 구분하여 각각 과세위험을 점검하여야 한다.

세무진단 시 대손충당금을 설정한 회계처리에 대해서는 설정하게 된 원인에 관계없이 대손충당금 한도 계산이 적정하게 되었는지만 검토하면 된다.

금융권을 제외한 일반 회사에서는 대손충당금 한도 계산도 간단하고 매년 동일한 오류가 발생할 경우 과세효과도 미미하고, 무엇보다도 매년 법인세 신고 시 한번쯤은 모두 검증해 보기 때문에 과세위험이 매우 적어서 시간이 없다면 세무진단 시 대손충당금에 대한 세무처리는 별도로 검증하지 않아도 되는 항목이다.

1-3. 대손과 관련하여 세무진단 시 주목해야 하는 포인트는 채권제각에 대한 세무 처리이다.

대손과 관련하여 세무진단 시 주목해야 하는 포인트는 채권제각에 대한 세무 처리이다.

채권제각은 국세청이 꽤 까다로운 잣대로 보는 항목으로 과세위험이 높고 조세불복을 하더라도 법인세법에 열거된 대손사유를 매우 좁게 해석을 하는 경향이 있어 납세자에게 유리한 판결이 잘 나오지 않기 때문에 납세자에게 쉽지 않은 세무 쟁점이다.

채권제각과 관련된 주요 세무진단 사항은 소멸시효 등 대손사유에 해당하는지, 적정 시기에 적정한 방식으로 대손처리를 하였는지, 채권회수 노력은 하였는지, 채무자의 무재산을 입증할 수 있는 자료는 구비하였는지, 대손 처리 상대방(채무자)의 소득으로 보아 원천징수 의무가 발생하는지 등이 있다.

그러나 세무진단이 필요한 채권제각 건은 회사가 채권을 포기하기까지 우여곡절이 있는 경우가 많아 사실관계를 파악하기도 힘들고 파악하더라도 여러 가지 다른 해석을 할 수 요소들이 있어 채권제각에 대한 세무진단이 쉽지 않은 경우가 많다.

1-4. 세무상 채권제각을 손금으로 인정받기 위해서는 법인세법에서 열거하고 있는 대손사유 해당해야 하고 채권회수 노력 등 +@가 필요하다.

세무상 대손금액을 손금으로 인정[374]받기 위해서는 우선 법인세법에서 열거하고 있는 대손사유(법인세법 시행령 제19조의 2 제1항) 중 하나에 해당해야 하며 일부 (결산조정) 대손사유의 경우 대손사유가 발생하는 사업연도에 회계상 대손처리를 해야 하는 경우도 있다.

열거된 대손사유에 해당되더라도 채권의 일부 혹은 전부를 임의포기한 것으로 보아 접대비 혹은 기부금으로 간주되어 손금으로 인정받지 못하기도 한다. 즉, 채권 미회수액이 대손사유에 해당하더라도 손금으로 인정받기 위해서는 +@가 필요하다.

---

374) 특수관계자에 대한 채권 혹은 채무보증으로 인해 발생한 구상채권이 아닌 채권은 법인세법상 대손사유에 해당되도 손금으로 인정되지 않는다. (법인세법 제19조의 2 제2항)

+@란 채권자가 채권회수를 못하게 된 정당한 사유인데 국세청에서는 정당한 사유를 채권발생일 이후 제반 법적 조치사항 등을 포함한 채권자의 채권회수노력을 기준으로 판단하고 있다.

② 신고조정 대손사유와 결산조정 대손사유의 차이점

2-1. 법인세법상 열거된 대손사유는 신고조정 대손사유와 결산조정 대손사유로 구분된다.

회계상 제각한 채권 금액을 세무상 손금으로 인정받기 위해서는 우선 법인세법에 열거되어 있는 대손사유 중 하나에 해당해야 한다.

법인세법상 대손사유는 신고조정 대손사유와 결산조정 대손사유로 구분할 수 있는데 신고조정 대손사유와 결산조정 대손사유는 손금으로 인정받을 수 있는 시기(대손시기) 및 대손처리 방법이 다르다.

법인세법에서 열거하고 있는 대손사유, 대손시기 및 방법을 요약하면 다음과 같다[375].

구분	대손 사유[376]	대손시기
신고조정 대손사유	1. 소멸시효가 완성된 채권(외상매출금 및 미수금, 어음, 수표, 대여금 및 선급금) 2. 회생계획인가의 결정 또는 법원의 면책결정에 따라 회수불능으로 확정된 채권 3. 채무자의 재산에 대한 경매가 취소된 압류채권 4. 수출 또는 외국에서의 용역제공으로 인하여 발생한 채권으로서 한국은행총재 또는 외국환은행의 장으로부터 채권회수의무를 면제받은 것	해당 사유가 발생한 날
결산조정 대손사유	5. 채무자의 파산, 강제집행, 형의 집행, 사업의 폐지, 사망, 실종 또는 행방불명으로 회수할 수 없는 채권 6. 부도발생일부터 6개월 이상 지난 수표 또는 어음상의 채권 및 중소기업의 외상매출금으로서 부도발생일 이전의 것 (저당권 설정의 경우 제외) 7. 회수기일이 6개월 이상 지난 채권 중 20만원 이하인 채권 (채무자별 채권 합계액 기준) 8. 금융기관의 채권 중 금융감독원장으로부터 대손금으로 승인받은 것과 대손처리 요구를 받아 대손금으로 계상한 것 9. 중소기업창업투자회사의 창업자에 대한 채권으로서 중소기업청장이 기획재정부장관과 협의하여 정한 기준에 해당한다고 인정한 것	해당 사유가 발생하여 손금으로 계상한 날

375) 법인세법 시행령 제19조의 2 제1항, 동법 집행기준 19의 2-19의 2-1 제1항
376) 실무적으로 가장 많이 발생하는 대손사유는 1., 5. 그리고 6.이다.

2-2. 법인세법에서 특별히 "장부에 계상할 것"을 명시하고 있지 않으면 신고조정 항목이다.

신고조정이란 회계상 수익 또는 비용을 계상하지 않더라도 세무조정을 통해 익금 또는 손금을 반영할 수 있는 항목을 말한다.

법인세법에서 특별히 "장부에 계상할 것"을 명시하고 있지 않으면 신고조정 항목이다.

모든 익금 항목과 대부분의 손금항목이 신고조정 사항이다.

그리고 신고조정이 가능하다는 것은 당연히 회계상 수익 또는 비용을 계상하는 방식으로 익금 또는 손금에 반영할 수 있으므로 결산조정도 당연히 가능하다는 얘기다[377].

2-3. 신고조정 대손사유는 해당 대손사유로 인해 채권 권리 자체가 소멸한다는 특징이 있다.

신고조정 대손사유는 해당 대손사유로 인해 채권 권리 자체가 소멸한다는 특징이 있다.

따라서 대손사유가 발생한 날이 속하는 사업연도에 회계상 비용처리를 하든 세무조정으로 손금처리를 하든 손금으로 인정된다.

신고조정 대손사유는 손금으로 인정받기 위한 별도의 회계처리를 요구하지 않으므로 경정청구 가능 기간내 과거 사업연도에 대손사유가 해당되었음을 알게 되면 경정청구가 가능하다.

예를 들어 A회사가 2019년에 자체적으로 세무진단을 하던 중 B회사에 대한 매출채권 10억원이 2017년에 소멸시효가 완성되었음으로 알게 되었다면 A회사는 2017년에 대해 대손상각비 10억원을 손금산입(유보)로 조정하여 경정청구를 할 수 있다.

---

377) 신고조정 항목을 결산조정 했다고 해서 그 신고조정 항목에 대해 결산조정에서 요구하는 제약조건을 따라야 하는 것은 아니다.

2-4. 결산조정 사항이란 손금으로 인정받기 위해서 회계상 비용처리해야 하는 손금항목이다.

결산조정 사항이란 손금으로 인정받기 위해서는 회계상 비용처리를 해야 한다고 법인세법에 규정된 손금항목을 의미한다.

관련 규정에 "손비로 계상한 경우" 또는 "손비로 계상한 날"이라는 문구가 포함되어 있다면 결산조정[378]이라고 이해하면 된다.

2-5. 결산조정 대손사유로 인해 채권 권리가 소멸하지는 않지만 해당 사유가 발생한 사업연도에 회사가 대손으로 처리하겠다고 회계처리(의사표시)를 하면 조기에 손금으로 인정해 주겠다고 납세자에게 옵션을 준 것이다.

신고조정 대손사유와는 다르게 결산조정 대손사유로 인해 채권 권리 자체는 소멸하지 않는다.

그러나 법인세법에서는 해당 대손사유가 발생한 채권은 향후 회수하지 못할 가능성이 매우 높다고 보아 대손사유가 발생한 해당 사업연도에 회사가 대손으로 회계처리(의사표시)를 하면 조기에 손금으로 인정해 주겠다고 납세자에게 특별히 옵션을 준 것이다.

2-6. 관련 채권에 대손충당금을 설정한 것은 채권제각 회계처리(의사표시)로 보지 않는다.

여기서 회사가 대손으로 처리하겠다고 회계처리(의사표시)를 한다는 것은 채권제각 회계처리를 의미한다.

관련 채권에 대손충당금을 설정한 것은 채권제각 회계처리(의사표시)한 것으로 보지 않는다.

---

378) 현행 법인세법상 손금항목 중 극히 일부 항목(대손 중 일부, 감가상각비, 대손충당금, 감가상각비 등)만이 결산조정에 해당한다.

2-7. 결산조정 대손사유가 손금으로 인정받기 위해서는 대손사유 발생 & 손비 계상이라는 두 가지 조건이 충족해야 하므로 경정청구 가능 기간내에 과거 사업연도에 결산조정 대손사유가 발생하였음을 알게 되더라도 회계상 채권제각을 하지 않았다면 경정청구를 할 수 없다.

결산조정 대손사유는 해당 대손사유가 발생하여 회계상 손비로 계상한 날[379]이 속하는 사업연도에 손금으로 인정받을 수 있다.

즉, 결산조정 대손사유가 손금으로 인정받기 위해서는 대손사유 발생 & 손비(채권제각) 계상이라는 두가지 조건이 충족해야 한다.

결산조정 대손사유는 사유가 발생한 날이 속하는 사업연도에 회계상 채권제각을 하지 않았다면 경정청구 가능 기간내에 과거 사업연도에 대손사유가 발생하였음을 알게 되더라도 경정청구할 수 없다[380].

예를 들어 A회사가 2019년에 자체적으로 세무진단을 하던 중 매출채권 10억원이 있는 거래처 B회사가 2017년에 사업을 폐지했다는 것으로 알게 되었다 하더라도 A회사가 2017년에 해당 채권을 회계상 제각 처리를 하지 않았다면 A회사는 2017년에 대해 대손상각비 10억원을 경정청구할 수 없다.

2-8. 과거 회계상 채권제각을 하였으나 요건미비로 손금부인(유보)된 채권에 대해 이후 대손요건이 충족한 해에 손금산입 세무조정을 누락한 경우 신고조정 대손사유에 해당하면 경정청구를 할 수 있으나 결산조정 대손사유가 해당하면 경정청구를 할 수 없다.

과거 사업연도에 회계상 채권제각을 하였으나 대손요건 미비로 손금불산입 세무조정(유보)된 채권이 이후 사업연도에 대손요건을 충족하였다면 신고조정 대손사유든

---

379) 결산조정 대손사유의 대손시기의 경우 법 규정(법인세법 시행령 제19조의 2 제3항 제2호)만 보면 "사유가 발생하여 손금으로 계상한 날"이라고 하고 있어 마치 대손사유가 발생한 사업연도 및 이후 사업연도 언제든 회계상 대손처리하면 해당 사업연도에 손금으로 인정되는 것처럼 해석될 수 있으나 만일 그렇게 해석할 경우 납세자가 임의로 손익을 조절할 목적으로 악용될 수 있으며, 결산조정이 기업회계기준에 따라 정당하게 회계처리한 경우를 전제하여 적용되는 것이므로 대손사유가 발생한 날이 속하는 사업연도에 회계상 대손처리한 경우로 한정해서 해석해야 한다.
380) 기준-2017-법령해석법인-0134, 2017.7.28

결산조정 대손사유든 대손요건이 충족한 해당 사업연도에 손금산입으로 세무조정하여 신고하면 손금으로 인정받을 수 있다.

그런데 대손요건이 충족한 사업연도에 실수로 손금조정 세무조정을 누락하였고 그 후에 경정청구 기간내에 이런 사실을 알게 되었다면 충족된 대손사유에 따라 경정청구 가능 여부가 달라진다.

신고조정 대손사유에 따른 대손요건이 충족한 경우라면 경정청구가 가능[381]하다.

그러나 결산조정 대손사유에 따른 대손요건이 충족한 경우에는 경정청구를 할 수 없다[382].

예를 들어 A회사가 2015년에 회계상 대손처리를 하였으나 대손요건 미비로 손금불산입되었던 채권가액 10억원이 2018년에 소멸시효가 완성되었으나 A회사는 이를 모르고 넘어갔다가 2019년 자체 세무진단을 하는 과정에서 이를 알게 되었다면 A회사는 2018년에 대해 대손상각비 10억원을 손금산입(유보)로 조정하여 경정청구를 할 수 있다.

그러나 2018년 발생한 대손사유가 소멸시효 완성이 아니라 채무자의 사업 폐지라면 A회사는 2019년 자체 세무진단을 하는 과정에서 이를 알게 되었다 하더라도 A회사는 2018년에 대해 대손상각비 10억원을 경정청구할 수 없다.

2-9. 법인세법상 열거되어 있는 대손사유는 각 호별로 독립적이므로 중복 적용이 가능하다.

법인세법상 열거되어 있는 대손사유는 각 호별로 독립적이므로 중복 적용이 가능하다.

다만, 신고조정 대손사유의 경우 채권에 대한 권리가 소멸하는 것이므로 이후 다시 대손사유가 발생할 수 없어 중복 적용되는 경우는 없을 것이다[383].

---

381) 법인세법 집행기준 19의 2-19의 2-10
382) 조심 2017중3715, 2018.2.2.
383) 이론적으로는 소멸시효과 완성된 채권도 채무자의 승인이 있으며 채권자의 권리가 다시 살아날 수 있어 다시 대손사유에 해당될 수 있지만 현실적으로는 거의 발생하지 않으며, 만일 채무자의 승인으로 인해 채권이 다시 살아난다 해도 접대비 과세할 가능성이 높으므로 이를 다시 대손처리하는 경우는 발생하지

2-10. 결산조정 대손사유가 발생하였으나 대손처리를 하지 않은 채권은 이후 도래하는 대손사유 요건이 충족되는 시기에 대손처리할 수 있다.

결산조정 대손사유가 발생하였으나 대손처리를 하지 않은 채권은 채권에 대한 권리가 소멸하지 않았으므로 해당 채권은 향후에 회수되거나[384], 회수하지 못한 채권은 또 결산조정 대손사유가 또 발생하거나, 종국에는 신고조정 대손사유가 발생하여 채권 권리가 소멸한다.

따라서 만일 과거 사업연도에 결산조정 대손사유가 발생하였으나 회계상 대손처리를 하지 못하여 손금으로 인정받지 못한 채권이 있다면 이후 다른 대손사유가 충족되기를 기다렸다가 해당 대손사유가 발생한 사업연도에 손금으로 처리하면 대손으로 인정받을 수 있다[385].

예를 들어 채무자인 B회사가 2017년에 사업을 폐지하였으나 채권자인 A회사가 이를 알지 못하여 회계상 대손처리를 하지 못한 채권 10억원이 있다는 것을 2019년에 알게 되었다고 가정해 보자.

이런 경우 A회사는 당황하지 말고 해당 채권의 소멸시효가 완성되기를 기다렸다가 소멸시효가 완성되는 시점에 손금으로 처리하면 손금으로 인정받을 수 있다[386].

따라서 결산조정 대손사유가 발생한 사업연도에 회계상 제각처리를 하지 못하여 손금으로 인정받지 못했다고 너무 자책할 필요없다. 향후 다른 대손사유가 발생한 사업연도에 손금으로 인정받을 수 있기 때문이다.

물론 향후 다른 대손사유가 발생할 때까지 채권을 관리해야 하는 추가적인 수고와 조기에 손금(대손)을 인정받지 못하여 현재할인차금(이자) 정도의 손실이 추가되는 정도의 불이익은 감수해야 한다.

상기 신고조정 대손사유 및 결산조정 대손사유에 대한 차이점을 표로 요약하면 다음과 같다.

않을 것이다.

384) 대손처리된 채권이 회수된 경우에는 회수한 사업연도에 익금으로 처리하면 된다.
385) 법인 46012-4266, 1995.11.20., 서면-2014-법령해석법인-20598, 2015.2.17., 법인 46012-1003, 1998.4.23., 법인 46012-1086, 1999.3.25.
386) 해당 채권이 2018년 소멸시효 완성된다면 채권자는 2018년 대손처리하여 손금으로 인정받을 수 있다.

〈신고조정 대손사유 및 결산조정 대손사유 차이점 요약〉

	신고조정 대손사유	결산조정 대손사유
채권에 대한 권리 존속 여부	소멸	존속
추후 다른 대손사유 해당 가능 여부	불가능(채권 소멸)	가능(채권 존속)
대손처리 방법	신고조정(회계처리 필요 ×)	결산조정(회계치리 필요○)
대손시기	대손사유가 발생한 사업연도	대손사유가 발생한 사업연도
경정청구	가능	회계처리 미비시 불가능

❸ 다양한 소멸시효 기간 및 소멸시효의 중단과 정지 사유

3-1. 소멸시효는 권리를 행사할 수 있는 때부터 기산되며, 당사자의 원용이 없어도 소멸시효 완성의 사실로서 채권은 당연히 소멸한다.

법원의 면책 결정 등 예외적인 상황이 아닌 이상 회수하지 못한 채권은 언젠가는 소멸시효가 완성되므로 채권의 소멸시효만 잘 관리하고 있다면 대손처리 시기를 놓쳐 영원히 손금으로 인정받지 못하는 실수를 줄일 수 있다.

실무적으로 일반 회사에서 손금 인정받은 대손 사유 중 가장 많은 빈도를 차지하는 대손사유는 소멸시효 완성이고, 그 중에서도 상법과 민법에 따른 소멸시효 완성이다[387].

소멸시효란 권리를 행사할 수 있음에도 불구하고 권리 불행사의 상태가 일정기간 계속될 경우 권리소멸의 효과가 생기게 하는 제도이다.

소멸시효의 기산점은 권리를 행사할 수 있는 때[388]부터이며 당사자의 원용이 없어도 소멸시효 완성의 사실로서 채권은 당연히 소멸[389]한다.

대부분의 경우 소멸시효의 기산점은 채권이 확정된 때일 것이다. 그러나 채권이 확정되었더라도 권리를 행사할 수 없다면 권리를 행사할 수 있는 시점부터 기산된다.

3-2. 소멸시효 완성 등으로 채권이 소멸하면 채무자가 선의로 지급하지 않은 한 채권자가 법적으로 정당하게 채권 가액을 회수할 수 있는 길이 막히게 된다.

소멸시효 완성 등으로 채권이 소멸하면 채무자가 선의로 지급하지 않은 한 채권자가 법적으로 정당하게 채권가액을 회수할 수 있는 길이 막히게 된다.

소멸시효제도를 인정하는 이유는 진정한 권리관계가 없다 하더라도 이런 사실상태가 계속되면 그러한 사실상태가 정당한 것으로 신뢰하여 이를 기초하여 여러 가지 법

---

387) 상법과 민법 이외에도 어음법, 수표법 등 소멸시효 완성도 대손사유에 해당하지만 소멸시효 기간의 차이만 있을 뿐 소멸시효에 대한 법률효과는 상법과 민법의 소멸시효와 동일하다.
388) 민법 제166조 2항
389) 대법원 1966.1.31. 선고 65다2445

률관계를 쌓아 올릴 수 있는데 그 후 진정한 권리자가 이러한 사실상태를 번복하면 이제까지의 법률관계가 모두 허물어지게 되어 사회질서에 해가 되기 때문이다.

또한 일정 기간 권리를 행사하지 않는 사람, 즉 권리 위에서 잠자는 자를 법이 보호할 필요가 없다는 점과 또 장기간의 시간이 경과하도록 행사하지 않았다면 증거의 소실 등으로 과거의 법률관계를 증명하거나 재현하기 어렵다는 점도 고려되었다.

세무적으로는 소멸시효가 완성되는 사업연도에 손금(대손)처리를 하지 않으면 채권자체가 소멸하였기 때문에 이후 사업연도에는 손금(대손)으로 인정받을 수 없다.

3-3. 회사의 모든 채권이 3년의 소멸시효 기간이 적용된다고 단정해서는 안된다. 회사의 거래로 인해 발생하는 채권에 적용되는 소멸시효 기간은 1년, 2년, 3년, 5년 등 다양하다.

세법에는 소멸시효 기간에 대해 별도의 규정이 없으므로 상법이나 민법의 규정을 원용해야 한다.

상법에 따르면 상행위로 인한 채권은 5년의 소멸시효 기간이 적용되나 상법 또는 다른 법에서 단기 소멸시효를 규정하고 있다면 해당 단기 소멸시효가 우선 적용된다.

채권의 성격에 따라 우선 상법 및 민법[390]에서 규정하고 있는 단기 소멸시효를 찾아보고 특수 업종의 경우에는 추가적으로 관련 법에서 단기 소멸시효를 규정하고 있는지 살펴보아야 한다.

상법과 민법에서 규정하고 있는 소멸시효 기간을 1년, 2년, 3년, 5년, 10년으로 구분하여 정리하면 다음과 같다.

소멸시효 기간	채권의 내용	근거
1년	운송주선인에 대한 채권	상법 제121조
	운송주선인의 위탁자 또는 수하인에 대한 채권	상법 제122조
	물건 운송인에 대한 채권	상법 제147조

---

390) 민법 제163조 및 제164조
391) 1년 이내의 정기에 지급되는 채권을 의미하며, 변제기가 1년 이내라는 의미는 아니다.

소멸시효 기간	채권의 내용	근거
	물건 운송인의 송하인 또는 수하인에 대한 채권	
	창고업자의 임치인 또는 창고증권 소지인에 대한 채권	
	공동해손으로 인한 채권	상법 제875조
	여관, 음식점, 대석, 오락장의 숙박료, 음식료, 대석료, 입장료, 소비물의 대가 및 체당금의 채권	민법 제164조
	의복, 침구, 장구 기타 동산의 사용료의 채권	
	노역인, 연예인의 임금 및 그에 공급한 물건의 대금채권	
	학생 및 수업자의 교육, 의식 및 유숙에 관한 교주, 숙주, 교사의 채권	
2년	보험료 청구권	상법 제662조
	장기용선계약에 관하여 발생한 당사자간의 채권	상법 제846조
	선박의 충돌로 인하여 생긴 손해배상청구권	상법 제881조
	구조료 청구권	상법 제895조
3년	보험금 청구권과 보험료 또는 적립금의 반환청구권	상법 제662조
	이자, 부양료, 급료, 사용료 기타 1년 이내의 기간으로 정한 금전 또는 물건의 지급을 목적으로 한 채권[391]	
	의사, 조산사, 간호사 및 약사의 치료, 근로 및 조제에 관한 채권	
	도급받은 자, 기사 기타 공사의 설계 또는 감독에 종사하는 자의 공사에 관한 채권	
	변호사, 변리사, 공증인, 공인회계사 및 법무사에 대한 직무상 보관한 서류의 반환을 청구하는 채권	
	변호사, 변리사, 공증인, 공인회계사 및 법무사의 직무에 관한 채권	
	생산자 및 상인이 판매한 생산물 및 상품의 대가	
	수공업자 및 제조자의 업무에 관한 채권	
5년	배당금의 지급청구권	상법 제464조의 2
	사채이자의 지급청구권	상법 제487조
	기타의 상행위로 인한 채권	상법 제64조
	국가가 행사하는 금전채권 및 국가를 상대로 행사하는 금전채권	국가재정법 제96조

소멸시효 기간	채권의 내용	근거
10년	사채의 상환청구권	상법 487조
	판결에 의하여 확정된 채권	민법 제165조

이 중 일반적인 회사가 보유하는 채권 중 비중이 가장 큰 유형이 "도급받은 자, 기사 기타 공사의 설계 또는 감독에 종사하는 자의 공사에 관한 채권" 및 "생산자 및 상인이 판매한 생산물 및 상품의 대가"이기 때문에 회사에서는 소멸시효 기간이 무조건 3년이 적용되는 것으로 알고 있는 경우가 많다.

그러나 도급, 제조, 판매가 아닌 기타 상거래로 인하여 발생한 채권[392]은 5년의 소멸시효가 적용된다.

예를 들어 A회사가 거래처 B회사에게 대여하였다고 해 보자. 이러한 A회사의 대여행위는 상위로 추정된다[393]. 따라서 A회사의 B회사에 대한 대여금은 기타의 상행위로 인한 채권 소멸시효인 5년이 적용된다.

국가가 행사하는 금전채권 및 국가를 상대로 행사하는 금전채권과 사채이자 또는 배당금에 대한 채권은 5년의 소멸시효가 적용된다.

예를 들어 일반적인 조세채권의 소멸시효는 5년이 적용된다. 그러나 5억원 이상의 국세에 대한 징수권은 10년의 소멸시효가 적용된다[394].

또한 판결에 의하여 확정된 채권은 10년의 소멸시효가 적용된다. 예를 들어 상거래로 인해 발생한 채권에 대해 다툼이 생겨 소송을 제기하고 법원에 의해 확정된 채권은 판결일로부터 10년의 소멸시효과 적용된다.

그리고 유통업, 창고업, 숙박업과 같이 특수업종은 별도의 소멸시효가 적용되기도 하고 일반 회사라도 운송의 하자와 같은 사유로 운송인에 대한 채권이 발생하면 1년의 단기소멸시효가 적용될 수도 있다.

---

392) 주로 보조적 상행위로 발생한 채권이 될 것이다.
393) 회사는 상인으로 간주(상법 제5조 제2항)되므로 기업의 자금대여 행위는 보조적 상행위로 추정된다(상법 제47조).
394) 국세기본법 제27조 제1항 제1호

이처럼 소멸시효 기간은 업종별, 거래 상대방, 채권 발생원인 별로 달라질 수 있는데 회사가 모든 채권에 대해 소멸시효를 일률적으로 적용(예를 들어 3년)하다 보면 소멸시효가 완성될 때까지 권리를 행사하지 못하거나 소멸시효가 완성되었는데 대손처리를 못하여 불이익이 발생할 수 있다.

3-4. 채권자가 채무자에 대해 단순히 구두 혹은 서면상으로 상환 독촉을 한 사실만으로는 소멸시효가 중단되지 않는다.

소멸시효가 진행되는 과정 중 중단 사유가 발생하면 소멸시효가 중단되어 이미 경과한 시효기간은 무효가 된다. 무효가 된 시효기간은 다시 새롭게 시작된 시효기간에 산입되지 않고 중단사유가 종료한 때로부터 새로이 진행한다[395].

그런데 채권자가 채무자에게 단순히 구두 혹은 서면상으로 상환독촉을 하였다는 사실만 가지고 소멸시효가 중단될까?

채권의 소멸시효 중단 사유에 대해 세법에 별도의 규정이 없으므로 민법의 시효 중단사유를 원용해야 한다.

참고로, 국세기본법 제27조 및 제28조에서 국세징수권 소멸시효, 소멸시효의 중단과 정지를 규정하고 있으나 이는 국세징수권에 한정하여 적용되는 것이지 일반 채권에 대해 해당 규정을 적용할 수 없다.

실제로 국세기본법에서는 단순한 최고 또는 독촉 그 자체만으로 국세징수권의 소멸시효가 중단[396]되므로 일반 채권의 소멸시효 중단에 비해 그 적용범위가 넓어 국세징수가 용이하도록 규정되어 있다.

민법상 시효의 중단사유를 요약하면 다음과 같다[397].

① 청구
    ㉠ 재판상의 청구(민법 제170조)
    ㉡ 파산절차의 참가(민법 제171조)
    ㉢ 지급명령(민법 제172조)

---

395) 민법 제178조 제1항
396) 국세기본법 제28조 제1항 제2호
397) 민법 제168조

ⓔ 화해를 위한 소환, 임의출석(민법 제173조)

　　ⓜ 최고(민법 제174조)

　② 압류 또는 가압류, 가처분

　③ 승인

3-4-1. 민법상의 중단사유인 ① 청구 및 ② 압류 또는 가압류, 가처분은 모두 법적 절차
　　　　를 수행하는 것을 요건으로 하고 있다.

　상기 중단사유 중 ㉠ 재판상의 청구는 소송의 각하, 기각 또는 취하의 경우에는 시효 중단의 효력이 없으며, ⓔ 화해를 위한 소환, 임의출석은 화해가 성립하지 않는 경우 1월 내 소송을 제기하지 아니하면 시효 중단의 효력이 없고, ⓜ 최고는 최고 후 6월내에 재판상의 청구, 파산절차 참가, 화해를 위한 소환, 임의출석, 압류 또는 가압류, 가처분을 하지 아니하면 시효 중단의 효력이 없다.

　요컨대, 민법상의 중단사유인 ① 청구 및 ② 압류 또는 가압류, 가처분은 모두 법적 절차를 수행하는 것을 요건으로 하고 있다.

3-4-2. ③ 승인은 채무자의 의사와 행위로 소멸시효가 중단되는 것이지 채권자의 권리
　　　　또는 행위로 소멸시효가 중단되는 것은 아니다.

　③ 승인이란 시효의 이익을 받을 자가 시효로 인하여 권리를 잃을 자에 대하여 그 권리의 존재를 알고 있다는 것을 표시하는 행위를 말한다.

　만일 소멸시효가 완성된 채권에 대해 채무자가 원금이나 이자의 일부라도 변제하는 경우에는 채무 전체에 대해 채무자의 승인이 있는 것으로 보아 소멸시효가 다시 기산될 수 있다. 이런 이유 때문에 채권 추심업체가 소멸시효 완성된 채권을 추심할 때 채무자에게 우선 아주 소액이라도 변제를 받으려고 하는 것이다.

　국세청도 내국법인이 동일 거래처 간 계속적인 거래로 다수의 채권·채무관계가 발생하였고, 채무자인 해당 거래처가 거래 종료 이후에도 채무의 일부를 변제한 경우에는 기존의 모든 채무에 대하여 승인한 것으로서 변제 후 남은 채무 전부에 대하여 소멸시효 중단의 효력이 발생한다는 답변하고 있다[398].

---

398) 사전-2017-법령해석법인-0205, 2017.6.7.

즉, 승인은 채무자의 의사와 행위로 소멸시효가 중단되는 것이지 채권자의 권리 또는 행위로 소멸시효가 중단되는 것은 아니다.

이와 같이 통상 채권자가 채무자에 대해 단순히 구두 혹은 서면상으로 상환독촉을 한 사실만으로는 소멸시효 중단사유에 해당하지 않는다.

3-5. 소멸시효 정지 사유도 일반적인 회사에서는 발생하기 어렵다.

소멸시효 완성을 방해하는 것으로 중단 외에 정지라는 법률 효과가 있다.

소멸시효 정지란 일정한 사유가 발생하였을 때 소멸시효의 진행이 일시적으로 멈추었다가 일정한 사유가 소멸하였을 때 멈추기 전 경과되었던 소멸시효 기간에 이어 나머지 소멸시효 기간이 진행된다.

소멸시효 정지의 사유 및 기간은 민법 제179조~제182조에서 규정되어 있는데 대부분 일반 회사에서 발생하기 어려운 경우가 대부분이다[399].

그나마 실무적으로 가장 발생 가능한 소멸시효 정지 사유 및 기간은 "천재 기타 사변으로 인하여 소멸시효를 중단할 수 없을 때에는 그 사유가 종료한 때로부터 1월 내에는 시효가 완성하지 아니한다[400]." 정도인데 천재 기타 사변 역시 실무에서 경험할 수 있는 사례는 극히 드물다.

3-6. 소멸시효의 중단이나 정지는 일반 상거래 채권에 발생할 가능성이 매우 낮으므로 대부분의 채권은 권리를 행사하는 할 수 있는 시점(통상 발생시점)부터 소멸시효가 기산되는 것으로 보아 소멸시효 기간을 계산하면 된다.

이와 같이 회사에서 발생하는 대부분의 채권은 소멸시효의 중단 사유나 정지 사유가 발생할 가능성이 매우 낮다.

따라서 특별히 법적 다툼이 있지 않거나 압류와 같은 절차가 적용되지 않았던 채권

---

399) 예를 들어 "소멸시효의 기간만료 전 6개월 내에 제한능력자에게 법정대리인이 없는 경우에는 그가 능력자가 되거나 법정대리인이 취임한 때부터 6개월 내에는 시효가 완성되지 아니한다"(민법 제179조) 등과 같이 실무에서는 발생 여지가 거의 없다고 보면 된다.
400) 민법 제182조

의 소멸시효는 채권이 확정되어 권리를 행사할 수 있을 때부터 소멸시효가 기산되기 시작하여 중단이나 정지 없이 소멸시효 기간이 완성된다고 보아 소멸시효 완성 여부를 판단하면 대부분 맞다.

3-7. 소액의 대손이 빈번히 발생하는 회사의 경우 회사의 채권을 유형화하여 각 유형별로 소멸시효 기간을 관리하는 방식이 효율적일 수 있다.

채권의 소멸시효 관리는 세무상 대손처리 시점을 파악하기 위해서도 필요하지만 채권의 권리가 소멸하기 전에 채권의 회수를 위한 법적 권리를 행사할 것인지에 대한 의사판단을 하기 위해서라도 정확히 관리되어야 한다.

만일 채권회수를 담당하고 있는 부서가 별도로 있는 정도의 규모가 있는 회사에서는 담당 부서에서 이미 채권의 소멸시효를 유형별로 관리하고 있을 것이다.

그러나 채권회수를 담당하고 있는 부서가 별도로 없고 영업부서에서 채권회수까지 담당하고 있다면 채권의 소멸시효에 대해 별도로 검토가 이루어지지 않고 이전 선임이 하던 대로 모든 채권에 대해 3년이면 3년, 1년이면 1년의 소멸시효 기간을 일률적으로 적용하고 있을 가능성이 높다.

앞서 기술한 바와 같이 채권의 소멸시효 기간은 업종별, 거래 상대방, 채권 발생원인 별로 다르게 적용되므로 동일한 회사의 채권이라도 다른 소멸시효가 적용될 수 있다.

거액의 대손이 가끔 한 번씩 발생하는 회사의 경우 대손이 발생할 것으로 예상되는 특정 채권만을 대상으로 소멸시효 기간을 검토하고, 소멸시효를 관리하는 것이 효율적일 수 있다.

그러나 소액의 대손이 빈번히 발생하는 회사의 경우 채권이 발생할 때마다 소멸시효를 검토하고 채권별로 소멸시효를 관리하는 것이 비효율적일 수 있다.

회사의 채권 발생 유형은 단 기간내에 크게 변화하지 않는 것이 일반적이다.

회사의 영업 형태가 크게 변동되지 않은 한 채권의 발생 유형 역시 크게 변동되지 않을 가능성이 높고 이런 회사라면 몇 년에 한 번씩 정기적으로 회사의 채권을 유형화하여 가이드(내부 규정)를 만들고, 만들어진 가이드(내부 규정)에 따라 유형별로 소멸시효를 관리하는 것도 효율적인 소멸시효 관리 방식 중 하나가 될 것이다.

3-8. 채권의 소멸시효 중단 또는 정지가 발생했다는 것은 예외적인 상황이므로 소멸시효 중단 또는 정지가 발생한 채권은 별도 관리하는 것이 효율적이다.

상법이나 민법에 따라 소멸시효가 중단되거나 정지된 채권은 예외적인 상황에 해당하므로 해당 채권은 별도 관리해야 소멸시효 기간을 잘못 적용하는 오류를 범하지 않게 된다.

즉, 채권을 일반적인 채권은 발생일(권리행사 가능일)부터 상법 또는 민법 등의 소멸시효 기간을 적용하여 소멸시효 완성시점을 기계적으로 계산하고 소멸시효 중단 또는 정지 사유가 발생한 채권만을 별도로 소멸시효를 관리한다면 채권의 소멸시효 관리 업무를 효율적으로 할 수 있을 것이다.

④ 대손을 손금으로 인정받기 위한 정당한 사유 및 대손 입증서류

4-1. 법인세법에 열거된 대손사유에 해당하더라도 실무적으로 채권자의 채권회수노력 및 채무자의 무재산을 입증하지 못하면 손금으로 인정받지 못할 수 있다.

회사가 법에서 열거하고 있는 대손사유가 발생한 사업연도에 채권을 제각처리한 경우에도 국세청은 채권회수를 위해 채권자 회사가 어떠한 노력을 했는지, 채무자는 정말 채무를 변제할 수 없을 정도로 재산이 없는지에 대한 입증자료를 제출해 달라고 요청하는 경우가 있다.

만일 회사가 채권회수노력 또는 채무자의 무재산을 입증할 수 있는 자료를 제출 못하는 경우에는 해당 채권제각(대손)액을 손금으로 인정하지 않고 과세를 하는 사례를 심심치 않게 볼 수 있다.

4-2. "채권자의 채권회수노력" 및 "채무자의 무재산 입증"은 법령상 규정은 아니나 사회통념상 납세자가 채권을 포기하게 된 정당한 사유를 설명하는 데 유용하게 사용될 수 있다.

접대비의 "사전약정 의무" 및 "특정인의 차별적 지급"과 같이 "채권자의 채권회수노력" 및 "채무자의 무재산 입증" 역시 법인세법에 규정된 내용이 아니다.

그런데 접대비의 경우에는 특수관계 없는 자와의 상거래와 관련하여 발생하므로 사회통념상 납세자의 이익극대화를 위한 행위라는 것을 좀 더 설득하기 쉽다.

예를 들어 특수관계 없는 자와의 상거래를 할 때 판매자가 판매를 증진하기 위해 거래별로 할인 폭을 다르게 하고 거래처의 중요도에 따라 판매장려금을 차별적으로 지급하는 행위를 사회통념상 이상하다고 생각되지 않는다.

이런 사회통념이 있기 때문에 "사전약정 의무" 및 "특정인의 차별적 지급"과 같은 국세청의 접대비 과세기준이 접대비 판단기준으로 힘을 받지 못하는 것이다.

반면에 사회통념상 채권자가 그냥 채권을 포기하면 당연하다고 생각되지 않는다. 아니 분명 채권을 포기한 다른 이유가 있다는 의구심이 강하게 든다.

예를 들어 특수관계 없는 자에게 채권 1천만원이 있는데 자신의 이익극대화를 위해 1천만원 채권을 포기한다고 얘기하면 사람들이 쉽게 이해하기 어려울 것이다.

사회통념상 채권을 받지 못하게 될 것 같으면 채권자는 그전에 뭔가 채권을 회수하려고 노력하고 채권회수를 포기했다면 그 반대급부가 있거나 뭔가 다른 추가적인 이유가 밝혀져야 채권자가 채권포기를 한 행위가 이해된다.

이런 사회통념이 있기 때문에 "채권자의 채권회수노력" 및 "채무자의 무재산을 입증"과 같은 기준이 사회통념상 납세자가 채권을 포기하게 된 정당한 사유를 설명하는 데 유용하게 사용될 수 있다.

4-3. 납세자가 채권을 포기한 행위에 대한 정당한 사유를 "채권자의 채권회수 노력" 또는 "채무자의 무재산 입증"으로 명시하고 있는 국세청 집행기준 및 예규

이러한 입장은 국세청의 많은 예규[401]와 집행기준(이하 "대손 관련 법인세법 집행기준")에서도 확인할 수 있다.

> "약정에 따라 채권의 전부 또는 일부를 포기하는 경우에도 이를 대손금으로 보지 아니하며 기부금 또는 접대비로 본다. 다만, 특수관계인 외의 자와 거래에서 발생한 채권으로서 채무자의 부도발생 등으로 장래에 회수가 불확실한 어음·수표상의 채권 등을 조기에 회수하기 위하여 그 채권의 일부를 불가피하게 포기한 경우 해당 채권의 일부를 포기하거나 면제한 행위에 객관적으로 정당한 사유가 있는 때에는 그 채권포기액을 손금에 산입한다"[402].

> "소멸시효가 완성되어 회수할 수 없는 채권액은 그 소멸시효가 완성된 날이 속하는 사업연도의 손금으로 산입하는 것이나, 정당한 사유없이 채권회수를 위한 제반 법적 조치 등을 취하지 아니함에 따라 채권의 소멸시효가 완성된 경우에는 그 소멸시효 완성일이 속하는 사업연도에 접대비 또는 기부금으로 본다"[403].

---

401) 서면-2015-법인-0431, 2015.7.8. 등 다수
402) 법인세법 집행기준 19의 2-19의 2-8【약정에 의한 채권포기액의 대손금 처리】

국세청 예규에서 인정하는 채권포기의 정당한 사유를 예시하면 다음과 같다.

- 대여금을 회수하기 위하여 법적인 제반절차를 취하였으나 채무자의 파산·강제집행·협의집행·행방불명 등 법인세법 시행령 제19조의 2에서 정하는 사유로 이를 회수할 수 없는 경우[404]
- 채권회수를 위한 제반절차를 취하였음에도 무재산 등으로 회수불능임이 객관적으로 확인[405]
- 객관적인 자료에 의하여 그 채권이 회수불능임을 입증[406]

4-4. "채권자의 채권회수노력" 및 "채무자의 무재산 입증"은 대손에 이르게 된 정당한 사유 유무를 판단하는 실무적 적용기준으로 사용되고 있으며, 조세심판원에서도 역시 동일한 입장이다.

"채권자의 채권회수노력" 및 "채무자의 무재산 입증"은 대손에 이르게 된 정당한 사유 유무를 판단하는 실무적 적용기준으로 사용되고 있다.

또한 이러한 실무적 적용기준을 조세심판원도 인정하고 있다.

> "대손금 등을 손금산입하기 위해서는 거래상대방으로부터 채권을 회수하기 위해 충분한 노력을 기울여야 하며, 충분한 회수노력에도 거래상대방이 무재산인 경우 일정 대손요건을 충족하여야 하는 것이므로, 이러한 노력도 없이 소멸시효가 완성되었다는 사유만으로 미수채권을 대손금으로 하여 손금으로 인정하기 어렵다"[407].

---

403) 법인세법 집행기준 19의 2-19의 2-9 【소멸시효가 완성된 채권의 대손금 처리】 : 채권의 임의 포기는 원래 접대비에서 다루어야 할 사항이나 채권포기(접대비)와 채권회수 노력(대손)은 유사한 맥락에서 그 정당한 사유를 파악해야 하므로 대손에서 채권의 임의 포기를 함께 기술하고자 한다.
404) 서면-2015-법인-0431, 2015.7.8.
405) 법인-253, 2011.4.7.
406) 법인 46012-1068, 2000.5.1.
407) 조심 2016부0959, 2016.6.13.

4-5. 채권포기에 이르게 된 정당한 사유는 손금의 정의에 부합하도록 적용하여야 하며, 채권회수 노력이나 무재산 입증 등은 손금의 정의에 부합하는 대손인지를 판단하는 하나의 판단기준으로 생각하여야 한다.

상기와 같이 대손을 손금으로 인정받기 위해 관련 예규 등에서 명시하고 있는 채권자의 채권회수노력 및 채무자에 대한 무재산 입증은 법적 근거가 미약하다.

대손에 대한 법인세법 규정은 법인세법 제19조의 2 및 법인세법 시행령 제19조의 2이다.

해당 법령에서는 대손을 손금을 인정받기 위해 채권자가 채권회수노력 및 채무자에 대한 무재산 입증을 해야 한다는 문구가 없을 뿐 더러 이를 유추할 수 있는 문구도 없다.

그럼에도 불구하고 대손 관련 법인세법 집행기준에서 채권 미회수 혹은 포기에 대한 정당한 사유를 요구하고 있는 이유는 대손도 손금으로 인정받기 위해서는 법인세법상 손금의 정의[408]를 충족해야 한다는 원칙적인 법 해석을 천명하기 위해서라고 판단된다.

즉, 대손 관련 법인세법 집행기준에서 명시한 정당한 사유는 손금을 인정받기 위한 대손요건을 새로 창설한 게 아니라 손금의 정의의 범위내서 대손을 판단하라는 선언적인 지침이다.

대손 관련 법인세법 집행기준[409]에서 약정에 따라 채권의 전부 또는 일부를 포기하는 경우 이를 손금으로 인정하지 않지만 장래에 회수가 불확실한 채권 등을 조기에 회수하기 위하여 그 채권의 일부를 불가피하게 포기한 경우 해당 채권의 일부를 포기하거나 면제한 행위에 객관적으로 정당한 사유가 있는 때에는 그 채권포기액을 손금으로 인정하는 이유도 이와 동일한 맥락이다.

통상적인 경우라면 당연히 채권자는 본인의 이익을 위해 채권을 회수하려는 행위를 한다.

이런 과정에서 채무자의 재산상태 등 상황이 파악되고 아쉽게도 회수를 못하게 되면 이런 기록들이 남아서 채권을 회수를 못한 정당한 사유를 입증하는 서류들로 사용되게

408) 법인세법 제19조
409) 법인세법 집행기준 19의 2-19의 2-8

된다.

반대로 본인의 이익이 아닌 채무자의 상황 또는 친목 목적에 따라 채권회수노력을 하지 않았거나 채권회수를 포기했다면 해당 대손액 또는 포기액은 손금의 정의에 부합하지 않으므로 손금으로 인정되지 않을 것이다.

요컨대, 채권자의 채권회수노력과 채무자의 무재산 입증 과정이 "사업과 관련된 통상적인 비용" 여부를 판단하는 고려 요소 중 하나로 사용될 수도 있으나 채권회수노력과 무재산 입증만이 대손의 손금 여부를 판단하는 절대적인 기준으로 이해해서는 안된다.

4-6. 통상적인 거래관행이나 거래실질에 따라 채권포기에 정당한 사유가 있는 것으로 본 사례[410]

사실관계

- 제조업을 영위하는 A회사와 건설업을 영위하는 B회사는 공사기간 100일, 공사지연 지체상금은 1일당 0.03% 등을 조건으로 하는 건물 신축공사 도급계약을 체결·시행함
- B회사는 계약상의 예정일자 보다 18일 지연하여 건물을 준공하였으나 A회사는 지체상금을 수취하지 않음

국세청 과세 및 조세불복

- 국세청은 A회사가 계약상 지체상금 상당액을 임의 면제(채권포기)한 것으로 보고 이를 접대비로 과세함
- A회사는 조세불복을 함

조세심판원 인용 근거

이에 대해 조세심판원은 지체상금 면제 금액에 정당한 사유가 있는 것으로 보아 면제금액을 정상적인 손금으로 인정하였는데 그 근거는 다음과 같다.

---

410) 조심 2016중2054, 2016.10.28.

- 지체상금이 발생하였음에도 A회사가 특수관계가 없는 B회사에게 임의로 이를 면제할 특별한 사유가 없어 보임
- 실제 A회사가 지체상금을 청구 및 수령하지 아니한 것이 당사자 간에 당초 공사기간 연장에 대한 묵시적 합의가 있었거나 청구법인에게 공사지연에 따른 귀책사유가 있었던 것으로 보는 것이 통상적인 거래관행이나 거래실질에 부합함
- 설령 지체상금에 대한 권리의무가 소멸되지 아니하였다 하더라도 공사 감리보고서상 쟁점공사에 대한 감리업무가 시작되고 공사자재가 실제 투입된 것으로 나타나는 시점을 기준으로 기산하면 공사지연으로 볼 수 없음

4-7. 대손 또는 채권포기에 따른 정당한 사유는 채권자가 본인의 이익 극대화를 위해 채권을 회수하려고 노력했는지 또는 채권회수를 포기했는지에 대한 판단문제로 귀결되므로 이에 대한 자료를 구비하여야 한다.

일반적인 경우라면 채권회수노력이 본인의 이익 극대화를 위한 선택 과정을 잘 보여줄 수 있다. 따라서 채권회수노력(그 과정에서 무재산 입증은 자연스럽게 도출)을 기준으로 대손채권의 손금 인정 여부를 판단해도 충분할 것으로 보인다.

이렇게 당연한 얘기를 하는 이유는 실무상 심심치 않게 발생하는 대손(채권포기) 상황 중 채권자는 본인의 이익을 위해 채권을 포기하였으나 현실적으로 해당 채권포기액을 손금으로 인정받기 어려운 상황에 대해 고민해 볼 필요가 있기 때문이다.

A회사는 B회사로부터 하청을 받고 있는 임가공업체로 B회사의 주문으로 인해 연간 평균 매출이 200억원, 연간 평균 영업이익은 10억원, 원가계산상 연간 평균 공헌이익[411]은 50억원이 발생하고 있다.

그런데 B회사의 유동성 사정이 급격히 안 좋아져서 B회사가 A회사에게 기존 매입채무(A회사 입장에서는 매출채권) 20억원을 탕감해 주면 계속 거래를 하고 탕감을 안 해주면 구조조정의 일환으로 사업을 축소하거나 또는 거래선을 변경해야 해서 더 이상 A회사와는 거래를 할 수 없다는 채무탕감 요청이 들어왔다.

---

411) 공헌이익: 매출액－변동비; 고정자산 설치 및 철거 등과 같은 의사결정이 무의미한 단기에는 공헌이익을 기준으로 증분이익 또는 증분손실을 예상하여야 한다.

국세청이 상기와 같은 상황에서 A회사의 매출채권포기액 20억원을 손금으로 인정한다고 답변한 경우는 다음과 같이 B회사가 파산, 해산, 청산, 재판 중 화해 등과 같이 법률적인 사건이 발생하였거나 재판 중 화해와 같이 제3자가 B회사의 경영상의 어려움을 대외적으로 확인이 가능한 경우다.

① 파산법인에 대한 채권 중 일부를 현금으로 변제받는 대신 일부는 포기하는 내용의 파산합의서를 작성하고 법원의 허가를 받은 경우[412]

② 해산하는 과정에서 부채가 자산을 초과하고 사업은 사실상 폐지한 경우 원활한 청산절차를 위하여 부득이하게 매출채권을 포기한 것이 객관적으로 정당하다고 인정되는 경우[413]

③ 민사조정법에 의한 법원의 조정결정에 따라 매출채권의 일부를 포기하는 경우로서 매출채권의 일부를 포기하는 정당한 사유가 있는 경우[414]

④ 소송을 진행하는 중에 재판상의 화해에 의하여 당해 채권의 일부를 포기하는 정당한 사유가 있는 경우[415]

반면, B회사의 경영상황이 현재 시점에서는 파산, 또는 회생이나 정리절차 등이 진행 중은 아니나 향후에 파산, 또는 회생이나 정리절차 등이 개시될 가능성도 배제할 수 없는 상황[416]이라면 어떨까?

이런 경우 A회사가 B회사에 대한 매출채권을 탕감해 준 의사결정에 이르게 된 과정을 주목해 볼 필요가 있다. A회사가 B회사에 대한 매출채권 20억원을 아무 경영상의 판단 없이 포기하지는 않았을 것이다[417].

A회사가 매출채권 20억원을 포기하기까지는 매출채권 20억원의 회수가능성, 향후 B회사와의 거래의 지속가능성 및 이를 근거로 판단한 향후 발생할 영업이익 및 공헌이익 예상액, 만일 B회사와의 거래 종결 시 새로운 거래처의 발굴 가능성 등등을 모두 고려해서 B회사의 매출채권 20억원을 포기함에 따라 발생하는 증분이익이 증분손실

---

412) 서면 인터넷방문상담2팀-1747, 2006.9.12.
413) 법규법인 2014-398, 2014.10.15.
414) 서면-2016-법인-4986, 2016.12.15., 법인 46012-1916, 1999.5.21.
415) 제도 46013-454, 2000.11.21.
416) 즉, 대손 시점에서는 제3자가 B법인의 경영상의 어려움을 대외적으로 확인이 어려운 경우
417) 당연히 A법인 본인의 이익에 대한 경영상의 판단 없이 B법인에게 이익을 분여할 목적으로 채권을 포기했다면 접대비로 간주되는 것이 합리적이다.

보다 커서 A회사 자신에게 이익이 될 거라는 경영상의 판단을 하였을 것이다.

아마도 국세청 세무조사 단계에서는 매출채권포기액 20억원을 채권회수노력 부족 혹은 정당한 사유가 없다는 이유로 접대비(채권의 임의포기)로 보아 손금으로 인정하지 않을 가능성이 매우 높다.

A회사 입장에서는 상기와 같은 상황이 좀 억울하다고 생각할 수 있다. 납세자가 억울하다면 사회통념상 뭔가 잘못된 법적용일 수 있으니 조세심판원이나 법원의 판단을 받아보는 것이 좋다.

A회사의 채권포기에 대한 정당한 사유는 A회사가 채권포기에 따른 증분이익이 증분손실을 초과하기 때문[418]에 매출채권을 포기하기로 의사결정을 했는지 여부와 채권포기에 따른 증분이익 및 증분손실을 예상할 때 고려된 자료 및 가정이 얼마나 객관적이고 합리적이었는지 여부에 따라 판단될 가능성이 높다.

채권포기 외 대손 사유에 이르게 된 정당한 사유를 입증해야 하는 경우로서 채권회수노력만으로 설명이 안되는 경우 대손사유에 이르는 과정에서 발생한 증분이익 및 증분손실, 대손사유에 이르는 과정에서 고려된 자료 및 가정이 얼마나 객관적이고 합리적이었는지 측면에서 설명하면 설명이 되는 경우도 있다.

요컨대, 대손을 손금으로 인정받기 위한 채권회수노력 혹은 채권회수를 포기한 정당한 사유를 어느 선까지 인정해 줄 것인지 여부의 판단 기준은 사업과 관련된 통상적인 비용인지 여부에 대한 사회통념에 따라 판단해야 한다[419].

또한 대손이 사업과 관련된 통상적인 비용에 해당하는지 여부는 채권자가 본인의 이익 극대화[420]를 위해 채권을 회수하려고 노력했는지 또는 채권회수를 포기했는지에 대한 판단문제로 귀결된다.

따라서 납세자가 대손처리를 하고 이를 손금으로 인정받기 위해서는 채권회수노력 외에도 관련 의사결정시 고려된 자료(증분이익〉증분손실) 및 가정에 대해 제3자를 설득할 수 있도록 자료 등을 구비하는 것이 좋다.

---

418) '본인의 이익을 위해'를 채권포기 상황에 맞게 풀어 쓴 것이다.

419) 접대비에 대한 판단기준은 그나마 관련 판례, 선심례, 판례가 많아 이를 기준으로 사회통념 상의 기준을 미루어 짐작할 근거들이 있지만 대손의 경우에는 관련 사례가 많지 않아 사회통념상의 기준을 미루어 짐작할 근거도 찾기 어려운 편이다.

420) 정당한 사유, 경제적 합리성, 불가피한 사유와 같은 의미이다.

4-8. 채권회수노력에도 비용이 발생하기 때문에 소액의 채권이거나 채권을 회
수할 가능성이 매우 낮은 경우에는 아예 채권회수노력을 하지 않는 것이
채권자의 이익극대화에 도움이 되는 경우도 있다.

채무자의 상황에 따라서는 채권회수노력이 무의미한 경우가 있다. 또한 회수할 채권이 채권회수를 위한 비용보다 작아서 차라리 포기하는 편이 나은 경우도 있다.

이런 경우라면 채권자가 회수노력을 하면 할수록 채권자에게 손해가 될 것이다. 채권회수노력에도 비용이 발생하기 때문이다.

요컨대, 채권자가 채권회수노력을 하면 이와 관련된 비용이 발생하게 되므로 회수비용보다 작은 채권이거나 채권회수노력을 한다고 하더라도 채권을 전혀 회수할 수 없는 상황이라면 아예 채권회수노력을 하지 않는 것이 채권자의 이익극대화에 도움이 될 것이다.

4-9. 대손을 손금으로 인정받기 위해 필요한 구체적 입증 자료 목록(예시)

회사가 채권을 제각처리한 경우 국세청은 채권자의 채권회수노력을 입증할 수 있는 서류를 요구할 수 있는데 대손 처리한 자가 관련 자료를 제출하지 않고 말로만 정당한 사유에 대해 설명을 해 봐야 국세청은 채권회수 노력이 부족하였다는 이유로 대손액을 손금으로 인정하지 않을 가능성이 높다.

이런 상황을 대비하여 대손 관련 자료 중 구비할 수 있는 것은 미리 구비해 두면 국세청과의 다툼을 미연에 방지할 수 있다.

국세청 예규에 따르면 "객관적인 자료에 의하여 그 채권이 회수불능임을 입증하여야 하는 것이며, 공부상 확인이나 증명이 곤란한 무재산 등에 관한 사항은 채권관리부서의 조사보고서 등으로도 확인"할 수 있다고 답변하고 있다[421].

또 다른 예규에서는 "파산과 강제집행의 경우는 각각 매출세금계산서(사본)와 채권배분계산서, 사망·실종선고의 경우는 매출세금계산서(사본)와 가정판결문 사본, 채권배분계산서, 회사정리계획 인가결정의 경우는 매출세금계산서(사본)와 법원이 인가한

---

421) 법인 46012-1068, 2000.5.1.

회사정리인가안 등"을 대손사실을 증명할 수 있는 서류로서 명시하고 있다[422].

대손 사유 중 부도의 경우 채권자가 은행의 부도확인서를 갖추는 데는 추가 비용이 그렇게 많이 소요되지 않는다. 이렇게 추가 비용이 거의 발생하지 않는 경우에는 해당 자료를 구비하고 그러한 자료를 구비할 수 없는 경우에는 최소한 자사 혹은 제3자가 작성한 채권 조사보고서라도 갖춘다면 대손의 손금 인정과 관련된 국세청과의 마찰을 줄일 수 있을 것이다.

그러나 대손을 손금으로 인정받기 위한 객관적인 자료에 대해 세법에서는 구체적으로 명시하고 있지는 않아 대손 관련 서류를 준비하는 입장에서는 실무적으로 어려움을 느낄 수 있다.

법인세법상 규정은 아니지만 (구) 중소기업창업투자회사의 대손처리승인에 관한 규정[423]의 [별표1] 대손처리 승인기준에서 심사서류를 명시하고 있는데, 해당 심사서류 목록은 일반회사에서도 대손 관련 서류를 준비하는 데, 도움이 될 수 있을 것 같아 다음과 같이 소개한다.

(구) 중소기업창업투자회사의 대손처리승인에 관한 규정 【별표 1】

대손처리 승인기준

1. 세부심사기준

대손처리사유	심사서류
가. 채무자 등의 파산, 강제집행, 해산, 청산, 사업폐지 등으로 회수가 불가능한 경우	1. 파산, 강제집행, 해산, 청산 • 법원의 파산, 강제집행, 해산, 청산완료 입증서류(파산 종결 결정문, 강제집행조서, 법인등기부 등본 등) 2. 사업의 폐지 • 관할세무서의 세적제각증명서 또는 휴·폐업사실 증명서. 다만 휴·폐업 신고미필 등으로 동 서류발급이 불가능한 경우에는 당해 투자회사의 출장보고서 • 재산조사 증빙서류(재산보유 유무 세부심사 기준 참조)

---

422) 부가 46015-177, 1996.1.29
423) 2017.8.29. 폐지됨: 중소기업창업투자회사는 부실채권을 상각처리하고자 할 경우 대손승인신청서와 보유 채권의 대손승인에 관한 심사서류를 첨부하여 중소벤처기업부장관에게 신청하여야 하는데 해당 신청시 승인 기준 자료를 [별표 1]로 규정하고 있었다.

대손처리사유	심사서류
나. 채무자 등의 사망, 실종, 행방불명으로 회수가 불가능한 경우	1. 사망, 실종 • 호적등본(또는 주민등록등본), 법원의 실종신고 서류 • 법원의 상속포기 결정문 또는 상속되었을 경우 채무상속인의 재산조사 증빙서류(재산보유 유무 세부심사기준 참조) 2. 행방불명 • 동(읍,면)사무소의 직권말소 확인 서류 또는 당해 투자회사의 출장 보고서
	• 어음배서인의 주소지, 주민등록번호 등의 누락 또는 허위 기재 등으로 주소지 파악이 불가능한 경우 당해 투자회사의 동 사실 확인서 • 재산조사 증빙서류(재산보유 유무 세부심사 기준 참조)
다. 회수비용이 회수금액을 초과하여 회수실익이 없는 경우	• 회수비용 및 회수금액 추정자료(당해 투자회사의 소관부서장이 작성)
라. 채무자 등에 대한 임의경매, 강제경매 등의 법적절차나 기타 가능한 모든 회수방법에 의하여도 회수가 불가능한 경우	• 임의경매, 강제경매 등 법적절차 완료 관련 서류 또는 기타 회수방법에 의한 회수노력 관련서류 • 재산조사증빙서류(재산보유 유무 세부심사기준 참조)
바. 기타 회수가 불가능한 경우	1. 해외이주 • 해외이주법에 의한 전가족 해외이주허가서(또는 주민등록등본) 및 출국사실 증명서 • 재산조사 증빙서류(재산보유 유무 세부심사기준 참조) 2. 기타 • 회수불능 입증서류

2. 재산보유 유무 세부심사기준

1) 토지, 건물 등 부동산

상각사유	심사서류
(1) 채권발생 시점 이후 최종주소지까지 사업장(본점, 지점, 공장 등) 소재지(개인의 경우 거주지)의 부동산 소유 여부 ※ 상업어음발행인, 상업어음 배서인 및 상속인의 경우에는 부실화시점 이후 최종주소지까지의 부동산 소유 여부(다만 중간배서인 중 법적 분쟁 등으로 재산조사가 현실적으로 어려운 경우에는 담당임원의 확인절차를 거쳐 재산조사 생략 가능)	• 법인등기부등본, 사업자등록증 사본 (개인의 경우 주민등록등본) • 대출 당시 사업장 소재지로부터 최종사업자 소재지(개인의 경우 거주지)의 부동산 등기부등본 (다만, 부동산 등기부등본의 징구가 불가능한 경우에는 토지대장 등본, 건축물 관리대장 등본 또는 재산세 과세증명서나 미과세증명서) ※ 최종 주소지의 주민등록등본 및 부동산 등기부등본 등은 원칙적으로 대손처리요구 또는 대손 승인 신청일로부터 1년 이내에 발급된 것에 한함
(2) 부동산 소유여부 확인결과 다음의 각 항에 해당하는 경우에는 다음 사항을 추가 확인 (가) 당해 주소지에 의한 부동산 등기부 추적조사결과 당해 지번에 부동산 등기가 없는 경우 • 미등기 사실 여부 및 당해 부동산이 실제로 존재하지 않는지의 여부 • 실제로 존재하는 경우 대위등기에 의한 회수가능 및 회수실익 여부 (나) 제3자앞 가등기의 경우 • 채무면탈 목적의 인위적 가등기인지 여부 ※ 제3자앞 가등기된 채권을 상각처리한 경우 투자회사는 가등기 상태의 변동상황을 정기적으로 확인하여야 함	• 부동산등기부 등본상 미등기 사실에 대한 법무사 또는 조사직원의 부동산 등기부 열람조서 • 실제로 존재하지 않는 경우 당해 투자회사의 현장 조사 확인서 • 미등기 사유가 구획정리에 따른 지번변경의 경우에는 변경된 지번의 부동산 소유여부를 추가 확인함 • 실제로 존재하나 대위등기가 불가능하거나 회수실익이 없는 경우에는 당해 투자회사의 동 사실확인서 • 조사직원의 가등기권자에 대한 등기목적조사 보고서

상각사유	심사서류
(3) 제3자앞 근저당권 설정의 경우 　• 선순위 과다로 가압류 등 법적절차의 　　실익이 없는지 여부	• 당해 부동산에 대한 감정평가업자의 추정 　감정가 또는 법원 사정가 관련서류 　다만, 실익이 별로 없는 경우에는 감정평 　가업자 발행 공시지가 및 건물신축 단가표 　등에 의한 투자회사 자체추정 감정가 　* 부동산 등기부 등본상의 근저당권 설정금액 　　및 실채권 금액과의 비교

2) 유체동산, 임차보증금(전세금 포함), 임금 등 기타 재산

상각사유	심사서류
(1) 재산보유 여부	• 재산이 없거나 보유재산에 대한 강제집행 　의 실익이 없는 경우: 당해 투자회사의 동 　사실확인서
(2) 재산보유의 경우 강제집행 가능여부 및 　강제집행 실익 여부	• 보유재산에 대한 강제집행이 불가능한 경 　우: 강제집행 불능조서

⑤ 특수관계자 매출채권에 대한 대손

5-1. 특수관계자에 대한 매출채권은 대손요건을 충족할 경우 손금으로 인정받을 수 있는 것이 원칙이다.

금전 대여를 주업으로 하지 않는 회사의 특수관계자 대여금에 대한 대손은 업무무관 가지급금으로 보아 손금으로 인정되지 않는다[424].

그럼 특수관계자에 대한 매출채권 등을 포함한 상거래 채권(이하 "매출채권")에 대한 대손은 특수관계 없는 자에 대한 채권과 동일하게 손금으로 인정받을 수 있을까?

법인세법상 규정에 따르면 손금으로 인정되지 않는 대손채권으로 구상채권과 특수관계자에 대한 업무무관 가지급금만을 열거하고 있기 때문에 특수관계자에 대한 매출채권은 특수관계 없는 자에 대한 채권과 동일하게 대손 처리 규정이 적용되는 것이 원칙이다[425].

국세청 예규에서도 "특수관계자에 대한 공사 미수금을 원활한 청산절차를 위하여 부득이하게 포기한 것이 객관적으로 정당하다고 인정되는 경우 채무면제가 확정되는 날이 속하는 사업연도에 결산조정에 의해 대손금으로 손금산입할 수 있다"고 답변[426]하고 있다.

5-2. 그러나 파산 또는 회생과 같이 모든 채권자에게 일률적으로 적용되는 대손 사유가 아닌 이상 현실적으로 부당행위계산부인 규정으로 인해 정당한 사유(채권회수노력)를 인정받기 쉽지 않다.

특수관계자의 매출채권에 대한 대손은 대손사유에 이르게 된 정당한 사유(채권회수노력) 외에도 해당 정당한 사유가 특수관계가 없는 자의 채권에도 동등하게 적용되었다는 점(부당행위계산부인)을 추가적으로 입증해야 하기 때문에 특수관계 없는 자의 채권에 대한 대손에 비해 손금으로 인정받기 어려운 것이 현실이다.

---

424) 법인세법 제19조의 2 제2항 제2호
425) 서면2팀-2327, 2007.12.21.
426) 법규법인 2014-398, 2014.10.15.

- 특수관계 없는 자 채권의 대손 관련 손금 요건: ① 대손사유 충족 + ② 정당한 사유
- 특수관계자 매출채권의 대손 관련 손금 요건: ① 대손사유 충족 + ② 정당한 사유 +
  ③ 부당행위계산부인

만일 파산이나 회생과 같이 모든 채권자에게 공동으로 발생하는 대손사유의 경우에는 부당행위계산부인 규정이 적용될 여지가 없기 때문에 일반 채권과 동일하게 특수관계자 채권에 대한 대손도 손금으로 인정받을 수 있을 것이다.

그러나 파산이나 회생 외 대손사유는 개별적으로 일어나는 경우가 대부분이므로 이를 특수관계 없는 자의 채권에도 동일한 채권회수노력(정당한 사유)을 했다는 것을 입증하기는 현실적으로 쉽지 않다.

국세청도 예규를 통해 "특수관계에 있는 해외 현지법인에 대한 매출채권을 포기하는 경우 부당행위계산부인 규정을 적용하는 것이며 기타소득으로 처분하는 것[427]"이라는 답변하고 있어 특수관계장에 대한 채권의 대손 관련하여 부당행위계산부인 규정이 적용될 수 있다는 입장이다.

조세심판원도 자회사의 파산을 막기 위해 청산하는 해외자회사의 매출채권 중 일부를 포기한 상황에 대해 부당행위계산부인을 이유로 손금부인이 정당하다고 판시[428]하고 있어 국세청 입장과 동일하다.

요컨대, 특수관계자에 대한 매출채권의 대손은 손금을 인정받을 수 있는 것이 원칙이나 정당한 사유 등 여부를 판단할 때 부당행위계산부인 규정이 적용될 수 있어 파산 또는 회생과 같이 모든 채권자가 일률적으로 적용되는 대손사유가 아닌 이상 실무적으로 손금을 인정받기는 쉽지 않을 것으로 판단된다.

---

427) 서면2팀 – 109, 2006.1.12.
428) 조심 2012부0187, 2012.6.5.: "해외투자 손실을 최소화하기 위한 내부사정에 따라 OOO의 청산을 선택하고, 그 과정에서 매출채권을 임의포기한 것으로 나타나므로 매출채권을 포기한 행위에 객관적인 정당한 사유가 있다고 보기 어렵고, 자회사라는 이유만으로 아무런 대가나 경제적 이익도 받지 아니한 채 매출채권을 포기한 행위는 경제적 합리성을 결여한 것으로써 부당행위계산 부인의 대상에 해당한다고 봄이 상당…" – 중략 –

⑥ 매출세액 대손: 대손상각보다 대손세액 공제가 유리

6-1. 부가가치세법에서는 공급하는 자가 법 소정의 대손사유로 인해 거래징수하지 못한 부가가치세액이 있다면 매출세액에서 차감할 수 있도록 대손세액의 공제특례 규정을 두고 있다.

법인세법상 대손 규정과는 별도로 부가가치세법에서는 "대손세액의 공제특례"[429]라는 규정을 두고 있다.

부가가치세(매출세액)는 공급하는 자가 공급받는 자로부터 거래징수하여 신고·납부하는 것이 원칙이다. 그런데 만일 공급받는 자에게 대손사유가 발생하여 공급하는 자가 거래징수를 하지 못하게 되는 상황이 발생하더라도 공급하는 자에게는 여전히 부가가치세(매출세액)에 대한 신고·납부 의무가 있다.

이런 경우 부가가치세(매출세액)는 공급하는 자가 부담할 수밖에 없다.

사업자의 경우 부가가치세는 원칙적으로 거래상대방으로부터 거래징수하여 납부해야 하는 세금인데 거래상대방의 대손으로 인해 거래징수를 못하였음에도 불구하고 해당 부가가치세를 공급하는 사업자의 부담으로 귀속시키는 것은 부가가치세법의 취지에 맞지 않다.

이에 부가가치세법에서는 공급하는 자가 법 소정의 대손사유로 인해 거래징수하지 못한 부가가치세액(매출세액)이 있다면 매출세액에서 차감할 수 있도록 대손세액의 공제특례 규정을 두고 있다.

6-2. 대손세액 공제는 재화 등을 공급한 후 그 공급일부터 5년이 지난 날이 속하는 과세기간에 대한 확정신고 기한까지만 적용할 수 있으며 예정신고시 대손세액공제를 한 경우 과소신고가산세가 적용된다.

부가가치세법상 대손세액의 공제 특례는 대손사유 등에 대해 법인세법상 대손 규정을 준용하고 있어 법인세법상 대손 규정을 알고 있다면 해당 조문을 이해하는 데 큰

---

429) 부가가치세법 제45조

어려움이 없다.

부가가치세법상 대손세액 공제와 관련하여 기억해 둘 만한 내용은 다음의 두 가지이다.

- 대손세액 공제는 재화 등을 공급한 후 그 공급일부터 5년이 지난 날이 속하는 과세 기간에 대한 확정신고 기한까지만 대손세액 공제를 적용할 수 있음[430]
- 대손사유별로 그 대손이 확정되는 날이 속하는 과세기간에 대한 확정신고를 할 수 있으므로 예정신고시 대손세액공제를 한 경우에는 과소신고가산세가 적용됨 [431]

6-3. 납세자 입장에서 대손이 발생한 부가가치세(매출세액)에 대해 채권제각으로 처리(법인세)하는 것보다는 대손세액 공제(부가가치세)로 처리하는 것이 더 유리하다.

예를 들어 A회사가 B회사에게 재화 1백만원(부가가치세 별도) 어치를 공급한 경우 A회사의 회계처리는 다음과 같다.

```
차) 매출채권      1,100,000        / 대) 매출           1,000,000
                                    VAT 예수금      100,000
```

그런데 B회사가 사업을 폐지함에 따라 A회사가 매출채권 1,100,000원을 회수하지 못할 경우 A회사가 선택할 수 있는 대손처리 방식은 두 가지다.

- 대손처리 방식 1: 매출채권 1,100,000원 전액을 법인세법상 대손상각비로 처리
- 대손처리 방식 2: 매출채권 1,000,000원은 법인세법상 대손상각비로 처리하고 매출채권 100,000원은 부가가치세법상 대손세액 공제로 처리

부가가치세법상 대손세액 공제액은 공제액이 현금으로 유입되지만 법인세법상 대손처리액은 법인세율을 곱한 금액이 현금으로 유입(절세효과)되므로 납세자 입장에서는 대손처리 방식 2가 대손처리 방식 1에 비해 유리한 방식이다.

---

430) 부가가치세법 시행령 제87조 제2항. 법인세법에 따라 대손처리를 할 경우 채권의 발생일이 언제 발생했는지 여부는 문제가 되지 않는다. 물론 대부분의 채권의 소멸시효가 5년 이내라는 점을 고려하면 대부분의 채권은 발생일로 5년 이내에 소멸할 가능성이 높다. 그러나 부가가치세법에서는 '공급일로부터 5년'이라는 기간을 명시하였으므로 소멸시효 중단이나 정지로 인해 5년을 초과하는 매출세액미회수분은 현실적으로 대손세액을 적용할 수 없다. 법인세법과의 형평성 측면에서 개정이 이루어져야 할 부분이다.
431) 부가가치세법 집행기준 45-87-3 제1항

상기 예를 기준으로 계산해 보면 대손처리 방식 2가 대손처리 방식 1에 비해 현금 유입이 78,000원 증가하는 대손처리 방식이다.

6-4. 회수하지 못한 부가가치세에 대해 과거 대손처리(법인세)를 하였다면 대손세액 공제(부가가치세)로 대손처리 방식을 변경하여 경정청구할 수 있다.

그런데 실무적으로 대손처리 방식 1로 처리하는 경우도 많이 있다.

아마도 부가가치세 확정 신고 시 별도로 대손세액 공제를 검토하지 못했다가 법인세 신고 시 대손에 대한 세무조정 시 부가가치세를 포함한 매출채권 전액을 대손처리하는 것이 업무관행으로 자리잡아서 일 것이라는 생각이 든다.

그런데 앞서 기술한 바와 같이 부가가치세법에서 대손 사유 등에 대해 법인세법 대손 규정을 준용하고 있어서 법인세법상 대손으로 인정받은 채권에 포함된 부가가치세(매출세액)이라면 부가가치세법상 대손세액 공제를 인정받는 것도 어렵지 않다.

따라서 만일 회사가 과거 대손처리 방식 1로 대손처리를 한 매출세액이 있다면 대손처리 방식 2로 부가가치세에 대한 경정청구를 고려해 보는 것도 좋다.

물론 회수하지 못한 부가가치세에 대해 대손세액 공제를 적용할 경우 해당 부가가치세 상당액은 법인세법상 대손처리를 할 수 없다[432].

따라서 만일 과거 대손처리한 금액을 대손세액 공제로 경정청구(부가가치세) 할 경우에는 과거 대손처리한 부가가치세 상당액은 손금불산입으로 세무조정하여 수정신고(법인세)를 해야 한다.

---

432) 법인세법 제19조 제8호

제 7 장

유형자산

① 비업무용 동산과 유휴자산

1-1. 유형자산에 대한 세무진단 시 제일 먼저 살펴보아야 할 사항은 비업무용 자산으로 간주될 수 있는지 여부이다.

회계 목적으로는 고정자산을 유형자산, 무형자산, 투자자산, 기타의 비유동자산으로 구분하지만 세무 목적으로는 고정자산을 유형자산과 무형자산으로 구분한다.

회계상 투자자산 및 기타의 비유동자산은 주식, 채권, 대여금 등으로 구성되어 있는데 세무상으로는 주식, 채권, 대여금 등에 대한 별도로 규정이 있고 해당 항목을 굳이 유동, 비유동으로 나누어 구분할 필요가 없기 때문이다.

유형자산과 무형자산은 그 사용목적상 유동자산으로 구분될 수 없어 고정자산으로 구분한다.

유형자산과 관련하여 세무진단을 할 경우 제일 먼저 살펴보아야 할 사항은 비업무용 자산으로 간주될 수 있는지 여부이다.

국세청도 세무조사 시 회사가 비업무용 자산을 보유하고 있는지 여부를 반드시 검증하고 있다.

1-2. 비업무용 자산으로 간주될 경우 관련 유지관리비 및 이자비용은 손금으로 인정되지 않는다.

비업무용 자산으로 간주되는 경우 다음과 같은 세무상 불이익이 있다.

- 비업무용 자산 관련 유지관리비^(*) 손금불산입

- 지급이자손금불산입 규정 적용

    (*) 비업무용 자산을 취득·관리함으로써 생기는 비용, 유지비(재산세, 종합부동산 등과 같은 관련 세금 포함), 수선비 및 이와 관련되는 비용 등

예를 들어 차량이 비업무용 자산으로 간주되는 경우 관련 감가상각비, 수선비, 유류비, 보험료, 운전기사 인건비 등과 추가적으로 지급이자 중 일정금액이 손금으로 인정되지 않는다.

또한 손금부인된 비업무용 자산 관련 유지·관리비는 해당 비업무용 자산을 사용수익한 자가 있다면 해당 사용수익한 자의 소득으로 처분될 수도 있다. 지급이자 손금불산입 금액은 기타사외유출로 소득 처분한다.

1-3. 비업무용 동산으로 간주될 수 있는 자산은 서화 및 골동품, 자동차·선박 및 항공기로 매우 한정적이다.

비업무용 자산은 비업무용 동산과 비업무용 부동산으로 구분해서 살펴보아야 한다.

유형자산 중 동산[434]은 업무용으로 사용하지 않으면 유예기간 없이 즉시 비업무용으로 간주된다.

그러나 법인세법상 동산 중 비업무용으로 간주할 수 있는 유형자산은 서화 및 골동품, 자동차·선박 및 항공기로 한정되어 있다[435].

따라서 세무진단 시 비업무용 동산에 대한 검토는 업무용으로 볼 수 없는 고급(외제)차량[436] 및 고가의 골동품, 예술작품이 있는지 정도만 살펴보면 된다.

1-4. 비업무용 동산과 운휴자산과는 구분하여야 한다.

비업무용 동산과 유형자산의 운휴자산과는 구분해야 한다.

기계장치 등이 생산에 사용되지 않는 경우 이를 비업무용 동산이라고 하지 않고 운

---

434) 민법 제99조 제2항: 부동산이외의 물건은 동산이다.
435) 법인세법 시행령 제49조 제1항 제2호
436) 2015년 법인세법 제27조의 2 규정 신설로 업무용승용차의 요건을 명확히 하였다.

휴자산이라고 한다.

기계장치 등이 생산에 사용되지 않아도 비업무용 동산이라고 보지 않는 이유는 비업무용 자산을 규제하는 목적에 맞지 않기 때문이다.

정부가 세법 등을 통해 회사의 비업무용 자산을 규제하고 이유는 회사의 비생산적인 투기활동을 미연에 방지하고 생산활동에 매진하게 하기 위함이다.

그런데 회사가 기계장치 등을 취득한 후 경제 상황이 여의치 않아 생산에 사용하지 않는다고 이를 투기활동으로 보기 어렵다.

기계장치 등을 일시적으로 생산(사업)에 사용하지 않더라도 관련 감가상각비, 수선비 등 관련 유지관리비는 모두 손금으로 인정된다[437].

다만, 기계장치 등을 취득 후 사용하지 아니하고 보관중이거나 생산라인에서 철거하여 창고에 보관하는 경우(장기 운휴자산)에는 관련 감가상각비는 손금으로 인정되지 않는다[438].

그러나 장기 운휴자산의 경우에도 감가상각비 외 유지관리비는 손금으로 인정되고 지급이자 손금불산입 규정도 적용되지 않는다는 점에서 비업무용 동산과는 구분된다.

---

437) 법인세법 시행령 제24조 제3항 제1호
438) 법인세법 시행규칙 제12조 제3항

❷ 비업무용 부동산 및 비사업용 토지

2-1. 회사는 향후 사업계획을 고려하여 미리 토지를 보유하려는 경향이 있어 계획대로 토지를 사용하지 못할 경우 비업무용 부동산으로 간주될 수 있다.

건물의 경우 대부분 사무실, 창고 등으로 직접 사용하거나 여유 공간은 타사 혹은 타인에게 임대하는 경우가 대부분이므로 비업무용 부동산으로 간주되는 경우는 많지 않다.

그러나 토지의 경우 실무적으로 비업무용 부동산 과세문제가 빈번하게 발생한다.

일부는 정말 투자 목적으로 구입한 토지로 인해 비업무용 부동산 관련 세무상 불이익이 적용되기도 한다. 하지만 많은 경우 향후 사업계획을 고려하여 토지를 미리 구입했다가 계획대로 사업이 진행되지 못한 여파로 의도치 않게 비업무용 부동산으로 간주되는 상황을 맞게 되는 경우가 대부분이다.

A계열사가 업무(개발)에 사용하기 위해 취득하고 싶은데 자금 여력이 안 되는 경우 다른 B계열사가 대신 취득했다가 향후 해당 A계열사에게 매각을 하거나 개발사모펀드에 양도하는 경우에도 비업무용 부동산으로 간주될 수 있다.

예를 들어 정부가 정책적으로 시세보다 싸게 공급하는 산업단지 토지를 회사는 당장 신축할 공장부지 면적만 분양 받는 것이 아니라 향후 공장증설 계획까지 반영된 토지 면적까지 포함하여 분양 받은 경우를 생각해 보자.

그런데 향후 공장 증설을 위해 보유하게 된 토지(면적)에 이런저런 이유로 공장증설을 하지 못하고 유예기간이 지나가면 회사의 의도와는 다르게 비업무용 부동산으로 간주되는 경우가 발생한다.

이런 상황 때문에 경기가 안 좋아지는 기간에는 비업무용 부동산 문제가 더 빈번하게 발생한다.

실제로도 IMF 또는 금융위기 이전에 부동산을 취득했다가 사업계획이 취소되고 처분하려고 해도 처분이 안되는 상황이 길어지다 보니 어느새 유예기간이 지나 비업무용 부동산으로 간주되는 사례가 많이 발생했다.

2-2. 나대지 상태로 토지(주차장 포함)를 임대하거나 양도하는 경우 비업무용 부동산으로 간주된다.

건축물이 없는 토지를 통상 나대지라고 부르고 나대지 상태로 임대하거나 양도하는 경우 당해 토지는 비업무용 부동산으로 간주된다.

이는 토지를 취득하여 업무용으로 사용하기 위하여 건설에 착공한 경우에는 당해 부동산을 업무에 직접 사용한 것으로 본다는 법인세법 규정[439]을 반대로 해석한 것이다.

건축물을 건설하기 위해 취득한 토지를 착공하기 전에 주차장 시설로 임대를 하더라도 비업무용 토지로 본다[440].

다만, 공장·건축물의 부속토지 등 법인의 업무에 직접 사용하던 토지를 나대지 상태로 임대하는 경우에는 업무용 부동산으로 본다[441].

2-3. 업무용 건축물을 건설하기 위해 착공한 토지는 업무에 직접 사용한 것으로 본다.

업무에 사용할 건물 등을 건축하기 위해 착공하는 것은 실제 업무에 사용하는 것으로 본다. 나대지 상태로 임대하여 비업무용 부동산으로 간주되던 토지도 착공을 하는 순간부터는 업무용 부동산으로 간주된다.

물론 착공하여 건설한 건축물을 향후 회사의 업무용으로 사용한 경우에 한하여 착공시점부터 업무에 직접 사용한 것으로 간주해 주겠다는 의미이지 착공하여 건설하는 중에 매각을 하거나 완공한 건축물을 업무에 사용하지 않고 매각한 경우까지 착공시점을 업무용으로 사용한 것으로 간주하는 것은 아니다[442].

국세청에서 비업무용 부동산을 판단하려고 할 때 제일 먼저 토지 대장 상의 지목과 해당 토지의 위성 사진을 통해 건축물 혹은 다른 시설물이 설치 완료 또는 공사 중인지 여부를 확인한다.

---

439) 법인세법 시행규칙 제26조 제3항 제1호
440) 재법인 46012-5, 2002.1.7.
441) 법인세법 시행규칙 제26조 제4항
442) 인천지방법원 2016구합54958, 2017.9.22.

만일 위성사진에서 토지에 풀이 수북이 자라 있거나 사람이 접근하기 어려운 상태로 보이면 납세자에게 해당 토지의 실제 사용 용도에 대해 소명을 요청하고 별다른 사유가 없다면 판단되면 과세를 하는 것이 일반적이다.

이런 이유 때문에 회사가 이런저런 이유로 건물 착공은 할 수 있는데 건물 용도 등이 정해지지 않아 건물 설계할 할 수 없을 때 우선 포크레인으로 땅부터 파는 방식으로 비업무용 부동산 문제를 피해 가기도 한다.

2-4. 토지를 임직원의 복지후생용으로 사용하는 경우 비업무용 부동산으로 보지 않는다.

토지를 업무용으로 사용한다는 것은 반드시 주요 생산용도로 사용하는 것만을 의미하지 않는다.

공장부지의 구내 또는 인근에 임직원의 복지후생을 위하여 설치한 휴식·체육시설용 부동산도 업무에 사용한 것으로 본다[443].

토지를 임직원 복지후생용으로 사용하려면 풀도 베야 하고 기타 시설 등을 설치해야 하는 등의 유지관리비용이 추가로 발생하므로 해당 유지관리비용과 비업무용 부동산 간주로 인한 과세금액과 비교하여 회사에서 의사결정해야 할 사항으로 보인다.

2-5. 토지 등을 업무에 사용하지 않더라도 유예기간 중에는 비업무용 부동산으로 보지 않는다.

법인세법에는 비업무용 부동산과 관련하여 유예기간이라는 특이한 규정을 두고 있다.

토지 등을 취득하여 업무에 사용하지 않더라도 유예기간 내라면 비업무용 부동산으로 보지 않는다.

유예기간 규정의 취지는 토지 등은 취득하고 건물을 건축하여 업무에 사용하기까지 큰 금액이 소요되어 회사 내부적인 의사결정할 시간이 필요하고, 관련 토지 등 사용을 위한 행정적인 절차를 이행하는 데도 상당한 시간이 소요되므로 토지 등을 취득하여

---

443) 서면법인-3653, 2016.8.24. 등 다수

실제 업무에 사용할 때까지 여유기간을 주는 것이다.

부동산의 용도별로 유예기간은 다음과 같다[444].

- 건축물 또는 시설물 신축용 토지: 취득일부터 5년
- 부동산매매업을 주업으로 하는 법인이 취득한 매매용부동산: 취득일부터 5년
- 상기 두 용도 외의 부동산: 취득일부터 2년

2-6. 토지 등을 업무에 사용하지 않고 양도하면 최초 취득시점부터 양도시점까지 비업무용 부동산을 보유한 것으로 간주되며, 유예기간이 경과했음에도 업무에 사용하지 않고 보유하고 있다면 유예기간 종료시점부터 비업무용 부동산 보유에 따른 세무상 불이익 적용된다.

유예기간이 경과했음에도 업무에 사용하지 않고 보유하고 있다면 유예기간 종료시점부터 비업무용 부동산 보유에 따른 세무상 불이익이 적용된다.

토지 등을 취득하고 나서 업무에 사용하지 않고 유예기간 중에 양도하면 최초 취득시점부터 양도시점까지 비업무용 부동산을 보유한 것으로 보아 세무상 불이익이 적용된다.

토지 등을 업무에 사용하지 않고 유예기간이 경과한 후 양도한 경우에도 유예기간 내 양도한 경우와 동일하게 최초 취득시점부터 매각시점까지 비업무용 부동산을 보유한 것으로 보아 세무상 불이익이 적용된다.

2-7. 토지 등을 업무에 사용하지 않고 양도하여 비업무용 부동산 보유기간이 취득일로 소급적용 되더라도 종전 사업연도에 대해 과소신고 및 과소납부 가산세는 발생하지 않는다.

토지 등을 업무에 사용하지 않고 양도할 경우 해당 토지 등의 취득시점으로 소급 적용되어 비업무용 부동산에 대한 불이익이 적용된다.

즉, 과거 비업무용 부동산을 소유한 것을 알았다면 발생했을 각 사업연도에 대한 법

---

444) 법인세법 시행규칙 제26조 제1항

인세 증가액을 합하여 양도시점이 속하는 사업연도에 가산하여 납부해야 한다.

이런 경우 법인세법에서는 비업무용 부동산을 보유한 사업연도에 대해 다음의 두 가지 산출방식 중 한 가지를 납세자가 선택하여 토지 등을 양도한 사업연도의 법인세에 가산하여 납부하도록 하고 있다[445].

- 가산되는 손금불산입[*]을 추가하여 계산한 결정세액-종전 결정세액(가산세 제외)
- 가산되는 손금불산입[*]을 추가하여 계산한 산출세액-종전 산출세액(가산세 제외)

  [*] 비업무용 자산 관련 유지관리비 손금불산입+지급이자손금불산입

세액감면 등과 같이 산출세액의 일정 비율이 감면되는 회사의 경우 두 산출방식에 의해 계산된 추가 납부세액은 달라질 것이나 그 외 회사는 두 산출방식에 의해 계산된 추가 납부세액이 동일할 것이다.

또한 납세자가 어느 세액방식을 선택하더라도 종전 사업연도에 대한 과소신고 가산세 및 과소납부 가산세는 발생하지 않는다.

납세자 입장에서 토지 등을 양도하기 전까지는 비업무용 부동산으로 소급적용될지 알 수 없었으므로 과소신고 가산세 및 과소납부 가산세가 과세되지 않도록 규정한 것으로 이해된다.

그러나 양도한 사업연도에 법인세 납부기한까지 상기 법인세를 납부하지 않으면 양도한 사업연도의 법인세를 납부하지 않은 것에 대한 과소신고가산세[446] 및 과소납부가산세가 발생한다[447].

---

445) 법인세법 시행규칙 제27조
446) 2014년말 국세기본법 제47조의 3 제1항의 개정으로 납부세액 기준으로 과소신고가산세가 계산되므로 개정 전(개정 전에는 산출세액 기준)과는 다르게 과소신고가산세도 발생한다.
447) 재법인 46012-67, 1996.5.20.

2-8. 비업무용 부동산으로 간주되는 경우 과세위험 Case별 사례

Case1. 유예기간 경과 후에도 토지를 업무에 사용하지 않고 보유하고 있는 경우

사실관계

- A회사는 공장을 신축할 목적으로 2014년 1월 1일에 토지를 10억원에 취득함
- 2015년 5월 1일 건축 허가 받음
- 그러나 신축 공장에서 생산하려고 계획했던 제품의 시세가 급락하여 A회사는 공장 착공시기를 늦추고 있음
- 2019년 말 현재까지 공장 건물을 착공하지 못하고 있음
- 공장 신축용 토지와 관련하여 매년 발생하는 유지관리비(재산세 등 포함)는 1억원이며 지급이자손금불산입 규정 적용 시 손금부인되는 이자비용은 매년 5천만원으로 가정함
- A회사는 세액감면 등이 없으며 2014년~2019년 동안 결손금 혹은 이월결손금은 없음

과세위험

A회사는 토지를 건축물 신축용으로 취득하였으므로 취득일인 2014년 1월 1일부터 5년의 유예기간 동안은 토지를 업무에 사용하지 않더라도 비업무용 부동산으로 보지 않는다.

그러나 유예기간 5년이 종료되는 2019년 1월 1일부터는 비업무용 부동산으로 보아 해당 토지 관련 유지관리비와 관련 지급이자가 손금부인된다.

〈세무조사 시점에 적출될 경우 A회사에 대한 과세액 추정〉

만일 상기 과세위험이 세무조사 시점에 적출될 경우 A회사에 대한 과세 추정액은 다음과 같다.

(단위: 원)

세목	구분	과세 추정액	계산내역
법인세	본세	33,000,000	150,000,000 × 22%
	과소신고가산세	3,300,000	33,000,000 × 10%
	과소납부가산세	10,840,500	33,000,000 × 3/10,000 × 1,095일
	합계	47,140,500	

Case2. 토지를 업무에 사용하지 않고 유예기간 중 매각하는 경우

사실관계

- A회사는 2017년 1월 1일에 공장 신축용으로 취득한 토지를 나대지 상태로 매각함
- 나머지 사실관계는 Case1.과 동일
- A회사의 2014년, 2015년, 2016년에 법인세 한계세율은 22%라고 가정함

과세위험

A회사가 나대지 상태로 공장 신축용 토지를 매각하였으므로 A회사는 2014년 1월 1일부터 2016년 12월 31일까지 비업무용 부동산을 보유한 것으로 보아 해당 토지 관련 유지관리비와 관련 지급이자가 손금부인된다.

A회사는 비업무용 부동산 소급 적용으로 인해 추가 발생하는 2014년, 2015년, 2016년에 대한 법인세를 다음의 방법 중 하나를 선택하여 2017년 법인세 납부액에 가산하여 납부해야 한다.

- 가산되는 손금불산입[*]을 추가하여 계산한 결정세액-종전 결정세액(가산세 제외)
- 가산되는 손금불산입[*]을 추가하여 계산한 산출세액-종전 산출세액(가산세 제외)

(*) 비업무용 자산 관련 유지관리비 손금불산입+지급이자손금불산입

〈세무조사 시점에 적출될 경우 A회사에 대한 과세액 추정〉

만일 A회사가 2017년도 법인세 납부 시 비업무용 부동산 소급 적용으로 인해 추가 발생하는 2014년, 2015년, 2016년에 대한 법인세(99,000,000원)를 가산하여 납부하지 않았다는 것이 세무조사 시점에 적출될 경우 A회사에 대한 과세 추정액은 다음과 같다.

세목	구분	과세 추정액	계산내역
법인세	본세	99,000,000	150,000,000 × 3년 × 22%
	과소신고가산세	9,900,000	99,000,000 × 10%
	과소납부가산세	32,521,500	99,000,000 × 3/10,000 × 1,095일
	합계	141,421,500	

Case3. 토지를 업무에 사용하지 않고 유예기간 경과 후 매각하는 경우

▶ 사실관계

- A회사는 2020년 1월 1일에 공장 신축용으로 취득한 토지를 나대지 상태로 매각함
- 나머지 사실관계는 Case1.과 동일
- 회사의 2014년, 2015년, 2016년, 2017년, 2018년, 2019년에 법인세 한계세율은 22% 라고 가정함

▶ 과세위험

A회사가 나대지 상태로 공장 신축용 토지를 매각하였으므로 A회사는 2014년 1월 1일부터 2019년 12월 31일까지 비업무용 부동산을 보유한 것으로 보아 해당 토지 관련 유지관리비와 관련 지급이자가 손금부인된다.

A회사는 비업무용 부동산 소급 적용으로 인해 추가 발생하는 2014년, 2015년, 2016년, 2017년, 2018년, 2019년에 대한 법인세를 다음의 방법 중 하나를 선택하여 2020년 법인세 납부액에 가산하여 납부해야 한다.

- 가산되는 손금불산입[*]을 추가하여 계산한 결정세액-종전 결정세액(가산세 제외)
- 가산되는 손금불산입[*]을 추가하여 계산한 산출세액-종전 산출세액(가산세 제외)

   (*) 비업무용 자산 관련 유지관리비 손금불산입+지급이자손금불산입

〈세무조사 시점에 적출될 경우 A회사에 대한 과세액 추정〉

만일 A회사가 2020년도 법인세 납부 시 비업무용 부동산 소급 적용으로 인해 추가 발생하는 2014년, 2015년, 2016년, 2017년, 2018년, 2019년에 대한 법인세(198,000,000

원)를 가산하여 납부하지 않았다는 것이 세무조사 시점에 적출될 경우 A회사에 대한 과세 추정액은 다음과 같다.

(단위: 원)

세목	구분	과세 추정액	계산내역
법인세	본세	198,000,000	150,000,000 × 6년 × 22%
	과소신고가산세	19,800,000	198,000,000 × 10%
	과소납부가산세	65,043,000	198,000,000 × 3/10,000 × 1,095일
	합계	282,843,000	

2-9. 법인세법에서는 업무에 사용하지 않는 부동산이 특정 요건을 충족할 경우 유예기간이 경과하였다 하더라도 비업무용 부동산으로 보지 않도록 예외 규정을 열거하고 있다.

법인세법에는 업무에 사용하지 않는 부동산이 특정 요건을 충족할 경우 유예기간이 경과하였다 하더라도 비업무용 부동산으로 보지 않는 예외규정을 법인세법 시행규칙 제26조 제5항에서 열거(제1호~제31호)하고 있다.

열거된 제1호~제31호 규정 중 일반 회사에서도 적용될 가능성이 있는 주요 규정을 발췌하면 다음과 같다.

- 법령에 의하여 사용이 금지 또는 제한된 부동산(사용이 금지 또는 제한된 기간에 한함)
- 유예기간이 경과되기 전에 법령에 따라 해당 사업과 관련된 인가·허가(건축허가를 포함)·면허 등을 신청한 법인이 건축법 제18조 및 행정지도에 의하여 건축허가가 제한됨에 따라 건축을 할 수 없게 된 토지(건축허가가 제한된 기간에 한함)
- 유예기간이 경과되기 전에 법령에 의하여 당해 사업과 관련된 인가·허가·면허 등을 받았으나 건축자재의 수급조절을 위한 행정지도에 의하여 착공이 제한된 토지(착공이 제한된 기간에 한함)
- 사업장의 진입도로로서 사도법에 의한 사도 또는 불특정다수인이 이용하는 도로
- 당해 부동산을 취득한 후 소유권에 관한 소송이 계속중인 부동산으로서 법원에 의하여 사용이 금지된 부동산과 그 부동산의 소유권에 관한 확정판결일부터 5년이

경과되지 아니한 부동산

• 전국을 보급지역으로 하는 일간신문을 포함한 3개 이상의 일간신문에 다음 각목의 조건으로 매각을 3일 이상 공고하고, 최초 공고일부터 1년이 경과하지 아니하였거나 1년 이내에 매각계약을 체결한 부동산
  - 가. 매각예정가격이 법인세법 제52조(부당행위계산부인)의 규정에 의한 시가 이하일 것
  - 나. 매각대금의 100분의 70 이상을 매각계약 체결일부터 6월 이후에 결제할 것
• 상기 매각공고 규정에 의한 부동산으로서 동호 각목의 요건을 갖추어 매년 매각을 재공고하고, 재공고일부터 1년이 경과되지 아니하였거나 1년 이내에 매각계약을 체결한 부동산(직전 매각공고시의 매각예정가격에서 동금액의 100분의 10을 차감한 금액 이하로 매각을 재공고한 경우에 한함)

상기와 같이 비업무용 부동산으로 보지 않는 예외규정이 있으나 대부분이 특수한 상황만을 전제로 규정하고 있어 일반 회사에게는 적용될 규정이 없다고 생각하여 아예 보지 않는 경우가 많다.

그러나 의외로 자신의 상황에 적용될 수 있는 예외규정이 있을 수 있다. 예외규정에 따라 비업무용 부동산이 아닌 경우가 있는데 실무상 모르고 비업무용 부동산에 대한 과세를 그냥 납부하고 넘어가는 경우가 가끔 발생한다.

국세청이 비업무용 부동산으로 과세하려고 할 경우, 납세자는 비업무용 부동산 예외규정을 한번쯤 읽어보고, 혹시 비업무용 부동산 예외 규정에 해당하는 부동산이 있는지 확인해 보아야 한다.

2-10. 비업무용 토지는 비사업용 토지에 해당될 가능성이 높으니 비업무용 토지를 양도하는 경우 비사업용 토지에 해당하는지도 반드시 검토해 보아야 한다.

법인세법에는 비업무용 부동산 말고 비사업용 토지라는 용어가 있다. 두 용어는 같은 법인세법에서 규정하고 있고, 둘 다 업무와 상관없는 토지에 세무상 불이익을 주는 규정이라 실무에서는 가끔 두 용어가 혼용되어 사용되기도 한다.

그러나 비사업용 토지와 비업무용 토지는 판단하는 기준도 다르고 요건 충족 시 적용되는 세무상 불이익도 완전히 다르므로 그 두 용어는 분명히 구분하여 사용하여야 한다.

비사업용 토지는 법인세법 제55조의 2에서 규정하고 있는 토지 등 양도소득에 대한 과세특례가 적용되는 토지를 의미한다.

토지 등 양도소득에 대한 과세특례는 일정 요건이 충족하는 토지 또는 주택의 양도소득에 대해 일반 법인세 외에 추가로 법인세를 내도록 하는 규정이다.

추가되는 법인세는 해당 과세기간에 발생한 양도소득에 10%(미등기 토지의 경우 40%)을 곱하여 산정한다.

〈비업무용 토지와 비사업용 토지의 비교〉

	비업무용 토지	비사업용 토지
근거 규정	법인세법 제27조 제1호 법인세법 시행령 제49조 법인세법 시행규칙 제26조 및 제27조	법인세법 제55조의 2 법인세법 시행령 제92조의 2~제92조의 11 법인세법 시행규칙 제45조의 2, 제46조, 제46조의 2
세무상 불이익	유지관리비(세금 포함) 손금불산입 지급이자 손금불산입	각 사업연도 법인세 외 토지 양도소득에 법인세 추가 납부(세율 10%, 비등기인 경우 40%)

비업무용 토지는 나대지일 가능성이 높고 나대지는 비사업용 토지에 해당될 가능성이 높으니 비업무용 토지를 양도하는 경우에는 비사업용 토지에 해당하는지도 반드시 검토해 보아야 한다.

비사업용 토지를 판단하는 기준은 대단히 복잡하다. 토지의 용도별로 판단하는 규정이 다르고 예외규정도 많고 보유기간 별로 사용기간 비율도 계산하여야 한다.

그러나 토지 등 양도소득에 대한 과세특례는 비사업용 토지를 양도한 경우로서 양도차익이 발생한 연도에만 적용될 수 있으므로 거액의 토지를 양도한 사업연도에 대한 세무진단을 하는 상황이 아니라면 그 중요도가 낮은 항목이다.

③ 목적사업 등재 없이 임대한 부동산

3-1. 비업무용 부동산 여부를 판단할 때 중요하게 고려되는 요소 중 하나는 법인등기부상 목적사업과 관련된 업무에 사용했는지 여부다.

세법에서는 회사가 부동산을 "업무"에 직접 사용하지 않는 경우 비업무용 부동산으로 보아 관련 감가상각비 및 유지관리비용, 관련 이자비용이 손금으로 인정하지 않는다.

법인세법에서는 비업무용 부동산 판단 시 법인의 "업무"를 다음과 같은 기준으로 판단하라고 규정하고 있다[448].

- 법령에서 업무를 정한 경우에는 그 법령에 규정된 업무
- 각 사업연도 종료일 현재의 법인등기부상의 목적사업(행정관청의 인가·허가 등을 요하는 사업의 경우에는 그 인가·허가 등을 받은 경우에 한함)으로 정하여진 업무

상기 규정을 간단히 정리하면 개별 법인의 "업무"는 다음의 3가지 경우에 인정된다.

① 법령에 규정
② 행정청의 인허가를 요하는 사업의 경우 인허가를 받아 등기부상의 목적사업에 등재
③ 그 외 일반적인 경우 법인등기부상의 목적사업에 등재

3-2. 정관 및 법인등기부상에 임대업을 등재하지 않은 채 부동산을 임대하는 경우 해당 부동산은 비업무용 부동산으로 간주되고 임대 관련 비용(관련 감가상각비 포함)은 손금으로 인정받지 못할 수 있다.

회사를 운영하다 보면 본인의 의도와는 상관없이 갑작스럽게 자산을 임대해야 하는 경우가 발생하는데 이런 경우 좀 억울하게 과세될 수 있어 주의를 요한다.

임대업 외의 업종을 영위하다가 갑자기 불가피하게 임대를 개시하게 되면 임대업을 회사 정관 및 법인등기부상에 임대업을 등재하지 못하는 경우가 가끔씩 발생한다.

예를 들어 제조업을 영위하는 모회사 본사에 갑자기 계열사가 사무실을 임차하여 들

---

448) 법인세법 시행규칙 제26조 제2항

어오는 경우 자칫 모회사 정관 및 법인등기부상에 임대업을 등재해야 하는 것을 누락하는 경우다.

이런 경우 관련 비용(감가상각비 및 유지관리비 등)을 손금으로 인정하지 않지만 관련 수익은 익금으로 과세된다.

즉, 비용(관련 이자비용 포함) 차감 없이 임대수익 전체가 과세되는 것이다.

심지어는 임대한 부동산소재지에 부가가치세법상 사업자등록을 하지 않는 경우[449] 라면 부가가치세법상 가산세도 함께 과세되니 납세자 입장에서는 억울할 따름이다.

3-3. 정관 및 등기부등본에 임대업을 등재하지 않고 임대하는 경우 과세위험

사실관계

- 제조업을 영위하는 B회사는 생산확장을 위해 충청북도에 위치한 공장용지를 취득하여 공장 건물을 건축함
- 그러나 공장 건설 동안의 경기 하락으로 인해 건축중인 공장 및 공장부속토지를 건축 이후 다른 사업자에게 임대를 하기로 함
- 2018년말 공장건물이 완공되어 2019년 1월부터 임대를 개시하였음
- 2019년 B회사의 공장건물 임대료 수익은 5억원임
- 2019년 임대공장과 관련하여 발생한 비용은 감가상각비 2억원 및 유지관리비 3천만원임
- 임대 공장 및 공장부속 토지가 비업무용 부동산으로 간주될 경우 2019년 손금부인 되는 이자비용은 7천만원임
- B회사는 정관 및 등기부등본에 임대업을 목적사업으로 등재하지 않았으며 공장소재지에 임대업 사업자등록을 하지 않음
- B회사는 임대한 공장건물의 임대료를 서울 본사 사업자 명의로 세금계산서를 발급하였으며 부가가치세 신고도 적절히 이행함
- B회사는 부가가치세법상 사업자단위사업자가 아님

---

449) 임대 사업장 미등록으로 인한 세무위험은 "부가가치세"편에서 별도 기술하였다.

B회사의 경우 임대업을 등기부등본에 목적사업으로 등재하지 않았으므로 임대업에 사용된 공장 및 공장부속토지는 비업무용 부동산으로 간주되어 관련 감가상각비 2억원 및 유지관리비 3천만원, 관련 이자비용 7천만원이 손금으로 인정되지 않을 수 있다[450].

〈세무조사 시점에 적출될 경우 B회사에 대한 과세액 추정〉

만일 상기 과세위험이 세무조사 시점에 적출될 경우 B회사에 대한 과세 추정액은 다음과 같다.

(단위: 원)

세목	구분	과세 추정액	계산내역
법인세	본세	66,000,000	300,000,000 × 22%
	과소신고가산세	6,600,000	66,000,000 × 10%
	과소납부가산세	21,681,000	66,000,000 × 3/10,000 × 1,095일
	합계	94,281,000	

(단위: 원)

세목	구분	과세 추정액	계산내역
부가가치세	미등록 가산세	5,000,000	500,000,000 × 1%
	합계	5,000,000	

3-4. 행정관청의 인허가가 필요한 업종이 아니라면 법인등기부상에 가급적 수행가능한 다수의 업종을 등재하는 것이 좋다.

법인의 사업을 법인등기부상에 등재하라고 하는 것은 사업을 은밀히 하지 말고 외부의 이해관계당사자가 알 수 있도록 공개적으로 사업을 하라는 취지이다.

그러나 사업의 은폐 목적 없이 어쩌면 회사 실무자의 단순한 실수일 수도 있는데 이런 경우까지도 등재되어 있지 않은 사업과 관련된 모든 비용을 손금으로 인정하지 않는 것은 너무 인간미 없는 법적용인 것 같다는 생각도 든다.

---

450) 임대사업 개시 시점의 사업장등록과 관련된 세무위험은 "부가가치세 사업자미등록"편 참고.

그러나 정관이나 법인등기부상에 목적사업을 기재하지 않고 사업을 수행하는 경우 해당 사업과 관련된 비용을 부인해야 한다는 입장은 조세심판원도 국세청과 같다[451].

즉, 법인등기부상에 목적사업을 등재하지 않으면 조세불복을 해도 인용받기 쉽지 않다는 의미이다.

다만, 제조업종을 영위하는 법인이 임대업의 목적사업 등재 없이 아웃소싱 업체에게 공장의 일부를 임대한 사례에 대하여 해당 임대가 제조업의 경영전략의 일환으로 이루어진 제조업의 부대사업으로 인정하여 임대한 공장을 업무 관련 부동산으로 본 사례[452]가 있기는 하다.

그러나 간단히 법인등기부상에 목적사업을 추가하면 되는 사항을 어렵게 조세불복까지 가서 인용을 받은 들 영광뿐인 상처만 남을 것이다.

이런 유형으로 과세될 수 있다는 것을 사전에 인지하고 법인등기부상에 가급적 향후 수행할 가능성이 조금이라도 있는 업종을 모두 등재하고 새로운 업종이 추가될 때마다 목적사업으로 등재되어 있는지 부지런히 챙겨야 낮출 수 있는 과세위험 유형이다.

---

451) 조심 2016중228, 2016.9.29.
452) 국심 20042693, 2005.3.2.

❹ 감가상각 내용연수: 유형자산 그룹 분류 오류 및 업종별 내용연수 적용 오류

4-1. 법인세법에서 정한 감가상각 한도를 계산할 때 회계상 분류된 유형자산 그룹별로 하는 경우가 많다.

회사는 유형자산을 취득하면 해당 유형자산을 사용할 용도에 따라 회계상 건물, 기계장치, 비품 등 유형자산 그룹별로 나누어 분류한다.

이렇게 유형자산을 그룹별로 구분하는 이유는 회계상 감가상각비를 계산할 때 경제적 내용연수 및 감가상각 방법 등을 유형자산 그룹별로 일률적으로 적용하여 효율적으로 관리하기 위함이다.

그리고 법인세 세무조정 시 감가상각비 한도초과 여부를 계산할 때 역시 회계상 분류된 유형자산 그룹별로 하는 경우가 대부분이다.

4-2. 감가상각비 세무처리는 회계상 감가상각비 중 법인세법에서 정한 한도보다 큰 금액만을 손금부인하고, 한도보다 작거나 같은 회계상 감가상각비는 세무조정을 하지 않는 방식으로 이루어진다.

법인세법상 감가상각비 세무처리는 회계상 감가상각비로 처리된 금액 중 법인세법에서 정한 한도보다 큰 금액만을 손금부인하는 세무조정을 한다. 이를 통상 감가상각비 한도초과 세무조정이라고 한다.

법인세법에서 정한 감가상각비 한도보다 작거나 같은 회계상 감가상각비는 한도초과 세무조정이 발생하지 않으므로 자연스럽게 회계상 감가상각비가 세무상 손금으로 인정받게 된다.

예를 들어 법인세법상 정액법으로 5년의 내용연수를 적용해야 하는 기계장치를 연초에 5천만원에 취득하였다고 가정해 보자.

회사가 해당 기계장치에 대해 회계상 감가상가비로 1천만원을 계상하기까지는 세무조정이 발생하지 않는다. 그러다가 회계상 감가상각비 계상액이 1천만원을 초과하게 되면 법인세 세무조정 시 1천만원 초과하는 금액을 손금불산입하는 방식으로 감가상각비 한도 초과 세무조정이 이루어진다.

〈법인세법상 감가상각비 한도초과 세무조정 사례〉

(단위: 원)

구분	① 회계상 감가상각비	② 법인세법상 감가상각비 한도	③ 세무조정 Max[(①-②), 0]
Case1.	0	10,000,000	세무조정 없음
Case2.	5,000,000	10,000,000	세무조정 없음
Case3.	10,000,000	10,000,000	세무조정 없음
Case4.	15,000,000	10,000,000	손금불산입 5,000,000(유보)
Case5.	20,000,000	10,000,000	손금불산입 10,000,000(유보)

4-3. 회계상 유형자산 그룹분류가 잘못되어 있다면 법인세법상 감가상각 한도 초과 세무조정이 잘못되어 있을 수 있다.

회사가 회계상 특정 유형자산에 대해 유형자산 그룹을 잘못 분류하였다면 감가상각 세무조정도 잘못 되어있을 가능성이 있다.

예를 들어 A회사가 회계상 유형자산을 건물, 기계장치, 비품으로 나누어 그룹별로 감가상각 처리하고 있는데 담당자의 실수(오류)로 건물로 분류해야 할 자본적 지출 1억원을 기계장치의 자본적 지출로 회계처리하였다고 가정해 보자.

A회사는 회계와 세무 모두 건물은 40년, 기계장치는 8년의 감가상각 내용연수와 정액법을 적용하여 감가상각비 및 감가상각비 한도를 계산한다.

이런 경우 A회사는 1억원 자본적 지출에 대해 매년 1천 2백 5십만원(1억원/8년)씩 회계상 감가상각비로 처리하게 된다.

회계상 분류한 유형자산 그룹별로 법인세법상 감가상각 한도 계산을 하므로 기계장치로 잘못 분류된 건물의 자본적 지출에 대해 감가상각 한도도 다른 기계장치와 동일한 8년 내용연수 및 정액법을 적용하여 매년 1천 2백 5십만원(1억원/8년)씩 계산될 것이다.

즉, A회사의 건물 자본적 지출액 1억원에 대한 감가상각비 1천 2백 5십만원은 기계장치 감가상각 한도와 비교되기 때문에 감가상각비 한도초과 세무조정(손금불산입)이 발생하지 않게 된다.

그러나 만일 A회사가 1억원의 자본적 지출을 건물 그룹으로 분류했더라면 1억원의 자본적 지출의 감가상각비의 한도는 매년 2백 5십만원(1억원/40년)씩으로 계산된다.

따라서 향후 국세청이 1억원의 자본적 지출이 기계장치가 아닌 건물에 대한 것임을 발견하게 된다면 회사가 실제 감가상각비로 계상한 1천 2백 5십만원 중 감가상각비 한도 2백 5십만원을 초과하는 1천만원(1천 2백 5십만원-2백 5십만원)은 감가상각비 한도 초과로 손금부인될 것이다.

〈건물에 대한 자본적 지출을 기계장치로 분류한 경우 감가상각비 한도 초과 세무조정 오류〉

(단위: 원)

	A회사의 회계 및 세무처리	과세 위험
회계상 감가상각비	12,500,000	12,500,000
세무상 감가상각비 한도	12,500,000 (기계장치 내용연수 8년 적용)	2,500,000 (건물 내용연수 40년 적용)
세무상 감가상각비 한도 초과	세무조정 없음	10,000,000

회계에서는 중요성 기준이라는 것이 있어서 고정자산 분류가 구조적으로 잘못되어 있지 않는 한 일부 고정자산이 잘못 분류되더라도 문제가 되지 않는 경우가 대부분이라서 개개별 고정자산의 분류에 크게 주의하지 않는다.

그러나 회계상의 유형자산 그룹분류 오류로 인해 감가상각비 한도초과 세무조정이 잘못되어 있다면 회계상 중요성 금액과 관계없이 법인세가 과세될 수 있다.

이러한 유형자산 그룹분류 오류는 사전에 세무진단을 통해 유형자산 그룹 내 개별자산을 한번쯤 검증해 본다면 쉽게 발견할 수 있다.

4-4. 법인세법상 유형자산 그룹별 감가상각 내용연수

법인세법상 유형자산의 내용연수에 대한 규정을 요약하면 다음과 같다.

구분		기준내용연수 (무신고시 적용)	회사 선택가능 내용연수 범위	근거
건(축)물	철골조	40년	30년~50년	법인세법 시행규칙 [별표 5]
	철골조 외	20년	15년~25년	
차량 및 운반구, 공구, 기구 및 비품		5년	4년~6년	
업종별(사업용) 자산		업종별로 다름 (4년~20년)	기준내용연수에 25%를 가감한 내용연수	법인세법 시행규칙 [별표 6]

4-5. 회계상 유형자산을 잘못 분류하여 발생하는 감가상각 한도초과 관련 주요 과세유형

실무적으로 회계상 유형자산 그룹을 잘못 분류하여 발생하는 대표적인 감가상각 한도초과 과세위험 사례는 다음과 같다.

• 회사의 업종을 업종별 내용연수가 짧은 업종으로 잘못 적용하는 경우
• 업종별 자산을 비품으로 분류하는 경우(업종별 내용연수가 비품 내용연수보다 긴 경우에 한함)
• 토지에 대한 자본적 지출을 구축물로 처리하는 경우
• 건물에 대한 자본적 지출을 비품 또는 업종별 자산으로 분류하는 경우
• 철골조 구조 건물을 철골조 외 구조 건물로 분류하는 경우
• 고정자산에 대한 자본적 지출을 잔여 내용연수를 적용하여 감가상각하는 경우

4-6. 감가상각 한도초과 과세위험은 짧은 내용연수가 적용되도록 유형자산 그룹을 잘못 분류하는 경우에만 발생하므로 유형자산의 내용연수가 명확하지 않은 경우 내용연수가 긴 유형자산 그룹으로 분류하면 감가상각비 한도초과 과세위험을 회피할 수 있다.

한 가지 다행인 점은 유형자산 그룹을 잘못 분류하는 모든 오류가 감가상각 한도초과 과세위험을 발생시키지는 않는다는 것이다.

감가상각 한도초과 과세위험은 감가상각 내용연수가 짧은 유형자산 그룹으로 잘못 분류하는 경우에만 발생한다.

예를 들어 앞서 든 사례에서 1억원의 자본적 지출이 건물에 대한 자본적 지출인지 기계장치에 대한 자본적 지출인지 명확하지 않은 경우 내용연수가 긴 건물 그룹으로 분류한다면 감가상각 한도초과 과세위험을 피할 수 있다.

A회사는 건물로 보아 회계상 감가상각비도 매년 2백 5십만원(1억원/40년)으로 계상했을 테고 감가상각 한도도 건물의 내용연수인 40년과 정액법을 적용하여 2백 5십만원(1억원/40년)을 계산되어 감가상각 한도초과 세무조정이 없었을 것이다.

이런 경우 1억원의 자본적 지출을 기계장치에 대한 것이라고 국세청이 간주하더라도 한도가 1천 2백 5십만원(1억원/8년)으로 계산되고 A회사의 해당 1억원의 자본적 지출에 대한 회계상 감가상각비 2백 5십만원(1억원/40년)은 한도보다 작으므로 감가상각비 한도초과 세무조정이 발생하지 않는다.

〈건물 또는 기계장치로 구분이 명확하지 않아 회사가 건물로 처리한 경우 과세위험〉

(단위: 원)

	case 1.	case 2.
회사의 처리	건물로 처리	건물로 처리
국세청의 주장	건물로 간주	기계장치로 간주
회계상 감가상각비	2,500,000	2,500,000
세무상 감가상각비 한도	2,500,000	12,500,000
세무상 감가상각비 한도 초과	세무조정 없음	세무조정 없음

(*) 회계상 감가상각비가 세무상 감가상각비 한도내 금액이므로 세무조정 없음

이 경우 만일 A회사가 감가상각비 내용연수가 짧은 기계장치로 유형자산 그룹을 분류했다면 다음과 같은 과세위험이 발생할 수 있다.

〈건물 또는 기계장치로 구분이 명확하지 않아 회사가 기계장치로 처리한 경우 과세위험〉

(단위: 원)

	case 3.	case 4.
회사의 처리	기계장치로 처리	기계장치로 처리
국세청의 주장	건물로 간주	기계장치로 간주
회계상 감가상각비	12,500,000	12,500,000
세무상 감가상각비 한도	2,500,000	12,500,000
세무상 감가상각비 한도 초과	10,000,000	세무조정 없음

이와 같이 건물의 자본적 지출인지 기계장치의 자본적 지출(취득)인지 불분명한 경우 회사가 건물의 자본적 지출로 처리하면 국세청이 이를 건물로 간주하던 기계장치로 간주하던 감가상각 한도초과 과세위험이 발생하지 않는다.

이와 비슷한 유형으로 토지에 대한 자본적 지출인지 구축물의 자본적 지출(취득)인지 불분명한 경우에도 회사가 토지의 자본적 지출로 처리하면 국세청이 이를 토지로 간주하던 구축물로 간주하던 과세위험이 발생하지 않는다.

이와 같이 특정 유형자산에 적용해야 할 내용연수가 명확하지 않은 경우 가급적 내용연수가 긴 유형자산 그룹으로 분류하면 감가상각비 한도초과 과세위험을 회피할 수 있다.

그러나 이렇게 내용연수가 긴 유형자산 그룹으로 분류를 하면 해당 감가상각 자산의 취득가액이 비용화(감가상각비)가 안되거나 늦게 되어 그만큼 법인세 절세효과가 발생하지 않거나 늦게 발생한다는 단점이 있다.

4-7. 업종이나 용도에 따라 비품과 업종별 자산의 구분이 명확하지 않을 수도 있으며 이런 경우 "업종별 자산을 비품으로 분류하는 경우"에 따른 감가상각 한도초과 과세위험이 발생할 수 있다.

"업종별 자산을 비품으로 분류하는 경우(업종별 내용연수가 비품 내용연수보다 긴 경우에 한함)"의 감가상각 한도초과 과세위험 유형에 대해 좀 더 구체적으로 기술하면 다음과 같다.

비품은 법인세법 시행규칙 [별표 5]의 내용연수를 적용해야 하며 사업용 고정자산은 법인세법 시행규칙 [별표 6]을 적용해야 한다.

사업용 고정자산의 감가상각 내용연수를 규정하고 있는 법인세법 시행규칙 [별표 6] 상이 내용연수를 통상 업종별 내용연수라고 부르고 업종별 내용연수가 적용되는 유형자산을 업종별 자산이라고 부른다.

모든 업종이 제조업과 같이 기계장치는 업종별 자산으로, 일반 사무 인테리어는 비품으로 명확히 구분되면 좋겠으나 업종에 따라 업종별 자산과 비품 등이 명확히 구분되지 않는 경우도 많다.

예를 들어 의류 도·소매업을 영위하는 법인이 타인의 건물을 임차하여 그 임차한 건물에 당해 법인의 업무용 시설물을 설치하고 임대차계약의 해지 또는 계약기간 만료 시 이를 철거하여 원상복구하기로 한 경우 업종별자산의 내용연수로 감가상각을 해야 한다[453].

즉, 일반적으로 인테리어에 대한 지출을 하게 되는 경우 비품으로 분류하여 감가상각을 하게 되는데 업종이나 인테리어 용도에 따라 인테리어에 대한 지출에 대해 법인세법상 업종별 내용연수를 적용하여 감가상각 한도를 계산해야 하는 경우도 있으니 주의해야 한다.

---

453) 서면2팀-2430, 2006.11.27.

4-8. "업종별 자산을 비품으로 분류하는 경우"에 따른 감가상각 한도초과 과세 위험이 발생할 가능성이 높은 업종(예시)

예를 들면 음식점업의 경우에도 매장이 곧 사업장이기 때문에 매장내 식탁, 의자, 조명과 같이 일반적으로는 비품으로 인정되는 인테리어 재화가 업무용 시설물(업종별 자산)로 간주되어 업종별 내용연수가 적용되어 과세되기도 한다.

음식점업을 영위하는 회사가 비품 내용연수인 5년을 적용하여 감가상각을 하였는데 해당 고정자산이 업종별 자산으로 간주될 경우 기준내용연수인 8년[454]으로 감가상각 한도가 재계산되어 과세될 수 있다.

이러한 감가상각 한도초과 과세위험 유형은 음식업업, 주점업, 숙박업과 같이 사업장에서 직접 재화나 용역이 공급되는 업종에서 많이 나타난다.

도소매업과 같이 비품과 업종별 내용연수가 5년으로 동일하더라도 비품은 4년의 내용연수를 적용하고 업종별 내용연수는 5년 또는 6년의 내용연수를 적용하는 경우도 동일한 과세위험이 발생할 수 있다.

상기와 같이 감가상각 한도초과 과세위험 유형은 회사의 주요 수익을 창출하는데 인테리어 혹은 비품이 필요한 다음의 업종에서 발생할 수 있다. 따라서 다음의 업종을 영위하는 회사는 반드시 사업장의 비품, 인테리어 등이 법인세법상 업종별 자산으로 간주될 수 있는지 여부를 한번쯤은 체크해 보아야 한다.

- 음식점업 인테리어[455]
- 의류 도·소매업[456]
- 종합유선방송업[457]
- 예식장업[458]
- 여행알선, 창고 및 운송관련 서비스업에 사용되는 차량운반구[459]

---

454) 6년부터 10년 사이 중 선택하여 신고하여 적용 가능
455) 조심 2012서4448, 2012.12.13.
456) 서면 인터넷방문상담2팀-2430, 2006.11.27.
457) 법인 46012-232, 2003.4.14.
458) 국심 2004서1441, 2005.12.1.
459) 서면 인터넷방문상담2팀-119, 2007.1.16.

4-9. 업종별 자산은 비품 등의 내용연수를 적용할 수 없고 반드시 업종별 내용연수를 적용해야 한다.

법인세법에서는 감가상각 내용연수를 다음과 같이 규정하고 있다.

- 법인세법 시행규칙 별표 2: 시험연구용자산의 내용연수표
- 법인세법 시행규칙 별표 3 무형자산의 내용연수표
- 법인세법 시행규칙 별표 5: 건축물 등의 기준내용연수 및 내용연수범위표
- 법인세법 시행규칙 별표 6: 업종별자산의 기준내용연수 및 내용연수범위표

법인세법 시행규칙 별표 6은 법인세법 시행규칙 별표 3이나 법인세법 시행규칙 별표 5의 적용을 받는 자산을 제외한 모든 감가상각자산에 대하여 적용하도록 규정되어 있다[460].

비품에 대한 내용연수(5년)은 법인세법 시행규칙 별표 5에서 규정하고 있으니 언뜻 보기에는 비품에 대한 내용연수와 업종별 내용연수를 회사가 선택할 수 있는 것처럼 해석될 수 있다.

그러나 앞서 든 사례와 같이 회계상 비품 또는 시설장치로 처리한 지출이 세무상으로는 업종별 자산으로 간주되어 과세될 수 있고, 조세심판원에서도 업종별 자산의 경우에는 반드시 업종별 내용연수에 대한 적용해야 한다는 입장이다[461].

4-10. 업종별 자산의 구분 기준: 고유사업에 직접 사용하는 고정자산

그런 업종별 자산과 비품의 구분기준은 무엇일까?

아쉽게도 법인세법에는 업종별 자산과 비품을 구분하는 기준을 따로 규정하고 있지 않다.

한편, 조세특례제한법에서 투자세액공제를 받을 수 있는 대상으로 사업용 자산일 것을 요구하는 경우가 많다.

실무상 조세특례제한법 투자세액공제를 받을 수 있는 사업용 자산의 범위를 업종별 자산의 범위와 동일하게 보고 있다.

---

460) 법인세법 시행규칙 별표 6 비고 1.
461) 조심 2012서4448, 2012..12.13.

조세특례제한법상 사업용 자산에 대한 범위가 법인세법의 업종별 자산의 범위와 유사하므로 조세특례제한법상 사업용 자산의 정의를 차용하면 법인세법상 업종별 자산에 대한 판단기준을 어느 정도 세울 수 있다.

예규와 (구)조세특례제한법 기본통칙 등을 종합해 보면 조세특례제한법상 투자세액공제를 받을 수 있는 사업용 자산은 해당사업에 직접 사용하는 고정자산으로 정의할 수 있다[462].

따라서 법인세법상 업종별 자산도 수익창출활동에 직접 사용함으로써 수익에 직접 기여하는 고정자산(비품 포함) 정도로 이해하고 이러한 기준에 따라 업종별 자산을 구분하면 될 것으로 판단된다.

예를 들어 의류 소매업의 매장을 구성하는 우드집기류, 행거류, 피팅룸은 의류 소매업 매출에 핵심적 역할을 하는 비품으로 보이나, 그 외 컴퓨터 장비, 조명 등은 다른 곳에서 사용할 수 있는 범용성 있는 물품으로 필수적이고 핵심적인 비품에 해당한다고 보기 어려울 것이다[463].

4-11. 업종별 자산을 비품으로 분류하여 투자세액공제를 받지 못하였다면 투자세액공제 요건 등을 검토하여 경정청구를 고려해 보는 것도 좋을 것이다.

앞서 기술한 바와 같이 실무상 조세특례제한법 투자세액공제를 받을 수 있는 사업용 자산의 범위와 업종별 자산의 범위를 동일하게 보고 있다.

업종별 자산과 사업용 자산의 범위를 동일하다고 볼 경우 업종별 자산의 취득가액은 법 소정의 투자세액공제 요건이 충족되는 경우 투자세액공제를 받을 수 있다.

그런데 만일 기존에 회계상 비품으로 분류하여 투자세액공제를 받지 못한 업종별 자산이 있다면 그 취득가액이 투자세액공제를 받을 수 있는지에 대한 추가 검토를 해 보아야 한다.

---

462) 기획재정부 조세특례제도과-422, 2009.4.22. 이러한 사업용 자산에 대한 정의는 (구) 조세특례제한법 기본통칙 4-0…3에서 규정하고 있었으나 2005년 7월에 해당 기본통칙이 삭제되었다. 그러나 2009년 기재부가 이와 동일한 취지의 답변을 함으로써 사업용 자산에 대한 판단기준이 그대로 승계하고 있음을 알 수 있다.
463) 조심 2015서1970, 2015.6.23.

예를 들어 화장품 직매장업을 영위하는 회사가 비품으로 분류한 진열대, 카운셀링테이블, 스킨터치에 대해 취득 사업연도에는 임시투자세액공제를 받지 않았으나 경정청구를 통해 임시투자세액공제를 받은 사례가 있다[464].

또 다른 예를 들어보면 영화관을 운영하는 회사가 과거 비품으로 분류하여 임시투자세액공제를 받지 않았던 영화관람용 의자, 상영관 내부공사(상영·흡음·방음·방진), 영사실(상영·방음), 창호공사(상영관 내부 도어) 투자액에 대해 경정청구를 통해 영상 및 음향장비와 일체를 이루어 영화관람 서비스를 제공하기 위한 필수적 기능을 하는 사업용 자산이라는 점을 주장하여 임시투자세액공제를 받은 사례도 있다[465].

4-12. 업종별 자산이 실제 사용되는 사업내용에 따라 한국표준산업분류상 중분류 업종을 적용하여 업종별 내용연수를 적용해야 한다.

업종별 내용연수 적용시 업종은 회사가 실제 영위하는 사업내용에 따른 한국표준산업분류상의 중분류 업종을 의미하므로, 해당 업종을 법인세법시행규칙 별표 6에서 찾아 기준내용연수(또는 내용연수범위내에서 신고한 내용연수)를 적용하면 된다.

이때 주의해야 할 것은 한국표준산업분류에 따라 대분류가 동일하더라도 중분류에 따라 적용되는 업종별 내용연수가 다를 수 있다는 것이다.

예를 들어 제조업(대분류)이라 하더라도 다음과 같이 다양한 업종별 내용연수가 적용된다.

〈법인세법 시행규칙 별표 6(업종별자산의 기준내용연수 및 내용연수 범위표) 중 일부 발췌〉

한국표준산업분류		업종별 기준내용연수 (선택가능범위)
대분류	중분류	
제조업	15. 가죽, 가방 및 신발제조업. 다만, 원피가공 및 가죽제조업 (1511)은 8년(6년~10년)을 적용함	4년 (3년~5년)
	18. 인쇄 및 기록매체복제업 21. 의료용 물질 및 의약품 제조업	5년 (4년~6년)

---

464) 조심 2014서4667, 2015.1.28
465) 조심 2013서4268, 2014.9.30.

한국표준산업분류		업종별 기준내용연수 (선택가능범위)
대분류	중분류	
제조업	26. 전자부품, 컴퓨터, 영상, 음향 및 통신장비 제조업. 다만, 마그네틱 및 광학 매체 제조업(2660)은 8년(6년~10년)을 적용하고, 전자코일, 변성기 및 기타 전자유도자 제조업(26295) 및 유선 통신장비 제조업(26410) 중 중앙통제실 송신용 침입 및 화재경보 시스템 제조는 10년(8년~12년)을 적용함	6년 (5년~7년)
	14. 의복, 의복 액세서리 및 모피제품 제조업. 다만, 편조의복 제조업(143) 및 편조의복 액세서리 제조업(1441)은 10년(8년~12년)을 적용함 20. 화학물질 및 화학제품 제조업(의약품은 제외한다). 다만, 살충제 및 기타 농약 제조업(2041)은 4년(3년~5년)을 적용하고, 화약 및 불꽃제품 제조업(20494) 중 성냥 제조는 10년(8년~12년)을 적용함	8년 (6년~10년)
	10. 식료품 제조업 11. 음료 제조업 13. 섬유제품 제조업(의복을 제외한다). 다만, 섬유제품 염색, 정리 및 마무리 가공업(134)은 8년(6년~10년)을 적용함 16. 목재 및 나무제품제조업(가구는 제외함) 17. 펄프, 종이 및 종이제품 제조업 22. 고무제품 및 플라스틱제품 제조업 23. 비금속 광물제품 제조업. 다만, 기타 산업용 유리제품 제조업(23129) 중 평판 디스플레이용 유리의 제조업과 브라운관용 벌브유리의 제조업은 5년(4년~6년)을 적용함. 24. 1차 금속 제조업. 다만, 기타 비철금속 제련, 정련 및 합금 제조업(24219) 중 우라늄 제련 및 정련업은 8년(6년~10년)를 적용함 25. 금속가공제품 제조업(기계 및 가구는 제외함) 27. 의료, 정밀, 광학기기 및 시계 제조업 28. 전기장비 제조업 29. 기타 기계 및 장비 제조업 31. 기타 운송장비 제조업 32. 가구 제조업 33. 기타 제품 제조업	10년 (8년~12년)
	12. 담배제조업 30. 자동차 및 트레일러 제조업	12년 (9년~15년)

한국표준산업분류		업종별 기준내용연수 (선택가능범위)
대분류	중분류	
제조업	19. 코크스, 연탄 및 석유정제품 제조업. 다만, 코크스 및 연탄 제조업(1910) 중 연탄, 갈탄·토탄의 응집 유·무연탄 및 기타 유·무연탄 제조는 5년(4년~6년)을 적용함	14년 (11년~17년)

4-13. 하나의 회사가 2개 이상의 업종을 영위하고 있다면 유형자산이 실제 사용되는 업종(사업)에 따라 업종별로 구분하여 각각 해당 업종별 내용연수를 적용해야 한다.

"회사의 업종을 업종별 내용연수가 짧은 업종으로 잘못 적용하는 경우"의 감가상각 한도초과 과세위험 유형에 대해 좀 구체적으로 기술하면 다음과 같다.

하나의 회사에 반드시 하나의 업종별 내용연수를 적용해야 하는 것은 아니다.

만일 하나의 회사가 2개 이상의 업종을 영위하고 있다면 유형자산이 실제 사용되는 사업에 따라 업종별로 구분하여 각각 해당 업종별 내용연수를 적용해야 한다.

만일 두 개 이상의 업종에 공통으로 쓰인다면 주된 업종의 내용연수를 적용해야 한다.

즉, 2 이상의 업종에 공통으로 사용되는 자산이 있는 경우에는 그 사용기간 또는 사용정도의 비율에 따라 사용비율이 큰 업종의 기준내용연수 및 내용연수범위를 적용해야 한다[466].

4-14. 업종별 내용연수를 판단할 때 2개 이상의 업종을 영위하는 회사의 경우 업종간 연관관계 등도 고려하여야 한다.

새로운 제품을 추가 제조하거나 업종을 추가할 경우에도 이러한 업종별 자산 혹은 업종별 내용연수 구분을 검토하지 않고 관행대로 기존 업종별 내용을 적용하는 경우도 많이 있다.

가방 제조업의 업종별 내용연수는 4년이고 원피 제조업의 업종별 내용연수는

---

466) 법인세법 시행규칙 별표 6, 서면 인터넷방문상담2팀-2007, 2006.10.4.

8년이다.

예를 들어 가방을 제조하던 회사가 원피 제조까지 사업확장을 하기 위해 기계장치를 취득하면 해당 기계장치는 원피 제조업의 업종별 내용연수인 8년을 적용하여 감가상각비 한도를 계산하여야 한다.

그러나 이런 경우에도 별도의 검토를 하지 않으면 회사의 담당자는 기존 가방을 제조하는 기계장치의 업종별 내용연수인 4년을 적용하여 감가상각비 한도를 계산하는 오류를 범할 수 있다.

한편, 2개 이상의 업종을 영위하는 회사의 경우 업종간의 연관관계에 따라 다른 방식으로 주업종을 판단하는 경우도 있다.

예를 들어 예식장업과 음식장업처럼 상호 연관이 업종을 겸업하는 경우 사업자가 음식장업의 매출이 높다는 근거로 음식장업을 주업으로 신고납부하였는데 국세청은 예식장업이 주업종이라고 보아 과세할 수 있다.

이런 사례에 대해 조세심판원은 "예식행사에 따라 연회가 발생하는 것이므로 예식장업을 주된 업종으로 보아 업종별 감가상각 내용연수를 적용하는 것이 타당[467]"하다고 국세청의 주장이 맞다는 입장이므로 반드시 매출 또는 자산이 큰 업종이 주업종이라고 단정할 수도 없다.

상호 연관이 있는 2개의 제조업을 동시에 영위하는 경우에도 생산순서 및 연관관계 등을 고려해서 주업종을 판단해야 할 것으로 생각된다.

4-15. 내용연수 적용 오류로 인한 과세위험은 추징시점에 일시에 거액의 법인세를 납부하고 이후 사업연도의 감가상각비 절세효과를 통해 법인세가 감소되는 형태로 과세가 이루어진다.

내용연수 적용 오류로 인한 과세위험은 추징시점에 일시에 거액의 법인세를 납부하고 이후 사업연도의 감가상각비 절세효과를 통해 법인세가 감소되는 형태로 과세가 이루어진다.

---

467) 국심 2004서1441, 2005.12.1.

따라서 내용연수 적용 오류로 인해 과세가 된다고 하더라도 납세자의 실질적 부담은 세금을 먼저 낸 현재가치 효과, 과소신고 불성실 가산세, 과소납부 불성실 가산세 정도이다.

감가상각비 내용연수 오류로 인해여 과세되는 경우 과세이후 감가상각 또는 처분을 통해 손금으로 다시 돌아오기는 하지만 회사에서 사업용 고정자산이 자산에서 차지하는 비중이 워낙 높다 보니 일시에 거액의 과세가 발생하는 경우가 대부분이므로 과세위험이 낮은 편이 아니다.

또한, 납세자가 법인세를 납부한 후 계속하여 결손이 발생하면 향후 감가상각비 절세효과에 따른 법인세 감소 효과가 없기 때문에 경우에 따라서는 법인세 본세도 납세자의 실질적 손실로 부담될 수 있다.

실제 세무조사 시에도 유형자산의 내용연수 적용 오류로 과세되는 경우가 많으니 세무진단을 통해 사전에 꼭 한번은 체크해 봐야 한다.

4-16. 유형자산 그룹 분류 오류로 인한 감가상각비 한도초과 과세위험 사례

사실관계

- 음식점업을 영위하는 C회사는 2019년 1월 1일 건물을 임차하여 음식점업에 필요한 인테리어를 설치하는 데 10억원을 지출함
- 해당 인테리어는 C회사의 음식점업을 영위하기 위해 직접 사용되는 것이며 임대차계약 종료 시 철거하여 원상복구하기로 계약함
- 한편, 같은 날에 C회사는 보유하고 본사 건물(철골조)에 25억원을 들여 보일러 시설을 대수선하고 이를 시설장치로 회계처리함
- C회사는 인테리어와 시설장치를 비품으로 보아 신고내용연수인 5년 동안 정액법으로 감가상각을 수행함
- 상기 인테리어와 시설장치 취득액을 5년 내용연수로 감가상각한 금액은 다음과 같음
- 인테리어: 2억원
- 시설장치: 5억원
- 만일 상기 인테리어와 시설장치 취득액을 음식점업의 업종별 (기준)내용연수인 8

년 감가상각한다고 가정할 경우 감가상각 한도 금액은 다음과 같음

- 인테리어 1억 2천 오백만원
- 시설장치 3억 1천 2백 5십만원
- C회사는 건물(철골조)을 40년으로 감가상각을 하고 있으며 시설장치를 40년으로 감가상각한다고 가정할 경우 시설장치의 감가상각 한도는 6천 2백 5십만원임

과세위험

C회사가 2019년 설치한 인테리어가 음식점업에 필요한 업무용 시설물로 간주될 경우 업종별 내용연수인 8년을 적용하여 감가상각비 한도를 초과한 감가상각 금액은 손금으로 인정되지 않을 수 있는 과세위험이 있다.

또한 C회사가 시설장치로 처리한 자본적 지출을 건물에 대한 자본적 지출이라고 간주될 경우[468] 건물(철골조)의 내용연수인 40년을 적용하여 계산한 감가상각 한도를 초과한 감가상각 금액은 손금으로 인정되지 않을 수 있는 과세위험이 있다.

〈세무조사 시점에 적출될 경우 C회사에 대한 과세액 추정〉

만일 상기 과세위험이 세무조사 시점에 적출될 경우 C회사에 대한 과세 추정액은 다음과 같다.

(단위: 원)

세목	구분	과세 추정액	계산내역
법인세	본세	112,750,000	$[(200,000,000-125,000,000)+(500,000,000-62,500,000)] \times 22\%$
	과소신고가산세	11,275,000	$112,750,000 \times 10\%$
	과소납부가산세	37,038,375	$112,750,000 \times 3/10,000 \times 1,095$일
	합계	161,063,375	

---

468) 건물에 대한 지출이 자본적 지출이라고 가정할 경우 지방세인 취득세(부가세인 농어촌특별세, 지방교육세 포함)를 취득일로부터 30일 이내에 신고납부해야 하므로 주의하여야 한다.

4-17. 건축물의 부속설비를 건축물과 구분하여 업종별 자산으로 회계처리하는 경우 건축물의 부속설비에 대해 업종별 감가상각비 내용연수를 적용할 수 있다.

건축물[469]에 대한 부속설비는 건축물의 장부가액에 포함되어 건축물과 함께 감가상각비 한도가 계산된다.

법인세법 시행규칙 별표 5에 제2호에서 예시되어 있는 부속설비는 다음과 같다.

- 건물 관련 부속설비: 전기설비, 급배수·위생설비, 가스설비, 냉방·난방·통풍 및 보일러설비, 승강기설비 등 모든 부속설비를 포함
- 구축물 관련 부속설비: 하수도, 굴뚝, 경륜장, 포장도로, 교량, 도크, 방벽, 철탑, 터널 기타 토지에 정착한 모든 토목설비나 공작물

그런데 상기 건축물의 부속설비는 건축물 자체와 관련되어 설치되어 있을 수도 있지만 회사의 생산설비의 일부로 설치되어 있을 수도 있다.

법인세법에서는 이러한 경우를 고려하여 건축물의 부속설비를 건축물과 구분하여 업종별 자산으로 회계처리하는 경우 건축물의 부속설비에 업종별 내용연수를 적용할 수 있도록 하고 있다[470].

과세소득이 발생하여 법인세를 납부하는 납세자에게는 가급적 감가상각비를 빨리 손금으로 처리해야 감가상각비 절세효과가 조기에 발생하게 되므로 납세자에게 유리하다.

대부분의 경우 업종별 감가상각비 내용연수가 건축물의 감가상각비 내용연수보다 짧으므로, 가급적 감가상각비를 빨리 손금으로 인정받고 싶은 납세자는 건축물의 부속설비에 대해 업종별 자산으로 회계처리하고 업종별 내용연수를 적용하여 감가상각비 한도를 계산하는 것을 고려해 보는 것이 좋다.

예를 들어 상기 "4-16" 과세위험 사례의 경우 2019년 초 시설장치 지출액이 부속설

---

469) 건축물은 건물과 구축물을 총칭하는 단어이다. 건물은 사람이 살거나 업무를 보는 곳이고, 구축물은 기계 장치 등이 설치되어 사업을 수행하는 공작물이다.
470) 법인세법 시행규칙 별표 5. 제2항

비에 해당하고 회사가 업종별 자산으로 회계처리했다면 2019년 감가상각비(한도)를 3억 1천 2백 5십만원까지 과세위험 없이 인정받을 수 있다.

이는 건물의 자본적 지출액을 건물로 처리한 경우(6천 2백 5십만원)에 비해 2억 5천만원의 손금 증가 효과가 있고 이를 법인세 절세효과로 계산하면 5천 5백만원(법인세율 22% 가정)이 된다[471].

4-18. 진동이 심하거나 부식성 물질에 심하게 노출된 건축물은 감가상각비 기준 내용연수를 10년(철골조 외) 또는 20년(철골조)으로 하여 일반 내용연수에 비해 50% 짧게 적용할 수 있다.

법인세법 시행규칙 별표 5 제3항에 따라 진동이 심하거나 부식성 물질에 심하게 노출된 건축물도 내용연수를 짧게 적용하여 조기에 감가상각비 절세효과를 얻을 수 있다.

즉, 다음의 용도의 건축물의 경우 감가상각 기준내용연수를 10년(철골조 외) 또는 20년(철골조)으로 하고, 내용연수범위를 각각 (8년~12년), (15년~25년)으로 하여 신고내용연수를 선택적용할 수 있다.

- 건물: 변전소, 발전소, 공장, 창고, 정거장·정류장·차고용 건물, 폐수 및 폐기물처리용 건물[472]
- 구축물: 축사, 구축물 중 하수도, 굴뚝, 경륜장, 포장도로와 폐수 및 폐기물처리용 구축물
- 기타 진동이 심하거나 부식성 물질에 심하게 노출된 것

따라서 상기 건축물을 보유하고 있는 회사가 가급적 감가상각비를 빨리 손금으로 인정받고 싶다면 감가상각비 한도 계산 시 내용연수를 50%로 짧게 적용할 수 있다.

---

471) 그러나 이러한 손금가산 효과는 감가상각 내용연수를 짧게 적용했기 때문에 발생한 것으로 이후 익금가산 효과와 상계되어 결국 손금을 조기에 인식할 수 있는 혜택을 누리는 것뿐이지 절세효과가 영구히 발생하는 것은 아니다.
472) 유통산업발전법시행령에 의한 대형점용 건물(당해 건물의 지상층에 주차장이 있는 경우에 한함) 및 국제회의산업육성에 관한 법률에 의한 국제회의시설 및 무역거래기반조성에 관한 법률에 의한 무역거래기반시설(별도의 건물인 무역연수원을 제외한다)도 적용 가능하나 특수한 경우라서 본문에서는 제외하였다.

⑤ 자본적 지출 및 수익적 지출의 구분: 소액지출, 인테리어, 건물 등에 대한 지출

5-1. 자본적 지출이란 "소유하는 감가상각자산의 내용연수를 연장시키거나 해당 자산의 가치를 현실적으로 증가시키기 위하여 지출"을 말한다.

자본적 지출에 해당하는 금액은 취득가액에 가산하여 감가상각 과정을 통하여 손금에 산입하고, 수익적 지출에 해당하는 금액은 취득가액에 가산하지 아니하고 바로 손금으로 처리된다.

법인세법상 자본적 지출이란 "소유하는 감가상각자산의 내용연수를 연장시키거나 해당 자산의 가치를 현실적으로 증가시키기 위하여 지출[473]"를 말한다.

법인세법에서 예시하고 있는 자본적 지출은 다음과 같다.

- 본래의 용도를 변경하기 위한 개조
- 엘리베이터 또는 냉난방장치의 설치
- 빌딩 등에 있어서 피난시설 등의 설치
- 재해 등으로 인하여 멸실 또는 훼손되어 본래의 용도에 이용할 가치가 없는 건축물·기계·설비 등의 복구
- 기타 개량·확장·증설 등 상기 ①부터 ④까지와 유사한 성질의 것

5-2. 수익적 지출이란 "감가상각 자산의 원상 회복이나 능률유지를 위하여 지출한 수선비로서 자본적 지출이 아닌 수선비"를 말한다.

수익적 지출은 감가상각자산의 원상을 회복시키거나 능률유지를 위하여 지출한 수선비로서 자본적 지출이 아닌 수선비를 말한다[474].

법인세법에서 예시하고 있는 수익적 지출은 다음과 같다.

- 건물 또는 벽의 도장

---

473) 법인세법 시행령 제31조 제2항
474) 법인세법 시행규칙 제17조, 동법 집행기준 23 – 31 – 2 【자본적 지출과 수익적 지출의 구분】

- 파손된 유리나 기와의 대체
- 기계의 소모된 부속품 또는 벨트의 대체
- 자동차 타이어의 대체
- 재해를 입은 자산에 대한 외장의 복구·도장 및 유리의 삽입
- 기타 조업가능한 상태의 유지 등 상기 ①부터 ⑤까지와 유사한 성질의 것

국세청은 집행기준을 통해 고정자산에 대한 자본적 지출의 범위[475]와 고정자산에 대한 수익적 지출의 범위[476]에 대해 열거하고 있다.

5-3. 추상적인 정의로 인해 실무상 자본적 지출과 수익적 지출의 구분도 어렵고 일관성 있게 적용하기도 어렵다.

상기와 같이 법인세법과 국세청 집행기준에서는 자본적 지출과 수익적 지출의 구분을 위해 그 지출의 정의와 여러 가지 사례를 제시하고 있다.

하지만 문제는 자본적 지출과 수익적 지출의 추상적인 정의로 인해 자본적 지출과 수익적 지출의 구분이 어렵고, 실무상 수익적 지출과 자본적 지출의 구분을 일관성 있게 적용하기도 어렵다는 데 있다.

5-4. 수익적 지출과 자본적 지출 구분을 반대로 처리할 경우 발생하는 과세위험

만일 자본적 지출을 수익적 지출로 처리할 경우 자본적 지출에 대한 감가상각 한도를 초과하는 금액은 지출한 사업연도에 손금으로 인정받지 못하는 과세위험이 발생한다[477].

---

475) 법인세법 집행기준 23-31-3
476) 법인세법 집행기준 23-31-4
477) 이후 사업연도부터 자본적 지출 총액에 달할 때까지 매 사업연도마다 감가상각 한도 금액이 손금으로 돌아온다.

예를 들어 감가상각 내용연수 4년(년초 지출, 법인세율 22%, 정액법 적용 가정)을 적용해야 하는 자본적 지출을 1억원을 수익적 지출로 처리한 경우 과세위험은 다음과 같다.

(단위: 원)

	지출연도(1년차)	2년차	3년차	4년차	합계
회계상 비용	100,000,000	0	0	0	100,000,000
감가상각 한도	25,000,000	25,000,000	25,000,000	25,000,000	100,000,000
세무조정	손금불산입 75,000,000	손금산입 25,000,000	손금산입 25,000,000	손금산입 25,000,000	0
법인세 본세[*]	납부 16,500,000	환급 5,500,000	환급 5,500,000	환급 5,500,000	0
과세위험	과소신고가산세 과세납부가산세				

[*] 지출연도(1년차)에 손금부인된 금액은 이후 사업연도에 감가상각 한도 금액만큼 손금으로 돌아오므로 4년 동안 법인세율이 일정할 경우 4년간 법인세 본세의 합계액이 증가하지는 않는다.

수익적 지출을 자본적 지출로 처리한 경우에도 지출한 사업연도에 추가 손금으로 인정받고 이후 사업연도에 손금 부인되면서 과소신고가산세가 발생할 과세위험이 아예 없는 것은 아니나 실무적으로 거의 발생하지 않는 과세유형이다.

그렇다고 모든 수선비를 자본적 지출로 처리할 수도 없는 노릇이다.

예를 들어 감가상각 내용연수 4년(년초 지출, 법인세율 22%, 정액법 적용 가정)을 적용해야 하는 수익적 지출을 1억원을 자본적 지출로 처리한 경우 과세위험은 다음과 같다.

	지출연도(1년차)	2년차	3년차	4년차	합계
회계상 비용	25,000,000	25,000,000	25,000,000	25,000,000	100,000,000
감가상각 한도	100,000,000	0	0	0	100,000,000
세무조정	손금산입 75,000,000	손금불산입 25,000,000	손금불산입 25,000,000	손금불산입 25,000,000	0
법인세 본세[*]	환급 16,500,000	납부 5,500,000	납부 5,500,000	납부 5,5000,000	0
과세위험		과소신고 가산세	과소신고 가산세	과소신고 가산세	

(*) 지출연도(1년차)에 손금산입된 금액은 이후 사업연도에 회계상 감가상각비만큼 손금부인되므로 4년 동안 법인세율이 일정할 경우 4년간 법인세 본세의 합계액이 증가하지는 않는다.

5-5. 실무상 자본적 지출과 수익적 지출의 구분은 세법 기준을 잘 알지 못하는 현업부서에서 하거나 지출의 성격을 잘 알지 못하는 재무부서에서 하게 된다.

실무적으로 대부분의 회사에서 고정자산에 대한 지출 프로세스는 다음과 같이 이루어진다.

- 1단계: 현업부서에서 투자필요 건의
- 2단계: 경영진의 지출승인
- 3단계: 지출승인에 따른 지출 발생
- 4단계: 재무팀의 관련 전표 확인

수선비의 자본적 지출과 수익적 지출이 일관성 있게 잘 구분되기 위해서는 실제 지출의 내용을 잘 알고 있는 현업부서 담당자와 법인세법상 자본적 지출 및 수익적 지출의 구분 기준을 잘 아는 재무부서 담당자가 서로 잘 모르는 부분을 상의하여 구분하여야 한다.

물론 규모가 있는 지출액이라면 현업부서 담당자와 재무부서 담당자가 충분히 서로에게 문의하여 자본적 지출 또는 수익적 지출 여부를 구분할 것이다.

그러나 모든 고정자산에 대한 지출을 이렇게 구분할 수 없으니 대부분의 고정자산

수선비 지출 건은 세법 기준을 잘 알지 못하는 현업부서에서 하거나 지출의 내용을 잘 모르는 재무부서에서 서로 모르는 부분을 여전히 모르는 채 자본적 지출 또는 수익적 지출 여부를 결정하게 되는 경우도 많이 발생한다.

게다가 현업부서든 재무부서든 담당자는 계속 바뀌므로 일관된 기준 없이 상황에 따라 임의로 자본적 지출 또는 수익적 지출로 구분하여 회계처리하게 된다.

법인세 신고시에도 별도로 자본적 지출과 수익적 지출에 대한 구분이 적정한지를 검토하는 회사는 그리 많지 않다.

그에 반해 세무조사 시 수선비에 대한 검증은 반드시 하는 기본절차라고 해도 과언이 아니고 세무조사 과세항목에 자본적 지출 및 수익적 지출의 구분 오류로 인한 항목은 단골 메뉴다.

5-6. 자본적 지출을 수익적 지출로 처리할 경우 과세위험 사례

사실관계

- 제조업을 영위하는 D회사의 2019년 손익계산서상의 수선비 계정에는 다음과 같은 금액이 포함되어 있음
  - 기계장치를 설치함에 있어 동 기계장치의 무게에 의한 지반침하와 진동을 방지하기 위하여 당해 기계장치 설치장소에만 특별히 실시한 기초공사로서 동 기계장치에 직접적으로 연결된 기초공사에 소요된 금액 3천만원
  - 본사 빌딩의 옥상용도를 변경하기 위한 개조비용 2억원
  - 본사 빌딩의 피난시설 자치 설치를 위한 지출액 1억원
  - 노후화된 기계설비의 성능을 개량하기 위한 지출액 7천만원
  - 상기 지출액이 자본적 지출로 간주될 경우 감가상각 한도는 2019년 지출액의 20%라고 가정함

과세위험

D회사가 수선비로 처리한 4개의 지출액은 법인세법 또는 법인세법 집행기준 등에서

자본적 지출로 열거하고 있은 항목이다.

따라서 해당 지출액(400,000,000원) 중 2019년 감가상각 한도(400,000,000원×20% =80,000,000원)를 초과하는 금액(400,000,00-80,000,000=320,000,000원)은 감가상각 한도초과로 보아 손금으로 인정되지 않을 수 있다.

〈세무조사 시점에 적출될 경우 D회사에 대한 과세액 추정〉

만일 상기 과세위험이 세무조사 시점에 적출될 경우 D회사에 대한 과세 추정액은 다음과 같다.

(단위: 원)

세목	구분	과세 추정액	계산내역
법인세	본세	70,400,000	(30,000,000+200,000,000+100,000,000 +70,000,000) × (1-20%) × 22%
	과소신고가산세	7,040,000	70,400,000 × 10%
	과소납부가산세	23,126,400	70,400,000 × 3/10,000 × 1,095일
	합계	100,566,400	

5-7. 회사별로 발생하는 자본적 지출 또는 수익적 지출 유형은 매우 제한적이다.

회사별로 발생하는 자본적 지출 또는 수익적 지출 유형은 매우 제한적이다.

예를 들어 자가 건물이 많은 회사는 건물에 대한 지출이, 임차 사무실 혹은 영업소가 많은 회사의 경우 인테리어에 대한 지출이, IT회사의 경우 노트북 등 소액이면서 다수의 IT제품 취득에 대한 지출이 많을 것이다.

따라서 자본적 지출 또는 수익적 지출 유형의 구분 기준은 법인세법 정의에 따라 모든 회사에 일률적으로 적용할 수 있는 구분기준을 세워 적용하려고 노력하기 보다는 해당 회사에 실제 발생하는 지출 유형에 맞춘 구분 기준을 사용하는 것이 오히려 효율적일 수 있다.

5-8. 자본적 지출 및 수익적 지출과 같이 추상적인 정의로 인해 구분 기준이 명확하지 않은 경우 회사 자체적으로 구분기준을 만들어 일관성 있게 적용하면 과세위험을 낮출 수 있다.

자본적 지출 및 수익적 지출과 같이 추상적인 정의로 인해 구분 기준이 명확하지 않은 경우 회사 자체적으로 구분기준을 만들어 일관성 있게 적용하면 과세위험을 낮출 수 있다.

법인세법상 구분기준이 명확하지 않다는 건 반대로 국세청도 과세 근거가 명확하지 않다는 의미와 같다.

따라서 누구보다도 해당 지출액의 목적과 성격을 잘 알고 있는 회사가 명확한 논리와 근거를 가진 구분 기준을 만들어 자본적 지출 또는 수익적 지출로 구분한다면 국세청 입장에서도 이를 부인하기는 쉽지 않다.

회사 자체적인 구분기준을 만들 경우 앞서 소개한 법인세법 혹은 법인세법 집행기준 등에 예시된 자본적 지출 또는 수익적 지출의 유형과 관련 예규를 고려해야 한다.

자체적인 구분기준 작성 시 참고가 될 수 있도록 법인세법 관련 규정을 고려하여 자본적 지출 및 수익적 지출 구분 기준을 3가지 유형으로 구분하여 예시해 보았다.

회사의 자체적인 자본적 지출 및 수익적 지출 구분기준을 만들어 현업부서 및 자금부서 등과도 공유하여 지출승인 단계부터 자본적 지출 또는 수익적 지출 구분을 명확히 한다면 재무부서의 자본적 지출 또는 수익적 지출 구분에 따른 업무량도 줄일 수 있을 것이다.

5-9. 소액 자산 취득에 대한 자본적 지출 및 수익적 지출 구분 기준[478] (예시)

• 소액 자산 취득의 경우 취득 즉시 비용화할 수 있는 다음의 자산 종류에 해당하는지에 대해 품의서 비고란에 부기하도록 절차를 추가함
  - 회계상 비용처리한 경우에 한하여 손금 인정됨
  - 1단계: 무조건 비용화 할 수 있는 자산

---

478) 법인세법 시행령 제31조 제4항 및 제6항 내용 참고

- 영화필름, 공구(금형 포함) 가구, 전기기구, 가스기기, 가정용 기구·비품, 시계, 시험기기, 측정기기 및 간판, 전화기(휴대용 전화기를 포함) 및 개인용 컴퓨터(주변기기 포함)
- 2단계: 다음 각호의 것을 제외하고 그 취득가액이 거래단위별로 100만원 이하인 자산
  i) 그 고유업무의 성질상 대량으로 보유하는 자산
  ii) 그 사업의 개시 또는 확장을 위하여 취득한 자산
- 3단계: 상기 i) 및 ii)에 해당하는 자산 및 1단계~2단계에서 열거되어 있지 않은 자산
  - 자산화한 후 감가상각 처리

상기 2단계에서 100만원 요건 판단 시 "거래단위"라 함은 이를 취득한 회사가 그 취득한 자산을 독립적으로 사업에 직접 사용할 수 있는 것을 말한다[479].

5-10. 인테리어 공사비용에 대한 자본적지출 및 수익적지출 구분 기준(예시)

- 인테리어 공사비용의 경우 수익적 지출로 처리할 수 없으며, 전액 자본화한 후 감가상각 등을 통해 비용화하는 것이 원칙임
- 1단계: 자기 소유 건물에 인테리어를 한 경우: 지출 성격에 따라 비품 또는 건물, 업종별 내용연수 적용[480]
- 2단계: 임차한 건물에 인테리어를 한 경우[481]
  i) 원상복구의무가 있는 경우: 비품 또는 구축물, 업종별 내용연수 적용
  ii) 원상복구의무가 없는 경우: 임차기간 동안 안분하여 비용처리

5-11. 건물 등 수선비에 대한 자본적지출 및 수익적지출 구분 기준[482](예시)

- 1단계: 우선적 수익적 지출로 구분
  - 건물 또는 벽의 도장

---

479) 법인세법 시행령 제31조 제5항
480) 소득, 서일46011-10634,2001.12.19.
481) 서면2팀-1803, 2006.9.15.
482) 법인세법 시행령 제31조, 동법 시행규칙 제17조, 동법 기본통칙 23-31-1 및 23-31-2

- 파손된 유리나 기와의 대체
- 기계의 소모된 부속품 또는 벨트의 대체
- 자동차 타이어의 대체
- 재해를 입은 자산에 대한 외장의 복구·도장 및 유리의 삽입
- 제조업을 영위하던 자가 새로운 공장을 취득하여 전에 사용하던 기계시설·집기비품·재고자산 등을 이전하기 위하여 지출한 운반비와 기계의 해체, 조립 및 상하차에 소요되는 인건비 등
- 임대차계약을 해지한 경우 임차자산에 대하여 지출한 자본적 지출 해당액의 미상각 잔액
- 기존 건축물을 철거하는 경우의 기존건축물의 장부가액과 철거비용으로서 자본적 지출에 해당하지 않은 지출

- 2단계: 조건부 수익적 지출로 구분
  - 회계상 손금으로 계상한 경우로서 아래의 조건 중 하나를 충족한 경우
    - ⅰ) 개별 자산별로 수선비로 지출한 금액이 300만원 미만인 경우
    - ⅱ) 개별자산별 수선비가 직전 연도말 현재 재무상태표상의 장부가액(취득가액 − 감가상각누계액)의 5%에 미달하는 경우
    - ⅲ) 3년 미만의 기간마다 주기적인 수선

- 3단계: 자본적 지출로 구분
  - 내용연수를 연장시키는 지출
  - 당해 고정자산의 가치를 현실적으로 증가시키는 지출
  - 본래의 용도를 변경하기 위한 개조
  - 엘리베이터 또는 냉난방장치의 설치
  - 빌딩 등에 있어서 피난시설 등의 설치
  - 재해 등으로 인하여 멸실 또는 훼손되어 본래의 용도에 이용할 가치가 없는 건축물·기계·설비 등의 복구
  - 기타 개량·확장·증설 등
  - 법인세법 기본통칙 23-31-1에 열거된 자본적 지출 사례[483]

---

483) 법인세법 기본통칙 23−31−1에 열거된 자본적 지출 사례는 일부 특수한 상황에서 발생할 수 있어 그 예시 사례 열거를 생략하였으나 해당 회사에 해당될 수 있는 자본적 지출 사례도 있을 수 있으니 회사의 자체적인 자본적 지출 또는 수익적 지출 구분기준을 만들 때에는 한번쯤 읽어볼 필요가 있다.

- 그 고유업무의 성질상 대량으로 보유하는 자산
- 그 사업의 개시 또는 확장을 위하여 취득한 자산
- 4단계: 고정자산에 대한 "개조", "개량", "확장", "증설"로 간주될 수 없는 합리적인 기준금액(예를 들어 건당 1백만원)을 정하여 기준 금액 이하 지출액은 수익적 지출로 분류
- 5단계: 1단계~4단계에 해당사항이 없는 나머지 지출은 모두 자본적 지출로 처리

❻ 과세이연이 되는 국고보조금의 구분

6-1. 회계상 국고보조금은 수령 후 실제 지출 시 수익(관련 비용 차감)으로 처리된다.

회계상 국고보조금을 받으면 자산의 차감항목으로 처리하고 관련 비용이 발생(감가상각 또는 처분)하는 시점에 해당 비용과 상계한다.

즉, 국고보조금은 수령 시점 혹은 관련 자산 취득 시점에는 관련 자산(현금 또는 관련 자산)의 차감으로 처리되므로 손익에 영향을 주지 않고 관련 비용이 발생하는 시점에 해당 비용에 대한 차감처리 하는 방식으로 수익을 인식한다.

예를 들어 1억원의 국고보조금을 받아 10억원 기계장치를 취득하여 5년 동안 감가상각하는 경우 회계상 수익으로 처리되는 시점은 다음과 같다.

〈회계상 국고보조금의 수익 인식 시기: 기계장치 취득〉

(단위: 원)

	회계처리	손익 영향
수령 시점	차) 현금 100,000,000 / 대) 현금(국고보조금) 100,000,000	없음
자산취득 시점	차) 기계장치 1,000,000,000 / 대) 현금 1,000,000,000 차) 현금(국고보조금) 100,000,000/ 　　　　　　대)기계장치(국보보조금) 100,000,000	없음
감가상각 시점	차) 감가상각비 200,000,000 / 대) 감가상각누계액 200,000,000 차) 기계장치(국고보조금) 20,000,000 / 　　　　　　대) 감가상각비 20,000,000	수익 20,000,000

만일 1억원의 국고보조금을 받아 인건비를 지급하는 등 운영경비로 사용하는 경우 회계상 수익으로 처리되는 시점은 다음과 같다.

〈회계상 국고보조금의 수익 인식 시기: 운영비용〉

(단위: 원)

	회계처리	손익 영향
수령 시점	차) 현금 100,000,000 / 대) 현금(국고보조금) 100,000,000	없음
인건비 지급 시점	차) 현금(국고보조금) 100,000,000 / 대) 인건비 100,000,000	수익 100,000,000

6-2. 법인세법상 국고보조금은 수령 시 익금산입하는 것이 원칙이며 일정 요건을 충족한 경우에 한하여 익금 귀속시기를 회계상 국고보조금 수익 인식시점과 일치시킬 수 있다.

반면, 법인세법상 국고보조금의 익금 귀속시기는 회계상 수익 귀속시기와는 조금 차이가 있다.

회사가 국고보조금으로 받은 경우 일시상각충당금 설정여부에 관계없이 무조건 익금산입 처리를 해야 한다.

익금산입 처리한 후 해당 국고보조금이 다음의 법에 따라 지급된 경우(이하 "국고보조금 요건을 충족한 경우")에 한하여 일시상각충당금 또는 압축기장충당금을 설정하는 세무조정을 통해 회계상 국고보조금 수익인식 시점과 익금산입 시기를 일치시킬 수 있다.

- 보조금 관리에 관한 법률
- 지방재정법

즉, 법인세법에서는 지급받은 보조금에 대한 익금산입 세무조정과 일시상각충당금 설정하는 세무조정은 완전히 분리하여 각각의 요건 충족 여부에 따라 수행하여 해야 한다.

6-3. 일시상각충당금을 설정할 수 없는 국고보조금은 회계상 수익 인식시기와 세무상 익금 귀속시기가 달라 이를 세무조정에 반영해야 한다.

예를 들어 1억원의 국고보조금을 받아 10억원 기계장치를 취득하여 5년 동안 감가상각하는 경우 세무상 수익으로 처리되는 시점은 다음과 같다.

〈세무상 국고보조금의 익금귀속 시기〉

(단위: 원)

	국고보조금 요건을 충족한 경우	국고보조금 요건을 충족하지 못한 경우
수령 시점	국고보조금 수령: 익금산입 100,000,000(유보) 일시상각충당금: 익금불산입 100,000,000(유보)	국고보조금 수령: 익금산입 100,000,000(유보)
자산취득 시점	세무처리 없음	세무처리 없음
감가상각 시점 (추인)	국고보조금: 익금불산입 20,000,000(유보) 일시상각충당금: 익금산입 20,000,000(유보)	국고보조금: 익금불산입 20,000,000(유보)

요컨대, 일시상각충당금을 설정할 수 없는 국고보조금은 회계상 수익 인식시기와 세무상 익금 귀속시기가 다르므로 이를 세무조정에 반영해야 한다.

6-4. 회사가 국가 혹은 지방자치단체로부터 어떤 보조금을 받았을 때 해당 보조금이 보조금 관리에 관한 법률 또는 지방재정법에 따라 지급받는 것인지 여부를 알기가 쉽지 않다.

이렇게 보면 엄청 단순할 것 같은데 실무적으로 간단치 않은 것이 회사가 국가 혹은 지방자치단체로부터 어떤 보조금을 받았을 때 해당 보조금이 보조금 관리에 관한 법률 또는 지방재정법에 따라 지급받는 것인지 여부를 알기가 쉽지 않다.

왜냐하면 보조금 관리에 관한 법률 또는 지방재정법은 정부 또는 지방자치단체가 보조금을 지출하기 위한 절차 등을 규정한 법이라 회사가 어떤 국고보조금을 받았을 때 이것이 보조금 관리에 관한 법률 또는 지방재정법에 따른 보조금이라고 명시적으로 열거되어 있지 않기 때문이다.

6-5. 실제 수령하는 보조금이 국고보조금 요건을 충족하는지를 검토한 사례(예시)

예를 들어 "부산광역시 기업 및 투자 유치 촉진 조례 시행규칙"에 따른 부산광역시 지방촉진보조금을 받은 경우 부산광역시 지방촉진보조금이 국고보조금의 요건을 충족한 보조금이지 검토해 보면 다음과 같다.

"부산광역시 기업 및 투자 유치 촉진 조례 시행규칙"상 보조금에 지급에 대하여 "부산광역시 강서구 지방보조금 관리 조례"를 따르라고 규정되어 있고 "부산광역시 강서구 지방보조금 관리 조례"는 "지방재정법" 제17조 및 제32조의 2부터 제32조의 10의 규정과 관련하여 부산광역시에 필요한 사항을 정한 것이란 규정을 확인해야 비로소 "부산광역시 기업 및 투자 유치 촉진 조례 시행규칙"에 따른 부산광역시 지방촉진보조금이 지방재정법에 따라 지급되어 국고보조금의 요건을 충족한 것으로 판단할 수 있다.

> • 법률 관계 검토 요약: 지방촉진보조금 → 부산광역시 기업 및 투자 유치 촉진 조례 시행규칙 → 부산광역시 강서구 지방보조금 관리 조례 → 지방재정법
> • 검토 결과: 부산광역시 지방촉진보조금은 지방재정법에 따라 지급된 국고보조금의 요건을 충족한 보조금임

이런 법률 관계가 파악이 되어야 부산광역시 기업 및 투자 유치 촉진조례 시행 규칙에 따른 지방투자촉진보조금(3억원)이 지방재정법에 따라 지급된 것이라고 확신하고 일시상각충당금(손금산입)을 설정할 수 있다.

반면 기술개발촉진법에 의한 정부출연금(5천만원)은 보조금 관리에 관한 법률 및 지방재정법에 따라 지급된 것이 아니므로 일시상각충당금(손금산입)을 설정할 수 없다[484].

6-6. 법률의 위임관계를 파악할 수 없을 때는 보조금을 지급한 주무관청에 해당 보조금이 보조금 관리에 관한 법률 또는 지방재정법에 따른 것인지 문의하여야 한다.

상기 사례처럼 법률싱으로 위임관계 등을 파악할 수 있어 해당 보조금이 국고보조금의 요건을 충족하였는지 알 수 있다면 좋겠지만 실제로 국고보조금의 종류가 다양하여 해당 보조금의 근거 법령 등을 파악하기 어려운 경우도 많다.

이런 경우에는 국세청이나 보조금을 지급하는 주무부처에 문의하여야 한다.

---

484) 법인 46012-221, 2003.4.1.

회사가 어떤 보조금을 받았을 때 국세청에게 일시상각충당금을 설정할 수 있는 국고보조금이냐고 납세자가 물어보면 보조금을 지급한 주무부처에 문의하라고 답변[485]하고, 보조금을 지급한 주무관청에 해당 보조금이 보조금 관리에 관한 법률 또는 지방재정법에 따른 보조금이냐고 물어보면 잘 모르겠다고 정확한 답변을 안해 주는 경우가 많이 있다.

경험상 그래도 보조금을 지급하는 주무관청에 물어보는 것이 답이 가장 빨리 나오므로 주무관청 담당 공무원에게 끈기를 가지고 물어보는 게 좋다.

이렇게 어떤 보조금을 받았을 때 압축기장충당금을 설정할 수 있는 국고보조금인지 구분하기가 쉽지 않고 압축기장충당금을 설정해도 과세이연으로 인한 세액효과가 크지 않다 보니 아예 압축기장충당금을 설정하지 않고 국고보조금 수령에 따른 세무조정만 하는 회사도 많이 있다.

6-7. 국고보조금 요건을 충족하지 못한 보조금 관련 세무조정을 생략한 경우 발생하는 과세위험 사례

사실관계

- 제조업을 영위하는 E회사(부산에 위치)은 2019년 말에 다음과 같은 보조금을 수령함
  - 부산광역시 기업 및 투자 유치 촉진조례 시행 규칙에 따른 지방투자촉진보조금 3억원
  - 기술개발촉진법에 의한 정부출연금 5천만원
- 부산광역시로부터 수령한 지방투자촉진보조금 3억원은 기계장치(취득가액 10억원)를 취득하는 데 사용하였으며 3억원은 회계상 해당 고정자산의 차감항목으로 처리함
- 기술개발촉진법에 의한 정보출연금(5천만원)은 아직 지출된 금액이 없어 회계상 현금의 차감항목으로 처리함

---

485) 법인-331, 2012.5.25.

과세위험

E회사가 2019년에 받은 보조금 총액 3억 5천만원은 국고보조금 요건을 충족했는지 여부와 관련없이 익금에 산입해야 한다.

그리고 부산광역시 기업 및 투자 유치 촉진조례 시행 규칙에 따른 지방투자촉진보조금 3억원만이 국고보조금 요건을 충족하였으므로 일시상각충당금을 설정(손금산입)할 수 있다.

따라서 E회사는 2019년 국고보조금 수령과 관련하여 익금을 5천만원만큼 과소하게 신고한 것이다.

〈세무조사 시점에 적출될 경우 E회사에 대한 과세액 추정〉

만일 상기 과세위험이 세무조사 시점에 적출될 경우 E회사에 대한 과세 추정액은 다음과 같다.

(단위: 원)

세목	구분	과세 추정액	계산내역
법인세	본세	11,000,000	50,000,000 × 22%
	과소신고가산세	1,100,000	11,000,000 × 10%
	과소납부가산세	3,613,500	11,000,000 × 3/10,000 × 1,095일
	합계	15,713,500	

6-8. 국고보조금에 대한 익금누락만 과세된 경우 90일 이내에 조세불복이 가능하다.

회사가 국고보조금 요건을 충족한 보조금에 대한 국고보조금 및 일시상각충당금에 대한 세무조정을 누락하는 경우가 있다. 어차피 동일한 금액을 익금산입(유보) 및 익금불산입(유보)으로 세무조정하니 두 세무조정을 생략한 것이다.

이런 경우 세무조사 시 국세청은 국고보조금에 대한 익금산입 누락에 대해서만 과세할 수도 있다.

이런 과세는 조세불복을 하면 인용[486]될 수 있다. 국고보조금에 대한 익금산입 과세 관련 과소신고 및 과소납부 가산세도 추징되지 않는다.

이때 주의해야 할 것은 정부 처분 또는 고지로 확정되는 세액은 처분이 있음을 안 날(처분의 통지를 받은 때에는 그 받은 날)부터 90일 이내에 조세불복을 제기하지 않으면 그대로 확정되어 해당 정부 처분 또는 고지가 아무리 잘못되었더라도 이후에는 납세자가 이의를 제기할 수 없다.

실무적으로 해당 90일을 넘기면서 억울한 과세에 조세불복을 하지 못하는 경우가 가끔 있으니 세무조사 후 조세불복을 하려면 해당 기간을 준수해야 한다는 점을 꼭 기억하자.

---

486) 조심 2011중402, 2012.6.8.

무형자산

① 로열티 및 브랜드 수수료 미수취

1-1. 보이지 않아 더 위험한 무형자산 과세위험

법인세법에서는 무형자산 종류를 법인세법 시행령 제24조 제1항 제2호 가목~자목에서 열거하고 있으므로 동 규정에서 열거하고 있지 않는 무형자산은 법인세법상 무형자산이 아니다.

법인세법 시행령 제24조 제1항에서 열거하고 있는 무형자산은 다음과 같다.

가) 영업권(합병 또는 분할로 인하여 합병법인등이 계상한 영업권은 제외), 디자인권, 실용신안권, 상표권
나) 특허권, 어업권, 해저광물자원 개발법에 의한 채취권, 유료도로관리권, 수리권, 전기가스공급시설이용권, 공업용수도시설이용권, 수도시설이용권, 열공급시설이용권
다) 광업권, 전신전화전용시설이용권, 전용측선이용권, 하수종말처리장시설관리권, 수도시설관리권
라) 댐사용권
마) 삭제
바) 개발비: 상업적인 생산 또는 사용전에 재료・장치・제품・공정・시스템 또는 용역을 창출하거나 현저히 개선하기 위한 계획 또는 설계를 위하여 연구결과 또는 관련 지식을 적용하는 데 발생하는 비용으로서 당해 법인이 개발비로 계상한 것
사) 사용수익기부자산가액: 금전 외의 자산을 국가 또는 지방자치단체, 법 제24조 제3항 제4호부터 제6호까지의 규정에 따른 법인 또는 이 영 제39조 제1항 제1호에 따른 법인에게 기부한 후 그 자산을 사용하거나 그 자산으로부터 수익을 얻는 경우 해당 자산의 장부가액

상기와 같이 법인세법에서 열거하고 있는 무형자산이라고 해도 23개 남짓에 불과하고 열거된 무형자산의 대부분이 관련 법에 따라 보호받는 권리로 특수 업종이나 특수한 상황에서만 적용되는 무형자산이 대부분이다.

따라서 일반 회사에서 관심을 가져야 할 무형자산은 상표권, 특허권 등과 같은 지적재산권, 영업권[487], 개발비 정도이며 언뜻 보기에는 무형자산과 관련된 별다른 과세위험이 있을 것 같지 않다.

무형자산은 실물이 없으니 보이지 않고, 보이지 않으니 평소에 이에 대한 과세위험을 인지하기 어렵다.

그런데 별거 없어 보이는 이런 무형자산이 최근 세무조사 시 주요 과세 포인트가 되기도 한다.

또한, 무형자산 과세위험은 한번 과세되면 그 추징규모가 매우 큰 유형이므로 사전에 세무진단을 통해 관련 과세위험을 체크해 보는 것이 좋다.

1-2. 로열티는 상표권 및 특허권 등 지적재산권에 대한 사용료의 의미로 폭넓게 사용된다.

상표권은 통상 브랜드라는 용어로 더 많이 쓰인다.

브랜드란 회사의 제품·서비스를 식별하고 경쟁자의 제품·서비스와 차별화하여 고객에게 가치를 부여하는 이름(상표), 상징물, 도안 등을 의미하다. 상표는 브랜드의 하위개념이지만 실무적으로는 상표권과 브랜드는 혼용해서 사용되고 있다.

특허사용료는 통상 로열티라는 용어로 더 많이 쓰인다.

로열티란 특정한 권리를 이용하는 이용자가 권리를 가진 사람에게 지불하는 대가를

---

487) 영업권과 관련된 과세위험은 이미 "특수관계자와의 거래"편에서 기술하였다.

의미한다. 여기서 말하는 권리는 특허권, 상표권 등 산업재산권을 의미하는데 통상적으로 지적재산권이란 용어가 일상 생활에서 더 많이 쓰인다.

특허권자가 자신이 발명한 특허를 사용하고 싶은 자와 사용계약(특허 라이선스)을 맺고 그 특허 사용자로부터 일정 금액을 지급받는 특허 사용료를 로열티라고 한다.

이러한 로열티의 개념이 확대되어 최근에는 저작권의 인세 등과 같은 지적재산권에 대한 사용료를 이르는 용어로 폭넓게 사용되고 있다.

과세위험과 관련하여 브랜드 사용료와 로열티는 과세논리 및 소명논리 측면에서 유사한 성격이 많으므로 이후부터는 브랜드 사용료와 로열티를 총칭하는 용어로 로열티라는 용어를 사용하고 브랜드에 대해 별도 설명이 필요한 경우에만 브랜드라는 용어를 사용하고자 한다.

1-3. 로열티 미수취에 대한 과세주장의 주요 논리는 본인 소유 또는 실질적 통제권을 행사하고 있는 무형자산(브랜드, 특허권 등)을 타사가 사용하여 초과이윤을 수익하였다면 본인이 타사에게 적정한 로열티를 수취해야 한다는 것이다.

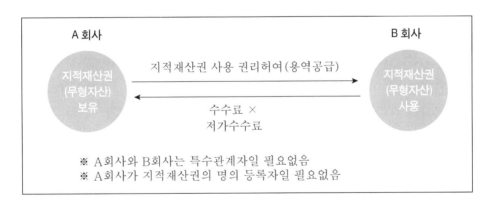

이론적으로 로열티를 수취할 수 있는 지적재산권은 그 지적재산권을 사용함에 따라 초과 이윤이 발생해야 한다. 여기서 초과 이윤이란 동일한 원가를 투입한 제품, 서비스에 대한 가격을 인상할 수 있어야 한다는 의미이다.

초과 이윤을 발생시킬 수 있는 지적재산권은 경제적 가치가 있는 것이고, 경제적 가치가 있는 지적재산권은 세무상 무형자산(상표권, 특허권, 영업권 등)의 요건을 충족하였다고 할 수 있다.

초과이윤을 예를 들어 설명하면 다음과 같다.

1988년 크라이슬러가 아메리칸모터스를 인수 후 Renault Premier 자동차를 Chrysler Eagle Premier 브랜드로 출시하여 인수 전 12,400달러로 판매되던 자동차를 14,100달러로 판매하였다.

동일한 자동차임에도 브랜드만 크라이슬러로 변경했다는 이유만으로 자동차당 1,700달러의 가격인상을 할 수 있었던 것은 Chrysler 라는 브랜드가 경제적 가치(초과 이윤)가 있다는 것이고 만일 누군가가 Chrysler 브랜드를 사용했다면 크라이슬러는 그 브랜드 사용료를 수취하는 것이 경제적으로 자연스럽다.

또한 Chrysler라는 브랜드(지적재산권)는 초과 이윤을 얻을 수 있는 경제적 가치가 있다 할 것이고 Chrysler라는 브랜드는 크라이슬러의 무형자산에 해당한다.

특허권도 브랜드와 동일하다.

브랜드는 외부 이미지 등이 초과 이윤의 원천이라면 특허권은 공학적 기술이 초과 이윤의 원천이라는 차이점이 있을 뿐이다.

공학적 기술의 권리자는 누군가 공학적 기술 사용으로 인해 초과 이윤을 얻었다면 적정한 로열티를 수취해야 한다.

과세위험 관점에서 초과이윤을 발생시키는 원천이 상표권이든, 특허권이든, 인적 네트워크든 상관없다.

또한 그 초과이윤을 발생시키는 자산(원천)을 타사로부터 매입을 했든, 자사가 직접 개발을 했든, 타사로부터 무상으로 증여를 받았는지도 상관없다.

예를 들어 A회사가 무슨 지적재산권이든, 어떤 경로로든, 결과적으로 초과이윤을 발생시키는 지적재산권에 대한 법적 소유권 또는 실질적 통제권을 가지고 있고 B회사가 해당 지적재산권을 사용하여 초과이윤을 수익하였다면 A회사는 B회사로부터 적정한 로열티(초과이윤을 발생시키는 지적재산권을 사용한 대가)를 수취해야 한다는 것이 로열티 미수취에 대한 과세주장의 주요 논리이다.

1-4. 상표권 또는 특허권 등이 무형자산으로 계상되어 있지 않더라도 로열티 미수취에 대해 과세는 이루어질 수 있다.

로열티 미수취는 지적재산권을 보유한 회사에 대한 과세위험이다.

일반 회사의 재무상태표에 상표권 또는 특허권 등 지적재산권이 무형자산으로 계상되어 있는 경우는 많지 않으며 만일 있다 하더라도 소액인 경우가 대부분이다.

회계상 상표권 또는 특허권 등은 해당 무형자산을 취득하기 위해 직접 지출한 금액 정도만을 재무상태표상 무형자산 취득가액으로 계상하기 때문이다.

그러나 로열티에 대한 과세는 회사의 재무상태표에 상표권 또는 특허권 등과 같은 무형자산이 계상되어 있지 않더라도 이루어질 수 있으며, 재무상태표상 장부가액에 비례하여 과세위험이 증가하는 것이 아니다.

물론 재무상태표상 금액이 없거나 소액이기 때문만은 아니겠지만 상표권과 특허권 등 지적재산권의 과세위험은 평소에 인지하기가 쉽지 않다. 실제로 세무조사 시 국세청에서 지적재산권의 과세 문제를 제기하면 당황해 하는 회사가 많다.

1-5. 로열티 미수취로 인한 과세위험이 있는 자는 초과이윤을 발생시키는 자산 (원천)의 법적 소유자이거나 그 자산에 대해 실질적으로 통제권을 행사할 수 있는 자이다.

지적재산권은 등록명의자의 소유인 것이 원칙이다. 그러나 등록명의자가 아니더라도 그 지적재산권의 창출에 공헌한 자가 있다면 그 자도 권리자가 될 수 있다.

즉, 경제적으로 초과이윤을 발생시키는 지적재산권의 실질적 통제권을 행사할 수 있다면 그 지적재산권은 통제권이 있는 회사의 자산이라 할 수 있다.

따라서 로열티 미수취로 인한 과세위험이 있는 자는 초과이윤을 발생시키는 지적재산권의 법적 소유자이거나 그 지적재산권에 대해 실질적으로 통제권을 행사할 수 있는 자이다.

특허권의 명의와 무관하게 그 특허권 출원을 위해 개발 과정에서 실질적인 기여를 한 자가 있다면 기여자의 공동소유권을 인정하고, 그 기여자의 실질적인 기여분 만큼의 지분권리를 청구할 수 있다는 것이 법원의 입장[488]이다.

이는 지적재산권(특허권)의 법적 소유주가 아니더라도 기여분이 있어 실질적 통제권을 행사하고 있다면 얼마든지 권리자가 되거나 법적 보호를 받으면서 그 사용료를 수취할 할 수 있다는 것을 확인해 주고 있는 하나의 사례이다.

1-6. 실무적으로 로열티는 초과이윤을 발생시키는 지적재산권 관련 매출액의 일정 %를 익금산입하는 형태로 과세된다.

이론적으로 로열티는 초과 이윤의 일정 %로 산정하는 것이 맞으나 특정 지적재산권의 사용으로 인한 수혜기업의 제품, 서비스 판매에 대한 초과이윤을 정확하게 계산하기 어렵다는 실무적인 문제가 있다.

이러한 어려움 때문에 거의 대부분 지적재산권 관련 매출액의 일정 %를 익금산입하는 형태로 과세가 이루어지고 있다.

국세청은 타 회사(대부분 특수관계 법인)의 상표, 로고, 기술 등과 같은 지적재산권의 사용 정황을 파악한 후 지적재산권 사용 회사의 매출액 및 영업손익과 같은 재무분석을 통해 로열티로 과세할 수 있다고 판단되면 관련 순매출액[489]의 일정 %를 익금산입하는 형태로 과세하는 것이 주된 로열티 과세업무의 흐름이다.

아마도 대부분의 브랜드 수수료, 기술사용료와 같은 계약에서 로열티 대가를 관련 매출액의 일정 %로 계약한다는 점에 착안하여 이와 유사한 방식으로 과세한 것이 관행으로 자리잡은 것으로 짐작된다.

따라서 로열티에 대한 과세는 지적재산권을 사용하는 회사 매출액의 일정 %로 계산된 금액이 지적재산권을 보유한 회사에게 과세되므로 한번 과세되면 추징세액 규모가 매우 큰 경우가 대부분이다.

---

488) 의정부지방법원 2012.7.10. 선고 2011구합3864 판결
489) 관련 순매출액: 과세 대상 지적재산권과 관련 있는 매출액만 대상으로 하고 계열사 등에 매출로 인해 이중으로 매출에 산입되는 경우가 있다면 이를 차감한 매출액을 의미한다. 브랜드 수수료의 경우에는 브랜드 사용회사에서 지출한 브랜드 관련 광고선전비를 차감해 주기도 한다

1-7. 로열티의 과세요건

특정 회사에 로열티를 과세하기 위해서는 다음과 같은 요건을 갖추어야 한다.

- 초과 이윤을 발생시킬 수 있는 지적재산권에 대한 법적 소유권 또는 실질적 통제권이 있음
- 다른 회사가 해당 지적재산권을 사용하고 있음을 인지
- 해당 지적재산권의 사용에 대한 대가를 받지 않거나 저가의 수수료를 받고 있음

이론적으로는 초과 이윤을 발생시킬 수 있는 지적재산권을 보유한 회사와 이를 사용하는 회사가 반드시 특수관계자일 필요는 없으며, 지적재산권을 보유한 회사가 반드시 지적재산권의 법적 소유권자일 필요도 없다.

다만, 지적재산권을 보유한 회사와 이를 사용하는 회사가 특수관계자이거나 지적재산권의 법적소유권이 특정되어 있다면 로열티 미수취에 대한 과세가 좀 더 용이할 수 있다.

1-8. 로열티에 대한 세무진단 실무(예시)

로열티 미수취 관련 세무진단 방식을 예시하면 다음과 같다.

1-8-1. 1단계: 보유중인 로열티 대상 지적재산권 파악

로열티를 수취할 수 있는 지적재산권의 종류를 열거해 보면 특허권, 실용신안권, 디자인권, 상표권, 저작권, 영업비밀, 초상권, 배치설계권 등이 있다.

상기 나열된 각 지적재산권은 초과 수익을 발생시킬 수 있으므로 1단계에서는 회사가 상기 지적재산권에 대한 법적 권리자 혹은 실질적 통제권을 행사할 수 있는 상태인지를 파악해야 한다.

또한 지적재산권 귀속은 법적 명의 여부도 중요하지만 해당 지적재산권을 취득 혹은 형성, 유지하는 데 발생한 비용을 부담했는지도 중요한 판단기준으로 작용한다.

따라서 회사의 매출을 발생시키는 주요 원천자산(예를 들어 브랜드, 기술, 영업형태, 고객리스트, 설계노하우 등)이 무엇인지 구체적으로 파악하고 과거 해당 주요 원천자

산과 관련하여 지출한 내역 등을 파악하여야 한다.

실무에서 로열티 미수취로 자주 과세되는 지적재산권은 브랜드와 특허권이다.

브랜드의 경우 특정 회사가 사용하는 상표, 로고 등이 언제부터 누구에 의하여 고안되었고 상표 등록권자가 누구인지, 해당 상표, 로고 등을 명시한 광고를 하였는지 여부, 해당 광고비의 부담 귀속 등과 같은 해당 상표, 로고 등의 과거 이력을 파악해야 한다.

특허권의 경우 기업 부설연구소 소속 연구원을 인터뷰를 하고 회사가 보유하고 있는 기술과 기술개발과정, 기술개발 비용의 부담자 등을 확인해야 한다.

만일 기술이 있는데 특허권을 등록하지 않았다면 왜 등록하지 않았는지도 확인해 보아야 한다.

이런 검토를 통해 회사가 보유하고 있는 구체적인 지적재산권을 파악할 수 있다.

1단계 검토를 하기 위해 확인해야 하는 주요 서류는 다음과 같다.

- 회사 명의로 등록된 상표권
- 동일한 브랜드를 사용하고 있는 계열사 현황
- 회사 명의로 등록된 특허권 내역
- 과거 상표권 또는 특허권 등록 시 제출한 서류 일체
- 기업부설 연구소의 연구개발활동 내역
- 최근 5년간 연구개발비 내역
- 최근 5년간 광고선전비 내역
- 로열티 관련 계약 서류
- 최근 5년간 지급하였거나 지급한 브랜드 수수료 내역
- 최근 5년간 지급하였거나 지급한 로열티 내역
- 회사 보유한 주요 기술사항에 대한 경쟁사 기술과의 비교표 등

1-8-2. 2단계: 1단계에서 파악된 지적재산권을 타사 혹은 타인이 사용하고 있는지 조사

계열사(특히 자회사)의 설립 초기 시점에 자력 갱생을 돕기 위해 기술을 이전해 주거나 공장 설비 배치, 제조 공법, 영업방식 등이 안정화될 때까지 도움을 주는 경우가 있는데 국세청은 이런 도움을 주는 것을 지적재산권의 무상사용으로 볼 가능성이 있다.

이 밖에 회사의 상표권, 특허권과 같이 법으로 보호되는 권리를 법적 명의자가 아닌 자가 사용하고 있다면 이 또한 무상사용으로 간주될 가능성이 높다.

따라서 우선 법적 등록되어 있는 지적재산권을 국·내외 특수관계자가 사용한 것으로 볼 수 있는지 여부를 파악하고 법적 등록이 안되어 있는 지적재산권, 특수관계자 아닌 자가 사용하였는지 여부 등 그 범위를 넓혀 가며 파악하는 것이 좋다.

1단계에서 조사한 상표, 로고, 기술 등 지적재산권을 타사가 사용하고 있는지를 계약서, 인터넷, 계열사의 제품 내역 등을 통해 파악해야 한다.

이 경우 브랜드 미수취 과세를 위해서 타사의 업무용 차량, 명함, 외부 공문 등에 브랜드 등이 표시되어 있는지 여부 등을 살펴볼 수 있다.

또한 회사가 보유한 기술사항과 유사한 기술사항을 적용하는 있는 경쟁사의 기술사항과 차이점을 등을 파악한 후 왜 로열티를 받고 있지 않는지 사실관계를 파악한다.

1-8-3. 3단계: 2단계서 조사된 지적재산권 사용자에게 적정 로열티를 받고 있는지 검토

3단계는 주로 원장이나 지출결의서 등을 통해 확인할 수 있는데 곧 로열티 명목으로 수령하지는 않았지만 제품 또는 서비스의 대가에 포함하여 받는 등 다른 명목으로 지급받았는지도 확인할 필요가 있다.

또한 관련 지적재산권의 취득, 형성, 유지 관련 비용을 지적재산권 사용 회사가 부담하였다면 해당 비용은 지적재산권의 보유자가 부담해야 할 비용을 지적재산권 사용 회사가 부담한 것이므로 비록 로열티 명목으로 직접 수령하지는 않았지만 이를 로열티의 대가로 볼 수 있을 것이다.

그러나 직접 로열티 명목으로 받지 않으면 지적재산권의 권리자는 로열티 미수취로 과세되고 지적재산권 사용 회사가 부담한 지적재산권 관련 비용은 업무무관비용으로 과세될 수 있으므로 두 대가 간의 관계를 명확히 하는 계약서, 협약서 등을 체결해 두는 것이 좋다.

또한 2단계를 통해 지적재산권 사용 회사가 선정되었다면 해당 회사의 과거 재무제표 등을 참고하여 해당 지적재산권 사용으로 인해 초과 이윤을 수익하였는지를 판단해야 한다.

통상 지적재산권을 사용한 회사가 결손인 경우 과세 대상에서 제외하는 경우가 대부분이다. 초과 이윤을 수익하였다고 입증하기가 어렵기 때문이다.

만일 지적재산권 사용 회사가 그 사용으로 인해 초과이윤을 수익했다고 판단되면 지적재산권을 사용하는 회사의 관련 순매출액에 일정 %를 곱하여 과세금액(로열티 미수취)으로 산정한다.

1-9. 국세청의 로열티 미수취 과세 주장에 대한 소명 논리(예시)

로열티 미수취에 대한 과세위험을 낮추기 위해서는 로열티의 과세요건 중 하나 혹은 하나 이상의 요건이 충족되지 않았음을 관련 입증자료와 함께 준비하여야 한다.

예를 들어 보면 다음과 같다.

1-9-1. 보유하고 있는 지적재산권이 없다.

지적재산권 보유 회사가 지적재산권의 법적 소유(등록명의)자가 아닌 경우 현실적으로 지적재산권 사용회사에게 로열티를 수취할 수 없다.

지적재산권 보유 회사가 지적재산권을 취득, 형성, 유지하는 데 실제 부담한 비용이 없어 지적재산권의 권리를 주장할 수 없다.

1-9-2. 로열티 수취를 위한 추가 비용이 발생하여 로열티 수취가 경제적으로 유리한지 여부가 불투명하다.

만일 지적재산권 보유 회사가 사용 회사로부터 로열티를 수취하려고 하면 추가적인 법적 소송비용이 발생할 수 있어 로열티를 수취하려고 하는 것이 경제적으로 유리한지 여부가 불투명하다.

1-9-3. 지적재산권 사용 회사가 해당 지적재산권을 무상으로 사용할 수 있는 권리자다.

지적재산권 사용 회사가 지적 재산권을 취득, 형성, 유지하는 데 실제 부담한 비용이 있어 지적재산권의 공동권리자의 해당하며 이에 대한 대가를 청구할 수 없다.

1-9-4. 지적재산권 사용 회사가 지적재산권을 사용하였다 하더라도 초과 이윤의 원천이
될 수 없어 경제적 가치가 없는 무형자산에 불과하다.

지적재산권 사용회사의 영업손익이 (－)이므로 해당 지적재산권이 초과이윤을 발생
시키는 자산으로 볼 수 없다.

지적재산권 사용 회사의 매출액이나 영업손익의 시계열 분석을 통해 지적재산권 사
용 전·후에 변화가 없으므로 해당 지적재산권이 초과이윤을 발생시키는 자산으로 볼
수 없다.

1-10. 로열티 수수료율은 지적재산권 종류, 사용 회사의 국가, 위치, 지적재산
권의 사용시장의 종류 등에 따라 다양하게 적용될 수 있으므로 과세를 위
한 명확한 로열티 수수료율을 산정하는 것은 쉽지 않다.

앞선 요건이 모두 충족되어 로열티를 과세하는 것이 적정하다 하더라도 적정 로열티
수수료율을 정하기까지는 많은 어려움이 있다.

통상 국세청은 세무조사 기간이라는 제한된 기간동안 과세 목적으로 로열티 수수료
율을 구하기 어렵기 때문에 비교가능한 제3자 거래에 적용된 사례를 구하여 제시하는
경우가 많다.

그러나 모든 지적재산권은 같을 수 없으며, 지적재산권의 사용 형태도 모두 달라 제3
자 거래에 적용된 로열티 수수료율이 과세 대상 거래의 로열티 수수료율에 적합하지
않을 수 있다.

예를 들어 국내 주요 기업집단의 일반적인 브랜드 사용료율은 매출액 대비 매출액에
0.1%~0.2% 수준이고, 법률 및 국립대의 상표 관리에 관한 지침에서는 계열회사의 브
랜드 사용에 대하여 매출액 대비 0.3~2.5% 정도의 사용료율을 적용하도록 규정되어
있다.

반면에 해외의 주요 기업집단은 계열회사의 브랜드 사용에 대하여 매출액 대비
0.1%~2% 내외의 브랜드 사용료율을 적용하고 있으며, 기업 간 브랜드 사용료 결정 기
준은 기업 부문(B2B)의 경우 평균적으로 매출액 대비 2.7%~3.4%이고, 소비자 부문은

평균적으로 7.6%~9.3%의 브랜드 사용료율이 적용되고 있는 것으로 조사되었다[490].

또한 금융 업종의 브랜드 사용료율(0.2% 내외)은 금융외 업종의 브랜드 사용료율과도 차이가 있다.

이렇듯 로열티 수수료율은 지적재산권과 수혜법인과의 관계, 수혜법인의 국가, 위치, 지적재산권의 사용시장의 종류 등에 따라 다양하게 적용될 수 있다.

따라서 회사가 로열티 수수료율에 대한 평가 전문가에게 사전에 검토받아 제시를 하는 쪽이 보다 합리적인 로열티 수수료율로 인정받을 수 있으므로 만일 특수관계자간 로열티를 수수하고 있는 상황이라면 적정 로열티 수수료율을 평가전문가에게 사전 검토를 받을지 여부도 고려해 보는 것이 좋다.

---

490) 출처: 브랜드 사용료 사례와 시사점, 한국경제연구원 2018.2월 발간

❷ 지적재산권 수증 이익

2-1. 지적재산권의 무상 사용권을 허여 받은 회사에 대해 지적재산권을 무상으로 수증받은 것으로 보아 과세한 사례가 최근 발생하였다.

과거에는 지적재산권을 무상으로 사용한 회사에게는 과세가 이루어지지 않았다.

지적재산권을 무상 혹은 저가로 사용함으로써 회계상 관련 수수료 비용을 적게 계상되어 과세소득이 증가한 부분에 대해 이미 법인세가 과세되고 있다고 생각하였기 때문이다.

그런데 최근에 지적재산권을 무상으로 사용한 회사에게도 지적재산권을 무상으로 증여 받은 것으로 보아 자산수증익으로 과세한 사례가 발생하였다[491].

해당 사례의 사실관계는 다음과 같다.

국내 A회사가 해외 모회사인 B회사의 브랜드를 사용하면서 브랜드 수수료를 지급하다가 B회사가 A회사에 대한 지분을 국내 C회사에게 양도하여 자연스럽게 A회사와 B회사의 특수관계는 종료되었다.

A회사 지분을 인수하는 C회사는 A회사가 영위하는 사업에 B회사 브랜드가 반드시 필요하다고 보고, A회사가 B회사의 브랜드를 국내에 한정하여 영구무상 사용할 수 권리를 요청하였고 B회사는 이에 합의하였다.

A회사는 B회사 브랜드를 국내에서 사용할 수 있는 권리를 취득한(허여 받은) 것에 대해 회계상 아무런 처리를 하지 않았다.

상기와 같은 사실관계 하에 국세청은 한국회계기준원에 해당 브랜드의 무상사용 권리가 회계상 자산 인식요건을 충족한다는 회신을 받아 이를 근거로 기존에 지급했던 수수료율 적용하여 현재가치로 계산한 금액을 자산수증익으로 과세하였다.

상기 사례는 좀 특수하기는 하나 국세청의 과세논리를 보면 지적재산권을 무상으로 사용하는 회사에도 일시에 자산수증익으로 과세할 수 있을 것으로 보인다.

지적재산권 사용 회사에게 자산수증익으로 과세할 수 있는지 여부는 취득시기 등의

---

491) 조심 2018서1182, 2018.8.29.

문제로 쉽지 않을 것으로 보이나 혹시 상기 조심심판원 사례와 유사한 상황이 있다면 세무진단 시 이에 대한 과세위험을 점검하라는 의미에서 상기 사례를 소개하였다.

2-2. 내용연수가 비한정인 무형자산을 수증 받은 것으로 보아 자산수증익으로 과세되는 경우 신고조정을 통해 관련 감가상각비를 손금으로 인정받을 수 있다.

상기 사례에서 자산수증익으로 과세된 지적재산권은 무형자산에 해당한다.

무형자산의 감가상각비는 결산조정이 원칙인데 문제는 상기 조세심판원 사례처럼 세무조정으로 익금 과세되면 회계상 관련 감가상각비를 계상할 수 없게 된다는 것이다.

즉, 세무상 감가상각비는 결산조정을 통해 손금으로 인정받을 수 있는데 자산수증익으로 과세된 금액은 감가상각비 회계처리를 통해 손금으로 인정받을 수 없게 된다.

다만, 다음의 요건을 모두 충족하는 무형자산의 경우 신고조정을 통해 감가상각비를 손금으로 인정받을 수 있다[492].

- 법령 또는 계약에 따른 권리로부터 발생하는 무형고정자산으로서 법령 또는 계약에 따른 사용 기간이 무한하거나, 무한하지 아니하더라도 취득가액의 100분의 10 미만의 비용으로 그 사용 기간을 갱신할 수 있을 것
- K-IFRS에 따라 내용연수가 비한정인 무형고정자산으로 분류될 것
- 결산을 확정할 때 해당 무형고정자산에 대한 감가상각비를 계상하지 아니할 것

상기 조세심판원 사례에서도 상기 조항을 근거로 만일 B회사 브랜드를 국내에서 사용할 수 있는 권리를 A회사에 대한 (무형)자산수증이익으로 과세를 한다면 해당 무형자산 관련 감가상각비는 신고조정을 통해 손금으로 인정해 주어야 한다고 조세심판원이 판단하였다.

그러나 이 경우에도 익금과세는 일시에 이루어지고 감가상각을 통한 손금은 기준 내용연수에 걸쳐 인정되므로 기간 귀속에 따른 과소신고 가산세 및 과소납부 가산세는 과세될 수 있어 여전히 지적재산권 사용 회사의 과세위험은 존재한다.

---

492) 법인세법 시행규칙 제12조 제2항

또한 자산수증익으로 과세하는 모든 지적재산권에 대해 조세심판원 사례[493]에서처럼 감가상각 신고조정 규정을 근거로 손금을 인정해 줄지도 불확실하다.

---

493) 조심 2018서1182, 2018.8.29.

③ 영업권 감가상각 단위와 PPA

3-1. 2014년 K-IFRS(1103호) 도입 후 (세무상) 영업권을 회계상 PPA를 통해 초과수익 원천별로 수개의 무형자산(계약가치, 고객관계, 상표가치 등)으로 구분표시하고 각각 별도의 내용연수를 적용하여 감가상각할 수 있다.

K-IFRS에서는 사업결합에 대하여 취득법(K-IFRS 1103호)을 적용하여 회계처리 하도록 하고 있다.

K-IFRS 1103호에 따르면 사업양수도 등을 통하여 사업양수도 대가가 식별가능한 순자산 공정가치를 초과한 부분에 대하여 영업권으로 인식하도록 하고 있으며, 영업양수도시 식별가능한 무형자산(고객가치, 상표가치 등)이 있는 경우 영업권과 분리하여 인식하도록 하고 있다.

인수합병(M&A)통해 취득한 영업권을 초과수익의 원천별로 구분하여 식별가능한 계약가치, 고객관계, 상표가치 등 별도의 무형자산으로 구분 표시하는 과정을 PPA라고 한다.

PPA란 Purchase Price Allocation를 의미하며 '사업결합원가배분'이라고 불리기도 한다.

3-2. 영업권 PPA(예시)

예를 들어 A회사가 B회사의 순자산 공정가치 1,500억원인 C사업부를 양수하면서 2,500억원을 지급하였다면 세무상 영업권의 취득원가는 1,000억원이 된다.

2014년 K-IFRS(1103호) 도입 전에는 회계도 1,000억원에 대하여 하나의 영업권으로 보아 경제적 내용연수를 적용하여 정액법으로 감가상각을 하였다.

그런데 2014년 K-IFRS 도입 후에는 PPA를 통해 상기 1,000억원의 영업권을 ① 계약가치 100억원, ② 고객관계 200억원으로, 그리고 식별되지 않는 나머지 금액 700억원을 ③ 회계상 영업권으로 재무상태표에 구분표시할 수 있다.

① 계약가치에 100억원 및 ② 고객관계에 200억원을 구분표시하는 이유는 양수한 사

업의 순자산가액으로 계상되어 있지는 않지만 사업의 양수 시점 이전에 체결되어 있는 계약, 또는 맺어진 고객관계에 의하여 양수한 사업에서 향후 발생할 초과 수익이 식별 가능하고, 식별된 각 계약가치 및 고객관계에 의해 발생하는 초과수익의 유효기간이 다른 영업권(회계상 영업권)과는 다르기 때문이다.

〈PPA 전·후 영업권 계정과목 변화〉

(단위: 원)

구 분	PPA 전	PPA 후
① 계약가치[*1]	100,000,000,000 (공정가치-순자산공정가치)	10,000,000,000
② 고객관계[*2]		20,000,000,000
③ 회계상 영업권		70,000,000,000
④ 영업권 합계(①+②+③)	100,000,000,000	100,000,000,000

(*1) 계약가치: 사업양수 이전에 체결된 계약으로 인해 발생하는 초과수익은 기존 계약이 완료되거나 중도해약이 되면서 점차 감소하게 된다. 사업양수 후 평균 2년이 되는 시점에는 기존 계약가치로 인해 더 이상 초과수익이 발생하지 않는다면 1,000억원의 영업권 취득원가 중 이에 대한 대가분 100억원은 해당 기간(2년)에 맞추어 비용(감가상각)화 해야 수익·비용 대응이 적절히 이루어진다.

(*2) 고객관계: 사업양수 이전에 맺어진 고객으로 인해 발생한 초과수익은 기존 고객이 이탈하게 되면 점차 감소하게 된다. 사업양수 후 평균 4년이 되는 시점에 기존 고객관계로 인해 더 이상 초과수익이 발생하지 않는다면 1,000억원의 영업권 취득원가 중 이에 대한 대가분 200억원은 해당 기간(4년)에 맞추어 비용(감가상각)화 해야 수익·비용 대응이 적절히 이루어진다.

회사가 회계법인 등에게 PPA 평가를 받는 것은 상기 ① 계약가치 100억원 및 ② 고객관계 200억원의 합리적 근거를 확보하기 위함이다.

① 계약가치의 초과수익 발생 기간이 2년으로 추정된다면 회계상 ① 계약가치 100억원은 2년에 걸쳐 연간 50억원씩 감가상각되고, ② 고객관계의 초과수익 발생 기간이 4년으로 추정된다면 ② 고객관계에 200억원은 4년에 걸쳐 연간 50억원씩 감가상각된다.

③ 회계상 영업권 700억원은 경제적 내용연수를 추정할 수 없어 회계상 감가상각을 하지 않는다.

3-3. PPA 후 개별자산으로 표시되는 계약가치 및 고객관계 등도 세무상 영업권에 해당한다.

2014년 K-IFRS 도입 전·후 영업권 감가상각과 관련하여 비한정내용연수의 무형자산을 신고조정으로 감가상각을 할 수 있다는 개정[494] 외에는 법인세법의 중요한 개정사항은 없었다.

또한 영업권 및 PPA와 관련하여 기획재정부 법인세과에서는 "합병법인이 피합병법인의 고객가치, 상표가치 등으로 계상하고 자본시장법이 정한 합병가액에 따라 합병한 경우 고객가치, 상표가치 등으로 계상한 그 금액은 감가상각자산인 영업권에 해당하는 것"이라고 답변을 한 바 있다[495].

상기 기획재정부의 답변에 따라 PPA 후 개별자산으로 표시되는 계약가치 및 고객관계 등도 세무상 영업권으로 보아 감가상각을 적용하고 있다.

3-4. 실무에서는 대부분 2014년 K-IFRS 도입 이전과 동일하게 PPA 전 영업권을 하나의 영업권으로 보아 세무상 영업권 감가상각 한도를 계산하고 있다.

실무에서는 여전히 PPA 전 영업권(1,000억원)을 하나의 영업권으로 보아 영업권 감가상각 한도초과 계산을 하고 있는 경우가 대부분이다.

즉, 영업권의 감가상각비 한도액을 연간 200억원(1,000억원/5년)으로 계산하고 회계상 700억원에 대해 감가상각을 하지 않다 보니 대부분 한도 미달로 보아 세무조정(감가상각비 한도초과) 사항이 발생하지 않고 있다.

3-5. 2014년 K-IFRS 도입 후 회계에서 영업권 중 식별가능하다고 보아 구분표시된 영업권(예를 들어 계약가치, 고객관계, 상표가치 등)에 대해 5년보다 짧게 감가상각을 하였다면 감가상각 한도 초과로 인한 과세위험이 발생할 수 있다.

영업권이란 특정 회사가 동종의 타회사에 비하여 더 많은 초과이익을 낼 수 있는 원

---

494) 법인세법 제23조 제2항, 동법 시행령 제24조 제2항, 동법 시행규칙 제12조 제2항
495) 기획재정부 법인세제과-275, 2015.12.21

천(무형)자산을 의미한다.

영업권은 회사 내부적으로 개발되어 장부상에 계상되어 있지 않다가 인수합병 (M&A)을 통해 외부와의 교환거래 대상이 되어 인수합병 후 장부에 계상된다. 어떻게 보면 앞서 기술한 지적재산권의 인수합병 후 또 다른 모습이라고 할 수 있다.

2014년 K-IFRS 도입 전에는 회계와 세무 모두 인수된 사업(회사)의 공정가치를 구하고 여기에 인수 대상 회사(사업부)의 순자산 공정가치를 차감한 가액을 하나의 영업권의 취득가액으로 보았다.

그런데 2014년 K-IFRS 도입 후 회계에서 하나의 영업권을 PPA를 통해 식별가능한 부분이 있다면 구분표시하고 감가상각되는 기간도 별도로 적용할 수 있게 하였다.

이러다 보니 2014년 K-IFRS 도입 후 회계에서 영업권 중 식별 가능하다고 본 일부 무형자산(예를 들어 계약가치, 고객관계, 상표가치 등)에 대해 5년보다 짧게 감가상각을 하였다면 감가상각 한도 초과로 인한 과세위험이 발생할 수 있다.

3-6. 법인세법상 감가상각은 자산별로 하는 것이 원칙이므로 PPA 후 구분표시된 ① 계약가치 및 ② 고객관계 등을 각각 별도의 감가상각 대상으로 볼지 여부는 영업권의 감가상각 단위에 대한 문제로 귀결된다.

법인세법상 감가상각은 자산별로 하는 것이 원칙이다[496].

문제는 법인세법에 자산 단위에 대한 정의가 없다는 것이다. 유형자산이야 실물이 있고 거래 단위가 있어 자산별 구분이 어느 정도 가능하지만 무형자산의 경우에는 자산별이라는 구분이 불명확하다.

영업권의 감가상각 단위도 PPA 전 영업권을 하나의 영업권으로 볼지 아니면 PPA 후 ① 계약가치, ② 고객관계, ③ 회계상 영업권을 각각 별도의 영업권으로 볼지 명확하지 않다.

만일 국세청이 PPA 후 ① 계약가치, ② 고객관계, ③ 회계상 영업권을 각각 별도의 자산으로 볼 경우 PPA 후 ① 계약가치 및 ② 고객관계의 세무상 감가상각 한도는 각각 20억원 및 40억원으로 계산되어 상각 초기에는 손금부인액이 나오다가 이후 손금추

---

496) 법인세법 시행령 제26조 제1항

인 되는 형태로 세무조정이 발생하게 된다.

즉, 기간귀속에 따른 오류로 인해 과소신고 가산세 및 과소납부 가산세가 발생할 수 있다.

상기 "3-2" 예를 설명하면 계약가치에 대한 회계상 감가상각 내용연수는 2년을 적용하고, 고객관계에 대한 회계상 감가상각 내용연수는 4년을 적용하므로 다음과 같이 한도초과가 발생할 수 있다.

〈"3-2"사례에서 계약가치 등을 개별 영업권으로 보는 경우 감가상각 한도 초과 및 추인 세무조정〉
1년 차

(단위: 원)

구분	취득가액	회계상 감각상각비	세무상 감가상각 한도	세무조정
① 계약가치	10,000,000,000	5,000,000,000	2,000,000,000	3,000,000,000 손금불산입
② 고객관계	20,000,000,000	5,000,000,000	4,000,000,000	1,000,000,000 손급불산입
③ 회계상 영업권	70,000,000,000	0	14,000,000,000	0
④ 영업권 합계 (①+②+③)	100,000,000,000	100,000,000,000		4,000,000,000 손금불산입

2년 차

(단위: 원)

구분	취득가액	회계상 감각상각비	세무상 감가상각 한도	세무조정
① 계약가치	10,000,000,000	5,000,000,000	2,000,000,000	3,000,000,000 손금불산입
② 고객관계	20,000,000,000	5,000,000,000	4,000,000,000	1,000,000,000 손금불산입
③ 회계상 영업권	70,000,000,000	0	14,000,000,000	0
④ 영업권 합계 (①+②+③)	100,000,000,000	100,000,000,000		4,000,000,000 손금불산입

3년 차

(단위: 원)

구분	취득가액	회계상 감각상각비	세무상 감가상각 한도	세무조정
① 계약가치	10,000,000,000	0	2,000,000,000	2,000,000,000 손금산입
② 고객관계	20,000,000,000	5,000,000,000	4,000,000,000	1,000,000,000 손금불산입
③ 회계상 영업권	70,000,000,000	0	14,000,000,000	0원
④ 영업권 합계 (①+②+③)	100,000,000,000	5,000,000,000		1,000,000,000 손금산입

4년 차

(단위: 원)

구분	취득가액	회계상 감각상각비	세무상 감가상각 한도	세무조정
① 계약가치	10,000,000,000	0	2,000,000,000	2,000,000,000 손금산입
② 고객관계	20,000,000,000	5,000,000,000	4,000,000,000	1,000,000,000 손금불산입
③ 회계상 영업권	70,000,000,000	0	14,000,000,000	0원
④ 영업권 합계 (①+②+③)	100,000,000,000	5,000,000,000		1,000,000,000 손금산입

5년차

(단위: 원)

구분	취득가액	회계상 감각상각비	세무상 감가상각 한도	세무조정
① 계약가치	10,000,000,000	0	2,000,000,000	2,000,000,000 손금산입
② 고객관계	20,000,000,000	0	4,000,000,000	4,000,000,000 손금산입

구분	취득가액	회계상 감가상각비	세무상 감가상각 한도	세무조정
③ 회계상 영업권	70,000,000,000	0	14,000,000,000	0원
④ 영업권 합계 (①+②+③)	100,000,000,000	0		6,000,000,000 손금산입

3-7. 영업권 중 PPA로 인해 구분 처리된 ① 계약가치 및 ② 고객관계에 대해 회계상 감가상각 내용연수를 5년 이상으로 적용하면 관련 과세위험을 회피할 수 있다.

무형자산 감가상각비 세무조정 역시 결산조정 사항이므로 회계상 감가상각비가 법인세법상 감가상각비 한도보다 작으면 한도 미달 금액이 얼마인지 여부에 상관없이 세무조정이 발생하지 않는다.

따라서 회사가 회계상 영업권을 PPA를 통해 ① 계약가치, ② 고객관계, ③ 회계상 영업권으로 구분하였다 하더라도 각각 감가상각 내용기간을 5년 이상으로 한다면 관련 감가상각 한도초과 관련 세무위험을 미연에 방지할 수 있다.

그런데 이렇게 감가상각 내용연수를 늘이는 방법은 K-IFRS와 상충할 수 있어 실무상 적용이 어려울 수도 있다.

3-8. 국세청이 PPA 후 ① 계약가치, ② 고객관계, ③ 회계상 영업권을 각각 별도의 자산으로 보아 과세하는 경우 조세불복 논리(예시)

본 과세유형에 대한 조세불복 사례는 아직 찾을 수 없다. PPA가 2014년부터 시행되어서 본 과세유형에 대해 세무조사 사례가 적어 아직 본격적으로 쟁점이 되지는 않은 것으로 짐작된다.

만일 회사는 PPA 전 전체 영업권을 하나의 자산으로 보아 감가상각 시부인을 하였는데 향후 국세청이 PPA 후 ① 계약가치, ② 고객관계, ③ 회계상 영업권을 각각 별도의 자산으로 보아 과세하는 경우 조세불복 논리를 예시하면 다음과 같다.

3-8-1. 법인세법상 영업권은 여러 '영업상의 이점 등'의 전체를 의미하므로 실제로 유기적으로 상호작용하여 수익을 창출하는 영업권은 PPA를 통해 구분표시를 하더라도 하나의 감가상각 자산으로 간주하여야 한다.

법인세법상 감가상각비 시부인은 자산별로 구분하여 계산[497]하여야 하나 법인세법상 자산을 구분하는 단위에 대해 별다른 규정을 두고 있지 않으므로 사회통념에 따라 자산별로 구분해야 한다.

기업은 수익창출을 위해 자산을 보유하는 것이므로 수익창출에 기여하는 기능적 단위 기준으로 자산별로 구분하는 것이 합리적이고 사회통념에도 맞다.

법인세법상 영업권은 여러 '영업상의 이점 등'의 전체를 의미하므로 실제로 유기적으로 상호작용하여 수익을 창출하는 영업권은 PPA 통해 구분표시를 하더라도 구분표시 전 영업권을 하나의 감가상각 자산으로 간주하여야 한다.

앞서 든 사례에서 ① 계약가치 혹은 ② 고객관계만을 따로 떼어 독립적으로 초과수익을 창출할 수 있다면 ① 계약가치 혹은 ② 고객관계를 각각 별도의 세무상 영업권 상각 단위로 볼 수 있다.

그러나 만일 ① 계약가치, ② 고객관계, 그리고 ③ 회계상 영업권이 유기적으로 상호작용하여 초과수익을 창출하는 것으로 본다면 ① 계약가치, ② 고객관계, 그리고 ③ 회계상 영업권을 하나의 영업권 상각 단위로 볼 수 있다.

3-8-2. 단일 자산 단위로 평가하여 단일 자산단위로 거래된 영업권은 하나의 자산으로 간주하여야 한다.

법인세법상 영업권은 "적절한 평가방법에 따라 유상으로 취득[498]"해야 하므로 실무상 영업권에 대한 대가를 지급하는 경우에는 회계법인 또는 감정평가법인으로부터 양수도 대상 영업권을 평가하는 절차를 거친다.

영업권은 보통 DCF법에 따라 평가를 하는데 이 경우 PPA 전 영업권을 하나의 사업 단위로 보아 평가를 하게 된다.

또한 PPA는 영업권 취득 후 양수회사의 재무상태표상 영업권 취득원가를 회계처리

---

497) 법인세법 시행령 제26조 제1항
498) 법인세법 시행규칙 제12조 제1항 제1호

할 목적으로 수행하는 것이므로 거래 당시에는 ① 계약가치, ② 고객관계, ③ 회계상 영업권을 구분하지 않은 PPA 전 영업권을 하나의 영업권으로 보아 거래를 한다.

이렇듯 단일 자산 단위로 평가하여 단일 자산단위로 거래된 영업권은 하나의 자산으로 간주하여야 한다.

3-8-3. PPA는 사업결합원가를 배분(Allocation)하는 방식으로 평가(Valuation)가 아니므로 PPA로 구분된 ① 계약가치, ② 고객관계, ③ 회계상 영업권은 법인세법상 영업권의 요건("적절한 평가방법에 따라 유상으로 취득")을 충족하지 못한다.

PPA의 정식 명칭은 Purchase Price Allocation으로 한국어로 "사업결합원가배분" 정도로 번역할 수 있다.

이런 명칭에서 알 수 있듯이 PPA는 평가(Valuation)가 아니라 사업결합원가를 배분(Allocation)하는 것이므로 PPA로 구분된 ① 계약가치, ② 고객관계, ③ 회계상 영업권을 각각의 영업권으로 볼 경우 각각의 영업권은 법인세법상 영업권의 요건("적절한 평가방법에 따라 유상으로 취득")을 충족하지 못한다.

3-8-4. PPA는 영업권 취득원가를 관련 수익과 직접 대응시키려는 원가대응방법에 불과하며, 영업권의 감가상각을 위해 PPA를 거쳤다고 해서 영업권 취득 단위가 바뀌는 것은 아니다.

회계상 감가상각의 목적은 고정자산의 취득원가를 그 자산의 경제적 내용연수에 걸쳐서 체계적이고 합리적인 방법으로 배분하는 것이다.

회사가 PPA를 하는 목적 역시 ① 계약가치 및 ② 고객관계 등에 의해 수익이 발생하는 기간에 관련 원가를 대응시키려는 것으로 감가상각 목적과 그 본질이 동일하다.

즉, PPA는 수익·비용 대응을 보다 충실히 하고자 하는 영업권의 새로운 감가상각 방법에 불과하다.

영업권의 적정한 수익·원가 대응을 위해 PPA로 영업권의 일부 금액을 ① 계약가치 및 ② 고객관계 등으로 구분표시하였다 하더라도 영업권 자산 단위가 바뀌는 것은 아니다.

④ 비용처리한 개발비: 회계기준상 자산화 요건 미충족 입증

4-1. 최근에는 개발비를 지출하면 회계상 자산요건 충족 여부를 검토하는 절차를 생략하고 비용처리하는 경우가 많다.

개발비 지출액은 회계상 자산요건을 충족하는 경우 무형자산(개발비)로 처리되어 감가상각을 통해 비용화되고, 회계상 자산요건을 충족하지 못하는 경우에는 지출 시점에 비용으로 처리된다.

회계에서는 자산을 과대하게 표시하는 것을 위험하다고 보기 때문에 가급적 자산의 계상요건을 까다롭게 적용한다. 특히 무형자산은 실체가 보이지 않기 때문에 자산 계상요건을 더욱 더 까다롭게 보는 경향이 있다.

2014년 K-IFRS를 적용하기 시작하면서 개발비의 자산요건이 더 까다로워지고 개발비를 자산화하기 위해서는 여러 가지 문서화해야 하는 업무가 늘어나다 보니 최근에는 개발비를 자산화 하는 회사는 그리 많지 않다.

또한 어차피 회계상 개발비 자산화가 어려워서 그런지 실무상 개발비를 지출하면 회계상 자산화 요건 충족 여부를 검토하는 절차를 생략하고, 비용처리하는 경우가 많다[499].

4-2. 최근 판례에 따르면 개발비에 관한 기업의 회계처리가 일반적으로 공정·타당하다고 인정되지 아니한 경우에는 과세관청의 경정권에 의하여 개발비를 익금과세(자산화)할 수 있다.

법인세법상 개발비의 정의[500]에 따르면 "당해 법인이 개발비로 계상한 것"이라는 요건을 명시하고 있다.

---

499) 다만, 제약회사와 같이 연구개발비의 비중이 높은 회사는 연구개발비를 자산화하는 정도에 따라 회계상 손익이 미치는 영향이 크므로 개발비의 자산화 요건을 매우 신중하게 검토한다.
500) 법인세법 시행령 제24조 제1항 제2호 바목

> "개발비: 상업적인 생산 또는 사용 전에 재료·장치·제품·공정·시스템 또는 용역을 창출하거나 현저히 개선하기 위한 계획 또는 설계를 위하여 연구결과 또는 관련 지식을 적용하는 데 발생하는 비용으로서 당해 법인이 개발비로 계상하는 것"

이러한 정의에 따르면 회계상 개발비를 자산화하지 않으면 법인세 과세 목적으로 개발비를 세무조정(익금산입)을 통해 자산화 할 수 없는 것처럼 해석된다.

그러나 최근 판례에 의하면 법원은 기업회계기준상 개발비의 요건을 갖추었음이 분명한 데도 회사가 이를 개발비로 계상하지 아니하고 비용처리한 경우 세무 목적으로 익금과세(자산화)가 타당[501]하다고 판단한 사례가 있다.

즉, 법원은 개발비에 관한 기업의 회계처리가 일반적으로 공정·타당하다고 인정되지 아니한 경우에는 과세관청의 경정권에 의하여 개발비를 익금과세(자산화) 할 수 있다고 본 것이다.

이러한 법원의 입장에 따르면 회계상 자산요건을 충족하였음에도 불구하고 회사에서 비용 처리한 개발비를 국세청이 발견한다면 익금산입하는 형태로 법인세를 과세할 수 있다.

4-3. 개발비 지출액에 대해 아무런 근거 없이 회계상 비용처리를 하면 법인세 측면에서는 개발비 과세위험이 더 높아질 수 있다.

회계는 자산이 과대하게 표시되는 것을 위험하다고 보지만 법인세 측면에서는 비용(손금)으로 과다하게 처리할수록 과세위험이 더 높아지게 된다.

따라서 보수적인 회계처리를 위해 회계상 아무런 근거 없이 개발비를 비용화하면 법인세 측면에서는 개발비 과세위험이 더 높아질 수 있다는 것을 기억해야 한다.

---

501) 대법원 2017두52382, 2017.10.12.

4-4. 회계상 개발비를 비용화하는 경우 기업회계기준상 자산요건을 충족하지 못하였다는 문서를 구비하면 과세위험을 줄일 수 있다.

회계상 개발비를 비용화하는 경우 기업회계기준상 자산요건을 충족하지 못하였다는 문서를 구비하면 과세위험을 줄일 수 있다.

통상 개발비의 자산요건 테스트는 프로젝트별로 하고 있으므로 문서화 단위도 개발비 프로젝트별로 준비해야 할 것으로 판단된다.

회계감사 절차에 당해 사업연도에 지출한 개발비에 대해 회계상 자산화 요건을 충족하였는지 여부를 검토하는 절차가 있으나 개발비를 전액 비용처리를 한 경우 편의상 관련 절차를 생략한 경우가 많다.

이런 절차를 생략하지 않고 당해 사업연도에 비용으로 처리된 개발비에 대한 회계상 자산요건이 충족되지 않았다는 것을 문서화 해놓는다면 관련 과세위험을 낮출 수 있다.

4-5. 최근 세무조사 시 회계상 비용처리된 개발비에 대해 자산요건을 미충족하였다는 근거에 대해 소명 요청하는 경우가 많다.

앞서 소개한 법원의 판례 때문인지는 몰라도 최근 세무조사 시 회계상 비용처리된 개발비에 대해 자산요건을 미충족하였다는 근거나 논리를 요청하는 경우가 많다.

회계상 비용처리한 개발비에 대해 자산요건을 미충족하였다는 근거 자료 등이 있다면 다행이겠지만 만일 이러한 근거 자료 등이 없다면 세무조사 시 다시 한번 과거 비용처리한 개발비에 대해 자산요건이 충족되었는지를 검토하여 회계상 자산요건이 미충족되었음을 세무공무원에게 소명하여야 한다.

4-6. K-IFRS에 따른 연구개발비의 비용화 혹은 자산화 검토(예시)

연구개발비에 대한 회계처리는 K-IFRS 기준서 1038호 문단 51~67에서 기술하고 있다.

상기 기준서의 내용을 참고하여 개발비 자산화 검토 문서에 포함되어야 할 내용을 정리하면 다음과 같다.

4-6-1. 1단계: 손익계산서상 연구개발비를 우선 연구 관련 지출과 개발 관련 지출로 구분한다.

개발비 자산화 관련 세무진단은 회사의 손익계산서상 연구개발비에서 시작하는 게 좋다.

기업회계기준서에서 연구활동과 개발활동의 예를 다음과 같이 제시하고 있으니 이를 참고하여 1단계로 연구개발비를 연구 관련 지출과 개발 관련 지출로 구분해야 한다.

만일 무형자산을 창출하기 위한 내부 프로젝트를 연구단계와 개발단계로 구분할 수 없는 경우에는 그 프로젝트에서 발생한 지출은 모두 연구단계에서 발생한 것으로 본다.

〈연구활동의 예(문단 56)〉
- 새로운 지식을 얻고자 하는 활동
- 연구결과나 기타 지식을 탐색, 평가, 최종 선택, 응용하는 활동
- 재료, 장치, 제품, 공정, 시스템이나 용역에 대한 여러 가지 대체안을 탐색하는 활동
- 새롭거나 개선된 재료, 장치, 제품, 공정, 시스템이나 용역에 대한 여러 가지 대체안을 제안, 설계, 평가, 최종 선택하는 활동

〈개발활동의 예(문단 59)〉
- 생산이나 사용 전의 시제품과 모형을 설계, 제작, 시험하는 활동
- 새로운 기술과 관련된 공구, 지그, 주형, 금형 등을 설계하는 활동
- 상업적 생산 목적으로 실현 가능한 경제적 규모가 아닌 시험공장을 설계, 건설, 가동하는 활동
- 신규 또는 개선된 재료, 장치, 제품, 공정, 시스템이나 용역에 대하여 최종적으로 선정된 안을 설계, 제작, 시험하는 활동

즉, 상업화를 위한 시제품 설계 혹은 생산 시점을 기준으로 그 전은 연구활동 그 후는 개발활동으로 구분된다.

4-6-2. 2단계: 1단계에서 구분된 개발활동 관련 지출 중 6개의 요건을 모두 충족한 경우에 한하여 자산화하고 나머지는 비용화해야 한다.

연구에 대한 지출은 발생시점에 비용으로, 개발에 대한 지출은 다음의 요건을 모두

충족한 경우에만 개발비로 자산화하고 나머지 개발에 대한 지출은 모두 비용으로 처리한다(문단 57).

① 기술적 실현가능성
② 사용하거나 판매하려는 기업의 의도
③ 사용하거나 판매할 수 있는 기업의 능력
④ 미래경제적효익을 창출하는 방법
⑤ 개발을 완료한 후 판매하거나 사용하는 데 필요한 기술적, 재정적 자원 등의 입수 가능성
⑥ 개발원가의 신뢰성 있는 측정 가능성

〈연구개발비 비용 또는 자산화 요건 요약〉

구 분		회계상 비용 or 자산화
연구 관련 지출		비용
개발 관련 지출	문단 57 상의 6개 요건 중 하나라도 충족하지 않는 경우	비용
	문단 57 상의 6개 요건을 모두 충족하는 경우	자산화

세액공제

❶ 세무진단 시 조세특례제한법상 세액공제와 관련하여 확인해야 할 사항 몇 가지

1-1. 납세자가 특정 세액공제를 적용 받고자 하는 경우 해당 법령상의 적용 요건을 매우 좁게 해석하여야 한다.

국가가 납세자에게 주는 조세혜택으로는 비과세, 소득공제, 세액공제, 세액감면, 과세이연, 준비금 설정 규정 등이 있다.

현행 법령상 국세의 조세혜택은 각 개별 세법 및 조세특례제한법에 그 근거 규정을 두고 있고, 지방세의 조세혜택은 지방세법과 지방세특례제한법에 그 근거 규정을 두고 있다.

조세특례제한법상 조세혜택 중 실무적으로 가장 많이 이용되는 세액공제는 다음과 같다.

- 고용창출투자세액공제를 포함한 각종 투자세액공제
- 연구 · 인력개발비에 대한 세액공제

최근에는 청년 일자리, 정규직 등 일자리 창출 관련 세액공제도 많이 이용되고 있다.

법인세법상 대표적인 세액공제 규정은 외국납부세액공제 규정이다.

특정 조세혜택을 너무 광범위하게 적용하면 조세의 형평성에 문제가 발생할 수 있으므로 국세청은 납세자가 적용한 조세혜택이 적정한지 여부를 꼼꼼하게 검증하고 조세불복 단계에서도 조세혜택 법령을 매우 엄격하게 해석하고 있다.

따라서 납세자 역시 특정 세액공제를 적용 받고자 할 때에는 해당 법령상의 적용 요건을 매우 좁게 해석을 하여 적용 여부를 결정하여야 과세위험을 줄일 수 있다.

1-2. 조세혜택 요건을 엄격하게 확인하지 않을 경우 조세 형평성 문제가 발생할 수 있으므로 국세청은 납세자가 적용한 세액공제에 대해 여러 차례 중복하여 그 적정성을 검증한다.

납세자가 특정 세액공제를 적용하면 그 적정성을 관할세무서에서 1번, 세무조사 시 1번, 국세청 자체 감사에서 1번, 그리고 감사원의 국세청 감사에서 또 1번, 이렇게 4번을 검증한다는 얘기가 있을 정도로 세액공제는 국세청의 주요 검토 항목인 만큼 과세위험이 높은 항목이다.

또한 소득금액에 대한 과세의 경우 적출된 소득금액에 법인세율 곱한 금액에 가산세를 더한 금액이 추징되지만 세액공제의 경우에는 적출된 금액에 가산세를 더한 금액이 추징되어 추징금액이 상대적으로 크다고 느껴질 수 있다.

1-3. 조세특례제한법상 세액공제 등을 적용 받는 경우 세액공제액의 20%에 해당하는 농어촌특별세를 납부하여야 하나 중소기업에 대한 조세혜택 등은 농어촌특별세가 비과세되는 경우가 많다.

각종 투자세액공제를 포함한 조세특례제한법에 따른 조세감면 혜택을 적용 받은 경우 감면세액의 20%에 상당한 금액을 농어촌특별세로 신고·납부하는 것이 원칙이다[502].

그러나 농어촌특별세법에서 비과세로 열거(농어촌특별세법 제4조 및 동법 시행령 제4조)하고 있는 조세특례제한법상 조세혜택에 대해서는 해당 조세혜택 등을 적용하는 경우에도 농어촌특별세가 발생하지 않는다[503].

상기 농어촌특별세법상 비과세 규정에서 열거하고 있는 조세특례제한법상 규정은

---

502) 농어촌특별세법 제5조 제1항 제1호
503) 농어촌특별세법 제4조, 동법 시행령 제4조

대부분 중소기업, 연구개발, 농어촌과 관련된 조세혜택 규정이다.

따라서 조세특례제한법상 조세혜택 규정을 적용하는 경우에는 농어촌특별세법상 비과세 규정에 열거되어 있는지 여부를 반드시 확인해 보아야 한다.

만일 공제되었던 세액공제 등이 적법하지 못해 세무조사 과정에서 추징되거나 조세특례제한법상 사후관리 규정[504] 등으로 인해 추징되면 해당 세액공제 등과 관련하여 납부하였던 농어촌특별세는 환급 받거나 납부할 국세에 충당된다.

1-4. 조세특례제한법 제127조에서 열거된 몇몇 조세혜택은 중복적용할 수 없으므로 실무에서 2가지 이상 조세특례제한법상 조세혜택을 적용하고자 할 때에는 조세특례제한법 제127조에서 열거되어 있지 않음을 확인해야 한다.

각종 조세혜택 규정은 독립적이므로 해당 조세혜택 요건을 충족하는 경우에는 각각 중복하여 적용할 수 있는 것이 원칙이다.

그러나 조세특례제한법 제127조에서는 예외적으로 조세특례제한법상 조세혜택 중에 중복하여 적용할 수 없는 규정들을 열거[505]해 놓았다.

가장 대표적인 중복적용이 안되는 규정을 열거보면 다음과 같다.

- 국가 등으로부터 받은 출연금 등으로 자산을 취득하는 경우 중소기업 등 투자세액공제(조세특례제한법 제5조), 고용창출투자세액공제(조세특례제한법 제26조)를 적용할 수 없음
- 중소기업 등 투자세액공제와 고용창출투자세액공제가 동시에 적용할 수 없음
- 중소기업 등 투자세액공제와 창업중소기업 등에 대한 세액감면(조세특례제한법 제6조)를 동시에 적용할 수 없음

상기 외에도 중복적용을 할 수 없는 조세혜택이 많이 있으니 동일 사업연도에 두 개 이상의 조세특례제한법상 조세혜택을 적용하고자 하는 경우에는 중복적용 금지 규정에 따라 중복적용을 할 수 없는 조세혜택인지 확인해 보아야 한다.

---

504) 조세특례제한법 제146조
505) 조세특례제한법 제127조

그런데 상기 조세특례제한법 제127조를 보면 조문이 너무 나열식이고 길어서 도대체 어느 조세혜택을 중복적용하라는 건지 쉽게 읽히지가 않는다.

예를 들어 조세특례제한법 제127조 제4항을 보자.

조세특례제한법 제127조 제4항

④ 내국인이 동일한 과세연도에 제6조, 제7조, 제12조의 2, 제31조 제4항·제5항, 제32조 제4항, 제33조의 2, 제62조 제4항, 제63조, 제63조의 2 제2항, 제64조, 제66조부터 제68조까지, 제85조의 6 제1항·제2항, 제104조의 24 제1항, 제121조의 8, 제121조의 9 제2항, 제121조의 17 제2항, 제121조의 20 제2항, 제121조의 21 제2항 및 제121조의 22 제2항에 따라 소득세 또는 법인세가 감면되는 경우와 제5조, 제8조의 3, 제13조의 2, 제25조, 제25조의 4부터 제25조의 7까지, 제26조, 제30조의 4(제7조와 동시에 적용되는 경우는 제외한다), 제104조의 14, 제104조의 15, 제104조의 18 제2항, 제104조의 22, 제104조의 25, 제122조의 4 제1항 및 제126조의 7 제8항에 따라 소득세 또는 법인세가 공제되는 경우를 동시에 적용받을 수 있는 경우에는 그 중 하나만을 선택하여 적용받을 수 있다. 다만, 제6조 제7항에 따라 소득세 또는 법인세를 감면받는 경우에는 제29조의 7을 동시에 적용하지 아니한다.

이런 경우 차라리 조세특례제한법 제127조의 내용을 중복적용이 안되는 조세혜택 유형별로 잘 정리해 놓은 조세특례제한법 집행기준 127-0-1~127-0-8를 찾아보는 것이 좋다.

- 조세특례제한법 집행기준 127-0-1【투자세액공제 간 중복적용 배제】
- 조세특례제한법 집행기준 127-0-2【동일 과세연도에 세액감면과 투자세액공제의 중복적용 배제】
- 조세특례제한법 집행기준 127-0-3【동일 사업장·동일 과세연도에 세액감면 간 중복적용 배제】
- 조세특례제한법 집행기준 127-0-4【외국인 투자기업에 대한 투자세액의 중복적용 배제】
- 조세특례제한법 집행기준 127-0-5【외국인투자에 대한 법인세 감면법인의 결손금 발생으로 임시투자세액공제액 이월시 세액공제 여부 및 그 순위】
- 조세특례제한법 집행기준 127-0-6【외국인투자기업에 대한 동일사업장 중복적용 배제】
- 조세특례제한법 집행기준 127-0-7【외국인투자 감면대상 사업과 중소기업특별세액

감면대상 사업을 겸영하는 중소기업의 세액감면】
• 조세특례제한법 집행기준 127-0-8【토지양도에 2 이상의 감면규정이 적용되는 경우】

적용 받으려는 조세혜택의 성격에 따라 상기 조세특례제한법 집행기준을 찾아보면 중복적용이 안되는 조세혜택 규정을 알아보기 훨씬 편하다.

상기 조세특례제한법 제127조 중복적용 금지 규정에서 중복 적용할 수 없다고 명시하지 않는 조세혜택은 중복 적용이 가능하다.

예를 들어 연구·인력개발비에 대한 세액공제(조세특례제한법 제10조)와 고용창출투자세액공제는 중복하여 적용할 수 있다.

또한 법인세법상 조세혜택은 조세특례제한법에서 중복적용을 금지하지 않고 있으므로 외국납부세액공제(법인세법 제57조)나 재해손실에 대한 세액공제(법인세법 제58조)는 조세특례제한법상 조세혜택과 중복적용이 가능하다.

요컨대, 조세특례제한법 제127조에서 열거된 몇몇 조세혜택만 중복적용할 수 없으므로 실무에서 2가지 이상 조세특례제한법상 조세혜택을 적용하고자 할 때에는 조세특례제한법 제127조에서 열거되어 있지 않음을 확인해야 한다.

1-5. 조세특례제한법상 조세혜택을 적용할 경우 최소한 최저한세보다 높게 법인세가 산출되었는지 확인해 보아야 한다.

하나의 회사에 너무 과도한 조세혜택이 집중되면 과세의 형평성에 문제가 발생한다.

이러한 문제를 완화시키고자 조세특례제한법에서는 조세특례제한법상 조세혜택을 적용하기 전 과세표준에 일정 최저한세율을 곱한 최저한세(이하 "최저한세")보다 낮을 때에는 조세특례제한법상 조세혜택을 적용한 이후 법인세액이 최저한세와 같아질 때까지 조세특례제한법상 조세혜택을 적용할 수 없도록 하고 있다[506].

최저한세가 적용되는 조세특례제한법상 조세혜택은 조세특례제한법 제132조 제1항 제1호~제4호(법인)과 동법 동조 제2항 제1호~제4호(개인의 사업소득)에 자세히 열거되어 있다.

---

506) 조세특례제한법 제132조

즉, 회사가 조세특례제한법상 조세혜택을 적용하더라도 최소한 최저한세까지는 납부하라는 규정이다.

최저한세율은 중소기업인 경우 7%, 중소기업이 아닌 경우에는 과세표준 구간별로 17%(1천억원 초과), 12%(100억원~1천억원), 10%(100억원 이하)가 적용된다.

최저한세는 하나의 회사에 너무 과도한 조세혜택이 집중되는 것을 방지하고자 규정하였지만 실무적으로는 오히려 영세한 회사의 조세혜택을 제한하는 역효과가 있다.

최저한세가 과세표준에 최저한세율을 곱하여 계산되는 구조이기 때문에 과세표준 규모가 어느 정도 이상 발생하는 회사는 조세특례제한법상 조세혜택을 적용할 수 없는 경우는 거의 발생하지 않는다.

예를 들어 과세표준이 50억원이 발생하는 회사가 최저한세 때문에 조세혜택을 포기하려면 조세특례제한법상 조세혜택이 5억원[50억원 × (20%[507]-10%)] 이상이어야 한다.

그런데 실무적으로 과세표준이 50억원 정도 발생하는 회사가 조세특례제한법상 조세혜택을 5억원 이상 적용할 수 있는 경우는 거의 발생하지 않는다.

과세표준이 그 이상 발생하는 회사는 더더욱 최저한세 규정의 눈치를 볼 필요 없이 중복적용 금지 규정만 적용되지 않는다면 조세특례제한법상 적용할 수 있는 조세혜택을 한껏 적용받을 수 있다.

최저한세가 하나의 회사에 대한 과도한 적용 방지 기능을 다하고 있는 경우는 소액의 과세표준이 발생하는 영세한 회사에 대해서다.

예를 들어 과세표준이 10억원 발생한 중소기업이 조세특례제한법상 조세혜택이 2억원을 적용할 수 있다고 하더라도 이 중 7천만원은 적용할 수 없다. 최저한세율이 7%가 적용되기 때문이다.

과세표준이 1억원 발생한 중소기업은 최저한세 때문에 사실상 조세혜택을 거의 받을 수 없다. 다만, 조세특례제한법에서 최저한세 대상으로 열거되어 있지 않은 조세혜택은 최저한세와 상관없이 적용할 수 있다.

하지만 최저한세가 적용되는 조세특례제한법상 조세혜택 규정에는 중소기업 등의

---

507) 계산의 편의상 과세표준 전 구간에 적용되는 법인세율을 20%라고 가정하였다.

투자세액공제와 같이 영세한 중소기업에게 적용될 수 있는 규정도 많이 열거되어 있어 영세한 기업에 대해서만 과도한 조세혜택 집중 방지 기능이 훌륭하게 작동되고 있다.

농어촌특별세 비과세 규정과 마찬가지로 영세한 기업에 적용될 수 있는 중소기업 등에 대한 조세혜택은 최저한세 대상에서 제외하는 법령 개정이 이루어져야 영세한 기업에게 과도한 조세혜택이 집중될 수 있을 것이다.

1-6. 2011년 지방세 개정으로 인해 회사에 적용되는 지방세 감면혜택이 축소되는 경향이 있고 지방(소득)세 감면 여부를 지방세법 등에 따라 별도로 검토해야 하는 등 회사의 부담이 커졌다.

2011년 1월 1일 지방세법, 지방세기본법, 지방세특례제한법이 개정 또는 신설되면서 지방세에 대한 조세감면(세액공제 포함) 규정이 기존에 조세특례제한법에서 지방세법 또는 지방세특례제한법으로 이관되었다.

실무적으로도 2011년 지방세법 개정 및 지방세특례제한법 신설 전에는 지방소득세 조세혜택과 관련하여 별도의 지방세법을 찾아볼 필요 없이 법인세 감면액의 10%가 법인세할 지방소득세로 감면되었고 회사의 구조조정 관련 조세특례제한법상 조세혜택에 따라 취득세 등이 전액 감면되었다.

그러나 2011년 지방세 신설 이후에는 법인의 각 사업연도 소득금액을 산정하여 지방소득세율을 곱하여 지방소득세를 별도로 신고·납부해야 하는 등 관련 규정도 어려워지고 절차도 많이 복잡해졌다.

2011년 지방세법 개정 시 조세특례제한법상 지방세 혜택 규정은 대부분 지방세법 혹은 지방세특례제한법에 그대로 이관되어 지방세 혜택은 그대로 유지되는 것처럼 보이기도 한다.

그러나 지방세특례제한법 제172조에서 지방세 감면혜택에 대한 제한 규정을 명시함으로써 과거 전액 면제되던 지방세도 이제는 일부금액은 납부하도록 하고 있어 지방세 감면혜택도 그만큼 감소한 측면이 있다.

실무적으로 지방세에 대한 조세감면과 관련하여 제일 큰 변화로 느낄만한 것을 나열하면 다음과 같다.

- 지방세 조세혜택 및 이에 대한 사후관리 규정을 지방세 3법(지방세기본법, 지방세법, 지방세특례제안법)에 따라 별도로 적용
- 내국법인의 각 사업연도의 소득에 대한 지방소득세(구 법인세할 지방소득세) 계산 시 각종 투자세액공제 및 외국납부세액공제가 적용되지 않음
- 지방세 최저한세가 도입되어 기존에는 완전 면제받았던 취득세, 재산세 등이 이제는 일부 금액은 반드시 내야 함

특히 회사 입장에서는 2011년 지방세 개정 이후에는 구조조정 등 기업 활동을 지원할 목적으로 규정되어 있는 지방세 감면규정을 별도로 검토해야 하고, 법인세법 또는 조세특례제한법상 조세감면 규정이 적용된다는 것을 검토한 경우에도, 별도로 지방(소득)세 감면 여부를 한번 더 검토해야 하는 등 부담이 커졌다.

❷ 각종 투자세액공제

2-1. 투자세액공제를 인정받을 수 있는 투자액은 법령 등에 열거되어 있으므로 특정 지출이 법에 열거되어 있지 않으면 해당 투자세액공제를 받을 수 없다.

국세청은 각종 투자세액공제와 관련하여 여러 가지 측면에서 그 적정성을 검증하지만 그 중에서도 가장 기본적으로 검증하는 것이 그 투자액이 해당 투자세액공제를 적용 받을 수 있는 지출액에 해당하는지 여부다.

이를 위해 ① 세액공제를 적용받은 투자(지출) 내역과 ② 대금 지급내역을 통해 투자세액공제의 적정성을 검토한다.

각종 투자세액공제를 받을 수 있는 지출액은 해당 법령에 열거되어 있다.

예를 들어 중소기업 등 투자세액공제를 적용받기 위해서는 특정 지출(투자)액이 조세특례제한법 시행규칙 제3조에서 열거되어 있어야 하고, 고용창출투자세액공제는 조세특례제한법 제14조 및 위임 규정에서 열거되어 있어야 한다.

이를 반대로 말하면 특정 지출이 법에 열거되어 있지 않으면 투자세액공제를 받을 수 없다.

2-2. 세액공제를 적용받는 지출액마다 구체적인 근거 규정을 부기하면 세액공제 대상이 아닌 지출액에 세액공제를 적용하는 오류를 방지할 수 있다.

눈으로만 대충 해당 규정을 보고 특정 투자세액공제를 적용하면 세액공제 대상이 아닌 지출액에 세액공제 적용하는 오류가 발생할 수 있다. 또한 시간이 지나고 나면 왜 해당 지출에 대해 특정 투자세액공제를 적용했는지도 가물가물 기억이 잘 나지 않는다.

이런 경우 투자액을 관리하는 엑셀파일 등에 세액공제를 적용받는 투자(지출) 건건마다 세액공제가 적용되는 구체적인 규정을 부기하도록 한다면 세액공제 대상이 아닌 지출액에 세액공제를 적용하는 오류를 피할 수 있고 향후 국세청의 소명 요청시 효율적으로 대응할 수 있다.

예를 들어 에너지이용 합리화법 제22조에 따른 특정 에너지 사용 기자재 중 산업통상자원부장관이 고효율에너지기자재로 인증한 엘이디(LED)조명(램프 및 등기구)은 조세특례제한법 제25조에 따라 특정 시설 투자 등에 대한 세액공제를 받을 수 있다.

이런 경우 투자액을 관리하는 엑셀파일 등에 다음과 같이 부기를 하는 것이다.

〈투자세액공제 받는 자산에 투자세액공제 근거 조항 부기(예시)〉

(단위: 원)

구분	취득일	취득금액	세액공제 명	근거
엘이디 (LED) 조명 설치	2019.11.30.	50,000,000	특정 시설 투자 등에 대한 세액공제(조특법 제25조 제1항 제2호)	조세특례제한법 시행규칙 별표 8의 3. 1. 다. 1) 엘이디(LED)조명(램프 및 등기구)

2-3. 각종 투자세액공제는 장려하고 싶은 새로운 기술이 체화된 제품에 대한 수요를 촉발하기 위한 것이므로 과거 기술에 따라 만들어진 중고자산 취득액, 자본적 지출 등에 대해서는 투자세액공제가 적용되지 않는다.

국가가 조세특례제한법에 각종 투자세액공제를 두어 납세자에게 세제혜택을 주는 것은 지출을 하는 회사를 위해서가 아니라 장려하고 싶은 새로운 기술이 체화된 제품을 제조하는 회사의 연구개발을 돕기 위해서이다.

예를 들어 국가가 IT보안 기술 발전을 위해 IT보안 기술이 체화된 제품을 제조하는 회사를 도와주고 싶을 때 해당 회사에 직접적으로 보조금 등을 주거나 법인세 등을 직접 감면해 줄 수도 있지만 IT보안 기술이 체화된 제품을 취득할 경우 세액공제를 적용하면 해당 IT보안 기술이 체화된 제품 가격이 실질적으로 하락하는 효과를 주어 추가 수요를 촉발하는 방식으로 도움을 줄 수도 있다.

즉, 국가가 IT보안 기술 제품을 생산하는 회사에 세액공제액 상당액을 보조해 주는 효과에다가 실질가격의 하락으로 인한 추가 수요를 촉발시키는 효과를 기대하는 것이다.

이러한 효과는 수익성 개선에 도움을 주어 결과적으로 IT보안 기술 제품을 생산하는 회사가 IT보안 기술개발에 좀 더 투자하도록 유인한다.

이러한 이유 때문에 이미 과거에 취득하여 새로운 기술이 체화된 제품을 제조하는 회사의 수익성 개선에 도움을 주지 못하는 중고자산 취득이나 과거에 취득한 자산에 대한 자본적 지출은 각종 투자세액공제가 적용되지 않는다.

이러한 이유로 투자세액공제 대상에서 제외되는 대표적인 지출 유형은 다음과 같다.

- 새로운 취득이 아닌 자본적 지출액
- 중고자산 취득
- 일반 사무용품 취득
- 임대자산 취득
- 세액공제 대상으로 열거되어 있는 기능과 직접적인 관련 없는 배관, 이송, 저장설비의 취득

2-4. 어음으로 지급한 투자지출액은 결재일이 속하는 연도에 세액공제된다.

각종 투자세액공제는 정책적 목적에 따라 운영되는 것이고 정책은 시간이 지남에 따라 변동하기 마련이다.

예를 들어 정부가 에너지절약시설 투자를 좀더 활성화시키고 싶은 시기에는 에너지절약 기능이 있는 설비 취득에 대해 세액공제를 받을 수 있도록 규정을 신설하거나 기존에 동일한 목적의 규정이 있다면 공제율을 높인다. 반대로 어느 정도 정책 목적이 달성되었다고 판단되는 시점이 오면 해당 규정을 폐지하거나 공제율을 낮춘다.

따라서 각종 투자세액공제 지출액은 어느 해의 투자액으로 인정되는지가 중요하다.

같은 1억원을 지출한다 하더라도 세액공제율이 3%인 해에 귀속되는 것과 8%인 해에 귀속되는 것과는 세액공제액이 5백만원이나 차이 나기 때문이다.

조세특례제한법에서는 세액공제를 받을 수 있는 투자의 귀속연도를 투자를 완료한 날에 속하는 해에 귀속시키는 것이 원칙이다. 그리고 대부분의 투자세액공제 규정에서 2개 연도를 걸쳐서 투자가 이루어진 경우 현금기준(진행률이 큰 경우에는 진행률 기준)으로 세액공제를 받는 것도 인정해 주고 있다.

실무적으로 대부분의 회사는 설비 대금을 어음으로 지급하고 있는데 문제는 어음 지급일이 속하는 사업연도에 투자세액공제를 적용하는 경우가 가끔 있다는 것이다.

어음으로 설비 대금을 지급하였다면 어음결제일이 속하는 연도에 투자한 것으로 보아 투자세액공제를 적용해야 한다. 참고로 수표는 현금과 같이 지급한 연도에 귀속된다.

예를 들어 A회사가 2018년 12월 1일에 종업원용 기숙사를 10억원에 취득하면서 만기 90일 어음으로 시설 대금을 지급하고 그 뒤 90일 뒤인 2019년 2월말에 어음을 결제하였다.

종업원용 기숙사 취득에 대한 투자세액공제율은 2018년 투자분은 7%, 2019년 투자분은 3%가 적용된다고 가정해 보자.

이러한 상황에서 A회사가 어음 지급일인 2018년에 세액공제를 적용할 경우 결과적으로 2018년은 7천만원 과소 신고·납부가 되고 2019년 연 3천만원 과다 신고·납부가 된 것이 되어 과세위험이 발생한다.

2-5. 투자세액공제 귀속시기 오류로 인한 과세위험 사례

- 제조업을 영위하는 A회사가 2019년 투자세액공제를 적용한 투자액에는 다음과 같은 금액이 포함되어 있음
  - 설비 설치시 공장 배관공사도 동시에 진행하고 배관공사비 5천만원을 설비 취득가액으로 계상하였음
  - 기존에 설치되어 있던 기계장치에 중요 기능이 저하되어 이를 수선하면서 지출한 1억원을 별도의 자산으로 분리하여 취득 처리함
  - 이 외 중고 기계장치 취득액 8천만원도 투자세액공제 대상 지출액에 포함되어 있음
  - 일반 사무용 복합기 구입액 7천만원도 투자세액공제 대상에 포함되어 있음
  - 2019년 12월 1일 어음으로 기계장치 취득액 2억원을 지급하였는데 해당 어음은 60일 만기이며 만기일에 정상적으로 결제됨
- A회사가 적용받은 투자세액공제는 투자액의 5%이며, 농어촌특별세 과세 대상이라고 가정함

투자세액공제를 적용받는 투자액에 포함되어 있는 설비의 기능과 직접적인으로 관계없는 공장 배관공사비, 기존 기계장치의 수선비, 중고 기계장치 취득액은 투자세액공제 적용대상 지출액에서 제외하여야 한다. 또한 일반 사무용 복합기도 투자세액공제 대상이 아니다.

2019년 12월 1일 어음으로 지급한 기계장치 취득액 2억원은 어음 결제시점인 2020년에 적용받아야 한다.

〈세무조사 시점에 적출될 경우 A회사에 대한 과세액 추정〉

만일 상기 과세위험이 세무조사 시점에 적출될 경우 A회사에 대한 2019년 과세 추정액은 다음과 같다.

(단위: 원)

세목	구분	과세 추정액	계산내역
법인세	본세	25,000,000	$(50,000,000+100,000,000+80,000,00$ $+70,000,000+200,000,000)\times5\%$
	과소신고가산세	2,500,000	$25,000,000\times10\%$
	과소납부가산세	6,022,500	$[(50,000,000+100,000,000+80,000,00$ $+70,000,000)\times5\%\times3/10,000\times1,095$일$]$ $+(200,000,000\times5\%\times3/10,000\times365)$
	농어촌특별세(환급)	(-)5,000,000	$25,000,000\times20\%$
	합계	28,522,500	

(*) 어음 결제시점 귀속시기에 따른 2억원의 투자세액공제 적용 오류는 과세기간을 잘못 적용하여 신고납부한 경우에 해당하여 2020년 법인세 신고 시 실제 납부한 것으로 보는 것이므로 미납부기간을 365일로 계산함

A회사에 대한 2020년 국세 환급액은 다음과 같다.

(단위: 원)

세목	구분	과세 추정액	계산내역
법인세	본세(환급)	(-)10,000,000	200,000,000 × 5%
	농어촌특별세(납부)	2,000,000	10,000,000 × 20%
	합계	(-)8,000,000	

2-6. 회사가 적용하는 투자세액공제에 대한 체크할 사항(체크리스트)을 만들고 매년 점검한다면 투자세액공제 관련 적용 오류를 줄일 수 있다.

투자세액공제에서 추징되는 대부분의 경우가 앞서 언급한 기본적인 사항에 대한 오류 또는 착각으로 인한 것이다.

법인세 세무조정 업무를 할 때 세무대리인은 적용대상 투자액의 세부내역 또는 증빙을 보지 않고 회사에서 준 투자 요약 자료(통상 당기 유형자산 취득액 자료 등)만을 보고 몇 가지 질문하고 투자세액공제를 적용하는 경우가 대부분이다.

회사도 공장이나 현장에서 연중에 걸쳐 투자가 이루어지는데 회사의 법인세 신고를 담당하는 부서인 재무부서에서는 결산 등 업무가 가중되는 기간에 연간 투자액 자료를 취합하다 보니 자세히 검토를 하지 못하고, 몇 가지 정도만 물어보고 법인세 신고 자료를 만드는 경우가 대부분이다.

그러다 보니 투자액 내 세부사항까지 점검을 못하는 경우가 생긴다.

각 회사별로 적용되는 투자세액공제 종류는 매우 제한적이고 한번 적용되면 계속 적용되는 경우가 일반적이다. 이런 경우 회사에 적용되는 투자세액공제에 대해 체크할 사항이라는 것이 많지 않다.

필요하면 세무대리인의 도움을 받아 회사의 투자세액공제와 관련하여 체크할 사항을 만들어 체크하고 관련 업무 담당자에게 회람을 한다면 이러한 단순 실수를 줄일 수 있다. 만약 업데이트해야 할 부분이 있다면 매년 업데이트를 해도 좋을 것이다.

이렇게 2년~3년만 반복하면 투자된 설비를 담당하는 현장 담당자, 투자세액공제 업무를 담당하는 재무부서 담당자, 세무대리인의 소통도 원활해지고, 업무에 소요되는 시간도 상당히 줄일 수 있다.

투자세액공제에 공통적으로 체크해야 할 주요사항을 예시하면 다음과 같다.

- 투자세액공제 근거법령(별표의 구체적 기능까지 기재)
- 근거법령상 명확하지 않다면 이에 대한 유권해석이나 선심례가 있는지 여부
- 공제율 및 공제율의 변동 여부(일몰시한, 적용시점 관련 문구 등)
- 투자대상 지출액의 증빙은 모두 구비하고 있는지 여부
- 자본적 지출, 중고자산 투자 여부
- 투자액 내 직원의 인건비나 복리후생비 등이 포함되어 있는지 여부
- 일반 사무용품이 포함되어 있지 않는지 여부
- 어음 결제분은 결재일 기준으로 적용했는지 여부
- 이전 사업연도에 공제받은 분과 중복되지 않는지 여부
- 임대용으로 사용할 계획이 있는지 여부
- 사후관리 규정이 있는지 여부
- 사후관리 규정이 있다면 향후 사후관리를 위반할 가능성이 있는지 여부

2-7. 복잡하고 구체적인 조세혜택과 관련된 문제는 세무전문가의 자문을 구하는 것이 좋다.

조세는 국세와 지방세로 구분할 수 있는데 국세 관련 조세혜택은 대부분 조세특례제한법[508]에서 규정하고 있고 지방세는 지방세특례제한법에서 규정하고 있다. 법인세법, 지방세법 등 개별 세법에서도 조세혜택을 일부 규정하고 있다.

많은 회사에서 공통적으로 적용되는 조세혜택 규정이 투자세액공제이므로 본 책에서는 투자세액공제과 관련하여 공통적이고 기본적으로 체크해야 하는 내용에 대해 기술하였지만 개별 투자세액공제 규정을 구체적으로 들어가 보면 각종 적용요건이 복잡하고 세세하게 기술되어 있다.

또한 투자세액공제가 아닌 다른 조세혜택을 적용하는 회사도 많이 있다.

---

508) 과거에는 조세특례제한법에서 국세 및 지방세의 조세혜택 규정을 두고 있어 조세특례제한법이라는 세법 명칭이 적합하였으나 현 시점에서는 지방세의 조세혜택 규정은 지방세특례제한법으로 이관되었으니 국세특례제한법으로 세법명이 바뀌어야 하나 아직 세법명을 변경하지 않고 있다.

그런데 이런 조세혜택 규정은 매우 많을 뿐 아니라 각 조세혜택을 적용 받을 수 있는 조건도 각기 다르고 특정 회사에 조세혜택을 적용할 수 있을지 여부도 세무전문가가 아닌 일반인이 보면 판단이 잘 안되는 경우도 많다.

그리고 앞서 기술한 바와 같이 회사가 조세혜택을 적용하면 국세청 등에서 반드시 적정성 여부를 검토한다.

조세혜택을 누린 만큼 과세위험도 증가하는 것이다.

그리고 조세혜택과 관련된 쟁점은 매우 어려운 경우가 많다.

예를 들어 앞서 세액공제 대상으로 열거되어 있는 기능과 직접적인 관련 없는 배관, 이송, 저장설비의 취득가액은 투자세액공제가 적용되지 않는다고 하였는데 저장시설도 생산시설의 일부로 보아 세액공제 대상으로 본 국세청 유권해석 및 조세심판원의 선심례도 있다.

- 물류산업을 영위하는 법인이 윤활유 등의 보관·저장 및 반입·반출을 위한 배관 설비와 해당 배관설비를 지지하기 위한 파이프랙은 물품의 보관·저장 및 반입· 반출을 위한 탱크시설에 해당함[509]
- 쟁점자산 중 기화기와 GSU는 액화가스를 기화하는 공정에서 직접 사용하는 장치 이고, 초저온이중탱크와 CE탱크는 그 전단계에서 액화가스를 저장 및 기화기로 송출하는 시설이며, 양자는 서로 유기적으로 결합되어 있는 점 등에 비추어 쟁점 자산은 단순히 저장기능만 수행하는 저장시설이 아니라 기체가스를 제조하기 위 한 일련의 생산시설로 봄이 타당함[510]

어렵다고 조세혜택을 포기할 필요는 없다. 이런 경우에는 세무전문가의 도움을 받는 것도 고려해 보아야 한다.

세무전문가의 세무자문을 거쳐 과거에 조세혜택을 누릴 수 있었으나 실제로는 적용 하지 않은 조세혜택이 있는 경우 경정청구를 할지 여부도 고려해 볼 수 있다.

또한 관련 규정이 명확하지 않아 적용시 조세 쟁점이 발생할 것 같으면 조세혜택을 적용할 경우 발생할 수 있는 구체적인 세무위험이 무엇인지, 조세불복 시 승소 가능성

---

509) 재조특-199, 2013.3.12.
510) 조심 2016서3302, 2017.4.7.

등에 대해 세무전문가의 자문을 받아 적용 여부에 대한 의사결정시 활용하는 것도 좋을 것이다.

③ 조세혜택의 사후관리 위반에 따른 감면세액의 추징

3-1. 기계장치 등을 처분 혹은 임대하려고 할 경우 해당 취득액이 과거 투자세액공제를 받았다면 사후관리 요건이 적용되는 기간인지 여부를 확인해야 한다.

일부 투자세액공제 규정은 투자완료일로부터 2년~5년이 경과하기 전에 투자세액공제를 받은 기계장치 등을 처분하거나 임대를 하는 경우 공제받은 세액공제액에 이자상당액을 가산한 금액을 추징하도록 규정하고 있다[511].

근거 규정은 조세특례제한법 제146조 감면세액의 추징 규정인데 통상 "투자세액공제 사후관리 규정"이라고 한다.

투자세액공제 사후관리가 적용되는 규정은 조세특례제한법 제146조에 열거되어 있는데 많은 회사가 적용하고 있는 투자세액공제 규정 중심으로 열거되어 있다.

예를 들어 중소기업투자세액공제, 고용창출투자세액공제, 근로자복지증진을 위한 시설투자에 대한 세액공제 등이 투자세액공제 사후관리가 적용되는 대표적인 규정이다.

따라서 기계장치 등을 처분하려고 할 경우 과거에 해당 기계장치 취득 시 투자세액공제를 받았는지 여부와 투자세액공제를 받았다면 사후관리 요건이 적용되는 기간인지 여부를 확인해야 한다.

3-2. 처음부터 세액공제를 잘못 적용한 상황과 세액공제 사후관리 위반에 따라 추징되는 상황을 구분하여야 한다.

취득시점부터 기계장치를 임대용으로 사용하였는데 투자세액공제를 받았다면 세액공제를 받은 연도 법인세 신고 자체가 과소하게 신고·납부된 것이다.

그러나 취득시점에는 사업용 고정자산으로 사용하였으나 이후 사후관리 기간 중에 처분 또는 임대한 경우에는 세액공제를 받은 연도의 법인세 신고 자체는 적정하게 이루어진 것이다.

---

511) 조세특례제한법 제146조

전자의 경우 세액공제를 받은 연도에 잘못 공제받는 세액공제액과 과소신고 가산세와 과소납부 가산세가 부과된다.

후자의 경우 처분 또는 임대가 발생한 연도의 법인세 신고 시 기 공제받은 세액공제에 이자상당액을 가산하여 자진 납부하면 되고, 세액공제 받은 사업연도에 대한 과소신고 가산세와 과소납부 가산세는 발생하지 않는다.

상기 두 가지 상황을 구분하여야 한다.

이자상당액이란 공제받은 세액공제액에 공제받은 연도의 과세표준신고일의 다음날부터 처분 또는 임대가 발생한 날이 속하는 과세연도의 과세표준신고일까지의 기간에 1일당 10만분의 25의 율[512]을 곱한 금액을 말한다.

〈처음부터 세액공제를 잘못 적용한 경우 및 사후관리 요건에 따라 추징되는 경우의 구분〉

	처음부터 세액공제를 잘못 적용한 경우	사후관리 요건에 따라 추징되는 경우
법인세 추징(납부) 대상 사업연도	세액공제 사업연도	사후관리 요건을 위반한 사업연도 (처분이나 임대가 발생한 사업연도)
추징(납부)되는 법인세액	기 투자세액공제액	기 투자세액공제액
과소신고 가산세	발생함	발생하지 않음[(*)]
과소납부 가산세	발생함	발생하지 않음[(*)]
이자상당액 추가 납부	발생하지 않음	발생함

(*) 다만, 사후관리 요건을 위반한 사업연도에 기 투자세액공제액과 이자상당액을 신고·납부하지 않으면 사후관리 요건을 위반한 사업연도에 대해 과소신고 가산세 및 과소납부 가산세가 발생함

3-3. 투자세액공제 사후관리 규정에 따라 감면세액이 추징되는 사례

사실관계

- 중소기업인 B회사는 2018년에 11월 10일에 사업용 고정자산 a와 b를 취득하고 조세특례제한법 제5조에 따라 중소기업 등 투자세액공제 2억원을 세액공제 적용함
- B회사는 2019년 해당 사업이 지지부진해지자 2019년 10월에 사업용 고정자산 a를 처분을 하고 사업용 고정자산 b는 타 회사에 임대함

---

512) 2019년 2월 12일 개정 전에는 1일단 1만분의 3의 율이 적용되었다.

B회사가 사업용 고정자산 a와 b를 투자완료일인 2018년 11월 10일로부터 2년내 (2021년 10월)에 처분 및 임대하였으므로 2019년도 법인세 신고(신고 납부기한 2020년 3월 31일)시 추가로 신고 납부해야 하는 법인세는 다음과 같다.

〈투자세액공제에 대한 사후관리 요건 위반에 따른 B회사에 대한 감면세액 추징액〉

중소기업 등 투자세액공제에 대한 사후관리 요건 위반에 따른 B회사의 감면세액 추징액은 다음과 같다.

(단위: 원)

세목	구분	과세 추정액	계산내역
법인세	세액공제액(추징)	200,000,000	200,000,000
	이자상당액	18,250,000	200,000,000 × 25/100,000 × 365
	합계	218,250,000	

3-4. 구조조정을 지원하기 위한 조세혜택 규정에도 사후관리 요건을 두고 있다.

구조조정(합병, 분할, 분할합병, 현물출자, 포괄적 사업양수도, 포괄적 주식교환 등)은 이른바 ① 지분거래와 ② 사업부 양수도거래가 동시에 발생하는 거래라고 이해하면 된다.

거래이다보니 각종 거래비용이 발생하고 세금(사업부 양도차익에 대한 세금, 사업부 자산취득과 관련된 세금, 지분거래 및 취득과 관련된 세금)도 발생하는 것이 원칙이다.

법인세법 및 조세특례제한법에서는 구조조정을 지원하기 위해 일정한 요건을 충족하는 구조조정에 대해 각종 소세혜택 규정을 두고 있으며 동 조세혜택 규정에도 사후관리 요건을 두고 있다. 구조조정 조세혜택은 크게 법인(소득)세는 과세이연[513] 형태로, 취득세 및 증권거래세 등은 조세감면[514] 형태로 이루어져 있다.

---

513) 과세이연은 구조조정 시점에는 과세를 하지 않지만 향후 일정한 시점(통상 처분이나 감가상각 시점)에 과세되지 않았던 세금이 함께 과세되는 것으로 구조조정시 일시에 거액의 세금이 나오는 충격을 완화시키려는 목적이다.

일정한 요건을 충족한 구조조정이란 사업 목적 구조조정으로서 ① 지분율 연속성 요건 및 ② 사업의 연속성 요건을 충족한 경우를 말한다[515].

그런데 일정한 요건을 충족한 구조조정을 한 이후 즉시 지분을 처분하거나 사업을 처분하는 것은 구조조정 조세혜택의 취지에 어긋난다고 보아 사후관리 규정을 두고 있는 것이다.

사후관리 규정도 ① 지분의 연속성 요건과 ② 구조조정된 사업부의 연속성 요건으로 구분할 수 있다. 구조조정을 지원하기 위한 세법 규정의 사후관리 적용 기간은 대부분 구조조정이 발생한 사업연도의 다음 사업연도의 개시일부터 2년으로 규정하고 있다[516].

과거조세혜택을 받은 구조조정으로 취득한 지분 또는 승계한 사업부의 자산을 처분할 때는 관련 사후관리 요건에 위배되는 것은 아닌지 검토가 반드시 필요하다.

구조조정 사후관리에 대한 예외규정이 많고 현실 구조조정에서는 세법에서 규정하지 못한 복잡난해한 상황이 많이 발생하므로 실무적으로 구조조정 사후관리 규정을 적용할 때 주의가 필요하다.

구조조정 관련 사후관리 요건 위배로 일시에 과세되는 경우 거액의 세금이 추징되는 경우가 대부분이므로 만일 최근에 구조조정 관련하여 조세혜택을 누렸다면 사후관리 기간을 확인하고, 사후관리 요건을 충족하고 있는지 반드시 체크해야 한다.

3-5. 유형자산 관리 및 처분 권한이 있는 현업부서에 투자세액공제를 받은 고정자산은 2년내 처분 또는 임대하면 세금이 추징된다는 것을 세액공제 시점에 인지시키거나 투자세액공제 체크리스트 항목에 사후관리 요건에 대한 내용을 포함하면 관련 과세위험을 낮출 수 있다.

회사의 유동성 문제로 인해 사후관리 요건 위반에 따른 세금 추징 규정을 알고도 처분 혹은 임대를 실행하는 경우에는 회사의 합리적 의사결정에 따른 것이므로 문제될 것이 없다.

---

514) 조세감면은 구조조정 관련 세금이 영구히 과세되지 않는 형태의 조세혜택이다.
515) 구조조정으로 인해 형식(법)적 측면에서는 법적 실체에 변화가 있지만 실질(경제)적 측면에서는 구조조정 전과 동일하다고 볼 수 있는 형태의 구조조정에 대해 조세혜택을 주는 규정이다.
516) 등기일 기준

투자세액공제를 적용할 당시 투자자의 의도와는 다르게 상황이 전개될 수 있고 투자 시점에는 직접 생산을 위해 취득을 하였으나 상황이 변하여 가까운 미래에 처분이나 임대를 해야 하는 상황이 될 수도 있는 것이다.

그러나 기 감면세액이 추징된다는 것을 모르고 처분 또는 임대하는 경우와 같이 회사의 실수로 사후관리 요건을 위반하는 경우가 발생하지 않도록 대책을 세워야 한다.

실무상 사업용 고정자산의 취득, 운영, 처분을 하는 현업 부서(대부분 제조부서)에서는 투자를 하면 세액공제를 받는다는 것은 알지만 사후관리 규정에 대해서는 모르는 경우가 많아서 사후관리 규정에 따른 기 감면세액의 추징액을 고려하지 못하고 해당 고정자산을 처분 또는 임대했다가 이후 세무조사 시점에 세금이 추징되는 경우가 많이 발생한다.

만일 기계장치 등의 취득 및 처분에 대한 의사결정을 하는 현업부서가 있다면, 해당 현업부서에 투자세액공제에 따른 사후관리 규정을 취득시점에 알려주면 의도하지 않은 사후관리 규정에 따른 세금 추징을 미연에 방지할 수 있을 것이다.

앞에서 기술한 투자세액공제 체크리스트 항목에 사후관리 요건에 대한 내용을 포함시키거나 현업부서 투자승인 기안 요청 시 사후관리 추징에 대한 내용을 포함하도록 결재 프로세스를 운영하는 것도 한 가지 방안이다.

④ 연구인력개발비에 대한 세액공제

4-1. 세액공제를 받을 수 있는 연구개발 활동에 대한 세법상 정의가 명확하지 않다.

조세특례제한법에는 연구개발을 "과학적 또는 기술적 진전을 이루기 위한 활동과 새로운 서비스 및 서비스 전달체계를 개발하기 위한 활동"이라고 정의하고 있다.

또한 조세특례제한법에서는 다음의 8가지 활동을 연구개발 활동으로 보지 않는다고 열거하고 있다.

① 일반적인 관리 및 지원활동
② 시장조사와 판촉활동 및 일상적인 품질시험
③ 반복적인 정보수집 활동
④ 경영이나 사업의 효율성을 조사·분석하는 활동
⑤ 특허권의 신청·보호 등 법률 및 행정 업무
⑥ 광물 등 자원 매장량 확인, 위치확인 등을 조사·탐사하는 활동
⑦ 위탁받아 수행하는 연구활동
⑧ 이미 기획된 콘텐츠·소프트웨어 등을 제작하는 활동

그러나 상기와 같이 불명확하고 추상적인 연구개발 활동의 정의만으로는 실무에서 발생하는 복잡난해한 연구개발 활동이 조세특례제한법상 연구개발의 정의를 충족하는지 여부를 판단하는 것은 쉽지 않다.

예를 들어 자체기술 개발과 관련없이 거래처의 납품의뢰에 따라 의뢰받은 제품의 사양, 디자인 등의 개발용역에 종사하는 자의 인건비는 연구인력개발비 세액공제 대상이 아니라는 국세청의 유권해석[517]에 근거하여 판단하면 납품업체의 연구개발비는 세액공제 대상이 될 수 없는 것처럼 보인다.

반면, 자기책임과 비용으로 납품조건을 충족하기 위해 선행개발된 기술을 바탕으로 자체기술에 의한 상품화 개발 및 애플리케이션(Application) 개발을 수행하는 과정에서 발생한 연구개발 전담부서의 연구개발 관련비용은 연구 및 인력개발 비용에 해당

---

517) 서면2팀-824, 2006.5.12.

조세심판원 선심례[518]에 근거하여 판단하면 납품업체의 연구개발비도 세액공제 대상이 될 수 있다고 보인다.

어떤 납품업체의 연구개발 활동이 돈 받고 대신 연구개발해 주는 수탁연구용역이 아닌 다음에야 자체기술개발이 아닐 리 없고, 연구개발 목적으로 납품조건을 맞추는 연구개발 활동이 자체기술에 의한 상품화 개발 및 애플리케이션 개발을 수행하는 과정이 아니라고 할 수 없을 것이다.

또 다른 예를 들자면 단순 A/S출장은 수익활동으로 보아 연구개발 활동이 아니지만 A/S관련 출장 등이 신제품개발 연구활동의 일환인 경우에는 연구개발 활동으로 볼 수 있다[519].

4-2. 실무상 국세청은 연구개발의 범위를 원천기술 개발만을 인정하는 정도로 좁게 해석하는 경우가 많다.

조세특례제한법의 연구개발의 정의를 좁게 해석하면 비영리 연구소에서 원천기술 발전을 위해 묵묵히 수행하는 연구만이 연구개발 활동이 되고, 넓게 해석하면 편의점의 판매증진을 위한 편의점 가판대 모양을 이리저리 고안해 보는 것도 연구개발 활동으로 볼 수 있다.

실무적으로 국세청은 "연구개발"의 범위를 원천기술개발 등으로 좁게 해석하고 있으며, 세무조사 시 제조업에서 "제품개발", 수주산업에서 "수주 후 연구활동" 등과 같이 조금이라도 매출과 관련되어 보이는 업무는 연구개발 활동으로 보지 않는 경향이 있다.

이러한 견해 차이로 인해 국세청 유권해석이나 조세심판원의 선심례 등에서 명확히 연구개발 활동이라고 판단되었던 활동이 아니라면 회사의 연구개발 활동은 언제든지 연구개발 활동이 아니라고 부인되어 과거 세액공제된 금액이 추징될 수 있다.

---

518) 조심 2014전2261, 2014.9.30.
519) 조심 2016중233, 2016.6.16.

4-3. 연구원이 수익활동을 일부만 수행하더라도 해당 인원의 연간 인건비 전액이 세액공제 대상에서 제외된다.

기업부설연구소에 소속된 연구원은 연구개발 활동을 전담해야 관련 인건비가 연구인력개발비 세액공제 대상이 된다.

이를 반대로 얘기하자면 연구원이 1년 중 단 몇 시간이라도 수익활동을 수행하였다면 해당 연구원의 연간 인건비 전부를 연구인력개발비 세액공제 대상 인건비로 보지 않겠다는 것이다.

국세청 예규 또는 조세심판원에서 수익활동이라고 판단한 업무는 다음과 같다.

- 수익활동을 하는 다른 직무를 겸직하는 경우[520]
- 영업 및 접대업무[521]
- 품질관리 업무[522]
- 행정업무[523]

이 밖에 AS업무, 입찰제안서 작성, 제품사양서 작성, PM(Project Management)업무 등도 수익활동으로 간주한다.

따라서 연구전담요원이 상기 열거된 수익활동을 조금이라도 수행했다면 해당 연구원의 1년간 인건비 전액을 연구인력개발비 세액공제 대상에서 제외하여야 한다.

4-4. 연구원의 연구개발 활동을 전담하고 있는지 여부를 세무진단하기 위해 검토해야 하는 자료

세무진단 시 연구원의 연구개발 활동을 전담하고 있는지 여부를 판단하기 위해 연구원과 인터뷰도 하고 다음과 같은 자료를 검토해 봐야 한다.

- 연구소 공간 레이아웃 도면

---

520) 감심 2012 - 106, 2012.7.5.
521) 조심 2014중3244, 2014.8.11.
522) 조심 2013부3868, 2013.12.31.
523) 조심 2009중4120, 2010.11.23.

- 조직도
- 연구원별 업무분장표
- 연구소 업무일지
- 연구원의 업무성과 기술서
- 연구개발 활동에 따른 결과물
- 연구원별 성과 평가 자료
- 연구원의 연초 목표 성과 계획서
- 출장일지(연구원의 현장출장 여부 확인)
- 출장보고서, 출장수당 지급내역서
- 법인차량 이용내역(연구원의 현장출장 여부 확인)

4-5. 연구원의 수익활동으로 인한 연구인력개발비 세액공제액이 추징되는 사례

사실관계

- 제조업을 영위하는 C회사는 기업부설연구소를 운영하고 있음
- C회사는 완성품 조립업을 하는 D회사에 중간재를 납품하고 있음
- C회사는 대기업이 요청한 스펙에 맞는 중간재 시제품을 D회사에게 납품하고 D회사가 승인을 하면 본격적인 중간재 생산을 하여 D회사에게 납품을 함
- C회사의 기업부설연구소의 연구원은 시제품을 만드는 업무를 하고 있으며 주로 시제품 생산을 위해 중간재 시제품을 요청한 대기업과 시제품의 세부적인 스펙을 조율함
- 또한 기업부설연구소 소속 연구원 갑과장은 중간재의 품질에 대한 문제가 생기면 D회사 공장에 방문하여 품질문제의 원인을 파악하여 이를 현장에서 보완하는 업무를 겸임하고 있음
- 2019년 C회사 기업부설연구소 소속 연구원의 인건비는 3억원이며, 이중 갑과장의 인건비 7천만원이 포함되어 있음
- 2019년 연구인력개발비 세액공제의 공제율은 8%라고 이전 년도는 연구개발비 세액공제가 없었다고 가정함

과세 위험: Case1

본 사례 경우 2가지 Case로 과세될 수 있다.

첫번째 Case는 C회사의 연구개발 자체가 세법상 연구개발 활동이 아니라고 보아 2019년 연구인력개발비 세액공제가 전액 부인되는 경우다. 이 경우 C회사에 과세되는 금액은 다음과 같다.

〈과세 위험: Case1. 세무조사 시점에 적출될 경우 C회사에 대한 과세액 추정〉

만일 상기 과세위험이 세무조사 시점에 적출될 경우 C회사에 대한 2019년 과세 추정액은 다음과 같다.

(단위: 원)

세목	구분	과세 추정액	계산내역
법인세	본세	24,000,000	300,000,000 × 8%
	과소신고가산세	2,400,000	24,000,000 × 10%
	과소납부가산세	7,884,000	24,000,000 × 3/10,000 × 1,095일
	합계	34,284,000	

과세 위험: Case2

두 번째 Case는 C회사의 연구개발 자체는 세법상 연구개발 활동으로 인정되지만 갑 과장이 연구전담을 하지 않았다고 보아 관련 인건비인 7천만원을 연구인력개발비 세액 공제 대상이 아니라고 보는 경우다. 이 경우 C회사에 과세되는 금액은 다음과 같다.

〈과세 위험: Case2. 세무조사 시점에 적출될 경우 C회사에 대한 과세액 추정〉

만일 상기 과세위험이 세무조사 시점에 적출될 경우 C회사에 대한 2019년 과세 추정액은 다음과 같다.

세목	구분	과세 추정액	계산내역
법인세	본세	5,600,000	70,000,000 × 8%
	과소신고가산세	560,000	5,600,000 × 10%
	과소납부가산세	1,839,600	5,600,000 × 3/10,000 × 1,095일
	합계	7,999,600	

4-6. 회사가 연구개발 활동과 수익활동으로 구분하는 기준을 명확히 하고 이에 대한 논리 및 근거를 제시할 수 있도록 준비한다면 관련 과세위험을 낮출 수 있다.

조세특례제한법에서 연구개발 활동을 명확히 규정하고 있지 않아 과세위험 높다고 해서 납세자가 연구인력개발비 세액공제를 포기할 수는 없다.

이런 경우에는 납세자 스스로 회사의 활동을 연구개발 활동과 수익활동으로 구분하는 기준을 명확히 하고 이에 대한 논리 및 근거를 제시할 수 있도록 준비한다면 관련 과세위험을 낮출 수 있다.

세법상 연구개발 활동이 명확하지 않아 세무위험이 높다는 건 반대로 국세청도 과세 근거가 명확하지 않다는 의미와 같다.

따라서 누구보다도 회사의 연구개발 활동을 잘 알고 있는 회사가 명확한 논리와 근거를 가지고 연구개발 활동과 수익활동으로 구분하여 적용한다면 국세청 입장에서도 이를 부인하기는 쉽지 않다.

연구개발 활동은 본격적인 생산 이전 시점이므로 당해 회사 또는 업종의 특성에 맞게 본격적인 생산 시점 이전에 적당한 시점을 기준으로 연구개발 활동과 수익활동을 구분하면 될 것이다.

연구개발 활동과 수익활동의 구분과 관련된 법령 및 예규를 보면 전담부서 등 및 연구개발 서비스업자가 연구용으로 사용하는 견본품・부품・원재료와 시약류구입비(시범제작에 소요되는 외주가공비를 포함)[524]와 연구개발을 위해 자체 제작한 견본품 제

---

524) 조세특례제한법 시행령 별표 6 1. 가. 2) 전담부서 등 및 연구개발서비스업자가 연구용으로 사용하는 견

작비용[525]은 연구인력개발비로 보고 있다.

이와 관련하여 최근 조세심판원에서는 "제품을 연구개발 과정에서 고객사에 납품할 시제품(견본품) 제작에 사용하기 위해 제작된 연구용금형의 제작비용은 전담부서에서 연구용으로 사용하는 견본품 시범제작에 소요되는 외주가공비에 해당"함으로 연구인력개발비 세액공제를 적용하는 것이 타당하다고 판단하였다[526].

또 다른 조세심판원의 선심례에 따르면 "기술개발은 시범제작 및 공업화 중간시험의 과정까지를 포함"하므로 회사의 연구관리팀의 OEM제품 개발 및 점검업무와 관련된 지출액을 연구인력개발비 세액공제를 적용하는 것이 타당하다고 보았다[527].

상기의 법령, 예규, 선심례 등은 연구개발 활동과 수익활동을 구분할 때 참고가 될 수 있을 것 같다.

4-7. 연구인력개발비 세액공제 관련 절세 체크사항

이하에서는 연구인력개발비 세액공제와 관련하여 납세자에게 유리한 최근 법령 개정, 해석 사례 등을 소개하고자 한다.

혹시 연구인력개발비 세액공제를 적용 받을 수 있는데 적용하지 않았는지 한번쯤 체크해 보고 만일 있다면 경정청구할지를 고려해 보면 좋을 것 같다.

4-7-1. 회사의 연구개발이 신성장동력 · 원천기술에 대한 연구개발(세액공제율 20% ~30%)에 해당되는지 여부를 한번쯤은 확인해 보아야 한다.

2010년 신성장동력 및 원천기술 관련 산업을 활성화할 목적으로 신설되었다.

신성장동력산업 분야별 대상기술 및 원천기술 분야별 대상기술을 각각 조세특례제한법 시행령 별표 7[528]에서 구체적으로 열거하고 있다.

본품 · 부품 · 원재료와 시약류구입비(시범제작에 소요되는 외주가공비를 포함한다) 및 소프트웨어(「문화산업진흥 기본법」 제2조 제2호에 따른 문화상품 제작을 목적으로 사용하는 경우에 한정한다) 서체 · 음원 · 이미지의 대여 · 구입비

525) 서면−2016−법령해석법인−4937, 2017.1.11., 법인세과−828, 2011.10.30.
526) 조심 2018구2633, 2019.6.26.
527) 조심 2014전2261, 2014.9.30.
528) 2017년 2월 7일 개정 전에는 별표 7에서는 신성장동력산업 분야별 대상기술을, 별표 8에서는원천기술 분야별 대상기술을 열거하고 있었는데, 2017년 2월 7일 개정되면서 별표 7에서 신성장동력산업 분야별

신성장동력·원천기술 연구인력개빌비 세액공제율은 무려 연구개발비 당해 지출액의 20%~30%나 된다. 일반 연구개발비 세액공제율이 2%~3%라는 점을 감안하면 꽤나 파격적인 세제혜택이라 할 수 있다.

그런데 실무적으로 신성장동력·원천기술 연구개발비 세액공제를 적용하는 회사는 많지 않다. 아마도 2010년 신성장동력·원천기술 연구개발비 세액공제 규정 신설 시 적용 가능 여부를 별도로 검토하지 않고 기존에 적용하고 있는 일반 연구인력개발비 세액공제율을 적용했기 때문이라고 추측된다.

또한 조세특례제한법 시행령 별표 7에서 일반 연구인력개발비에 비하여 명확히 관련 기술 등을 규정하고 있어 세액공제 적용 가능 여부에 대한 판단이 용이하다.

조세특례제한법 시행령 별표 7에서 열거하고 있는 신성장동력·원천기술연구개발비 세액공제 대상기술이 적용되는 분야는 다음과 같으므로 만일 해당 분야를 연구개발하고 있는 회사가 있다면 꼭 한번 조세특례제한법 시행령 별표 7을 찾아봐서 좀 더 높은 연구인력개발비 세액공제율을 적용할 수 있는지 점검해 볼 필요가 있다.

〈조세특례제한법 시행령 별표 7에 열거된 신성장동력·원천기술 연구개발비 세액공제 대상기술 분야[529]〉

- 미래형자동차
- 지능정보
- 차세대SW(소프트웨어) 및 보안
- 콘텐츠
- 차세대전자정보 디바이스
- 차세대 방송통신
- 바이오·헬스
- 에너지신산업·환경
- 융복합소재
- 항공·우주

대상기술 및 원천기술 분야별 대상기술 모두를 열거하고 있다.

529) 조세특례제한법 시행령 별표 7에는 대상 기술이 보다 구체적으로 기술되어 있으므로 신성장동력·원천기술 연구개발 세액공제를 적용가능 여부를 확인하고자 하는 회사는 해당 기술이 별표 7에 구체적으로 열거된 기술과 일치하는지 확인해 보아야 한다.

신성장동력・원천기술연구개발비 세액공제 대상기술이 적용되는 분야는 수시로 추가되거나 삭제되기 때문에 관련 연구인력개발비 세액공제를 적용하고자 하는 회사는 최소한 매년 한 번씩은 해당 별표(조세특례제한법 시행령 별표 7) 확인해 보는 것이 좋다.

4-7-2. 고유디자인 개발을 위한 비용도 연구인력개발비 세액공제를 받을 수 있다.

고유디자인 개발을 위한 비용도 조세특례제한법 시행령 별표 6에 열거되어 있는 세액공제 대상 연구인력개발비다.

연구인력개발비 세액공제 대상 고유디자인 개발비용이라 함은 조세특례제한법 시행령 별표 6에서 규정하고 있는 요건을 충족할 뿐 아니라, 과학적 또는 기술적 진전을 위한 활동이라는 전제조건을 충족하여야 한다[530].

여기서 과학적 또는 기술적 진전을 위한 디자인 개발 활동이라 함은 제품포장 디자인, VMD, 광고 관련 디자인 등과 같이 상업적 용도로 사용되기 위한 것이 아니라 기존의 디자인과는 차별화된 독창적인 디자인을 개발하는 활동을 의미한다.

세액공제를 받을 수 있는 "고유디자인의 개발을 위한 비용"의 범위에서 자체고용 디자이너에 대한 인건비(디자인부서에 소속되어 고유디자인 개발에 직접적으로 참여한 그래픽디자이너의 인건비 포함)에는 다음 비용이 포함된다.

- 디자인 위탁개발용역비[531]
- 디자인 설계기기의 임차료
- 디자인 설계비용
- 디자인 연구용으로 사용하는 견본품・부품・원재료 구입비 등

연구인력개발비 세액공제를 받기 위해 고유디자인 개발을 위한 비용은 다른 연구인력개발비처럼 전담부서를 설치할 필요도 없다[532].

고유디자인 개발 비용이 연구인력개발비 세액공제 대상으로 인정되는 사례는 다음과 같다.

---

530) 조심 2017중2339, 2017.8.24.
531) 재조특－986, 2011.10.28.
532) 사전－2014－법령해석법인－21893, 2015.4.27.

- 게임소프트웨어 그래픽디자이너 인건비[533]
- 의류디자인 회사의 패션디자인 개발[534]
- 출판 회사의 책표지 및 내지디자인과 도서의 삽화 디자인 개발[535]
- 화장품회사의 브랜드별 컨셉과 디자인 방향을 수립하고 각 제품의 디자인 업무[536]

그러나 다음과 같은 비용은 고유디자인 개발과 관련되어 있더라도 연구인력개발비 세액공제 대상이 아니다.

- 디자인실에 관련된 일반 직원관련 비용
- 사무용품비 등 소모품비와 복리후생비
- 운반비
- 전문도서 인쇄비
- 지급수수료
- 건물임차료
- 수선비
- 통신비 등

4-7-3. 산재보험료를 제외한 4대보험의 회사부담분은 회계상 급여로 처리되어 있지 않으므로 연구인력개발비 세액공제 대상 인건비 산정 시 의도적으로 연구인력개발비에 포함시키지 않으면 세액공제 대상에서 누락될 수 있다.

요건을 충족하는 연구전담 인원의 인건비는 연구인력개발비 세액공제 대상이다. 대부분의 회사는 급여 상여만을 연구전담 인원의 인건비로 보아 세액공제를 적용한다.

한편, 흔히들 국민연금, 건강보험, 고용보험, 산재보험을 4대보험이라고 부르고 임직원에 대한 4대보험의 일부를 회사가 부담한다. 이를 회사부담분이라고 한다.

4대보험의 회사부담분은 급여로 회계처리하지 않고 복리후생비나 세금과 공과로 처리하는 회사가 대부분이다. 이러다 보니 연구전담 인원의 인건비를 산정할 때 복리후생비 및 세금과 공과에 있는 4대보험 회사부담분을 따로 구하여 의도적으로 연구인력

---

533) 법인세과-11, 2012.1.6.
534) 법인세과-877, 2011.11.4.
535) 기획재정부 조세특례제도과-51, 2011.1.24., 조심 2010서2917, 2011.7.20.
536) 조심 2017서4669, 2018.1.31.

개발비에 포함시키지 않으면 세액공제 대상에서 누락될 수 있다.

4대보험은 회사가 직원에게 지급하는 급여의 일정 비율로 산정되고 궁극적으로 그 수혜가 귀속되는 것도 해당 인원이므로 큰 틀에서 보면 세액공제 대상 인건비로 인정하는 것이 합리적이라 할 것이다.

다만, 산업재해보상보험법에 따라 사용자로서 회사가 부담하는 산재보험료는 인건비에 포함되지 않는다는 것이 국세청의 입장이다.

산재보험료는 그 수혜가 직원보다는 그 직원을 고용하는 자(법인 또는 고용주)에게 귀속되어 인건비라기 보다는 세금과 공과 성격으로 판단한 것으로 보인다.

〈4대 보험의 회사부담금의 연구인력개발비 세액공제 대상 여부 요약〉

구분	연구인력개발비 세액공제 대상 여부	근거
국민연금	대상 ○	조심 2016광1337, 2016.12.16.
건강보험	대상 ○	서면-2015-법인-2106, 2016.5.3.
고용보험	대상 ○	서면법규과-752, 2014.7.17.
산재보험	대상 ×	기준-2017-법령해석법인-0089, 2017.5.29.

4-7-4. 확정기여형(DC형) 퇴직연금 보험료 지급액도 연구인력개발비 세액공제 대상 인건비에 포함된다.

최근 대법원에서 확정기여형(DC형) 퇴직연금 제도를 채택하고 있는 회사의 연구인력개발비 산정시 연구전담 인원의 퇴직연금 보험료 지급액도 인건비로 보아 세액공제 연구인력개발비라고 판단한 사례가 있다[537].

대법원은 확정기여형(DC형) 퇴직급여인 경우 퇴직연금 보험료 지급시 손익계산서에 비용으로 계상되었고 동 보험료가 각 연구원들에게 확정적으로 귀속되어 다른 인건비(예: 급여)와 달리 볼 이유가 없다는 점을 들어 인건비라고 본 것이다.

그러나 같은 퇴직급여지만 확정급여형(DB형) 퇴직급여 제도하의 퇴직급여충당금(즉, 매년 퇴직급여충당금으로 적립하는 퇴직급여 비용 상당액)은 조세특례제한법 시행령 별표 6에 연구인력개발비 세액공제 대상이 아니라고 명시되어 있어 연구원의 확

---

537) 대법2016두63200, 2017.5.30.

정급여형(DB형) 퇴직급여는 세액공제 대상 지출액에 포함되기 어려울 것으로 보인다.

상기와 같이 판단한 근거는 다음과 같은 퇴직급여 제도의 특성 때문이다.

〈확정급여형(DB형) 퇴직급여 제도의 특성〉
- 정당한 기간손익의 계산을 위하여 추산된 금액임
- 부채계정인 '퇴직급여충당금'으로 처리됨
- 실제로 퇴직금을 지급하기 전까지는 아무런 현금 지출이 이루어지지 않음

〈확정기여형(DC형) 퇴직연금 제도의 특성〉
- 각 사업연도에 사외의 퇴직연금 사업자에게 실제로 지출
- 지출분 상당액이 퇴직연금 보험료이라는 비용으로 처리됨
- 과세 연도별 및 대상 근로자별로 그 지출액을 특정됨

즉, 퇴직급여충당금의 경우 장부상으로만 계상된 비용에 불과하여 임직원이 실제로 퇴직하고 그에 대하여 지급이 현실적으로 이루어진 시점에 비로소 회사의 비용이 된다고 볼 수 있는 반면, 퇴직연금 보험료는 회사가 사외의 퇴직연금 사업자에게 보험료를 지출함과 동시에 그 해당 금액이 해당 임직원에게 확정적으로 귀속하는 것이므로, 퇴직연금 보험료가 지출되는 해당 과세연도의 연구 개발 활동에 직접적으로 대응하는 비용이라고 볼 수 있다.

그러나 아직 국세청이나 조세심판원에서는 확정기여형(DC형)이든 확정급여형(DB형)이든 관계없이 연구전담 인원의 퇴직급여를 세액공제 대상 인건비로 보지 않는다는 입장이다[538].

국세청이나 조세심판원에서 입장을 바꾸기 전까지는 법원 단계에서 환급을 다투어야 할 것으로 보인다.

---

538) 조심 2018중4037, 2018.12.11. 다수

5 이월공제가 허용되지 않는 외국납부세액공제 한도 초과 : 국외원천소득과 관련된 국내본사 비용의 범위

5-1. 실무적으로 외국납부세액 공제를 적용 받지 못하는 원인 중 가장 높은 비율을 차지하는 것이 외국납부세액공제 한도 초과이다.

외국납부세액공제는 국가간 이중과세 문제를 해소하기 위한 법인세법 규정이다.

해당 제도의 취지에 맞게 이중과세가 완전히 해소되면 좋으련만 국외에서 납부한 법인세 등이 국내에서 일부 혹은 전부를 공제받지 못하는 경우가 발생하여 실제로는 국가간 이중과세 조정이 완전히 이루어지고 있는 않는 것이 현실이다.

외국납부세액의 이중과세 조정이 안되는 원인은 다양하겠지만 실무적으로 가장 높은 비율을 차지하는 원인은 외국납부세액공제 한도 초과일 것이다.

5-2. 국외원천소득은 1단계와 2단계로 구분하여 계산하여야 한다.

법 소정의 외국납부세액 공제한도를 초과하는 외국납부세액은 당해 연도의 산출세액에서 공제할 수 없다[539].

$$외국납부세액공제\ 한도 = 산출세액 \times \frac{국외원천소득}{해당\ 사업연도\ 소득에\ 대한\ 과세표준}$$

여기서 국외원천소득은 두가지 단계로 나누어 계산할 수 있다.

- 1단계 국외원천소득: 국외원천 수익 – 국외원천 소득이 발생한 국가에서 과세할 때 손금에 산입된 금액
- 2단계 국외원천소득: 1단계 국외원천소득 – 직접비용 – 간접비용

국외원천소득이 발생한 국가에서 과세할 때 손금에 산입된 금액은 이미 1단계에서

---

539) 법인세법 제57조 제1항 제1호

차감되었기 때문에 2단계의 직접비용 및 간접비용에는 포함해서는 안된다.

따라서 2단계 직접비용 및 간접비용이란 외국원천소득이 발생한 국가 외의 국가(한국 본사 포함)에서 발생한 비용 중 국외원천소득과 관련된 비용을 의미한다.

5-3. 1단계 국외원천소득 금액에 따라 계산된 외국납부세액 한도를 초과하는 외국납부세액은 5년간 이월공제가 가능한 데 반해, 2단계 국외원천소득 금액에 따라 계산된 외국납부세액 한도를 초과하는 외국납부세액 중 1단계 외국납부세액 한도 미만의 금액은 소멸하여 이월공제를 할 수 없다.

이렇게 두 단계로 나누는 이유는 1단계 국외원천소득 금액에 따라 계산된 외국납부세액 한도를 초과하는 외국납부세액은 5년간 이월공제가 가능한 데 반해, 2단계 국외원천소득 금액에 따라 계산된 외국납부세액 한도를 초과하는 외국납부세액 중 1단계 외국납부세액 한도 미만의 금액은 소멸하여 이월공제를 할 수 없기 때문이다.

즉, 2단계 직접비용 및 간접비용을 추가 반영함에 따라 감소하는 외국납부세액 한도 감소 구간으로 인해 발생하는 한도초과액은 외국납부세액 이월공제가 적용되지 않는다.

예를 들어 2019년 A회사가 B국가에서 납부한 외국납부세액이 10억원이고, 1단계 국외원천소득에 따라 계산한 외국납부세액공제 한도가 9억원, 2단계 국외원천소득에 따라 계산한 외국납부세액공제 한도가 7억원이라고 가정해 보자.

이런 경우 A회사가 2019년 법인세 납부세액을 계산 시 외국납부세액으로 공제할 수 있는 금액은 7억원이다.

그리고 외국납부세액공제 한도 초과액 3억원 중 2억원[*]은 이월공제가 되지 않아 소멸하고 1억원만이 향후 5년(2020년~2024년) 동안 발생한 해당 국가의 외국납부세액 한도내에서 공제할 수 있다[540].

(*) 2억원 = (1단계 국외원천소득에 따라 계산한 외국납부세액공제 한도 9억원) - (2단계 국외원천소득에 따라 계산한 외국납부세액공제 한도 7억원)

---

540) 법인세법 시행령 제94조 제2항 및 제15항

<1단계 및 2단계 국외원천소득의 구분>

	1단계 국외원천소득	2단계 국외원천소득
국외원천소득 계산	국외원천 수익 − 국외원천 소득이 발생한 국가에서 과세할 때 손금에 산입된 금액	1단계 국외원천소득 − 직접비용 − 간접비용[**]
한도초과된 외국납부세액	5년간 이월공제 가능	한도초과 금액 중 1단계 외국납부세액한도 미만의 금액은 이월공제할 수 없음(소멸)

[**] 2단계에서 직접비용 및 간접비용 산정 시 국외원천소득이 발생한 국가에서 과세할 때 손금에 산입된 금액은 제외

5-4. 2단계 직·간접비용 적용으로 인한 외국납부세액 한도 감소분에 대해 이중과세 조정해 주지 않는 이유: 회사의 잘못된 경비귀속 처리로 인해 추가로 발생한 외국납부세액은 이중과세 조정 대상으로 보지 않는다.

상기와 같이 외국납부세액공제 한도 산식을 규정한 것은 국외원천소득이 발생한 국가 외의 국가에서 발생한 비용 중 회사의 잘못된 경비귀속 처리로 인해 감소한 외국납부세액공제 한도분 대해서는 이중과세 조정을 적용하지 않겠다는 의미이다.

위 문장을 좀 더 직관적으로 설명하면, 국외원천소득이 발생한 국가에 2단계 직·간접비용을 귀속시키지 않아 발생한 추가 외국납부세액은 이중과세 조정이 아니라는 법인세법의 입장을 명확히 한 것이다.

그럼 외국원천소득이 발생한 국가 외의 국가에서 발생한 비용 중 회사의 잘못된 경비귀속 처리로 인해 추가 발생한 외국납부세액에 대해서 이중과세 조정을 안 해주는 이유는 뭘까?

그것은 회사가 2단계 직·간접비용을 외국원천소득이 발생한 국가에 귀속시켰더라면 외국납부세액이 그만큼 덜 발생하였을 것이므로 이는 이중과세 조정 대상이 아니라고 본 것이다.

예를 들어 A회사(C국가에 본점 소재)는 B국가와 C국가 모두에서 사업을 영위하고 있는데 B국가는 법인세율이 20%이고, C국가의 법인세율은 35%라고 가정해 보자.

이런 경우 A회사는 동일한 수익과 비용이 발생할 거라면 가급적 B국가에서는 수익을 많이, C국가에서는 비용을 많이 발생시키는 것이 법인세 절감 측면에서 유리하다.

즉, B국가 및 C국가에서 각각 10억원씩 이익이 발생할 경우 A회사는 총 5억 5천만원[541]의 법인세를 납부하게 되는데 B국가에 발생하던 간접비용 2억원을 C국가에서 발생하도록 사업구조를 바꾼다면 법인세 부담이 5억 2천만원[542]으로 줄어들게 된다.

줄어든 법인세 3천만원[543]은 지출하는 국가 귀속이 변경된 간접비용 2억원에 대한 B국가와 C국가의 법인세율 차이와 일치한다.

A회사가 C국가에서 B국가에 납부한 법인세를 외국납부세액공제를 적용하려고 할 때 A회사가 B국가에 납부한 법인세 2억 4천만원 중 4천만원[544]은 A회사가 간접경비 2억원을 B국가에 귀속시켜 법인세를 신고했더라면 발생하지 않았을 외국납부세액(B국가 법인세)이라고 보는 것이다.

따라서 C국가는 A회사의 잘못된 경비귀속으로 인해 B국가에서 추가 발생한 법인세 4천만원은 이중과세 조정 대상이 아니라고 보는 것이다.

5-5. 외국납부세액 공제한도에 대한 주요 이슈 중 하나는 국외원천소득과 관련된 국내 본사의 직 · 간접비용에 대한 국세청과 납세자의 견해차이이다.

실무적으로 많은 회사에서 외국납부세액 공제한도 계산 시 국외원천소득이 발생한 국가 외의 국가에서 발생한 국외원천소득과 관련된 직 · 간접비용을 차감하지 않고 있는 실정이다.

앞서 사례를 예로 들자면 A회사는 1단계 국외원천소득에 따라 계산한 9억원을 외국납부세액공제 한도로 하여 당해연도 외국납부세액 공제액은 9억원으로 하고, 한도초과 1억원(*)은 이월공제액으로 기재하여 법인세 신고를 한다는 의미이다.

(*) 1억원 = 10억원(외국납부세액) −9억원(1단계 국외원천소득에 따라 계산된 외국납부세액 한도)

이런 경우 국세청이 A회사에 대한 세무조사를 실시하면서 국내본사의 비용 중 B국

---

541) 5억 5천만원＝10억원 × 20％＋10억원 × 35％
542) 5억 2천만원＝12억원 × 20％＋8억원 × 35％
543) 3천만원＝2억원 × (35％ −20％)
544) 4천만원＝2억원 × 20％

가의 국외원천소득과 관련된 비용(예를 들어 해외자회사 관리를 전담하는 부서의 인건비)을 B국가의 국외원천소득에서 추가 차감하여 외국납부세액 공제한도를 7억원으로 재계산하고 2억원을 과세하는 것이 외국납부세액공제와 관련된 전형적인 세무조사의 흐름이다.

이와 같이 외국납부세액 공제한도에 대한 주요 이슈 중 하나는 국외원천소득과 관련된 국내본사의 직·간접비용에 대한 국세청과 납세자의 견해차이이다.

5-6. 2019년 법인세법 개정시 국외원천소득에서 차감할 '간접비용'의 정의를 규정함으로써 결과적으로 국외원천소득에서 차감하는 간접비용에 대한 입증책임이 납세자에게로 전가되는 효과가 발생하게 되었다.

2019년 전까지 법인세법에서는 국외원천소득 계산 시 차감해야 할 직접비용 또는 간접비용(국외원천소득이 발생한 국가 외에서 발생한 비용을 의미함)에 대해 별다른 규정을 두고 있지 않다가 2019년 초 법인세법 개정 시 국외원천소득에서 차감해야 하는 직접비용 및 간접비용에 대한 규정을 신설하였다[545].

2019년 초 개정된 법인세법에서는 외국납부세액 공제한도 계산 시 국외원천소득에서 차감할 직접비용 및 간접비용을 다음과 같이 정의하였다.

> • 직접비용: 간접비용에 해당하지 않는 비용으로서 해당 국외원천소득에 직접적으로 관련된 비용
> • 간접비용: 해당 국외원천소득과 그 밖의 소득에 공통적으로 관련된 비용 중 다음의 방법에 따라 계산한 국외원천소득 관련 비용
> − 국외원천소득과 그 밖의 소득의 업종이 동일한 경우의 공통손금은 국외원천소득과 그 밖의 소득별로 수입금액 또는 매출액에 비례하여 안분계산
> − 국외원천소득과 그 밖의 소득의 업종이 다른 경우의 공통손금은 국외원천소득과 그 밖의 소득별로 개별 손금액에 비례하여 안분계산

상기 정의규정을 보면 직접비용은 원론적인 수준의 규정인 데 반하여 간접비용은 금방 계산이 가능하도록 매우 구체적으로 규정하고 있다.

---

545) 법인세법 시행령 제94조 제2항, 동법 시행규칙 제47조

5-7. 향후 국세청은 공통매입세액의 과세 접근 방식으로 국외원천소득에서 차감할 간접비용을 산정하여 과세를 시도할 것으로 예상된다.

법인세법상 국외원천소득에서 차감할 수 있는 간접비용의 정의는 국외원천소득과 그 밖의 소득에 공통적으로 관련된 비용이다.

이러한 정의는 부가가치세법상 공통매입세액이나 세액감면 시 적용하는 소득구분 관련 공통익금 또는 공통손금의 정의와 유사하다.

또한 간접비용의 배부기준 역시 공통매입세액이나 공통익금 또는 공통손금의 배부기준과 유사하다.

아마도 국세청은 향후 공통매입세액이나 공통익금 또는 공통손금에 대한 과세 접근 방식 그대로 간접비용에 적용하여 외국납부세액에 대한 과세를 시도할 것으로 예상되므로 이에 대한 대비가 필요해 보인다.

5-8. 향후 외국납부세액 공제 한도 계산 시 한국본사의 관리지원 비용 중 납세자가 국외원천소득과 관련이 없다는 것을 입증하지 못하는 비용에 대해 국세청은 간접비용의 안분대상으로 포함해 외국납부세액 한도를 재계산할 가능성이 높다.

예를 들어 한국본사에 해외 자회사 관리부서가 있는 회사가 외국납부세액 공제를 적용한 경우 국세청은 국외원천소득에서 차감할 직접비용과 간접비용을 다음과 같은 논리로 접근할 수 있다.

> **예 시**
>
> • 직접비용: 해외 자회사 관리 부서의 인건비 등 부서 비용
> • 간접비용: 한국본사의 관리지원부서 인건비 등 부서비용 중 국내 소득과 관련된 것이 명확한 금액만 제외한 금액을 매출액 혹은 개별 손금 기준으로 안분한 금액

즉, 향후 국세청은 한국본사의 관리지원 비용 중 납세자가 국외원천소득과 관련이 없다고 입증한 비용 외의 한국 본사의 모든 관리지원 비용에 대해 간접비용의 안분대

상으로 포함해 외국납부세액 한도를 재계산할 가능성이 높다.

5-9. 외국납부세액공제 한도 초과로 인해 과세된 사례

- 2019년 E회사의 미국 지점 관련 외국납부세액은 다음과 같음
  - 미국지점이 미국 과세청에 신고납부한 법인소득세 2억원
  - 미국지점 수입금액 52억원
  - 미국지점에서 발생한 경비 40억(미국에서 발생한 법인소득세 2억원 제외)
- 2019년 E회사의 법인세 주요 신고사항(미국지점 소득금액 포함)을 요약하면 다음과 같음
  - 과세표준 100억원(외국납부세액 2억원 손금불산입 포함)
  - 산출세액 20억원
  - 외국납부세액공제 2억원 적용
- E회사는 2019년 외국납부세액공제 시 한도를 다음과 같이 2억 4천만원으로 계산하여 중국에서 납부한 2억원은 한도내 금액으로 보아 전액 외국납부세액 공제를 적용하여 법인세를 계산함
  - 20억원 × [(52억원−40억원)/100억원] = 2억4천만원
- E회사는 미국지점만을 지원하는 부서를 한국 본사 내에서 운영하고 있으며, 해당 부서의 2019년 운영비용 총액은 7억원임
- 또한 한국본사의 관리부서는 한국본사 및 미국지점을 공동으로 지원하고 있는데 매출액 비율에 따라 안분할 경우 미국지점에 안분되는 금액은 5억원임

과세위험

E회사는 미국지점을 지원하는 부서의 경비 7억원 및 미국지점으로 배부되는 판매관리부서 경비 5억원을 차감하면 미국지점의 국외원천소득은 0원(52억원−40억원−7억원−5억원)으로 계산되어 2019년에 E회사의 외국납부세액 한도는 0원이다.

따라서 E회사의 미국지점에서 신고·납부한 2억원의 외국납부세액은 모두 한도초과

로 인하여 공제할 수 있는 금액은 없다.

한도초과로 인해 추징된 외국납부세액 2억원은 이월공제가 적용되지 않고 소멸한다. 법인세법 시행령 제94조 제15항에 따라 이월공제가 배제되는 외국납부세액 금액은 2억 4천만원인데 한도초과금은 2억원$^{(*)}$이기 때문이다.

(*) 2억4천만원 = 1단계 국외원천소득을 기준으로 계산한 한도 2억4천만원−2단계 국외원천소득을 기준으로 계산한도 0원

〈세무조사 시점에 적출될 경우 E회사에 대한 과세액 추정〉

만일 상기 과세위험이 세무조사 시점에 적출될 경우 E회사에 대한 2019년 과세 추정 액은 다음과 같다.

(단위: 원)

세목	구분	과세 추정액	계산내역
법인세	본세(외국납부세액 기 공제액)	200,000,000	
	과소신고가산세	20,000,000	200,000,000 × 10%
	과소납부가산세	65,700,000	200,000,000 × 3/10,000 × 1,095일
	합계	285,700,000	

5-10. 외국납부세액은 손금산입 방식을 선택할 수 있으며 손금산입 방식 선택 시 한도 없이 전액 손금으로 인정된다.

납세자는 외국납부세액을 세액공제 방식과 손금산입 방식 중 하나를 선택하여 적용 적용할 수 있다. 두 방식 중 유리한 방식을 매년 다르게 선택하여 적용할 수는 있으나 같은 연도에 외국납부세액의 일부 금액은 세액공제 방식을, 일부 금액은 손금산입 방식을 선택하여 적용할 수는 없다.

손금산입 방식을 선택하는 경우 별도의 한도 계산없이 실제 납부한 외국납부세액을 손금에 산입할 수 있다.

일반적으로 세액공제 방식이 유리하지만 다음과 같은 경우에는 손금산입 방식이 유리하다.

• 현재도 결손이고 향후에도 지속적으로 결손이 예상되는 경우

- 이월세액공제는 5년간 공제 가능하나 이월결손금은 10년까지 이월공제 가능함
- 이월세액은 5년 후 소멸하지만 이월결손금은 10년이 경과해도 자산수증익이나 채무면제익으로 공제가능하고 결국 공제가 되지 않은 이월결손금은 청산소득 계산 시 차감됨
- 직접비용 및 간접비용으로 인해 공제 한도가 감소하여 공제세액을 받을 수 없는 경우
  - 세액공제 방식 선택 시 직·간접비용으로 인해 감소되는 공제세액은 소득금액에 계산 시 익금처리 되고 세액공제도 받지 못함
  - 손금산입 방식은 한도 계산을 하지 않으므로 직접비용 및 간접비용과 관계없이 동일한 금액이 손금처리됨

5-11. 직접비용 및 간접비용으로 인해 외국납부세액 공제액이 감소하는 경우 세액공제 방식과 손금산입 방식과 비교하여 매년 회사에 유리한 방식을 선택할 수 있으며 과거 신고분에 대해 유리한 방식으로 경정청구도 가능하다.

세액공제 방식으로 선택할 경우 미리 설정한 합리적 기준에 의한 직접비용 및 간접비용을 고려하여 외국납부세액 공제액을 추산해 보고, 손금산입 방식과 비교하여 유리한 방식을 선택할 수 있도록 법인세 신고 업무프로세스를 추가한다면 외국납부세액공제와 관련한 납부액을 줄일 수 있다.

과거 법인세신고 시 손금산입방법으로 처리한 경우에도 세액공제 방법으로 변경하여 경정청구할 수 있다.

따라서 과거 외국납부세액에 대해 세액공제 방식 또는 손금산입 방식으로 처리한 경우 각각의 세액효과를 검토하여 만일 과거 불리한 방법으로 외국납부세액을 세무처리 하였다면 경정청구를 고려해 보는 것도 좋을 것이다[546].

---

546) 법인 46012-3065, 1997.11.28.

제10장

인건비

① 임원 상여 지급규정, 퇴직(위로)금 지급기준 미비

1-1. 임원에 대한 상여 및 퇴직금 지급규정의 입법 취지는 의사결정자인 임원이 자의적으로 회사의 이익을 분여 받으려는 것을 방지하려는 것이다.

법인세법에서는 임원이 정상적인 급여를 통하지 않고 혜택을 보는 경우 이를 이익의 분여라고 간주한다. 그리고 이익의 분여는 해당 회사의 손금으로 인정하지 않는다.

임원은 회사의 의사결정자 또는 의사결정에 영향을 미칠 수 있는 자이다. 따라서 임원의 의사에 따라 회사의 자산 등을 임원이 사적으로 이용할 수 있기 때문에 법인세법에서는 임원이 회사로부터 받는 혜택에 대해 자의적으로 조정할 수 없도록 매우 엄격하게 규정하고 있다.

1-2. 회사가 임원에 대한 상여 지급기준을 법인세법 기준에 따라 일관성 있게 적용하지 않으면 임원에게 지급한 상여 금액 전액이 손금으로 인정되지 않을 수 있다.

법인세법에서는 법인이 임원에게 지급하는 상여금 중 정관·주주총회·사원총회 또는 이사회의 결의에 의하여 결정된 지급기준에 의하지 않고 임의로 상여를 지급한 경우 전액 손금으로 인정하지 않는다[547].

예를 들어 A회사가 임원 상여로 10억원을 지급하였는데 만일 정관·주주총회·사원

---

547) 법인세법 시행령 제43조 제2항

총회 또는 이사회의 결의에 의하여 결정된 지급기준이 없는 경우에는 10억원 전액이 손금으로 인정되지 않을 수 있다.

만일 A회사가 정관·주주총회·사원총회 또는 이사회의 결의에 의하여 결정된 지급기준에 의하여 계산된 임원 상여한도가 8억원이라면 8억원을 초과하여 지급한 2억원만 손금으로 인정되지 않는다.

정관·주주총회·사원총회 또는 이사회의 결의로 임원 상여 지급기준을 만들어 놓으면 회피할 수 있는 과세위험이지만 의외로 많은 회사가 세법기준을 충족하는 상여 지급기준을 운영하고 있지 않다.

아마도 회사 입장에서 정관·주주총회·사원총회 또는 이사회에서 구체적인 지급규정을 정하거나 결의를 하게 되면 매년 탄력적으로 운영하기 어렵고, 일단 정해 놓은 기준에 대해서는 반드시 지급을 해야 하는 부담감이 있어서인 것 같다.

1-3. 회사가 퇴직(위로)금 지급기준을 법인세법 기준에 따라 일관성 있게 적용하지 않으면 임원에게 지급한 퇴직(위로)금 중 해당 임원의 1년간 총급여액 10%를 초과하는 금액은 손금으로 인정되지 않을 수 있다.

법인세법상 임원 퇴직금(퇴직 위로금 포함. 이하 동일) 규정은 임원상여 규정보다 더 엄격하다.

임원 퇴직금은 반드시 정관에 규정되어 있거나 정관에서 위임한 퇴직급여 지급규정에 따라 지급되어야 임원에게 지급한 퇴직금 전액을 손금으로 인정받을 수 있다.

만일 적절한 임원퇴직금 지급규정 없이 회사가 임원 퇴직금을 지급한 경우 다음의 금액을 초과하는 금액은 손금으로 인정되지 않는다.

> • 퇴직 직전 1년간 총급여액(비과세소득과 손금불산입 상여 등 제외) × 10% × 근속 연수

회사의 퇴직급여 지급기준의 경우 근속연수를 곱하는 기준 총급여의 산정방법은 직원과 임원이 동일하나 직원에게는 배수를 1로 하고 임원에게는 1을 초과하는 배수를

규정하고 있는 경우가 있다.

상기 산식에 따라 임원의 퇴직급여 지급 배수가 1인 경우는 임원 퇴직급여 지급기준이 없더라도 대부분의 퇴직금이 손금으로 인정되므로 별로 걱정할 필요가 없다.

그러나 임원 퇴직급여 지급 배수가 1을 초과하는 경우에는 임원 퇴직급여 지급기준이 없으면 손금부인 되는 퇴직급여가 발생할 수 있다.

즉, 임원 퇴직급여 지급기준 유무에 따라 1배수를 초과하는 퇴직급여 상당액이 손금으로 인정될지 여부가 결정되는 것이다.

1-4. 임원 상여의 경우 손금부인되더라도 추가적인 원천징수 의무가 발생하지 않으나 임원 퇴직금의 경우 손금부인되면 회사에게 추가적인 원천징수 의무가 발생한다.

임원에 대한 상여 한도 초과액 및 퇴직급여 한도 초과액이 손금으로 인정받지 못하는 경우 둘 다 상여로 소득처분된다.

동일하게 상여로 소득처분되지만 임원 상여 한도 초과액은 추가적인 원천징수 의무가 발생하지 않는 반면, 임원 퇴직급여 한도 초과액은 추가적인 원천징수 의무가 발생한다는 점이 다르다.

상여는 이미 근로소득으로 원천징수가 되어 있는 상태이므로 손금부인된다 하더라도 동일한 근로소득으로 간주되므로 추가적인 원천징수 의무가 발생하지 않는다.

그러나 퇴직소득 지급액 중 손금부인된 금액은 근로소득으로 간주(상여소득처분)되므로 두 소득의 원천징수 차이만큼 추가적인 원천징수 의무가 발생하게 된다. 동일한 지급액이라면 퇴직소득에 대한 원천징수액이 근로소득에 대한 원천징수액보다 작기 때문이다.

〈임원의 상여 규정과 퇴직금 규정 차이〉

		임원 상여 지급규정	임원 퇴직금(퇴직위로금 포함) 지급규정
1. 지급기준 제정 절차		정관·주주총회·사원총회 또는 이사회의 결의	정관 또는 정관에서 위임한 지급규정
2. 지급규정 없는 경우	손금부인 대상액	지급 전액	(최근 1년 총급여액의 10% × 근속연수)을 초과한 금액
	상여소득처분 에 따른 추가 원천징수 세액	해당사항 없음	퇴직소득 원천징수액과 근로소 득 원천징수액과의 차이 금액

1-5. 세무상 임원 상여 지급기준 및 임원 퇴직금 지급기준을 충족하여 못하여 과세되는 사례

사실관계

- 유통업을 영위하는 A회사의 임원 보수에 대한 주요 규정은 다음과 같음
  - 정관: 이사의 보수는 주주총회의 결의로 정한 한도 내에서 이사회가 지급 여부 및 금액을 정함
  - 주주총회: 매년 임원의 보수한도를 정하여 결의함
  - 이사회: 각 임원에 대한 구체적인 보수금액 지급 여부 및 금액을 대표이사에게 위임하는 결의를 함
  - 대표이사가 매년 각 임원의 상여액을 결정하여 지급함
- A회사가 2019년 임원에게 지급한 상여 총액은 10억원임
- 한편, A회사의 임원 퇴직금에 대한 주요 규정은 다음과 같음
  - 정관: 이사의 퇴직금은 별도로 정하는 임원퇴직금 규정에 의함
  - 임원퇴직금 지급기준을 인사부에서 자체적으로 정하여 적용하고 있음
  - 임원퇴직금 지급기준에 대해 이사회 또는 주주총회 승인을 받은 적 없음
- A회사가 2019년 임원에게 지급한 퇴직금 총액은 5억원이며, 퇴직자의 최근 1년간 총급여 10%에 근속연수를 곱한 금액은 2억원임
- 3억원이 근로소득인 경우 원천징수세액은 1억원이고 퇴직소득인 경우 원천징수세

액은 2천만원이라고 가정함

임원 상여 관련 과세위험

A회사는 나름 임원 상여 지급기준과 임원 퇴직금 지급기준을 갖추기 위해 노력했으나 A회사의 지급기준은 세무상 임원 상여 지급기준과 임원 퇴직금 지급기준으로 인정되지 않을 가능성이 높아 보인다.

A회사에 임원 상여 지급기준이 없는 것으로 간주될 경우 임원에게 지급하는 10억원은 전액 손금으로 인정되지 않는다.

〈임원 상여 관련 과세위험이 세무조사 시점에 적출될 경우 A회사에 대한 과세액 추정〉

만일 상기 과세위험이 세무조사 시점에 적출될 경우 A회사에 대한 2019년 과세 추정액은 다음과 같다.

(단위: 원)

세목	구분	과세 추정액	계산내역
법인세	본세	220,000,000	1,000,000,000 × 22%
	과소신고가산세	22,000,000	220,000,000 × 10%
	과소납부가산세	72,270,000	220,000,000 × 3/10,000 × 1,095일
	합계	314,270,000	

임원 퇴직금 관련 과세위험

A회사에 임원 퇴직금 지급기준이 없다고 간주될 경우 최근 1년 총급여액의 10%에 근속연수를 곱한 금액을 초과하는 금액(3억원)이 손금으로 인정되지 않는다.

〈임원 퇴직금 관련 과세위험이 세무조사 시점에 적출될 경우 A회사에 대한 과세액 추정〉

만일 상기 과세위험이 세무조사 시점에 적출될 경우 A회사에 대한 2019년 과세 추정액은 다음과 같다.

(단위: 원)

세목	구분	과세 추정액	계산내역
법인세	본세	66,000,000	(500,000,000-200,000,000) × 22%
	과소신고가산세	6,600,000	66,000,000 × 10%
	과소납부가산세	21,681,000	66,000,000 × 3/10,000 × 1,095일
	원천징수세액[548]	80,000,000	100,000,000−20,000,000
	합계	174,281,000	

1-6. 임원상여 지급기준(예시)

임원상여 및 퇴직금 지급규정은 어느 누가 그 직책과 직급에 와도 동일한 금액이 산출되도록 규정되어야 한다.

임원 상여 지급기준에 대한 예를 들어보면 다음과 같다.

- 임원에게 기준월급의 100%를 격달에 한 번씩 상여로 지급한다.
- 등기 임원의 경우 연1회 기준월급의 200%를, 미등기 임원의 경우 기준월급의 100%를 상여로 지급한다.
- 매출 10% 초과달성시 상무급은 연봉월액의 50%, 전문급은 연봉월액의 100%을 상여로 지급한다.
- 임원 개인성과평가에 따라 다음과 같이 상여를 지급한다.
- 평가 고가 A의 경우 연봉월액의 300%
- 평가 고가 B의 경우 연봉월액의 100%
- 평가 고가 C의 경우 연봉월액의 50%
- 평가 고가 D의 경우 상여액 없음

---

548) 국세청이 법인의 소득을 경정 또는 결정할 때 익금에 산입되는 금액은 귀속자에 따라 상여 등으로 소득처분하게 되고, 소득처분된 금액은 당해 법인에게 소득금액변동통지서로 통지하게 된다. 법인은 소득금액변동통지서를 받은 날 소득처분된 금액을 지급한 것으로 보아 원천징수 의무가 발생하므로 소득금액변동통지서를 받은 날이 속하는 다음달 10일까지 원천징수 세액의 신고납부를 한다면 원천징수 불이행에 따른 가산세는 발생하지 않는다.

평가 고가에 따라 상여를 차등 지급하는 경우 평가 고가를 산정한 기준 및 임원 개인별 평가 상세자료를 갖추고 있어야 한다.

1-7. 임원이라 하더라도 이익 분여를 결정하거나 결정과정에 영향을 미칠 수 없는 경우가 많은데 단순히 지급규정이 없다는 것만으로 과세될 경우 규정 취지에 맞지 않으므로 조세불복을 고려해 보는 것도 좋다.

임원 상여 지급기준과 퇴직금 지급규정에 대한 세무문제는 실무적으로 납세자와 국세청 간에 견해차이가 많은 쟁점이다 보니 실무적으로 조세불복도 많은 편이다.

납세자 입장에서는 임원이라 하더라도 이익 분여를 결정하거나 결정과정에 영향을 미칠 수 없는 경우가 많은데 단순히 지급규정이 없다는 것만으로 이익을 분여한 것으로 간주되어 과세된다면 매우 억울할 수밖에 없다.

세법상 임원 상여 지급기준 요건을 충족하지 못한 경우에도 조세심판원에서 임원 상여를 세무상 손금으로 인정한 주요 사례를 소개하면 다음과 같다.

- 이사회에서 해당 연도의 매출실적, 영업이익, 손익을 참조하여 임원 각자 공헌도를 측정해 이사회 결의를 통해 상여를 지급하는 경우[549]
- 임원의 상여 중 직원들에게 지급한 상여금의 평균 지급률을 초과하지 아니한 부분은 손금으로 인정[550]
- 임원의 기본급여는 손금으로 인정[551]

상기 조세심판원 판단 근거는 해당 급여 및 상여는 임원의 업무와 관련하여 발생한 업무 관련 비용이므로 임원의 자의적인 의사결정에 따른 이익의 분여로 보지 않는다는 것이다.

그러나 이는 개별 상황별로 다르게 판단될 수 있으니 조세심판원 사례대로 처리를 한다고 하더라도 항상 손금으로 인정받을 수 있다고 단정할 수는 없다는 점을 참고하여야 한다.

---

549) 조심 2015서697, 2015.10.16.
550) 조심 2016중4320, 2017.8.14.
551) 조심 2016서1418, 2017.1.23.

❷ 특정 임원의 상여 등이 합리적 근거 없이 현저히 변동되는 경우

2-1. 임원 상여 지급기준이 있더라도 합리적 이유 없이 상여 지급액이 크게 변동한 경우 증가된 임원 상여액은 이익의 분여로 보아 손금으로 인정되지 않을 수 있다.

임원은 매년 연말정산 혹은 종합소득세 신고를 통해 국세청에 소득을 신고하므로 국세청은 개별 임원에 대한 매년 인건비를 포함한 소득에 대한 정보를 알 수 있다.

통상 세무조사 나오기 전에 담당 세무공무원은 세무조사 대상 회사의 임원에 대한 소득내역과 인건비에 대한 분석을 한다.

분석 결과 지배주주인 임원에 대한 인건비가 동일 직급의 임원보다 높거나 합리적 근거 없이 특정연도에 현저히 증가한 경우 세무공무원은 세무조사 초기에 그 이유에 대해 소명요청을 하게 되고 회사가 명확하고 합리적인 근거를 제시하지 못하는 경우 국세청은 과세의지를 피력하는 경우가 많다.

그 강도가 지배주주인 임원보다는 낮으나 최근에는 지배주주가 아닌 임원의 인건비에도 동일한 시각으로 소명을 요청하는 경우가 많아지고 있으니 이에 대한 대비도 필요하다[552].

또한 임원 상여 지급기준의 요건을 갖추었으나 일관성 없이 자주 변경되었다 거나 특정 임원 또는 특정 연도에 적용하기 위해 갑자기 신설한 것으로 보이고 그 후에 적용이 안된 것으로 보이는 경우 임원 상여 지급기준이 없는 것으로 볼 수 있으니 주의해야 한다.

마찬가지로 임원 퇴직금 배수 지급규정 역시 정관이나 정관에서 위임한 지급규정에 기술되어 있어도 특정 임원에게만 적용하기 위해 만들어진 것으로 보이는 경우 지급규정이 없는 것으로 볼 수 있다.

---

552) 지배주주가 아닌 임원 인건비 중 합리적 이유 없이 갑자기 증가한 금액이 비자금 또는 불법적인 리베이트로 사용되었다고 추정할 수 있는 정황이 있는 경우 이러한 과세위험은 너 높아신다.

2-2. 합리적 이유 없이 일시적으로 크게 증가된 임원 상여액을 이익의 분여로 보아 과세한 사례

사실관계

- 제조업을 영위하는 B회사의 100% 주주이자 대표이사인 갑임원의 최근 5년간 상여액은 다음과 같음

(단위: 원)

	2015년	2016년	2017년	2018년	2019년
상여액	100,000,000	100,000,000	1,000,000,000	100,000,000	100,000,000

- B회사는 이사회에서 결의한 상여지급기준이 있으며 동 기준에 따르면 매년 법인의 성과 및 개인의 평가에 따라 상여를 차등 지급할 수 있도록 규정되어 있음
- B회사의 결재 기안문에 따르면 2017년 갑 대표이사의 상여가 갑자기 증가한 것은 개인의 평가가 매우 우수한 것으로 평가되었기 때문이라고 기술되어 있으나 평가한 구체적 평가 자료는 없음
- 최근 5년간 갑 대표이사 외 다른 임원의 상여 규모는 매년 유사한 수준임

과세위험

B회사에서 2017년 갑 대표이사의 상여액 증가액에 대한 구체적이고 합리적인 이유를 소명하지 못한다면 해당 연도 상여액 1,000,000,000원 중 다른 연도 상여액 100,000,000원을 초과하는 900,000,000원은 갑 대표이사의 개인적인 사정에 따라 지급한 업무와 관련 없는 이익의 분여로 보아 손금 부인될 수 있다.

〈세무조사 시점에 적출될 경우 B회사에 대한 과세액 추정〉

만일 상기 과세위험이 세무조사 시점에 적출될 경우 B회사에 대한 2019년 과세 추정액은 다음과 같다.

(단위: 원)

세목	구분	과세 추정액	계산내역
법인세	본세	198,000,000	$(1,000,000,000 - 100,000,000) \times 22\%$
	과소신고가산세	19,800,000	$198,000,000 \times 10\%$
	과소납부가산세	65,043,000	$198,000,000 \times 3/10,000 \times 1,095$일
	합계	282,843,000	

2-3. 임원별 성과평가나 미래의 성과 예측은 통상 인사부에서 비공개로 이루어지기 때문에 과세위험을 낮추기 위해서는 인사부서 담당자에게 임원별 성과평가 자료 등을 구비해야 한다는 점을 알려주어야 한다.

동일 직급의 임원간 혹은 특정 임원의 연도별 인건비 차이가 크게 나거나 변동이 큰 원인은 성과평가에 따른 차이 때문인 경우가 대부분이다. 연봉제인 경우에도 매년 연봉 계약을 할 때 성과가 반영되어 연봉의 증감이 발생한다.

즉, 임원별 혹은 임원의 연도별 상여가 다른 가장 큰 이유는 임원의 과거 성과 또는 미래의 성과 예측치가 다르기 때문인데 개별 성과평가나 미래의 성과 예측은 통상 인사부에서 비공개로 이루어지기 때문에 평소에 재무부서에서 구체적 근거를 갖추고 있기 힘들다.

세무조사 시점에 세무공무원이 재무부에 구체적 성과평가 자료를 요청하면 재무부는 인사부 담당자에게 세무공무원이 요청한 자료를 요청하고, 인사부 담당자는 해당 성과평가 자료를 재무부를 거치지 않고 세무공무원에게 직접 제출하는 것이 일반적이다. 이때 인사부가 구체적 근거자료를 가지고 있지 않거나 제출할 수 없는 경우 세무상 불이익을 받을 수 있다.

따라서 재무부서에서는 평소에 인사 담당자에게 매년 임원 상여 지급 시 또는 연봉 변동 시 구체적 근거자료를 구비해야 한다고 알려주고 필요하다면 인사부에서 참고할 수 있도록 임원 상여 및 퇴직급여에 대한 세법의 입장도 알려주어야 한다.

2-4. 임원 상여에 대한 근거자료로 정량적인 평가자료뿐만 아니라 정성적인 평가자료도 인정된다.

성과평가는 정량적인 평가와 정성적인 평가로 구분할 수 있다.

정량적인 평가는 매출액, 당기순이익, 연초 설정된 목표의 달성 정도와 같이 숫자로 구체적으로 나타낼 수 있는 평가를 말하고 정성적인 평가는 업무에 대한 열의, 거래처와 관계, 상관의 평가, 부서원들의 평판과 같이 숫자화할 수 평가다.

임원의 구체적 성과 평가가 정량적인 근거에 따라 이루어진다면 좋겠지만 실무상 정성적인 성과 평가도 무시할 수 없기 때문에 정량적인 성과평가 근거든, 정성적인 성과평가 근거든, 아니면 둘을 혼합하여 평가한 근거든, 국세청의 소명요청에 대비하여 최대한 구체적 성과평가에 대한 근거를 구비하고 있어야 관련 과세위험을 낮출 수 있다.

③ 지배주주 또는 지배주주 친인척인 임원에게 지급하는 인건비

3-1. 지배주주 또는 지배주주 친인척인 임원에게 지급하는 인건비는 해당 인건
비 수준에 맞는 업무를 수행했다는 입증자료가 없는 경우 해당 인건비(4대
보험 회사부담금 포함) 및 퇴직금은 손금으로 인정되지 않을 수 있다.

회사가 지배주주 또는 지배주주 친인척이 아닌 일반 임직원에게 실제 업무수행 없이
인건비를 지급하는 경우에도 해당 인건비는 손금으로 인정되지 않는다.

그런데 지배주주 또는 지배주주 친인척인 임원의 인건비에 대해서 업무 수행 입증자
료를 특히 강조하는 것은 국세청이 이러한 인건비에 주목하여 업무 수행 입증자료를
요청하고 과세하는 사례가 많기 때문이다.

국세청은 내부프로세스가 공정하게 잘 운영되는 회사의 경우 지배력이 없거나 의사
결정에 영향을 미칠 수 없는 임원에 대해서는 국세청이 별도로 체크하지 않아도 회사
가 알아서 업무에 기여한 정도에 따라 인건비를 지급하고 있다고 보는 반면에 지배주
주 혹은 지배주주 친인척인 임원에게는 이러한 회사의 내부프로세스가 공정하게 운영
되지 않을 가능성이 높다고 보는 것이다.

일반적으로 지배주주는 회사의 오너로서 실질적으로 상근 형태로 회사를 경영하는
경우가 많기 때문에 지배주주인 임원(대표이사 포함)에게 지급하는 인건비는 사회통
념에 비추어 현저히 높거나 특정 연도에 현저히 증가하지 않는다면 관련 인건비는 손
금으로 인정될 가능성이 높다.

하지만 지배주주의 가족 또는 친인척인 임원 중에는 실제로 회사에 근무하지 않고
급여만 지급받는 사례가 많기 때문에 세무조사 시 국세청은 해당 임원이 실제 근무하
였는지 여부를 별도로 검증해 보는 것이다.

즉, 지배주주의 가족 또는 친인척인 임원이 회사내 업무 사무실(책상 등 사무공간)
도 없이 출퇴근도 하지 않고 출장 기록 등 업무를 수행한 구체적인 입증자료도 없는
경우 국세청은 실제 업무 수행없이 급여만 지급받은 것으로 추정하여 해당 인건비를
손금으로 인정하지 않는다.

이런 경우라면 조세불복을 하여도 관련 인건비를 손금으로 인정받기 매우 어렵다.

또한 업무를 수행하지 않은 임원으로 인해 발생하는 4대보험 회사 부담분 및 퇴직금 역시 손금으로 인정되지 않는다.

3-2. 지배주주의 가족 및 친인척에게 지급한 인건비가 손금으로 인정되지 않은 사례

사실관계

- 건설업을 영위하고 있는 C회사의 등기부등본에 따르면 지배주주인 갑대표이사의 부인인 을전무와 외사촌인 병상무가 등기 임원으로 등재되어 있음
- C회사는 분기별로 이사회가 열리는데 모든 이사회의사록에 을전무와 병상무의 기명날인이 있음
- C회사가 2019년에 을전무에게 지급한 인건비 총액(4대보험 회사부담분 포함)은 1억 2천만원이며 병상무에게 지급한 인건비 총액(4대보험 회사부담분 포함)은 1억원임
- 또한 을전무는 법인 명의로 차를 임차하여 사용하고 있는데 회계상 해당 차와 관련된 2019년 유지관리 비용은 2천만원(감가상각비 및 지급이자손금불산입 포함)임
- 을전무의 차 사용 비용이 손금 부인됨에 따라 발생하는 원천징수 세액은 7,000,000원이라 가정함
- 을전무와 병상무의 업무 책상은 없으며 출근부 등 근태를 알 수 있는 서류도 없음

과세위험

을전무와 갑상무가 C회사의 업무를 수행하였냐는 것을 입증하지 못할 경우 을전무 및 갑상무의 인건비 및 을전무의 차 사용에 따라 발생한 비용도 업무무관비용으로 손금불산입될 수 있다.

또한 을전무의 차 사용 비용이 손금부인되는 경우 C회사는 원천징수 의무가 발생할 수 있다.

〈세무조사 시점에 적출될 경우 C회사에 대한 과세액 추정〉

만일 상기 과세위험이 세무조사 시점에 적출될 경우 C회사에 대한 2019년 과세 추정
액은 다음과 같다.

(단위: 원)

세목	구분	과세 추정액	계산내역
법인세	본세	52,800,000	(120,000,000+100,000,000+20,000,000) × 22%
	과소신고가산세	5,280,000	52,800,000 × 10%
	과소납부가산세	17,344,800	52,800,000 × 3/10,000 × 1,095일
	원천세	7,000,000	
	합계	82,424,800	

3-3. 지배주주 또는 지배주주 친인척이 업무를 수행하여 인건비를 지급하는 경
우 향후 국세청에 제출할 수 있도록 해당 임원의 업무 수행자료를 구비하
여 보관한다면 관련 과세위험을 낮출 수 있다.

지배주주 또는 지배주주 친인척인 임원이 구체적으로 어떤 업무를 하는지 일반 직원
이 알기 어려울 뿐만 아니라 업무를 수행한 사실을 알 수 있는 자료나 결과물을 요청하
여 보관하기란 현실적으로 쉽지 않다.

그러나 지배주주의 가족이나 친인척인 임원이 실제 업무를 수행하고 회사 매출에 공
헌을 했다면 향후 국세청의 소명 요청을 대비하여 해당 임원의 업무수행 자료를 적시
에 요청하여 보관을 해야 관련 과세위험을 줄일 수 있다.

인건비 수준에 맞는 업무라는 것이 객관적인 근거로 개량화하기 어렵기 때문에 일단
지배주주 또는 지배주주 친인척인 임원이 업무를 수행한 것으로 인정되는 경우에는 동
일 직급의 임원보다 인건비가 현저히 높지만 않으면 해당 임원에게 지급된 인건비 총
액이 손금으로 인정되는 경우가 대부분이다.

지배주주 또는 지배주주 친인척이 회사에 매일 출퇴근을 하고 회사에 업무 책상 혹
은 사무실 공간이 있는 상근 임원인 경우에는 별도의 다른 근거가 없는 한 회사 업무를
수행하지 않았다고 추정하기는 어렵다.

따라서 이러한 사실이 있다면 이와 관련된 입증자료를 구비하여 보관하여야 한다.

3-4. 지배주주 또는 지배주주 친인척의 업무 수행 장소가 어디인지 여부와 관계 없으므로 비록 상근을 하지 않았다 하더라도 실제 회사 업무를 수행하였다 면 회사가 지급한 관련 인건비는 손금으로 인정될 수 있다.

지배주주 또는 지배주주 친인척이 반드시 회사에 상근을 해야 관련 인건비가 손금으로 인정되는 것은 아니다.

비상근 임원인 경우에도 회사 외부에서 거래처와 미팅을 하거나 외부 영업을 통해 수주를 했다는 출장기록 등 업무를 수행한 명확한 자료가 있다면 이 경우 역시 해당 임원이 실제 업무 수행이 없었다고 보기는 어렵기 때문이다.

유사 사례로는 다음과 같다.

• 상근하지 않더라도 외투기업에의 외국인투자기업이 비상근 외국인임원에게 근로 의 대가로 지급하는 급여는 국내에 상주 근무하지 않는 경우에도 법인의 손금에 산입할 수 있다고 있음[553]
• 미국에 거주하며 상근하지 않는 대표이사에 대한 급여도 법인의 경영 및 업무를 관장하며 수행하고 있으므로 손금산입하는 것이 타당함[554]

해당 판결의 근거는 업무 수행 장소가 어디인지 여부와 관계없이 실제 회사 업무를 수행하였다면 회사가 지급한 관련 인건비는 업무 관련 비용으로 보아 손금으로 인정하 겠다는 취지이다.

3-5. 임직원이 업무를 수행하였다는 것은 입증할 수 있는 근거 자료(예시)

임직원이 업무를 수행하였다는 것은 입증할 수 있는 구체적인 자료는 다음과 같다.

• 출퇴근기록(출입카드 내역), 출입문 전산자료(보안 경비업체의 전산자료)
• 회사 컴퓨터 로그인 기록

---

553) 국일22601 –219, 1986.10.29.
554) 국심97서1569, 1998.1.10.

- 회사의 직책 조직도, 업무분장 서류
- 회사 내 책상 또는 사무실 보유 사실(사무실 레이아웃 도면 또는 사진 등)
- 회사 내외 미팅 참석 자료(회의록, 사진 등)
- 외부 거래처에게 보내는 공문 작성, 이메일 내역
- 업무 목적 출장 내역
- 이사회 참석 현황
- 업무 관련 내부 결재내역(서명 有 당시 메모기록 첨부)
- 대외홍보활동 및 주요 전시회, 세미나 참여에 대한 언론기사 등

❹ 본래 업무 목적을 초과하는 지출액 또는 업무와 수행여부와 관계 없이 정액으로 지급되는 금액

4-1. 해당 업무 목적을 초과하는 지출액 또는 월 정액으로 지급되는 수당 등은 해당 임직원의 급여로 간주되어 원천징수 의무가 발생할 수 있다.

세법에서는 회의비, 출장비 등과 같이 업무를 위한 지출이라 하더라도 사회통념상 본래 업무목적을 초과하는 지출액 또는 업무의 수행여부와 관련없이 월 정액으로 지급되는 수당 명목의 지출액 등은 해당 임직원의 급여로 간주될 수 있다.

만일 해당 지출액이 급여로 간주되면 회사에게는 원천징수 의무가 발생하고 해당 임직원은 증가된 근로소득에 대한 소득세를 추가 납부하여야 한다.

예를 들어 이사회 회의를 사무실이 아닌 유명관광지에서 한다거나, 해외출장을 가족과 함께 간다거나, 관광일정이 대부분인 임직원 교육비용은 해당 업무 목적을 초과하여 지출하였다고 보아 관련 지출액을 해당 임직원의 급여(사적 여행 경비)로 볼 수 있다[555].

국세청은 해외 출장 경비 중 사적 여행 경비를 판단하기 위해 해외 출장 일정표 및 출장 보고서를 요청하기도 하고 해당 임직원과 가족의 출입국 기록과 대조해 보기도 한다.

그리고 회의비로 계상된 지출 중에 결재 시간이 한밤중인 거액의 술집 카드 값도 동일한 이유로 지출자의 소득으로 간주하기도 한다.

4-2. 본래 업무 목적을 초과하는 지출액은 상황에 따라 회사의 손금으로 인정되기도 하고 인정되지 않기도 한다.

본래 업무목적을 초과하는 지출액은 상황에 따라 회사의 손금으로 인정되기도 하고 인정되지 않기도 한다.

예를 들어 임원의 해외 출장비 중 본래 출장 목적을 초과하여 사적 여행 경비로 간주된 비용은 해당 임원에 규정 없이 지급한 상여로 보아 손금으로 인정되지 않는다.

---

555) 법인세법 기본통칙 19-19…22

한밤중 거액의 술집 카드 값 역시 접대비 또는 지출자의 개인의 유흥 목적으로 사용한 것으로 보아 손금으로 인정되지 않는다.

그러나 직원의 해외 출장비 중 본래 출장 목적을 초과한 지출한 금액이나 주로 그 수혜가 직원에게 미치는 과도한 회의비, 교육훈련비와 같은 금액은 직원에 대한 복리후생적 지출로 보아 손금으로 인정되기도 한다.

4-3. 법인 경비 운영 규정을 규정대로 운영되지 않을 경우 해당 규정상의 금액이 과세액을 산정하기 위한 기준점으로 이용될 수 있다.

대부분의 회사가 출장비 규정, 접대비 규정, 일반 지출 규정(일정금액 이상 사전 승인 등) 등을 운영한다.

이러한 법인 경비 운영규정은 일단 만들어지면 규정대로 운영되어야 한다. 그렇지 않을 경우 해당 규정상의 기준 금액이 과세액을 산정하기 위한 기준점으로 이용될 수 있다.

예를 들어 출장 시 일당 숙박비는 5만원을 한도로 한다는 출장 경비 규정이 있는데 이를 어기고 8만원의 숙박비도 출장비로 처리한 경우 5만원 초과하는 3만원은 회사의 손금으로 인정되지 않을 수도 있으니 경비 규정 등을 만들거나 운영할 때 이러한 과세 위험을 고려해야 한다.

4-4. 건당 3만원을 초과하는 지출액은 관련 적격 지출 증빙을 갖추기 못할 경우 증명서류 수취 불성실 가산세가 발생할 수 있다.

회사가 모든 경비의 지출을 법인 카드로 결제할 경우 증명서류 수취 불성실 가산세는 발생하지 않을 것이다.

그러나 일반적으로 법인카드를 모든 임직원에게 지급하지는 않기 때문에 임직원이 지출하는 복리후생비, 출장비, 회의비 등의 일부는 임직원이 현금 혹은 개인카드로 우선 지출을 하고 회사에서 관련 지출을 보전해 주는 경우가 발생한다.

이런 과정에서 회사의 경비로 계상된 지출 중 일부 금액은 적격증빙을 수취하지 못하는 경우가 발생한다.

회사가 적격 증빙을 갖추지 못할 경우 해당 금액의 2%를 증명서류 수취 불성실 가산세로 추징될 수 있다[556]. 회사의 적격 증빙 보관의무 기간은 법인세 신고기한이 지난 날부터 5년간이다[557].

여기서 적격증빙이란 카드매출 전표, 현금영수증, 세금계산서, 계산서를 의미한다. 물론 모든 지출은 아니고 건당 3만원 이하 지출액, 국외 거래분 등 복잡한 예외조항이 있다[558].

그러나 실무진에서 예외조항까지 체크하면서 건 별로 구분하여 적격 지출 증빙 수취 여부를 판단하기는 현실적으로 쉽지 않다.

차라리 건당 3만원을 초과하는 국내 지출액은 무조건 카드매출 전표, 현금영수증, 세금계산서, 계산서를 수취하여 제출하는 것을 원칙으로 하고 제출하지 못한 이유에 대해 예외규정에 해당하는지를 판단하는 것이 담당자의 업무량을 줄일 수 있다.

또한 적격증빙을 받는 것을 원칙으로 하면 증명서류 수취 불성실 가산세(2%)에 대한 과세위험을 줄일 수 있다.

4-5. 임직원이 개인명의 카드를 사용하고 받은 매출전표도 적격증빙으로 인정된다. 다만, 1만원 초과는 접대비를 개인명의 카드로 사용한 경우에는 손금으로 인정되지 않는다.

통상 회사에서 모든 임직원에게 법인카드를 지급하지는 않는다. 보통 팀장급 이상에게 지급하고 부서 경비 등을 사용할 때 팀장의 통제하에 사용하도록 운영하고 있는 경우가 대부분이다.

이러다 보니 가끔 급한 경우 법인카드가 없는 직원이 개인 명의 카드로 회사의 업무 비용을 결재하고 회사가 해당 비용을 직원에게 지급하는 상황이 생긴다.

이런 임직원 개인 명의 카드 매출전표는 적격증빙으로 인정될까?

---

556) 법인세법 제75조의 5
557) 법인세법 제116조 제1항
558) 법인세법 제116조

적격증빙은 법인세법 제116조 제2항에서 열거하고 있는데 여기에서는 "여신전문금융업법에 따른 신용카드 매출전표"라고 되어 있기 때문에 해당 카드가 회사 명의인지 또는 임직원 개인 명의인지 여부와 관계없이 모든 적격증빙으로 인정된다[559].

따라서 3만원 초과 지출 증빙으로 임직원 개인명의 카드 매출전표를 보관하여도 증명서류 수취 불성실 가산세는 발생하지 않는다.

이와 비교하여 기억해 둘 것이 1만원 초과 접대비의 경우에는 법인명의 카드를 사용하도록 법에 명시되어 있다[560].

따라서 1만원 초과 접대비를 임직원 개인 명의 카드로 사용하였다면 접대비 한도 초과 여부를 계산하기 전에 이미 적격증빙 미수취로 손금부인된다.

그러나 접대비 적격 증빙 미수취로 인해 손금불산입된 지출은 증명서류 수취 불성실 가산세 대상에서 제외[561]되므로 접대비로 손금부인 되고 증명서류 수취 불성실가산세도 과세되는 경우는 발생하지 않는다.

〈임직원 명의 카드 매출전표 관련 적격 증빙 정리〉

구분	관련 법령	기준 금액	임직원 명의 카드 매출전표의 적격증빙 인정여부	세무상 불이익
접대비 적격증빙	법인세법시행령 제41조 제6항	1만원 초과	불인정	손금불산입[*]
증명서류 수취 불성실 가산세	서면인터넷방문상담2팀-1090, 2005.7.14.	3만원 초과	인정	증명서류 수취 불성실 가산세 발생하지 않음

(*) 접대비 적격증빙 미수취로 인해 손금불산입 된 지출은 증명서류 수취 불성실 가산세 대상에서 제외

---

559) 서면 인터넷방문상담2팀-1090, 2005.7.14.
560) 법인세법 시행령 제41조 제6항
561) 법인세법 제75조의 5 제2항 제1호

4-6. 업무 수행 시 발생하는 통상의 수준을 초과한 지출에 대해서는 업무 수행
　　과정 중 발생한 불가피한 지출이라는 점을 소명해야 한다.

　　회사의 경영진 입장에서 지출의 일부는 본래의 직접적인 업무에 기여를 하고, 나머지 지출은 해당 임직원의 사기진작에 기여한다고 하더라도 그 둘을 구분할 필요없이 결과적으로 회사의 발전에 기여를 했다면 이를 통제할 이유가 없다.

　　또한 업무를 수행하다 보면 이런 상황, 이런 상황이 벌어져 유사한 업무 수행 시 발생하는 통상의 수준을 초과하는 지출이 발생할 수도 있다.

　　그러나 국세청은 본래의 직접적인 업무 관련 지출만이 업무관련성이 있다고 보고 임직원의 사기진작 차원에서 지출한 금액은 이를 급여의 지급으로 보겠다는 입장을 취하는 경우가 많다.

　　따라서 이러한 과세위험 유형과 관련하여 납세자와 국세청의 다툼이 발생하면 쟁점은 업무관련성을 어디 범위까지 인정할지 여부다.

　　이러한 다툼이 발생하면 납세자는 해당 지출이 업무 수행과 관련하여 불가피하게 발생한 지출이라는 관점 또는 사회통념상 업무와 관련하여 발생할 수 있는 지출이라는 관점에서 국세청을 설득해야 한다.

⑤ 임직원에 대한 복리후생적 지출 관련 원천징수(복리성 급여)

5-1. 소득세법상 비과세 근로소득으로 열거되어 있지 않는 한 근로의 대가로 지급하는 금액은 근로소득으로 보아 지급 시 근로소득세(간이세액표)를 원천징수해야 하는 것이 원칙이다.

회사가 임직원에게 근로소득을 지급할 때에는 근로소득 간이세액표에 따라 소득세를 원천징수하여 다음달 10일까지 신고·납부하여야 한다[562].

문제는 회사의 원천징수 의무를 이행해야 하는 근로소득의 범위를 어디까지로 보아야 하는 것이다.

소득세법에 따르면 고용관계나 이와 유사한 계약에 의하여 근로를 제공하고 지급받는 다음의 대가 모두를 근로소득으로 보고 있다[563].

> • 근로를 제공함으로써 받는 봉급·급료·보수·세비·임금·상여·수당과 이와 유사한 성질의 급여
> • 법인의 주주총회·사원총회 또는 이에 준하는 의결기관의 결의에 따라 상여로 받는 소득
> • 법인세법에 따라 상여로 처분된 금액
> • 퇴직함으로써 받는 소득으로서 퇴직소득에 속하지 아니하는 소득
> • 종업원 등 또는 대학의 교직원이 지급받는 직무발명보상금(제21조 제1항 제22호의2에 따른 직무발명보상금은 제외)

따라서 회사가 임직원에게 근로의 대가로 지급하는 금액은 소득세법상 비과세 근로소득으로 열거되어 있지 않는 한 모두 지급 시에 원천징수를 해야 하는 것이 원칙이다[564].

---

562) 소득세법 제134조 제1항
563) 소득세법 제20조
564) 서면-2018-소득-3294, 2018.12.10. 등 다수

5-2. 급여 등은 현금으로 직접 지급되므로 임직원 입장에서 근로소득이라는 것을 당연하게 여기는 편이며, 이에 대해 원천징수를 누락하는 사례는 거의 발생하지 않는다.

소득세법에서 규정하고 있는 급여 등은 현금으로 직접 지급되므로 지급을 받는 임직원 입장에서도 근로소득이라는 것을 당연하게 여기는 편이다.

근로소득을 지급하는 회사도 현금 등을 지급하는 시점이 명확하게 보이고 원천징수를 하더라도 임직원이 이를 당연하게 여기므로 원천징수 의무를 이행하는 데 별다른 어려움이 없다.

이런 이유 때문에 실무상 현금으로 직접 지급하는 근로소득(급여 등)에 대해 원천징수를 누락하는 사례는 거의 발생하지 않는다.

5-3. 근로소득 원천징수 과세위험 측면에서 주목해야 할 것은 임직원에 대한 복리후생적 지출이 근로소득으로 간주되는 경우다.

근로소득 원천징수 과세위험 측면에서 주목해야 할 것은 임직원에 대한 복리후생적 지출이 근로소득으로 간주되는 경우다.

임직원에 대한 복리후생적 지출이 근로소득으로 간주되는 경우 그 지출액은 회사의 손금으로 인정되기는 하지만 근로소득에 대한 원천징수 의무가 발생하게 되고, 해당 임직원은 기존 근로소득에 추가되어 소득세가 과세된다.

소득세법에서는 근로소득을 매우 포괄적으로 규정하고 있기 때문에 세무조사 시 국세청이 특정 복리후생적 지출을 임직원의 근로소득으로 보겠다고 주장하기 시작하면 납세자(수검자) 입장에서 이를 아니라고 설득하기가 좀처럼 쉽지 않다.

이미 그 단계에 들어서기 전에 국세청은 해당 복리후생적 지출이 소득세법상 비과세 근로소득에 열거되어 있지 않다는 것 쯤은 이미 확인해 보았을 것이고 유권해석상으로도 비과세 근로소득에 해당되지 않는다 것도 이미 확인한 경우가 대부분이기 때문이다.

근로소득 비과세 규정도 조세혜택 규정이라서 원칙적으로 엄격해석을 해야 하기 때문에 비슷한 규정을 확대 해석하는 방식으로 국세청을 설득하는 것도 어렵다.

5-4. 임직원에 대한 복리후생성 지출은 세무조사를 통해 실제 과세되기 전까지는 근로소득 원천징수 문제를 구체적으로 검토하기 어렵고 실제 원천징수를 실행하기도 어렵다.

임직원에 대한 복리후생적 지출은 해당 복리후생적 지출로 인해 근로소득세가 추가되는 것에 대한 임직원의 저항감이 있기 때문에 실무적으로 원천징수 의무를 이행하기가 쉽지 않다.

또한 회사(지급자) 입장에서도 복리후생적 지출이 근로소득으로 간주될 수 있다는 과세위험을 모르고 원천징수를 하지 않고 넘어가는 경우도 많다.

예를 들어 A회사에서 모든 임직원에게 배우자까지 고가의 건강검진할 수 있도록 새로운 복리후생 정책을 실시했다고 하자.

A회사가 배우자의 건강검증을 받으면 근로소득을 지급받은 것이므로 근로소득세가 발생한다는 것을 사전에 공지하고 임직원의 선택에 따라 배우자의 건강검증을 받은 임직원에 대해서는 근로소득 원천징수를 수행했다면 관련 과세위험이 발생하지 않을 것이다.

그런데 만일 배우자의 건강검증 복리후생 제도를 실시하는 첫해에는 회사에서 배우자의 건강검증비용에 대해 근로소득세를 원친징수하지 않았으며, 이에 따라 대부분의 임직원이 배우자의 건강검증을 받은 경우라면 그 다음해부터 이를 번복하여 배우자의 건강검증에 대해 근로소득세를 원천징수하기 어렵다.

우선 작년까지는 근로소득세 없이 건강검증을 받았는데 올해와서 근로소득세가 발생한다는 것을 공지하는 것은 실무적 오류를 회사 담당부서에서 자인하는 상황이니 이를 스스로 변경하기 어렵고, 임직원의 불만이나 저항도 상당히 높은 경우가 대부분이다.

무엇보다도 시행 첫해부터 근로소득세를 원천징수하지 않았다면 과거 근로소득세 미 신고분에 대한 책임소재 문제가 있기 때문에 이후 연도부터 복리후생적 지출에 대해 근로소득세를 원천징수하는 것으로 변경하는 것은 실무적으로 대단히 어렵다.

또한 타사의 유사한 복리후생성 지출은 근로소득세를 원천징수 안하는데 왜 우리 회사만 하느냐의 다수 임직원의 민원도 피하기도 어렵다.

이런 이유 저런 이유로 임직원에 대한 복리후생성 지출은 세무조사를 통해 실제 과세되기 전까지는 근로소득 원천징수 문제를 구체적으로 검토하기 어렵고 원천징수 과세위험이 있다는 것을 알게 되더라도 실제 원천징수를 실행하기도 어렵다.

5-5. 법인세법에서 손금으로 인정하는 복리후생비를 8가지만 열거하고 있는데, 이는 열거된 복리후생비 외 복리후생 목적 지출을 회사에서 손금으로 인정받고 싶으면 근로소득의 지급으로 보라는 의미로 해석할 수 있다.

법인세법에서는 임직원을 위하여 지출한 복리후생비 중 다음의 어느 하나에 해당하는 비용 외의 비용은 손금으로 인정하지 않는다고 규정하고 있다[565].

- 직장체육비
- 직장문화비
- 직장회식비
- 우리사주조합의 운영비
- 국민건강보험법 및 노인장기요양보험법에 따라 사용자로서 부담하는 보험료 및 부담금
- 영유아보육법에 의하여 설치된 직장어린이집의 운영비
- 고용보험법에 의하여 사용자로서 부담하는 보험료
- 사회통념상 타당하다고 인정되는 범위안에서 지급하는 경조사비 등 상기 7가지 비용과 유사한 비용

상기 규정은 열거된 8개의 복리후생비 외 복리후생 목적 지출을 회사의 손금으로 인정받고 싶으면 근로소득의 지급으로 보라는 의미로 해석할 수 있다.

565) 법인세법 시행령 제45조

5-6. 임직원에 대한 복리후생적 지출 중 임직원의 급여로 보는 대표적인 사례들

임직원의 복리후생 목적 지출 중 해당 임직원의 급여로 보는 대표적인 예는 다음과 같다.

- 비과세 요건을 충족하지 못한 본인의 학자금지원액 또는 가족에 대한 학자금 지원액
- 장기근속포상[566]
- 창립기념일 및 명절 선물 및 상여[567]
- 체력 단련비
- 정액의 일비(출장 등 실비를 별도로 지급받는 경우)
- 복지포인트 지급액 등

회사가 식당을 운영하여 무료로 임직원에게 음식을 제공하면서 동시에 식대도 지급하는 경우 식대는 근로소득으로 보는 것이므로 대부분의 임직원이 비과세를 적용받고 있는 월 10만원 이하의 식사대[568]도 근로소득으로 과세된다.

회사가 사택을 운영하는 지출이 있다 하더라도 해당 지출을 사택 이용 임직원의 근로소득으로 보지 않는다. 그러나 만일 거주지와 다른 지역에 근무하는 임직원에 대한 거주비(하숙비, 월세, 숙박비등)를 회사가 별도로 지급하는 경우 해당 거주비는 근로소득에 포함된다[569].

건강검증비도 임직원의 건강검진을 실시하고 지급하는 금액은 급여에 해당하지 않으나[570] 임직원 가족의 건강검진비용은 근로소득으로 본다[571].

임직원에게 지급하는 유류비 등도 임직원의 자가용을 이용하여 업무수행을 하고 그 소요경비를 보전받는 금액 중 월 20만원 이내의 금액은 근로소득으로 보지 않으나 임직원의 출퇴근 목적으로만 이용하거나 업무수행에 소요된 시내출장비 등의 실비를 별도로 정산 받는 임직원에게 지급하는 자가운전보조금은 근로소득으로 본다[572].

---

566) 소득세과46011-1377, 1995.5.19.
567) 법인 46013-1378, 1993.5.14.
568) 소득세법 시행령 제17조의 2
569) 법인 46013-3279, 1999.8.20.
570) 법인 46013-81, 1999.1.8.
571) 서면1팀-769, 2006.6.13.

5-7. 회사의 복리후생적 지출이 소득세법상 비과세 근로소득에 열거되어 있는지 확인해 보아야 한다.

원칙적으로 말을 하면 임직원에 지급하는 급여 등과 복리후생적 지출은 소득세법상 비과세 소득으로 열거되어 있지 않으면 근로의 대가로 보아 근로소득세가 발생한다.

세무조사 시 임직원에 대한 복리후생적 지출에 대해 과세를 하지 않고 넘어가는 경우가 많아서 그렇지 아주 엄격하게 적용하면 복리후생이 좋은 회사의 임직원은 향후 근로소득세가 추가로 발생할 가능성이 높은 것이다.

예를 들어 업무의 수행여부와 관련없이 월 정액으로 지급되는 출퇴근 수당, 조직관리수당 등 명목의 지출액은 소득세법상 비과세로 열거되어 있지 않는 한, 또는 업무경비로 사용했다는 명확한 증빙이 없는 한, 해당 임직원의 급여액으로 간주된다.

소득세법상 비과세 근로소득은 소득세법 제12조 제3호, 소득세법 시행령 제10조~제17조의 3, 소득세법 시행규칙 제6조의 3~제10조에서 규정하고 있다.

소득세법에서 열거한 비과세 근로소득 중 눈여겨보아야 주요 비과세 근로소득은 다음과 같다.

- 실비변상적 급여[573]
- 비과세 요건을 충족하는 본인 학자금[574]
- 무료 식사 및 음료 또는 월 10만원 식사대[575]
- 6세 이하 자녀에 대한 보육수당[576]
- 직무발명보상금[577]
- 사업자가 그 종업원에게 지급한 경조금 중 사회통념상 타당하다고 인정되는 범위 내의 금액[578]

---

572) 법인 46013-2998, 1999.7.31.
573) 소득세법 제12조 제3호 자목, 동법 시행령 제12조
574) 소득세법 제12조 제3호 아목, 동법 시행령 제11조
575) 소득세법 제12조 제3호 러목, 동법 시행령 제17조의 2
576) 소득세법 제12조 제3호 머목
577) 소득세법 제12조 제3호 어목, 동법 시행령 제17조의 3
578) 소득세법 시행규칙 제10조 제1항

5-8. 임직원이 특수한 근로 조건이나 환경에서 직무를 수행함에 따라 추가로 소
요되는 비용을 변상하기 위하여 지급되는 이른바 실비변상적 급여는 근로
소득의 지급으로 볼 수 없다.

소득세법상 실비변상적 급여는 모든 실비변상적 급여에 대해 비과세를 해주겠다는
것이 아니라 일직료·숙직료 또는 여비로서 실비변상 정도의 금액 등과 같이 소득세법
시행령 제12조에 열거된 급여만 비과세를 해주겠다는 규정이다.

그러나 임직원이 특수한 근로 조건이나 환경에서 직무를 수행함에 따라 추가로 소요
되는 비용을 변상하기 위하여 지급되는 이른바 실비변상적 급여는 근로의 대상으로 지
급되는 것으로 볼 수 없다는 것이 법원이 입장[579]이며 이러한 법원이 입장은 합리적으
로 보인다.

따라서 임직원이 근로를 제공하면서 실제 발생한 경비를 우선 부담하고 이를 회사가
지급하는 실비변상적 경비는 소득세법에 비과세 근로소득으로 열거되어 있지 않더라
도 소득세가 비과세되는 것으로 보아야 한다.

예를 들어 미국인 사외이사가 지급받는 실비변상 정도의 체재비·항공료 등은 소득
세가 비과세된다[580].

5-9. 개별 임직원의 특수하고 우연한 사정에 의해 불규칙적·부정기적으로 지
급되는 복리후생적 지출은 근로소득으로 보기 어렵다.

복리후생적 지출 중 일부는 일부 임직원의 특수하고 우연한 사정에 따라 그 수혜 여
부가 결정되는 경우가 있을 것이다.

예를 들어 A회사에 주차공간 부족하여 근처 아파트 주차장을 아파트 관리사무소와
협의하여 월 1천만원을 지급하며 20대 정도의 주차공간을 대여받아 직원차량은 아파트
주차장에 주차시키고 방문 고객은 사내 주차장에 주차시키도록 하였다.

이 경우 A회사의 임직원이 인근 아파트에 주차하는데 지출한 월 1천만원은 직원에
대한 근로소득으로 보아야 할까?

---

579) 대법원 1997.10.24., 선고, 96다33037, 판결
580) 국일46017-507, 1998.8.14.

우선 회사에서 주장공간을 무료로 제공했다고 이를 근로소득으로 간주한 것은 사회통념상 납득하기 어렵다.

그리고 모든 직원에게 일률적으로 주차수당을 지급하는 것이 아니라 자가용을 회사에 가져오는 직원에 한하여 A회사가 임직원에게 제공하는 무료주차라는 복리후생적 지출에 대한 수혜를 볼 수 있기 때문에 과세대상 근로소득 금액을 얼마로 산정해야 하는지 조차 쉽지 않다.

국세청도 회사가 소유하는 주차장인지 회사가 임차한 주차장인지 여부에 관계없이 임직원에게 주차장을 제공하는 것에 대하여는 임직원의 근로소득으로 보지 않는다는 입장이다[581].

이와 관련하여 직접적으로 근로소득에 대한 판결은 아니지만 법원은 퇴직금 산정을 위한 평균 급여에 대한 판결에서 "지급의무의 발생이 개별 근로자의 특수하고 우연한 사정에 의하여 좌우되는 경우에는 그 금품의 지급이 단체협약·취업규칙·근로계약 등이나 사용자의 방침 등에 의하여 이루어진 것이라 하더라도 그러한 금품은 근로의 대상으로 지급된 것으로 볼 수 없다"고 판시하였다.[582]

즉, 법원도 개별 임직원의 특수하고 우연한 사정에 의해 개별 임직원에게 불규칙적·부정기적으로 지급되는 지출은 근로소득으로 보기 어렵다는 입장으로 이해된다.

예를 들어 회사 자체적으로 의료실을 운영하고 있는 경우 임직원이 해당 의료실을 이용한다고 해서 그 의료실 이용에 대해 근로소득이 발생하였다고 보기 어려워 보인다.

그러나 국세청은 의료업을 영위하는 법인이 임직원 가족에게 의료용역을 제공하고 본인부담의료비를 경감한 것과 같이 개별 임직원과 직접적으로 연관시킬 수 있는 지출은 불규칙적·부정기적이라도 근로소득에 해당하는 것으로 보고 있다[583].

요컨대, 근로의 대가로 계속적·정기직으로 지급히는 복리후생적 지출은 근로소득에 포함되는 것이나 임직원의 특수하고 우연한 사정에 의해 불규칙적·부정기적으로 지급되는 복리후생적 지출 중 개별 임직원에게 직접적으로 연관되지 않는 지출은 근로소득으로 간주하기 어려울 것으로 보인다.

581) 소득 46011－331, 2000.3.11.
582) 대법원 1995.5.12., 선고, 94다55934, 판결
583) 서면1팀－15, 2005.1.5.

⑥ 법인세 소득처분에 따른 연말정산 또는 종합소득세 신고 의무

6-1. 국세청이 발견한 회사의 추가 소득금액은 그 귀속에 따라 배당, 상여, 기타소득, 기타사외유출, 기타, 사내유보로 처분될 수 있으며 그 귀속에 따라 추가적으로 원천징수 의무 및 소득세가 발생할 수 있다.

세무조사 등이 종결된 후 국세청은 세무조사를 받은 법인의 소득금액을 결정 혹은 경정하는 절차를 거치게 된다.

결정 혹은 경정 시 세무조사 등을 통해 국세청이 발견한 해당 법인의 추가적인 익금산입액 혹은 손금불산입액(이하 "국세청이 발견한 법인의 추가 소득금액")은 사내유보로 처분되거나 그 귀속자에게 소득처분이 이루어진다[584].

국세청이 발견한 법인의 추가 소득금액이 법인 외부로 유출되어 특정인에게 귀속되는 경우 소득세법상 소득구분에 따라 배당, 상여 또는 기타소득으로 처분된다.

기타사외유출은 사외유출이 명백한 경우로서 이미 법인세 혹은 사업소득세로 과세되어 추가 과세가 발생하지 않거나 그 귀속자를 특정하기 어려워 법인세법에서 무조건 기타사외유출로 처분하도록 열거하고 있는 지출 유형(예를 들어 접대비 등)을 의미한다.

국세청이 발견한 법인의 추가 소득금액이 해당 법인에 남아 있는 경우 기타 또는 사내유보로 처분하게 된다.

유보처분 또는 소득처분 귀속에 따른 추가적인 원천징수 의무, 소득세 추가 과세 여부를 정리하면 다음과 같다.

---

584) 법인세법 제67조, 동법 시행령 제106조

구분	추가 소득의 사외 유출 여부	추가 소득의 귀속	추가 원천징수 의무 여부	추가 소득세 과세 여부
배당	사외유출	• 주주	○	○
상여		• 임직원	○	○
기타소득		• 주주 및 임직원 외의 자	○	○
기타사외유출		• 이미 법인세 또는 사업소득세가 과세된 경우 • 법정 기타사외유출 소득처분 지출 유형$^{(*)}$	×	×
기타	사내유보	• 당해 법인의 자본	×	×
사내유보		• 당해 법인의 자산, 부채	×	×

(*) 법정 기타사외유출 처분 지출 유형(열거): 법인세법 시행령 제106조 제1항 제3호

6-2. 국세청이 법인의 소득금액을 결정 혹은 경정함에 있어 배당·상여 또는 기타소득으로 소득처분하는 경우 그 결정일로부터 15일 이내에 해당 법인에게 소득금액변동통지서에 의하여 통지하여야 한다.

국세청이 배당·상여 또는 기타소득으로 소득처분하는 경우 그 결정일로부터 15일 이내에 해당 법인에게 소득금액변동통지서에 의하여 통지하여야 한다[585]. 만일 당해 법인의 소재지가 분명하지 아니하거나 그 통지서를 송달할 수 없는 경우에는 당해 귀속자(주주 및 상여나 기타소득의 처분을 받은 거주자)에게 통지하여야 한다.

또한 해당 법인에게 소득금액변동통지서를 통지한 경우 통지하였다는 사실(소득금액 변동내용은 포함하지 아니함)을 해당 주주 및 해당 상여나 기타소득의 처분을 받은 거주자에게 알려야 한다.

세무조사 등 종결 후 소득금액변동통지서를 받는 절차는 납세자에게 매우 중요하다.
소득금액변동통지서를 받은 회사는 소득금액변동통지서를 받은 날에 소득처분된 금액을 소득 귀속자에게 지급한 것으로 보아 원천징수의무가 발생하기 때문이다.

또한 경우에 따라서는 소득 귀속자에게 과거 종합소득세에 대해 추가신고자진납부 또는 수정신고해야 하는 의무가 발생하기도 한다.

---

585) 소득세법 시행령 제192조 제1항

6-3. 회사는 소득금액변동통지서를 받은 날에 소득처분된 금액을 귀속자에게 지급한 것으로 보아 원천징수 의무를 이행해야 하며, 상여 소득처분의 경우 해당 귀속자의 연말정산을 다시 재계산하여 추가되는 원천징수세액을 신고·납부하여야 한다.

회사가 소득금액변동통지서를 받은 경우 소득금액변동통지서를 받은 날에 소득처분된 금액을 귀속자에게 지급한 것으로 보아 원천징수 의무를 이행해야 한다[586].

배당 및 기타소득 소득처분 금액에 적용해야 하는 원천징수 세율은 소득세법 제129조에 따른 세율(배당소득 15.4%, 기타소득 22% 등)을 적용하면 된다.

상여로 소득처분된 경우에는 동 상여처분 금액과 기 신고된 근로소득과 합산하여 다시 계산(연말정산)한 추가 원천징수세액을 다음달 10일까지 신고·납부하여야 한다[587].

예를 들어 국세청이 A회사의 2017년 과세표준을 결정하면서 갑임원에 대해 상여 1천만원을 소득처분 하였으며 A회사는 해당 상여 내역이 포함된 소득금액변동통지서를 2019년 11월 20일에 수령했다고 가정해 보자.

이런 경우 A회사는 갑임원에게 2017년 귀속 상여 1천만원을 2019년 11월 20일에 지급한 것으로 보아 2019년 12월 10일까지 갑인원에 대한 근로소득 원천징수 세액을 신고·납부하면 된다.

2019년 12월 10일까지 신고·납부할 상여처분에 따른 원천징수세액은 2017년 갑임원의 기존 연말정산 내역에 상여 1천만원를 추가 포함했을 때 추가되는 원천징수세액이 된다.

---

586) 소득세법 제135조 제4항, 동법 제131조 제2항
587) 소득세법 기본통칙 135-192…3

6-4. 소득 귀속자의 경우 소득처분으로 인해 추가 종합소득세액이 발생하는 경우 소득금액변동통지서를 받은 날이 속하는 달의 다음다음 달 말일까지 추가신고자진납부한 때에는 과소신고가산세 및 과소납부가산세가 발생하지 않는다.

배당·상여 또는 기타소득으로 소득처분됨으로써 소득금액에 변동이 발생함에 따라 다음에 해당하는 자가 소득세를 추가 납부해야 하는 경우 해당 회사(또는 귀속자)가 소득금액변동통지서를 받은 날이 속하는 달의 다음다음 달 말일까지 추가신고자진납부(이하 "추가신고자진납부")한 때에는 과세표준확정신고 기한까지 신고납부한 것으로 본다[588].

① 종합소득과세표준 확정신고 의무가 없었던 자
② 세법에 따라 과세표준확정신고를 하지 않아도 되는 자
③ 과세표준확정신고를 한 자

상기 ①, ②, ③은 모두 소득처분된 배당·상여 또는 기타소득 금액이 해당 연도에 발생했다고 가정할 경우 해당 연도에 귀속자에게 종합소득세 신고·납부 의무가 발생하였거나 종합소득세 납부액이 더 늘어났을 경우에 해당한다. 따라서 소득처분 귀속자에게 이에 대한 종합소득세를 추가신고자진납부 하라는 의미이다.

다만, 소득처분 행위와 소득처분된 금액은 해당 연도에는 알 수 없었으므로 소득금액변동통지서를 받은 날이 속하는 달의 다음다음 달 말일까지 추가신고자진납부한 때에는 과소신고가산세 및 과소납부가산세는 발생하지 않는다.

만일 소득금액변동통지서를 받은 날이 속하는 달의 다음다음 달 말일까지 추가신고자진납부 하지 않으면 해당 연도의 종합소득세(수정신고)에 대한 과소신고가산세 및 과소납부가산세가 발생하므로 주의해야 한다.

예를 들어 2017년에 대한 기타소득 처분이 명시된 소득금액변동통지서를 2019년 11월 20일에 수령하였으나 해당 귀속자가 2020년 1월 31일까지 추가신고납부를 하지 않은 경우에는 2018년 5월 31일(2017년도의 종합소득세 과세표준확정신고 및 자진납부

---

588) 소득세법 시행령 제134조 제1항

기한)의 익일을 기산일로 한 신고불성실 및 납부불성실 가산세가 과세된다[589].

추가신고자진납부 규정이므로 신고만 하고 납부를 하지 않은 경우에도 상기와 동일하게 2018년 5월 31일(2017년도의 종합소득세 과세표준확정신고 및 자진납부기한)의 익일을 기산일로 한 신고불성실 및 납부불성실 가산세가 과세된다.

또한, 당해 연도에 종합소득세 의무가 있으나 신고를 하지 않은 소득 귀속자는 상기 추가신고자진납부를 할 수 없으므로 추가신고납부를 한 경우에도 기한내에 신고납부한 것으로 볼 수 없으므로 가산세를 적용한다[590].

예를 들어 2017년 종합소득세 확정신고 의무가 있으나 신고를 하지 않은 자(개인)는 소득처분의 귀속자가 되더라도 추가신고자진납부 규정을 적용할 수 없으니 소득처분액을 포함하여 2017년에 대한 기한 후 신고를 해야 한다.

상기 규정은 복잡하여 규정만 보면 혼돈될 수 있으므로 Case별로 구분하여 추가신고자진납부 의무 발생 여부를 구분하면 다음과 같다.

6-4-1. Case1: 해당 연도에 근로소득만 있는 임직원에게 배당 또는 기타소득으로 소득처분되는 경우에는 소득금액변동통지서를 받은 날이 속하는 달의 다음다음 달 말일까지 추가신고자진납부하여야 한다.

근로소득만 있는 임직원에게 배당 또는 기타소득으로 소득처분 되는 경우에는 종합소득세 신고·납부 의무가 발생하므로 소득금액변동통지서를 받은 날이 속하는 달의 다음다음 달 말일까지 추가신고자진납부하여야 한다.

예를 들어 B회사의 을임원은 2017년에 근로소득만 있었는데 국세청이 을임원에게 2017년 기타소득으로 5천만원을 소득처분하였고, 해당 소득금액변동통지서를 2019년 11월 20일에 수령하였다고 가정해 보자.

이런 경우 을임원은 2020년 1월말까지 기 신고된 근로소득에 소득 처분된 기타소득 5천만원을 포함하여 2017년 종합소득세를 추가신고자진납부하여야 한다.

---

589) 국심 2006구0324, 2006.8.14.
590) 소득세법 집행기준 70-134 1 제4항

6-4-2. Case2: 해당 연도에 근로소득만 있는 임직원에게 상여로 소득처분하는 경우에는 지급 법인의 원천징수 의무 이행으로 소득처분 금액에 대한 신고 · 납부 의무가 종결되므로 귀속자는 별도로 추가신고자진납부를 할 의무가 없다.

앞서 든 "6-3" 사례와 같이 근로소득만 있는 갑임원에게 상여 소득처분을 한 경우에는 해당 연도에 해당 상여가 발생하였더라도 연말정산으로 신고 · 납부 의무가 종결되고 갑임원에게는 종합소득세에 대한 확정신고 의무가 없었을 것이다.

따라서 이런 경우 A회사의 원천징수 이행으로 갑임원의 소득세에 대한 신고 · 납부 의무가 종결되어 갑임원이 별도로 종합소득세를 추가신고자진납부할 의무가 없다.

6-4-3. Case3: 해당 연도에 종합소득세 확정신고를 한 임직원에게 배당 · 상여 또는 기타소득으로 소득처분되는 경우에는 소득금액변동통지서를 받은 날이 속하는 달의 다음다음 달 말일까지 추가신고자진납부하여야 한다.

해당 연도에 종합소득세 확정신고를 한 임직원은 배당 · 상여 또는 기타소득이 당해 연도에 발생하였더라면 종합소득세액이 더 발생하였을 것이므로 소득금액변동통지서를 받은 날이 속하는 달의 다음다음 달 말일까지 자진추가신고납부하여야 한다.

예를 들어 C회사의 병임원은 2017년에 근로소득과 사업소득이 있어서 종합소득세 확정신고를 하였는데 국세청이 병임원에게 2017년 상여로 5천만원 소득 처분하였고, 해당 소득금액변동통지서를 2019년 11월 20일에 수령하였다고 가정해 보자.

이런 경우 병임원은 2020년 1월 말까지 기 신고된 종합소득 내역에 소득 처분된 상여 5천만원을 포함하여 2017년 종합소득세를 추가신고자진납부하여야 한다.

6-5. 당해 법인의 소재지가 분명하지 아니하거나 그 소득금액변동통지서를 송달할 수 없어 국세청이 당해 귀속자에게 소득금액변동통지서를 송부한 경우 해당 귀속자는 소득금액변동통지서를 받은 날이 속하는 달의 다음다음 달 말일까지 추가신고납부를 하여야 한다.

또한 만일 당해 법인의 소재지가 분명하지 아니하거나 그 소득금액변동통지서를 송달할 수 없어 국세청이 당해 귀속자에게 소득금액변동통지서를 송부한 경우 해당 귀속자는 소득금액변동통지서를 받은 날이 속하는 달의 다음다음 달 말일까지 추가신고자진납부를 하여야 한다[591].

그런데 근로소득만 있는 임직원이 상여로 처분된 소득에 대하여는 해당 회사가 원천징수 의무만 잘 이행했으면 소득 귀속자인 임직원에게는 추가신고자신납부 의무가 발생하지 않았을 것이다. 그리고 해당 임직원은 원래 종합소득세 확정신고 의무가 없는 자들이다.

따라서 소득세법에서는 근로소득만 있는 거주자가 법인세법에 따라 상여로 처분된 소득에 대하여 추가신고자진납부를 하지 아니한 경우 과소납부가산세는 추가신고자진납부기한의 다음날부터 계산하도록 규정하고 있다[592].

이 경우를 제외하면 소득금액변동통지서를 받는 소득 귀속자가 추가신고자진납부를 하지 않은 경우 발생하는 세무상 불이익은 앞서 기술한 바와 같다.

그러나 실무상 이런 경우는 거의 발생하지 않을 것이므로 상기 내용은 참고 목적으로만 알고 있으면 될 것이다.

---

591) 소득세법 기본통칙 135-192…2
592) 소득세법 집행기준 70-134-1 제3항

| 저 | 자 | 소 | 개 |

■ 김 기 현 회계사

- 동국대학교 회계학과 졸업
- 공인회계사, 세무사
- 온지 세무법인
- 안진회계법인 세무자문본부
- KT 재무실
- (주)아이오케이컴퍼니 사외이사
- 현) 우인회계법인 파트너

- E-mail: twokoneh@naver.com

회사 스스로 점검하는

최신판 **과세유형별 세무진단 실무**

2019년 11월 11일 초판 인쇄
2019년 11월 20일 초판 발행

저　자 김　기　현
발 행 인 송　상　근
발 행 처 **삼일인포마인**

서울특별시 용산구 한강대로 273 용산빌딩 4층
등록번호 : 1995. 6. 26 제3-633호
전　　화 : (02) 3489-3100
F A X : (02) 3489-3141
I S B N : 978-89-5942-798-7　93320

저자협의
인지생략

정가 55,000원